Die Gliedkirchen der Evangelischen Kirche in Deutschland (EKD)

Stand: Juli 1997

Unierte Kirchen: Anhalt, Berlin-Brandenburg, Pommern, Rheinland, Sachsen (Kirchenprovinz), Schlesische Oberlausitz und Westfalen – zusammengeschlossen in der Evangelischen Kirche der Union (EKU);
übrige unierte Kirchen: Baden, Bremen, Hessen und Nassau, Kurhessen-Waldeck und Pfalz.

Lutherische Kirchen: Bayern, Braunschweig, Hannover, Mecklenburg, Nordelbien, Sachsen, Schaumburg-Lippe und Thüringen – zusammengeschlossen in der Vereinigten Evangelisch-Lutherischen Kirche Deutschlands (VELKD);
übrige lutherische Kirchen: Oldenburg und Württemberg.

Reformierte Kirchen: Lippe und Reformierte Kirche (Bayern und Nordwestdeutschland, Sitz Leer).*)

*) Nicht in allen Bereichen des farblich gekennzeichneten Gebietes verbreitet.
Gemeinden außerhalb von Niedersachsen sind mit einem Kreis gekennzeichnet.

EFAS
Effektives Arbeits- und Sozialrecht

Herausgegeben von
Hans-Jürgen Dörner und Friedrich Hauck

Arbeitsrecht in der Kirche

Staatliches Arbeitsrecht und kirchliches Dienstrecht

von

Prof. Dr. Reinhard Richardi

3., völlig neubearbeitete Auflage

Verlag C. H. Beck München 2000

Die Deutsche Bibliothek – CIP-Einheitsaufnahme

Richardi, Reinhard :
Arbeitsrecht in der Kirche : staatliches Arbeitsrecht und kirchliches Dienstrecht / von Reinhard Richardi. – 3., völlig neubearb. Aufl. – München : Beck, 2000

ISBN 3 406 46177 8

© 2000 C. H. Beck'sche Verlagsbuchhandlung Oscar Beck oHG
Wilhelmstraße 9, 80801 München
Satz und Druck: C. H. Beck'sche Buchdruckerei, Nördlingen
(Adresse wie Verlag)

Gedruckt auf säurefreiem, alterungsbeständigem Papier
(hergestellt aus chlorfrei gebleichtem Zellstoff)

Vorwort der Herausgeber

Dem kirchlichen Arbeitsrecht wird im rechtswissenschaftlichen Schrifttum keine übermäßige Aufmerksamkeit geschenkt, obwohl die Kirchen und ihre Einrichtungen nach dem Staat mit seinen verschiedenen Gliederungen der zweitgrößte Arbeitgeber in Deutschland sind. Eine rühmliche Ausnahme bilden die systematischen Darstellungen Reinhard Richardis, der sein hochgeschätztes Werk über das kirchliche Arbeitsrecht durchgängig neu bearbeitet nunmehr bereits in der dritten Auflage vorlegt.

Die den beteiligten und interessierten Lesern innerhalb und außerhalb kirchlicher Einrichtungen bestens vertraute, umfassende Darstellung des Arbeitsrechts in der Kirche erscheint als erstes Werk in der vom Verlag neu konzipierten Reihe „EFAS – Effektives Arbeits- und Sozialrecht", in der künftig systematische Darstellungen aus den genannten Rechtsgebieten erscheinen werden. Dabei wird es sich um bereits eingeführte Werke wie den „Richardi", aber auch um neue Arbeiten handeln, die dem Rechtsanwender den Zugang zum immer breiter und dichter werdenden Recht der abhängigen Arbeit und der sozialen Sicherheit erleichtern sollen.

Verlag und Herausgeber sind Professor Dr. Richardi besonders dankbar, daß er mit der Einstellung seines bedeutenden Buches als ersten Band der neuen Reihe das Vorhaben in hervorragender Weise unterstützt. Sie sind sicher, daß das Werk wie seine Vorauflagen einen wesentlichen Beitrag für die Behandlung von arbeitsrechtlichen Problemen in der Kirchenverwaltung und in den Einrichtungen wie Caritas und Diakonie leisten wird.

Kassel, im November 1999 *Die Herausgeber*

Meiner Frau gewidmet

Vorwort

Das kirchliche Arbeitsrecht ist ein vergleichsweise junges Teilgebiet des Arbeitsrechts. Es gilt nicht nur für die Arbeitnehmer in der Kirchenverwaltung, sondern vor allem auch in den Einrichtungen der Caritas und der Diakonie. Nach dem Selbstverständnis der Kirche bezieht sich ihr Sendungsauftrag neben der Wortverkündigung und der Sakramentenspendung auf den Dienst am Mitmenschen. Damit wird ihr sozial-karitativer Bereich erfaßt, der privatrechtlich organisiert ist. Die Kirchen haben in diesem Bereich rechtstatsächlich eine herausragende Stellung; denn Zweidrittel aller abhängig Beschäftigten der freien Wohlfahrtspflege sind in Einrichtungen der Caritas oder der Diakonie tätig.

Stellt man auf die Zahl der Arbeitnehmer ab, die im kirchlichen Dienst stehen, so erscheinen die Kirchen nach dem Staat als zweitgrößter Arbeitgeber. Doch das Bild des einheitlichen Arbeitgebers Kirche trügt. Schon nach ihrem Selbstverständnis kann die Kirche nicht als Arbeitgeber definiert werden. Sie ist es auch nicht aus der Sicht der staatlichen Rechtsordnung, sondern es geht ausschließlich darum, daß Gliederungen der verfaßten Kirche, die man häufig abwertend als Amtskirche bezeichnet, oder Einrichtungen, die nach dem Staatskirchenrecht des Grundgesetzes der Kirche zugeordnet werden, die Funktion als Arbeitgeber ausüben, weil sie mit ihren Mitarbeitern Arbeitsverträge abschließen. Bei genauer Betrachtung des sozialen Sachverhalts ist gerade der kirchliche Bereich durch eine Vielzahl sehr kleiner Arbeitgeber gekennzeichnet; es sind die Vielzahl von Vereinen und Einrichtungen, die nach ihrem Zweck einen der Kirche gestellten Auftrag erfüllen.

Nach dem Staatskirchenrecht des Grundgesetzes ermöglicht die Verfassungsgarantie des Selbstbestimmungsrecht den Kirchen, den Dienst in den ihnen zugeordneten Einrichtungen nach ihrem bekenntnismäßigen Verständnis zu regeln. Dabei handelt es sich nicht, wie vielfach mißverstanden wird, um eine Privilegierung, sondern es geht um die Offenhaltung eines eigenen Weges in der nach dem Grundgesetz freiheitsrechtlich ausgerichteten Arbeitsverfassung.

Das kirchliche Arbeitsrecht bildet deshalb auch ein Teilgebiet des Kirchenrechts, das bei der Gewährung von Rechtsschutz von den staatlichen Gerichten anzuwenden ist. Die im Selbstbestimmungsrecht der Kirchen enthaltene Ordnungsbefugnis gilt nach der Erkenntnis des Bundesverfassungsgerichts nicht nur für die kirchliche Ämterorganisation, sondern allgemein für die Ordnung des kirchlichen Dienstes.

Seit der 2. Auflage 1992 haben die Kirchen in Wahrnehmung des ihnen verfassungsrechtlich garantierten Selbstbestimmungsrechts ihr Dienstrecht für die Arbeitsverhältnisse ausgebaut. Für die katholische Kirche gilt einheitlich die von der Deutschen Bischofskonferenz am 22. September 1993 verabschiedete „Grundordnung des kirchlichen Dienstes im Rahmen kirchlicher Arbeitsverhältnisse". Novelliert wurde ihr Recht des „Dritten Weges", um

Vorwort

zur Sicherung der Einheit und Glaubwürdigkeit des kirchlichen Dienstes in allen Diözesen und für alle der Kirche zugeordneten Einrichtungen einheitliche arbeitsvertragliche Regelungen zu erreichen. Ihr Mitarbeitervertretungsrecht wurde der Grundordnung angepaßt. Die evangelische Kirche hat die Zersplitterung ihres Mitarbeitervertretungsrechts beseitigt. Die Synode der Evangelischen Kirche in Deutschland hat am 6. November 1992 ein Mitarbeitervertretungsgesetz verabschiedet, um zu einer Vereinheitlichung dieser Rechtsmaterie zu gelangen.

Herr Rechtsanwalt Nicolai Girlich hat das Entscheidungsregister und das Sachverzeichnis auf den neuesten Stand gebracht. Ihm und den übrigen Mitarbeitern am Lehrstuhl danke ich für die Unterstützung bei der Korrektur. Ein besonderer Dank gilt meiner Sekretärin, Frau Hiltrud Schröder, die in unermüdlichem Einsatz die schwierige Schreibarbeit stets zuverlässig und schnell erledigt und mich durch ihre Sorgfalt wesentlich von zeitraubender Kontrolle entlastet hat.

Regensburg, den 1. November 1999　　　　　　　　　　*Reinhard Richardi*

Inhaltsübersicht

Erstes Kapitel
Arbeitsrechtliche Regelungsautonomie als Bestandteil des kirchlichen Selbstbestimmungsrechts

§ 1 Staatskirchenrechtliche Grundlagen
§ 2 Geltung des Arbeitsrechts für den kirchlichen Dienst
§ 3 Geltungsbereich der arbeitsrechtlichen Regelungsautonomie
§ 4 Kirchenrechtliche Ordnung der Arbeitgeber-Arbeitnehmer-Beziehungen

Zweites Kapitel
Kirchenautonomie und Individualarbeitsrecht

§ 5 Staatliches Arbeitsvertragsrecht und Besonderheit des kirchlichen Dienstes
§ 6 Selbstbestimmungsrecht bei der Personenauswahl und der Festlegung von Loyalitätsobliegenheiten
§ 7 Kündigung und Kündigungsschutz
§ 8 Kirchenautonomie und Arbeitnehmerschutzrecht

Drittes Kapitel
Koalitionsfreiheit und Koalitionsbetätigungsrecht in kirchlichen Einrichtungen

§ 9 Koalitionsfreiheit und Kirchenautonomie
§ 10 Koalitionsbetätigung zur Erfüllung des Koalitionszwecks
§ 11 Koalitionsbildung, Koalitionsbeitritt und Koalitionswerbung

Viertes Kapitel
Arbeitsrechts-Regelungsrecht der Kirchen

§ 12 Kirchenautonomie und kollektives Arbeitsrecht
§ 13 Grundsätze und Formen des kirchlichen Arbeitsrechtsregelungsverfahrens
§ 14 Überblick über das Recht des „Dritten Weges"
§ 15 Arbeitsrechts-Regelungsrecht als kollektives Arbeitsrecht der Kirchen

Fünftes Kapitel
Betriebsverfassungsrecht der Kirchen

§ 16 Kirchenautonomie und gesetzliche Betriebsverfassung
§ 17 Mitarbeitervertretungsrecht als eigenes Betriebsverfassungsrecht der Kirchen
§ 18 Überblick über das Mitarbeitervertretungsrecht der katholischen Kirche
§ 19 Überblick über das Mitarbeitervertretungsrecht der evangelischen Kirche

Sechstes Kapitel
Gerichtsschutz bei Rechtsstreitigkeiten

§ 20 Staatlicher Gerichtsschutz und kircheneigene Rechtskontrolle
§ 21 Gerichtsschutz bei Streitigkeiten aus dem kollektiven Arbeitsrecht der Kirche

Inhaltsverzeichnis

Vorwort IX
Abkürzungsverzeichnis XXIX

Erstes Kapitel
Arbeitsrechtliche Regelungsautonomie als Bestandteil
des kirchlichen Selbstbestimmungsrechts

§ 1 Staatskirchenrechtliche Grundlagen

I. Staatskirchenrechtliches System des Grundgesetzes 1
  1. Inkorporation der Weimarer Kirchenartikel in das Grundgesetz .. 1
  2. Garantie der Freiheit gegenüber dem Staat 2
  3. Verhältnis der Weimarer Kirchenartikel zum Grundrecht der
    Religionsfreiheit 2
  4. Anerkennung der Eigenständigkeit kirchlicher Ordnung 5
II. Eigenständigkeit der kirchlichen Dienstverfassung als Teil des
    verfassungsrechtlich gewährleisteten Selbstbestimmungsrechts 5
III. Körperschaftsqualität und kirchliches Dienstrecht 7
  1. Dienstherrnfähigkeit 7
  2. Keine Beschränkung des öffentlich-rechtlich gestalteten
    Dienstrechts auf geistliche Amtsträger 8
  3. Öffentlich-rechtliches Dienstverhältnis und kirchenrechtliche
    Ämterorganisation 8
  4. Ergänzende Gewährleistung der Eigenständigkeit durch den
    Status als Körperschaft des öffentlichen Rechts 9
  5. Notwendigkeit der kirchenrechtlichen Zuordnung einer
    Körperschaft des öffentlichen Rechts 10
IV. Bedeutung der gesetzlichen Sozialversicherung für die
    Gestaltungsformen des kirchlichen Dienstes 11
V. Anwendungsvorrang gegenüber dem Europäischen
    Gemeinschaftsrecht 12
  1. Grundlagen im Gemeinschaftsrecht 12
  2. Folgerung für die arbeitsrechtliche Ordnung der Kirche 13

§ 2 Geltung des Arbeitsrechts für den kirchlichen Dienst

I. Vorrang des kirchlichen oder des staatlichen Rechts 14
  1. Problem 14
  2. These vom Vorrang des kirchlichen Rechts 14
    a) Meinungsstand 14
    b) Kritik 15

Inhalt

3. These vom Vorrang des staatlichen Rechts 16
   a) Meinungsstand 16
   b) Kritik 18
II. Geltung des Arbeitsrechts bei Wahl der Privatautonomie für Begründung und Regelung der Dienstverhältnisse 20
   1. Arbeitsrecht als Bestandteil der Zivilrechtsordnung 20
   2. Anerkennung der Ordnungsgrundsätze des Zivilrechts 20
   3. Kollektive Ordnung als Besonderheit des Arbeitsverhältnisses ... 21
   4. Bedeutungsgehalt der verfassungsrechtlich gewährleisteten Kirchenautonomie 22
III. Inhalt und Reichweite der Verfassungsgarantie des Selbstbestimmungsrechts für eine arbeitsrechtliche Regelungsautonomie .. 23
   1. Wahrnehmung einer eigenen Angelegenheit durch Einsatz zivilrechtlicher Regelungs- und Gestaltungsformen 23
   2. Bindung an das für alle geltende Gesetz 24
      a) Bedeutung des Schrankenvorbehalts für die Verbindlichkeit des Arbeitsrechts 24
      b) Inhalt der Formel des „für alle geltenden Gesetzes" 24
      c) Interpretation des Schrankenvorbehalts durch das Bundesverfassungsgericht 26
   3. Offenhaltung eines eigenen Weges 28
   4. Keine Schranke durch richterliche Ersatzgesetzgebung 30
   5. Ergebnis 30

§ 3 Geltungsbereich der arbeitsrechtlichen Regelungsautonomie

I. Die Abgrenzung in staatlichen Arbeitsgesetzen und ihr Verhältnis zur Verfassungsgarantie des kirchlichen Selbstbestimmungsrechts 32
II. Kongruenz der arbeitsrechtlichen Regelungsautonomie mit der Reichweite des der Kirche verfassungsrechtlich garantierten Selbstbestimmungsrechts 32
   1. Kirche im Sinne des Staatskirchenrechts 32
   2. Verfaßte Kirche und mit ihr institutionell verbundene Einrichtungen 33
   3. Privatrechtlich verselbständigte Einrichtungen 34
III. Zuordnungskriterien bei rechtlich verselbständigten Einrichtungen 35
   1. Abgrenzung nach konzernrechtlichen Gesichtspunkten? 35
   2. Wahrnehmung einer kirchlichen Grundfunktion 36
   3. Notwendigkeit einer Anerkennung durch die rechtmäßige kirchliche Autorität 38
   4. Keine Lockerung der Zuordnung durch Mitwirkung von Laien an der Verwaltung 39

§ 4 Kirchenrechtliche Ordnung der Arbeitgeber-Arbeitnehmer-Beziehungen

I. Historische Ausgangslage 42
   1. Evangelische Kirche 42
   2. Katholische Kirche 43
II. Leitbild einer Dienstgemeinschaft als Ordnungsziel verfassungsrechtlich verbürgter Selbstbestimmung im Arbeitsrecht 44
   1. Rechtsprechung des Bundesverfassungsgerichts 44
   2. Der Begriff der Dienstgemeinschaft nach dem Selbstverständnis der Kirchen 46
      a) Evangelische Kirche 46
      b) Katholische Kirche 47
   3. Bedeutungsgehalt der Dienstgemeinschaft für eine Sonderstellung des kirchlichen Dienstes in der Arbeitsrechtsordnung 49
      a) Einordnung des Dienstes in den religiös bestimmten Auftrag der Kirche 49
      b) Sonderstellung des kirchlichen Dienstes in einem marktwirtschaftlich organisierten Arbeitsleben 50
      c) Dienstgemeinschaft und Kirchenmitgliedschaft 51
      d) Schranken des Vertragsrechts 53
III. Grundordnung der katholischen Kirche 54
   1. Kirchengesetzliche Festlegung für Arbeitsverhältnisse 54
   2. Regelungsinhalt der Grundordnung 55
   3. Geltungsbereich der Grundordnung 56
      a) Gliederungen der verfaßten Kirche unter Einbeziehung der Orden 56
      b) Privatrechtlich verselbständigte Einrichtungen, insbesondere Einrichtungen der Caritas 57
IV. Grundsatzregelungen der evangelischen Kirche 58

Zweites Kapitel
Kirchenautonomie und Individualarbeitsrecht

§ 5 Staatliches Arbeitsvertragsrecht und Besonderheit des kirchlichen Dienstes

I. Sonderstellung auf Grund der Verfassungsgarantie des kirchlichen Selbstbestimmungsrechts 59
   1. Teilnahme an der Privatautonomie 59
   2. Schrankenvorbehalt als Grundlage und Grenze der Bindung an Arbeitsgesetze 59
II. Geltung des Arbeitsrechts bei Arbeit im Rahmen einer religiös bestimmten Lebensordnung 61
   1. Arbeitsverhältnis und verbandsrechtliche Sonderbindung 61
   2. Arbeit von Ordensangehörigen auf Grund eines besonderen Rechtsverhältnisses 62

III. Dienstgemeinschaft bei Betriebsübernahme 62
IV. Strukturveränderungen bei einer privatrechtlich verselbständigten Einrichtung 64
   1. Erscheinungsformen 64
   2. Ausgliederung in eine Kapitalgesellschaft 65
   3. Fortgeltung des kirchlichen Arbeitsrechts 66

§ 6 Selbstbestimmungsrecht bei der Personenauswahl und der Festlegung von Loyalitätsobliegenheiten

I. Personenauswahl 68
   1. Kirchliches Selbstbestimmungsrecht 68
   2. Katholische Kirche 69
II. Begründung des Arbeitsverhältnisses mit einem kirchlichen Rechtsträger 70
   1. Abschluß des Arbeitsvertrags 70
   2. Fragerecht des Arbeitgebers 70
   3. Rechtsbindungen des Arbeitgebers 71
III. Leistungs- und Verhaltenspflichten eines Arbeitnehmers im kirchlichen Dienst 71
   1. Vertragsrechtliche Grundlage 71
   2. Abstufung der Leistungspflicht nach dem Vertragsinhalt 72
   3. Notwendigkeit einer Unterscheidung zwischen der Leistungstreuepflicht und der Loyalitätsobliegenheit 73
IV. Inhalt und Umfang der Loyalitätsobliegenheiten 74
   1. Kircheneigene Kompetenz zur Festlegung der Loyalitätsanforderungen 74
      a) Ursprüngliche Rechtsprechung des Bundesarbeitsgerichts 74
      b) Verkennung der Wesensverschiedenheit gegenüber einem Tendenzarbeitsverhältnis 75
      c) Bestätigung der kircheneigenen Kompetenz durch das Bundesverfassungsgericht 76
      d) Pflicht zur Herstellung einer Konkordanz mit der für den Staat unabdingbaren Ordnung 77
   2. Kirchengesetzliche Festlegung kirchenspezifischer Loyalitätsobliegenheiten 78
      a) Staatskirchenrechtliche Anerkennung der kirchenrechtlichen Festlegung 78
      b) Grundordnung für die katholische Kirche 78
   3. Evangelische Kirche 79

§ 7 Kündigung und Kündigungsschutz

I. Gesetzesregelung über die Auflösung des Arbeitsverhältnisses als für alle geltendes Gesetz 80
II. Bedeutung der Verfassungsgarantie des Selbstbestimmungsrechts für die Interpretation des Kündigungs- und Kündigungsschutzrechts 81

1. Verhältnis zum Sozialstaatsprinzip 81
2. Ordentliche und außerordentliche Kündigung 82
3. Kirchlicher Maßstab für die Beurteilung des Kündigungsgrundes 83
4. Abstufung von Schwere und Tragweite eines Loyalitätsverstoßes 84
5. Die Entscheidung des Bundesverfassungsgerichts vom
4. Juni 1985 und ihre Konsequenzen für das Kündigungs- und
Kündigungsschutzrecht 86
III. Kirchengesetzliche Festlegung kirchenspezifischer Kündigungs-
gründe 89
1. Katholische Kirche 89
2. Evangelische Kirche 90
IV. Verstoß gegen das kirchliche Eherecht als Kündigungsgrund 90
1. Beurteilung „nach den von der verfaßten Kirche anerkannten
Maßstäben" (Bundesverfassungsgericht) 90
2. Rechtsprechung des Bundesarbeitsgerichts vor dem Beschluß
des Bundesverfassungsgerichts 91
3. Rechtsprechung des Bundesarbeitsgerichts nach dem Beschluß
des Bundesverfassungsgerichts 93
4. Vorgaben der Grundordnung für die katholische Kirche 95
5. Verhältnis zu Art. 6 Abs. 1 GG 96
6. Herstellung einer praktischen Konkordanz mit Art. 6 Abs. 1 GG
durch eine kircheneigene Regelung 99
V. Kirchenaustritt als Kündigungsgrund 100
1. Beurteilung „nach den von der verfaßten Kirche anerkannten
Maßstäben" (Bundesverfassungsgericht) 100
2. Rechtsprechung des Bundesarbeitsgerichts 101
3. Besonderheit des Kirchenaustritts gegenüber sonstigen
Loyalitätsverstößen 102
4. Wegfall der Geschäftsgrundlage für eine Beschäftigung im
kirchlichen Dienst 103
VI. Geltungsbereich der Bindung an die von der verfaßten
Kirche anerkannten Maßstäbe 104
VII. Ergebnis 106

§ 8 Kirchenautonomie und Arbeitnehmerschutzrecht

I. Kirchenautonomie und tarifdispositives Gesetzesrecht 108
1. Vorrang des Tarifvertrags bei zwingendem Gesetzesrecht 108
2. Delegation der Regelung von Sachproblemen an die
Tarifvertragsparteien 109
3. Ersetzung durch den Tarifvertrag bei einer gesetzlichen
Öffnungsklausel 111
4. Bedeutung für das kirchliche Selbstbestimmungsrecht 112
II. Abweichung von zwingendem Gesetzesrecht auf Grund einer
im Gesetz enthaltenen Kirchenklausel 112
1. Kirchenklauseln in neuen Gesetzen 112

Inhalt

    2. Inhalt der Kirchenklauseln 113
    3. Geltungsbereich der Kirchenklauseln 114
III. Bindung an die öffentlich-rechtlichen Arbeitnehmerschutzgesetze in den Grenzen des Schrankenvorbehalts 115
    1. Kein Vorrang auf Grund des Sozialstaatsprinzips 115
    2. Bindung an die öffentlich-rechtlichen Arbeitnehmerschutzbestimmungen 115
    3. Verfassungsrechtliche Gewährleistung eines eigenen Weges 115
IV. Berücksichtigung der Besonderheit des kirchlichen Dienstes in den öffentlich-rechtlichen Arbeitnehmerschutzgesetzen 116
    1. Gefahrenschutz 116
    2. Arbeitszeitschutz 117
V. Kirchlicher Dienst und Arbeitsplatz im Schwerbehindertenrecht 117
VI. Kirchenautonomie im Berufsbildungsrecht 119

Drittes Kapitel
Koalitionsfreiheit und Koalitionsbetätigungsrecht in kirchlichen Einrichtungen

§ 9 Koalitionsfreiheit und Kirchenautonomie

I. Vorrang der Koalitionsfreiheit? 121
    1. Koalitionsfreiheit als Grundrecht der Arbeitsverfassung 121
    2. Grundrechtsbindung der Kirchen 122
    3. Koalitionsfreiheit als Grundrecht mit Drittwirkung 124
    4. Koalitionsfreiheit und Schrankenvorbehalt des Art. 137 Abs. 3 WRV 125
    5. Koalitionsfreiheit als verfahrensgeprägtes Grundrecht 126
II. Individualgrundrecht der Koalitionsfreiheit 127
    1. Geltungsvoraussetzungen 127
    2. Kirchenamt und Koalitionsfreiheit 127
        a) Katholische Kirche 127
        b) Evangelische Kirche 128
    3. Koalitionsfreiheit für Arbeitnehmer im kirchlichen Dienst 129
III. Kollektive Koalitionsfreiheit und Kirchenautonomie 130
    1. Koalitionsfreiheit als Gruppengrundrecht 130
    2. Bedeutung der verfassungsrechtlich unfertigen Garantie der kollektiven Koalitionsfreiheit für das Selbstbestimmungsrecht der Kirchen 131

§ 10 Koalitionsbetätigung zur Erfüllung des Koalitionszwecks

I. Tarifautonomie als Koalitionsverfahren in einem marktwirtschaftlich geordneten System des Arbeitslebens 133
II. Tarifvertragssystem mit arbeitskampfrechtlicher Konfliktlösung und Kirchenautonomie 133

1. Freiheit zum Abschluß von Tarifverträgen 133
2. Tarifvertrag und Arbeitskampf als Funktionseinheit 135
3. Unvereinbarkeit des Arbeitskampfes mit der Verfassungsgarantie des Selbstbestimmungsrechts 136
   a) Begrenzte Streikfreiheit? 136
   b) Fehlen der Voraussetzungen für den Arbeitskampf zur Herstellung eines Verhandlungsgleichgewichts 137
4. Ersetzung des Arbeitskampfes durch einen Kontrahierungszwang zu verbindlicher Schlichtung 139
III. Tarifautonomie und Einheit des kirchlichen Dienstes 140
   1. Koalitionspluralismus 140
   2. Problem der Allgemeinverbindlicherklärung 140
   3. Übernahme von Tarifverträgen des öffentlichen Dienstes 141
   4. Folgerung für die kirchliche Arbeitsrechtsregelung 142
IV. Kirchliches Arbeitsrechtsregelungssystem und Koalitionsfreiheit 143
   1. Vereinbarkeit eines eigenständigen kirchlichen Beteiligungsmodells mit Art. 9 Abs. 3 GG 143
   2. Bedeutung der Koalitionsfreiheit für ein kirchliches Beteiligungsmodell 144

§ 11 Koalitionsbildung, Koalitionsbeitritt und Koalitionswerbung

I. Gewerkschaftsbegriff und Kirchenautonomie 146
   1. Recht auf Koalitionsbildung 146
   2. Gewerkschaftsbegriff und Tariffähigkeit 146
   3. Gewerkschaftsbegriff und Koalitionseigenschaft im kirchlichen Dienst 149
II. Rechtsgrundlagen einer gewerkschaftlichen Betätigung im Betrieb ... 151
   1. Verfassungsgarantie einer gewerkschaftlichen Betätigung zum Koalitionswohl 151
   2. Verhältnis zur Verfassungsgarantie des kirchlichen Selbstbestimmungsrechts 152
III. Zutrittsrecht der Gewerkschaften zur Mitgliederwerbung und Informationstätigkeit im Betrieb 154
   1. Koalitionsfreiheit und Zutrittsrecht 154
   2. Verneinung eines gewerkschaftlichen Zutrittsrechts zu kirchlichen Einrichtungen durch Beschluß des Bundesverfassungsgerichts vom 17. Februar 1981 155
   3. Betriebe ohne gewerkschaftsangehörige Arbeitnehmer 156
   4. ILO-Abkommen Nr. 135 über Schutz und Erleichterungen für Arbeitnehmervertreter im Betrieb 157
   5. Einräumung von Koalitionsrechten durch Richterspruch 158
   6. Verhältnis zum betriebsverfassungsrechtlichen Zutrittsrecht ... 159
   7. Zutrittsrecht und Kirchenautonomie 160
IV. Schranken gewerkschaftlicher Mitgliederwerbung und Informationstätigkeit im Betrieb 161
   1. Gewerkschaftliche Betätigung und Arbeitsverhältnis 161

Inhalt

2. Schranken aus dem Funktionszusammenhang mit der Koalitionsfreiheit	163
3. Vereinbarkeit mit den Pflichten aus der gesetzlichen Mitbestimmung	164
4. Bedeutung des Schrankenkatalogs für kirchliche Einrichtungen	165
V. Mittel der gewerkschaftlichen Betätigung	166
1. Verwendung von Arbeitgebereigentum	166
2. Plakatwerbung im Betrieb	167
3. Verteilung gewerkschaftlicher Werbe- und Informationsschriften	168
4. Gewerkschaftliche Vertrauensleute im Betrieb	170

Viertes Kapitel
Arbeitsrechts-Regelungsrecht der Kirchen

§ 12 Kirchenautonomie und kollektives Arbeitsrecht

I. Vorgaben	173
1. Historische Ausgangslage	173
a) Evangelische Kirche	173
b) Katholische Kirche	173
2. Notwendigkeit kircheneigener Rechtsetzung	173
II. Rechtsetzungskompetenz zur Regelung des kirchlichen Dienstes	175
1. Körperschaften des öffentlichen Rechts	175
2. Einrichtungen des Diakonischen Werkes und des Deutschen Caritasverbandes	175
III. Notwendigkeit einer kircheneigenen Arbeitsverfassung zur Sicherung des Selbstbestimmungsrechts	176
1. Grundgesetzliche Arbeitsverfassung	176
2. Übernahme der Tarifverträge des öffentlichen Dienstes	177

§ 13 Grundsätze und Formen des kirchlichen Arbeitsrechtsregelungsverfahrens

I. Überblick	179
II. Grundsätze eines kirchlichen Arbeitsrechtsregelungsverfahrens	179
III. Bindung der Kirchen an das Tarifvertragsgesetz bei Abschluß von Tarifverträgen	180
IV. Arbeitsrechtsregelungssystem des „Zweiten Weges"	182
1. Entscheidungen für den „Zweiten Weg"	182
2. Arbeitsrechtsregelungssystem der Nordelbischen Kirche	183
a) Überblick	183
b) Unvereinbarkeit mit den Ordnungsgrundsätzen des Tarifvertragssystems	185

3. Arbeitsrechtsregelungssystem der Evangelischen Kirche in
   Berlin-Brandenburg 186
V. „Dritter Weg" als sachgerechtes Beteiligungsmodell 187

§ 14 Überblick über das Recht des „Dritten Weges"

I. Evangelische Kirche 189
   1. Richtlinie der EKD 189
   2. Einführung des „Dritten Weges" durch die Landeskirchen 190
   3. Einzeldarstellung 191
      a) Aufgabe und Funktion der Arbeitsrechtlichen Kommission 191
      b) Personale Mitgliedsvoraussetzungen 191
      c) Besetzungsverfahren 192
      d) Letztentscheidungsrecht 193
   4. Arbeitsrechtsregelungsverfahren im Bereich der Diakonie 194
II. Katholische Kirche 194
   1. Rechtsgrundlagen 194
      a) Grundordnung 194
      b) KODA-Ordnungen 195
   2. Diözesaner Bereich 196
      a) Einrichtung und Aufgabe einer „Kommission
         zur Ordnung des Diözesanen Arbeitsvertragsrechtes"
         (Bistums/Regional-KODA) 196
      b) Zusammensetzung der Bistums/Regional-KODA 197
      c) Rechtsstellung der Vertreter der Mitarbeiter 198
      d) Verfahren und Durchführung der Beschlüsse der
         Kommission 198
   3. Arbeitsrechtsregelungsverfahren im Bereich des Deutschen
      Caritasverbandes 199
      a) Diözesanes Arbeitsvertragsrecht 199
      b) Arbeitsvertragsrichtlinien des Deutschen Caritasverbandes
         (AVR) 199
   4. Überdiözesaner Bereich 200

§ 15 Arbeitsrechts-Regelungsrecht als kollektives Arbeitsrecht der Kirchen

I. Herstellung praktischer Konkordanz zwischen staatlicher und
   kirchlicher Ordnung 201
II. Gleichwertigkeit mit dem Tarifvertragssystem 202
   1. Rechtsprechung des Bundesarbeitsgerichts 202
      a) Problemaufriß 202
      b) Ältere Judikatur 203
      c) Neuere Judikatur 205
   2. Eigenständige, aber gleichwertige Regelung im
      Funktionsbereich der Tarifautonomie 206
      a) Beschlußkompetenz der Arbeitsrechtlichen Kommission 206

Inhalt

      b) Paritätserfordernis bei der Gestaltung des Arbeitsrechtsregelungsverfahrens 209
      c) Letztentscheidungsrecht des Bischofs oder der Synode 210
III. Kirchliches Arbeitsrecht und gerichtliche Übermachtkontrolle 212
    1. Billigkeitskontrolle gegenüber vertraglichen Einheitsregelungen ... 212
    2. Rechtsprechung des Bundesarbeitsgerichts 212
      a) Ältere Judikatur 212
      b) Neuere Judikatur 214
    3. Gerichtliche Vertragskontrolle gegenüber im Verfahren des „Dritten Weges" festgelegten Arbeitsvertragsrichtlinien 215
      a) Verschiedenheit der Formen richterlicher Vertragkontrolle 215
      b) Tarifsurrogat kirchlicher Arbeitsvertragsrichtlinien 216
IV. Gleichstellung mit dem Tarifvertrag bei einer Abweichung von zwingendem Gesetzesrecht 217
    1. Gesetze mit Kirchenklauseln 217
    2. Gesetze ohne Kirchenklauseln 218
V. Rechtsgeltung der im Arbeitsrechtsregelungsverfahren festgelegten Regelungen 218
    1. Problem des Vorrangs des Einzelarbeitsvertrags 218
    2. Rechtsgeltung in Anlehnung an § 4 TVG und § 77 Abs. 4 BetrVG 218
    3. Rechtsgeltungsproblem bei Tarifvertrag und Betriebsvereinbarung 220
    4. Schlußfolgerung aus paralleler Beurteilung 221
    5. Zivilrechtliche Begründung einer normativen Wirkung 222
    6. Kirchenautonomie und normatives Gestaltungsrecht auf privatrechtlicher Grundlage 224
    7. Problem der Zuordnung auf der Arbeitgeberseite 225

Fünftes Kapitel
Betriebsverfassungsrecht der Kirchen

§ 16 Kirchenautonomie und gesetzliche Betriebsverfassung

I. Geschichtliche Entwicklung 227
    1. Weimarer Zeit 227
    2. Bedeutung der Kirchenautonomie bei der Entstehung des Betriebsverfassungsgesetzes 1952 229
      a) Kontrollratsgesetz Nr. 22 vom 10. April 1946 229
      b) Entstehungsgeschichte der Bereichsausklammerung im Betriebsverfassungsgesetz 1952 230
      c) Entsprechende Regelung im Personalvertretungsrecht 231
II. Ausklammerung aus der Geltung der staatlichen Mitbestimmungsgesetze durch besondere Rechtsvorschrift 232
III. Verfassungsbezug und Verfassungsrang der Ausklammerung aus der staatlichen Mitbestimmungsordnung 233
    1. Rechtsprechung 233

2. Konkretisierung der Verfassungsgarantie 235
3. Betriebsverfassungsgesetz ein „für alle geltendes Gesetz"? 236
4. Besonderheit gegenüber Tendenzunternehmen 238
5. Bindung des staatlichen Gesetzgebers an BVerfGE 46, 73 ff. 240
6. Verhältnis zum Sozialstaatsprinzip 242
IV. Geltungsbereich der Ausklammerung aus der gesetzlichen Betriebsverfassung 243
1. Abgrenzung im Gesetzesrecht 243
2. Der Beschluß des Bundesarbeitsgerichts zu der karitativen Einrichtung eines Säkularinstituts der katholischen Kirche 244
3. Der Fall Goch 245
   a) Sachverhalt 245
   b) Beschluß des Bundesarbeitsgerichts 246
   c) Abgrenzung nach dem Stiftungsrecht? 247
   d) Beschluß des Bundesverfassungsgerichts 250
4. Der Fall Volmarstein 251
5. Der Beschluß des Bundesarbeitsgerichts zum Kolping-Berufsbildungswerk Brakel 252
6. Der Beschluß des Bundesarbeitsgerichts zum Evangelischen Presseverband Nord e. V. 253
7. Zusammenfassung 253
V. Ausklammerung aus der gesetzlichen Betriebsverfassung bei Betriebsübernahme 254

§ 17 Mitarbeitervertretungsrecht als eigenes Betriebsverfassungsrecht der Kirchen

I. Schaffung einer Mitbestimmungsordnung als Problem kirchengesetzlicher Regelungsnotwendigkeit 256
1. Mitbestimmung und Rechtsstellung des einzelnen Arbeitnehmers 256
2. Bindung an die Mitbestimmung als Leitprinzip der Arbeitsverfassung 259
3. Herstellung einer Konkordanz mit der staatlichen Arbeitsrechtsordnung 260
II. Freiheit in der Gestaltung der Betriebsverfassung 261
III. Rechtsgrundlage des kirchlichen Mitarbeitervertretungsrechts 263
1. Überblick 263
2. Mitarbeitervertretungsrecht als Kirchenrecht 264
3. Mitarbeitervertretungsrecht als autonomes Arbeitsrecht der Kirchen 265
IV. Geltungsbereich eines kircheneigenen Mitarbeitervertretungsrechts . 266
1. Staatskirchenrechtliche Grundlage 266
2. Abgrenzung des Geltungsbereichs im kirchlichen Mitarbeitervertretungsrecht 267

Inhalt

§ 18 Überblick über das Mitarbeitervertretungsrecht der katholischen Kirche

- I. Rechtsquellen 268
  - 1. Rahmenordnung für eine Mitarbeitervertretungsordnung 268
  - 2. Kirchengesetzliche Grundlage der Mitarbeitervertretungsordnung 268
  - 3. Einrichtungen der Caritas 269
  - 4. Einrichtungen von Orden 270
- II. Grundlagen des Mitarbeitervertretungsrechts 271
  - 1. Mitbestimmungsstatut im Spannungsverhältnis zum kirchlichen Auftrag 271
  - 2. Geltungsbereich der Mitarbeitervertretungsordnung 272
  - 3. Einrichtung als Organisationseinheit für die Bildung einer Mitarbeitervertretung 272
  - 4. Begriff des Mitarbeiters zur Bestimmung des von der Mitarbeitervertretung repräsentierten Personenkreises 274
    - a) Mitarbeiter als Oberbegriff 274
    - b) Zuordnungsmerkmale 275
    - c) Ausklammerung aus dem Kreis der von der Mitarbeitervertretung repräsentierten Mitarbeiter 277
  - 5. Begriff des Dienstgebers 279
- III. Errichtung einer Mitarbeitervertretung 279
  - 1. Mitarbeitervertretungsfähigkeit einer Einrichtung 279
  - 2. Größe und Zusammensetzung der Mitarbeitervertretung 279
    - a) Zahl der Mitglieder 279
    - b) Keine Zusammensetzung nach Gruppen 280
  - 3. Wahlberechtigung 281
  - 4. Wählbarkeit 281
  - 5. Vorbereitung und Durchführung der Wahl 282
    - a) Regelfall 282
    - b) Vereinfachtes Wahlverfahren 283
  - 6. Wahlanfechtung und Wahlnichtigkeit 283
- IV. Amtszeit, Organisation und Geschäftsführung der Mitarbeitervertretung 284
  - 1. Amtszeit 284
  - 2. Auflösung und Amtsenthebung 285
  - 3. Vorsitz in der Mitarbeitervertretung 285
  - 4. Sitzungen 286
  - 5. Kosten der Mitarbeitervertretung 286
- V. Persönliche Rechtsstellung der Mitglieder einer Mitarbeitervertretung 287
  - 1. Ehrenamtliche Tätigkeit 287
  - 2. Arbeitsbefreiung und Freizeitausgleich 287
    - a) Freistellung von der Arbeitspflicht 287
    - b) Anspruch der Mitarbeitervertretung auf Freistellung 288

     c) Freizeitausgleich 288
     d) Streitigkeiten 288
  3. Teilnahme an Schulungsveranstaltungen 289
  4. Versetzungs- und Abordnungsschutz 290
  5. Besonderer Kündigungsschutz im Rahmen der Mitarbeiter-
     vertretung 291
  6. Übernahmerecht von Berufsauszubildenden 292
  7. Schweigepflicht 293
VI. Einrichtungen neben der Mitarbeitervertretung 294
  1. Mitarbeiterversammlung 294
  2. Sprecherinnen und Sprecher der Jugendlichen und der
     Auszubildenden als zusätzliche betriebsverfassungsrechtliche
     Vertretung 295
  3. Vertrauensperson der Schwerbehinderten als zusätzliche
     betriebsverfassungsrechtliche Vertretung 296
  4. Vertrauensmann der Zivildienstleistenden 296
VII. Grundsätze für die Zusammenarbeit zwischen Dienstgeber und
     Mitarbeitervertretung 297
  1. Gebot der vertrauensvollen Zusammenarbeit 297
  2. Gesetzestechnische Gestaltung der Beteiligung 297
  3. Informationsrecht der Mitarbeitervertretung 298
  4. Mitwirkungsrechte der Mitarbeitervertretung 299
     a) Anhörung und Mitberatung 299
     b) Vorschlagsrecht 300
  5. Mitbestimmungsrechte der Mitarbeitervertretung 300
     a) Zustimmungsrecht 300
     b) Antragsrecht 301
  6. System der Beteiligung 301
  7. Beteiligung der Mitarbeitervertretung als Legitimation für
     Maßnahmen des Dienstgebers 302
VIII. Betriebs- oder Dienstvereinbarung und Beteiligungssystem 303
IX. Beteiligung der Mitarbeitervertretung in Personalangelegenheiten . 305
  1. Einstellung und Anstellung 305
  2. Personelle Einzelmaßnahmen während des Beschäftigungs-
     verhältnisses 306
  3. Kündigung 307
X. Beteiligung der Mitarbeitervertretung in sozialen Angelegenheiten
   (ausgewählte Beispiele) 308
  1. Festlegung der Arbeitszeit 308
  2. Urlaubsregelung 309
  3. Durchführung der Ausbildung 310
  4. Sozialeinrichtungen und soziale Maßnahmen 310
XI. Beteiligung der Mitarbeitervertretung bei Betriebsänderungen 311
XII. Schlichtungsverfahren 311

Inhalt

§ 19 Überblick über das Mitarbeitervertretungsrecht der evangelischen Kirche

I. Rechtsquellen 313
  1. Ursprüngliche Rechtslage 313
  2. Notwendigkeit einer Ersetzung des zersplitterten Mitarbeitervertretungsrechts durch ein einheitliches Kirchengesetz 314
  3. Erlaß des Mitarbeitervertretungsgesetzes 1992 durch die EKD .. 315
II. Geltungsbereich des Mitarbeitervertretungsgesetzes der EKD 316
III. Organisation der Mitarbeitervertretung nach dem MVG.EKD 317
  1. Zweistufigkeit des Mitarbeitervertretungsaufbaus 317
  2. Größe und Zusammensetzung der Mitarbeitervertretung 317
  3. Bildung der Mitarbeitervertretung durch Wahl 317
  4. Amtszeit 317
  5. Persönliche Rechtsstellung der Mitarbeitervertreter 318
IV. Einrichtungen neben der Mitarbeitervertretung nach dem MVG.EKD 318
  1. Mitarbeiterversammlung 318
  2. Interessenvertretung besonderer Mitarbeitergruppen 319
  3. Gesamtausschuß der Mitarbeitervertretungen 319
V. Zusammenarbeit zwischen Dienstgeber und Mitarbeitervertretung nach dem MVG.EKD 319
VI. Formen der Beteiligung nach dem MVG.EKD 319
  1. Überblick 319
  2. Mitbestimmung 320
  3. Eingeschränkte Mitbestimmung 320
  4. Mitbestimmungsregelung bei Kündigungen 320
  5. Initiativrecht 321
VII. Dienstvereinbarung als Gestaltungsform innerbetrieblicher Regelung 321
VIII. Schlichtung und Rechtsschutz nach dem MVG.EKD 322

Sechstes Kapitel
Gerichtsschutz bei Rechtsstreitigkeiten

§ 20 Staatlicher Gerichtsschutz und kircheneigene Rechtskontrolle

I. Kircheneigene Rechtskontrolle als Bestandteil der Verfassungsgarantie des Selbstbestimmungsrechts 325
II. Staatlicher Gerichtsschutz bei Streitigkeiten aus dem Arbeitsverhältnis 326
III. Bedeutung einer kircheneigenen Rechtskontrolle für die Entstehung von Juristenrecht 327

§ 21 Gerichtsschutz bei Streitigkeiten aus dem kollektiven Arbeitsrecht der Kirche

I. Rechtsweg zu den staatlichen Arbeitsgerichten 329
   1. Fehlen einer Zuständigkeitszuweisung im staatlichen Gerichtsverfassungsrecht 329
   2. Rechtsprechung des Bundesarbeitsgerichts 330
II. Notwendigkeit eines Gerichtsschutzes 331
   1. Vorrang kircheneigener Rechtskontrolle 331
   2. Doppelfunktion der nach kirchlichem Recht gebildeten Schlichtungsstellen 331
III. Zuständigkeit kirchlicher Instanzen 333
   1. Katholische Kirche 333
   2. Evangelische Kirche 334
IV. Zuständigkeit der staatlichen Arbeitsgerichte bei der Anwendung des kirchlichen Mitarbeitervertretungsrechts 334

Literaturverzeichnis 337
Entscheidungsregister 349
Sachverzeichnis 353

Abkürzungsverzeichnis

a. A.	anderer Ansicht
aaO	am angegebenen Ort
AAS	Acta Apostolicae Sedis
abl.	ablehnend
ABl.	Amtsblatt
Abs.	Absatz
AcP	Archiv für die civilistische Praxis, Tübingen
AFG	Arbeitsförderungsgesetz vom 25. Juni 1969
AGB-Gesetz	Gesetz zur Regelung des Rechts der Allgemeinen Geschäftsbedingungen (AGB-Gesetz) vom 9. Dezember 1976
AkathKR	Archiv für katholisches Kirchenrecht, Mainz
ALR	Allgemeines Landrecht für die Preußischen Staaten von 1794
Anh.	Anhang
Anm.	Anmerkung
AOG	Gesetz zur Ordnung der nationalen Arbeit vom 20. Januar 1934
AOGÖ	Gesetz zur Ordnung der Arbeit in öffentlichen Verwaltungen und Betrieben vom 23. März 1934
AöR	Archiv des öffentlichen Rechts, Tübingen
AP	Nachschlagewerke des Bundesarbeitsgerichts – Arbeitsgerichtliche Praxis – Die Rechtsprechung des Bundesarbeitsgerichts und die arbeitsrechtlich bedeutsamen Entscheidungen anderer Gerichte mit erläuternden Anmerkungen, München
ArbG	Arbeitsgericht
ArbGG	Arbeitsgerichtsgesetz i. F. vom 2. Juli 1979 (sofern nichts anderes vermerkt)
AR-Blattei	Arbeitsrecht-Blattei, Handbuch für die Praxis, Wiesbaden
ArbRGegw.	Das Arbeitsrecht der Gegenwart, Jahrbuch für das gesamte Arbeitsrecht und die Arbeitsgerichtsbarkeit, Berlin
ArbSchG	Gesetz über die Durchführung von Maßnahmen des Arbeitsschutzes zur Verbesserung der Sicherheit und des Gesundheitsschutzes der Beschäftigten bei der Arbeit (Arbeitsschutzgesetz) vom 7. August 1996
ArbVG	Arbeitsverfassungsgesetz vom 14. Dezember 1973 (Österreich)
ArbZG	Arbeitszeitgesetz vom 6. Juni 1994
ARRG	Arbeitsrechtsregelungsgesetz

Abkürzungsverzeichnis

Art.	Artikel
ASiG	Gesetz über Betriebsärzte, Sicherheitsingenieure und andere Fachkräfte für Arbeitssicherheit (Arbeitssicherheitsgesetz) vom 12. Dezember 1973
Aufl.	Auflage
AÜG	Gesetz zur Regelung der gewerbsmäßigen Arbeitnehmerüberlassung (Arbeitnehmerüberlassungsgesetz) i.F. vom 3. Februar 1995
AuR	Arbeit und Recht, Köln
ATO	Allgemeine Tarifordnung für Arbeitnehmer im öffentlichen Dienst
AVG	Angestelltenversicherungsgesetz i.F. vom 28. Mai 1924
AVO	Arbeitsvertragsordnung für den kirchlichen Dienst
AVR	Richtlinien für Arbeitsverträge in den Einrichtungen des Deutschen Caritasverbandes, hrsg. vom Geschäftsführer der Arbeisrechtlichen Kommission des Deutschen Caritasverbandes
Bad-Württ	Baden-Württemberg
BAG	Bundesarbeitsgericht
BAGE	Entscheidungen des Bundesarbeitsgerichts, amtliche Sammlung, Berlin – New York
BAT	Bundes-Angestelltentarifvertrag
BayBS	Bereinigte Sammlung des Bayerischen Landesrechts
BayPVG	Bayerisches Personalvertretungsgesetz i.F. vom 11. November 1986
BayVBl.	Bayerische Verwaltungsblätter, München
BB	Der Betriebs-Berater (Zeitschrift), Heidelberg
BBG	Bundesbeamtengesetz i.F. vom 27. Februar 1985
BBiG	Berufsbildungsgesetz vom 14. August 1969
Bd.	Band
Beil.	Beilage
BeschFG	Gesetz über arbeitsrechtliche Vorschriften zur Beschäftigungsförderung – Art. 1 des Beschäftigungsförderungsgesetzes 1985 vom 26. April 1985
BetrAVG	Gesetz zur Verbesserung der betrieblichen Altersversorgung vom 19. Dezember 1974
BetrVG 1952	Betriebsverfassungsgesetz vom 11. Oktober 1952
BetrVG	Betriebsverfassungsgesetz i.F. vom 23. Dezember 1988
BGB	Bürgerliches Gesetzbuch
BGBl.	Bundesgesetzblatt
BGHZ	Entscheidungen des Bundesgerichtshofes in Zivilsachen, amtliche Sammlung, Köln – Berlin
Bistums-KODA	Kommission zur Ordnung des diözesanen Arbeitsvertragsrechtes
Bl.	Blatt
BlStSozArbR	Blätter für Steuerrecht, Sozialversicherung und Arbeitsrecht, Neuwied/Rhein

Abkürzungsverzeichnis

BLV	Verordnung über die Laufbahnen der Bundesbeamten (Bundeslaufbahnverordnung) vom 8. März 1990
BPersVG	Bundespersonalvertretungsgesetz vom 15. März 1974
BR-Drucks	Bundesratsdrucksache
BRG	Betriebsrätegesetz vom 4. Februar 1920
BRRG	Rahmengesetz zur Vereinheitlichung des Beamtenrechts (Beamtenrechtsrahmengesetz) i.F. vom 27. Februar 1985
BT	Bundestag
BT-Drucks.	Bundestagsdrucksache
BUrlG	Mindesturlaubsgesetz für Arbeitnehmer (Bundesurlaubsgesetz) vom 8. Januar 1963
BVerfG	Bundesverfassungsgericht
BVerfGE	Entscheidungen des Bundesverfassungsgerichts, amtliche Sammlung, Tübingen
BVerfGG	Gesetz über das Bundesverfassungsgericht i.F. vom 11. August 1993
BVerwGE	Entscheidungen des Bundesverwaltungsgerichts, amtliche Sammlung, Berlin
bzw.	beziehungsweise
can.	Canon
cc.	Canones
CDU/CSU	Christlich-Demokratische Union/Christlich-Soziale Union
CIC	Codex Iuris Canonici vom 25. Januar 1983
CIC 1917	Codex Iuris Canonici vom 27. Mai 1917
DAG	Deutsche Angestelltengewerkschaft
DB	Der Betrieb (Zeitschrift), Düsseldorf
DCV	Deutscher Caritasverband
DDR	Deutsche Demokratische Republik
ders.	derselbe
DGB	Deutscher Gewerkschaftsbund
d.h.	das heißt
Diss.	Dissertation
DJT	Deutscher Juristentag
DÖV	Die öffentliche Verwaltung, Zeitschrift für Verwaltungsrecht und Verwaltungspolitik, Stuttgart
DVBl.	Deutsches Verwaltungsblatt (Zeitschrift), Köln – Berlin – Bonn – München
EG	Europäische Gemeinschaft
EGBGB	Einführungsgesetz zum Bürgerlichen Gesetzbuch vom 18. August 1896
Einl.	Einleitung
EKD	Evangelische Kirche in Deutschland
EKU	Evangelische Kirche in der Union
EMRK	Europäische Menschenrechtskommission
Entsch.	Entscheidung

Abkürzungsverzeichnis

epd	Evangelischer Pressedienst
ErfK	Erfurter Kommentar zum Arbeitsrecht, hrsg. von Thomas Dieterich, Peter Hanau und Günter Schaub, München 1998 (zitiert: ErfK/Bearbeiter)
Erl.	Erläuterung
EssG	Essener Gespräche zum Thema Staat und Kirche, begründet von: Joseph Krautscheidt und Heiner Marré, Münster
EU	Europäische Union
EuGH	Gerichtshof der Europäischen Gemeinschaft
ev.	evangelisch
e.V.	eingetragener Verein
EWG	Europäische Wirtschaftsgemeinschaft
EzA	Entscheidungssammlung zum Arbeitsrecht, Neuwied
f., ff.	folgende
FamRZ	Zeitschrift für das gesamte Familienrecht, Bielefeld
Forts.	Fortsetzung
Fn.	Fußnote
FS	Festschrift
GBl.	Gesetzblatt
GewO	Gewerbeordnung i.F. vom 1. Januar 1987
GG	Grundgesetz für die Bundesrepublik Deutschland vom 23. Mai 1949
GK-BetrVG	Gemeinschaftskommentar zum Betriebsverfassungsgesetz
GLF	Gewerkschaft Gartenbau, Land- und Forstwirtschaft
GmbH	Gesellschaft mit beschränkter Haftung
GmbHG	Gesetz betreffend die Gesellschaften mit beschränkter Haftung vom 20. April 1892, geändert durch Gesetz vom 4. Juli 1980
GrOkathK	Grundordnung des kirchlichen Dienstes im Rahmen kirchlicher Arbeitsverhältnisse, verabschiedet von der Deutschen Bischofskonferenz am 22. September 1993
GS	Großer Senat
GVBl.	Gesetz- und Verordnungsblatt
GVG	Gerichtsverfassungsgesetz i.F. vom 9. Mai 1975
HdbKathKR	Handbuch des katholischen Kirchenrechts, hrsg. vom Joseph Listl, Hubert Müller und Heribert Schmitz, 2. Aufl. Regensburg 1983
HdbStKirchR	Handbuch des Staatskirchenrechts der Bundesrepublik Deutschland, hrsg. von Ernst Friesenhahn und Ulrich Scheuner in Verbindung mit Joseph Listl, 2 Bde., Berlin 1974–2. Aufl. hrsg. von Joseph Listl und Dietrich Pirson, 2 Bde., Berlin 1994/95
HK	Herderkorrespondenz
Hrsg.	Herausgeber
hrsg.	herausgegeben

Abkürzungsverzeichnis

i.F.	in der Fassung
IG	Industriegewerkschaft
ILO	Internationale Arbeitsorganisation
ILO-Abkommen Nr. 135	Übereinkommen Nr. 135 der Internationalen Arbeitsorganisation über Schutz und Erleichterungen für Arbeitnehmer im Betrieb vom 23. Juni 1971
insbes.	insbesondere
i.S.	im Sinne
JArbSchG	Gesetz zum Schutze der arbeitenden Jugend (Jugendarbeitsschutzgesetz) vom 12. April 1976
JuS	Juristische Schulung (Zeitschrift), München und Frankfurt a.M.
JZ	Juristen-Zeitung, Tübingen
KABl.	Kirchliches Amtsblatt
KAnz.	Kirchlicher Anzeiger
KAT	Kirchlicher Angestelltentarifvertrag vom 15. Januar 1982
KNA	Katholische Nachrichtenagentur
KODA	Kommission zur Ordnung des Arbeitsvertragsrechtes
KSchG	Kündigungsschutzgesetz i.F. vom 25. August 1969
KuR	Kirche und Recht. Zeitschrift für die kirchliche und staatliche Praxis, Neuwied
LAG	Landesarbeitsgericht
LFG	Gesetz über die Fortzahlung des Arbeitsentgelts im Krankheitsfalle (Lohnfortzahlungsgesetz) vom 27. Juli 1969
lit.	littera (Buchstabe)
LThK	Lexikon für Theologie und Kirche
MAV	Rahmenordnung für Mitarbeitervertretungen im kirchlichen und karitativen Dienst, beschlossen von der Vollversammlung des Verbandes der Diözesen Deutschlands am 3. März 1971
MAVO	Rahmenordnung für eine Mitarbeitervertretungsordnung, beschlossen von der Vollversammlung des Verbandes der Diözesen Deutschlands vom 20. November 1995
MG	Gemeinsames Mitarbeitergesetz der Konföderation der evanglischen Kirchen in Niedersachen
MitbestG 1976	Gesetz über die Mitbestimmung der Arbeitnehmer (Mitbestimmungsgesetz) vom 4. Mai 1976
MünchArbR	Münchener Handbuch zum Arbeitsrecht, hrsg. von Reinhard Richardi und Otfried Wlotzke, Bd. I und II, 2. Aufl. München 2000 (zitiert: MünchArbR/Bearbeiter)
MünchKomm. zum BGB	Münchener Kommentar zum Bürgerlichen Gesetzbuch, hrsg. von Kurt Rebmann und Franz-Jürgen Säcker,

Abkürzungsverzeichnis

	7 Bde., 3. Aufl., München 1993 ff. (zitiert: Münch-Komm. zum BGB/Bearbeiter)
MuSchG	Gesetz zum Schutze der erwerbstätigen Mutter (Mutterschutzgesetz) i.F. vom 17. Januar 1997
MVG	Kirchengesetz über Mitarbeitervertretungen in der Evangelischen Kirche in Deutschland
MVG.EKD	Kirchengesetz über Mitarbeitervertretungen in der Evangelischen Kirche in Deutschland (Mitarbeitervertretungsgesetz – MVG) vom 6. November 1992 (geändert durch Kirchengesetz vom 6. November 1996 und 5. November 1998)
MVO	Mitarbeitervertretungsordnung
NEK	Nordelbische Evangelisch-Lutherische Kirche
n.F.	neuer Fassung
NJW	Neue Juristische Wochenschrift (Zeitschrift), München und Frankfurt a.M.
Nr.	Nummer
NRW	Nordrhein-Westfalen
NZA	Neue Zeitschrift für Arbeitsrecht, München und Frankfurt a.M.
ÖAKR	Österreichisches Archiv für Kirchenrecht, Wien
ÖTV	Gewerkschaft Öffentliche Dienste, Transport und Verkehr
OVBl.	Oberhirtliches Verordnungsblatt
OVG	Oberverwaltungsgericht
PersVG Bad.-Württ.	Personalvertretungsgesetz für Baden-Württemberg i.F. vom 20. Dezember 1990
RdA	Recht der Arbeit, Zeitschrift für die Wissenschaft und Praxis des gesamten Arbeitsrechts, München
RGRK	Kommentar zum Bürgerlichen Gesetzbuch, herausgegeben von Mitgliedern des Bundesgerichtshofes, 12. Aufl., Berlin-New York (zitiert: RGRK/Bearbeiter)
Rn.	Randnummer
RegEntw.	Regierungsentwurf
Regional-KODA	Kommission zur Ordnung des diözesanen Arbeitsvertragsrechtes (Kommission für mehrere Bistümer)
Rspr.	Rechtsprechung
RVO	Reichsversicherungsordnung i.F. vom 15. Dezember 1924
s.	siehe
S.	Seite
SAE	Sammlung Arbeitsrechtlicher Entscheidungen, Köln
SGB	Schwerbeschädigtengesetz vom 16. Juni 1953
SchwbG	Gesetz zur Sicherung der Eingliederung Schwerbehinderter in Arbeit, Beruf und Gesellschaft (Schwerbehindertengesetz) i.F. vom 26. August 1986

Abkürzungsverzeichnis

SGB	Sozialgesetzbuch
SPD	Sozialdemokratische Partei Deutschlands
SprAuG	Gesetz über die Sprecherausschüsse der leitenden Angestellten (Sprecherausschußgesetz) vom 20. Dezember 1988
StiftG NJW	Stiftungsgesetz Nordrhein-Westfalen vom 21. Juni 1977
st. Rspr.	ständige Rechtsprechung
TVG	Tarifvertragsgesetz i.F. vom 25. August 1969
TVO	Tarifvertragsordnung der Evangelischen Kirche in Berlin-Brandenburg vom 16. November 1991
UmwG	Umwandlungsgesetz vom 28. Oktober 1994
VELKD	Vereinigte Evangelisch-Lutherische Kirche Deutschlands
v.	von
VerwArch	Verwaltungsarchiv, Zeitschrift für Verwaltungslehre, Verwaltungsrecht und Verwaltungspolitik, Köln – Berlin – Bonn – München
VerwG.EKD	Verwaltungsgericht der Evangelischen Kirche in Deutschland
vgl.	vergleiche
VKDA-NEK	Verband kirchlicher und diakonischer Anstellungsträger Nordelbien
VKM	Verband kirchlicher Mitarbeiter Nordelbien
Vorbem.	Vorbemerkung
VSSR	Vierteljahresschrift für Sozialrecht, Berlin
VVDStRL	Veröffentlichungen der Vereinigung der Deutschen Staatsrechtslehrer, Berlin
VwGO	Verwaltungsgerichtsordnung i.F. vom 19. März 1991
WissR	Wissenschaftsrecht, Wissenschaftsverwaltung, Wissenschaftsförderung (Zeitschrift), Tübingen
WO 1972	Erste Verordnung zur Durchführung des Betriebsverfassungsgesetzes (Wahlordnung 1972) vom 16. Januar 1972
WRV	Weimarer Reichsverfassung vom 11. August 1919
z.B.	zum Beispiel
ZDG	Gesetz über den Zivildienst der Kriegsdienstverweigerer (Zivildienstgesetz) i.F. vom 28. September 1994
Zentral-KODA	Zentrale Kommission zur Ordnung des Arbeitsvertragsrechtes im kirchlichen Dienst
ZevKR	Zeitschrift für evangelisches Kirchenrecht, Tübingen
ZfA	Zeitschrift für Arbeitsrecht, Köln – Berlin – Bonn – München
ZGR	Zeitschrift für Unternehmens- und Gesellschaftsrecht, Berlin
ZHR	Zeitschrift für das gesamte Handelsrecht und Wirtschaftsrecht, Heidelberg

Abkürzungsverzeichnis

ZKD	Zentralverband katholischer Kirchenangestellter Deutschlands e. V.
ZMV	Die Mitarbeitervertretung. Zeitschrift für die Praxis der Mitarbeitervertretung in den Einrichtungen der katholischen und evangelischen Kirche, Köln
ZTR	Zeitschrift für Tarif-, Arbeits- und Sozialrecht des öffentlichen Dienstes, München
zust.	zustimmend

# Erstes Kapitel
Arbeitsrechtliche Regelungsautonomie als Bestandteil des kirchlichen Selbstbestimmungsrechts

§ 1 Staatskirchenrechtliche Grundlagen

I. Staatskirchenrechtliches System des Grundgesetzes

1. Inkorporation der Weimarer Kirchenartikel in das Grundgesetz

Kirchlicher Dienst entfaltet sich im Rahmen der staatlich geordneten Gesellschaft. Deshalb betrifft er in besonderem Maß das Verhältnis zwischen Kirche und Staat. Das gilt nicht nur für die kirchliche Ämterorganisation, sondern allgemein für die Ordnung des kirchlichen Dienstes. Das Spannungsverhältnis zur staatlichen Ordnung wird nicht dadurch behoben, daß die Kirchen sich der jedermann eingeräumten Privatautonomie bedienen, um Dienstverhältnisse zu begründen und zu regeln. Es wird vielmehr dadurch besonders komplex. Der kirchliche Dienst erschöpft sich nicht in der Ämterorganisation. Das gilt in besonderem Maß für den karitativen Bereich. Das Gebot der Nächstenliebe ist eine Grundfunktion der Kirche. Karitative Einrichtungen einer Kirche sind deshalb nicht bloß Dienstleistungsbetriebe mit karitativer Zweckbestimmung, sondern Wesens- und Lebensäußerung der Kirche.

Der Staat hat sein Verhältnis zu den Kirchen durch Rezeption der Kirchenartikel aus der Weimarer Reichsverfassung in Art. 140 GG festgelegt. Die für die Begründung und Gestaltung von Dienstverhältnissen maßgebliche Garantie enthält Art. 137 Abs. 3 WRV. Es heißt dort:

„Jede Religionsgesellschaft ordnet und verwaltet ihre Angelegenheiten selbständig innerhalb der Schranken des für alle geltenden Gesetzes. Sie verleiht ihre Ämter ohne Mitwirkung des Staates oder der bürgerlichen Gemeinde."

Nicht minder wichtig ist die Verfassungsgarantie in Art. 137 Abs. 5 WRV:

„Die Religionsgesellschaften bleiben Körperschaften des öffentlichen Rechtes, soweit sie solche bisher waren. Anderen Religionsgesellschaften sind auf ihren Antrag gleiche Rechte zu gewähren, wenn sie durch ihre Verfassung und die Zahl ihrer Mitglieder die Gewähr der Dauer bieten. Schließen sich mehrere derartige öffentlich-rechtliche Religionsgesellschaften zu einem Verbande zusammen, so ist auch dieser Verband eine öffentlich-rechtliche Körperschaft."

Seit dem 3. Oktober 1990 ist Deutschland wiedervereinigt. Das Grundgesetz trat an diesem Tag auf dem Gebiet der ehemaligen Deutschen Demokratischen Republik in Kraft (Art. 3 des Einigungsvertrags). Seitdem beruht auch dort die Kirchenautonomie auf derselben verfassungsrechtlichen Grundlage.

2. Garantie der Freiheit gegenüber dem Staat

4   Die Rezeption der Art. 136, 137, 138, 139 und 141 WRV durch Art. 140 GG ist das Ergebnis eines Kompromisses; sie ist ein „Verlegenheitsergebnis verfassunggebender Parlamentsarbeit".[1] Ging es in der Weimarer Nationalversammlung nach dem Wegfall des landesherrlichen Kirchenregiments vornehmlich um die Frage, die Trennung von Staat und Kirche durchzuführen und zugleich die überkommenen Rechte der Kirchen zu erhalten, soweit sie mit dem religiös neutralen Charakter des Staates verträglich erschienen, so hatte, als das Grundgesetz geschaffen wurde, die Problemstellung sich grundlegend gewandelt. Von einer Aufrechterhaltung der staatlichen Kirchenhoheit, wie sie dem herrschenden Verständnis in der Weimarer Zeit entsprach, konnte nicht mehr die Rede sein; denn nach dem Zusammenbruch des kirchenfeindlichen nationalsozialistischen Staates hatten die Kirchen die volle Unabhängigkeit erlangt. Die Rezeption der Weimarer Kirchenartikel durch Art. 140 GG stieß auf eine veränderte kirchenpolitische Wirklichkeit.

5   Die Ordnungsgewalt des Staates begründet im Verhältnis zu den Kirchen keine Unterordnung. Der Staat respektiert vielmehr die Eigenständigkeit der kirchlichen Rechtsordnung, weil er als säkularisierter Staat sich nicht zum Wesen und Auftrag der Kirche äußern kann. Auch durch die Anerkennung als Körperschaften des öffentlichen Rechts werden die Kirchen nicht in den organisatorisch gestuften Staatsaufbau einbezogen.[2] Sie begründet nur eine Heraushebung über die Religionsgesellschaften des Privatrechts, weil ihr die Überzeugung des Staates von der besonderen Bedeutung des Öffentlichkeitsauftrags der Kirche für die gesellschaftliche Ordnung, „von ihrer gewichtigen Stellung in der Gesellschaft und der sich daraus ergebenden Gewähr der Dauer zugrunde liegt".[3] Mit der Gewährung des öffentlich-rechtlichen Sonderstatus erkennt der Staat an, „daß die Kirchen in einem begrenzten Bereich eine nicht von ihm delegierte Hoheitsgewalt im Ordnungsgefüge des Volksganzen ausüben".[4]

3. Verhältnis der Weimarer Kirchenartikel zum Grundrecht der Religionsfreiheit

6   Die Weimarer Kirchenartikel sind durch Art. 140 GG „vollgültiges Verfassungsrecht der Bundesrepublik Deutschland geworden"; sie stehen „gegenüber den anderen Artikeln des Grundgesetzes nicht etwa auf einer Stufe minderen Ranges".[5] Sie sind, wie es in Art. 140 GG heißt, *Bestandteil*

---

[1] *Smend* ZevKR 1 (1951), 4 (11) = Staatsrechtliche Abhandlungen, S. 411 (418); vgl. zur Entstehungsgeschichte *Hollerbach*, Handbuch des Staatsrechts, Bd. VI § 138 Rn. 19 ff.
[2] BVerfGE 18, 385 (386 f.); 19, 129 (133); 66, 1 (19 f.).
[3] BVerfGE 66, 1 (20).
[4] *Friesenhahn*, HdbStKirchR Bd. I S. 545 (562).
[5] BVerfGE 19, 206 (219); vgl. auch BVerfGE 19, 226 (236).

des Grundgesetzes und bilden mit dem Grundgesetz ein „organisches Ganzes".[6] Die Inkorporation der Weimarer Kirchenartikel in das Grundgesetz schließt es aus, die staatskirchenrechtliche Ordnung von den sonstigen Teilen des Grundgesetzes zu isolieren. Das Grundgesetz muß vielmehr, auch soweit es um die staatskirchenrechtliche Ordnung geht, als Einheit verstanden werden.

Das gilt vor allem für das Verhältnis der Weimarer Kirchenartikel zum Grundrecht der Religionsfreiheit, das in Art. 4 GG garantiert wird. Gewährleistet wird dort nicht nur die Freiheit des einzelnen, sondern es wird generell bestimmt: „Die Freiheit des Glaubens, des Gewissens und die Freiheit des religiösen und weltanschaulichen Bekenntnisses sind unverletzlich" (Art. 4 Abs. 1 GG). Ergänzend heißt es deshalb: „Die ungestörte Religionsausübung wird gewährleistet" (Art. 4 Abs. 2 GG). Da es sich um eine Grundrechtsverbürgung handelt, ist für die Interpretation der grundrechtsdogmatische Ansatz maßgebend, daß Grundrechte *Freiheitsrechte* sind und deshalb auch bei einer objektbezogenen Garantie, wie sie das Grundrecht der Glaubensfreiheit in Art. 4 Abs. 1 GG darstellt, eine *individualrechtliche* Struktur aufweisen.[7] Die Unverletzlichkeit der Freiheit des Glaubens und die damit im Zusammenhang stehende Gewährleistung der ungestörten Religionsausübung geben zwar auch der religiösen Vereinigung ein korporatives Daseins- und Betätigungsrecht; es besteht insoweit aber nicht als institutionsrechtliche Garantie, sondern hat seine Grundlage in der Freiheit des einzelnen, in Gemeinschaft mit anderen den Glauben zu bekennen und auszuüben.

Die Kirchen sind deshalb in Art. 4 GG als *Gemeinde der Gläubigen* mitgarantiert.[8] Deren Glaubensbekenntnis entspricht es aber, daß die Kirche nicht bloß eine *Religionsgesellschaft* darstellt, sondern, um eine Formulierung aus der Dogmatischen Konstitution über die Kirche *Lumen gentium* aufzugreifen, das *Volk Gottes* ist, das von Christus als Gemeinschaft des Lebens, der Liebe und der Wahrheit gestiftet, als Licht der Welt und Salz der Erde in alle Welt gesandt wird.[9] Der Religionsfreiheit dient daher als notwendige Ergänzung die *institutionsrechtliche Gewährleistung*, daß die Kirche ihre Angelegenheiten selbständig innerhalb der Schranken des für alle geltenden Gesetzes ordnet und verwaltet (Art. 137 Abs. 3 WRV). Das Grundrecht der Religionsfreiheit verbietet dem Staat, sich zum Inhalt einer Glaubenslehre verbindlich zu äußern. Entsprechend hat deshalb der Staat bei der Bestimmung der eigenen Angelegenheiten das Selbstverständnis der Kirche von ihrem Wesen und Auftrag zu respektieren und kann auch über den Schrankenvorbehalt keine Ordnungsgewalt für sich in Anspruch nehmen.

Die Verfassungsgarantie des kirchlichen Selbstbestimmungsrechts erschöpft sich nicht in einer Ausübungsgarantie des Grundrechts der Religions-

---

[6] BVerfGE 53, 366 (400); 66, 1 (22); 70, 138 (167).
[7] Vgl. *Scholz*, Koalitionsfreiheit als Verfassungsproblem, S. 117 ff.
[8] *Geiger* ZevKR 26 (1981), 156 (160); vgl. auch BVerfGE 83, 341 (354 ff. – Baháí).
[9] Art. 9, abgedruckt in: Lexikon für Theologie und Kirche, 2. Aufl., Das Zweite Vatikanische Konzil, Bd. I S. 179.

freiheit, sondern hat durch Art. 140 GG i. V. mit Art. 137 Abs. 3 WRV eine selbständige Ausprägung erhalten. Dennoch besteht rechtsdogmatisch ein enger Zusammenhang; denn beide Verfassungsgarantien bestimmen das Grundverhältnis zwischen Staat und Kirche.[10] Die Ordnung und Verwaltung der eigenen Angelegenheiten i. S. des Art. 137 Abs. 3 WRV ist „in ihrer *funktionalen* Bedeutung auf Inanspruchnahme und Verwirklichung des Grundrechts der kollektiven kirchlichen Bekenntnis- und Kultfreiheit (Art. 4 GG) angelegt".[11] Deshalb können Beeinträchtigungen des kirchlichen Selbstbestimmungsrechts zugleich als Verletzung des Art. 4 GG gerügt werden. Durch diesen verfassungssystematischen Zusammenhang ist es den Kirchen und ihren rechtlich selbständigen Einrichtungen möglich, durch Verfassungsbeschwerde, deren Zulässigkeit die Behauptung einer Grundrechtsverletzung voraussetzt (§ 90 Abs. 1 BVerfGG), das Bundesverfassungsgericht anzurufen, das im Rahmen der zulässigen Verfassungsbeschwerde bei der materiell-rechtlichen Prüfung nicht darauf beschränkt ist, zu untersuchen, ob eine der gerügten Grundrechtsverletzungen vorliegt, sondern die verfassungsrechtliche Unbedenklichkeit unter jedem in Betracht kommenden verfassungsrechtlichen Gesichtspunkt prüfen kann.[12]

10 Die Einheit der Verfassung als Interpretationsziel öffnet nicht nur den Zugang zum Bundesverfassungsgericht, sondern ist auch für die Interpretation des Art. 137 Abs. 3 WRV von Bedeutung. Es ist daher zu beachten, daß die Kirche als Gemeinde der Gläubigen bereits durch Art. 4 Abs. 1 und Abs. 2 GG in ihrer Eigenständigkeit und in ihrer Autonomie für die Ordnung und Verwaltung der eigenen Angelegenheiten verfassungsrechtlich geschützt wird.[13] Da das Grundrecht der Religionsfreiheit nicht unter einem Gesetzesvorbehalt steht, kann er auch nicht durch den Schrankenvorbehalt in Art. 137 Abs. 3 WRV hergestellt werden. Die Bindung des kirchlichen Selbstbestimmungsrechts an das für alle geltende Gesetz hat dort ihre Schranke, wo es um die Verfassung der Kirche und ihren Auftrag geht.[14] Der Staat muß deshalb auch bei einem für alle geltenden Gesetz den Kirchen eigene Wege offenhalten, damit sie von der zur Wahrnehmung ihrer Aufgaben unerläßlichen Freiheit der Bestimmung über Organisation, Normsetzung und Verwaltung Gebrauch machen können.[15] Der Schrankenvorbehalt bezweckt lediglich, daß die Kirchen bei der Schaffung ihrer eigenen Ordnung, um es mit den Worten des Bundesverfassungsgerichts zu sagen, „nicht die für den Staat unabdingbare Ordnung kränken werden".[16]

---

[10] Vgl. *B. Kirchhof*, HdbStKirchR Bd. I S. 651 (664); ErfK/*Dieterich* GG Art. 4 Rn. 28; *Hollerbach* VVDStRL 26 1968), 57 (60).
[11] BVerfGE 42, 312 (322).
[12] Vgl. BVerfGE 42, 312 (325 f.); 53, 366 (390).
[13] Vgl. *Häberle* ZHR 145 (1981), 473 (482); *Hollerbach*, Handbuch des Staatsrechts, Bd. VI § 138 Rn. 114, 119.
[14] So bereits *Grundmann* ÖAKR 13 (1962), 281 (290) = Abhandlungen zum Kirchenrecht, S. 298 (307).
[15] Vgl. BVerfGE 53, 366 (405).
[16] BVerfGE 42, 312 (340).

4. Anerkennung der Eigenständigkeit kirchlicher Ordnung

Mit der Garantie des Selbstbestimmungsrechts, „erkennt der Staat die Kirchen als Institutionen mit dem Recht der Selbstbestimmung an, die ihrem Wesen nach unabhängig vom Staat sind und ihre Gewalt nicht von ihm herleiten".[17] Da der Staat sich nicht zum Auftrag der Kirche äußern darf, kann er ihr auch nicht vorschreiben, wie und in welcher Form sie ihren Auftrag wahrnimmt. Ein derartiger Übergriff würde aber stattfinden, wollte man das Selbstbestimmungsrecht auf ein Christentum in „reduzierter Gestalt" festlegen.[18] Der Auftrag der Kirche, für Christus als das „Licht der Völker" Zeugnis abzulegen, erstreckt sich auf sämtliche Bereiche des menschlichen Lebens. Dabei geht es nicht um Privilegien, die der Kirche stets lediglich eine Teilkompetenz verleihen würden, sondern um die Erfüllung ihres nicht nach Teilbereichen abgrenzbaren geistlichen Auftrages im Rahmen der pluralen Gesellschaft. Das gilt sowohl für die römisch-katholische Kirche in ihrer nachkonziliaren Gestalt wie für die Kirchen der Reformation.[19]

Die Gewährleistung des Selbstbestimmungsrechts garantiert den Kirchen einen *Gestaltungsfreiraum*, damit sie ihren Auftrag aus ihrem Bekenntnis zum Anderssein in der Nachfolge Christi in dieser Welt erfüllen können. Freiheitsgarantie und Schrankenvorbehalt in Art. 137 Abs. 3 WRV sind von diesem Verständnis aus zu interpretieren. Es geht, wie *Konrad Hesse* hervorhebt, um die Aufgabe, „die Ordnung des Wirkens der Kirchen und Religionsgemeinschaften als Ordnung innerhalb – nicht jenseits – des gesamten Gemeinwesens verständlich zu machen".[20]

II. Eigenständigkeit der kirchlichen Dienstverfassung als Teil des verfassungsrechtlich gewährleisteten Selbstbestimmungsrechts

Das Recht der Kirchen und sonstigen Religionsgesellschaften, „ihre Angelegenheiten selbständig innerhalb der Schranken des für alle geltenden Gesetzes zu ordnen und zu verwalten" (Art. 140 GG i. V. mit Art. 137 Abs. 3 WRV), sichert die Eigenständigkeit einer kirchlichen Dienstverfassung. Ausdrücklich wird verfassungsrechtlich gewährleistet, daß jede Religionsgesellschaft ihre Ämter ohne Mitwirkung des Staates oder der bürgerlichen Gemeinde verleiht. Deshalb ist es ausschließlich Sache der Kirche zu bestimmen, welche Ämter in ihr bestehen, welche Anforderungen an die Person des Amtsinhabers zu stellen sind und welche Rechte und Pflichten mit dem Amt verbunden sind.[21] Für die Ämterorganisation ist das bekenntnismäßige Ver-

---

[17] BVerfGE 18, 385 (386); 66, 1 (19).
[18] Vgl. dazu *J. Neumann*, Kirche als Sinnträger in einer pluralen Gesellschaft?, in: FS Fritz Eckert, 1976, S. 27 (64).
[19] Vgl. dazu *Mikat*, Kirche und Staat in nachkonziliarer Sicht, in: FS Kunst, 1967, S. 105 ff.
[20] *Hesse*, HdbStKirchR Bd. I S. 521 (530).
[21] Vgl. *Frank*, HdbStKirchR Bd. I S. 669 (674 ff.).

ständnis prägend. Für den Bereich der katholischen Kirche findet deshalb staatskirchenrechtlich Anerkennung, daß die Kirche eine hierarchische Struktur hat und daher für ihre Dienstverfassung die Unterscheidung zwischen Klerikern und Laien unumstößlich ist.[22] Für die evangelische Kirche ist entsprechend gewährleistet, daß sie nach Wegfall des landesherrlichen Kirchenregiments, wie es für sie bis 1918 bestand, ebenfalls eine ihrem Bekenntnis entsprechende autonome Ämterorganisation schaffen kann.

14 Soweit Geistliche ihr Amt ausüben, findet Arbeitsrecht auf das Dienstverhältnis keine Anwendung; denn es fehlt bereits der Ansatz für seine Geltung, wenn die Kirche diesen Personenkreis nicht auf Grund eines Arbeitsvertrags, sondern entsprechend ihrem Amt beschäftigt.[23] Wer als Priester tätig ist, erlangt diese Funktion durch das Sakrament der Weihe, „das in den Stufen der Bischofs- und der Priesterweihe eine unverlierbare personale Prägung zu einem entsprechenden Vorsteherdienst gibt".[24] Durch sakramentale Weihe erfolgt die Aufnahme in den Klerikerstand, mit der zugleich kirchenrechtlich die Eingliederung in eine Diözese oder einen klösterlichen Verband verbunden ist (cc. 265 f. CIC). Durch die Inkardination werden Rechte und Pflichten von verbandsrechtlichem Charakter begründet: Der Kleriker untersteht in seiner Amtsausübung und in seiner persönlichen Lebensführung seinem Diözesanbischof, dem er Gehorsam schuldet, und dieser ist ihm gegenüber zur Sicherstellung seines Lebensunterhalts verpflichtet (cc. 273 ff. CIC).[25] Die Übertragung des Pfarramts erfolgt durch kanonische Verleihung (can. 523 CIC). Damit ist das Pfarrerdienstverhältnis in der katholischen Kirche durch das kirchliche Recht geregelt und findet in dieser Ausprägung staatskirchenrechtlich Anerkennung.[26]

15 Nach evangelischem Verständnis wird die Zugehörigkeit zum geistlichen Stand nicht durch sakramentale Weihe begründet. Sie erfolgt aber ebenfalls durch einen besonderen Rechtsakt, die Ordination, die zwar nicht als Sakrament verstanden wird, durch die aber der Pfarrer sein Leben in den Dienst der kirchlichen Verkündigung stellt und mit der er das Recht der öffentlichen Wortverkündigung und der Sakramentsverwaltung erhält. Konfessionell begründete Bedenken, ob und inwieweit mit dem Pfarrer ein weltliches Dienstverhältnis besteht, haben staatskirchenrechtlich keine Auswirkungen; denn die evangelischen Kirchen sind, soweit sie Körperschaften des öffentlichen Rechts sind, nach Art. 137 Abs. 5 WRV berechtigt, das Pfarrerdienstverhältnis als ein öffentlich-rechtliches Dienstverhältnis zu regeln.[27]

---

[22] Vgl. zur Bedeutung der hierarchischen Struktur der katholischen Kirche für die Rollen des Klerikers und des Laien in der Kirche ausführlich *Mörsdorf*, Festgabe für Scheuermann, S. 99 ff.
[23] S. zur Beschäftigung in einem Arbeitsverhältnis § 6 Rn. 16.
[24] *Mörsdorf*, Festgabe für Scheuermann, S. 103 f.
[25] Vgl. dazu *Jurina*, Dienst- und Arbeitsrecht im Bereich der Kirchen, S. 46; *H. Schmitz*, Festgabe für Scheuermann, S. 137 ff.; *Rüthers*, FS Herschel, S. 351 (358 f.).
[26] Vgl. auch *Jurina*, Dienst- und Arbeitsrecht im Bereich der Kirchen, S. 48 f., 51 f.
[27] Die kirchengesetzlichen Gestaltungen des Pfarrerdienstrechts sind von der ursprünglichen Anlehnung des evangelischen Kirchentums an den Staat geprägt: In den Pfarrerdienstgesetzen wird deshalb das Dienstverhältnis mit einem evangelischen Pfarrer

Staatskirchenrechtliche Grundlagen **§ 1**

Die Verfassungsgarantie des Selbstbestimmungsrechts bedeutet keine Ausklammerung aus der staatlichen Rechtsordnung, sondern sie begründet im Gegenteil eine *Sonderstellung innerhalb der staatlichen Rechtsordnung*. Den Regelungsgehalt des Art. 137 Abs. 3 WRV verfehlt deshalb, wer die Zugehörigkeit zu den eigenen Angelegenheiten einer Religionsgesellschaft schon deshalb bestreitet, weil ihre Regelung Rechtswirkungen in den Bereich entfaltet, den der Staat ordnen kann.[28]

16

III. Körperschaftsqualität und kirchliches Dienstrecht

1. Dienstherrnfähigkeit

Für die kirchliche Dienstverfassung wird die Verfassungsgarantie des Selbstbestimmungsrechts dadurch ergänzt, daß den Kirchen der Status als Körperschaften des öffentlichen Rechts erhalten blieb und, sofern eine Religionsgesellschaft ihn nicht hat, die Möglichkeit eingeräumt ist, ihn nach dem Gleichheitssatz zu erwerben (Art. 140 GG i. V. mit Art. 137 Abs. 5 WRV). Zu den Kompetenzen, die mit der Körperschaftsqualität verbunden sind, gehört vor allem die Dienstherrnfähigkeit. Sie ermöglicht den Gliederungen der katholischen Kirche, die die Qualität einer Körperschaft des öffentlichen Rechts haben, sowie den evangelischen Landeskirchen und ihren Zusammenschlüssen,[29] die Dienstverhältnisse nach öffentlich-rechtlichen Grundsätzen zu ordnen, ohne dabei den Normen des Arbeitsrechts zu unterliegen.[30] § 135 Satz 2 BRRG stellt dies klar, wenn es dort heißt, daß es den Kirchen überlassen bleibt, die Rechtsverhältnisse ihrer Beamten und Seelsorger diesem Gesetz entsprechend zu regeln.

17

Die Kirchen sind nicht gezwungen, sich an das staatliche Beamtenrechtsrahmenrecht zu halten, sondern auch insoweit gilt die Verfassungsgarantie

18

---

als öffentlich-rechtliches Dienst- und Treueverhältnis charakterisiert; vgl. *Frank*, HdbStKirchR Bd. I S. 669 (718 f.); *Pirson*, HdbStKirchR Bd. II S. 845 (850). Daraus darf aber nicht der Schluß gezogen werden, die Dienstverhältnisse der katholischen Diözesangeistlichen entsprechend einzuordnen; ebenso *Rüthers*, FS Herschel, S. 351 (358 ff.). Das Dienstverhältnis katholischer Geistlicher ist kein öffentlich-rechtliches Dienst- und Treueverhältnis besonderer Art im Sinne einer Parallele zu dem Dienstverhältnis von staatlichen oder kommunalen Beamten; so zutreffend *Rüthers*, aaO, S. 361. Aber nicht nur für den katholischen Bereich, sondern auch für den evangelischen Bereich ist staatskirchenrechtlich allein maßgebend, wie das Dienstverhältnis der geistlichen Amtsträger nach dem kirchlichen Selbstverständnis ausgestaltet ist; es findet in seiner kirchenrechtlichen Ausprägung staatskirchenrechtlich Anerkennung.

[28] *Wieland* Der Staat 25 (1986), 321 (344 f.); zutreffend dagegen BVerfGE 42, 312 (334).
[29] S. § 3 Rn. 6.
[30] Ebenso *v. Campenhausen*, Staatskirchenrecht, S. 288 ff.; *Hollerbach*, Handbuch des Staatsrechts, Bd. VI § 138 Rn. 133; *H. Weber*, Religionsgemeinschaften als Körperschaften des öffentlichen Rechts, S. 112 ff.; *ders.* ZevKR 22 (1977), 346 (362 ff.); *Jurina*, Dienst- und Arbeitsrecht im Bereich der Kirchen, S. 64; *Frank*, HdbStKirchR Bd. I S. 669 (679 ff.); *Strigl* AkathKR 141 (1972), 148 (153); *Steiner*, in: Kirchliches Amt und politisches Mandat, S. 124 (147); *Grethlein* ZevKR 24 (1979), 270 (294 ff.); abweichend *Obermayer* ZevKR 18 (1973), 247 (251 ff.).

des Selbstbestimmungsrechts. Deshalb bleibt ihnen, wie es im Gesetzestext des § 135 Satz 2 BRRG heißt, überlassen „– und zwar vom staatlichen Gesetzgeber her ohne jede Einschränkung und ohne jeden Vorbehalt –, ihr Amtsrecht entsprechend dem staatlichen Beamtenrecht, wie es im Beamtenrechtsrahmengesetz enthalten ist, zu regeln, – d. h. dabei *selbst* als Kirche (und Religionsgesellschaft) zu entscheiden, wie die ‚entsprechende' kirchliche Regelung aussehen soll".[31]

2. Keine Beschränkung des öffentlich-rechtlich gestalteten Dienstrechts auf geistliche Amtsträger

19 Die Verfassungsgarantie beschränkt die Kirchen nicht auf eine Kompetenz, die Dienstverhältnisse ihrer geistlichen Amtsträger öffentlich-rechtlich zu regeln, sondern die Dienstherrnfähigkeit bedeutet allgemein, wie es in der Umschreibung des § 121 BRRG heißt, das Recht, Beamte zu haben. Deshalb können die Kirchen, soweit sie Körperschaften des öffentlichen Rechts sind, auch zur Bewältigung von Aufgaben, die nicht eine Zugehörigkeit zum geistlichen Stand voraussetzen, Beamtenverhältnisse begründen und für sie kirchengesetzliche Regelungen geben. Machen die Kirchen von dieser Befugnis Gebrauch, so hat dies die gleichen Konsequenzen wie im staatlichen Bereich: Das Dienstverhältnis wird nicht durch Vertrag, sondern einseitig durch Hoheitsakt begründet. Auf ihn findet das Arbeitsrecht keine Anwendung, sondern für den Inhalt des Dienstverhältnisses gilt ausschließlich die kirchliche Ordnung, für die eine Schranke nur insoweit besteht, als sie die hergebrachten Grundsätze des Berufsbeamtentums zu respektieren hat. Art. 33 Abs. 5 GG gilt zwar nicht unmittelbar;[32] für die Annahme eines öffentlich-rechtlichen Dienstverhältnisses ist aber Voraussetzung, daß Besoldung und Versorgung beamtenrechtlichen Grundsätzen entsprechen.[33]

3. Öffentlich-rechtliches Dienstverhältnis und kirchenrechtliche Ämterorganisation

20 Die Dienstherrnfähigkeit zwingt die Kirchen keineswegs dazu, ihre Dienstverhältnisse öffentlich-rechtlich zu regeln.[34] Der Verzicht auf die öffentlich-

---

[31] BVerfGE 42, 312 (339).
[32] Vgl. *Maunz* in Maunz/Dürig, GG, Art. 33 Rn. 45; *Hollerbach*, Handbuch des Staatsrechts, Bd. VI § 139 Rn. 43; *Frank*, HdbStKirchR I S. 669 (700); *Hesse*, Rechtsschutz durch staatliche Gerichte, S. 86, 147; *Grethlein* ZevKR 24 (1979), 270 (292) mit dem Hinweis in Fn. 61 auf BVerfG, Beschluß vom 28. 11. 1978 – 2 BvR 316/78 (Vorprüfungsausschuß): „Ein Verstoß gegen Art. 33 Abs. 5 GG scheidet von vornherein aus, weil diese Vorschrift im Bereich des kirchlichen Dienstes keine Anwendung findet", abgedruckt in NJW 1980, 1041 mit Anm. von *H. Weber*; ebenso BVerfG (Vorprüfungsausschuß), NJW 1983, 2570.
[33] Ebenso *Jurina*, Dienst- und Arbeitsrecht im Bereich der Kirchen, S. 65; vgl. auch *Grethlein* ZevKR 24 (1979), 270 (295 ff.).
[34] Vgl. dazu auch *Jurina*, Dienst- und Arbeitsrecht im Bereich der Kirchen, S. 53, 64 f.; *H. Weber* ZevKR 22 (1977), 346 (368 ff., 390 f.). Kirchliche Beamtenverhältnisse wer-

rechtliche Gestaltungsform hat auch nicht notwendigerweise zur Folge, daß ein Dienstverhältnis den Vorschriften des staatlichen Arbeitsrechts unterliegt. Das gilt insbesondere für die geistlichen Amtsträger in der katholischen Kirche, wenn die Kirche diesen Personenkreis *nicht* auf Grund eines *Arbeitsvertrags*, sondern *entsprechend ihrem Amt* beschäftigt.[35] Der Status als Körperschaft des öffentlichen Rechts gibt lediglich darüber hinaus die *zusätzliche Möglichkeit*, das Dienstverhältnis auch nach öffentlich-rechtlichen Grundsätzen zu ordnen. Durch sie wird nicht berührt, daß ausschließlich die Kirche bestimmt, welche Ämter in ihr bestehen, welche Anforderungen an die Person des Amtsinhabers zu stellen sind und welche Rechte und Pflichten mit dem Amt verbunden sind.

Wenn beispielsweise für den Bereich der katholischen Kirche im ständigen Diakonat ein neues, durch sakramentale Weihe begründetes Amt geschaffen wird, so hat die Übertragung dieses Amtes durch Verleihung nicht zur Folge, daß ein dem staatlichen Arbeitsrecht unterfallendes Arbeitsverhältnis begründet wird; es gilt vielmehr ausschließlich Kirchenrecht. 21

4. Ergänzende Gewährleistung der Eigenständigkeit durch den Status als Körperschaft des öffentlichen Rechts

Der Status als Körperschaft des öffentlichen Rechts führt nicht zu einer Einschränkung des Selbstbestimmungsrechts.[36] Er ermöglicht vielmehr im Gegenteil, daß die Kirche die Möglichkeit erhält, die Eigenständigkeit ihrer Ordnung durch das Instrumentarium des öffentlichen Rechts zu sichern. Damit wird eine Sonderstellung begründet, die über die jeder Religionsgesellschaft gewährten Verfassungsgarantie des Selbstbestimmungsrechts hinausgeht. Durch die Verleihung des öffentlich-rechtlichen Status kommt zum Ausdruck, daß es sich aus staatlicher Sicht um Religionsgesellschaften handelt, die „durch ihre Verfassung und die Zahl ihrer Mitglieder die Gewähr der Dauer bieten" (Art. 137 Abs. 5 Satz 2 WRV).[37] Die besondere Bedeutung der öffentlichen Wirksamkeit einer derartigen Religionsgesellschaft wird aus staatlicher Sicht zusätzlich dadurch anerkannt, daß nach Art. 140 GG i. V. mit Art. 137 Abs. 6 WRV die Religionsgesellschaften, welche Körperschaften des öffentlichen Rechts sind, berechtigt sind, auf Grund der bürgerlichen Steuerlisten nach Maßgabe der landesrechtlichen Bestimmungen Steuern zu erheben. 22

Die Kirchen haben deshalb sogar eine Finanzhoheit. Die damit verbundene Sonderstellung kann zur Folge haben, daß eine gesetzliche Regelung, die eine Schrankenwirkung i. S. des Art. 137 Abs. 3 WRV entfaltet, dennoch auf eine kirchliche Körperschaft des öffentlichen Rechts keine Anwendung findet. 23

---

den in der katholischen Kirche anders als im evangelischen Bereich bisher nur im geringen Umfang begründet, vgl. *Hollerbach*, Handbuch des Staatsrechts, Bd. VI § 139 Rn. 43; *Jurina*, aaO, S. 66 und Stimmen der Zeit 196 (1978), 617 (617 f., 623 f.).
[35] S. Rn. 14 f.
[36] BVerfGE 66, 1 (20).
[37] BVerfGE 19, 129 (134); 66, 1 (24).

Selbst wenn die Gesetzesregelung zur Erfüllung einer staatlichen Aufgabe und im Blick auf das Gemeinwohl unumgänglich ist und deshalb dem Selbstbestimmungsrecht nach Art. 137 Abs. 3 WRV Schranken ziehen kann, ist eine Ausklammerung aus der Gesetzesregelung verfassungsrechtlich geboten, soweit eine Religionsgesellschaft wegen ihrer Anerkennung als Körperschaft des öffentlichen Rechts selbst auf Grund der ihr eingeräumten Befugnis sicherzustellen vermag, daß die Gesetzesregelung in ihrem Bereich keine Rolle spielt. Das gilt vor allem für die finanzielle Leistungsfähigkeit; denn mit der Verleihung der Rechte einer Körperschaft des öffentlichen Rechts ist die Erwartung verbunden, daß die Religionsgesellschaft nach ihrer Bedeutung im öffentlichen Leben, von ihrem Mitgliederstand und ihren Vermögensverhältnissen her in der Lage ist, ihren finanziellen Verpflichtungen auf Dauer nachzukommen.[38]

24 Die Insolvenzordnung findet daher auf die verfaßte Kirche und die sonst als Körperschaften des öffentlichen Rechts anerkannten Einrichtungen der Kirche keine Anwendung. Der Eingriff in die kirchliche Ordnung, wie er durch die Bestellung eines Insolvenzverwalters notwendigerweise herbeigeführt wird, ist hier nicht notwendig, weil die finanzielle Leistungsfähigkeit mit dem Instrumentarium des öffentlichen Rechts gesichert wird. Die Kirchen und ihre öffentlich-rechtlichen Einrichtungen sind deshalb nach dem Grundgesetz insolvenzunfähig.[39] Sie können aus diesem Grund auch nicht zur Zahlung von Umlagen für das Insolvenzgeld herangezogen werden.[40]

25 Für kirchliche Einrichtungen in der Rechtsform des Privatrechts gilt dagegen die Insolvenzordnung; denn sie ist insoweit ein für alle geltendes Gesetz, das dem Selbstbestimmungsrecht Schranken zieht, als bei Zahlungsunfähigkeit und Überschuldung des Gemeinschuldners eine sachgerechte Verteilung des noch vorhandenen verwertbaren Vermögens unter den Gläubigern herbeigeführt werden soll.

5. Notwendigkeit der kirchenrechtlichen Zuordnung einer Körperschaft des öffentlichen Rechts

26 Die kirchlichen Körperschaften des öffentlichen Rechts i.S. des Art. 137 Abs. 5 WRV sind anderer Art als die sonstigen Körperschaften des öffentlichen Rechts, die unter staatlicher Aufsicht Staatsaufgaben wahrnehmen. Der Körperschaftsstatus ist nicht auf die Kirchen beschränkt, sondern steht allen Religionsgesellschaften und Weltanschauungsgemeinschaften offen. Sofern sie nicht beim Inkrafttreten der Weimarer Verfassung bereits Körperschaftsrechte genossen, ist er ihnen auf Antrag zu gewähren, „wenn sie durch ihre Verfassung und die Zahl ihrer Mitglieder die Gewähr der Dauer bieten" (Art. 140 GG i.V. mit Art. 137 Abs. 5 Satz 2 WRV). Es handelt sich inso-

---

[38] BVerfGE 66, 1 (24).
[39] BVerfGE 66, 1 (Leitsatz und S. 25).
[40] BVerfGE 66, 1 ff. (zum Konkursausfallgeld, das bei Inkrafttreten der InsO am 1.1. 1999 die Bezeichnung „Insolvenzgeld" erhalten hat; vgl. §§ 183 ff. SGB III).

Staatskirchenrechtliche Grundlagen **§ 1**

weit um einen in der Verfassung verankerten Anspruch.[41] Er steht aber nur einer Religionsgesellschaft (oder Weltanschauungsgemeinschaft) zu. Deshalb kann zwar auch einer christlichen Religionsgesellschaft, die nicht zu einer Kirche gehört, unter den in der Verfassung festgelegten Voraussetzungen die Eigenschaft einer Körperschaft des öffentlichen Rechts verliehen werden. Möglich ist auch die Verleihung an einen Personenverband innerhalb einer Kirche. In diesem Fall ist aber Voraussetzung, daß der Verband kirchenrechtlich der Kirche zugeordnet ist, sofern er nicht in Anspruch nimmt, eine eigene Religionsgesellschaft zu bilden.

IV. Bedeutung der gesetzlichen Sozialversicherung für die Gestaltungsformen des kirchlichen Dienstes

Für die öffentlich-rechtliche Gestaltungsform spielt keine Rolle, ob das öffentliche Recht der sozialen Sicherheit, insbesondere das Sozialversicherungsrecht, auf das Dienstverhältnis Anwendung findet. Nach § 2 Abs. 2 Nr. 1 SGB IV sind in allen Zweigen der Sozialversicherung nach Maßgabe der besonderen Vorschriften für die einzelnen Versicherungszweige versichert „Personen, die gegen Arbeitsentgelt oder zu ihrer Berufsausbildung beschäftigt sind". Als Beschäftigung definiert § 7 Abs. 1 SGB IV die „nichtselbständige Arbeit, insbesondere in einem Arbeitsverhältnis". Bereits diese Wortwahl zeigt, daß das Beschäftigungsverhältnis nicht mit dem Arbeitsverhältnis identisch ist. Soweit für Beamte Versicherungsfreiheit besteht, ergibt sie sich aus einer Exemtion (vgl. § 6 Abs. 1 Nr. 2 SGB V, § 5 Abs. 1 Nr. 1 SGB VI). Entsprechend sieht § 5 Abs. 4 Nr. 2 SGB VI vor, daß versicherungsfrei Personen sind, die nach beamtenrechtlichen Vorschriften oder Grundsätzen oder entsprechenden kirchenrechtlichen Regelungen eine Versorgung nach Erreichen einer Altersgrenze beziehen. Ebenfalls versicherungsfrei sind gemäß § 5 Abs. 1 Nr. 3 SGB VI „satzungsmäßige Mitglieder geistlicher Genossenschaften, Diakonissen und Angehörige ähnlicher Gemeinschaften, wenn ihnen nach den Regeln der Gemeinschaft Anwartschaft auf die in der Gemeinschaft übliche Versorgung bei verminderter Erwerbsfähigkeit und im Alter gewährleistet und die Erfüllung der Gewährleistung gesichert ist". 27

Für das Sozialversicherungsrecht ist daher nicht entscheidend, ob ein öffentlich-rechtliches Dienstverhältnis besteht, sondern maßgebend ist allein, ob der Personenkreis auf Grund seines kirchenrechtlichen Dienstverhältnisses eine Versorgung im Alter erhält. Die Kirchen haben insoweit eine Autonomie zur Regelung der sozialen Sicherung.[42] Treffen sie keine eigene Regelung, so gilt die gesetzliche Sozialversicherung. Sie haben deshalb sogar die Möglichkeit, die gesetzliche Rentenversicherung in die Erfüllung ihrer Ver- 28

---

[41] v. *Campenhausen*, Staatskirchenrecht, S. 148.
[42] Vgl. *Schulin*, FS Wannagat, S. 521 (535 f.); *Link*, FS Obermayer, S. 227 (232 ff.); *Axer*, FS Listl, S. 587 ff.

sorgungspflicht einzubeziehen, wenn sie Dienstverhältnisse nach öffentlich-rechtlichen Grundsätzen ordnen.[43]

29 Problematisch kann nur sein, ob die Verfassungsgarantie des Selbstbestimmungsrechts verletzt wird, soweit eine Versicherungspflicht in der gesetzlichen Sozialversicherung gegen den Willen einer Kirche besteht. Die Ordnung ihres Dienstes gehört zu den eigenen Angelegenheiten einer Religionsgesellschaft. Die soziale Sicherung ist jedoch gemäß der Sozialstaatsentscheidung des Grundgesetzes eine zentrale Aufgabe der staatlichen Gesetzgebung. Das Sozialversicherungsrecht gehört deshalb zu dem für alle geltenden Gesetz.[44] Dabei ist allerdings auch hier zu beachten, daß ein Spannungsverhältnis zur verfassungsrechtlichen Gewährleistung der Kirchenautonomie besteht.

30 Der Staat hat ein Interesse daran, daß seine Bürger nicht die Sozialhilfe in Anspruch nehmen müssen. Daher besteht die Sozialversicherung als öffentlich-rechtliche Zwangsversicherung. Deren Leistungen sollen aber grundsätzlich nur Personen erhalten, die entweder selbst oder für die andere sich durch Beiträge an der Aufbringung der Mittel beteiligt haben. Das System der Sozialversicherung setzt deshalb voraus, daß aus der Solidargemeinschaft nur Personen ausgeklammert werden, die ihrerseits vor den von der Sozialversicherung erfaßten Lebensrisiken entsprechend abgesichert sind. Die Einbeziehung in die Sozialversicherung hat nicht zur Folge, daß der Staat unmittelbar oder mittelbar auf die Gestaltung des kirchlichen Dienstes Einfluß nehmen kann. Die Bindung an die Sozialversicherungsgesetze verletzt daher nicht die verfassungsrechtlich gewährleistete Kirchenautonomie.

V. Anwendungsvorrang gegenüber dem Europäischen Gemeinschaftsrecht

1. Grundlagen im Gemeinschaftsrecht

31 Die Europäische Union (EU) hat kein Staatskirchenrecht, das die nationalen Regelungssysteme verdrängt. Soweit das Gemeinschaftsrecht unmittelbar auf dem Gebiet der Gemeinschaft gilt, bestimmt es aber auch das Verhältnis zwischen Staat und Kirche. Sein Anwendungsvorrang kann aber nicht zur Folge haben, daß die Verschiedenheit der staatskirchenrechtlichen Ordnungen in den Mitgliedstaaten beseitigt wird.

32 Für die Regelungskompetenz der Europäischen Gemeinschaft (EG) ergibt sich keine unmittelbar geltende Schranke aus der Europäischen Menschenrechtskonvention (EMRK); denn nach dem EuGH verfügt die EG beim gegenwärtigen Stand des Gemeinschaftsrechts nicht über die Zuständigkeit, ihr beizutreten.[45] Fehlt aber eine Kompetenz, so ist dies auch für die Gestaltung

---

[43] Vgl. dazu *Grethlein* ZevKR 24 (1979), 270 (300 f.); s. auch *Link*, FS Obermayer, S. 227 (230 f.); *Axer*, FS Listl, S. 587 (599 f.).

[44] Vgl. *v. Campenhausen*, Staatskirchenrecht, S. 121 f.; ausführlich *Schulin*, FS Wannagat, S. 521 (523 ff.); *Axer*, FS Listl, S. 587 (605 ff.).

[45] EuGH EuZW 1996, 307 ff.; vgl. *G. Müller-Volbehr*, Europa und das Arbeitsrecht der Kirchen, 1999, S. 64 f.

Staatskirchenrechtliche Grundlagen **§ 1**

des Gemeinschaftsrechts zu beachten. Vor diesem Hintergrund entfaltet auch Art. 9 EMRK, der die Religionsfreiheit garantiert,[46] seine Bedeutung.[47] Von seinem Schutzbereich erfaßt wird die Freiheit des einzelnen, seine Religion „in Gemeinschaft mit anderen" auszuüben. Darauf kann sich auch die Kirche als Institution berufen. Die Mitgliedsstaaten des Europarats haben sich aber mit der Menschenrechtskonvention auf kein bestimmtes staatskirchenrechtliches Modell festgelegt. Ergänzend zu Art. 9 EMRK ist daher für die EG von Bedeutung, daß das Staatskirchenrecht der Bundesrepublik Deutschland die nationale Identität i. S. des Art. 6 Abs. 3 EUV prägt. Soweit das Gemeinschaftsrecht der Regelungsbefugnis der Kirchen und sonstigen Religionsgesellschaften Schranken setzt, ergibt sich aus Art. 6 Abs. 3 EUV eine *Schranken-Schranke*.[48] Da die Besonderheit des kirchlichen Arbeitsrechts in Deutschland Bestandteil und Ausdruck nationaler Identität ist, steht Art. 6 Abs. 3 EUV einem Eingriff in das deutsche kirchliche Selbstbestimmungsrecht entgegen.

2. Folgerung für die arbeitsrechtliche Ordnung der Kirche

Wegen der begrenzten Geltung des Gemeinschaftsrechts muß die Europäische Union das Selbstbestimmungsrecht der Kirchen respektieren. Die Frage, was zu deren Angelegenheiten gehört, ist wie für Art. 137 Abs. 3 WRV zu bestimmen. Da auch Art. 9 EMRK den Pluralismus der staatskirchenrechtlichen Ordnungen in den Staaten des Europarats unangetastet läßt, muß die EU anerkennen, wie in der Bundesrepublik Deutschland Inhalt und Reichweite des Selbstbestimmungsrechts interpretiert werden. Das gilt auch für die Abgrenzung zum Bereich allgemeiner wirtschaftlicher Betätigung. Abgesichert wird dies durch Art. 6 Abs. 3 EUV, der das kirchliche Selbstbestimmungsrecht in Deutschland vor Rechtsakten der Gemeinschaft schützt, die nicht die Eigenschaft eines für alle geltenden Gesetzes i. S. des Art. 137 Abs. 3 WRV haben. **33**

Die arbeitsrechtliche Ordnung der Kirchen in der Bundesrepublik Deutschland ist deshalb gemeinschaftsfest. Eine Bindung an das Gemeinschaftsrecht besteht nur insoweit, als es zu dem *für alle geltenden Gesetz* gehört. Daraus folgt zugleich, daß die EG auch bei einem für alle geltenden Gesetz den Kirchen in der Bundesrepublik Deutschland eigene Wege offenhalten muß, damit jene von der zur Wahrnehmung ihrer Aufgaben unerläßlichen Freiheit der Bestimmung über Organisation, Normsetzung und Verwaltung Gebrauch machen können. **34**

---

[46] Vgl. *Blum*, Die Gewissens- und Religionsfreiheit nach Art. 9 der Europäischen Menschenrechtskonvention, 1990; *Frowein* EssG 27 (1993), 46 ff.; *Bleckmann*, Von der individuellen Religionsfreiheit des Art. 9 EMRK zum Selbstbestimmungsrecht der Kirchen, 1995.
[47] Vgl. *G. Müller-Volbehr* (Fn. 45) S. 63 ff.
[48] Vgl. *G. Müller-Volbehr* (Fn. 45) S. 101.

§ 2 Geltung des Arbeitsrechts für den kirchlichen Dienst

I. Vorrang des kirchlichen oder des staatlichen Rechts

1. Problem

1 Die Regelung der Dienstverhältnisse gehört, wie allgemein anerkannt wird, zu den eigenen Angelegenheiten, die eine Religionsgesellschaft selbständig innerhalb der Schranken des für alle geltenden Gesetzes ordnen und verwalten kann.[1] Den Kirchen ist das Recht gewährleistet, ihr Ämterwesen eigenständig zu regeln (Art. 137 Abs. 3 WRV). Ergänzend gibt ihnen die verfassungsrechtlich garantierte Eigenschaft als Körperschaft des öffentlichen Rechts die Befugnis, Dienstverhältnisse öffentlich-rechtlich zu begründen (Art. 137 Abs. 5 WRV). Diese umfassend verfassungsrechtlich garantierte Autonomie beschränkt die Kirchen aber nicht darauf, für den kirchlichen Dienst *besondere Gestaltungsformen* zu entwickeln, sondern sie können sich auch der jedermann offenstehenden *Privatautonomie* bedienen, um ein Dienstverhältnis zu begründen und zu regeln. Dieses Recht ist ebenfalls Bestandteil des Selbstbestimmungsrechts, das in Art. 137 Abs. 3 WRV verfassungsrechtlich gewährleistet ist. Die Kirchen können die Organisations- und Ordnungsformen des Privatrechts wählen, ohne daß dadurch die Zugehörigkeit zu den eigenen Angelegenheiten aufgehoben wird.[2]

2. These vom Vorrang des kirchlichen Rechts

a) Meinungsstand

2 Leitbild des kirchlichen Dienstes ist die *Dienstgemeinschaft*.[3] Nicht bloß der Dienst der Priester und Geistlichen, sondern der Dienst aller Beschäftigten im kirchlichen Bereich wird vom Wesen und Auftrag der Kirche beherrscht.

3 *Werner Kalisch* hat bereits 1952 daraus die Konsequenz gezogen: Die Einheit allen kirchlichen Dienstes erfordert die Gestaltung eines eigenständigen kirchlichen Dienstrechts für alle kirchlichen Dienstzweige als einer kircheneigenen Angelegenheit i. S. der Weimarer Kirchenartikel. Der kirchliche Dienst könne weder vom öffentlichen Dienstrecht noch vom allgemeinen Arbeitsrecht geregelt werden, weil der Auftrag der Kirche seinem Ursprung

---

[1] Vgl. BVerfGE 70, 138 (164 f.); BGHZ 34, 372 (374); *v. Campenhausen*, Staatskirchenrecht, S. 113; *Hesse*, HdbStKirchR Bd. I S. 521 (539 ff.); *Rüfner*, HdbStKirchR Bd. II S. 877 (878); *Jurina*, Dienst- und Arbeitsrecht im Bereich der Kirchen, S. 20 ff.; *Mayer-Maly* BB Beil. 3/1977, 3; s. auch BAGE 30, 247 (252 ff.) = AP Nr. 2 zu Art. 140 GG.
[2] Ebenso BVerfGE 70, 138 (165).
[3] S. § 4 Rn. 6 ff.

und Inhalt nach einzigartig sei: *„Das kirchliche Dienstrecht ist weder Arbeitsrecht noch öffentliches Recht, sondern Kirchenrecht".*[4]

Diesen Ansatz hat vor allem *Theo Mayer-Maly* weitergeführt.[5] Er beanstandet zu Recht, daß nach *Kalisch* Arbeitsrecht immer staatliches Recht sein müsse; es gebe auch kirchliches Arbeitsrecht. Vor allem macht er die Einschränkung, daß die Ordnung des kirchlichen Dienstes nur dann den Grundsätzen des staatlichen Rechtes folge, „wenn

a) die Kirche von ihrer Rechtsetzungsbefugnis keinen Gebrauch gemacht hat;
b) und keine positive Vorschrift nach Art des § 118 Abs. 2 BetrVG besteht, die das staatliche Recht für unanwendbar erklärt;
c) und die Anwendung des staatlichen Arbeitsrechts mit der Eigenart des kirchlichen Dienstes verträglich erscheint".[6]

Staatliches Arbeitsrecht soll demnach stets nur *subsidiär* gelten. Habe eine Religionsgesellschaft von ihrem Selbstbestimmungsrecht durch Ordnung der Arbeit in ihrem Dienst Gebrauch gemacht, so seien grundsätzlich nur die von ihr geschaffenen Normen zu beachten.[7] Die Bedeutung des staatlichen Arbeitsrechts für den so geregelten Bereich soll sich darin erschöpfen, daß es bei der Heranziehung des Schrankenvorbehalts zur Anwendung kommt, wobei nach Auffassung von *Mayer-Maly* staatliches Arbeitsrecht dem kirchlichen Selbstbestimmungsrecht nur insoweit eine Schranke zieht, als es sich um die elementaren Grundsätze der staatlichen Arbeitsverfassung handelt.[8]

Der Position von *Mayer-Maly* folgt im Ansatz auch *Willi Geiger*, wenn er die Anwendung staatlicher Gesetze auf Arbeitnehmer im kirchlichen Dienst lediglich als „Anleihen" bei der staatlichen Ordnung mangels kirchlicher Regelungen beurteilt und in diesem Zusammenhang bedauert, daß die Streitigkeiten noch immer vor die Arbeitsgerichte gebracht werden, „die ohne weitere Überlegung einfach das staatliche Gesetz anwenden, nicht einmal fragen, ob sie dabei das Selbstverständnis der Kirche und ihrer Ordnung zur Grundlage ihrer Entscheidung zu machen haben gemäß der Fundamentalnorm des Art. 137 Abs. 3 WRV".[9] Er meint: „Das wäre ganz anders, wenn die Kirchen kircheneigene Gesetze über Dienstgemeinschaft und Dienstordnung für die bei ihnen Beschäftigten erlassen und gar kircheneigene Gerichte zuständig gemacht hätten, über Streitigkeiten aus dieser Dienstgemeinschaft und kirchlichen Dienstordnung zu entscheiden."

b) Kritik

Die These vom Vorrang des kirchlichen Rechts berücksichtigt nicht, daß bei Wahl der privatrechtlichen Gestaltungsform der Arbeitnehmer sich gegen-

---

[4] *Kalisch* ZevKR 2 (1952/53), 24 (32).
[5] *Mayer-Maly* BB Beil. 3/1977, 5 ff.
[6] *Mayer-Maly* BB Beil. 3/1977, 5.
[7] *Mayer-Maly* BB Beil. 3/1977, 6.
[8] Vgl. *Mayer-Maly* BB Beil. 3/1977, 6 f.; ebenso bereits *D. Neumann* in: Dersch/Neumann, BUrlG, 3. Aufl., 1964, § 2 Rn. 25 a und 25 b; weiterhin *ders.*, FS G. Müller, S. 353 (363).
[9] *Geiger* ZevKR 26 (1981), 156 (164).

über dem kirchlichen Arbeitgeber nur auf Grund eines *Vertragsverhältnisses* bindet. Beachtet man weiterhin, daß die Geltung des staatlichen Arbeitsrechts nicht ausgeschlossen sein soll, so ist nicht einmal gewährleistet, daß eine nach dem bekenntnismäßigen Verständnis der Kirche gebotene Regelung den Vorrang hat. Nach *Werner Kalisch* soll nämlich ein Gesetz, das als für alle geltendes Gesetz i. S. des Schrankenvorbehalts die Kirchenautonomie begrenzt, vorliegen, „wenn auch der Staat selbst sich als Arbeitgeber an die betreffende Vorschrift gebunden erachtet".[10] Auch bei *Theo Mayer-Maly* bleibt offen, wie der Konflikt zu lösen ist, wenn elementare Grundsätze der staatlichen Arbeitsverfassung dem Selbstverständnis der Kirche über die Gestaltung des kirchlichen Dienstes widersprechen.[11] Hier versagt seine These, daß staatliches Arbeitsrecht dem kirchlichen Arbeitsrecht nur insoweit eine Schranke zieht, als es sich um die elementaren Grundsätze der staatlichen Arbeitsverfassung handelt. Beispielsweise gehört die Streikfreiheit zu diesen Grundsätzen der staatlichen Arbeitsverfassung. Andererseits ist für die Kirche das aus den Funktionsbedingungen der Tarifautonomie entwickelte Recht zum Arbeitskampf unannehmbar; denn die Kirche kann in keinem Bereich die Erfüllung ihres Auftrags unter den Vorbehalt eines Arbeitskampfes stellen, ohne ihr Selbstverständnis als Kirche preiszugeben.[12]

8 Für eine rechtsdogmatische Begründung ist ebenfalls unzureichend, wenn man die Geltung staatlicher Gesetze und die Kompetenz staatlicher Gerichte auf eine *Not-* und *Ersatzfunktion* zurückführt, die dem Staat zuwachse, weil die Kirche sich aus ihrem „ursprünglichen Regelungsbereich" zurückgezogen habe.[13] Ein derartiger ursprünglicher Regelungsbereich ist nicht vorhanden, wenn die Kirchen das Dienstverhältnis mit dem Beschäftigten *privatrechtlich* begründen und regeln.[14] Die Vertragsfreiheit ist kein Freiheitsrecht, sondern eine Form *privatautonomer Gestaltung*, um rechtsverbindliche Ordnungen nach dem Grundsatz der individuellen Selbstbestimmung zu schaffen. Ihre Anerkennung stellt zahlreiche Ordnungsprobleme, wie die Geschäftsfähigkeit, das Verhältnis von Wille und Erklärung und das Dissensproblem. Die Vertragsfreiheit setzt, wie *Werner Flume* zutreffend feststellt, „die Rechtsordnung als Korrelat" voraus.[15]

3. These vom Vorrang des staatlichen Rechts

a) Meinungsstand

9 Mit der Wahl der Privatautonomie für die Begründung und Gestaltung des kirchlichen Dienstes ist untrennbar die Geltung der staatlichen Rechtsord-

---

[10] *Kalisch* ZevKR 2 (1952/53), 24 (63); zutreffend dagegen *Kuper* Stimmen der Zeit 195 (1977), 626 (632), nach dem Abweichungen vom allgemeinen Arbeitsrecht nur legitim seien, „soweit dies von der Eigenart des kirchlichen Dienstes her geboten ist".
[11] *Mayer-Maly* BB Beil. 3/1977, 6 f.
[12] S. ausführlich § 10 Rn. 7 ff.
[13] So aber *Geiger* ZevKR 26 (1981), 156 (164 f.).
[14] Ebenso *Isensee*, FS Obermayer, S. 203 (206 f.).
[15] *Flume*, Allgemeiner Teil des Bürgerlichen Rechts, Bd. II: Das Rechtsgeschäft, S. 1.

Geltung des Arbeitsrechts für den kirchlichen Dienst **§ 2**

nung verbunden. Bei Begründung von Arbeitsverhältnissen findet daher das staatliche Arbeitsrecht Anwendung. Das ist, wie das Bundesverfassungsgericht festgestellt hat, „die schlichte Folge einer Rechtswahl".[16] Die herrschende Lehre im Schrifttum ist deshalb nahezu einhellig der Meinung, daß die Kirchen an das Arbeitsrecht gebunden sind, wenn sie zur Erfüllung ihrer Aufgaben Arbeitsverträge abschließen.[17] Nur vereinzelt geht man jedoch so weit, daraus die Konsequenz zu ziehen, daß die Kirchen mit der Wahl der privatrechtlichen Gestaltungsform die Kompetenz verlieren, für diesen Bereich ein eigenständiges Dienstrecht zu schaffen.[18] Die Auffassung wird vor allem von dem Gedanken getragen, daß der Arbeitnehmer sich mit der Kirche nur durch einen Vertrag binde und daher sein Arbeitsverhältnis grundsätzlich nicht anders zu behandeln sei als ein Arbeitsverhältnis beim Staat oder in der Wirtschaft.

So schreibt *Oswald v. Nell-Breuning SJ*: „Nachdem die Kirche sich darauf eingelassen hat, Arbeitnehmer im Lohnarbeitsverhältnis einzustellen, muß sie auch alle rechtlichen Folgen, die das Lohnarbeitsverhältnis mit sich bringt oder nach sich zieht, gegen sich gelten lassen."[19] Er sagt: „Wenn es ihr wirklich ernst gemeint ist, das betriebliche Leben ihrer Anstalten und Einrichtungen selbständig zu regeln, dann ist es zu spät, damit erst im Bereich des kollektiven Arbeitsrechts zu beginnen; dann muß sie vielmehr von vornherein darauf verzichten, die Mitarbeit in das Rechtskleid des Arbeitsvertrages zu kleiden." Es sei inkonsequent, „einerseits sich des Arbeitsvertrags zu bedienen und sich damit dem individuellen Arbeitsrecht als dem für alle geltenden Gesetz zu unterwerfen, andererseits aber alles, was in den Bereich des kollektiven Arbeitsrechts einschlägt, als spezifisch ‚kirchlich' und in *diesem* Sinn ‚eigene' Angelegenheiten anzusehen und dafür mit Berufung auf Art. 137 Abs. 3 WRV i. V. mit Art. 140 GG Freistellungen von der allgemein geltenden Regelung zu beanspruchen".[20] 10

Die Auffassung beruht auf der Annahme, daß die Kirche *außerhalb* der verfassungsrechtlich gewährleisteten Kirchenautonomie tätig wird, wenn ihre 11

---

[16] BVerfGE 70, 138 (165).
[17] Vgl. *Rüfner*, HdbStKirchR Bd. II S. 877 (880); *Richardi* ZevKR 15 (1970), 219 (223 f.); *ders.* ZevKR 19 (1974), 275 (287 ff.); *ders.*, FS 25 Jahre BAG, S. 429 (433 ff.); *Jurina*, Dienst- und Arbeitsrecht im Bereich der Kirchen, S. 125 ff.; *Bietmann*, Betriebliche Mitbestimmung im kirchlichen Dienst, S. 34 ff.; *Dütz* AuR 1979, Sonderheft: Kirche und Arbeitsrecht, S. 2 (4); *Schwerdtner*, ebenda, S. 21 (23 f.); *Pirson* RdA 1979, 65 (66 f.); *Schlaich* JZ 1980, 209 (212 f.); *v. Campenhausen* EssG 18 (1984), 9 (11 ff.); *Niebler*, AkathKR 159 (1990), 464 (465); weiterhin *H. Weber*, Religionsgemeinschaften als Körperschaften des öffentlichen Rechts, S. 113 f., 116; *ders.* ZevKR 17 (1972), 386 (413 f.); *ders.* ZevKR 22 (1977), 346 (353 ff.); *Obermayer* ZevKR 18 (1973), 247 (255); *Hanau* ZevKR 25 (1980), 61 (62 f.).
[18] Vgl. *v. Nell-Breuning* Stimmen der Zeit 195 (1977), 705 ff.; *Herschel* AuR 1978, 172 (176); *Schwerdtner* AuR 1979, Sonderheft: Kirche und Arbeitsrecht, S. 21 (23); *Zeuner* ZfA 1985, 127 (130); *Wieland* DB 1987, 1633 (1635 f.).
[19] *v. Nell-Breuning* Stimmen der Zeit 195 (1977), 705 (709); vgl. dazu auch *Jurina* Stimmen der Zeit 196 (1978), 617 (626 f.).
[20] *v. Nell-Breuning* Stimmen der Zeit 195 (1977), 705 (709).

Einrichtungen Arbeitsverträge abschließen. So meint *Wilhelm Herschel*: „Die Beschäftigung von Arbeitnehmern ist ein Tatbestand, der außerhalb kirchlicher Autonomie angesiedelt ist."[21] Dieses Verständnis schimmert auch durch, wenn darauf verwiesen wird, daß die durch Arbeitsvertrag begründeten Beschäftigungsverhältnisse nicht im Codex Iuris Canonici geregelt seien.[22] Für die Reichweite der Verfassungsgarantie des kirchlichen Selbstbestimmungsrechts kommt es darauf aber nicht an. Maßgebend ist allein, ob ein Regelungsbereich zu den eigenen Angelegenheiten gehört. Nach *Rolf Birk* soll die rechtliche Bindung von Mitarbeitern an die Kirchen durch Arbeitsvertrag keine eigene Angelegenheit i. S. des kirchlichen Selbstbestimmungsrechts darstellen.[23] Daß die Kirchen sich zur Erfüllung ihres Auftrags der Organisations- und Ordnungsformen des staatlichen Rechts bedienen, hebt indessen die Zugehörigkeit zu den *eigenen Angelegenheiten* der Kirche nicht auf.[24] Dennoch soll sich nach *Albrecht Zeuner* die Rechtslage bei Begründung und inhaltlicher Ausgestaltung des Arbeitsverhältnisses nicht wesentlich von derjenigen bei anderen privatrechtlichen Vertragsverhältnissen unterscheiden, die eine Kirche im Rahmen ihrer spezifischen Aufgaben eingehe.[25] Man denke nur, wie er schreibt, „an die Miete von Liegenschaften und Gebäuden für den Betrieb karitativer oder religiöser Einrichtungen oder an die Vermietung von Wohnungen oder Unterkünften im Rahmen eigenständiger kirchlicher Zwecke".

b) Kritik

12 Die These vom Vorrang des staatlichen Rechts beruht auf einer Fehlinterpretation des staatlichen Rechts. Das Staatskirchenrecht des Grundgesetzes erkennt mit der Verfassungsgarantie des Selbstbestimmungsrechts die Eigenständigkeit kirchlicher Ordnung an. Nach dem Selbstverständnis der Kirche richtet sich, was zu ihren Angelegenheiten gehört; denn „der säkulare Staat hat hierfür keine Maßstäbe und ist insoweit farbenblind".[26] Der Staat kann der Selbstbestimmung Schranken entgegensetzen; er darf durch sie aber nicht die Selbstbestimmung durch eine *Fremdbestimmung* ersetzen.

13 Das Bundesverfassungsgericht hat dazu in seinem grundlegenden Beschluß vom 4. Juni 1985 festgestellt:

„Die Verfassungsgarantie des kirchlichen Selbstbestimmungsrechts gewährleistet den Kirchen, darüber zu befinden, welche Dienste es in ihren Einrichtungen geben soll und in welchen Rechtsformen sie wahrzunehmen sind. Die Kirchen sind dabei nicht darauf beschränkt, für den kirchlichen Dienst besondere Gestaltungsformen zu entwickeln; sie können sich auch der jedermann offenstehenden Privatautonomie bedienen, um ein Dienstverhältnis zu begründen und zu regeln. Die im Selbstbestimmungsrecht der Kirchen enthaltene Ordnungsbefugnis gilt nicht nur für die kirchliche Ämterorganisation, sondern

---

[21] *Herschel*, Kirche und Koalitionsrecht, S. 33; dagegen *Mayer-Maly* BB 1979, 632 f.
[22] Vgl. *v. Nell-Breuning* AuR 1979, 1 (3).
[23] *Birk* AuR 1979, Sonderheft: Kirche und Arbeitsrecht, S. 9 (11); ebenso *Wieland* DB 1987, 1633 (1635 f.).
[24] Ebenso BVerfGE 53, 366 (392); 70, 138 (165).
[25] *Zeuner* ZfA 1985, 127 (130).
[26] *Hollerbach*, Handbuch des Staatsrechts, Bd. VI § 138 Rn. 116.

allgemein für die Ordnung des kirchlichen Dienstes. ‚Ordnen' und ‚Verwalten' im Sinne des Art. 137 Abs. 3 Satz 1 WRV meint das Recht der Kirchen, alle eigenen Angelegenheiten gemäß den spezifischen kirchlichen Ordnungsgesichtspunkten, d. h. auf der Grundlage des kirchlichen Selbstverständnisses, rechtlich gestalten zu können. Darunter fällt auch die rechtliche Vorsorge für die Wahrnehmung kirchlicher Dienste durch den Abschluß entsprechender Arbeitsverträge."[27]

Die Beschäftigung von Arbeitnehmern auf der Grundlage von Arbeitsverträgen ist deshalb kein Tatbestand, der außerhalb der Verfassungsgarantie des kirchlichen Selbstbestimmungsrechts angesiedelt ist. Trotzdem wäre es denkbar, daß ein kirchlicher Arbeitgeber keine andere Rechtsstellung als sonst ein Arbeitgeber hat. Diese Konsequenz zieht, wer die Begründung und inhaltliche Ausgestaltung von Arbeitsverhältnissen nicht anders behandelt als den Kauf oder die Miete von Sachgegenständen. Damit wird aber bereits eine Besonderheit verkannt, die für die zivilrechtliche Systembildung grundlegend ist, nämlich der Unterschied zwischen den *Sachleistungsverträgen*, deren Hauptzweck in der Verschaffung eines *Vermögensgegenstandes* besteht, wie Kauf, Tausch und Schenkung sowie Miete, Pachtleihe und Darlehen, und den Verträgen auf *Dienstleistung*.[28] Beachtet man weiterhin, daß die Schwelle zur Anerkennung der Arbeitnehmereigenschaft erst überschritten wird, wenn die zugesagte Dienstleistung keine im voraus bestimmte, abgegrenzte Einzelleistung darstellt, sondern jemand mit seiner Arbeitskraft seinem Vertragspartner zur Verfügung steht, so daß der Leistungsvollzug in dessen Organisation eingefügt wird,[29] so wird deutlich, daß man den Bedeutungsgehalt eines Arbeitsverhältnisses für die Kirchenautonomie nicht auf der gleichen Ebene wie den Kauf oder die Miete von Liegenschaften und Gebäuden ansiedeln darf.[30] Es geht auch nicht bloß um die Inanspruchnahme einer bestimmten Dienstleistung, sondern um den Eintritt in den Dienst eines der Kirche zugeordneten Arbeitgebers. **14**

Die Verfassungsgarantie des Selbstbestimmungsrechts erschöpft sich nicht in der jedermann offenstehenden Möglichkeit, Arbeitsverträge abzuschließen, sondern sie umfaßt vor allem auch die Befugnis, ihnen einen religiös geprägten Inhalt zu geben. Vor allem darin liegt die Besonderheit, die das Selbstbestimmungsrecht von der allgemeinen Vertragsfreiheit unterscheidet. Die Kirchen haben daher eine durch Art. 137 Abs. 3 WRV garantierte Regelungskompetenz zur Gestaltung ihres Dienstrechts.[31] Art. 137 Abs. 3 WRV wird dadurch aber nicht zur Ermächtigungsnorm eines kirchlichen Arbeitsrechts. Er beseitigt nicht die zivilrechtliche Verankerung, wenn die Kirchen ihren Dienst auf der Grundlage von Arbeitsverträgen regeln. Der Spielraum, den kirchlichen Dienst vom Wesen und Auftrag der Kirche her zu gestalten, ist daher enger als bei einer öffentlich-rechtlichen Gestaltung des Dienst- **15**

---

[27] BVerfGE 70, 138 (164 f.).
[28] So bereits O. v. *Gierke*, Deutsches Privatrecht, Bd. III: Schuldrecht, 1917, S. 411 f.
[29] Vgl. zur Bedeutung der Vertragsgestaltung für den Arbeitnehmerbegriff MünchArbR/ *Richardi* § 24 Rn. 45 ff.
[30] *Richardi* NZA Beil. 1/1986, 4.
[31] So zutreffend v. *Campenhausen* EssG 18 (1984), 9 (13); s. dazu auch *Richardi* ZevKR 32 (1987), 628 (630 f.).

rechts.[32] Insbesondere ist zu beachten, daß ein Mitarbeiter sich gegenüber der Kirche nur auf Grund eines Vertragsverhältnisses bindet.

II. Geltung des Arbeitsrechts bei Wahl der Privatautonomie für Begründung und Regelung der Dienstverhältnisse

1. Arbeitsrecht als Bestandteil der Zivilrechtsordnung

16 Weder die These vom Vorrang des kirchlichen Rechts noch die These vom Vorrang des staatlichen Rechts vermag das Verhältnis des kirchlichen Selbstbestimmungsrechts zur Arbeitsrechtsordnung angemessen zu bestimmen. Position und Gegenposition vernachlässigen, daß das Arbeitsverhältnis eine Gestaltungsform der Privatautonomie darstellt. Sie lassen sich von dem Umstand blenden, daß die herrschende Lehre lange Zeit das Arbeitsrecht als Sonderrecht der Arbeitnehmer definierte.[33] Seinen Geltungsbereich kann man aber nicht *personenrechtlich* bestimmen.[34]

17 Grundtatbestand des Arbeitsrechts ist die *Erbringung abhängiger Arbeit auf Grund eines Vertrags*. Die Vertragsfreiheit bildet daher die Grundlage des Arbeitsverhältnisses. Das Arbeitsrecht ist gegenüber dem Zivilrecht kein eigenes Rechtsgebiet mit eigenen Normen, eigenen Grundsätzen und eigenen Auslegungsregeln. Soweit durch die Festlegung der Arbeitnehmereigenschaft sein personeller Geltungsbereich abgegrenzt wird, geht es nicht darum, daß bestimmte Voraussetzungen in der Person des Arbeitnehmers die Geltung des Arbeitsrechts begründen. Die Rechtssätze des Arbeitsrechts stellen nicht auf die Zugehörigkeit zu einem bestimmten Personenkreis ab. Anknüpfungspunkt ist vielmehr das *rechtsgeschäftliche Dienstleistungsversprechen*, durch das jemand sich zur Arbeit im Dienst eines anderen verpflichtet. Aus ihm ergibt sich die Arbeitnehmereigenschaft.[35]

2. Anerkennung der Ordnungsgrundsätze des Zivilrechts

18 Bedienen die Kirchen sich bei der Begründung und Gestaltung von Dienstverhältnissen der Privatautonomie, so entspricht es ihrem Selbstverständnis, daß das bürgerliche Recht auf diese Beschäftigungsverhältnisse Anwendung findet. Das ergibt sich für die katholische Kirche aus can. 1290 CIC.[36] Für

---

[32] So bereits *v. Campenhausen* ZevKR 18 (1973), 236 (244 f.).
[33] Vgl. *A. Hueck* in Hueck/Nipperdey, Bd. I S. 3; *Nikisch*, Bd. I S. 4; abweichend *Zöllner/Loritz*, Arbeitsrecht, S 1, soweit dort die Definition als Sonderrecht durch den Hinweis auf den Arbeitsvertrag konkretisiert wird, „durch den die Stellung als Arbeitnehmer und Arbeitgeber begründet wird"; zur Bedeutung der darin liegenden Akzentverlagerung *Söllner*, „From status to contract" – Wandlungen in der Sinndeutung des Arbeitsrechts, in: FS Zöllner 1998, S. 949 ff.
[34] So bereits *Jacobi*, Grundlehren des Arbeitsrechts, 1927, S. 39 ff.
[35] Vgl. zum Arbeitnehmerbegriff ausführlich MünchArbR/*Richardi* § 24.
[36] S. auch § 4 Rn. 31.

Geltung des Arbeitsrechts für den kirchlichen Dienst **§ 2**

die Kirchen der Reformation gilt ohnehin, daß nach ihrem bekenntnismäßigen Verständnis die Zuständigkeit in weltlichen Dingen beim Staat liegt.

Die Kirche respektiert, wenn sie bei Begründung und Regelung ihrer **19** Dienstverhältnisse lediglich die für jedermann geltende Privatautonomie in Anspruch nimmt, die *Vertragsfreiheit* ihrer Beschäftigten. Bei Wahl der privatrechtlichen Gestaltungsform bindet ein Mitarbeiter sich gegenüber der Kirche nur auf Grund eines Vertragsverhältnisses. Die Transformierung der kirchlichen Ordnung in den staatlichen Rechtskreis richtet sich nach dem Vertragsrecht. Trotz dieser Schranke ermöglicht die Vertragsfreiheit den Kirchen, ihr Selbstverständnis vom Wesen und Auftrag des kirchlichen Dienstes durchzusetzen; denn die Kirche ist nicht gezwungen, bei abweichendem Selbstverständnis ihres Kontrahenten ein Dienstverhältnis mit ihm zu begründen. Der Vertrag ist von der beiderseitigen *Selbstbestimmung* der Vertragschließenden getragen.

Ein Konflikt mit der staatlichen Rechtsordnung kann nur bestehen, soweit **20** der kirchliche Arbeitgeber bei Begründung und Gestaltung der Arbeitsverhältnisse einer *fremdbestimmten Ordnung* unterworfen wird. Die Abhängigkeit kann darauf beruhen, daß der individuellen Vertragsfreiheit durch zwingendes Gesetzesrecht Grenzen gezogen sind. Sie kann sich aber auch daraus ergeben, daß der Staat die Kirche bei der Gestaltung ihrer Arbeitsbedingungen an ein Organisations- und Verfahrensrecht bindet, das ihrem Selbstverständnis über Wesen und Auftrag der Kirche in der Welt widerspricht.

3. Kollektive Ordnung als Besonderheit des Arbeitsverhältnisses

Das fehlende Gleichgewicht zwischen Arbeitgeber und Arbeitnehmer ist der **21** Grundtatbestand des Arbeitsrechts. Die Funktion des Arbeitsvertrags ist deshalb für die Inhaltsgestaltung des Arbeitsverhältnisses begrenzt. Das ergibt sich nicht, wie es marxistischer Sicht entspricht, aus der Eigentumsverfassung. Die Funktionsschwäche des individuellen Vertrags beruht vielmehr ausschließlich darauf, daß der wirtschaftliche Erfolg eines Unternehmens eine einheitliche Planung, Organisation und Leitung voraussetzt. Der individuell ausgehandelte Einzelarbeitsvertrag wird dadurch zwar nicht verdrängt; er wird aber weitgehend durch eine *kollektive Ordnung* ersetzt.

Bezieht man die Parität auf die Stellung am Arbeitsmarkt, so bedeutet die- **22** se Abhängigkeit nicht notwendigerweise, daß der Arbeitgeber wirtschaftlich mächtiger ist als der einzelne Arbeitnehmer. Fest steht nur, daß die Chance des einzelnen Arbeitnehmers, eine Modifizierung der vorgefertigten Arbeitsbedingungen bewirken zu können, gleich Null ist, weil der individuelle Arbeitsvertrag für die Unternehmen nicht praktikabel ist. Daraus muß sich kein wirtschaftliches Ungleichgewicht ergeben; denn für sie ist allein ausschlaggebend, ob der Arbeitnehmer auf den Vertragsschluß angewiesen ist. Die Konkurrenz der Arbeitgeber untereinander um Arbeitskräfte und die soziale Absicherung durch die Arbeitslosenversicherung schaffen insoweit Voraussetzungen für die Herstellung einer materiellen Parität. Die Abhängigkeit des Arbeitnehmers bedeutet deshalb nicht notwendigerweise ein *Marktungleichgewicht*. Sie hat aber stets zur Folge, daß die *Willenserklärung des einzelnen*

Arbeitnehmers als *Gestaltungsinstrument für den Vertragsinhalt* zurücktritt. Seine Erklärung erschöpft sich weitgehend in der Unterordnung unter die vorgefertigten Vertragsbedingungen.

23 Zwingendes Gesetzesrecht sichert deshalb dem Arbeitnehmer einen sozialen Mindeststandard. Die Rechtsprechung übt darüber hinaus gegenüber vertraglichen Gestaltungen, die vom Arbeitgeber einseitig festgelegt sind, eine Inhaltskontrolle aus.[37] Vor allem wird eine Beteiligung der Arbeitnehmer auf kollektiver Ebene verwirklicht: durch das Tarifvertragssystem mit der Möglichkeit zur Konfliktlösung durch den Arbeitskampf und durch die gesetzlich geschaffene Betriebsverfassung und Unternehmensmitbestimmung.

4. Bedeutungsgehalt der verfassungsrechtlich gewährleisteten Kirchenautonomie

24 Staatskirchenrechtlich muß man *zweierlei* unterscheiden: die verfassungsrechtliche Gewährleistung der Eigenschaft als Körperschaft des öffentlichen Rechts (Art. 137 Abs. 5 WRV), die den Kirchen das Recht sichert, ihren Dienst auf *öffentlich-rechtlicher Grundlage* zu ordnen, und die *Teilnahme an der Privatautonomie*, bei der die Bindung an die staatliche Rechtsordnung nur insoweit begrenzt ist, als das kirchliche Selbstbestimmungsrecht eine Freistellung erfordert, weil ein staatliches Gesetz nicht zu dem für alle geltenden Gesetz gehört (Art. 137 Abs. 3 WRV). Diese Abstufung ist für die Regelung des kirchlichen Dienstes von prägender Bedeutung. Nicht jede Religionsgesellschaft, sondern nur die Religionsgesellschaften, denen verfassungsrechtlich ein öffentlich-rechtlicher Sonderstatus zuerkannt wird, also vor allem die Kirchen, haben das Recht, durch eine Regelung auf öffentlich-rechtlicher Grundlage die Dienstverhältnisse nach ihrem bekenntnismäßigen Verständnis zu gestalten. Der Staat kann die Kirchen insoweit nicht an das Arbeitsrecht binden. Wenn aber die Kirchen von ihrer Befugnis, ein eigenständiges Dienstrecht auf öffentlich-rechtlicher Grundlage zu schaffen, nicht Gebrauch machen, gilt für die auf Vertragsebene begründeten Dienstverhältnisse das Arbeitsrecht. Eine Freistellung vom Arbeitsrecht kann deshalb nicht aus dem verfassungsrechtlichen Sonderstatus der Kirchen als *Körperschaften des öffentlichen Rechts* begründet werden; denn auch der Staat ist an das Arbeitsrecht gebunden, wenn er Personen lediglich auf Grund eines Arbeitsverhältnisses beschäftigt.[38]

---

[37] Vgl. BAGE 23, 160 (163 f.) = AP Nr. 1 zu § 305 BGB Billigkeitskontrolle; BAG AP Nr. 2 zu § 305 BGB Billigkeitskontrolle; s. ausführlich zum Problem der Vertragskontrolle MünchArbR/*Richardi*, § 14 Rn. 40 ff.

[38] Mißverständlich daher *Pirson*, FS Ruppel, S. 277 (303), wenn er dort feststellt, zur verfassungsrechtlichen Gewährleistung der Eigenschaft als Körperschaft des öffentlichen Rechts gehöre „die Nichtanwendbarkeit des Arbeitsrechts auf kirchliche Dienstverhältnisse", und daher eine „Lücke im weltlichen Recht" annimmt. Eine Freistellung vom Arbeitsrecht erfolgt nur dann, wenn die Kirchen von ihrem verfassungsrechtlichen Sonderstatus Gebrauch machen und auf öffentlich-rechtlicher Grundlage ein eigenständiges Dienstrecht schaffen; ebenso auch *Pirson* RdA 1979, 65 (66); vgl. weitere Nachweise in Fn. 30 bei § 1.

III. Inhalt und Reichweite der Verfassungsgarantie des Selbstbestimmungsrechts für eine arbeitsrechtliche Regelungsautonomie

1. Wahrnehmung einer eigenen Angelegenheit durch Einsatz zivilrechtlicher Regelungs- und Gestaltungsformen

Bedienen die Kirchen sich wie jedermann der Privatautonomie zur Begründung und Gestaltung von Arbeitsverhältnissen, so findet auf diese das staatliche Arbeitsrecht Anwendung.[39] Das ist, wie das Bundesverfassungsgericht in dem grundlegenden Beschluß vom 4. Juni 1985 festgestellt hat, für die Kirchen „die schlichte Folge einer Rechtswahl".[40] Die Regelung des kirchlichen Dienstes auf privatrechtlicher Grundlage bedeutet aber nicht, daß für die Festlegung seines Inhalts nur die privatautonome Regelungsbefugnis besteht, wie sie jedermann eingeräumt ist. Die Verfassungsgarantie des Selbstbestimmungsrechts in Art. 137 Abs. 3 WRV gilt für jede Religionsgesellschaft, setzt also nicht deren Anerkennung als Körperschaft des öffentlichen Rechts voraus. Für die privatrechtlich organisierten Religionsgesellschaften kann deshalb deren Dienst stets nur auf privatrechtlicher Grundlage geordnet werden. Hätte deshalb die Geltung des Arbeitsrechts zur Folge, daß ein Arbeitsverhältnis mit ihnen grundsätzlich nicht anders zu behandeln ist als ein Arbeitsverhältnis beim Staat oder in der Wirtschaft, so wäre ihnen der Sonderstatus genommen, der auch ihnen durch die Verfassungsgarantie des Selbstbestimmungsrechts in Art. 137 Abs. 3 WRV eingeräumt ist.

Das Bundesverfassungsgericht hat deshalb im Beschluß vom 4. Juni 1985 klargestellt, daß die Einbeziehung der kirchlichen Arbeitsverhältnisse in das staatliche Arbeitsrecht nicht deren Zugehörigkeit zu den *eigenen Angelegenheiten* der Kirche aufhebt.[41] Sie dürfe deshalb, wie es wörtlich heißt, „die verfassungsrechtlich geschützte Eigenart des kirchlichen Dienstes, das spezifisch Kirchliche, das kirchliche Proprium nicht in Frage stellen". Die Einbeziehung kirchlicher Arbeitsverhältnisse in das staatliche Arbeitsrecht nimmt den Kirchen daher nicht das Recht, auf Grund des ihnen verfassungsrechtlich gewährleisteten Selbstbestimmungsrechts *Dienstordnungen* zu erlassen, in denen sie die Aufgaben, Einstellungsvoraussetzungen und Pflichten für einzelne kirchliche Berufe regeln. Der Staat schützt zwar die „genuin kirchenrechtliche Normensubstanz nur, soweit sie arbeitsvertraglich fundiert und so in den staatlichen Rechtskreis transformiert ist";[42] er erhält deshalb aber nicht die Kompetenz festzulegen, worin die Besonderheit des kirchlichen Dienstes liegt. Diese Befugnis hat vielmehr ausschließlich die Kirche, die sie nach ihrer Verfassung ausübt. Zuständig ist nicht der kirchliche Arbeitgeber als Partei des Arbeitsverhältnisses, sondern es richtet sich nach den von den verfaßten Kirchen anerkannten Maßstäben, worin die Besonderheit des

---
[39] BVerfGE 70, 138 (165); weitere Nachweise in Fn. 17.
[40] BVerfGE 70, 138 (165).
[41] BVerfGE 70, 138 (165).
[42] *Isensee*, FS Obermayer, S. 203 (207).

kirchlichen Dienstes liegt. Der kirchliche Arbeitgeber, der einen Arbeitsvertrag abschließt, nimmt deshalb nicht nur die allgemeine Vertragsfreiheit für sich in Anspruch, sondern er hat mit ihr zugleich auch Teil an dem der Kirche verfassungsrechtlich garantierten Selbstbestimmungsrecht. Zutreffend sagt das Bundesverfassungsgericht in dem grundlegenden Beschluß vom 4. Juni 1985: „Beides zusammen ermöglicht es den Kirchen erst, in den Schranken des für alle geltenden Gesetzes den kirchlichen Dienst nach ihrem Selbstverständnis zu regeln und die spezifischen Obliegenheiten kirchlicher Arbeitnehmer zu umschreiben und verbindlich zu machen."[43]

2. Bindung an das für alle geltende Gesetz

a) Bedeutung des Schrankenvorbehalts für die Verbindlichkeit des Arbeitsrechts

27 Bei privatrechtlicher Begründung und Regelung ihrer Dienstverhältnisse bedienen die Kirchen sich der *Gestaltungsformen des für alle geltenden Gesetzes*. Die Bindung an das für alle geltende Gesetz bedeutet jedoch nicht, daß sie dem Staat einen Zugriff auf die Gestaltung des kirchlichen Dienstes eröffnet. Soweit sozialstaatliche Regelungen die individuelle Vertragsfreiheit *begrenzen*, ist deshalb gegenüber einem derart fremdbestimmten Eingriff wesentlich, daß ein kirchlicher Arbeitgeber an der verfassungsrechtlich gewährleisteten Kirchenautonomie teilhat. Dem kirchlichen Selbstbestimmungsrecht kann nur ein für alle geltendes Gesetz Schranken ziehen.

b) Inhalt der Formel des „für alle geltenden Gesetzes"

28 Vorbild für Art. 137 Abs. 3 WRV war § 147 der Frankfurter Reichsverfassung von 1849. Dort hatte es geheißen: „Jede Religionsgesellschaft ordnet und verwaltet ihre Angelegenheiten selbständig, bleibt aber den allgemeinen Staatsgesetzen unterworfen."[44] Für das Verständnis des Schrankenvorbehalts und seiner Tragweite darf allerdings der politische Gesamtzusammenhang nicht ausgeblendet werden; denn die Frankfurter Reichsverfassung war zu einer Zeit konzipiert worden, als der Staat sich des Eingriffs in die gesellschaftliche Ordnung noch weitgehend enthielt und nach den Bestrebungen, die zu dem Entwurf einer Reichsverfassung geführt hatten, auch enthalten sollte. Bereits in der Weimarer Zeit war der Gesetzgeber jedoch zur ordnungspolitischen Gestaltung der Gesellschaft und ihrer Funktionsbereiche übergegangen und nach der Reichsverfassung insbesondere im Bereich der Arbeitsverfassung dazu auch legitimiert (Art. 157–165 WRV). Daß vor allem unter dem Aspekt einer derartigen Ordnungsermächtigung des Staates die Bindung an das allgemeine Gesetz keine ausreichende Schranke ist, um die Kirchenfreiheit zu wahren, sondern auch über ein allgemeines Gesetz zur Gestaltung der gesellschaftlichen Ordnung eine Hoheit des Staats über die

---

[43] BVerfGE 70, 138 (165).
[44] Abgedruckt in: E. R. *Huber* (Hrsg.), Dokumente zur deutschen Verfassungsgeschichte, Bd. 1, 1961, S. 320.

Kirchen hergestellt werden kann, hat *Johannes Heckel* in seiner Besprechung des staatskirchenrechtlichen Schrifttums der Jahre 1930 bis 1931 erkannt.[45] Er bezeichnet den Schrankenvorbehalt daher als eine „sinnvariierende Formel", für deren Interpretation man sowohl den geistesgeschichtlichen systematischen Zusammenhang als auch die besondere historische Situation zu beachten habe, die der Formel ihre konkrete Ausprägung gegeben habe; denn derartige Formeln seien zwar aus einem großen geistesgeschichtlichen Zusammenhang heraus gedacht, aber zugleich einer bestimmten verfassungspolitischen Situation zugeordnet.[46]

Entscheidend war deshalb der Ausgangspunkt, daß der deutsche Verfassungsstaat seit der Mitte des 19. Jahrhunderts die kirchliche Autonomie auf allen Gebieten anerkannt, sie aber zunächst, wie *Johannes Heckel* formulierte, unter die Herrschaft des für den konstitutionellen Rechtsstaat charakteristischen „allgemeinen Staatsgesetzes" gestellt hatte. Wie der Kulturkampf gelehrt hatte, war damit aber die Richtigkeit der Schrankenziehung nicht verbürgt und deshalb sollte die *veritas legis* dadurch garantiert werden, daß das Gesetz „für alle" gilt. *Heckel* fährt fort: „Das ist nicht das generelle Gesetz im Sinn der Gewaltenteilungslehre, auch nicht ein Gesetz, das sich auf eine Allgemeinheit von Individuen oder Verbänden von ihnen bezieht; es ist endlich auch nicht jedes Gesetz, das von der volonté générale getragen wird." Das für alle geltende Gesetz ist vielmehr, wie seine berühmte Formulierung lautet, „ein Gesetz, das trotz grundsätzlicher Bejahung der kirchlichen Autonomie vom Standpunkt der Gesamtnation als sachlich notwendige Schranke der kirchlichen Freiheit anerkannt werden muß; m. a. W. jedes für die Gesamtnation als politische, Kultur- und Rechtsgemeinschaft unentbehrliche Gesetz, aber auch nur ein solches Gesetz".[47]

Diese Formel vermag nicht das kirchliche Selbstbestimmungsrecht zu sichern.[48] Das gilt vor allem für Gesetze, die in Erfüllung des Sozialstaatsprinzips Bereiche der gesellschaftlichen Ordnung *intervenierend* verfassen. Hier versagt auch eine Formel, die das für alle geltende Gesetz auf ein Gesetz beschränkt, das „zwingenden Erfordernissen des friedlichen Zusammenlebens von Staat und Kirche in einem religiös und weltanschaulich neutralen politischen Gemeinwesen entspricht".[49] Den Schlüssel für eine zutreffende Interpretation des Schrankenvorbehalts liefert der unlösbare Zusammenhang der institutionellen Kirchenfreiheit mit dem Grundrecht der Glaubensfreiheit. Aus ihm ergibt sich, daß das Selbstbestimmungsrecht den Kirchen nicht bloß eine *Autonomie* einräumt, sondern ihre *Eigenständigkeit* anerkennt. Der Staat kann sich nicht zu ihrem Wesen und Auftrag äußern, sondern muß ihr bekenntnismäßiges Verständnis respektieren. Der Schrankenvorbehalt in Art. 137 Abs. 3 WRV gibt dem Staat nicht das Recht, für die Kirche ver-

---

[45] Vgl. *Heckel* VerwArch 37 (1932), 280 ff.
[46] *Heckel* VerwArch 37 (1932), 280 (282).
[47] *Heckel* VerwArch 37 (1932), 280 (284).
[48] Vgl. *v. Campenhausen*, Staatskirchenrecht, S. 117; *Hesse*, HdbStKirchR Bd. I S. 521 (549 f.).
[49] *Hollerbach*, Verträge zwischen Staat und Kirche, 1965, S. 122.

bindlich festzulegen, wie und mit wem sie ihren Auftrag zu erfüllen hat, auch wenn es sich um Gesetze handelt, die der Sozialordnung ihre Struktur geben.

31 Auch durch ein allgemeines Gesetz erhält der Staat nicht diese Kompetenz; denn für die Kirchen kann gleichgültig sein, ob ein Gesetz sich gerade gegen sie richtet und daher ein *Sondergesetz* darstellt oder ob sie die Organisation ihrer Einrichtungen nach einem *allgemeinen Gesetz* ausrichten müssen, das wegen seiner religiös und weltanschaulich neutralen Regelung es ausschließt, den kirchlichen Dienst nach ihrem bekenntnismäßigen Selbstverständnis zu gestalten. Der Schrankenvorbehalt darf nicht isoliert von der Gewährleistung des kirchlichen Selbstbestimmungsrechts interpretiert werden. Ob eine Norm zu dem für alle geltenden Gesetz gehört, ist im Licht der Wertentscheidung der verfassungsrechtlichen Garantie für das kirchliche Selbstbestimmungsrecht auszulegen.[50] Die Bindung des kirchlichen Selbstbestimmungsrechts an das für alle geltende Gesetz hat deshalb dort ihre Schranke, wo es um die Verfassung der Kirche und ihren Auftrag geht.

c) Interpretation des Schrankenvorbehalts durch das Bundesverfassungsgericht

32 Bei der Interpretation des Schrankenvorbehalts ist der Wechselwirkung von Kirchenfreiheit und Schrankenzweck Rechnung zu tragen.[51] Das Bundesverfassungsgericht legt deshalb seiner Rechtsprechung die folgende Abstufung zugrunde: Bei rein inneren kirchlichen Angelegenheiten kann ein staatliches Gesetz für die Kirche überhaupt keine Schranke ihres Handelns bilden.[52] Der Schrankenvorbehalt gilt nur für den Bereich, in dem der Staat zum Schutz für das Gemeinwesen bedeutsamer Rechtsgüter Regelungen trifft. Das Bundesverfassungsgericht hat in der Bremer Pastoren-Entscheidung vom 21. September 1976 versucht, mit der *Jedermann-Formel* ein Abgrenzungskriterium zu geben: „Trifft das Gesetz die Kirche nicht wie den Jedermann, sondern *in ihrer Besonderheit als Kirche* härter, ihr Selbstverständnis, insbesondere ihren geistig-religiösen Auftrag beschränkend, also *anders* als den normalen Adressaten, dann bildet es insoweit keine Schranke."[53]

33 Präzisiert hat das Bundesverfassungsgericht seine Interpretation des Schrankenvorbehalts im Beschluß zum Krankenhausgesetz des Landes Nordrhein-Westfalen vom 25. März 1980: Der Schrankenvorbehalt besage nicht, „daß jegliche staatliche Rechtsetzung, sofern sie nur im Sinne eines klassischen Gesetzesbegriffs abstrakt und generell ist und aus weltlicher Sicht von der zu regelnden Materie her als vernünftig erscheint, ohne weiteres in den den Kirchen und ihren Einrichtungen zustehenden Autonomiebereich eingreifen könnte".[54] Das Bundesverfassungsgericht meint: „Unabhängig von seiner formalen Ausgestaltung trifft vielmehr jedes in diesem Sinne dem

---

[50] Vgl. *Hesse*, FS Werner Weber, S. 447 (456); *Richardi* ZevKR 23 (1978), 367 (385); s. auch den Nachweis in Fn. 8 bei § 5.
[51] So zutreffend BVerfGE 53, 366 (401).
[52] Vgl. BVerfGE 18, 385 (386 ff.); 42, 312 (334); 66, 1 (20); 72, 278 (289).
[53] BVerfGE 42, 312 (334).
[54] BVerfGE 53, 366 (404).

kirchlichen Selbstbestimmungsrecht Schranken ziehende Gesetz seinerseits auf eine ebensolche Schranke, nämlich auf die materielle Wertentscheidung der Verfassung, die über einen für die Staatsgewalt unantastbaren Freiheitsbereich hinaus die besondere Eigenständigkeit der Kirchen und ihrer Einrichtungen gegenüber dem Staat anerkennt."

Das Bundesverfassungsgericht verwendet in dieser Entscheidung nicht mehr die *Jedermann-Formel*, um den Bereich der Kirchenautonomie zu bestimmen,[55] sondern in den Mittelpunkt tritt, wie aus der Zusammenfassung in den Leitsätzen deutlich wird, daß der Wechselwirkung von Kirchenfreiheit und Schrankenzweck durch entsprechende *Güterabwägung* Rechnung zu tragen sei.[56] Die Verwendung des Güterabwägungsprinzips bei der Interpretation des Art. 137 Abs. 3 WRV ist vor allem bei *Willi Geiger* auf heftige Kritik gestoßen. Er meint, Art. 137 Abs. 3 WRV werde „im Kontext der grundgesetzlichen Ordnung nicht mehr verstanden als kategoriale Grundentscheidung zugunsten des Koordinationsverhältnisses zwischen Staat und Kirche, mit dem unvereinbar ist, daß der Staat unter Berufung auf sein Gemeinwohlverständnis in den der Kirche zugeordneten und von ihr auszufüllenden Rechtskreis eindringen, also einseitig bestimmen kann, wie weit die Kirche noch ihre Angelegenheiten ihrem Selbstverständnis, ihrer Struktur und ihrer Lehre entsprechend ordnen und verwalten kann".[57] Er meint, es werde „aufgegeben die Vorstellung, daß Art. 137 Abs. 3 WRV *selbst* durch seine Regelung schon entschieden hat, daß es mit dem vom Staat wahrzunehmenden Gemeinwohl von vorneherein vereinbar ist, wenn das kirchliche Selbstbestimmungsrecht, wie die Kirche es versteht, die staatliche Hoheit begrenzt, vorbehaltlich der im Lichte dieser Grundentscheidung auszulegenden Schranke des für alle geltenden Gesetzes".

Diese Kritik ist insoweit begründet, als eine Güterabwägung im Einzelfall dem staatlichen Richter eine Kompetenz zuweist, die ihn letztlich zum Herrn über das Grundverhältnis von Staat und Kirche macht und deshalb mit der Verfassungsgarantie des kirchlichen Selbstbestimmungsrechts nicht vereinbar ist. Die Zugehörigkeit zu den eigenen Angelegenheiten kann nicht in die Güterabwägung einbezogen werden, sondern insoweit ist das Selbstverständnis der Kirche für die staatliche Gewalt bindend. Trotz des Güterabwägungsprinzips hat das Bundesverfassungsgericht gerade dies bestätigt; es hält an seiner Auffassung fest, daß die Kirche nach ihrem Selbstverständnis bestimmt, was zur Kirche i. S. des Art. 137 Abs. 3 WRV gehört. Beachtet man diese Vorgabe, so ist im Ergebnis kein Wandel in der Rechtsprechung des Bundesverfassungsgerichts eingetreten.[58] Auch die Jedermann-Formel befreit nicht von der Notwendigkeit, der Wechselwirkung von Kirchenfreiheit und Schrankenzweck durch entsprechende Güterabwägung Rechnung zu tra-

---

[55] S. aber BVerfGE 66, 1 (20); vgl. zur Kritik der Jedermann-Formel *Hollerbach* AöR 106 (1981), 218 (239 f.); *Schlaich* JZ 1980, 209 (214); *H. Weber* NJW 1983, 2541 (2552); gegen die Rechtsprechung des BVerfG insgesamt *Wieland* Der Staat 25 (1986), 321 (330 ff.).
[56] BVerfGE 53, 366 (401); 66, 1 (22); 70, 138 (167); 72, 278 (289).
[57] *Geiger* ZevKR 26 (1981), 156 (169).
[58] Ebenso *Dütz* EssG 18 (1984), 67 (71).

gen.⁵⁹ Beachtet werden muß aber als Schranke staatlicher Gesetzgebung, daß sich nach dem Selbstverständnis der Kirche richtet, was zu ihrem Wesen und Auftrag gehört und in welchen Organisationsformen sie ihre Aufgaben erfüllt.

3. Offenhaltung eines eigenen Weges

36   Die Verfassungsgarantie des Selbstbestimmungsrechts sichert die Freiheit der Kirche innerhalb der gesellschaftlichen Ordnung. Der Schrankenvorbehalt bezweckt keine Einschränkung der Kirchenautonomie, sondern bildet im Gegenteil die *Basis für eine Konkordanz,* „die es gestattet, auf beiden Seiten davon auszugehen, daß staatliche Gesetze nicht die den Kirchen wesentlichen eigenen Ordnungen beeinträchtigen und daß kirchliche Gesetze nicht die für den Staat unabdingbare Ordnung kränken werden".⁶⁰ Die Kirchen können sich deshalb zur Wahrnehmung ihrer Aufgaben der Privatautonomie bedienen. Sie nehmen insoweit Grundrechtsgewährleistungen wahr, wie sie jedermann eingeräumt sind.

37   Durch den Vertragsschluß gestalten die Vertragspartner ihre Rechtsbeziehungen im Verhältnis zueinander eigenverantwortlich; sie bestimmen selbst, wie ihre gegenläufigen Interessen angemessen auszugleichen sind, und verfügen „damit zugleich über ihre grundrechtlich geschützten Positionen ohne staatlichen Zwang".⁶¹ Der Staat hat deshalb die im Rahmen der Privatautonomie getroffenen Regelungen grundsätzlich zu respektieren; denn die Privatautonomie beruht auf dem Prinzip der Selbstbestimmung. Sie kann aber nur funktionieren, wenn auch die Bedingungen freier Selbstbestimmung tatsächlich gegeben sind. Der dem Gesetzgeber auferlegte Grundrechtsschutz kann deshalb gebieten, daß er Vorkehrungen gegen vertragliche Beschränkungen schafft. Das Bundesverfassungsgericht hat dazu festgestellt:

„Hat einer der Vertragsteile ein so starkes Übergewicht, daß er vertragliche Regelungen faktisch einsetzen kann, bewirkt dies für den anderen Vertragsteil Fremdbestimmung. Wo es an einem annähernden Kräftegleichgewicht der Beteiligten fehlt, ist mit den Mitteln des Vertragsrechts allein kein sachgerechter Ausgleich der Interessen zu gewährleisten. Wenn bei einer solchen Sachlage über grundrechtlich verbürgte Positionen verfügt wird, müssen staatliche Regelungen ausgleichend eingreifen, um den Grundrechtsschutz zu sichern."⁶²

38   Gesetzliche Vorschriften, die sozialem und wirtschaftlichem Ungleichgewicht entgegenwirken, sind daher für die Privatautonomie keine systemfremden Grenzziehungen. Sie sind vielmehr unerläßlich, um die Voraussetzungen für eine rechtsgeschäftliche Ordnung herzustellen und zu sichern. Der Verfassung läßt sich aber, worauf das Bundesverfassungsgericht ausdrücklich hinweist, „nicht unmittelbar entnehmen, wann Ungleichgewichtslagen so schwer wiegen, daß die Vertragsfreiheit durch zwingendes Gesetzesrecht be-

---

⁵⁹ Vgl. *Steiner,* Offene Rechtsschutzprobleme im Verhältnis von Staat und Kirchen, 1981, S. 10.
⁶⁰ BVerfGE 42, 312 (340).
⁶¹ BVerfGE 81, 242 (254).
⁶² BVerfGE 81, 242 (255); vgl. auch BVerfGE 89, 214 (232).

Geltung des Arbeitsrechts für den kirchlichen Dienst **§ 2**

grenzt oder ergänzt werden muß".⁶³ Der Gesetzgeber hat deshalb insoweit einen besonders weiten Beurteilungsspielraum. Hält er einen Eingriff zum Grundrechtsschutz für geboten, so muß er dann, wie das Bundesverfassungsgericht ebenfalls klarstellt, „aber beachten, daß jede Begrenzung der Vertragsfreiheit zum Schutze des einen Teils gleichzeitig in die Freiheit des anderen Teils eingreift". Der Gesetzgeber muß deshalb den konkurrierenden Grundrechtspositionen ausgewogen Rechnung tragen. Auch insoweit besitzt er, wie das Bundesverfassungsgericht feststellt, „eine weite Gestaltungsfreiheit".⁶⁴

Diese verfassungsgerichtliche Erkenntnis hat vor allem Bedeutung für die Arbeitgeber-Arbeitnehmer-Beziehungen; denn hier hat stets eine besondere Rolle gespielt, daß die Überlegenheit des Arbeitgebers es erfordert, der individuellen Vertragsfreiheit Schranken zu setzen. Existenz und Entwicklung des Arbeitsrechts sind durch das soziale Schutzprinzip bestimmt. Doch auch hier ist der für das Zivilrecht kategoriale Unterschied zwischen Selbstbestimmung und Fremdbestimmung zu beachten. Die Selbsteinschränkung von Grundrechten durch Rechtsgeschäft ist anders zu beurteilen als ein Eingriff durch den Gesetzgeber, der die Rechtsbeziehungen unter Privaten ohne Rücksicht auf deren Willen ordnet. Eine Schrankensetzung durch den Staat ist ihrerseits an die Grundrechte gebunden. Der Gesetzgeber hat dabei insbesondere das Grundrecht der Glaubensfreiheit zu respektieren. Er darf dem für alle geltenden Gesetz kein bestimmtes religiöses Bekenntnis zugrunde legen. Das dem Selbstbestimmungsrecht der Kirche schrankenziehende Gesetz kann nur ein Gesetz sein, daß religionsneutral ist, für jedermann gilt und nicht als Ausnahme- oder Sondergesetz gegen eine oder mehrere Religionsgesellschaften gerichtet ist.⁶⁵ Aber auch ein derartiges Gesetz verletzt die Verfassungsgarantie des Selbstbestimmungsrechts, wenn es die Kirche auf eine religiös indifferente Ordnung verpflichtet. Der Schrankenvorbehalt gibt dem Staat keine Kompetenz, über ein für alle geltendes Gesetz die religiös geprägte Eigenart des kirchlichen Dienstes zu negieren.⁶⁶ **39**

Der Staat muß deshalb bei der Gestaltung der sozialen Ordnung den Kirchen *eigene Wege* offenhalten, damit sie von der zur Wahrnehmung ihrer Aufgaben unerläßlichen Freiheit der Bestimmung über Organisation, Normsetzung und Verwaltung Gebrauch machen können.⁶⁷ Diese Freistellung vom staatlichen Recht bezieht sich nicht nur, wie das Bundesverfassungsgericht im Fall Goch begründet hat, auf die Mitwirkung und Mitbestimmung der Arbeitnehmer in Angelegenheiten des Betriebs;⁶⁸ sie gilt nicht nur, wie es in der Krankenhausgesetz-Entscheidung festgestellt hat, für die Organisation **40**

---

⁶³ BVerfGE 81, 242 (255).
⁶⁴ BVerfGE 81, 242 (255).
⁶⁵ Ebenso *Hollerbach*, Handbuch des Staatsrechts, Bd. VI § 138 Rn. 117.
⁶⁶ Vgl. auch *M. Heckel*, Gleichheit oder Privilegien?, S. 17: Die Schrankengesetzgebungskompetenz ermächtigt den Staat „nicht zur äußeren und inneren Säkularisierung des kirchlichen Wirkens und Rechts".
⁶⁷ Vgl. BVerfGE 53, 366 (401); bestätigt durch BVerfGE 57, 220 (244); 66, 1 (20); 70, 138 (164).
⁶⁸ BVerfGE 46, 73 (94).

des Krankenhauses,[69] sondern sie wirkt sich auch, wie es im Beschluß über das Zugangsrecht der Gewerkschaft ÖTV erkannt hat, auf die Gestaltung des Rechtsverhältnisses zwischen der Kirche und einer Gewerkschaft aus.[70]

41 Die Offenhaltung des eigenen Weges wird aber nicht nur durch eine Freistellung vom staatlichen Recht gesichert, sondern sie ist auch zu beachten, soweit auf den kirchlichen Dienst das staatliche Arbeitsrecht Anwendung findet. Die Kirche, nicht der Staat bestimmt, welche Dienste es in ihr gibt und welche Voraussetzungen ein Mitarbeiter erfüllen muß, um sie wahrzunehmen. Nicht nur die Vorgaben struktureller Art, sondern auch die Personenauswahl und die mit all diesen Entscheidungen untrennbar verbundene Vorsorge zur Sicherstellung der religiösen Dimension des kirchlichen Dienstes fallen ausschließlich in die Kompetenz der Kirche. „Eine Rechtsanwendung, bei der die vom kirchlichen Selbstverständnis her gebotene Verpflichtung der kirchlichen Arbeitnehmer auf grundlegende Maximen kirchlichen Lebens arbeitsrechtlich ohne Bedeutung bliebe, widerspräche dem verfassungsverbürgten Selbstbestimmungsrecht der Kirchen."[71]

4. Keine Schranke durch richterliche Ersatzgesetzgebung

42 Eine formale, wenn auch nicht unerhebliche Sicherung des den Kirchen gewährleisteten Freiraums ergibt sich schließlich daraus, daß das für alle geltende Gesetz i. S. des Art. 137 Abs. 3 WRV ein *Gesetz* sein muß. Das hat das Bundesverfassungsgericht im Beschluß über das Zutrittsrecht der Gewerkschaft ÖTV klar gesagt.[72] Für den Schrankenvorbehalt genügt nicht die teilweise breit ausgebaute richterliche Ersatzgesetzgebung, sondern es muß sich um eine *gesetzliche* Regelung handeln.

43 Dieser Hinweis hat jedoch nur Bedeutung, soweit man dem Richter die Kompetenz zuweist, die Rolle des *guten Gesetzgebers* zu übernehmen. Nach dem Gewaltenteilungsprinzip hat er keinen derartigen Auftrag. Sein Beitrag zur Rechtsbildung liegt nicht in der *Rechtsetzung*, sondern in der *Rechtsfindung*. Eine richterliche Ersatzgesetzgebung gegenüber den Kirchen ist bereits mit dem Gewaltenteilungsprinzip unvereinbar. Sie ist aber darüber hinaus kein dem kirchlichen Selbstbestimmungsrecht schrankensetzendes Gesetz i. S. des Art. 137 Abs. 3 WRV. Ein Verstoß gegen die Verfassungsgarantie des Selbstbestimmungsrechts ist deshalb schon gegeben, wenn für die vom Richter festgestellte Rechtsfolge eine Gesetzesgrundlage fehlt.

5. Ergebnis

44 Der Staat muß den Kirchen eigene Wege offenhalten, wie sie den kirchlichen Dienst und seine arbeitsrechtliche Ordnung gestalten. Durch das Recht zur Schrankenziehung übernimmt der Staat kein ekklesiologisches Mandat. Seine

---

[69] BVerfGE 53, 366 (401).
[70] BVerfGE 57, 220 (244).
[71] BVerfGE 70, 138 (167).
[72] BVerfGE 57, 220 (245f., 248).

Pflicht zu weltanschaulicher Neutralität gibt ihm nicht das Recht zur Säkularisierung des kirchlichen Dienstes, auch wenn er in privatrechtlicher Gestaltungsform geregelt ist. Die Bindung an das Arbeitsrecht bedeutet nicht, daß der Staat eine Herrschaft über das bekenntnismäßige Verständnis des kirchlichen Dienstes erlangt. Den Kirchen ist deshalb verfassungsrechtlich garantiert, daß für die Gestaltung des kirchlichen Dienstes und seiner arbeitsrechtlichen Ordnung eine Regelungsautonomie besteht, damit die Kirchen die besonderen kirchlichen Aspekte in der vom kirchlichen Selbstverständnis gebotenen Form verwirklichen können.

§ 3 Geltungsbereich der arbeitsrechtlichen Regelungsautonomie

I. Die Abgrenzung in staatlichen Arbeitsgesetzen und ihr Verhältnis zur Verfassungsgarantie des kirchlichen Selbstbestimmungsrechts

1 Die arbeitsrechtliche Regelungsautonomie beschränkt sich nicht auf die *verfaßte Kirche*, die amtskirchliche Organisation, sondern sie erstreckt sich auf *alle Einrichtungen*, die einer Kirche als *Kirche* zugeordnet sind. Deshalb hat der Gesetzgeber nicht nur für die Betriebsverfassung, sondern für sämtliche gesetzliche Regelungen, die ein Mitbestimmungsstatut schaffen, angeordnet, daß seine Regelung keine Anwendung auf „Religionsgemeinschaften und ihre karitativen und erzieherischen Einrichtungen" findet, wobei er klarstellend hervorhebt, daß dies „unbeschadet deren Rechtsform" (§ 118 Abs. 2 BetrVG 1972, § 1 Abs. 3 Nr. 2 SprAuG, § 81 Abs. 2 BetrVG 1952, § 1 Abs. 4 Satz 2 MitbestG 1976) bzw. „ohne Rücksicht auf ihre Rechtsform" gilt (§ 112 BPersVG 1974).

2   Mit der Erstreckung auf die karitativen und erzieherischen Einrichtungen bewegt der Gesetzgeber sich nicht im Rahmen der Gestaltungsfreiheit, sondern er *respektiert* durch sie, wie das Bundesverfassungsgericht klarstellt, die *Verfassungsgarantie des kirchlichen Selbstbestimmungsrechts*; denn „nach Art. 137 Abs. 3 WRV sind nicht nur die organisierte Kirche und die rechtlich selbständigen Teile dieser Organisation, sondern alle der Kirche in bestimmter Weise zugeordneten Einrichtungen ohne Rücksicht auf ihre Rechtsform Objekte, bei deren Ordnung und Verwaltung die Kirche grundsätzlich frei ist, wenn sie nach kirchlichem Selbstverständnis ihrem Zweck oder ihrer Aufgabe entsprechend berufen sind, ein Stück Auftrag der Kirche in dieser Welt wahrzunehmen und zu erfüllen".[1] Begründet wird diese Auffassung damit, daß der Begriff der „Religionsgesellschaft" in Art. 137 Abs. 3 WRV keinen anderen Inhalt haben könne als in Art. 138 Abs. 2 WRV, der nach seinem klaren Wortlaut eindeutig davon ausgehe, daß zu den Religionsgesellschaften auch „Anstalten, Stiftungen und sonstiges Vermögen" gehörten.[2]

II. Kongruenz der arbeitsrechtlichen Regelungsautonomie mit der Reichweite des der Kirche verfassungsrechtlich garantierten Selbstbestimmungsrechts

1. Kirche im Sinne des Staatskirchenrechts

3 Das verfassungsrechtlich gewährleistete Selbstbestimmungsrecht beschränkt sich nicht auf die *verfaßte Kirche*, sondern es bezieht sich, wie *Martin Heckel*

---

[1] BVerfGE 46, 73 (1. Leitsatz und S. 85); bestätigt durch BVerfGE 53, 366 (391); 57, 220 (242); 70, 138 (162).
[2] BVerfGE 46, 73 (86).

formuliert hat, auf die *Kirche in ihrer Sendung zur Mission und Diakonie im öffentlichen Bereich*.³ Der verfassungsrechtliche Sonderstatus gilt allgemein für die *Kirche in ihrem rechtstheologischen Verständnis*.⁴ Er respektiert damit die theologische Einsicht: „Die Kirche ist nicht von ihrer Organisation her zu denken, sondern die Organisation von der Kirche her zu verstehen."⁵

Zu den für die Kirchen nach ihrem Selbstverständnis wesentlichen Dingen gehören nicht nur „Lehre, Predigt und Sakramentenspendung", sondern auch der „Heilsdienst an der Welt".⁶ Hierzu zählt insbesondere das karitative Wirken. Die tätige Nächstenliebe ist, wie das Bundesverfassungsgericht zutreffend feststellt, „eine *wesentliche Aufgabe* für den Christen und wird von den christlichen Kirchen als kirchliche *Grundfunktion* verstanden".⁷ Der Zusammenhang zur Verfassungsgarantie des kirchlichen Selbstbestimmungsrechts ist daher vor allem für die karitativen Einrichtungen zu beachten, die in Organisationsformen des staatlichen Rechts in der Welt von heute den Liebesauftrag der Kirche verwirklichen.

Soweit die Verfassungsgarantie des Selbstbestimmungsrechts zu einer Ausklammerung aus der staatlichen Rechtsordnung führt, bleibt den Kirchen *überlassen*, für diesen Bereich selbständig eine Regelung zu treffen. Davon gehen die gesetzlichen Bestimmungen aus, die eine Bereichsausnahme aus der staatlich geregelten Betriebsverfassung und unternehmensbezogenen Mitbestimmungsgesetzen festlegen.⁸ Die Reichweite der Ausklammerung bestimmt deshalb zugleich den Geltungsbereich der arbeitsrechtlichen Regelungsautonomie.⁹

2. Verfaßte Kirche und mit ihr institutionell verbundene Einrichtungen

Die verfassungsrechtlich gewährleistete Eigenständigkeit und Regelungsautonomie innerhalb der Arbeitsverfassung besteht für den gesamten Bereich der verfaßten Kirche. Zu ihr gehören die Behörden und Dienststellen der Kirchenorganisation, die ihrerseits nach Art. 140 GG iV mit Art. 137 Abs. 5 WRV als Körperschaft des öffentlichen Rechts anerkannt ist. Die katholische Kirche gliedert sich in Bistümer, die zusammen jeweils mit einem Erzbistum in Kirchenprovinzen zusammengefaßt sind. Der Bischofskonferenz, die in der Bundesrepublik Deutschland die katholische Kirche repräsentiert, ist als Körperschaft des öffentlichen Rechts der Verband der Diözesen Deutschlands zugeordnet. Für den Bereich der evangelischen Kirche bestehen die

---

³ *M. Heckel* ZevKR 12 (1966), 1 (34 Fn. 7 auf S. 35); weiterhin *ders.* VVDStRL Heft 26 S. 5 (40 ff.); so auch BAG AP Nr. 6 zu § 118 BetrVG 1972.
⁴ *Richardi* ZevKR 19 (1974), 275 (302).
⁵ *Ratzinger*, Einführung in das Christentum, S. 288; vgl. auch *Rahner*, Grundkurs des Glaubens, S. 313 ff.
⁶ BVerfGE 42, 312 (334 f.); vgl. auch BVerfGE 46, 73 (95 f.); 53, 366 (393); 70, 138 (163).
⁷ BVerfGE 53, 366 (393).
⁸ S. Rn. 1.
⁹ Vgl. auch *Mayer-Maly*, Anm. zu dem Urteil des LAG Hamm vom 21. 1. 1977, BB 1977, 749.

Landeskirchen und ihre Zusammenschlüsse in der Evangelischen Kirche in Deutschland (EKD), der Evangelischen Kirche in der Union (EKU) und der Vereinigten Evangelisch-Lutherischen Kirche Deutschlands (VELKD).

7 Mit der katholischen Kirche als Weltkirche sind institutionell verbunden die Institute des geweihten Lebens, zu denen die Klöster und sonstigen Orden sowie die Säkularinstitute gehören (cc. 573 ff. CIC).

3. Privatrechtlich verselbständigte Einrichtungen

8 Die Verfassungsgarantie des Selbstbestimmungsrechts ist in ihren Auswirkungen auf die Arbeitsverfassung kein kirchliches Privileg, sondern sie gewährleistet die Freiheit der Kirche im Staat. Die Kirche kann eigene Organisationsformen entwickeln, für die das staatliche Recht nicht maßgebend ist. Sie kann sich aber auch der Organisationsformen des staatlichen Rechts bedienen, um ihren Auftrag in der Welt zu erfüllen, ohne daß dadurch die Zugehörigkeit zur Kirche aufgehoben wird.[10] Arbeitsrechtliche Regelungsautonomie besteht deshalb für alle Einrichtungen, die nach kirchlichem Selbstverständnis eine *Wesens- und Lebensäußerung* der Kirche sind. Darin liegt der entscheidende Gesichtspunkt, weshalb das staatliche Mitbestimmungs-, Betriebsverfassungs- und Personalvertretungsrecht nicht nur die Religionsgemeinschaften, sondern ohne Rücksicht auf die Rechtsform auch deren karitative und erzieherische Einrichtungen aus seinem Anwendungsbereich ausklammert.[11]

9 Unter den Geltungsbereich der arbeitsrechtlichen Regelungsautonomie fallen deshalb auch privatrechtlich verselbständigte Einrichtungen, wenn sie „nach kirchlichem Selbstverständnis ihrem Zweck oder ihrer Aufgabe entsprechend berufen sind, ein Stück des Auftrags der Kirche wahrzunehmen und zu erfüllen".[12] Gesichert sein muß, daß die Einrichtung im Einklang mit dem Bekenntnis der Kirche und in Verbindung mit deren Amtsträgern tätig wird.[13] Das Selbstbestimmungsrecht ist nämlich kein Recht der Einrichtung, sondern ein Recht der *Religionsgesellschaft*. Daraus folgt, daß sich nach den von der *verfaßten Kirche* anerkannten Maßstäben richtet, worin die kirchenspezifische Besonderheit des in der Einrichtung zu erbringenden Dienstes liegt und welche Folgen sich daraus für die Gestaltung der Arbeitgeber-Arbeitnehmer-Beziehungen ergeben.[14] Die Sonderstellung innerhalb der Arbeitsrechtsordnung beruht nicht auf der Satzungsautonomie, sondern auf dem verfassungsrechtlich verbürgten Selbstbestimmungsrecht der Kirche.[15]

---

[10] Ebenso BVerfGE 53, 366 (392); 57, 220 (243); 70, 138 (163 f., 165).
[11] Vgl. *Richardi* ZevKR 15 (1970), 219 (223, 236 f.) und 19 (1974), 275 (302 ff., insbes. S. 305) sowie FS 25 Jahre BAG, S. 429 (450 ff.); zustimmend BAGE 29, 405 (409 ff.) und 58, 92 (102 ff.) = AP Nr. 10 und 36 zu § 118 BetrVG 1972; *Mayer-Maly*, Krankenhausstruktur, Betriebsverfassung und Kirchenautonomie, S. 43 f.; *ders.* EssG 10 (1976), 127 (147 f.); *ders.* VSSR 1974, 111 (121); *ders.* BB 1977, 249 (250).
[12] S. Fn. 1.
[13] Vgl. BVerfGE 46, 73 (87); 53, 366 (392).
[14] Vgl. BVerfGE 70, 138 (166, 168).
[15] BAG AP Nr. 41 zu Art. 140 GG.

Ein Rechtsträger kann daher für seine Einrichtung kein Sonderarbeitsrecht schaffen, sondern es gilt das kirchliche Arbeitsrecht. Auch insoweit ist nämlich zu beachten, daß das Selbstbestimmungsrecht ein Recht der Religionsgesellschaft und kein Arbeitgeberprivileg ist.

III. Zuordnungskriterien bei rechtlich verselbständigten Einrichtungen

1. Abgrenzung nach konzernrechtlichen Gesichtspunkten?

Stiftungen des bürgerlichen Rechts und sonstige Einrichtungen, die in einer Organisationsform des Privatrechts geführt werden, fallen unter die arbeitsrechtliche Regelungsautonomie, „wenn die Erfüllung ihrer Aufgaben Wesens- und Lebensäußerung der Kirche selbst sind".[16] Diesem Abgrenzungskriterium, das für die Interpretation des § 118 Abs. 2 BetrVG entwickelt wurde,[17] ist entgegengehalten worden, die Bezeichnung „Wesens- und Lebensäußerung der Kirche" sage über die rechtliche Stellung der Einrichtung zu ihrer Religionsgemeinschaft nichts aus; denn eine Vielzahl der Einrichtungsträger hätte sich neben den verfaßten Kirchen gebildet und sei auch trotz des fortschreitenden Prozesses der Verkirchlichung in der Wahrnehmung ihres Aufgabenbereiches völlig autonom.[18] Gefordert wird „eine eigentümergleiche oder doch -ähnliche Stellung" der Religionsgemeinschaft.[19] Entscheidend sei, ob ein beherrschender Einfluß ausgeübt werden könne, wobei von der Satzung, der gesellschaftsrechtlichen Situation und der persönlichen Verflechtung abhängen soll, ob der jeweiligen Kirche ein beherrschender Einfluß eingeräumt ist.[20]

Bei dieser Abgrenzung wird letztlich auf den vom Bundesarbeitsgericht zunächst herausgestellten, vom Bundesverfassungsgericht aber als Beeinträchtigung des kirchlichen Selbstbestimmungsrechts erkannten Gesichtspunkt zurückgegriffen, daß Repräsentanten der amtskirchlichen Organisation einen entscheidenden Einfluß auf die *Verwaltung* einer karitativen oder erzieherischen Einrichtung haben müssen.[21] Sieht man das entscheidende Merkmal in einer *eigentümergleichen* oder doch *-ähnlichen Stellung*, so verschwindet der Zweck der Sonderstellung aus dem Blickfeld. Es muß nämlich beachtet werden, daß auch bei *anderen Unternehmen*, die zum Kirchenvermögen gehören, eine eigentümergleiche oder doch -ähnliche Stellung besteht, ohne daß in Zweifel gezogen wird, daß derartige Unternehmen nicht der Kirche als Kirche zugeordnet sind und daher unter das Betriebsverfassungs-

---
[16] BAGE 29, 405 (409) = AP Nr. 10 zu § 118 BetrVG 1972.
[17] S. dazu § 16 Rn. 37 ff.
[18] *Kluge*, Arbeitsrechtliche Probleme im Bereich der freien gemeinnützigen Wohlfahrtspflege, S. 309 ff.; ablehnend auch *Fabricius*, GK-BetrVG, § 118 Rn. 781; *Kohte* BlStSozArbR 1983, 145 (147 ff.).
[19] *Kluge*, aaO, S. 308.
[20] Vgl. *Kluge*, aaO, S. 320.
[21] Vgl. BAG AP Nr. 6 zu § 118 BetrVG 1972 mit zust. Anm. von *G. Küchenhoff* und abl. Anm. von *Richardi*; aufgehoben von BVerfGE 46, 73 = AP Nr. 1 zu Art. 140 GG.

gesetz und die Mitbestimmungsgesetze fallen, z. B. eine Bierbrauerei in der Rechtsform einer GmbH, deren Geschäftsanteile einer Kirche gehören.[22] Daß es sich bei den aus dem Geltungsbereich des BetrVG und der Mitbestimmungsgesetze ausgeklammerten Einrichtungen einer Religionsgemeinschaft gerade um *karitative und erzieherische Einrichtungen* handeln muß, ist nicht lediglich als *qualifizierendes Merkmal* zu interpretieren, sondern es liegt in der karitativen und erzieherischen Zweckbestimmung der Grund für die Ausklammerung; denn Mission und Caritas sind *Wesens- und Lebensäußerung der Kirche*. Ihre Isolierung von der amtskirchlichen Organisation beeinträchtigt die Kirche unmittelbar in ihrem verfassungsrechtlich gewährleisteten Selbstbestimmungsrecht.[23]

12 Zwar ist es richtig, wenn man einen prägenden Einfluß durch die Religionsgemeinschaft fordert, um die Einrichtung ihr zuzuordnen.[24] Verfassungskonform ist es aber nicht, wenn man das Gesellschafts-, Vereins- oder Stiftungsrecht heranzieht, um zu entscheiden, ob ein beherrschender Einfluß ausgeübt wird. Damit wird letztlich nach *staatlichem Recht* entschieden, ob eine karitative oder erzieherische Einrichtung der Kirche zuzuordnen ist. Da aber nach dem Trennungsprinzip der Staat nicht festlegen kann, was der Kirche frommt, muß ohne Rückgriff auf die *kirchliche Rechtsordnung* mißlingen, nach welchen Kriterien eine der Verfassungsgarantie des kirchlichen Selbstbestimmungsrechts entsprechende Zuordnung zu erfolgen hat.

2. Wahrnehmung einer kirchlichen Grundfunktion

13 Wie das Bundesverfassungsgericht im Fall Goch für die katholische Kirche festgestellt hat, muß eine Einrichtung der Kirche so zugeordnet sein, daß sie teilhat „an der Verwirklichung eines Stückes Auftrag der Kirche im Geist katholischer Religiosität, im Einklang mit dem Bekenntnis der katholischen Kirche und in Verbindung mit den Amtsträgern der katholischen Kirche".[25] Gleiches gilt entsprechend für den Bereich der evangelischen Kirche.[26]

14 Notwendig für die Zuordnung einer Einrichtung ist, daß die Kirche durch sie ihren Sendungsauftrag erfüllt. Zu ihm gehört insbesondere die karitative Tätigkeit. Das Selbstbestimmungsrecht bezieht sich deshalb auf die kirchlich getragene Krankenpflege und die Organisation des kirchlichen Krankenhauses.[27] Zur Wesens- und Lebensäußerung der Kirche gehört weiterhin die von der Kirche getragene schulische und vorschulische Kindererziehung. Der

---

[22] S. aber auch § 16 Rn. 39.
[23] Vgl. auch BVerfGE 24, 236 (246 f.); 46, 73 (90); 53, 366 (391 ff.); BAGE 29, 405 (410) = AP Nr. 10 zu § 118 BetrVG 1972; weiterhin *Leisner* DÖV 1977, 475 (478 f.); *Richardi*, Anm. II zu BAG, AP Nr. 6 zu § 118 BetrVG 1972 (unter V 1).
[24] Vgl. *Löwisch* AuR 1979, Sonderheft: Kirche und Arbeitsrecht, S. 33 (35).
[25] BVerfGE 46, 73 (87).
[26] Ebenso BVerfGE 53, 366 (392); BAGE 41, 5 (15) und 68, 170 (175) = AP Nr. 24 und 48 zu § 118 BetrVG 1972.
[27] Vgl. BVerfGE 46, 73 (83 ff.); 53, 366 (391 ff.); 70, 138 (163); BAGE 29, 405 (413 f.) und 41, 5 (15 f.) = AP Nr. 10 und 24 zu § 118 BetrVG 1972.

Kindergarten einer Kirchengemeinde ist daher eine erzieherische Einrichtung der Kirche.[28] Gleiches gilt für eine kirchliche Schule, auch wenn ihr Rechtsträger ein Verein nach bürgerlichem Recht ist.[29] Einrichtungen, die sich der Betreuung und Erziehung von Jugendlichen widmen, erfüllen ebenfalls eine spezifisch kirchliche Aufgabe; auch durch sie wird ein missionarisch-diakonischer Auftrag wahrgenommen.[30]

Ob eine Einrichtung eine kirchliche Grundfunktion erfüllt, richtet sich nach einem Maßstab, den allein die Kirche festlegen kann. Die karitative und erzieherische Zweckbestimmung darf daher nicht als Begrenzung interpretiert werden, sondern es handelt sich bei ihr nur um die Kennzeichnung einer der Kirche eigentümlichen Aufgabe. Deshalb gehören zur Kirche auch Einrichtungen, die man nicht im strengen Sinn als erzieherische Einrichtungen ansehen kann. Maßgebend ist allein, ob sie „nach kirchlichem Selbstverständnis ihrem Zweck oder ihrer Aufgabe entsprechend berufen sind, ein Stück Auftrag der Kirche in dieser Welt wahrzunehmen und zu erfüllen".[31] Öffentlichkeitsarbeit mit publizistischen Mitteln ist ebenfalls Teil kirchlicher Mission.[32] Das Bundesarbeitsgericht hat deshalb anerkannt, daß der Evangelische Presseverband Nord e.V., zu dessen Betätigung der Evangelische Pressedienst (epd Hamburg und Kiel) gehört, Teil der evangelischen Kirche ist.[33] Entsprechend fällt unter die verfassungsrechtlich gewährleistete Regelungsautonomie auch die Katholische Nachrichten-Agentur (KNA); denn sie ist zwar nicht der verfaßten Kirche eingegliedert, aber durch sie ins Leben gerufen, um als Informationsinstrument der katholischen Kirche zur Unterrichtung der publizistischen Medien und zur Sicherung einer angemessenen Beteiligung der Kirche an der Meinungsbildung in der Öffentlichkeit zu dienen.[34]

15

Soweit der Zweck einer Einrichtung nicht unmittelbar in der Wahrnehmung einer kirchlichen Grundfunktion besteht, hat man schließlich zu beachten, daß unter die Verfassungsgarantie des Selbstbestimmungsrechts auch fällt, sich wie jedermann der Privatautonomie zu bedienen, wenn den Kirchen dies für eine sinnvolle Gestaltung ihrer Ordnung zweckmäßig erscheint. Zwar gilt dann im Prinzip die staatliche Rechtsordnung; es bleibt aber

16

---

[28] Vgl. BAGE 30, 247 (252) und 33, 14 (20 f.) = AP Nr. 2 und 3 zu Art. 140 GG.
[29] BAGE 47, 144 (149) = AP Nr. 20 zu Art. 140 GG; bereits BAG AP Nr. 4 zu Art. 140 GG.
[30] BAGE 45, 250 (254) = AP Nr. 16 zu Art. 140 GG; insoweit bestätigt durch BVerfGE 70, 138 (163); für eine Einrichtung des Kolpingwerkes BAGE 58, 92 (98 ff.) = AP Nr. 36 zu § 118 BetrVG 1972.
[31] Vgl. BVerfGE 46, 73 (85); für ein Jugendheim BVerfGE 70, 138 (163).
[32] So wörtlich BAGE 68, 170 (175 f.) = AP Nr. 48 zu § 118 BetrVG 1972.
[33] BAGE 68, 170 (174 ff.) = AP Nr. 48 zu § 118 BetrVG 1972.
[34] Im Beschluß der Deutschen Bischofskonferenz vom 22./25. November 1969 heißt es: „Die Katholische Kirche in Deutschland bedarf zur Unterrichtung der publizistischen Medien und zur Sicherung einer angemessenen Beteiligung der Kirche an der Meinungsbildung in der Öffentlichkeit eines eigenen und voll wirksamen Informationsinstrumentes. Dieses Instrument ist die 1952 als Gemeinschaftswerk der Bistümer, der Verlage der Bistumspresse und von Verlagen der Tagespresse gegründete Katholische Nachrichten-Agentur."

gleichwohl für die Gestaltung von Organisation und Verwaltung der Einrichtung die Verfassungsgarantie des Selbstbestimmungsrechts wesentlich. Wenn die Kirchen beispielsweise für ihre Mitarbeiter rechtlich verselbständigte Versorgungseinrichtungen schaffen, wird dort zwar nach dem betrieblichen Zweck nicht unmittelbar eine kirchliche Grundfunktion wahrgenommen; die Einrichtung soll aber für Mitarbeiter, die einen derartigen Dienst wahrnehmen, deren Versorgung sicherstellen. Deshalb gehört eine kirchliche Versorgungskasse, auch wenn sie als Versicherungsverein auf Gegenseitigkeit besteht, zu den Einrichtungen, die der Kirche zugeordnet sind.

3. Notwendigkeit einer Anerkennung durch die rechtmäßige kirchliche Autorität

17 Die arbeitsrechtliche Regelungsautonomie ist eine Folgewirkung des kirchlichen Selbstbestimmungsrechts. Sie bezieht sich daher nicht auf Einrichtungen, die auf Freiheit gegenüber ihrer Religionsgemeinschaft bedacht sind, wie auch umgekehrt diese Einrichtungen nicht die aus dem kirchlichen Selbstbestimmungsrecht abgeleitete arbeitsrechtliche Regelungsautonomie erhalten.[35] Wie das Bundesverfassungsgericht im Fall Goch für die katholische Kirche festgestellt hat, muß vielmehr eine Einrichtung der Kirche so zugeordnet sein, daß sie teilhat „an der Verwirklichung eines Stückes Auftrag der Kirche im Geist katholischer Religiosität, im Einklang mit dem Bekenntnis der katholischen Kirche und in Verbindung mit den Amtsträgern der katholischen Kirche".[36] Dem Staatskirchenrecht entspricht, was das Kirchenrecht verlangt: Keine Einrichtung darf sich ohne Zustimmung der zuständigen katholischen Autorität „katholisch" nennen.[37]

18 Anders ausgedrückt: Eine Einrichtung, die sich der mit dem Petrusamt verbundenen bischöflichen Hirtengewalt entzieht, ist keine Wesens- und Lebensäußerung der katholischen Kirche; denn „nur die mit dem Bischof einige Gemeinde ist ‚katholische Kirche', nicht die Teilgruppen, die sich – aus welchen Gründen auch immer – davon abgesondert haben".[38] Diese Teilgruppen sind möglicherweise selbst Religionsgesellschaften, für die das Selbstbestimmungsrecht nach Art. 137 Abs. 3 WRV verfassungsrechtlich gewährleistet ist. Aber keineswegs ist eine karitative oder erzieherische Einrichtung selbst eine Religionsgesellschaft, sondern sie kann eine Sonderstellung innerhalb der Arbeitsrechtsordnung nur erhalten, wenn sie *Instrument*

---

[35] Ebenso BAG AP Nr. 41 zu Art. 140 GG; RGRK/*Gehring* § 630 Anh. III Rn. 65.
[36] BVerfGE 46, 73 (87); bestätigt BVerfGE 53, 366 (392).
[37] Cc. 216, 300, 803 § 3, 808 CIC; s. auch Art. 24 des Dekrets über das Apostolat der Laien, abgedruckt in: Lexikon für Theologie und Kirche, 2. Aufl., Das Zweite Vatikanische Konzil, Bd. II, 1967, S. 674f. Entsprechend heißt es in BAG AP Nr. 14 zu Art. 140 GG: „Deshalb entscheiden darüber, ob die Einrichtung eine Grundfunktion der Kirche wahrnimmt, die zuständigen Repräsentanten oder Gremien der Kirche, für die katholische Kirche also vorliegend der Bischof; denn kein Werk darf sich ohne Zustimmung der rechtmäßigen kirchlichen Autorität ‚katholisch' nennen."
[38] *Ratzinger*, Einführung in das Christentum, S. 287; vgl. auch Papst *Johannes Paul II.*, Enzyklika „Redemptor Hominis" (unter IV. 19).

einer Religionsgesellschaft ist, also deren Wesens- und Lebensäußerung darstellt.

Was für die katholische Kirche gilt, ist entsprechend auf Einrichtungen der evangelischen Kirche anzuwenden. Auch sie müssen den kirchlichen Auftrag „in Verbindung mit den Amtsträgern der Kirche" erfüllen.[39]

4. Keine Lockerung der Zuordnung durch Mitwirkung von Laien an der Verwaltung

In der Mitwirkung von Laien an der Verwaltung missionarisch-diakonischer Einrichtungen kann keine Lockerung der Zuordnung zur Kirche gesehen werden.[40] Das gilt auch für die katholische Kirche.[41] Der Zuordnung steht nicht entgegen, daß in einer Einrichtung sogar Leitungsaufgaben von Laien wahrgenommen werden. Nach katholischem Verständnis hat die Kirche als Volk Gottes zwar eine hierarchische Verfassung;[42] aber auch die Laien sind zum Apostolat berufen.[43] In der dogmatischen Konstitution über die Kirche „Lumen gentium" wird hervorgehoben, den Laien sei der Weltcharakter in besonderer Weise eigen; ihre Aufgabe sei vornehmlich, alle zeitlichen Dinge, mit denen sie eng verbunden seien, so zu durchleuchten und zu ordnen, daß sie immer Christus entsprechend geschehen und sich entwickeln und zum Lob des Schöpfers und Erlösers gereichen. „Ein vollendetes Vorbild eines solchen geistlichen und apostolischen Lebens" sei, wie es im Dekret über das Apostolat der Laien heißt, „die seligste Jungfrau Maria, die Königin der Apostel."[44]

Diese Feststellung zeigt, welchen hohen Rang das Zweite Vatikanische Konzil dem Laien in der Kirche zuweist, auch wenn er nicht an der Hierarchie teilhat. Die Laien üben ihr Apostolat aber nicht nur in weltlichen Einrichtungen aus, sondern sie betätigen, wie es im Dekret über das Apostolat der Laien heißt, „ihr vielfältiges Apostolat sowohl in der Kirche als auch in der Welt",[45] d. h. sie können „in verschiedener Weise zu unmittelbarer Mitarbeit mit dem Apostolat der Hierarchie berufen werden".[46] Hierher gehört

---

[39] BVerfGE 53, 366 (392); BAGE 41, 5 (15) und 68, 170 (175) = AP Nr. 24 und 48 zu § 118 BetrVG 1972.
[40] So bereits im Fall Goch für die katholische Kirche BVerfGE 46, 73 (91 ff.); für die evangelische Kirche BVerfGE 53, 366 (392); BAGE 41, 5 (15) und 68, 170 (175) = AP Nr. 24 und 48 zu § 118 BetrVG 1972.
[41] BVerfGE 46, 73 (91 ff.); vgl. auch BAGE 58, 92 (103 ff.) = AP Nr. 36 zu § 118 BetrVG 1972.
[42] Vgl. dazu Zweite und Dritte Kapitel der dogmatischen Konstitution über die Kirche „Lumen gentium", abgedruckt in: Lexikon für Theologie und Kirche (LThK), 2. Aufl., Das Zweite Vatikanische Konzil, Bd. I S. 176 ff.; *Mörsdorf*, Festgabe für Scheuermann, S. 99 ff.
[43] Vgl. dazu das den Laien gewidmete Vierte Kapitel der dogmatischen Konstitution über die Kirche „Lumen gentium", LThK, Das Zweite Vatikanische Konzil, Bd. I S. 260 ff., und das Dekret über das Apostolat der Laien, aaO, Bd. II S. 602 ff.
[44] Art. 4, LThK, Das Zweite Vatikanische Konzil, Bd. II S. 620 f.
[45] Art. 9, LThK, Das Zweite Vatikanische Konzil, Bd. II S. 634 f.
[46] So Art. 33 Lumen gentium, LThK, Das zweite Vatikanische Konzil, Bd. I S. 270 f.

vor allem die Institutionalisierung der kirchlichen Liebestätigkeit. Dabei spielt keine Rolle, ob die karitativen Einrichtungen von den Bischöfen oder in ihrem Auftrag ins Leben gerufen werden oder ob sie ihre Entstehung einer freien Entschließung der Laien zu verdanken haben.

22 Die Zuordnung zur Kirche wird dadurch gesichert, daß kein Werk sich ohne Zustimmung der rechtmäßigen kirchlichen Autorität katholisch nennen darf (cc. 216, 300, 803 § 3, 808 CIC). Ist diese Voraussetzung erfüllt, so kann, wie das Bundesverfassungsgericht zutreffend feststellt, aus der Tatsache, daß Laien mit der Verwaltung einer karitativen Einrichtung betraut sind, nicht die Zuordnung zur Kirche bestritten werden.[47] Darin kann „keine Lockerung der Zuordnung zur Kirche gesehen werden".[48] Mit dem Laien ist nämlich, wie das Bundesverfassungsgericht im Fall Goch plastisch formuliert, „nicht der säkularisierte Mensch" gemeint, „der den Taufschein besitzt und der kirchlichen Lehre gleichgültig gegenübersteht", sondern der Laie als „lebendiges Glied der Kirche".[49] Auch in ihm ist, wie das Bundesverfassungsgericht sagt, die Kirche gegenwärtig; denn Kirche ist „dort, wo der durch die Priesterweihe bewirkte Status nicht notwendigerweise Voraussetzung für eine kirchliche Funktion oder ein kirchliches Amt ist, immer häufiger nicht mehr durch den Priester, sondern durch den Laien ‚am Werk' ".[50]

23 Ob Laien eine Grundfunktion der Kirche wahrnehmen, darüber befinden allerdings nicht sie auf Grund eines *privatautonomen Gestaltungsakts*, sondern das entscheidet in der katholischen Kirche die *Hierarchie*. Diese Feststellung ist wichtig, weil die Festlegung der Voraussetzungen für eine kirchliche Funktion oder ein kirchliches Amt eine staatliche Beteiligung sogar in der Form des Schrankenvorbehalts des für alle geltenden Gesetzes ausschließt. Die Beantwortung der Frage, wer zum Apostolat berufen ist, gehört zum *innerkirchlichen Bereich*, der nach Auffassung des Bundesverfassungsgerichts jeder staatlichen Regelungs- und Jurisdiktionsgewalt entzogen ist. Das Bundesverfassungsgericht hat dazu im Kirchengemeindeteilungs-Beschluß festgestellt: „Die von der Verfassung anerkannte Eigenständigkeit und Unabhängigkeit der kirchlichen Gewalt würde geschmälert werden, wenn der Staat seinen Gerichten das Recht einräumen würde, innerkirchliche Maßnahmen, die im staatlichen Zuständigkeitsbereich keine unmittelbaren Rechtswirkungen entfalten, auf ihre Vereinbarkeit mit dem Grundgesetz zu prüfen. Deshalb sind insoweit die Kirchen im Rahmen ihrer Selbstbestimmung an ‚das für alle geltende Gesetz' im Sinne des Art. 140 GG i. V. mit Art. 137 Abs. 3 WRV nicht gebunden."[51] Ein staatliches Gericht braucht sich deshalb keine Gedanken darüber zu machen, ob bestimmte Funktionen in der Kirche Laien übertragen werden können, ob eine Trennung von Weihe und Amt den vom Zweiten Vatikanischen Konzil festgelegten Grundsätzen

---

[47] Vgl. BVerfGE 46, 73 (97).
[48] BVerfGE 53, 366 (392).
[49] BVerfGE 46, 73 (92).
[50] BVerfGE 46, 73 (92 f.).
[51] BVerfGE 18, 385 (387 f.).

entspricht und wie die Rechtsstellung der Laien in das Verfassungsrecht der Kirche einzufügen ist, ohne die hierarchische Struktur der Kirchen einzuebnen und damit den Boden für eine Laienherrschaft in der Kirche vorzubereiten.[52]

---

[52] Vgl. zum kirchenrechtlichen Problem der Laienfrage *Mörsdorf*, Festgabe für Scheuermann, S. 99 (105 ff.); *ders.* AkathKR 144 (1975), 386 (395 ff.).

§ 4 Kirchenrechtliche Ordnung der Arbeitgeber-Arbeitnehmer-Beziehungen

I. Historische Ausgangslage

1. Evangelische Kirche

1   Solange das landesherrliche Kirchenregiment bestand, waren die Kirchen dem Staat eingegliedert. Ihre Amtsträger wurden den *Staatsdienern* zugerechnet. Erst nachdem während des 19. Jahrhunderts das kirchliche Selbstbestimmungsrecht in den Verfassungen der deutschen Bundesstaaten Anerkennung gefunden hatte, wurden mit der Verselbständigung der evangelischen Landeskirchen besondere Regelungen geschaffen. Die Geistlichen und unteren Kirchendiener wurden als *Kirchenbeamte* bezeichnet.[1] Die Beseitigung des landesherrlichen Regiments und die Trennung von Staat und Kirche durch Art. 137 Abs. 1 WRV schufen die Voraussetzungen für einen vom Staatsdienst unabhängigen Kirchendienst. Man hielt aber an der Einheit des öffentlichen Beamtentums und damit des öffentlichen Dienstrechts fest. Erst im Kirchenkampf während des Dritten Reichs setzte sich die Erkenntnis durch, daß die Kirche in der Gestaltung ihres Dienstes frei und eigenständig bleiben muß, um ihren bekenntnismäßig begründeten Auftrag erfüllen zu können.

2   Nach dem Zweiten Weltkrieg hatten die Kirchen ihre Unabhängigkeit erlangt. Sie sind seitdem in der Gestaltung ihres Dienstrechts autonom. Die Landeskirchen und ihre Zusammenschlüsse, die Evangelische Kirche in Deutschland, die Evangelische Kirche der Union und die Vereinigte Evangelisch-lutherische Kirche Deutschlands, haben in Pfarrergesetzen und Kirchenbeamtengesetzen den kirchlichen Dienst geregelt.[2] Lückenhaft blieb die kirchliche Rechtsordnung aber vor allem für Angestellte und Arbeiter im kirchlichen Dienst, obwohl ihre Zahl zur Bewältigung der kirchlichen Aufgaben erheblich zugenommen hatte. Da man von der Einheit des öffentlichen Dienstes ausging, beschränkten die Kirchen sich überwiegend darauf, die Tarifwerke des öffentlichen Dienstes unter Abweichungen und Ergänzungen auf die Angestellten und Arbeiter im kirchlichen Dienst zu übertragen. Dafür war zunächst ausschlaggebend, daß die im öffentlichen Dienst auch noch nach dem Inkrafttreten des Tarifvertragsgesetzes vom 9. April 1949 geltenden Tarifregelungen auf *Tarifordnungen* beruhten, die in der nationalsozialistischen Zeit vom Reichstreuhänder für den öffentlichen Dienst als *Rechtsverordnungen* erlassen worden waren, die „Allgemeine Tarifordnung für Gefolgschaftsmitglieder im öffentlichen Dienst" (ATO) sowie die beiden

---

[1] Vgl. *Frank* ZevKR 10 (1963/64), 264 (268 f.).
[2] Vgl. *Pirson* HdbStKirchR Bd. II S. 845 (850 ff.).

"Tarifordnungen A und B" (TOA und TOB).³ Die Anlehnung an den öffentlichen Dienst blieb aber auch erhalten, als die Tarifordnungen durch *Tarifverträge* ersetzt wurden.

Die Kirchen erließen *einseitig* durch Anordnung ihrer Leitungsorgane oder durch Kirchengesetz *Arbeits- und Dienstvertragsordnungen*.⁴ In ihnen wurde für das Gebiet der Bundesrepublik Deutschland auf das Tarifvertragsrecht des öffentlichen Dienstes verwiesen.⁵ In der ehemaligen DDR galt die vom SED-Staat erlassene Anordnung über die arbeitsrechtliche Stellung der in kirchlichen Einrichtungen beschäftigten Arbeiter und Angestellten vom 18. Januar 1958 (GBl. I Nr. 8 S. 84). Nach ihrem § 2 galten die arbeitsrechtlichen Bestimmungen, die im Arbeitsgesetzbuch vom 16. Juni 1977 (GBl. I Nr. 18 S. 185) kodifiziert waren, nicht für „Beschäftigte von Religionsgemeinschaften, die

a) seelsorgerisch tätig sind und in einem kirchlichen Beschäftigungsverhältnis auf Lebenszeit einschließlich Altersversorgung stehen (z. B. Pfarrer, Pastoren, Prediger, Vikare, Hilfsprediger, Katecheten, Diakonissen und Ordensangehörige),

b) eine nichtseelsorgerische Tätigkeit ausüben und in einem kirchlichen Beschäftigungsverhältnis auf Lebenszeit einschließlich Altersversorgung stehen (z. B. Präsidenten, Kirchenräte, Konsistorialräte und sonstige Mitglieder der Kirchenbehörden, Inspektoren, Obersekretäre und Sekretäre)".

Für diesen Personenkreis bestand ein kircheneigenes Dienstrecht, während die übrigen in kirchlichen Einrichtungen Beschäftigten nach § 1 der Anordnung den arbeitsrechtlichen Bestimmungen des Staats unterlagen, in der Realität aber von kircheneigenen Ordnungen miterfaßt waren. Der SED-Staat hatte den Kirchen durch Verbannung aus seiner Rechtsordnung einen Freiraum gelassen, der unter dem Vorbehalt eines Absterbens der Kirche im Sozialismus stand.

2. Katholische Kirche

Die katholische Kirche hat auf Grund ihrer Tradition von jeher ein *selbständiges Dienstrecht*. Für seine Gestaltung war aber als Vorgabe die Unterscheidung in Kleriker und Laien maßgebend. Das Dienstrecht der Kleriker ist durch das Kirchenrecht geregelt und findet in dieser Ausprägung staatskirchenrechtliche Anerkennung.⁶ Für die Erfüllung der Aufgaben, die keine sakramentale Weihe als Priester oder Diakon voraussetzen, standen vor allem die Mitglieder der religiösen Gemeinschaften, also die Angehörigen der Or-

---

³ Die Rechtsgrundlage für den Erlaß der Tarifordnungen, das Gesetz zur Ordnung der Arbeit in öffentlichen Verwaltungen und Betrieben vom 23. 3. 1934 und die Vierte Verordnung zur Durchführung dieses Gesetzes vom 26. 2. 1938, bezog auch die Kirchen in ihren Geltungsbereich ein; vgl. *Hueck/Nipperdey/Dietz*, AOG, 4. Aufl., 1943, § 1 AOGÖ Rn. 3 und 22.
⁴ Vgl. *Richardi* ZevKR 19 (1974), 275 (282 ff.).
⁵ Vgl. Kirchliche Dienstvertragsordnung, Richtlinien des Rates der Evangelischen Kirche in Deutschland vom 10. 6. 1970 i. f. vom 5. 8. 1983 (ABl.EKD 1983 S. 356).
⁶ S. § 1 Rn. 14.

den und Kongregationen, zur Verfügung. Dagegen ergab sich zunächst keine Notwendigkeit, Laien als Beamte mit der Ausübung von Kirchengewalt zu betrauen. Die zunehmende Einschaltung von Laien hat allerdings bewirkt, daß einige Diözesen von ihrer mit der Dienstherrnfähigkeit verbundenen Befugnis Gebrauch machen, Beamtenverhältnisse zu begründen.[7] Dies geschieht aber nur vereinzelt. Nahezu ausschließlich werden Laien auf Grund eines Arbeitsvertrags im kirchlichen Dienst beschäftigt.[8]

5   Die Diözesen der katholischen Kirche haben wie im evangelischen Bereich für Angestellte und Arbeiter in ihrem Dienst weitgehend das Tarifvertragsrecht des öffentlichen Dienstes übernommen.[9] In der ehemaligen DDR hatte die Anordnung über die arbeitsrechtliche Stellung der in kirchlichen Einrichtungen beschäftigten Arbeiter und Angestellten vom 18. Januar 1958 (GBl. I Nr. 8 S. 84)[10] zur Folge, daß eine kircheneigene Ordnung bestand. Sie war in der „Arbeitsvertragsordnung für den kirchlichen Dienst (AVO)" enthalten; für die Vergütung bestanden eigene Vergütungsregelungen. Die Arbeitsvertragsordnung (AVO) galt nicht nur für den Personenkreis, der nach § 2 der Anordnung aus dem Anwendungsbereich des staatlichen Arbeitsrechts ausgeklammert war, sondern sie galt „für alle in einem Arbeitsrechtsverhältnis stehenden Mitarbeiter und für alle Einrichtungen der Katholischen Kirche", zu denen sie neben den Kirchengemeinden und kirchlichen Dienststellen karitative und andere kirchliche Einrichtungen zählte (§ 2).

II. Leitbild einer Dienstgemeinschaft als Ordnungsziel verfassungsrechtlich verbürgter Selbstbestimmung im Arbeitsrecht

1. Rechtsprechung des Bundesverfassungsgerichts

6   Die Verfassungsgarantie des Selbstbestimmungsrechts schließt nach den Worten des Bundesverfassungsgerichts ein, „daß die Kirchen der Gestaltung des kirchlichen Dienstes auch dann, wenn sie ihn auf der Grundlage von Arbeitsverträgen regeln, das besondere Leitbild einer christlichen Dienstgemeinschaft aller ihrer Mitarbeiter zugrunde legen können".[11] Eine kirchliche Einrichtung kann erwarten, daß „jeder Mitarbeiter das kirchliche Selbstverständnis der Einrichtung anerkennt und es sich in seinem dienstlichen Handeln zu eigen macht".[12] Die Zweckausrichtung am Leitbild der Dienstgemeinschaft bedeutet nicht, daß die Rechtsstellung des kirchlichen Arbeit-

---

[7] Vgl. *Jurina* EssG 10 (1976), 57 (70 ff.).
[8] Vgl. *Jurina* EssG 10 (1976), 57 (75 ff.).
[9] Vgl. *Jurina* EssG 10 (1976), 57 (76 f.).
[10] S. Rn. 3.
[11] BVerfGE 70, 138 (165); so bereits BVerfGE 53, 366 (403 f.); ebenso auch gegenüber der abweichenden Feststellung in BAGE 34, 195 (204) = AP Nr. 7 zu Art. 140 GG BVerfG im Beschluß des Vorprüfungsausschusses vom 5. 6. 1981, abgedruckt in FamRZ 1981, 943 = NJW 1983, 2571.
[12] BVerfGE 53, 366 (404).

nehmers „klerikalisiert" wird.¹³ Sie führt nicht dazu, „daß aus dem bürgerlich-rechtlichen Arbeitsverhältnis eine Art kirchliches Statusverhältnis wird".¹⁴ Wörtlich sagt das Bundesverfassungsgericht: „Arbeitsverhältnisse kirchlicher Arbeitnehmer können keine säkulare Ersatzform für kirchliche Ordensgemeinschaften und Gesellschaften des apostolischen Lebens sein (vgl. cc. 573 § 1, 731 CIC), die auf einer besonderen geistlichen Ausrichtung der Person und ihres Lebens beruhen."¹⁵

Das Recht, der Gestaltung der Arbeitsverhältnisse das Leitbild einer 7 christlichen Dienstgemeinschaft aller Mitarbeiter zugrunde zu legen, ist nichts anderes als das Spiegelbild der Pflicht des Staates, den spezifisch religiösen Charakter des kirchlichen Dienstes zu respektieren und ihn in dieser Prägung rechtlich anzuerkennen. Es geht ausschließlich darum, daß es den Kirchen verfassungsrechtlich gewährleistet ist, „in den Schranken des für alle geltenden Gesetzes den kirchlichen Dienst nach ihrem Selbstverständnis zu regeln und die spezifischen Obliegenheiten kirchlicher Arbeitnehmer zu umschreiben und verbindlich zu machen".¹⁶ Wird nicht von der öffentlich-rechtlichen Gestaltungsform des kirchlichen Dienstes Gebrauch gemacht, so gehört die Bindung an das Vertragsrecht zu den Schranken des für alle geltenden Gesetzes. Die Kirchen erhalten also nicht das Recht, für ihre Arbeitnehmer *satzungsrechtlich* Pflichten zu schaffen, wie sie dem Arbeitsverhältnis als einem durch Vertrag begründeten Schuldverhältnis wesensfremd sind, sondern es geht nur darum, daß sie *vertragsrechtlich* Pflichten festlegen können, deren Vereinbarung in Arbeitsverträgen mit anderen Arbeitgebern unwirksam wäre.¹⁷

Bei Begründung und Gestaltung eines Arbeitsverhältnisses wird das Leitbild 8 einer Dienstgemeinschaft mit den *Mitteln des Vertragsrechts* verwirklicht. Aus der Sicht des religiös neutralen Staates geht es um die von ihm anerkannte und verfassungsrechtlich gewährleistete Befugnis der Kirche, den spezifisch religiösen Charakter ihres Dienstes auch beim Einsatz der zivilrechtlichen Gestaltungsformen herzustellen und zu bewahren. Ein kirchlicher Arbeitgeber darf insoweit *anders* sein als ein weltlicher Arbeitgeber. Das bedeutet nicht die Herrschaft der Theologie über das Recht, sondern ist nur eine Konsequenz der verfassungsrechtlich gewährleisteten Kirchenautonomie. Der Staat hat zu respektieren, daß die Dienstgemeinschaft ein Strukturelement des kirchlichen Dienstes darstellt. Deshalb hat die Kirche die Befugnis, „den ihr angehörenden Arbeitnehmern die Beachtung jedenfalls der tragenden Grundsätze der kirchlichen Glaubens- und Sittenlehre aufzuerlegen und zu verlangen, daß sie nicht gegen die fundamentalen Verpflichtungen verstoßen, die sich aus der Zugehörigkeit zur Kirche ergeben und die jedem Kirchenglied obliegen".¹⁸ Das Vertragsinstrumentarium kann zu diesem Zweck ein-

---

¹³ So zutreffend BVerfGE 70, 138 (166).
¹⁴ Wie Fn. 12.
¹⁵ Wie Fn. 12.
¹⁶ BVerfGE 70, 138 (165).
¹⁷ *Rüthers* NJW 1976, 1918 (1919).
¹⁸ BVerfGE 70, 138 (166).

gesetzt werden.[19] Die Arbeitsgerichte sind bei einer Rechtskontrolle nicht befugt, dieses Recht den Kirchen streitig zu machen, ohne dadurch die Verfassungsgarantie des kirchlichen Selbstbestimmungsrechts zu verletzen.

2. Der Begriff der Dienstgemeinschaft nach dem Selbstverständnis der Kirchen

9 Mit dem Begriff der Dienstgemeinschaft kennzeichnen die Kirchen eine Besonderheit ihres Dienstes. Trotz der konfessionellen Unterschiede im theologischen Amtsverständnis wird der Bedeutungsgehalt der Dienstgemeinschaft von den Kirchen im wesentlichen gleich begründet.[20] Bei ihr geht es darum, daß der Auftrag Jesu Christi, ihm im Dienst der Versöhnung zu folgen, sich nicht auf die dienende Nachfolge des einzelnen beschränkt, sondern auch ein Zusammenstehen vieler in einer „Gemeinschaft des Dienstes" (so in der richtigen Übersetzung des griechischen Textes in 2 Kor. 8, 4) erfordert. Dieser Dienst umfaßt nach dem Selbstverständnis der Kirche die Verkündigung des Evangeliums, den Gottesdienst und den aus dem Glauben erwachsenden Dienst am Mitmenschen. Zur Erfüllung dieser drei Grunddienste bestehen Einrichtungen. Wer in ihnen tätig wird, trägt dazu bei, daß die Einrichtung ihren Teil am Sendungsauftrag der Kirche erfüllen kann.[21]

a) Evangelische Kirche

10 Basis für die Dienstgemeinschaft ist nach dem Verständnis der Kirchen das gemeinsame Priestertum aller Gläubigen.[22] Nach der lutherischen und reformierten Ämterlehre bildet das allgemeine Priestertum die Grundstruktur der Kirche. Hier soll nicht auf das Verhältnis zwischen dem allgemeinen Priestertum, dem sacerdotium, und dem kirchlichen Amt, dem ministerium, eingegangen werden.[23] Aus ihm ergibt sich zwar eine Differenzierung kirchli-

---

[19] Abweichend *Berchtenbreiter*, Kündigungsschutzprobleme im kirchlichen Arbeitsverhältnis, S. 38, soweit sie feststellt, das staatliche Arbeitsrecht dürfe nicht die von der Kirche aus der Einheit der kirchlichen Dienstgemeinschaft gezogenen Schlußfolgerungen für den Umfang der Loyalitätspflichten im kirchlichen Arbeitsverhältnis übernehmen. Abgesehen davon, daß BVerfGE 70, 138 bei ihr noch keine Beachtung finden konnte, wird von ihr das Sachproblem nicht richtig erkannt; denn es geht ausschließlich darum, ob der Vertragsgestaltung durch das staatliche Arbeitsrecht eine Grenze zu ziehen ist. Für diese Grenzziehung ist von Bedeutung, daß den Kirchen das Selbstbestimmungsrecht verfassungsrechtlich garantiert ist, um ihrem Dienst eine religiöse Dimension zu geben. Gegen *Berchtenbreiter* deshalb auch *Mayer-Maly* ZevKR 30 (1985), 464 (466).
[20] Ebenso *v. Campenhausen* EssG 18 (1984), 9 (21); *Pahlke*, Kirche und Koalitionsrecht, S. 51 f.; *Jurina* ZevKR 29 (1984), 171 (172 f.); vgl. auch RGRK/*Gehring* § 630 Anh. III An. 45 ff.
[21] So die Legaldefinition der Dienstgemeinschaft durch Art. 1 Satz 1 GrOkathK; s. auch hier Rn. 35.
[22] Vgl. auch *v. Campenhausen* EssG 18 (1984), 9 (24).
[23] Vgl. dazu *R. Dreier*, Das kirchliche Amt, 1972, S. 154 ff.; *S. Grundmann*, Sacerdotium – Ministerium – Ecclesia Particularis, in: Für Kirche und Recht, FS Johannes Heckel, 1959, S. 144 (148 ff.).

cher Dienstfunktionen nach dem Amt der Verkündigung; sie deckt sich aber nicht mit der im staatlichen Recht für Tendenzunternehmen entwickelten Abgrenzung. Ansatz sind vielmehr die Auftrags- und Vollmachtserteilungen Jesu Christi.

Nach lutherischem Verständnis gründet das Amt der Kirche im Amt der Apostel, das mit deren Tod nicht hinfällig geworden ist. Während die sog. Stiftungs- oder Institutionstheorie in den apostolischen Mandaten die Stiftung eines dauernden kirchlichen Amtes sieht, ohne die für die katholische Kirche maßgebende apostolische Sukzession zu übernehmen, stellt die Übertragungs- oder – wie *Ralf Dreier* sie bezeichnet – Errichtungstheorie darauf ab, daß die apostolischen Mandate auf die Kirche übergegangen seien und daher das kirchliche Amt durch sie eingerichtet werde.[24] Der Gegensatz der Auffassungen fällt nicht erheblich ins Gewicht. Entscheidend ist, daß die Kirche im geistlichen Amt ein einzigartiges Amt hat, das zur Christusrepräsentation durch die Ordination verliehen wird. Da das allgemeine Priestertum zu diesem Amt befähigt, entspricht es reformatorischem Verständnis, daß der Inhaber eines kirchlichen Amtes zwar zu einem besonderen Dienst berufen ist, aber in der Gemeinde steht. Auch die Ausbildung mehrerer Ämter in der reformierten Kirche, die ihre Grundlage in der altkirchlichen Tradition vom dreifachen Amt Christi, dem des Priesters, des Lehrers und des Hirten, hat, ist in die Lehre von der Dienstgemeinschaft der Kirche eingebettet.[25] Den Schlüssel zur Ordnung der arbeitsrechtlichen Beziehungen in der Kirche bietet deshalb, wie der Kirchenrechtler *Albert Stein* es formuliert, „das geordnete Miteinander einer Dienstgemeinschaft bei unterschiedlichen Aufträgen, doch in gemeinsamer Verantwortung vor der allen geltenden Aufgabe".[26]

Dementsprechend verzichten die Kirchenverfassungen auf die Unterscheidung von innerem und äußerem Dienst.[27] So bestimmt die Verfassung der Evangelisch-Lutherischen Kirche in Bayern vom 20. November 1971 in Art. 11: „Das der Kirche von Jesus Christus anvertraute Amt gliedert sich in verschiedene Dienste. Die in diese Dienste Berufenen arbeiten in der Erfüllung des kirchlichen Auftrags zusammen."[28] Entsprechend heißt es in Art. 13 der Kirchenverfassung, daß alle Mitarbeiter im kirchlichen Dienst an den Aufgaben des Amtes der Kirche teilhaben.

b) Katholische Kirche

Nach dem Verständnis der katholischen Kirche ist die Unterscheidung in Kleriker und Laien konstitutiv; sie hebt aber ebenfalls nicht die fundamentale Gleichheit aller Kirchenglieder zur Teilnahme an der Heilssendung der

---

[24] *Dreier*, aaO, S. 155.
[25] Vgl. *E. Wolf*, Kirchenverfassung I D: Reformierte Kirche, in: Evangelisches Staatslexikon, 2. Aufl., 1975, Sp. 1282.
[26] *A. Stein*, Evangelisches Kirchenrecht, S. 124.
[27] Vgl. auch *v. Campenhausen* EssG 18 (1984), 9 (23, 26).
[28] Abgedruckt in: Kirchl. ABl. der Evangelisch-Lutherischen Kirche in Bayern 1971, S. 187 ff. = Rechtssammlung der Evangelisch-Lutherischen Kirche in Bayern (Loseblattsammlung C. H. Beck-Verlag München) unter Nr. 1.

Kirche auf.[29] Das Sakrament der Weihe bestimmt die Kleriker, wie *Matthäus Kaiser* sagt, lediglich zu einem „besonderen Dienst in der Kirche", den nicht alle Glieder der Kirche zu leisten vermögen.[30] Er besteht vor allem in der Feier der Eucharistie, die nur der gültig geweihte Priester zelebrieren kann (can. 900 § 1 CIC). Diese Sonderstellung ändert nichts daran, daß auch die Laien „durch die Taufe Christus eingegliedert, zum Volke Gottes gemacht und dadurch auf ihre Weise des priesterlichen, prophetischen und königlichen Amtes Christi teilhaftig geworden sind" (can. 204 § 1 CIC).

14 Das Zweite Vatikanische Konzil definiert die Kirche als Volk Gottes und betont die Einheit der Sendung. Wörtlich heißt es im Dekret über das Apostolat der Laien: „Es besteht in der Kirche eine Verschiedenheit des Dienstes, aber eine Einheit der Sendung. Den Aposteln und ihren Nachfolgern wurde von Christus das Amt übertragen, in seinem Namen und in seiner Vollmacht zu lehren, zu heiligen und zu leiten. Die Laien hingegen, die auch am priesterlichen, prophetischen und königlichen Amt Christi teilhaben, verwirklichen in Kirche und Welt ihren eigenen Anteil an der Sendung des ganzen Volkes Gottes."[31] Das Laienapostolat wird nicht auf den Dienst in der Welt beschränkt. Wörtlich heißt es: „Die Laien betätigen ihr vielfältiges Apostolat sowohl in der Kirche als auch in der Welt".[32] Daraus wird die Konsequenz gezogen: „Als Teilnehmer am Amt Christi, des Priesters, Propheten und Königs, haben die Laien ihren aktiven Anteil am Leben und Tun der Kirche."[33]

15 Diese Teilhabe bildet die Basis für die Dienstgemeinschaft. Die Bischöfe haben in ihrer Erklärung zum kirchlichen Dienst vom 27. Juni 1983 dies klar herausgestellt.[34] In der Präambel heißt es: „Der Heilsdienst der Kirche umfaßt die Verkündigung des Evangeliums, den Gottesdienst und die sakramentale Verbindung der Menschen mit Jesus Christus sowie den aus dem Glauben erwachsenden Bruderdienst. Um diese drei Grunddienste erfüllen zu können, braucht die Kirche die Mitarbeit nicht nur der Priester, Diakone und Ordensleute, sondern aller Gläubigen." Auch wer lediglich auf Grund eines Vertrags zum Dienst in der Kirche bestellt ist, gehört daher zur Dienstgemeinschaft, durch die die Kirche ihren Auftrag erfüllt. In der Neufassung ihrer Erklärung vom 22. September 1993 haben die Bischöfe den Sendungsauftrag der Kirche für die ihr zugeordneten Einrichtungen konkretisiert.[35] In

---

[29] Art. 32 Abs. 3 Lumen gentium, LThK, Das Zweite Vatikanische Konzil, Bd. I S. 266 f.; s. auch *Rauscher*, Die Eigenart des kirchlichen Dienstes, S. 41 f.
[30] *Kaiser*, HdbKathKR, S. 183.
[31] Art. 2 des Dekrets über das Apostolat der Laien, LThK, Das Zweite Vatikanische Konzil, Bd. II S. 608 f.
[32] Art. 9 des Dekrets über das Apostolat der Laien, aaO, S. 634 f.
[33] Art. 10 des Dekrets über das Apostolat der Laien, aaO, S. 634 f.
[34] Sekretariat der Deutschen Bischofskonferenz (Hrsg.), Hirtenschreiben der deutschen Bischöfe 35, 1983; auch abgedruckt in EssG 18 (1984), 189 ff.; s. auch *Herr*, Arbeitgeber Kirche – Dienst in der Kirche, S. 64 ff.; *Eder*, Tarifpartnerin Katholische Kirche?, S. 119 ff.
[35] Abgedruckt in: Sekretariat der Deutschen Bischofskonferenz (Hrsg.), Grundordnung des kirchlichen Dienstes im Rahmen kirchlicher Arbeitsverhältnisse, Die deutschen Bischöfe 51, 1993, S. 7 ff.

der Präambel heißt es: „Der Berufung aller Menschen zur Gemeinschaft mit Gott und untereinander zu dienen, ist der Auftrag der Kirche .... Diese Sendung verbindet alle Glieder im Volk Gottes; sie bemühen sich, ihr je an ihrem Ort und je nach ihrer Begabung zu entsprechen. Diesem Ziel dienen auch die Einrichtungen, die die Kirche unterhält und anerkennt, um ihren Auftrag in der Gesellschaft wirksam wahrnehmen zu können. Wer in ihnen tätig ist, wirkt an der Erfüllung dieses Auftrages mit. Alle, die in den Einrichtungen mitarbeiten, bilden – unbeschadet der Verschiedenheit der Dienste und ihrer rechtlichen Organisation – eine Dienstgemeinschaft."

Gefordert wird nicht, daß Mitarbeiter auf der Grundlage eines Arbeitsvertrags sich zu einer *religiösen Lebensform* verpflichten, sondern es geht ausschließlich um die Zweckbestimmung des kirchlichen Dienstes, die alle Mitarbeiter zu einer Dienstgemeinschaft verbindet und daher auch für das kircheneigene Arbeitsrecht das maßgebende Strukturelement bildet. Entscheidend ist für den kirchlichen Dienst, daß die religiöse Dimension, der Auftrag Jesu Christi und damit auch die Verwirklichung des Auftrages Christi durch die Kirche selbst, in der *Einrichtung* sichtbar und erfahrbar wird. Alle Mitarbeiter werden unter dieser Zweckbestimmung tätig. Vom Einrichtungsauftrag ist daher nach kirchlichem Verständnis zu bestimmen, welche Anforderungen an einen Mitarbeiter zu stellen sind, damit die Kirche ihren Auftrag glaubwürdig erfüllen kann. Darauf beruht, daß auch konfessionsverschiedene Christen und Nichtchristen, wenn sie sich freiwillig dazu bereit erklären, zwar nicht im Verkündigungsdienst, aber bei der Wahrnehmung anderer Aufgaben einen Auftrag der Kirche erfüllen können, wie der Papst im Universitätsgesetz vom 15. August 1990 ausdrücklich anerkannt hat.[36] Auch sie leisten zur Erfüllung des der Kirche von Jesus Christus gestellten Auftrags einen Beitrag, wenn sie in den Dienst einer kirchlichen Einrichtung treten; denn im Blick auf alle Menschen hat Jesus gesagt: „Wer den Willen Gottes tut, der ist für mich Bruder, Schwester und Mutter" (Markus 3, 35).

16

3. Bedeutungsgehalt der Dienstgemeinschaft für eine Sonderstellung des kirchlichen Dienstes in der Arbeitsrechtsordnung

a) Einordnung des Dienstes in den religiös bestimmten Auftrag der Kirche

Die Dienstgemeinschaft, nach der die Kirchen ihre Arbeitsverhältnisse ausrichten, ist kein Verband im Rechtssinne. Mit dem Begriff wird auch keine soziologische Gemeinschaft definiert, sondern mit ihm wird ausgedrückt, wie die Kirche ihren Dienst versteht, nämlich als Teilhabe am Heilswerk Jesu Christi. Dieser Auftrag verbindet alle Glieder der Kirche als Volk Gottes und muß deshalb auch die sozialen Gestaltungsformen des kirchlichen Dienstes beherrschen. Mit dem Leitbild einer Dienstgemeinschaft wird nicht der Anspruch erhoben, das Arbeitsverhältnis auf eine der Privatautonomie wesens-

17

---

[36] Apostolische Konstitution *Ex corde ecclesiae*, Rn. 26 und Art. 4 § 4, abgedruckt in: Sekretariat der Deutschen Bischofskonferenz (Hrsg.), Verlautbarungen des Apostolischen Stuhls 99, 1990.

fremde, kircheneigene Rechtsgrundlage zu stützen, und es wird insbesondere auch nicht die These verfochten, das Arbeitsverhältnis als Teil einer Betriebsgemeinschaft zu begreifen.

18 Wie wenig man mit der ideengeschichtlichen Grundlage der kirchlichen Dienstgemeinschaft vertraut ist, zeigen die Gegner einer Kirchenautonomie im Arbeitsrecht, wenn sie hier die Parallele zur nationalsozialistischen Betriebsgemeinschaft ziehen.[37] Mit einer Dürftigkeit, die man schwerlich überbieten kann, begründet man sie durch den Hinweis, daß die Kirchen während des Dritten Reiches, soweit sie Arbeitnehmer beschäftigten, dem Gesetz zur Ordnung der Arbeit in öffentlichen Verwaltungen und Betrieben vom 23. März 1934 unterstellt waren und in diesem Gesetz der Begriff der Betriebsgemeinschaft für den Sprachgebrauch des öffentlichen Dienstes durch den Begriff der Dienstgemeinschaft ersetzt worden war. Daß nicht diese Dienstgemeinschaft gemeint ist, wenn die Kirchen die Dienstgemeinschaft zum maßgebenden Strukturelement des kirchlichen Dienstes erklären, kann nur verkennen, wer vom Christentum nichts gehört hat. Soweit *Wahsner* eine „unheimliche Nähe der kirchlichen ‚Dienstgemeinschaft' zur faschistischen Wertung des Arbeitsverhältnisses" diagnostiziert,[38] ist allein unheimlich, daß die Kirchen einer derartigen Mißdeutung ausgesetzt werden. Intellektuelle Redlichkeit gebietet, daß man den Kirchen nicht unterstellt, was ihrem Selbstverständnis widerspricht. Man mag einem anderen Begriff den Vorzug geben, darf dadurch aber nicht die Sache selbst in Frage stellen und den Kirchen bestreiten, daß die Gemeinsamkeit ihres Dienstes ausschließlich durch den religiös geprägten Sendungsauftrag bestimmt wird.

b) Sonderstellung des kirchlichen Dienstes in einem marktwirtschaftlich organisierten Arbeitsleben

19 Die Anerkennung einer Dienstgemeinschaft bedeutet nicht, daß es im kirchlichen Dienst keine Interessengegensätze gibt. Sie gebietet aber, wie es in der Erklärung der Bischöfe zum kirchlichen Dienst vom 22. September 1993 heißt, daß unterschiedliche Interessen bei Dienstgebern und Mitarbeitern unter Beachtung des Grundkonsenses aller über den kirchlichen Auftrag ausgeglichen werden.[39]

20 Da das Arbeitsverhältnis eine Erscheinungsform der Privatautonomie ist, gilt als Grundsatz die Vertragsfreiheit, die durch den Vorrang kollektivvertraglicher Regelungen zwar begrenzt, aber nicht aufgehoben wird, zumal die Arbeitsmarktkonzeption der Arbeitsverfassung in der Tarifautonomie und der staatlich gestalteten Mitbestimmungsordnung in Betrieb und Unternehmen erhalten bleibt. Mit der Rechtsfigur des Vertrags verbindet das Recht das ordnungspolitische Ziel einer von den Parteien in Selbstbestimmung getrof-

---

[37] *Herschel*, Kirche und Koalitionsrecht, S. 35; vor allem *Wahsner*, in: Paech/Stuby, Wider die „herrschende Meinung", Beiträge für Wolfgang Abendroth, 1982, S. 78 (89); wie hier *Pahlke*, Kirche und Koalitionsrecht, S. 52; *Mayer-Maly* BB 1979, 632 (633); *Frey*, in: Caritas '81, S. 87 (90).
[38] *Wahsner* (Fn. 37).
[39] So unter IV 2 (Fn. 35).

fenen Rechtsgestaltung. Die Vertragsgerechtigkeit beruht auf dem Gedanken des *stat pro ratione voluntas*, wobei von untergeordneter Bedeutung ist, ob man den Sinn der Vertragsfreiheit wie *Walter Schmidt-Rimpler* vornehmlich in einer *materiellen Richtigkeitsgewähr* sieht[40] oder ob man mit *Werner Flume* den Vertrag deshalb als richtig ansieht, „weil und soweit er von der beiderseitigen Selbstbestimmung der Vertragschließenden getragen ist".[41]

Für die Kirche gilt dagegen nach ihrer Rechtsordnung das *Gebot der Lohngerechtigkeit*. Für die katholische Kirche war schon in can. 1524 CIC 1917 ausdrücklich bestimmt, daß in Durchführung einer echt christlichen Sozialpolitik alle, hauptsächlich aber Kleriker, Religiose und die Verwalter von Kirchengut bei Vergabe von Arbeit den Arbeitern einen gerechten Lohn zukommen lassen müssen. Der Codex Iuris Canonici, den Papst *Johannes Paul II.* am 25. Januar 1983 mit Wirkung zum 27. November 1983 promulgiert hat, bestimmt in can. 231 nunmehr ausdrücklich: Laien, die auf Dauer oder auf Zeit zu einem besonderen Dienst der Kirche bestellt sind, haben Anspruch auf einen gerechten Lohn entsprechend ihrem Stand, damit sie angemessen, unter Wahrung der Vorschriften des Zivilrechts, für ihren und ihrer Familie Lebensunterhalt Sorge tragen können; dazu gehört das Recht zur Vorsorge im Alter sowie zur sozialen Sicherheit und zur Hilfsleistung im Krankheitsfall.

Diese innerkirchliche Rechtsbindung ändert nichts daran, daß die Kirchen, wenn sie die Dienstverhältnisse mit ihren Mitarbeitern auf der Grundlage von Arbeitsverträgen regeln, sich innerhalb des markwirtschaftlich organisierten Arbeitslebens bewegen. Daraus folgt aber nicht, daß sie die Erfüllung des kirchlichen Auftrags der dem marktwirtschaftlichen System zugrunde liegenden Zweckbestimmung unterordnen müssen. Sie haben zwar bei ihrer Personaldeckungs- und Personaleinsatzplanung als vorgegebenen Sachverhalt zu berücksichtigen, daß innerhalb der gesellschaftlichen Ordnung, in der auch die Kirchenfreiheit sich entfaltet, die Arbeitgeber-Arbeitnehmer-Beziehungen marktwirtschaftlich geordnet sind. Daraus folgt aber nicht, daß sie der Weisung ihres Stifters untreu werden müssen, keine Schätze auf der Erde zu sammeln, „wo Motte und Wurm sie zerstören und wo Diebe einbrechen und sie stehlen". Die verfassungsrechtlich gewährleistete Eigenständigkeit wäre angetastet, wenn der Staat die Kirchen zwingen würde, ihren Dienst ausschließlich nach den Funktionsvoraussetzungen eines marktwirtschaftlichen Systems zu organisieren.

c) Dienstgemeinschaft und Kirchenmitgliedschaft

Rechtsgrundlage für die Erbringung von Leistungen aus einem Arbeitsverhältnis ist bei einer Tätigkeit im kirchlichen Dienst der Arbeitsvertrag. Die Dienstgemeinschaft als Leitbild des kirchlichen Dienstes wird durch das Ver-

---

[40] *Schmidt-Rimpler* AcP 147 (1941), 130 ff.
[41] *Flume*, Allgemeiner Teil des Bürgerlichen Rechts, Bd. II S. 8; *ders.*, FS Hundert Jahre deutsches Rechtsleben, 1960, Bd. I S. 135 (143); vgl. zu Selbstbestimmung und Richtigkeitsgarantie als materielle Geltungsgründe des Vertragsprinzips MünchArbR/*Richardi*, § 14 Rn. 51 ff.

tragsrecht in den staatlichen Rechtskreis transformiert. Daß die Kirchen sie auf das gemeinsame Priestertum aller Gläubigen stützen, kennzeichnet nur den hohen Rang, den für sie das Leitbild einer Dienstgemeinschaft hat, um ihren religiös geprägten Auftrag in der Welt zu erfüllen. Die theologische Begründung hat keineswegs zur Folge, daß das Verständnis des kirchlichen Dienstes als Dienstgemeinschaft auf die jeweiligen Kirchenglieder zu beschränken wäre.[42] Es fällt vielmehr unter das Selbstbestimmungsrecht, ob und in welchem Umfang die Kirchen in ihrem Dienst nur ihre Angehörigen oder auch Christen anderer Konfessionen und sogar Nichtchristen beschäftigen. Deren Dienst in der Kirche verändert nicht die Qualität des kirchlichen Dienstes als Beitrag zum geistlich verstandenen Auftrag der Kirche.

24   Lediglich was ein kirchlicher Arbeitgeber von einem Mitarbeiter erwarten kann und darf, der nicht der Kirche angehört, ist im Vergleich zu Kirchengliedern verschieden. Doch besteht insoweit kein Konflikt mit der staatlichen Rechtsordnung, weil die Kirchen ihrerseits die Religionsfreiheit respektieren. Für das Verhältnis zu den Reformationskirchen verlangt das Zweite Vatikanische Konzil ausdrücklich, daß vor allem in den Werken der Nächstenliebe der Zusammenarbeit kein Hindernis in den Weg zu legen sei; das Fehlen der vollen Einheit ändere nichts daran, daß in ihnen der Christusglaube bezeugt werde.[43] Auch soweit es um Nichtchristen geht, sieht die Kirche in ihrer Beschäftigung keinen Widerspruch zu ihrem Wesen und Auftrag; denn zur Erfüllung ihrer Aufgabe soll sie mit „allen Menschen guten Willens" zusammenarbeiten.[44]

25   Mit dem Leitbild einer Dienstgemeinschaft wird nicht in Frage gestellt, daß es in der Kirche nach deren Selbstverständnis *verschiedene Dienste* gibt. Insbesondere führt das Amtsverständnis zu konfessionell geprägten Unterschieden. Der Staat kann zu ihnen keine Stellung nehmen, sondern muß im Gegenteil Neutralität im Sinne von Nicht-Einmischung wahren. Ob und wie Abstufungen nach der Teilhabe am Amt der Verkündigung erfolgen, entscheidet nicht der Staat, sondern die Kirche. Das gilt auch für die Beschäftigung in einem Arbeitsverhältnis. Die Wahl der privatrechtlichen Gestaltungsform verbietet der Kirche nicht, Abstufungen in den Vertragsregelungen vorzunehmen, die ausschließlich in der religiösen Dimension des kirchlichen Dienstes begründet sind. Bedient die Kirche sich insoweit der Privatautonomie, so muß sie zwar die *Selbstbestimmung ihres Vertragspartners* respektieren; sie unterliegt aber wegen der Verfassungsgarantie des Selbstbestimmungsrechts nicht *staatlicher Fremdbestimmung*. Welche Bedeutung eine Aufgabe für den Auftrag der Kirche hat und welche Anforderungen daher an die Person des Mitarbeiters zu stellen sind, entscheidet die Kirche nach ihrer Rechtsordnung.[45]

---

[42] So aber *Jurina* ZevKR 29 (1984), 171 (176).
[43] Vgl. das Dekret „Unitatis redintegratio", LThK, Das Zweite Vatikanische Konzil, Bd. II S. 40 ff.
[44] Vgl. Art. 14 des Dekrets über das Apostolat der Laien, LThK, Das Zweite Vatikanische Konzil, Bd. II S. 646 f.; s. auch Rn. 16.
[45] Vgl. auch BVerfGE 70, 138 (168).

Trotz des verschiedenen Pflichtenkreises, der seine Rechtfertigung in der 26
Besonderheit des übertragenen Dienstes hat, gilt für alle Mitarbeiter im
kirchlichen Dienst, daß sie durch ihre Dienstleistung den geistlichen Auftrag
der Kirche verwirklichen. Diese Zweckbestimmung verbindet sie zur Dienstgemeinschaft.

d) Schranken des Vertragsrechts

Die Dienstgemeinschaft als Leitprinzip prägt den Inhalt des Arbeitsverhält- 27
nisses, ist aber keine selbständige Rechtsquelle zu dessen Gestaltung. Bei Abschluß von Arbeitsverträgen ist der Vertragsinhalt privatautonom festgelegt.
Das kirchliche Selbstverständnis ist für die Vertragsparteien bindend, soweit
es vertragsrechtlich abgesichert ist. Das Vertragsrecht ermöglicht den Kirchen aber, der arbeitsvertraglichen Gestaltung des kirchlichen Dienstes das
Leitbild einer Dienstgemeinschaft zugrunde zu legen.

Die Kirchen nehmen damit zugleich in Formen des staatlichen Rechts das 28
ihnen verfassungsrechtlich garantierte Selbstbestimmungsrecht wahr. Die
Verfassungsgarantie gestattet ihnen aber nicht, Ordnungsgrundsätze des Zivilrechts außer Kraft zu setzen. Deshalb ist auch für sie verbindlich, daß bei
Begründung eines Beschäftigungsverhältnisses durch Vertrag der maßgebliche Vertragstyp ein Dienstvertrag i. S. des § 611 BGB ist. Bei Leistungsstörungen finden die Vorschriften über den gegenseitigen Vertrag Anwendung.
Es gelten die Besonderheiten, die sich daraus ergeben, daß es sich bei dem
Vertrag auf Arbeit nicht um einen Werkvertrag, sondern um einen Dienstvertrag handelt. Kirchliche Einrichtungen können wie jedermann, wenn sie
bestimmte Dienstleistungen benötigen, Werkverträge abschließen. Sie können aber nicht die mit einem Arbeitsverhältnis verbundene Risikogestaltung
außer Kraft setzen. Auch für einen kirchlichen Arbeitgeber gilt, daß er das
Risiko der Funktionsfähigkeit seiner Arbeitsorganisation tragen muß.

Davon wird nicht berührt, daß bei einer kirchlichen Einrichtung die reli- 29
giöse Dimension des ihr gestellten Auftrags den Vertragsinhalt des Arbeitsverhältnisses prägt. Darin liegt der Unterschied zu sonstigen Arbeitsverhältnissen. Es handelt sich insoweit aber nicht um eine Wesensverschiedenheit
der *Regelungsform*. Der Unterschied besteht vielmehr ausschließlich darin,
daß die für sie sonst geltenden Grenzziehungen hier ihrerseits auf die
Schranken des für alle geltenden Gesetzes stoßen. Darauf beruht, daß ein
kirchlicher Arbeitgeber die Beschäftigung von Voraussetzungen abhängig
machen kann, die festzulegen einem Arbeitgeber der Metallindustrie oder der
chemischen Industrie, aber auch des öffentlichen Dienstes versagt ist. Da den
Kirchen verfassungsrechtlich garantiert ist, ihren Auftrag innerhalb der gesellschaftlichen Ordnung auszuüben, kann der Staat bei der Festlegung von
Grenzen der Vertragsfreiheit keine Regelungskompetenz in Anspruch nehmen, durch die er eine Entscheidung über Wesen und Auftrag der Kirche
trifft. Er darf, wie das Bundesverfassungsgericht es formuliert, das kirchliche
Proprium nicht in Frage stellen.[46]

---

[46] BVerfGE 70, 138 (165).

30   Die Kirchen erhalten dadurch keinen Freibrief, sich aus der Rechtsordnung herauszulösen. Sie haben aber die Befugnis, innerhalb der Rechtsordnung die religiöse Dimension ihres Dienstes sicherzustellen. Das gilt vor allem für die Festlegung von Loyalitätsobliegenheiten, ohne deren Beachtung die Kirche nicht glaubwürdig ihren Dienst erfüllen kann. Das Bundesverfassungsgericht stellt insoweit fest: „Werden solche Loyalitätspflichten in einem Arbeitsvertrag festgelegt, nimmt der kirchliche Arbeitgeber nicht nur die allgemeine Vertragsfreiheit für sich in Anspruch; er macht zugleich von seinem verfassungskräftigen Selbstbestimmungsrecht Gebrauch."[47] Wird der kirchliche Dienst auf der Grundlage von Arbeitsverträgen geregelt, so reicht einerseits die Befugnis, das Dienstrecht nach dem bekenntnismäßigen Verständnis zu gestalten, nicht so weit wie bei einer Regelung auf öffentlich-rechtlicher Grundlage; man darf andererseits aber auch nicht die Verfassungsgarantie des Selbstbestimmungsrechts aus dem Blickfeld verlieren und damit Vertragsgestaltungen nur in Grenzen gestatten, die das Kirchliche aus der kirchlichen Einrichtung *hinwegsäkularisieren*.[48] „Welche kirchlichen Grundverpflichtungen als Gegenstand des Arbeitsverhältnisses bedeutsam sein können, richtet sich nach den von der verfaßten Kirche anerkannten Maßstäben."[49] Der Staat darf durch seine Organe nicht zu einem Meinungsstreit über die Glaubenslehre in der Kirche Stellung nehmen. Auch wenn es sich um eine rechtlich verselbständigte Einrichtung der Kirche handelt, ist nicht sie, sondern das nach dem Kirchenrecht zuständige Organ befugt, festzulegen, was dem Wesen und dem Auftrag der Kirche entspricht.

III. Grundordnung der katholischen Kirche

1. Kirchengesetzliche Festlegung für Arbeitsverhältnisse

31   Der Codex Iuris Canonici ordnet die für das Arbeitsverhältnis zu beachtenden Gesetze noch dem Kirchenvermögen zu. Can. 1286 CIC bestimmt:

„Die Vermögensverwalter haben:
bei der Vergabe von Aufträgen auch das weltliche Arbeits- und Sozialrecht genauestens gemäß den von der Kirche überlieferten Grundsätzen zu beachten;
denjenigen, die auf Grund eines Vertrages Arbeit leisten, einen gerechten und angemessenen Lohn zu zahlen, so daß sie in der Lage sind, für ihre und ihrer Angehörigen Bedürfnisse angemessen aufzukommen."

Wegen der Verfassungsgarantie des Selbstbestimmungsrechts ist aber in der Bundesrepublik Deutschland für das „weltliche Arbeitsrecht" bindend, wie die Kirche die Eigenart ihres Dienstes bestimmt. Die Formulierung des kirchlichen *proprium*s fällt nicht in die Kompetenz des Staats, sondern obliegt der Kirche, die sie nach der für sie maßgeblichen Rechtsordnung festlegt.[50]

---

[47] BVerfGE 70, 138 (165).
[48] So die zutreffende Formulierung von *Isensee*, FS Obermayer, S. 203 (210).
[49] BVerfGE 70, 138 (2. Leitsatz).
[50] BVerfGE 70, 138 (165).

Kirchenrechtliche Ordnung der Arbeitgeber-Arbeitnehmer-Beziehungen **§ 4**

Da das Selbstbestimmungsrecht nicht brachliegen darf, wenn es um die 32
Ordnung des kircheneigenen Arbeitsrechts geht, hat die Deutsche Bischofskonferenz auf ihrer Herbst-Vollversammlung am 22. September 1993 in Fulda für die katholische Kirche die „Grundordnung des kirchlichen Dienstes im Rahmen kirchlicher Arbeitsverhältnisse" verabschiedet.[51] Die Bischöfe beschränkten sich nicht auf eine Neufassung ihrer Erklärung zum kirchlichen Dienst vom 27. Juni 1983, sondern setzten sie in der Grundordnung normativ um.

Die Grundordnung wurde als kirchenrechtliche Verlautbarung der Bischö- 33
fe verabschiedet. Sie ist von ihnen als Kirchengesetz für ihre Diözese zum 1. 1. 1994, im Bistum Fulda zum 1. 1. 1995, in Kraft gesetzt.[52] Kirchenrechtlich beruht sie auf der Gesetzgebungsbefugnis der Bischöfe (can. 391 CIC). Sie ist das Recht der in der Bundesrepublik Deutschland gelegenen Teilkirchen, in denen und aus denen die eine und einzige katholische Kirche besteht (vgl. can. 368 CIC).

Die Grundordnung ist nicht von Diözese zu Diözese verschieden, sondern 34
hat denselben Regelungsinhalt. Sie ist deshalb allgemeines Recht für den Gesamtbereich der katholischen Kirche in der Bundesrepublik Deutschland.

2. Regelungsinhalt der Grundordnung

Die Grundordnung stellt an die Spitze ihrer Regelung in Art. 1 Satz 1, daß 35
alle in einer Einrichtung der katholischen Kirche Tätigen durch ihre Arbeit ohne Rücksicht auf die arbeitsrechtliche Stellung gemeinsam dazu beitragen, daß die Einrichtung ihren Teil am Sendungsauftrag der Kirche erfüllen kann. Durch die im Klammerzusatz angefügte Bezeichnung „Dienstgemeinschaft" gibt die Bestimmung zugleich eine Legaldefinition der Dienstgemeinschaft. Wer in den Dienst einer Einrichtung tritt, die nach kirchlichem Selbstverständnis ihrem Zweck oder ihrer Aufgabe entsprechend berufen ist, ein Stück Auftrag der Kirche in dieser Welt wahrzunehmen und zu erfüllen, leistet damit einen Beitrag zur Erfüllung des der Kirche gestellten Auftrags,

---

[51] Sekretariat der Deutschen Bischofskonferenz (Hrsg.), Die deutschen Bischöfe 51; vgl. zu ihrem Inhalt *Dütz* NJW 1994, 1369 ff.; *Reuter* HK 1994, 194 ff.; *Richardi* NZA 1994, S. 19 ff.

[52] Bistum Aachen: KAnz. 1993 S. 159; Bistum Augsburg: ABl. 1993 S. 513; Erzbistum Bamberg: ABl. 1993 S. 200; Bistum (jetzt: Erzbistum) Berlin: ABl. 1993 S. 127; Bistum Dresden-Meißen: KABl. 1993 S. 308; Bistum Eichstätt: Pastoralblatt 1993 S. 221; Bischöfliches Amt Erfurt-Meiningen (jetzt: Bistum Erfurt): ABl. 1993 Nr. 11; Bistum Essen: KABl. 1993 S. 118; Erzbistum Freiburg: ABl. 1993 S. 250; Bistum Fulda: KABl. 1994 S. 104; Apostolische Administratur (jetzt: Bistum) Görlitz: ABl. 1993 Nr. 12; Bistum Hildesheim: KAnz. 1994 S. 36; Erzbistum Köln: ABl. 1993 S. 222; Bistum Limburg: ABl. 1993 S. 74; Bischöfliches Amt (jetzt: Bistum) Magdeburg: Amtliche Mitteilungen vom 4. 1. 1994, S. 7; Bistum Mainz: KABl. 1993 S. 100; Erzbistum München und Freising: ABl. 1993 S. 398; Bistum Münster: KABl. 1993 S. 123; Bistum Osnabrück: KABl. 1993 S. 252; Erzbistum Paderborn: KABl. 1993 S. 150; Bistum Passau: ABl. 1993 S. 80; Bistum Regensburg: ABl. 1993 S. 132; Bistum Rottenburg-Stuttgart: KABl. 1993 S. 576; Bistum Speyer: OVB 1993 S. 660; Bistum Trier: KABl. 1993 S. 178; Bistum Würzburg: Diözesanblatt 1993 S. 319.

auch wenn er nicht der katholischen Kirche oder keiner Kirche angehört. Alle Beteiligten – Dienstgeber sowie leitende und ausführende Mitarbeiter – müssen deshalb, wie es in Art. 1 Satz 2 heißt, „anerkennen und ihrem Handeln zugrunde legen, daß Zielsetzung und Tätigkeit, Organisationsstruktur und Leitung der Einrichtung, für die sie tätig sind, sich an der Glaubens- und Sittenlehre und an der Rechtsordnung der katholischen Kirche auszurichten haben".

36 Die Grundordnung enthält Rechtsvorschriften über die Begründung von Arbeitsverhältnissen (Art. 3), legt die Loyalitätsobliegenheiten für ein Arbeitsverhältnis im Dienst einer Einrichtung der katholischen Kirche fest (Art. 4) und enthält Bestimmungen, wie ein kirchlicher Dienstgeber sich zu verhalten hat, wenn ein Mitarbeiter die kirchenspezifischen Beschäftigungsanforderungen nicht mehr erfüllt (Art. 5). Die Grundordnung trifft Grundsatzregelungen für das kollektive Arbeitsrecht der katholischen Kirche (Art. 6–8) und sieht für diesen Bereich die Bildung kirchlicher Gerichte für den gerichtlichen Rechtsschutz vor (Art. 10).

3. Geltungsbereich der Grundordnung

37 Die Grundordnung berücksichtigt bei der Festlegung ihres Geltungsbereichs, daß die Gesetzgebungsbefugnis des Bischofs kirchenrechtlich begrenzt sein kann.

a) Gliederungen der verfaßten Kirche unter Einbeziehung der Orden

38 Art. 2 Abs. 1 GrOkathK bestimmt, daß die Grundordnung für Arbeitsverhältnisse von Mitarbeitern bei den Einrichtungen der Diözesen, der Kirchengemeinden und Kirchenstiftungen sowie der öffentlichen juristischen Personen des kanonischen Rechts gilt. Klargestellt wird durch Art. 2 Abs. 3 GrOkathK daß unter diese Ordnung nicht Mitarbeiter fallen, die auf Grund eines Klerikerdienstverhältnisses oder ihrer Ordenszugehörigkeit tätig sind.

39 Zu den öffentlichen juristischen Personen des kanonischen Rechts gehören auch die Orden. Der Codex Iuris Canonici regelt sie unter dem Begriff der „Institute des geweihten Lebens" (cc. 573 ff. CIC). Sind sie als Institut diözesanen Rechts, also *bischöflichen Rechts*, errichtet, so stehen sie unter der Rechtsetzungsbefugnis des Diözesanbischofs (can. 594 CIC).

40 Orden *päpstlichen Rechts* unterstehen dagegen „in bezug auf die interne Leitung und Rechtsordnung unmittelbar und ausschließlich der Gewalt des Apostolischen Stuhles" (can. 593 CIC). Deshalb soll, wie *Oswald v. Nell-Breuning SJ* für die Mitarbeitervertretungsordnung angenommen hat, in diesem Fall deren Geltung kirchenrechtlich nur vom Heiligen Stuhl vorgeschrieben werden können.[53] Richtig ist, daß vom Bischof gesetztes Recht nicht für den Ordensbereich gilt. Soweit es aber um den Abschluß von Arbeitsverträgen geht, betrifft er zwar auch den Orden und seine Organisation, wenn der Orden zur Erfüllung seines Auftrags Einrichtungen betreibt; es handelt sich

---

[53] *v. Nell-Breuning* AuR 1979, 1 (5).

aber insoweit nicht um den Innenbereich des Ordensinstituts, der unter die dem Orden gewährleistete Autonomie fällt (can. 596 CIC). Einschlägig ist vielmehr insoweit, daß gemäß can. 678 § 1 CIC die Ordensleute der Gewalt der Bischöfe unterstehen, soweit eine Angelegenheit die Seelsorge, die öffentliche Abhaltung des Gottesdienstes und andere Apostolatswerke betrifft. Da die auf der Grundlage von Arbeitsverträgen betriebene Einrichtung in den Außenbereich des Ordens ragt, hat der Bischof nach dem Prinzip der einheitlichen Leitung der Diözese (can. 394 § 1 CIC) die Befugnis, die Geltung des kircheneigenen Arbeitsrechts anzuordnen, wenn der Orden in Ausübung seines Apostolats eine Arbeitsorganisation in seinem Bereich einrichtet.

b) Privatrechtlich verselbständigte Einrichtungen, insbesondere Einrichtungen der Caritas

Soweit ein Diözesancaritasverband und seine Gliederungen öffentliche juristische Personen des kanonischen Rechts sind, gilt die Grundordnung bereits nach Art. 2 Abs. 1 lit. d. Die Grundordnung ist aber, wie es in Art. 2 Abs. 2 Satz 1 heißt, „auch anzuwenden im Bereich der sonstigen kirchlichen Rechtsträger und ihrer Einrichtungen, unbeschadet ihrer Rechtsform sowie des Verbandes der Diözesen Deutschlands und des Deutschen Caritasverbandes". Diese Rechtsträger sind, wie ihnen kirchengesetzlich vorgeschrieben wird, „gehalten, die Grundordnung für ihren Bereich rechtsverbindlich zu übernehmen" (Art. 2 Abs. 2 Satz 2 GrOkathK). **41**

Diese gesetzestechnische Gestaltung in der Festlegung des Geltungsbereichs berücksichtigt, daß bei verselbständigten Einrichtungen in privatrechtlicher Form eine Zuordnung zur Kirche durch die Satzung abgesichert sein muß. Dies ergibt sich aus der Wahl der privatrechtlichen Form, stellt aber nicht die Rechtsverbindlichkeit des vom Bischof gesetzten Rechts für den selbstbestimmten Bereich der Kirche in Frage. Die Bedeutung der Verfassungsgarantie des Selbstbestimmungsrechts verkennt, wer staatskirchenrechtlich die Gesetzgebungsbefugnis des Bischofs auf den Bereich der verfaßten Kirche beschränkt, also auf den als öffentlich-rechtliche Körperschaft anerkannten kirchlichen Bereich.[54] **42**

Die Verfassungsgarantie des Selbstbestimmungsrechts in Art. 137 Abs. 3 WRV wird durch die in Art. 137 Abs. 5 WRV erfolgte Anerkennung als Körperschaft des öffentlichen Rechts nicht beschränkt, sondern ergänzt. Auch bei privatrechtlich organisierten kirchlichen Einrichtungen beruht staatskirchenrechtlich ihre Sonderstellung innerhalb der Arbeitsrechtsordnung nicht auf der Satzungsautonomie, sondern auf dem verfassungsrechtlich verbürgten Selbstbestimmungsrecht der Kirche.[55] Die Satzungsautonomie ist nichts anderes als eine Form der *rechtsgeschäftlichen Autonomie*. Es gibt keine originäre Autonomie eines privatrechtlich organisierten Verbandes, die es gestattet, für Personen, die zu dem Verband in einem Arbeitsver- **43**

---

[54] So für das Mitarbeitervertretungsrecht *Bietmann*, Betriebliche Mitbestimmung im kirchlichen Dienst, S. 75; s. auch § 18 Rn. 4 ff.
[55] Vgl. BAG AP Nr. 41 zu Art. 140 GG.

hältnis stehen, ein Sonderarbeitsrecht zu schaffen. Wenn dagegen den Kirchen eine selbständige Ordnung innerhalb der Schranken des für alle geltenden Gesetzes überlassen bleibt, kommt darin zum Ausdruck, daß der kirchliche Gesetzgeber entsprechend der für ihn kirchenrechtlich maßgeblichen Kompetenz Inhalt und Geltungsbereich eines Arbeitsgesetzes für den selbstbestimmten Bereich festlegt.

44 Die vom Staat verliehene öffentlich-rechtliche Regelungskompetenz hat nur insoweit Bedeutung, als es um die Frage geht, ob eine Einrichtung sich der Rechtsetzungsbefugnis des Bischofs entziehen kann. Das ist für den Bereich der verfaßten Kirche ausgeschlossen, soweit die Ämterorganisation ihm untersteht. Ist dagegen eine Einrichtung privatrechtlich organisiert, so ist zwar für die Zuordnung zur Kirche ebenfalls maßgebend, daß sie ihren Auftrag in Verbindung mit den Amtsträgern der katholischen Kirche wahrnimmt, der Diözesanbischof also darüber entscheidet, ob es sich um eine Einrichtung der katholischen Kirche handelt; aber es muß auch durch die Satzung abgesichert sein, daß die Einrichtung zur Kirche gehört. Das staatliche Zivilrecht ermöglicht eine Ausgliederung unter Preisgabe der Zuordnung zur Kirche. Wenn eine Einrichtung aber nach ihrem Selbstverständnis der Kirche zugeordnet bleiben will, muß sie die Rechtsetzungsbefugnis des Bischofs respektieren und ist deshalb wegen der staatskirchenrechtlichen Notwendigkeit einer Verbindung mit den Amtsträgern der katholischen Kirche zur Wahrnehmung ihrer Zielsetzung gehalten, die Grundordnung für ihren Bereich rechtsverbindlich zu übernehmen.

IV. Grundsatzregelungen der evangelischen Kirche

45 Für die evangelische Kirche gibt es keine der Grundordnung der katholischen Kirche entsprechende Grundsatzregelung des kircheneigenen Arbeitsrechts. Eine EKD-einheitliche Regelung kam nicht zustande. Die Evangelisch-Lutherische Kirche in Bayern plant allerdings, für ihren Bereich nach dem Vorbild der Grundordnung der katholischen Kirche eine Ordnung zu erlassen, in der die Voraussetzungen für eine berufliche Mitarbeit in der Kirche und ihrer Diakonie festgelegt werden.

46 Wie bei der katholischen Kirche ist auch bei der evangelischen Kirche das Ordnungsziel einer Selbstbestimmung im Arbeitsrecht das Leitbild einer Dienstgemeinschaft.[56] Kirchengesetzlich festgelegt ist das Recht des Arbeitsrechtsregelungsverfahrens und das Mitarbeitervertretungsrecht, in dessen Rahmen ein gerichtlicher Rechtsschutz besteht.

---

[56] S. Rn. 10 ff.

Zweites Kapitel
Kirchenautonomie und Individualarbeitsrecht

§ 5 Staatliches Arbeitsvertragsrecht und Besonderheit des kirchlichen Dienstes

I. Sonderstellung auf Grund der Verfassungsgarantie des kirchlichen Selbstbestimmungsrechts

1. Teilnahme an der Privatautonomie

Die Kirchen können, da sie wegen der verfassungsrechtlichen Gewährleistung der Eigenschaft als Körperschaften des öffentlichen Rechts die Dienstherrenfähigkeit haben (Art. 140 GG i. V. mit Art. 137 Abs. 5 WRV), ein eigenständiges Dienstrecht nach ihrem bekenntnismäßigen Verständnis auf öffentlich-rechtlicher Grundlage schaffen.[1] Bedienen sie sich aber der Privatautonomie, wie sie jedermann zur Begründung von Beschäftigungsverhältnissen offensteht, so ist auch für sie verbindlich, daß Privatautonomie nur in den Grenzen des Arbeitsrechts besteht.[2] Daß bei Abschluß eines Arbeitsvertrages die staatliche Rechtsordnung maßgebend sein soll, entspricht auch dem Selbstverständnis der Kirche.[3] Staatliche und kirchliche Rechtsordnung entsprechen nach den Worten von *Oswald v. Nell-Breuning SJ* „einander wie Haken und Öse; das Arbeitsvertragsrecht der Bundesrepublik ist für die katholische Kirche in der Bundesrepublik ‚lex canonizata'".[4]

1

Die Verfassungsgarantie des kirchlichen Selbstbestimmungsrechts gewährleistet, daß die Kirchen das Recht haben, ihre Angelegenheiten auch in privatautonomen Gestaltungsformen zu ordnen. Die dadurch eintretende Bindung an die staatliche Privatrechtsordnung ist zugleich Folge einer Rechtswahl.[5]

2

2. Schrankenvorbehalt als Grundlage und Grenze der Bindung an Arbeitsgesetze

Bedienen die Kirchen sich bei Begründung und Gestaltung ihrer Dienstverhältnisse der Privatautonomie, so bedeutet dies keineswegs, daß die Zugehörigkeit zu den eigenen Angelegenheiten aufgehoben wird.[6] Die Verfassungsgarantie des kirchlichen Selbstbestimmungsrechts in Art. 137 Abs. 3 WRV bleibt

3

---

[1] S. § 1 Rn. 17 f.
[2] S. § 2 Rn. 25 ff.
[3] S. auch § 2 Rn. 18.
[4] *v. Nell-Breuning* AuR 1979, 1 (3).
[5] Ebenso BVerfGE 70, 138 (165).
[6] Ebenso BVerfGE 70, 138 (165).

einschlägig. Ihre Bedeutung für die Geltung des Arbeitsrechts ist aber verdeckt, solange den Besonderheiten des kirchlichen Dienstes bereits durch eine entsprechende Vertragsgestaltung Rechnung getragen werden kann. Arbeitsrecht ist nicht Statusrecht, sondern beläßt Begründung und inhaltliche Regelung des Arbeitsverhältnisses der Privatautonomie. Der individuelle Vertrag des bürgerlichen Rechts, der bezogen auf das einzelne Lebensverhältnis, das er gestaltet, den Grundsatz der herrschaftsfreien Selbstbestimmung am reinsten verwirklicht, vermag dieser Funktion aber gerade im Bereich der Arbeitsverhältnisse nicht zu genügen, sondern er schafft faktisch für den Arbeitgeber ein Privileg zur Gestaltung der Arbeitsbedingungen. Dafür ist nicht allein ausschlaggebend, daß der Arbeitgeber als Unternehmer die Verfügungsgewalt über die Produktionsmittel hat, sondern maßgebend ist vor allem, daß jede arbeitsteilige Organisation eine Einheit der Planung und Leitung voraussetzt. Die spezifische Bedeutung des Arbeitsrechts liegt deshalb darin, die Rechtsbeziehungen zwischen Arbeitgeber und Arbeitnehmer weitgehend zwingend zu gestalten, um unabhängig von der Willkür der Vertragsbeteiligten soziale Gerechtigkeit in ihren Rechtsbeziehungen zu verwirklichen. Darüber hinaus lenkt das Arbeitsrecht die gesamtwirtschaftlichen Beziehungen zwischen Kapital und Arbeit, um die Werte, die dem Grundrechtssystem zugrunde liegen, in Erfüllung des Sozialstaatsprinzips zu verwirklichen.

4 Für den Gesetzgeber ergibt sich daraus ein politischer Gestaltungsspielraum. Dessen Ausfüllung erfolgt nach Gesichtspunkten, die unter dem Aspekt des Grundrechts der Glaubensfreiheit *neutral* sind, weil anderenfalls dieses Grundrecht sogar verletzt würde. Damit wird zugleich deutlich, daß für jedermann geltendes Arbeitsrecht nicht uneingeschränkt für die Kirchen bei der Gestaltung ihrer Beschäftigungsverhältnisse verbindlich ist; denn die Kirchen haben durch Art. 140 GG i. V. mit Art. 137 Abs. 3 WRV auch gegenüber dem Gesetzgeber das verfassungsrechtlich gewährleistete Recht, ihre Angelegenheiten selbständig, d. h. nach ihrem bekenntnismäßigen Verständnis, innerhalb der Schranken des für alle geltenden Gesetzes zu regeln. Der Schrankenvorbehalt bedeutet nicht, daß der Staat durch ein für alle geltendes Gesetz eine Herrschaft über das bekenntnismäßige Verständnis des kirchlichen Dienstes erlangt. Darin liegt der Grund der vom Bundesverfassungsgericht gefundenen Formel: „Trifft das Gesetz die Kirche nicht wie den Jedermann, sondern *in ihrer Besonderheit als Kirche* härter, ihr Selbstverständnis, insbesondere ihren geistig-religiösen Auftrag beschränkend, also *anders* als den normalen Adressaten, dann bildet es insoweit keine Schranke."[7]

5 Arbeitsgesetze sind deshalb im Lichte der Wertentscheidung der verfassungsrechtlichen Garantie des kirchlichen Selbstbestimmungsrechts auszulegen.[8] Das entspricht dem Gebot verfassungskonformer Interpretation, ist

---

[7] BVerfGE 42, 312 (334).
[8] Ebenso BAGE 30, 247 (254) = AP Nr. 2 zu Art. 140 GG; *Hesse*, FS Werner Weber, S. 447 (456f.); *Rüthers* NJW 1976, 1918 (1919); *Richardi*, Anm. zu ArbG Köln, AR-Blattei, Kirchenbedienstete: Entsch. 10; *v. Tiling*, ZevKR 22 (1977), 322 (345); *Dütz* AuR 1979, Sonderheft: Kirche und Arbeitsrecht, S. 2 (7); vgl. auch BVerfGE 70, 138 (166f.); *Bietmann*, Betriebliche Mitbestimmung im kirchlichen Dienst, S. 39; *Hanau*, ZevKR 25 (1980) 61 (64).

also kein kirchliches Privileg. Die Formulierung des kirchlichen *propriums* fällt nicht in die Kompetenz des Staats, sondern obliegt den Kirchen, die sie nach der für sie maßgeblichen Rechtsordnung festlegen.[9]

II. Geltung des Arbeitsrechts bei Arbeit im Rahmen einer religiös bestimmten Lebensordnung

1. Arbeitsverhältnis und verbandsrechtliche Sonderbindung

Wer als Mitglied eines Ordens oder eines Säkularinstituts der katholischen Kirche oder als evangelische Diakonisse in kirchlichen Einrichtungen beschäftigt wird, ist nicht deren Arbeitnehmer.[10] Bereits nach allgemeinen Grundsätzen findet Arbeitsrecht keine Anwendung, wenn Arbeit auf Grund einer verbandsrechtlichen Beziehung geleistet wird. Schon aus diesem Grund ist aus der Geltung des Arbeitsrechts ausgeklammert, wer in ein *besonderes Rechtsverhältnis* zur Kirche tritt, um in der Nachfolge Christi zu leben. Für diesen Personenkreis kann die Kirche eine *Lebensordnung* schaffen, auf die staatliches Recht überhaupt nicht zur Anwendung kommt, weil der Dienst ausschließlich vom *religiösen Bekenntnis* geprägt wird, wie dies für Mitglieder der Orden und Diakonissen zutrifft.[11] Die Herausnahme aus dem Arbeitsrecht wird durch das Grundrecht der Glaubensfreiheit in Art. 4 Abs. 1 und 2 GG gefordert. Die Freiheit des religiösen Bekenntnisses garantiert das Recht, die Lebensführung nach den Geboten einer religiösen Gemeinschaft auszurichten. Soweit das Arbeitsrecht sich darauf beschränkt, einen sozialen Mindeststandard zu sichern, ist für seine auch insoweit geltende Nichtanwendbarkeit maßgebend, daß durch die Kirche eine soziale Lebenssicherung gewährt wird.[12]

6

Kein Grund, der der Geltung des Arbeitsrechts entgegensteht, ist dagegen, daß Arbeit aus einer rein religiösen Motivation geleistet wird. Das gilt auch, wenn die Arbeit aus religiösen Gründen nicht erwerbsdienlich ist. Ein Arbeitnehmer gehört in diesem Fall zwar nicht zu dem Kreis der Beschäftigten, die von einem Betriebsrat oder Personalrat repräsentiert werden (§ 5 Abs. 2 Nr. 3 BetrVG, § 4 Abs. 5 Nr. 1 BPersVG).[13] Grund für diese Ausklammerung ist aber der in der Betriebsverfassung vorausgesetzte Interessengegensatz zwischen Arbeitgeber und Arbeitnehmer bei Gestaltung der betrieblichen Ordnung. Ein Verzicht auf den sozialen Mindeststandard, den das Arbeitsrecht verbürgt, ist damit nicht verbunden.[14]

7

---

[9] BVerfGE 70, 138 (165); so auch BAGE 30, 247 (259); *Mayer-Maly* NJW 1976, 1118 (1119); *Rüthers* NJW 1977, 368 (370); *Richardi*, Anm. zu ArbG Köln, AR-Blattei, Kirchenbedienstete: Entsch. 10.

[10] Vgl. *Richardi*, BetrVG, § 5 Rn. 148.

[11] Ebenso BAGE 30, 122 (131) und 247 (253) = AP Nr. 26 zu Art. 9 GG und AP Nr. 2 zu Art. 140 GG; *Richardi* ZevKR 19 (1974), 275 (291 f., 297, 306 f.); *ders.* FS 25 Jahre BAG, S. 429 (437); *Dütz* AuR 1979, Sonderheft: Kirche und Arbeitsrecht, S. 2 (5).

[12] Vgl. bereits *Molitor*, FS Stohr, Bd. II S. 231 (232 f.).

[13] Vgl. *Richardi*, BetrVG, § 5 Rn. 147 ff.; *Dietz/Richardi*, BPersVG, § 4 Rn. 74 f.

[14] Vgl. auch *Mayer-Maly*, Erwerbsabsicht und Arbeitnehmerbegriff, S. 42 ff.; *Richardi* ZevKR 19 (1974), 275 (289 f.).

2. Arbeit von Ordensangehörigen auf Grund eines besonderen Rechtsverhältnisses

8   Wer Mitglied einer religiösen Gemeinschaft ist, z. B. einem Orden angehört, kann deshalb Arbeitnehmer sein, wenn er seinen Dienst in einer weltlichen Einrichtung versieht.[15] Der Auftrag der Kirche zur Mission und Caritas im öffentlichen Bereich, der durch die Verfassungsgarantie des kirchlichen Selbstbestimmungsrechts gesichert wird, wäre erschwert, wenn die Mitglieder ihrer religiösen Gemeinschaften, sofern sie ihren Dienst bei einem weltlichen Rechtsträger leisten, nicht unter dem Schutzschild des Arbeitsrechts stünden. Das Verhältnis zur Kirche wird dagegen nicht vom Arbeitsrecht, sondern von der ausschließlich durch das religiöse Bekenntnis geprägten Lebensordnung beherrscht.[16]

9   Ein Ordensangehöriger ist deshalb Arbeitnehmer, wenn er einen Arbeitsvertrag abschließt, auch soweit er insoweit einen Auftrag seines Ordens erfüllt. Besteht dagegen nur ein Gestellungsvertrag mit dem Orden, so können arbeitsrechtliche Beziehungen nur entstehen, wenn das Gestellungsverhältnis so gestaltet ist, daß der Betriebsinhaber ein Weisungsrecht gegenüber dem einzelnen Ordensangehörigen erhält. In diesem Fall bestehen zur Wahrnehmung der Rechte und Pflichten aus dem Weisungsverhältnis arbeitsrechtliche Beziehungen zum Betriebsinhaber. Der Ordensangehörige gehört aber nicht zu den Arbeitnehmern, die vom Betriebsrat repräsentiert werden, weil er unter § 5 Abs. 2 Nr. 3 BetrVG fällt. Besteht der Gestellungsvertrag mit einem kirchlichen Rechtsträger, so ist zu beachten, daß der Ordensangehörige auch bei Eintritt in ein Weisungsverhältnis zu dem kirchlichen Rechtsträger der Einrichtung, in der er tätig wird, seine Arbeit ausschließlich im kirchlichen Bereich leistet. Durch die Einheit des kirchlichen Dienstes wird sichergestellt, daß für den Ordensangehörigen ausschließlich das Recht seiner religiösen Gemeinschaft maßgebend bleibt. Er ist deshalb bei dem kirchlichen Arbeitgeber zwar auf Grund eines Beschäftigungsverhältnisses tätig und gehört deshalb auch zu den Mitarbeitern, die von der Mitarbeitervertretung repräsentiert werden; er ist insoweit aber nicht Arbeitnehmer, sondern behält seine besondere Stellung als Ordensangehöriger in der kirchlichen Dienstgemeinschaft.

III. Dienstgemeinschaft bei Betriebsübernahme

10 Bei Wahl der privatrechtlichen Gestaltungsform bedarf der vertragsrechtlichen Legitimation, daß die Rechte und Pflichten aus dem Arbeitsverhältnis in eine Dienstgemeinschaft eingebettet sind. Wer durch Rechtsgeschäft in

---

[15] Nicht zutreffend deshalb die gegenteilige Auffassung des LAG Hamm AP Nr. 3 zu § 611 BGB Ordensangehörige mit abl. Anm. von *Mayer-Maly*.
[16] Vgl. dazu cc. 662 ff. CIC.

den kirchlichen Dienst tritt, geht eine in Selbstbestimmung getroffene Bindung ein, durch die versprochene Dienstleistung daran mitzuwirken, daß die Kirche ihren religiös bestimmten Auftrag in der Welt wahrnimmt.

Wenn dagegen jemand *kraft Gesetzes* Arbeitnehmer einer kirchlichen Einrichtung wird, ist nicht vertragsrechtlich gesichert, daß er durch seine Arbeit einen religiös bestimmten Dienst leistet. Das ist vor allem zu beachten, wenn eine der Kirche zugeordnete Einrichtung vom Staat oder sonst einem Unternehmen einen Betrieb erwirbt. Nach § 613a Abs. 1 Satz 1 BGB tritt, wer einen Betrieb oder Betriebsteil durch Rechtsgeschäft übernimmt, in die Rechte und Pflichten aus den im Zeitpunkt des Übergangs bestehenden Arbeitsverhältnissen ein. Diese Vorschrift gilt auch, wenn der Erwerber eine kirchliche Einrichtung ist.[17] Die Verfassungsgarantie des Selbstbestimmungsrechts steht ihrer Anwendung nicht entgegen; denn die kirchliche Einrichtung ist nicht gezwungen, den Betrieb oder Betriebsteil zu übernehmen, sondern sie entscheidet darüber *freiwillig* auf Grund eines Rechtsgeschäfts. Dabei kommt es hier nicht darauf an, daß mit dem Rechtsgeschäft in § 613a Abs. 1 Satz 1 BGB nicht die Willenserklärung als *causa* des Betriebsinhaberwechsels gemeint ist. Die Bestimmung gilt vielmehr für den Fall, daß ein anderer durch den Einsatz des rechtsgeschäftlichen Instrumentariums die *tatsächliche Dispositionsmöglichkeit* über eine arbeitstechnische Organisationseinheit erhält, so daß er an Stelle des Arbeitgebers die betriebliche Leitungsmacht ausübt. 11

§ 613a BGB schließt eine Lücke im Kündigungsschutzsystem: Bei einem Betriebsinhaberwechsel wird das Arbeitsverhältnis mit dem neuen Betriebsinhaber fortgesetzt. Da nur der Vertragspartner ausgewechselt wird, tritt keine Änderung des Vertragsinhalts ein. Das gilt auch beim Erwerb durch einen kirchlichen Rechtsträger. Durch den Wechsel des Betriebsinhabers werden den Arbeitnehmern nicht die besonderen Bindungen auferlegt, die sich aus der Zugehörigkeit zum kirchlichen Dienst ergeben.[18] Der Übergang der Arbeitsverhältnisse kann nicht durch Vertrag zwischen dem bisherigen und dem neuen Betriebsinhaber ausgeschlossen werden.[19] Da der Betriebserwerb freiwillig erfolgt, kann auch aus der Verfassungsgarantie des kirchlichen Selbstbestimmungsrechts nicht abgeleitet werden, daß eine kirchliche Einrichtung nur die Arbeitnehmer übernehmen muß, die den kirchlichen Anforderungen entsprechen. § 613a BGB wäre völlig ausgeschaltet, wollte man dem kirchlichen Betriebserwerber ein besonderes Auswahlrecht zugestehen, auch wenn es nur zu dem Zweck ausgeübt würde, eine Loyalitätsobliegenheit des Mitarbeiters herbeizuführen.[20] 12

Ein Gegenargument ergibt sich nicht daraus, daß nach Auffassung des Bundesarbeitsgerichts der Widerspruch des Arbeitnehmers den Übergang des 13

---

[17] Ebenso *Kreitner*, Kündigungsrechtliche Probleme beim Betriebsinhaberwechsel, S. 253.
[18] Ebenso LAG Düsseldorf, EzA § 118 BetrVG 1972 Nr. 24, S. 199; *Kreitner*, Kündigungsrechtliche Probleme (Fn. 17), S. 254f.; s. aber auch zur Rechtslage in der Betriebsverfassung § 16 Rn. 60ff.
[19] BAGE 27, 291 (298) = AP Nr. 2 zu § 613a BGB; *Staudinger/Richardi/Annuß*, BGB, § 613a Rn. 31.
[20] Ebenso *Kreitner*, Kündigungsrechtliche Probleme (Fn. 17), S. 254.

Arbeitsverhältnisses auf den Erwerber ausschließt.[21] Das Bundesarbeitsgericht hat durch seine Anerkennung eine verdeckte Regelungslücke in § 613a BGB geschlossen; denn es wäre mit der durch Art. 12 Abs. 1 GG verfassungsrechtlich gewährleisteten Vertragsfreiheit des Arbeitnehmers unvereinbar, ihm gegen seinen Willen einen Arbeitgeber zu oktroyieren und ihn zur Kündigung zu zwingen, wenn er das Arbeitsverhältnis nicht mit dem von ihm nicht ausgewählten Arbeitgeber aufrechterhalten will. Deshalb beruht das vom Bundesarbeitsgericht angenommene Widerspruchsrecht auf einer teleologischen Reduktion des § 613a Abs. 1 Satz 1 BGB.[22] Der Arbeitnehmer kann durch Ausübung seines Widerspruchsrechts den gesetzlichen Übergang des Arbeitsverhältnisses verhindern oder rückgängig machen; er riskiert allerdings, daß der Arbeitgeber das Arbeitsverhältnis durch ordentliche Kündigung auflöst, weil er den Arbeitnehmer wegen der Übertragung des Betriebs oder Betriebsteils nicht mehr beschäftigen kann.

14   Sieht ein Arbeitnehmer davon ab, das Widerspruchsrecht auszuüben, so bedeutet dies keineswegs, daß er so zu behandeln ist, als hätte er das Arbeitsverhältnis mit dem Betriebserwerber *rechtsgeschäftlich* begründet. Er wird *kraft Gesetzes* Arbeitnehmer einer kirchlichen Einrichtung, ohne daß der Inhalt seiner Pflichten sich ändert.[23] Daher fällt in das Risiko des Betriebserwerbers, ob er bei einer Betriebsübernahme mit der vorhandenen Belegschaft den Auftrag der Kirche erfüllen kann. Der Bestandsschutz des Arbeitsverhältnisses bei Betriebsübernahme hat nur insoweit seinen Preis, als der Arbeitnehmer den Betriebsübergang hinnehmen muß, wenn er nicht sein Widerspruchsrecht ausübt. Deshalb muß er respektieren, daß der Betriebserwerber mit der Einrichtung einen Auftrag der Kirche erfüllt.

IV. Strukturveränderungen bei einer privatrechtlich verselbständigten Einrichtung

1. Erscheinungsformen

15   Strukturveränderungen können darin bestehen, daß bei Wahrung der rechtlichen Einheit ein Betrieb oder Betriebsteil der Einrichtung stillgelegt, verlegt oder gespalten wird oder daß ein Betrieb oder Betriebsteil mit einem anderen Betrieb zusammengeschlossen wird. Die Mitarbeitervertretung ist bei derartigen Betriebsänderungen zu beteiligen (vgl. für den Bereich der evangelischen Kirche § 46 lit. a MVG.EKD, für die katholische Kirche § 29 Abs. 1 Nr. 17 MAVO). Für Maßnahmen zum Ausgleich und zur Milderung von wirtschaftlichen Nachteilen, die den Arbeitnehmern dadurch entstehen, hat

---

[21] So zunächst für die Übertragung eines Betriebsteils BAGE 26, 301 (304ff.) = AP Nr. 1 zu § 613a BGB; für die Übertragung eines ganzen Betriebs BAG AP Nr. 8 zu § 613a BGB; stRspr. des BAG; s. auch *Staudinger/Richardi/Annuß*, BGB, § 613a Rn. 117ff.

[22] *Staudinger/Richardi/Annuß*, BGB, § 613a Rn. 117, dort in Rn. 119 auch zur Europarechtskonformität des Widerspruchsrechts.

[23] Zustimmend *Kreitner*, Kündigungsrechtliche Probleme (Fn. 17), S. 255.

sie sogar ein Mitbestimmungsrecht (vgl. für den Bereich der evangelischen Kirche § 40 lit. f MVG.EKD, für die katholische Kirche § 36 Abs. 1 Nr. 11 MAVO). Von diesen Betriebsänderungen zu unterscheiden ist die Übertragung eines Betriebs oder Betriebsteils durch Rechtsgeschäft. In diesem Fall ändert sich der Inhaber der arbeitsteiligen Organisation. Es gilt insoweit § 613a BGB, der als für alle geltendes Gesetz auch auf kirchliche Einrichtungen in privatrechtlicher Organisationsform Anwendung findet.

Eine neue Ebene betritt man, soweit es nicht um diese Strukturveränderungen geht, sondern nur oder daneben die rechtlichen Verhältnisse der Einrichtung selbst geändert werden. Diese Strukturveränderung bezeichnet man rechtstechnisch als *Umwandlung*, denn ihr Gegenstand ist eine Strukturveränderung *an*, nicht *in* der Einrichtung.[24] Das Umwandlungsgesetz, das als Art. 1 des Gesetzes zur Bereinigung des Umwandlungsrechts vom 28. 10. 1994 (BGBl. I S. 3210, ber. am 22. 3. 1995, BGBl. I S. 428) ergangen ist, hat die Umwandlung von Unternehmen erleichtert. Dieses Gesetz ist primär ein *gesellschaftsrechtliches Gesetz*. Eine Umwandlung hat jedoch auch arbeitsrechtliche Folgewirkungen, die erst während des Gesetzgebungsverfahrens entdeckt wurden. Die arbeitsrechtlich relevanten Bestimmungen wurden in das Achte Buch aufgenommen, das den Übergangs- und Schlußvorschriften gewidmet ist; sie sind in den §§ 321–325 UmwG enthalten.

16

2. Ausgliederung in eine Kapitalgesellschaft

Zu den Umwandlungen, auf die das Umwandlungsgesetz Anwendung findet, gehört neben der Verschmelzung und dem Formwechsel die Spaltung (§§ 123 ff. UmwG). Wie die anderen Umwandlungsarten betrifft sie den Rechtsträger. Sie gilt nicht nur für Kapitalgesellschaften, Genossenschaften und Personenhandelsgesellschaften, sondern auch für eingetragene Vereine (§ 21 BGB). Sie sind nicht nur verschmelzungsfähige Rechtsträger (§ 3 Abs. 1 Nr. 4 UmwG), sondern vor allem auch spaltungsfähige Rechtsträger (§ 124 Abs. 1 UmwG). Einem kirchlichen Verband in der Rechtsform eines eingetragenen Vereins ist deshalb die Möglichkeit eröffnet, von seinem Vermögen einen Teil oder mehrere Teile abzuspalten, indem er den Teil jeweils als Gesamtheit auf eine zu diesem Zweck gegründete Kapitalgesellschaft überträgt.

17

Der neue Rechtsträger tritt kraft Gesetzes in die bestehenden Arbeitsverträge ein. Das ergibt sich aus § 324 UmwG i.V. mit § 613a Abs. 1 und 4 BGB. Durch die Anwendbarkeit des § 613a Abs. 1 und 4 BGB wird verhindert, daß es im Ermessen der an einer Spaltung beteiligten Rechtsträger steht, im Spaltungsvertrag festzulegen, welche Arbeitsverhältnisse auf den anderen Rechtsträger übergehen. Mit der Spaltung tritt vielmehr der neue Rechtsträger in die Arbeitsverhältnisse ein, die dem auf ihn übergegangenen Betrieb oder Betriebsteil zugeordnet sind. Maßgebend ist eine strukturorientierte Betrachtung. Es ist darauf abzustellen, ob ein Arbeitnehmer in den übergegangenen Betrieb oder Betriebsteil tatsächlich eingegliedert war; es ist also

18

---

[24] So die Unterscheidung für die Unternehmensumwandlung von *Willemsen*, NZA 1996, 791 (792).

insbesondere nicht ausreichend, daß er Tätigkeiten für den übertragenen Teil verrichtet hat, ohne in dessen Struktur eingebunden gewesen zu sein.[25] Dennoch hilft auch eine strukturorientierte Betrachtung nicht weiter, wenn ein Arbeitsverhältnis in verschiedene betriebliche Teilstrukturen eingegliedert ist und lediglich ein Ausschnitt der den konkreten Arbeitsplatz prägenden Teilstruktur übertragen wird. Eine Kündigung zum Zweck der Klarstellung scheidet aus; denn die Kündigung des Arbeitsverhältnisses eines Arbeitnehmers durch den bisherigen Arbeitgeber oder durch den neuen Inhaber wegen des Übergangs eines Betriebs oder eines Betriebsteils ist unwirksam (§ 324 UmwG i. V. mit § 613a Abs. 4 Satz 1 BGB). Wie man das Problem zu lösen hat, ist offen.[26]

3. Fortgeltung des kirchlichen Arbeitsrechts

19 Das Arbeitsverhältnis geht mit dem Vertragsinhalt über, den es bisher hatte. Soweit der neue Rechtsträger der Kirche zugeordnet ist, bleibt der Arbeitnehmer im kirchlichen Dienst. Der neue Rechtsträger muß ihn wie bisher nach dem kirchlichen Dienstrecht behandeln. Insbesondere unterliegt auch der neue Rechtsträger dem kollektiven Arbeitsrecht der Kirche.

20 Der Betriebsinhaberwechsel kann zur Folge haben, daß die Zuordnung zur Kirche preisgegeben wird. Ob mit ihm eine *Abspaltung von der Kirche* verbunden ist, richtet sich danach, ob der neue Rechtsträger die staatskirchenrechtlichen Zuordnungskriterien erfüllt.[27] Dabei gibt zwar die gewählte Rechtsform nicht den Ausschlag; aus ihr können sich aber Schranken ergeben, die sich auf die Erfüllung der materiellen Kriterien, nämlich die Wahrnehmung einer kirchlichen Grundfunktion im Einklang mit dem Bekenntnis der Kirche und in Verbindung mit den Amtsträgern, auswirken. Das verfassungsrechtlich gewährleistete Selbstbestimmungsrecht gestattet der Kirche nicht, eine vom staatlichen Recht verschiedene Aktiengesellschaft oder Gesellschaft mit beschränkter Haftung zu gründen. Es hängt deshalb vom Gesellschaftsrecht ab, ob und inwieweit die Zuordnungskriterien eingehalten werden können. Das ist insbesondere zu beachten, wenn bei einer Abspaltung der neue Rechtsträger eine Aktiengesellschaft ist, deren Aktien breit gestreut sind. Aber auch bei anderen Rechtsformen kann mit der Abspaltung eine *Abspaltung von der Kirche* verbunden sein, wenn der neue Rechtsträger Aufgaben nicht nur für die der Kirche zugeordnete Einrichtung erfüllt, sondern auch für andere Verbände der freien Wohlfahrtspflege tätig wird. Das gilt im Prinzip auch, wenn für Einrichtungen der Caritas und der Diakonie durch Abspaltung eine gemeinsame Einrichtung geschaffen wird; denn staatskirchenrechtlich ist zu unterscheiden, ob die Einrichtung der katholischen oder einer evangelischen Kirche zugeordnet wird.

---

[25] So EuGH Slg. 1985, 519 (528) Rn. 16; Slg. 1992, 6577 (6607) Rn. 21 = AP Nr. 97 zu § 613a BGB; vgl. auch BAG AP Nr. 16 zu EWG-Richtlinie 77/187; BAG AP Nr. 170 zu § 613a BGB; s. dazu auch *Staudinger/Richardi/Annuß*, BGB, § 613a Rn. 113 ff.
[26] Vgl. *Staudinger/Richardi/Annuß*, BGB, § 613a Rn. 115.
[27] S. § 3 Rn. 10 ff.

Erfüllt der neue Rechtsträger nicht mehr die Zuordnungskriterien, so tritt 21
er gleichwohl kraft Gesetzes in die bestehenden Arbeitsverträge ein (§ 613a
Abs. 1 Satz 1 BGB). Nach Satz 2 des § 613a Abs. 1 BGB werden Rechte und
Pflichten aus den im Zeitpunkt des Übergangs bestehenden Rechtsverhältnissen, die durch Rechtsnormen eines Tarifvertrags oder durch eine Betriebsvereinbarung geregelt sind, Inhalt des Arbeitsverhältnisses zwischen dem
neuen Inhaber und dem Arbeitnehmer; sie dürfen nicht vor Ablauf eines Jahres nach dem Zeitpunkt des Übergangs zum Nachteil des Arbeitnehmers geändert werden. Da für den kirchlichen Bereich das Tarifvertragssystem durch
das Recht des „Dritten Weges" ersetzt ist, sind die auf dieser Grundlage erlassenen Arbeitsvertragsordnungen als Tarifsurrogat den „Rechtsnormen
eines Tarifvertrags" i.S. des § 613a Abs. 1 Satz 2 BGB gleichzustellen.[28]
Gleiches gilt für die der Betriebsvereinbarung entsprechenden Dienstvereinbarungen, die nach dem kirchlichen Mitarbeitervertretungsrecht geschlossen
werden.

---

[28] Vgl. *Richardi*, FS Listl, S. 481 (487 ff.).

§ 6 Selbstbestimmungsrecht bei der Personenauswahl und der Festlegung von Loyalitätsobliegenheiten

I. Personenauswahl

1. Kirchliches Selbstbestimmungsrecht

1 Die Verfassungsgarantie des kirchlichen Selbstbestimmungsrechts gewährleistet den Kirchen, nicht nur darüber zu befinden, welche Dienste es in ihren Einrichtungen geben soll und in welchen Rechtsformen sie wahrzunehmen sind, sondern sie umfaßt auch die Festlegung der kirchlichen Vorgaben für die Personenauswahl.[1] Der kirchliche Arbeitgeber nimmt mit der Freiheit, mit wem er einen Arbeitsvertrag abschließt, nicht nur die Auswahlfreiheit als Teil der allgemeinen Vertragsfreiheit für sich in Anspruch, sondern er macht zugleich auch von dem verfassungskräftigen Selbstbestimmungsrecht der Kirche Gebrauch, der er zugeordnet ist.[2] Es handelt sich insoweit nicht um die Freiheit, die er als Partei eines Vertrags hat, sondern es ist eine Freiheit der *Religionsgesellschaft*. Soweit es um die religiöse Dimension des kirchlichen Dienstes geht, entscheidet er über sie nicht als Arbeitgeber, sondern die Vorgaben richten sich nach den von der verfaßten Kirche anerkannten Maßstäben.[3]

2 Wer geeignet ist, einen Dienst in der Kirche wahrzunehmen, entscheidet wegen des spezifisch religiösen Aspektes ausschließlich die Kirche, ohne insoweit an ein für alle geltendes Gesetz gebunden zu sein. Jede staatliche Ingerenz würde die verfassungsrechtlich gewährleistete Eigenständigkeit der Kirche beeinträchtigen. Wer in der Kirche Amtsvollmacht erhält, soll, wie es im ersten Brief des heiligen Paulus an Timotheus 4,12 heißt, ein „Vorbild für die Gläubigen im Wort, im Wandel, in der Liebe, im Glauben, in der Reinheit" sein. Keine Rolle kann insoweit spielen, ob das Dienstverhältnis öffentlich-rechtlichen Charakter hat oder dem Privatrecht zuzuordnen ist.

3 Kirchliche Einrichtungen können den Abschluß eines Arbeitsvertrags davon abhängig machen, daß der Bewerber um den Arbeitsplatz der Kirche angehört. Sie sind dazu aber keineswegs gezwungen, um ihre Sonderstellung in der Arbeitsrechtsordnung zu bewahren. Die Kirche kann konfessionsverschiedene Christen und sogar Nichtchristen in ihren Dienst aufnehmen, wenn ihr deren Mitarbeit angeboten wird.[4] Andererseits muß sie sicherstellen können, daß eine Einrichtung, die ihr zugeordnet ist, ihren spezifisch katho-

---

[1] BVerfGE 70, 138 (164).
[2] Ebenso BVerfGE 70, 138 (165).
[3] BVerfGE 70, 138 (166).
[4] Ebenso BAG AP Nr. 4 zu Art. 140 GG; BAGE 47, 144 (149) = AP Nr. 20 zu Art. 140 GG; *v. Campenhausen* EssG 18 (1984), 9 (25 f.).

lischen bzw. evangelischen Charakter behält.⁵ Deshalb ist kein Akt der Willkür, wenn eine kirchliche Einrichtung die Beschäftigung konfessionsverschiedener Christen und Nichtchristen zahlenmäßig begrenzt. Die Quantität ist für sie zugleich ein Problem der Qualität; denn die Kirche respektiert die Religionsfreiheit der ihr nicht zugehörigen Mitarbeiter. Sie verwirft auch in ihrem Dienst jede Diskriminierung eines Menschen um seiner Religion willen, weil dies dem Geist Christi widerspricht.⁶

2. Katholische Kirche

Ist eine Einrichtung der katholischen Kirche zugeordnet, so trifft den Dienstgeber nach Art. 3 GrOkathK eine kirchengesetzliche Pflicht zur Sicherung der Eigenart des kirchlichen Dienstes: Er hat bei der Einstellung darauf zu achten, daß ein Mitarbeiter die Eigenart des kirchlichen Dienstes bejaht, wobei er auch zu prüfen hat, ob der Bewerber geeignet und befähigt ist, die vorgesehene Aufgabe so zu erfüllen, daß er der Stellung der Einrichtung in der Kirche und der übertragenen Funktion gerecht wird (Abs. 1). Der Dienstgeber kann pastorale, katechetische sowie in der Regel erzieherische und leitende Aufgaben nur einer Person übertragen, die der katholischen Kirche angehört (Abs. 2). Für die Glaubwürdigkeit der Kirche in der Öffentlichkeit ist von Gewicht, daß der Personenkreis, der pastoral, katechetisch oder erzieherisch tätig wird oder in einer Einrichtung leitende Aufgaben wahrnimmt, eine Vorbildfunktion erfüllt. 4

Vor allem im pastoralen, katechetischen und erzieherischen Dienst, aber auch bei leitend tätigen Mitarbeitern wird daher das persönliche Lebenszeugnis im Sinne der Grundsätze der katholischen Glaubens- und Sittenlehre gefordert (Art. 4 Abs. 1 Satz 2 und 3 GrOkathK).⁷ Bei der Festlegung, wer zu den leitend tätigen Mitarbeitern gehört, ist zu beachten, daß die Grundordnung sie in die Reihe mit den pastoral oder katechetisch tätigen Mitarbeitern stellt bzw. von leitenden Aufgaben im Zusammenhang mit pastoralen, katechetischen und erzieherischen Aufgaben spricht (Art. 5 Abs. 3 bzw. Art. 3 Abs. 2, Art. 4 Abs. 1 Satz 2 und 3 GrOkathK). Für die Begriffsbestimmung ist der Bezug zur Wahrnehmung einer kirchlichen Grundfunktion durch die Einrichtung wesentlich. Der Personenkreis darf daher nicht mit den leitenden Angestellten im Sinne des staatlichen Betriebsverfassungsrechts (§ 5 Abs. 3 Satz 2 BetrVG) identifiziert werden. Die Leiterin eines kirchli- 5

---

⁵ Zu eng aber *Rüfner*, FS Rechtswiss. Fakultät Köln, S. 797 (806), soweit er verlangt, daß konfessionsfremde Mitarbeiter deutlich in der Minderheit bleiben müssen, damit die Einrichtung ihren kirchlichen Charakter wahrt. Diese Forderung würde es der Kirche unmöglich machen, Einrichtungen in der Diaspora zu unterhalten.

⁶ Vgl. Art. 5 der Erklärung über das Verhältnis der Kirche zu den nichtchristlichen Religionen „Nostra aetate", abgedruckt in: Lexikon für Theologie und Kirche, 2. Aufl., Das Zweite Vatikanische Konzil, Bd. II S. 495.

⁷ Zu den persönlichen Anforderungen für die Mitarbeit im pastoralen Dienst im Hinblick auf Ehe und Familie s. Richtlinien der Deutschen Bischofskonferenz vom 28. 9. 1995; abgedruckt in: Sekretariat der Deutschen Bischofskonferenz (Hrsg), Die deutschen Bischöfe 55, 1995; vgl. dazu A. *Weiß*, FS Listl, S. 543 ff.

chen Kindergartens ist im Sinne der Grundordnung leitend tätige Mitarbeiterin.[8]

6   Ein kirchlicher Arbeitgeber hat schließlich bei allen Mitarbeitern durch Festlegung der entsprechenden Anforderungen sicherzustellen, daß sie ihren besonderen Auftrag glaubwürdig erfüllen können (Art. 3 Abs. 3 Satz 1 GrOkathK). Dazu gehören fachliche Tüchtigkeit, gewissenhafte Erfüllung der übertragenen Aufgaben und eine Zustimmung zu den Zielen der Einrichtung (Art. 3 Abs. 3 Satz 2 GrOkathK). Damit der Arbeitgeber diese Verpflichtung erfüllen kann, muß er für den Tätigkeitsbereich eines Mitarbeiters Funktionsbeschreibungen erstellen und ein entsprechendes Anforderungsprofil festlegen. Die Prüfungspflicht erstreckt sich auch darauf, ob man bei objektiver Beurteilung davon ausgehen kann, daß ein Bewerber nach Abschluß des Arbeitsvertrags die ihm auferlegten kirchenspezifischen Loyalitätsobliegenheiten einhält. Deshalb ist auch die Ausschreibung einer Stelle entsprechend zu gestalten. Der Klarstellung dient in diesem Zusammenhang, daß nach Art. 3 Abs. 4 GrOkathK für keinen Dienst in der Kirche geeignet ist, wer sich kirchenfeindlich betätigt oder aus der katholischen Kirche ausgetreten ist. Nicht besonders genannt ist der Austritt eines nichtkatholischen Christen aus seiner Kirche. Erfolgte er zum Übertritt in die katholische Kirche, so bedeutet diese Entscheidung eine Identifizierung mit Wesen und Auftrag der katholischen Kirche. War Grund für den Kirchenaustritt dagegen eine Abwendung von der christlichen Lehre, so bestehen begründete Zweifel, ob der Bewerber bereit ist, die ihm in einer kirchlichen Einrichtung zu übertragenden Aufgaben im Sinne der Kirche zu erfüllen, wie Art. 4 Abs. 3 GrOkathK es für nichtchristliche Mitarbeiter verlangt.

II. Begründung des Arbeitsverhältnisses mit einem kirchlichen Rechtsträger

1. Abschluß des Arbeitsvertrags

7   Das Arbeitsverhältnis wird durch den Arbeitsvertrag begründet. Für den Vertragsschluß gelten die Bestimmungen des staatlichen Rechts, also vor allem die Vorschriften des Bürgerlichen Gesetzbuchs. Sie gehören zu dem für alle geltenden Gesetz im Sinne des Art. 137 Abs. 3 WRV.

2. Fragerecht des Arbeitgebers

8   Kirchliche Einrichtungen können den Abschluß eines Arbeitsvertrags davon abhängig machen, daß der Bewerber um den Arbeitsplatz der Kirche angehört. Schon daraus folgt, daß der kirchliche Arbeitgeber die Frage nach der Religionszugehörigkeit stellen darf.

9   Ein kirchlicher Arbeitgeber kann auch durch Befragung sicherstellen, daß ein Arbeitnehmer die kirchenspezifischen Loyalitätsobliegenheiten erfüllt.

---

[8] Ebenso *Dütz* NJW 1994, 1369, 1373; s. auch zur Abgrenzung iS des § 3 Abs. 2 Satz 1 Nr. 4 MAVO § 18 Rn. 28 ff.

Für den Bereich der katholischen Kirche macht dies Art. 3 Abs. 5 GrOkathK einem kirchlichen Dienstgeber sogar zur Pflicht. Er hat vor Abschluß des Arbeitsvertrags durch Befragung und Aufklärung des Bewerbers sicherzustellen, daß dieser die für ihn nach dem Arbeitsvertrag geltenden Loyalitätsobliegenheiten (Art. 4 GrOkathK) erfüllt.

3. Rechtsbindungen des Arbeitgebers

Bei der Begründung eines Arbeitsverhältnisses unterliegt ein der Kirche zugeordneter Arbeitgeber Bindungen nach kirchlichem und staatlichem Recht. Er hat nicht nur die kirchengesetzlich festgelegten Vorgaben einzuhalten, sondern auch die im staatlichen Gesetzesrecht enthaltenen Beschäftigungsverbote und Einstellungsgebote zu beachten. Sie binden ihn, soweit der Bewerber die Anforderungen erfüllt, die gewährleisten, daß die Kirche ihren besonderen Auftrag glaubwürdig erfüllen kann. Daraus ergeben sich Schranken ihrer Geltung, die sich nach den von der verfaßten Kirche anerkannten Maßstäben richten.[9]

In diesem Grenzen gilt auch das Verbot der Benachteiligung wegen des Geschlechts nach § 611a BGB, der das europarechtlich festgelegte Diskriminierungsverbot in nationales Recht umgesetzt hat.[10] Eine unterschiedliche Behandlung wegen des Geschlechts ist nach § 611a Abs. 1 Satz 2 BGB nur zulässig, „soweit eine Vereinbarung oder eine Maßnahme die Art der vom Arbeitnehmer auszuübenden Tätigkeit zum Gegenstand hat und ein bestimmtes Geschlecht unverzichtbare Voraussetzung für diese Tätigkeit ist". Bei der Interpretation, ob die Geschlechtszugehörigkeit für die Art der Tätigkeit eine unverzichtbare Voraussetzung darstellt, ist die Verfassungsgarantie des Selbstbestimmungsrechts heranzuziehen. Sie rechtfertigt als unverzichtbar, daß ein Frauenorden nur Frauen mit der Wahrnehmung von Arbeitsaufgaben betraut, die eine ständige persönliche Zusammenarbeit erfordern, wie umgekehrt ein Männerorden unter dieser Voraussetzung die Beschäftigung von Frauen ablehnen kann.[11]

III. Leistungs- und Verhaltenspflichten eines Arbeitnehmers im kirchlichen Dienst

1. Vertragsrechtliche Grundlage

Rechte und Pflichten eines Arbeitnehmers werden durch den Arbeitsvertrag festgelegt. Soweit er keine Regelung enthält, gelten die allgemeinen privatrechtlichen Grundsätze. Das staatliche Arbeitsrecht findet deshalb insoweit Anwendung. Da es der Kirchenautonomie aber eine Schranke nur insoweit zieht, als es zu dem für alle geltenden Gesetz gehört, ist nicht nur bei zwin-

---

[9] S. zum Einstellungsgebot für Schwerbehinderte nach § 5 Abs. 1 SchwbG § 8 Rn. 27 ff.
[10] S. zu § 611a BGB ausführlich MünchArbR/*Richardi* § 11 Rn. 9 ff.
[11] Vgl. *Schlachter*, Wege zur Gleichberechtigung, 1993, S. 170.

gendem, sondern auch bei dispositivem Arbeitsrecht zu prüfen, ob seine Regelung mit der Eigenart des kirchlichen Dienstes vereinbar ist.[12]

13 Die Verfassungsgarantie des Selbstbestimmungsrechts ermöglicht den Kirchen, vertragsrechtlich ihren Arbeitnehmern die Beachtung der wesentlichen Grundsätze der kirchlichen Glaubens- und Sittenlehre aufzuerlegen.[13] Sie sind befugt, der Gestaltung ihres Dienstes das besondere Leitbild einer kirchlichen Dienstgemeinschaft aller ihrer Mitarbeiter zugrunde zu legen.[14] Der Staat kann durch kein Gesetz, auch wenn es nach seiner formalen Ausgestaltung für alle gilt, die Kirche zu einer Säkularisierung ihres Dienstes zwingen.

2. Abstufung der Leistungspflicht nach dem Vertragsinhalt

14 Welche Arbeit ein Arbeitnehmer zu leisten hat und wie er sie zu erbringen hat, richtet sich primär nach dem Inhalt des Arbeitsvertrags. Die Beachtung der im Verkehr erforderlichen Sorgfalt verlangt von ihm, die Arbeit so zu leisten, daß der Arbeitgeber sein Betriebsziel erreichen kann. Deshalb gehört zu den Pflichten eines Arbeitnehmers die *Leistungstreuepflicht*, die keine Besonderheit des Arbeitsverhältnisses darstellt, sondern jedem Schuldverhältnis immanent ist.[15]

15 Für Arbeitnehmer im kirchlichen Dienst ergibt sich daraus die Pflicht, die nach dem Arbeitsvertrag übernommene Arbeit so zu leisten, daß die Kirche ihren bekenntnismäßig geprägten Auftrag zu erfüllen vermag. Für den Inhalt der Leistungspflicht ist deshalb von Bedeutung, ob jemand im Rahmen des Arbeitsverhältnisses mit einem kirchlichen Rechtsträger als Pastoralreferent, Kindergärtnerin oder Schreibkraft beschäftigt wird. Daraus können sich Abstufungen zum Auftrag der Kirche ergeben.[16] Wie sie beschaffen sind und welche Anforderungen an den kirchlichen Mitarbeiter gestellt werden, fällt unter das Selbstbestimmungsrecht der Kirche.[17]

16 Bestimmte Funktionen können in der katholischen Kirche nur als Kleriker oder auf Grund einer besonderen kirchlichen Bevollmächtigung, der sog. *missio canonica*, ausgeübt werden. Da verfassungsrechtlich garantiert ist, daß die Kirche ihre Ämter ohne Mitwirkung des Staates verleiht (Art. 137 Abs. 3 Satz 2 WRV), wird auch staatskirchenrechtlich anerkannt, daß mit der Aufnahme in den Klerikerstand ein eigenständiges Dienstverhältnis begründet wird, das kirchenrechtlich ausgestaltet ist, das sog. Inkardinationsverhältnis.[18] Dadurch wird aber nicht ausgeschlossen, daß mit einem Kleri-

---

[12] Vgl. auch *Mayer-Maly* BB Beil. 3/1977, 25, dem im Ergebnis zu folgen ist, auch wenn die generell formulierte These, staatliches Arbeitsrecht gelte nur subsidiär, soweit es sich nicht um die elementaren Grundsätze der staatlichen Arbeitsverfassung handele, im Begründungsansatz nicht zu überzeugen vermag; s. dazu § 2 Rn. 7f.
[13] BVerfGE 70, 138 (165 f.).
[14] S. § 4 Rn. 6 ff.
[15] Vgl. *Buchner* ZfA 1979, 335 (339).
[16] Ebenso *v. Campenhausen*, EssG 18 (1984), 9 (25).
[17] Ebenso BVerfGE 70, 138 (168).
[18] Vgl. § 1 Rn. 14.

ker auch ein Arbeitsverhältnis begründet werden kann. Wird jedoch der Arbeitsvertrag mit einem kirchlichen Rechtsträger geschlossen, so wird der Inhalt seiner Pflichten durch seine Zugehörigkeit zum Stand der Kleriker bestimmt. Das ist insbesondere der Fall, wenn die im Arbeitsvertrag festgelegte Arbeitsaufgabe sich auf die Wahrnehmung eines kirchlichen Dienstamtes bezieht. Aber auch wenn ihm andere Aufgaben übertragen sind, hat er sie so zu erfüllen, wie es seiner Zugehörigkeit zum Stand der Kleriker entspricht.

Soweit Laien in einem privatrechtlichen Dienstverhältnis beschäftigt werden, prägt ebenfalls den Inhalt der Leistungspflicht, daß die Ausübung bestimmter Dienste kirchenrechtlich eine *kanonische Sendung* voraussetzt. Die Erteilung dieser Befugnis fällt allein in die Kompetenz der Kirche, die insoweit nicht an den Schrankenvorbehalt des für alle geltenden Gesetzes gebunden ist, weil nur die Kirche selbst entscheiden kann, welche Dienste nach ihrem bekenntnismäßigen Verständnis eine besondere kirchliche Bevollmächtigung erfordern und wer für sie die persönlichen Voraussetzungen erfüllt.[19]

Die nach kirchlichem Selbstverständnis für wesentlich erachteten Abstufungen zum Auftrag der Kirche sind auch arbeitsrechtlich zu beachten. Wer im Arbeitsvertrag eine Arbeitsaufgabe übernimmt, deren Wahrnehmung kirchenrechtlich eine kanonische Sendung voraussetzt, kann nicht erwarten, daß er auf seiner bisherigen Position weiterbeschäftigt wird, wenn ihm die missio canonica entzogen wird.

3. Notwendigkeit einer Unterscheidung zwischen der Leistungstreuepflicht und der Loyalitätsobliegenheit

Von der Leistungstreuepflicht muß man die Loyalitätsobliegenheit unterscheiden, die sich nicht auf die Erbringung der rechtsgeschäftlich zugesagten Dienstleistung bezieht, sondern allgemein das Verhalten eines Arbeitnehmers betrifft.[20]

Für die Kirche kann ihre Glaubwürdigkeit davon abhängen, daß ihre Mitglieder, die in ein Arbeitsverhältnis zu ihr treten, die kirchliche Ordnung – auch in ihrer Lebensführung – respektieren.[21] Es geht nicht nur um das dienstliche, sondern auch um das *außerdienstliche Verhalten*; denn die Erfüllung kirchlicher Aufgaben verträgt „keine scharfe Scheidung von dienstlicher Loyalität und außerdienstlicher Ungebundenheit".[22] Die Kirchen sind deshalb auf Grund der Verfassungsgarantie des Selbstbestimmungsrechts befugt, daß im Wege des Vertragsschlusses „einem kirchlichen Arbeitnehmer besondere Obliegenheiten einer kirchlichen Lebensführung auferlegt werden".[23] Die sonst für einen Arbeitgeber festgelegten Grenzen der Vertrags-

---

[19] Vgl. *Jurina*, Dienst- und Arbeitsrecht im Bereich der Kirchen, S. 89 f.
[20] Ebenso *Mayer-Maly*, in: In memoriam Carl Holböck, S. 619 (625).
[21] So wörtlich BVerfGE 70, 138 (166).
[22] BAGE 30, 247 (257) = AP Nr. 2 zu Art. 140 GG; vgl. auch BAGE 33, 14 (21) = AP Nr. 3 zu Art. 140 GG.
[23] BVerfGE 70, 138 (165).

freiheit sind für einen kirchlichen Arbeitgeber nur bindend, soweit sie nicht das kirchliche Selbstbestimmungsrecht beeinträchtigen.

21 Die Verfassungsgarantie schließt ein, wie das Bundesverfassungsgericht im Grundsatzbeschluß vom 4. Juni 1985 klargestellt hat, „daß die Kirchen der Gestaltung des kirchlichen Dienstes auch dann, wenn sie ihn auf der Grundlage von Arbeitsverträgen regeln, das besondere Leitbild einer christlichen Dienstgemeinschaft aller ihrer Mitarbeiter zugrunde legen können".[24] Dazu gehöre „weiter die Befugnis der Kirche, den ihr angehörenden Arbeitnehmern die Beachtung jedenfalls der tragenden Grundsätze der kirchlichen Glaubens- und Sittenlehre aufzuerlegen und zu verlangen, daß sie nicht gegen die fundamentalen Verpflichtungen verstoßen, die sich aus der Zugehörigkeit zur Kirche ergeben und die jedem Kirchenglied obliegen".[25] Dadurch wird aus dem bürgerlich-rechtlichen Arbeitsverhältnis kein kirchliches Statusverhältnis, sondern es geht für den Arbeitnehmer „ausschließlich um den Inhalt und Umfang seiner vertraglich begründeten Loyalitätsobliegenheiten".[26] Es handelt sich bei ihnen nicht um *Nebenpflichten*, auf deren Erfüllung der kirchliche Arbeitgeber einen Rechtsanspruch hat, sondern es sind, wie die Bezeichnung richtig ausdrückt, *Obliegenheiten*. Ihre Nichtbeachtung hat zur Folge, daß sie eine Kündigung des Arbeitgebers zu rechtfertigen vermag.[27]

IV. Inhalt und Umfang der Loyalitätsobliegenheiten

1. Kircheneigene Kompetenz zur Festlegung der Loyalitätsanforderungen

a) Ursprüngliche Rechtsprechung des Bundesarbeitsgerichts

22 Wie das Bundesverfassungsgericht hat auch das Bundesarbeitsgericht in ständiger Rechtsprechung anerkannt, daß die Kirchen in ihren Einrichtungen die von ihrem Verkündigungsauftrag her gebotenen Voraussetzungen für eine Loyalitätspflicht kirchlicher Arbeitnehmer festlegen können.[28] Es hatte aber bis zur Entscheidung des Bundesverfassungsgerichts vom 4. Juni 1985 die Loyalitätsanforderung auf Mitarbeiter beschränkt, die nach seiner Meinung einen Verkündigungsauftrag der Kirche erfüllen. Seit der Caritassekretärin-Entscheidung vom 14. Oktober 1980 meinte es, eine besondere, auch in die private Lebensführung hineinreichende Loyalitätspflicht sei „nicht ohne weiteres mit jedem Arbeitsverhältnis zu einer kirchlichen Einrichtung verbunden".[29] Dem Anspruch der Kirchen, daß sie berechtigt seien, der Gestaltung ihrer Dienstverhältnisse das Leitbild einer Dienstgemeinschaft aller

---

[24] BVerfGE 70, 138 (165).
[25] BVerfGE 70, 138 (165 f.).
[26] BVerfGE 70, 138 (166).
[27] Ebenso *Berchtenbreiter*, Kündigungsschutzprobleme im kirchlichen Arbeitsverhältnis, S. 17.
[28] So bereits BAGE 30, 247 (256) = AP Nr. 2 zu Art. 140 GG.
[29] BAGE 34, 195 (204) = AP Nr. 7 zu Art. 140 GG; bestätigt BAG AP Nr. 14 und 15 zu Art. 140 GG; BAGE 45, 250 (255 f.) = AP Nr. 16 zu Art. 140 GG.

Mitarbeiter zugrunde zu legen, die eine Differenzierung in der Loyalität zum Auftrag der Kirche ausschließe, hielt das Bundesarbeitsgericht entgegen: Der Senat teile nicht die Auffassung, bei im Dienst der Kirche stehenden Arbeitnehmern könne hinsichtlich der Übereinstimmung ihrer Lebensweise mit den tragenden Grundsätzen der kirchlichen Glaubens- und Sittenlehre „nicht nach der Art der Tätigkeit des einzelnen Arbeitnehmers unterschieden werden, weil alle Arbeitnehmer eine Dienstgemeinschaft bildeten und letztlich jeder in seinem Bereich an der Verwirklichung des Heilsauftrages der Kirche teilhabe".[30] Das Bundesarbeitsgericht sagte kurz und bündig: „Nicht jede Tätigkeit in einem Arbeitsverhältnis zur Kirche hat eine solche Nähe zu spezifisch kirchlichen Aufgaben, daß der die Tätigkeit ausübende Arbeitnehmer mit der Kirche identifiziert und deshalb die Glaubwürdigkeit der Kirche berührt wird, wenn er sich in seiner Lebensführung nicht an die tragenden Grundsätze der kirchlichen Glaubens- und Sittenlehre hält."[31]

Mit dieser funktionsbezogenen Differenzierung hatte das Bundesarbeitsgericht den Grundstein für Grenzziehungen und Abstufungen gelegt,[32] durch die es, wie das Bundesverfassungsgericht ihm vorgehalten hat, „in verfassungswidriger Weise die Freiheit der Kirche, ihre Angelegenheiten selbständig zu regeln, beschränkt".[33] In seiner Beurteilung hatte es sich von Gesichtspunkten leiten lassen, wie sie für säkulare Tendenzunternehmen herangezogen werden, ohne der Verfassungsgarantie für das *Anderssein* der Kirche Rechnung zu tragen. 23

b) Verkennung der Wesensverschiedenheit gegenüber einem Tendenzarbeitsverhältnis

Ist Arbeitgeber ein Tendenzunternehmen, das für die unternehmerische Zielsetzung grundrechtlichen Schutz genießt, so gehört für die Arbeitnehmer, die durch ihre Tätigkeit die Tendenz des Unternehmens verwirklichen, zum Vertragsinhalt, daß sie auch ihr Privatleben entsprechend einrichten. Nach der Nähe der Tendenzverwirklichung wird bestimmt, welche Anforderungen an den Arbeitnehmer zu stellen sind.[34] Daraus folgt eine abgestufte Loyalitätsobliegenheit. Soweit es um den kirchlichen Dienst geht, darf man sich aber nicht an ihr orientieren; denn kirchliche Einrichtungen sinken sonst auf die Ebene von Tendenzbetrieben.[35] 24

Das Bundesverfassungsgericht hat bereits in der Bremer Pastoren-Entscheidung zum Schrankenvorbehalt festgestellt, „daß die Kirchen zum Staat ein qualitativ anderes Verhältnis besitzen als irgendeine andere gesellschaftliche Großgruppe (Verband, Institution); das folgt nicht nur aus der Verschiedenheit, daß jene gesellschaftlichen Verbände *partielle* Interessen 25

---

[30] BAGE 34, 195 (204).
[31] BAGE 34, 195 (205).
[32] S. § 7 Rn. 15 f.
[33] BVerfGE 70, 138 (172).
[34] Vgl. *Mayer-Maly*, AR-Blattei, Tendenzbetrieb I, H IV 1; *Rüthers* NJW 1978, 2066 (2069 f.); *Buchner* ZfA 1979, 335 (346 ff.).
[35] Ebenso *v. Campenhausen* EssG 18 (1984), 9 (19 f.).

vertreten, während die Kirche ähnlich wie der Staat den Menschen als Ganzes in allen Feldern seiner Betätigung und seines Verhaltens anspricht und (rechtliche oder sittlich-religiöse) Forderungen an ihn stellt, sondern insbesondere auch aus dem Spezifikum des geistig-religiösen Auftrags der Kirchen".[36] Die Kirche verfolgt nicht wie die Gewerkschaften, Presseunternehmen oder wissenschaftliche Einrichtungen partielle geistig-ideelle Ziele, sondern sie spricht den Menschen von seiner Transzendenz her an und bestimmt von dort aus den Sinn seines Lebens. Der Auftrag der Kirche erstreckt sich daher auf *sämtliche Bereiche* des Lebens, während die sonstigen Grundrechtsgewährleistungen, denen der Tendenzschutz dient, sich nur auf bestimmte Rollen beziehen, die der einzelne in Staat und Gesellschaft ausübt. Da die Kirchen das verfassungsrechtlich gesicherte Recht haben, Begründung und Inhalt ihrer Arbeitsverhältnisse am kirchlichen Auftrag und der daraus folgenden Besonderheit der Dienstgemeinschaft auszurichten, hat der Staat zu respektieren, daß der Sendungsauftrag der Kirche ihr verbietet, die äußere Ordnung vom Bekenntnis zu trennen. Vom kirchlichen Selbstverständnis her ist „jeder Dienst in der Kirche durch einen vom Glauben her vorgegebenen Bezug zur kirchlichen Aufgabenstellung geprägt, auch wenn es sich nur um Funktionen technischer Natur handelt".[37]

26 Für eine kirchliche Einrichtung, die einen Grunddienst der Kirche in Übereinstimmung mit deren Bekenntnis und Rechtsordnung wahrnimmt, führt das Spezifikum des geistig-religiösen Auftrags der Kirche dazu, daß dem Selbstbestimmungsrecht unterliegt, ob und welche Anforderungen sie an einen Mitarbeiter stellt, der in ein Vertragsverhältnis zu ihr tritt. Was die Glaubwürdigkeit gebietet, unterliegt nicht staatlicher Fremdbestimmung, sondern entscheidet die Kirche als *eigene Angelegenheit*. Der Staat darf kirchliche Einrichtungen nicht zu Tendenzbetrieben abstufen und den Personenkreis, für den eine besondere Loyalitätsobliegenheit gilt, nach dem Modell der Unterscheidung in Tendenzträger und andere Arbeitnehmer auf Mitarbeiter begrenzen, die nach seiner Beurteilung einen Verkündigungsauftrag erfüllen.[38]

c) Bestätigung der kircheneigenen Kompetenz durch das Bundesverfassungsgericht

27 Das Bundesverfassungsgericht hat deshalb im Beschluß vom 4. Juni 1985 die Rechtsprechung des Bundesarbeitsgerichts zur abgestuften Loyalitätspflicht korrigiert. Es fällt unter das Selbstbestimmungsrecht, ob und wie innerhalb der im kirchlichen Dienst tätigen Mitarbeiter eine Abstufung der Loyalitätsobliegenheiten eingreifen soll.[39] Der Staat muß anerkennen, daß die Kirche die Geltung ihrer Glaubens- und Sittenlehre nicht von der Wahrnehmung einer bestimmten Funktion abhängig macht. Ihr kann keine Differenzierung vorgeschrieben werden, die ihrem Selbstverständnis zuwiderläuft.

---

[36] BVerfGE 42, 312 (333).
[37] *v. Campenhausen* EssG 18 (1984), 9 (26); ebenso *Jurina* ZevKR 29 (1984), 171 (175, 185).
[38] So schon *Mayer-Maly* BB Beil. 3/1977, 10.
[39] So ausdrücklich BVerfGE 70, 138 (168).

Das Bundesverfassungsgericht hat klargestellt: „Welche kirchlichen 28
Grundverpflichtungen als Gegenstand des Arbeitsverhältnisses bedeutsam
sein können, richtet sich nach den von der verfaßten Kirche anerkannten
Maßstäben."[40] Es kommt „weder auf die Auffassung der einzelnen betroffenen kirchlichen Einrichtungen, bei denen die Meinungsbildung von verschiedensten Motiven beeinflußt sein kann, noch auf diejenige breiter Kreise unter den Kirchengliedern oder etwa gar einzelner bestimmten Tendenzen verbundener Mitarbeiter an". Damit hat das Bundesverfassungsgericht die *Freiheit der Kirche* auch vor Tendenzen gesichert, die durch Eingriff von außen die bestehende Kirchenverfassung aufzuheben oder zu ändern versuchen. Ausdrücklich heißt es in der Entscheidung des Bundesverfassungsgerichts: „Es bleibt danach grundsätzlich den verfaßten Kirchen überlassen, verbindlich zu bestimmen, was ‚die Glaubwürdigkeit der Kirche und ihrer Verkündigung erfordert', was ‚spezifisch kirchliche Aufgaben' sind, was ‚Nähe' zu ihnen bedeutet, welches die ‚wesentlichen Grundsätze der Glaubens- und Sittenlehre' sind und was als – gegebenenfalls schwerer – Verstoß gegen diese anzusehen ist. Auch die Entscheidung darüber, ob und wie innerhalb der im kirchlichen Dienst tätigen Mitarbeiter eine ‚Abstufung' der Loyalitätspflichten eingreifen soll, ist grundsätzlich eine dem kirchlichen Selbstbestimmungsrecht unterliegende Angelegenheit."[41]

d) Pflicht zur Herstellung einer Konkordanz mit der für den Staat unabdingbaren Ordnung

Die Regelungsautonomie auf Grund des Selbstbestimmungsrechts sichert die 29
religiöse Dimension des kirchlichen Dienstes. Der Befugnis entspricht daher
die Pflicht, die notwendigen Grenzziehungen vorzunehmen, um eine Konkordanz zwischen staatlicher und kirchlicher Ordnung herzustellen.[42] Das
Bundesverfassungsgericht hat im Beschluß vom 4. Juni 1985 die folgenden
Grenzen für die Beachtung kirchlicher Vorgaben aufgestellt: Es dürfe kein
Widerspruch zu Grundprinzipien der Rechtsordnung eintreten, „wie sie im
allgemeinen Willkürverbot (Art. 3 Abs. 1 GG) sowie in dem Begriff der
‚guten Sitten' (§ 138 Abs. 1 BGB) und des ordre public (Art. 30 *[nunmehr
Art. 6]* EGBGB) ihren Niederschlag gefunden haben".[43] Es bleibe in diesem
Bereich „somit Aufgabe der staatlichen Gerichtsbarkeit sicherzustellen, daß
die kirchlichen Einrichtungen nicht in Einzelfällen unannehmbare Anforderungen – insoweit möglicherweise entgegen den Grundsätzen der eigenen
Kirche und der daraus folgenden Fürsorgepflicht (vgl. § 1 Nr. 2 AVR) – an
die Loyalität ihrer Arbeitnehmer stellen".

---

[40] BVerfGE 70, 138 (166).
[41] BVerfGE 70, 138 (168).
[42] Ebenso *Mummenhoff* NZA 1990, 585 (589 ff.); ähnlich *Marx*, Arbeitsrechtliche Kirchlichkeitsklausel, S. 34: „Das Bundesverfassungsgericht zwingt die Kirchen, Rechtssicherheit und Rechtsklarheit zu schaffen.".
[43] BVerfG 70, 138 (168).

2. Kirchengesetzliche Festlegung kirchenspezifischer Loyalitätsobliegenheiten

a) Staatskirchenrechtliche Anerkennung der kirchenrechtlichen Festlegung

30 Nicht der Staat und damit auch kein staatliches Arbeitsgericht, sondern die Kirche bestimmt nach ihrer Rechtsordnung, welches die wesentlichen Grundsätze der kirchlichen Glaubens- und Sittenlehre sind, was als gegebenenfalls schwerwiegender Verstoß gegen diese anzusehen ist und ob und wie bei kirchlichen Mitarbeitern eine Anforderungs- und Sanktionsabstufung stattfindet. Daran ist ein Arbeitgeber gebunden, wenn er der Kirche zugeordnet ist. Wegen der Verfassungsgarantie des kirchlichen Selbstbestimmungsrechts gehören die kirchenrechtlich verbindlichen Loyalitätsobliegenheiten zum Inhalt des vertraglich begründeten Arbeitsverhältnisses. Dadurch wird, wie das Bundesverfassungsgericht klargestellt hat, die Rechtsstellung des kirchlichen Arbeitnehmers keineswegs „klerikalisiert".[44] Es geht vielmehr ausschließlich um Inhalt und Umfang der vertraglich begründeten Loyalitätsobliegenheiten. Wörtlich sagt das Bundesverfassungsgericht: „Dies führt nicht dazu, daß aus dem bürgerlich-rechtlichen Arbeitsverhältnis eine Art kirchliches Statusverhältnis wird, das die Person total ergreift und auch ihre private Lebensführung voll umfaßt. Arbeitsverhältnisse kirchlicher Arbeitnehmer können keine säkulare Ersatzform für kirchliche Ordensgemeinschaften und Gesellschaften des apostolischen Lebens sein (vgl. CIC can. 573, § 1; can. 731), die auf einer besonderen geistlichen Ausrichtung der Person und ihres Lebens beruhen."

31 Die Einbindung in das bürgerlich-rechtliche Arbeitsverhältnis bedeutet nicht, daß die als Arbeitgeber auftretende Einrichtung im Vertragsschluß mit dem Arbeitnehmer darüber verfügt, ob und inwieweit eine Loyalitätsobliegenheit besteht, sondern es handelt sich um eine Ordnungsbefugnis der Kirche, die ein ihr zugeordneter Arbeitgeber zu beachten hat, wenn er im Sinne der Rechtsprechung des Bundesverfassungsgerichts nicht nur die allgemeine Vertragsfreiheit für sich in Anspruch nimmt, sondern zugleich von dem kirchlichen Selbstbestimmungsrecht Gebrauch macht.

b) Grundordnung für die katholische Kirche

32 Damit das Selbstbestimmungsrecht nicht brachliegt, hat die katholische Kirche für ihren Bereich die Loyalitätsobliegenheiten ihrer Mitarbeiter durch Art. 4 GrOkathK festgelegt: Von den katholischen Mitarbeitern wird erwartet, daß sie die Grundsätze der katholischen Glaubens- und Sittenlehre anerkennen und beachten (Abs. 1 Satz 1), wobei – wie bereits ausgeführt[45] – vor allem im pastoralen, katechetischen und erzieherischen Dienst sowie bei Mitarbeitern, die auf Grund einer Missio canonica tätig sind, aber auch bei leitenden Mitarbeitern das persönliche Lebenszeugnis im Sinne der Grund-

---

[44] BVerfGE 70, 138 (166).
[45] S. Rn. 5.

sätze der katholischen Glaubens- und Sittenlehre erforderlich ist (Abs. 1 Satz 2 und 3). Von nichtkatholischen christlichen Mitarbeitern wird erwartet, daß sie die Wahrheiten und Werte des Evangeliums achten und dazu beitragen, sie in der Einrichtung zur Geltung zu bringen (Abs. 2), und nichtchristliche Mitarbeiter müssen bereit sein, die ihnen in einer kirchlichen Einrichtung zu übertragenden Aufgaben im Sinne der Kirche zu erfüllen (Abs. 3). Besonders hervorgehoben wird schließlich, daß alle Mitarbeiter kirchenfeindliches Verhalten zu unterlassen haben und daß sie in ihrer persönlichen Lebensführung und in ihrem dienstlichen Verhalten die Glaubwürdigkeit der Kirche und der Einrichtung, in der sie beschäftigt sind, nicht gefährden dürfen (Abs. 4).

Art. 5 GrOkathK regelt, wie ein kirchlicher Dienstgeber sich zu verhalten 33 hat, wenn ein Mitarbeiter die Beschäftigungsanforderungen nicht mehr erfüllt. Als letzte Maßnahme kommt, wenn der Obliegenheitsverstoß nicht behoben wird, eine Kündigung in Betracht.[46]

3. Evangelische Kirche

Für die evangelische Kirche besteht keine EKD-einheitliche Regelung. Die 34 Evangelisch-Lutherische Kirche in Bayern plant allerdings eine Ordnung in Anlehnung an die für die Diözesen in Deutschland geschaffene Ordnung. Doch auch ohne ausdrückliche Festlegung gilt auch in der evangelischen Kirche, daß die Glaubwürdigkeit der Kirche daran gemessen wird, in welcher Weise kirchliche und diakonische Mitarbeiter ihr Leben gestalten und ihre Aufgaben erfüllen. Biblisch begründet ist, daß wer in der Kirche Amtsvollmacht erhält, wie es in Timotheus 4,12 heißt, ein „Vorbild für die Gläubigen im Wort, im Wandel, in der Liebe, im Glauben, in der Reinheit" sein soll. Aber auch für andere Mitarbeiter gilt wegen der Zweckbestimmung ihres Dienstes für die Einrichtung, daß sie sich innerhalb und außerhalb des Dienstes so zu verhalten haben, daß für die Kirche kein Glaubwürdigkeitsverlust eintritt.

Keine Rolle spielt, ob der Arbeitnehmer in einer Gliederung der verfaßten 35 Kirche tätig wird oder ob das Arbeitsverhältnis mit einer rechtlich verselbständigten Einrichtung der Diakonie besteht. Für die Bestimmung der Loyalitätsobliegenheiten im Arbeitsverhältnis ist es unerheblich, in welcher *Organisationsform* die Kirche ihren Auftrag wahrnimmt.[47] Wesentlich ist aber, welchen *Auftrag* die Kirche nach ihrem Verständnis mit der Einrichtung erfüllt. Was in erzieherischen Einrichtungen geboten sein kann, muß nicht gleichermaßen für karitative Einrichtungen gelten.

---

[46] S. § 7 Rn. 24 f.
[47] Vgl. BAGE 30, 247 (256) und 34, 195 (204) = AP Nr. 2 und 7 zu Art. 140 GG; *Marx*, Arbeitsrechtliche Kirchlichkeitsklausel, S. 16 f.

§ 7 Kündigung und Kündigungsschutz

I. Gesetzesregelung über die Auflösung des Arbeitsverhältnisses als für alle geltendes Gesetz

1 Die gesetzlichen Vorschriften des Kündigungs- und Kündigungsschutzrechts begrenzen die Privatautonomie im Arbeitsverhältnis. Sie gehören zu dem für alle geltenden Gesetz, das dem kirchlichen Selbstbestimmungsrecht Schranken zieht.[1]

2 Bedienen die Kirchen sich der jedermann offenstehenden Privatautonomie, um ein Dienstverhältnis zu begründen und zu regeln, so ist daher auch für sie der auf unbestimmte Zeit geschlossene Vertrag die Regelform des Arbeitsverhältnisses. Durch die Festlegung einer Befristung darf nicht der Zweck des Kündigungsschutzrechts vereitelt werden. Befristete Arbeitsverträge müssen daher, wie der Große Senat des Bundesarbeitsgerichts feststellt, „ihre sachliche Rechtfertigung in sich tragen, so daß sie mit Recht und aus gutem Grund von den Kündigungsschutzvorschriften nicht betroffen werden".[2] Das ist anzunehmen, wenn die Befristung auf einem Wunsch des Arbeitnehmers beruht oder Gründe, die in der Eigenart des Betriebs, der zu erfüllenden Arbeitsaufgabe oder in der Person des Arbeitnehmers liegen, die Befristung und deren Dauer rechtfertigen. Der Gesetzgeber hat darüber hinaus für eine Vielzahl von Fällen die Zulässigkeit eines befristeten Arbeitsvertrags klargestellt. Von Bedeutung ist vor allem § 1 des Gesetzes über arbeitsrechtliche Vorschriften zur Beschäftigungsförderung, das als Art. 1 des Beschäftigungsförderungsgesetzes 1985 erging. Dieser Paragraph – ursprünglich in seiner Geltung bis zum 1. Januar 1990 begrenzt und seitdem häufig in seinem Inhalt und der Festlegung seiner Geltungsdauer geändert – ordnet in der derzeit bis zum 31. Dezember 2000 geltenden Fassung (Abs. 6) an, daß die Befristung eines Arbeitsvertrags bis zur Dauer von zwei Jahren zulässig ist, wobei innerhalb dieser Dauer auch die höchstens dreimalige Verlängerung eines befristeten Arbeitsvertrags zulässig ist (Abs. 1); hat der Arbeitnehmer bei Beginn des befristeten Arbeitsverhältnisses das 60. Lebensjahr vollendet, so ist die Befristung sogar ohne Einschränkung zulässig (Abs. 2). Ist das Arbeitsverhältnis auf unbestimmte Zeit eingegangen, so ist auch für den kirchlichen Dienst bindend, daß es einseitig nur durch eine Kündigung, die ordentliche Kündi-

---

[1] Ebenso BVerfGE 70, 138 (168f.); BAGE 30, 247 (253), 33, 14 (18) und 34, 195 (202f.) = AP Nr. 2, 3 und 7 zu Art. 140 GG; BAG AP Nr. 14 und 15 zu Art. 140 GG; BAGE 45, 250 (253f.) sowie 47, 144 (150) und 292 (298) = AP Nr. 16, 20 und 21 zu Art. 140 GG; aus dem Schrifttum: *Berchtenbreiter*, Kündigungsschutzprobleme im kirchlichen Arbeitsverhältnis, S. 25ff.; *Rüthers* NJW 1976, 1918 (1919); *Richardi*, Anm. zu ArbG Köln, AR-Blattei, Kirchenbedienstete: Entsch. 10; *v. Tiling* ZevKR 22 (1977), 322 (324); *Dütz* AuR 1979, Sonderheft: Kirche und Arbeitsrecht, S. 2 (8); *Ruland* NJW 1980, 89 (91).

[2] BAGE 10, 65 (72) = AP Nr. 16 zu § 620 BGB Befristeter Arbeitsvertrag.

gung, aufgelöst werden kann, die jeder Vertragsteil lediglich unter Einhaltung einer Kündigungsfrist aussprechen kann (§§ 620, 622 BGB). Die gesetzliche Festlegung der Kündigungsfristen erfüllt eine Ordnungsfunktion, die sich auf das kirchliche proprium neutral auswirkt. Ohne Einhaltung einer Kündigungsfrist kann das Arbeitsverhältnis nur nach § 626 BGB aus wichtigem Grund gekündigt werden.

Das Kündigungsschutzgesetz verwirklicht einen sozialen Bestands- und 3 Vertragsinhaltsschutz des Arbeitsverhältnisses. Soweit es um das Prinzip einer Sicherung des Arbeitsplatzes vor einer Kündigung durch den Arbeitgeber geht, ist es ein für alle geltendes Gesetz. Der soziale Bestands- und Vertragsinhaltsschutz des Arbeitsverhältnisses gibt, was häufig nicht hinreichend gewürdigt wird, keine Arbeitsplatzgarantie.[3] Der Arbeitnehmer wird lediglich vor einer sozial ungerechtfertigten ordentlichen Kündigung seines Arbeitsverhältnisses geschützt (§ 1 Abs. 1 KSchG). Der besondere Kündigungsschutz gegenüber einer Frau während der Schwangerschaft und bis zum Ablauf von vier Monaten nach der Entbindung bringt nur eine vorläufige Arbeitsplatzsicherung (§ 9 MuSchG), und der besondere Kündigungsschutz für Schwerbehinderte enthält lediglich eine zusätzliche Sicherung insoweit, als die Kündigung des Arbeitsverhältnisses eines Schwerbehinderten durch den Arbeitgeber der vorherigen Zustimmung der Hauptfürsorgestelle bedarf (§§ 15 ff. SchwbG). Die Verfassungsgarantie des kirchlichen Selbstbestimmungsrechts verbietet nicht eine Anwendung dieser Gesetze des allgemeinen und besonderen Kündigungsschutzes, sondern sie gebietet nur, daß die Besonderheit des kirchlichen Dienstes bei der Interpretation des Kündigungsschutzgesetzes und der sonst für eine Kündigung maßgeblichen Gesetzesvorschriften zu beachten ist.[4]

II. Bedeutung der Verfassungsgarantie des Selbstbestimmungsrechts für die Interpretation des Kündigungs- und Kündigungsschutzrechts

1. Verhältnis zum Sozialstaatsprinzip

Der Kündigungsschutz beschränkt die Kündigungsfreiheit des Arbeitgebers. 4 Er dient der Verwirklichung des Sozialstaatsprinzips als eines Verfassungsprinzips.[5] Dieser Verfassungsbezug führt aber nicht dazu, daß der arbeitsrechtliche Bestandsschutz des Arbeitverhältnisses den Rang von Verfassungsrecht erhält.

Das Sozialstaatsprinzip begründet zwar die „Pflicht des Staates, für eine 5 gerechte Sozialordnung zu sorgen"; der politischen Willensbildung wird aber keine „so und nicht anders einzulösende verfassungsrechtliche Verpflichtung vorgegeben".[6] Die mit dem Sozialstaatsprinzip dem Staat auferlegte Verant-

---

[3] Vgl. zu den Grundlagen des Kündigungsschutzes *Preis*, Prinzipien des Kündigungsrechts bei Arbeitsverhältnissen (Diss. Köln), 1987; s. dazu *Hillebrecht* ZfA 1991, 87 ff.
[4] BVerfGE 70, 138 (168 ff.); s. auch die Nachweise in Fn. 1.
[5] BVerfGE 59, 231 (266).
[6] BVerfGE 59, 231 (263).

wortung für die Gerechtigkeit der sozialen Verhältnisse bedeutet nicht, daß das Grundgesetz selbst festlegt, was Gerechtigkeit der sozialen Verhältnisse heißt, sondern insoweit entscheidet der parlamentarische Gesetzgeber in den Grenzen, die das Grundgesetz allgemein seiner gesetzgeberischen Tätigkeit zieht. Wegen dieser *Offenheit* kann das Sozialstaatsprinzip den Grundrechten und damit auch der Verfassungsgarantie des kirchlichen Selbstbestimmungsrechts „keine unmittelbaren Schranken ziehen".[7] Demgemäß bindet eine Gesetzesregelung, auch wenn sie das Sozialstaatsprinzip konkretisiert, die Kirchen nur insoweit, als sie zu dem für alle geltenden Gesetz im Sinne des Schrankenvorbehalts gehört. Sie muß das Selbstverständnis der Kirche, insbesondere ihren geistig-religiösen Auftrag respektieren, darf also keine Schranke für das *Anderssein* des kirchlichen Dienstes darstellen.

6   Das Sozialstaatsprinzip relativiert nicht die verfassungsrechtlich garantierte Kirchenautonomie.[8] Es enthält keine immanente Schranke für die Grundrechte und die sonstigen verfassungsrechtlichen Gewährleistungen.

2. Ordentliche und außerordentliche Kündigung

7   Zu dem für alle geltenden Gesetz gehört, daß nach staatlichem Arbeitsrecht die ordentliche und die außerordentliche Kündigung wesensverschiedene Gestaltungsformen für die Auflösung eines Arbeitsverhältnisses sind. Die ordentliche Kündigung ist das den Arbeitsvertragsparteien eingeräumte Gestaltungsrecht zur Auflösung ihrer Rechtsbeziehungen, wenn sie das Arbeitsverhältnis auf unbestimmte Zeit eingegangen sind (§ 620 Abs. 2 BGB). Beim Zeitvertrag endet das Arbeitsverhältnis dagegen mit Ablauf der Zeit, für die es eingegangen ist (§ 620 Abs. 1 BGB). Während seiner Dauer ist eine ordentliche Kündigung nur zulässig, wenn dies vereinbart wird. Dies gilt auch, wenn die Befristung unzulässig ist; denn nicht der Ausschluß der ordentlichen Kündigung während der Befristung, sondern die Beendigung des Arbeitsverhältnisses ohne Kündigung soll entfallen, wenn für die Befristung und deren Dauer kein sachlicher Grund besteht.[9]

8   Von der ordentlichen Kündigung unterscheidet sich die außerordentliche Kündigung dadurch, daß sie einen Störungstatbestand voraussetzt. Sie beruht auf dem Grundsatz, daß auch die Vertragstreue unter dem Vorbehalt der Zumutbarkeit steht. Wenn ein wichtiger Grund eintritt, der einem Vertragsteil unter Berücksichtigung aller Umstände des Einzelfalls und unter Abwägung der Interessen beider Vertragsteile die Fortsetzung des Arbeitsverhältnisses – beim Arbeitsverhältnis auf unbestimmte Zeit bis zum Ablauf der Kündigungsfrist oder bei einem befristeten Arbeitsverhältnis bis zu der vereinbarten Beendigung – unzumutbar macht, kann das Arbeitsverhältnis ohne Einhaltung einer Kündigungsfrist gekündigt werden. Das Rechtsinstitut

---

[7] BVerfGE 59, 231 (263).
[8] Ebenso *Berchtenbreiter*, Kündigungsschutzprobleme im kirchlichen Arbeitsverhältnis, S. 29 ff.; s. auch BAGE 29, 405 (411 f.) = AP Nr. 10 zu § 118 BetrVG 1972; *D. Neumann*, FS G. Müller, S. 353 (364).
[9] BAGE 18, 8 (10) = AP Nr. 27 zu § 620 BGB Befristeter Arbeitsvertrag.

der außerordentlichen Kündigung ist eine Ausprägung der Rechtsfigur der *clausula rebus sic stantibus*. Rechtsdogmatisch gehört es zum Wegfall der Geschäftsgrundlage und erfaßt deshalb eine Störung in der Durchführung des Arbeitsverhältnisses. Die außerordentliche Kündigung kann nur innerhalb von zwei Wochen seit Kenntniserlangung der für sie maßgebenden Tatsachen erfolgen (§ 626 Abs. 2 Satz 1 BGB).

Diese Rechtsregeln binden einen kirchlichen Arbeitgeber. Problematisch kann nur sein, daß kürzere Kündigungsfristen, als sie im Gesetzesrecht festgelegt sind, nach § 622 Abs. 4 BGB nur durch Tarifvertrag vereinbart werden können; denn die Arbeitsvertragsrichtlinien der Kirchen und ihrer karitativen Verbände sind kein Tarifvertrag. Gestaltet der Gesetzgeber zwingendes Recht tarifdispositiv, so bringt er darin zugleich zum Ausdruck, daß die von ihm geschaffene Regelung vornehmlich eine Ordnungsfunktion im sozialen Interessenausgleich hat und daher auch durch eine andere Regelung ersetzt werden kann. Da die Kirchen für ihren Bereich nicht gezwungen werden können, Tarifverträge abzuschließen, muß es folglich genügen, daß die Regelung in einem Verfahren aufgestellt wird, das auf dem von den Kirchen geschaffenen kollektiven Arbeitsrecht beruht.[10] **9**

3. Kirchlicher Maßstab für die Beurteilung des Kündigungsgrundes

Der allgemeine Kündigungsschutz ist gesetzlich so gestaltet, daß er für das kirchliche Selbstbestimmungsrecht eine zulässige Schranke im Sinne des für alle geltenden Gesetzes darstellt. Er wird in § 1 KSchG durch eine Generalklausel verwirklicht: Eine ordentliche Kündigung ist gegenüber einem Arbeitnehmer *sozial gerechtfertigt*, wenn sie durch Gründe in der Person oder im Verhalten des Arbeitnehmers oder durch dringende betriebliche Erfordernisse, die einer Weiterbeschäftigung entgegenstehen, bedingt ist (§ 1 Abs. 2 Satz 1 KSchG). Die Zulässigkeit einer außerordentlichen Kündigung, die fristlos erklärt werden kann und stets auch dann möglich ist, wenn ein Arbeitnehmer nach seinem Vertrag unkündbar geworden ist, setzt das Bestehen eines *wichtigen Grundes* voraus, d. h. es müssen, wie es im Gesetzestext des § 626 Abs. 1 BGB heißt, Tatsachen vorliegen, auf Grund derer dem Kündigenden unter Berücksichtigung aller Umstände des Einzelfalls und unter Abwägung der Interessen beider Vertragsteile die Fortsetzung des Dienstverhältnisses bis zum Ablauf der Kündigungsfrist oder bis zu der vereinbarten Beendigung des Dienstverhältnisses nicht zugemutet werden kann. Bereits aus dem Gesetzesrecht ergibt sich also, daß nach dem *konkreten Arbeitsverhältnis* zu beurteilen ist, ob eine ordentliche Kündigung sozial gerechtfertigt ist und ob für eine außerordentliche Kündigung ein wichtiger Grund besteht. **10**

Bei Arbeitnehmern im kirchlichen Dienst ist die Berücksichtigung der Besonderheit ihres Arbeitsverhältnisses sogar *Verfassungsgebot*; denn das Kündigungs- und Kündigungsschutzrecht ist, auch soweit es zu dem für alle geltenden Gesetz gehört, im Licht der Wertentscheidung der verfassungsrechtlichen Garantie für das kirchliche Selbstbestimmungsrecht zu interpre- **11**

---

[10] S. auch § 15 Rn. 1 ff.

tieren.¹¹ Den verfassungsrechtlich begründeten Sonderstatus der Kirchen darf man nicht dadurch einebnen, daß man die kirchlichen Belange nur im Rahmen der für die ordentliche Kündigung nach § 1 Abs. 2 KSchG und für die außerordentliche Kündigung nach § 626 Abs. 1 BGB gebotenen Interessenabwägung berücksichtigt.¹² Dadurch werden die in der Kirchenautonomie begründeten Belange auf die gleiche Stufe wie sonstige Interessen gestellt. Dies widerspricht der Verfassungsgarantie des Selbstbestimmungsrechts.¹³

12 Der Staat darf vor allem nicht selbst festlegen, welche Aufgaben für die Kirche eine religiöse Dimension haben und welche Erwartungen ein Arbeitnehmer erfüllen muß, damit seine Tätigkeit noch als kirchlicher Dienst gewertet werden kann.

4. Abstufung von Schwere und Tragweite eines Loyalitätsverstoßes

13 Mit der verfassungsrechtlichen Gewährleistung des Selbstbestimmungsrechts ist es nicht vereinbar, wenn bei der Rechtsanwendung ein staatliches Arbeitsgericht seine Beurteilung von Schwere und Tragweite eines Loyalitätsverstoßes gegen die kirchliche Ordnung an die Stelle einer Beurteilung durch die nach der kirchlichen Ordnung zuständigen Amtsträger setzt. Deshalb war es verfassungswidrig, daß das Bundesarbeitsgericht zunächst die Bedeutung eines Loyalitätsverstoßes für die Zulässigkeit einer Kündigung davon abhängig machte, ob der Arbeitnehmer am Verkündigungsauftrag der Kirche teilhat und welche Bedeutung der kirchliche Grundsatz für die Erfüllung der dienstlichen Aufgabe hat. Dabei hatte in seiner Rechtsprechung ein Wandel stattgefunden, der von ihm unbemerkt blieb.

14 Im Urteil vom 25. April 1978 hatte das Bundesarbeitsgericht die Zulässigkeit einer Kündigung gegenüber der Leiterin eines katholischen Kindergartens, die durch die Heirat eines geschiedenen Mannes gegen das kanonische Eherecht verstoßen hatte, damit begründet, daß die Kirche auf Grund des Selbstbestimmungsrechts die von ihrem Verkündigungsauftrag her gebotenen Voraussetzungen für die Loyalitätspflichten der in ihrem Dienst tätigen Arbeitnehmer festlegen könne, „jedenfalls soweit diese irgendwie an der Verkündigung teilhaben".¹⁴ Auch in den weiteren, zunächst entschiedenen Fällen war für das Bundesarbeitsgericht unproblematisch, daß der Arbeitnehmer durch den ihm vertraglich zugewiesenen Aufgabenbereich an der Verkündigung teilhat.¹⁵ Eine Akzentverschiebung trat erst durch die Caritas-

---

¹¹ Ebenso BAGE 30, 247 (254) = AP Nr. 2 zu Art. 140 GG; *Rüthers* NJW 1976, 1918 (1919); *Richardi* Anm. zu ArbG Köln, AR-Blattei, Kirchenbedienstete: Entsch. 10; *v. Tiling* ZevKR 22 (1977), 322 (345).
¹² So zunächst BAGE 34, 195 (203) = AP Nr. 7 zu Art. 140 GG; BAG AP Nr. 14 und 15 zu Art. 140 GG; BAGE 45, 250 (254) = AP Nr. 16 zu Art. 140 GG; zuletzt noch BAGE 47, 144 (150) und 292 (298) = AP Nr. 20 und 21 zu Art. 140 GG.
¹³ Ebenso *Dütz*, NZA Beil. 1/1986, 11 (14); *Jurina*, FS Broermann, S. 803 (804); *Richardi*, Anm. zu BAG AR-Blattei, Kirchenbedienstete: Entsch. 17 und 23.
¹⁴ BAGE 30, 247 (256) = AP Nr. 2 zu Art. 140 GG.
¹⁵ BAGE 33, 14 = AP Nr. 3 zu Art. 140 GG; BAG AP Nr. 4 zu Art. 140 GG.

sekretärin-Entscheidung im Passauer Fall vom 14. Februar 1980 ein.[16] Der kirchliche Arbeitgeber hatte zwar auch diesen Prozeß noch gewonnen, die Kirche ihn aber in den Gründen verloren. Ihr wurde das Recht bestritten, die Loyalität zum Auftrag der Kirche für jedes Arbeitsverhältnis verbindlich zu machen. Eine derartige Obliegenheit sei, wie es ausdrücklich heißt, „nicht ohne weiteres mit jedem Arbeitsverhältnis zu einer kirchlichen Einrichtung verbunden".[17] Das Bundesarbeitsgericht meinte: „Nicht jede Tätigkeit in einem Arbeitsverhältnis zur Kirche hat eine solche Nähe zu spezifisch kirchlichen Aufgaben, daß der die Tätigkeit ausübende Arbeitnehmer mit der Kirche identifiziert und deshalb die Glaubwürdigkeit der Kirche berührt wird, wenn er sich in seiner Lebensführung nicht an die tragenden Grundsätze der kirchlichen Glaubens- und Sittenlehre hält."[18]

Das Bundesarbeitsgericht nahm daher eine funktionsbezogene Differenzierung vor. Es hat sich im Laufe seiner Rechtsprechung nicht damit begnügt, lediglich festzulegen, wer von den kirchlichen Arbeitnehmern am Verkündigungsauftrag der Kirche teilhat, sondern ist sogar soweit gegangen, bei diesen Mitarbeitern die Verbindlichkeit der kirchlichen Glaubens- und Sittenordnung danach abzustufen, welche Bedeutung der kirchliche Grundsatz für die Erfüllung der dienstlichen Aufgabe hat.[19] Deshalb ließ es als Kündigungsgrund nicht einmal gelten, daß ein Arzt, der in einem katholischen Krankenhaus beschäftigt war, öffentlich für den Schwangerschaftsabbruch eintrat.[20] Obwohl das Bundesarbeitsgericht einen „Loyalitätsverstoß von einigem Gewicht" annahm, auch wenn man verneinen sollte, daß die Tätigkeit eines Arztes eine solche Nähe zum kirchlichen Auftrag aufweise, daß von ihm generell die Erfüllung der tragenden Grundsätze der kirchlichen Glaubens- und Sittenlehre verlangt werden könne, hielt es die ordentliche Kündigung nicht für sozial gerechtfertigt, wobei es sich auf die Begründung beschränkte, daß das Selbstverständnis der Kirche es nicht erfordere, „in jedem Loyalitätsverstoß von einigem Gewicht bereits einen Grund zur Trennung von dem Arbeitnehmer zu sehen und den besonderen Umständen des Einzelfalls keinerlei Bedeutung mehr beizumessen".[21] Worin die besonderen Umstände des Einzelfalls lagen, wird nicht näher ausgeführt, sondern lapidar festgestellt, die vom Berufungsgericht vorgenommene individuelle Interessenabwägung ließe keine Rechtsfehler erkennen.[22]

Auf derselben Linie lag es, daß das Bundesarbeitsgericht bei dem Buchhalter einer kirchlichen Ordensgemeinschaft nicht einmal mehr den Kirchenaustritt als Kündigungsgrund anerkannt hatte.[23] Auch hier stellte es zunächst fest, daß der Kirchenaustritt kirchenrechtlich als schwerwiegendes Vergehen

---

[16] BAGE 34, 195 = AP Nr. 7 zu Art. 140 GG.
[17] BAGE 34, 195 (204).
[18] BAGE 34, 195 (205).
[19] Vgl. BAG AP Nr. 15 zu Art. 140 GG.
[20] BAG AP Nr. 14 zu Art. 140 GG.
[21] BAG AP Nr. 14 zu Art. 140 GG.
[22] Vgl. dazu auch die Kritik von *Rüthers*, EzA § 1 KSchG Tendenzbetrieb Nr. 13, S. 172a ff.
[23] BAGE 45, 250 = AP Nr. 16 zu Art. 140 GG.

bewertet wird, sah dann aber als entscheidend an, daß der Kirchenaustritt aus Verärgerung über das Verhalten der Ordensgemeinschaft in deren Eigenschaft als Arbeitgeber erfolgt sei, wobei es sich damit begnügte, daß andere Gründe für den Kirchenaustritt, wie „Abwendung von den katholischen Glaubensgrundsätzen oder Eintritt in eine andere christliche Kirche oder Anschluß an eine nichtchristliche religiöse Vereinigung", nicht vorgetragen worden seien.[24] Bereits die Vorstellung, daß jemand, der aus der katholischen Kirche austritt, sich dadurch nicht von den katholischen Glaubensgrundsätzen abwendet, zeigt mit hinreichender Deutlichkeit, daß das Bundesarbeitsgericht nicht einmal die elementaren Grundlagen des kirchlichen Selbstverständnisses respektiert hat.

17 Das Bundesverfassungsgericht hat deshalb in seinem Beschluß vom 4. Juni 1985 diese Form der Fremdbestimmung korrigiert und die genannten Urteile aufgehoben.[25]

5. Die Entscheidung des Bundesverfassungsgerichts vom 4. Juni 1985 und ihre Konsequenzen für das Kündigungs- und Kündigungsschutzrecht

18 Das Bundesverfassungsgericht hat in dem grundlegenden Beschluß vom 4. Juni 1985 klargestellt, daß der Staat keine ekklesiologische Kompetenz hat.[26] Es hat anerkannt, daß ein kirchlicher Arbeitgeber dem Vertragsinhalt ein bekenntnismäßiges Verständnis des kirchlichen Dienstes zugrunde legen darf. Es hat darauf hingewiesen, daß sich nach den von der verfaßten Kirche anerkannten Maßstäben, nicht nach der Auffassung einzelner Theologen, auch wenn sie in der Öffentlichkeit Rückhalt finden, richtet, welche kirchlichen Grundverpflichtungen als Gegenstand des Arbeitsverhältnisses bedeutsam sein können.[27] Die Arbeitsgerichte haben die vorgegebenen kirchlichen Maßstäbe für die Bewertung vertraglicher Loyalitätspflichten zugrunde zu legen. Es bleibt also grundsätzlich den verfaßten Kirchen überlassen, verbindlich zu bestimmen, was „die Glaubwürdigkeit der Kirche und ihrer Verkündigung erfordert", was „spezifisch kirchliche Aufgaben" sind, was „Nähe" zu ihnen bedeutet, welches die „wesentlichen Grundsätze der Glaubens- und Sittenlehre" sind und was als – gegebenenfalls schwerer – Verstoß gegen diese anzusehen ist.[28] Auch die Entscheidung darüber, ob und wie innerhalb der im kirchlichen Dienst tätigen Mitarbeiter eine Abstufung der Loyalitätspflichten eingreifen soll, ist nach Meinung des Bundesverfassungsgerichts grundsätzlich eine dem kirchlichen Selbstbestimmungsrecht unterliegende Angelegenheit.

19 Damit hat das Bundesverfassungsgericht das kirchliche Selbstbestimmungsrecht wiederhergestellt. Es hat aber für die Kirchen kein *Sonderkündi-*

---

[24] BAGE 45, 250 (258).
[25] BVerfGE 70, 138; = AP Nr. 24 zu Art. 140 GG; vgl. dazu *Richardi* NZA Beil. 1/1986, 3 ff.; *Dütz* NZA Beil. 1/1986, 11 ff.; *Rüthers* NJW 1986, 356 ff.; H. *Weber* NJW 1986, 370 f.; *Mummenhoff* NZA 1990, 585 (586 f.).
[26] BVerfGE 70, 138 (165 ff.).
[27] BVerfGE 70, 138 (166).
[28] BVerfGE 70, 138 (168).

gungsrecht geschaffen, sondern im Gegenteil ausdrücklich festgestellt, daß das staatliche Kündigungs- und Kündigungsschutzrecht Anwendung findet.[29] Die für die Beurteilung der Rechtswirksamkeit einer Kündigung maßgebenden Gesetzesbestimmungen unterliegen, wie es in der Entscheidung des Bundesverfassungsgerichts heißt, „als für alle geltendes Gesetz im Sinne des Art. 137 Abs. 3 Satz 1 WRV umfassender arbeitsgerichtlicher Anwendungskompetenz".[30] Man muß also differenzieren: Welche Loyalitätsobliegenheiten ein Arbeitnehmer im kirchlichen Dienst zu beachten hat, ist grundsätzlich eine dem kirchlichen Selbstbestimmungsrecht unterliegende Angelegenheit. Das Arbeitsgericht darf der Beurteilung nicht seine Sicht zugrunde legen, sondern muß den anerkannten Maßstäben der verfaßten Kirchen Rechnung tragen. Auch für die Schwere und Tragweite des festgestellten Loyalitätsverstoßes hat es das kirchliche Selbstverständnis zu respektieren. Dadurch wird aber nicht die Struktur des staatlichen Kündigungs- und Kündigungsschutzrechts zur Disposition der Kirchen gestellt.

Auch die mit einem Loyalitätsverstoß begründete Kündigung kann der Arbeitgeber nur fristlos erklären, wenn es sich um einen wichtigen Grund i. S. des § 626 BGB handelt. Ansonsten hat er die Fristen für eine ordentliche Kündigung einzuhalten. Der allgemeine und besondere Kündigungsschutz findet Anwendung. Fällt die kirchliche Einrichtung unter das Kündigungsschutzgesetz und hat der Arbeitnehmer die Wartezeit erfüllt, so ist eine ordentliche Kündigung nur rechtswirksam, wenn sie sozial gerechtfertigt ist (§ 1 KSchG). Bei der Beurteilung, ob der Loyalitätsverstoß einen wichtigen Grund darstellt, der eine außerordentliche Kündigung rechtfertigt, und ob er eine ordentliche Kündigung sozial rechtfertigt, sind aber die kirchlichen Vorgaben für die Rechtsanwendung bindend. 20

Die kirchlichen Vorgaben müssen sich nach den von der verfaßten Kirche anerkannten Maßstäben richten, was, wie das Bundesverfassungsgericht fordert, „in Zweifelsfällen durch entsprechende gerichtliche Rückfragen bei den zuständigen Kirchenbehörden aufzuklären ist".[31] Dieser Hinweis kann mißdeutet werden. Er meint primär, daß nicht die kirchliche Einrichtung als Arbeitgeber zur Feststellung der kirchlichen Vorgaben befugt ist, sondern die „zuständigen Kirchenbehörden". Aber auch sie werden dadurch nicht von der Notwendigkeit eines geordneten Verfahrens freigestellt, wie sich eindeutig aus den folgenden Hinweisen des Bundesverfassungsgerichts ergibt: Die Arbeitsgerichte seien an die kirchlichen Vorgaben gebunden, „es sei denn, die Gerichte begäben sich dadurch in Widerspruch zu Grundprinzipien der Rechtsordnung, wie sie im allgemeinen Willkürverbot (Art. 3 Abs. 1 GG) sowie in dem Begriff der ‚guten Sitten' (§ 138 Abs. 1 BGB) und des ordre public (Art. 30 EGBGB, *nunmehr Art. 6 EGBGB*) ihren Niederschlag gefunden haben".[32] Mit dem Rekurs auf die zuständigen Kirchenbehörden meint das Bundesverfassungsgericht also nicht, daß eine Kirchenbehörde aus 21

---

[29] BVerfGE 70, 138 (166 f.).
[30] BVerfGE 70, 138 (168).
[31] BVerfGE 70, 138 (168).
[32] BVerfGE 70, 138 (168); s. auch *Dütz* NJW 1990, 2025 (2026 f.).

eigener Machtvollkommenheit festlegen kann, welche Vorgaben ein staatliches Gericht seiner Entscheidung zugrunde legen muß. Mit dem Hinweis auf die von der verfaßten Kirche anerkannten Maßstäbe meint es vielmehr, daß die Feststellung sich nach der Rechtsordnung der Kirche richtet. Daher besteht die Gefahr eines Vakuums, wenn die Kirche trotz ihres verfassungsrechtlich gewährleisteten Selbstbestimmungsrechts keine eigene Ordnung schafft, um die Vorgaben festzulegen, an die ein staatliches Arbeitsgericht bei der Rechtsprüfung gebunden ist.[33]

22 Die Feststellung des Loyalitätsverstoßes durch die Kirche ersetzt nicht die arbeitsgerichtliche Rechtskontrolle, wie das Bundesverfassungsgericht ebenfalls klargestellt hat.[34] Dem Arbeitsgericht obliegt es, „den Sachverhalt festzustellen und unter die kirchlicherseits vorgegebenen, arbeitsrechtlich abgesicherten Loyalitätsobliegenheiten zu subsumieren". Das Bundesverfassungsgericht stellt fest: „Kommen sie hierbei zur Annahme einer Verletzung solcher Loyalitätsobliegenheiten, so ist die weitere Frage, ob diese Verletzung eine Kündigung des kirchlichen Arbeitsverhältnisses sachlich rechtfertigt, nach den kündigungsschutzrechtlichen Vorschriften der §§ 1 KSchG, 626 BGB zu beantworten. Diese unterliegen als für alle geltendes Gesetz i. S. des Art. 137 Abs. 3 Satz 1 WRV umfassender arbeitsgerichtlicher Anwendungskompetenz."

23 Daraus kann keine zweistufige Prüfung abgeleitet werden, bei der das Arbeitsgericht das letzte Wort hat.[35] Es beruht auf einer Fehlinterpretation der verfassungsgerichtlichen Erkenntnis, wenn *Hermann Weber* der Entscheidung des Bundesverfassungsgerichts entnimmt, das kirchliche Selbstverständnis sei allein für die Beantwortung der Frage maßgebend, ob eine – arbeitsrechtlich abgesicherte – Loyalitätspflicht und eine Loyalitätspflichtverletzung des kirchlichen Arbeitnehmers vorliege und wie schwer diese Loyalitätspflichtverletzung wiege, während die Frage, ob diese Verletzung eine Kündigung des kirchlichen Arbeitsverhältnisses sachlich rechtfertige, „nach den kündigungsschutzrechtlichen Vorschriften der §§ 1 KSchG, 626 BGB (und damit *nicht* nach kirchlichem Selbstverständnis)" zu beantworten sei.[36] Er geht sogar soweit, daß die Arbeitsgerichte nicht gehindert seien, zur Beantwortung dieser Frage „wie bisher eine umfassende Interessenabwägung vorzunehmen, als deren Ergebnis eine Kündigung auch bei schwerwiegenden Loyalitätspflichtverletzungen für unberechtigt erklärt werden kann, wenn ihr noch schwerer wiegende Interessen des Arbeitnehmers entgegenstehen". Eine soziale Rechtfertigung der Kündigung sei daher, wenn ein Arbeitnehmer kaum mehr eine Möglichkeit habe, eine andere Arbeit zu finden, auch dann zu verneinen, wenn Kündigungsgrund ein Kirchenaustritt sei. Mit dieser Interpretation verkehrt *Weber* die verfassungsgerichtliche Erkenntnis in ihr Gegenteil. Das Bundesverfassungsgericht hat ausdrücklich beanstandet, daß

---

[33] Vgl. auch *Mummenhoff* NZA 1990, 585 (589 ff.).
[34] BVerfGE 70, 138 (168 f.).
[35] Ebenso *Mummenhoff* NZA 1990, 585 (588); a. A. *H. Weber* NJW 1986, 370 (371); *Geck/Schimmel* AuR 1995, 177 (180 ff.).
[36] *H. Weber* NJW 1986, 370 (371).

die „vom Bundesarbeitsgericht bei seiner Interessenabwägung im Rahmen der Anwendung der §§ 1 KSchG, 626 BGB vorgenommene Gewichtung der Obliegenheitsverletzungen" nicht den „verfassungsrechtlichen Anforderungen" genügt habe.[37] Bei einem Verstoß gegen wesentliche kirchliche Glaubensgrundsätze und Kirchenrechtsnormen ist verfassungsrechtlich das Verständnis der Kirche die „maßgebliche Richtschnur für die Beurteilung des gerichtlich festgestellten Loyalitätsverstoßes".[38]

III. Kirchengesetzliche Festlegung kirchenspezifischer Kündigungsgründe

1. Katholische Kirche

Da nach der Verfassungsgarantie des Selbstbestimmungsrechts der verfaßten Kirche überlassen bleibt, mit Bindungswirkung für die staatlichen Arbeitsgerichte verbindlich zu bestimmen, was als – gegebenenfalls schwerer – Verstoß gegen kirchenspezifische Loyalitätsobliegenheiten anzusehen ist,[39] hat die katholische Kirche in ihrer Grundordnung kirchengesetzlich festgelegt, ob ein Loyalitätsverstoß einer Weiterbeschäftigung im kirchlichen Dienst entgegensteht. Die maßgebliche Regelung enthält Art. 5 GrOkathK. Er enthält in Abs. 2 eine differenziert gefaßte Generalklausel mit Regelbeispielen eines Loyalitätsverstoßes, den die Kirche für eine Kündigung aus kirchenspezifischen Gründen als schwerwiegend ansieht. Zu ihnen gehört insbesondere ein öffentliches Eintreten gegen tragende Grundsätze der katholischen Lehre, z.B. hinsichtlich der Abtreibung, aber auch der Abschluß einer nach dem Glaubensverständnis und der Rechtsordnung der Kirche ungültigen Ehe. Der folgende Abs. 3 legt den Personenkreis fest, bei dem ein nach Abs. 2 generell als Kündigungsgrund in Betracht kommendes Verhalten die Möglichkeit einer Weiterbeschäftigung ausschließt: Es handelt sich um die pastoral, katechetisch oder leitend tätigen Mitarbeiter sowie um die Mitarbeiter, die auf Grund einer Missio canonica tätig sind.[40] Bei ihnen kann von einer Kündigung nur ausnahmsweise abgesehen werden, wenn schwerwiegende Gründe des Einzelfalles diese als unangemessen erscheinen lassen. Die Ausnahme beschränkt sich also auf besonders gelagerte Fälle. Bei ihnen geht es auch nur um die Möglichkeit einer Weiterbeschäftigung unter Änderung des Vertragsinhalts, keineswegs darum, daß sie ihre bisherige Aufgabe im pastoralen oder katechetischen Dienst wahrnehmen können oder wie bisher leitend tätig bleiben.

Bei den sonstigen Mitarbeitern macht Art. 5 Abs. 4 GrOkathK die Möglichkeit einer Weiterbeschäftigung von den Einzelumständen abhängig, wo-

---
[37] BVerfGE 70, 138 (169).
[38] So für die Bewertung der Abtreibung als „verabscheuungswürdiges Verbrechen" bei Propaganda für die Zulässigkeit eines Schwangerschaftsabbruchs durch öffentliche Stellungnahme eines in dem Dienst eines katholischen Krankenhauses stehenden Arztes BVerfGE 70, 138 (171).
[39] S. § 6 Rn. 27f.
[40] S. Zur Abgrenzung der leitend tätigen Mitarbeiter § 6 Rn. 5.

bei insbesondere auf das Ausmaß einer Gefährdung der Glaubwürdigkeit von Kirche und kirchlicher Einrichtung abgestellt wird. Dabei ist auch zu berücksichtigen, ob ein Mitarbeiter die Lehre der Kirche bekämpft oder sie anerkennt, aber im konkreten Fall versagt (Art. 5 Abs. 4 Satz 2 GrOkathK). Klarstellend heißt es in dem folgenden Abs. 5, daß Mitarbeiter, die aus der katholischen Kirche austreten, nicht weiterbeschäftigt werden können und daß im Fall des Abschlusses einer nach dem Glaubensverständnis und der Rechtsordnung der Kirche ungültigen Ehe eine Weiterbeschäftigung jedenfalls dann ausscheidet, „wenn sie unter öffentliches Ärgernis erregenden oder die Glaubwürdigkeit der Kirche beeinträchtigenden Umständen geschlossen wird (z. B. nach böswilligem Verlassen von Ehepartner und Kindern)".

2. Evangelische Kirche

26 Für den Bereich der evangelischen Kirche gibt es keine kirchengesetzliche Festlegung für eine Kündigung aus kirchenspezifischen Gründen. Aber auch hier hat ein staatliches Arbeitsgericht zu beachten, was nach evangelischem Kirchenrecht verbindlich ist. Soweit dies für die Beurteilung eines Kündigungssachverhalts zweifelhaft ist, verweist das Bundesverfassungsgericht die Arbeitsgerichte an die zuständigen Kirchenbehörden.[41]

IV. Verstoß gegen das kirchliche Eherecht als Kündigungsgrund

1. Beurteilung „nach den von der verfaßten Kirche anerkannten Maßstäben" (Bundesverfassungsgericht)

27 Die Ehe ist nach kirchlicher Lehre ein vom Schöpfer gestifteter Bund, der unauflöslich ist: „Was nun Gott zusammengefügt hat, das soll der Mensch nicht scheiden" (Matthäus 19, 6; Markus 10, 9). Die katholische Kirche zählt die Ehe zwischen Getauften zu den Sakramenten (can. 1055 CIC). Ihre Wesenseigenschaften sind die „Einheit und die Unauflöslichkeit, die in der christlichen Ehe im Hinblick auf das Sakrament eine besondere Festigkeit erlangen" (can. 1056 CIC). Das katholische Kirchenrecht bestimmt daher: „Die gültig geschlossene und vollzogene Ehe zwischen Getauften kann durch keine menschliche Gewalt und aus keinem Grunde, außer durch den Tod, aufgelöst werden" (can. 1141 CIC). Nach evangelischer Lehre ist die Ehe auch, weil sie auf Gottes Wort beruht, ein heiliger, geistlicher Stand (*Luther*), aber kein Sakrament. Ihre wesensmäßige Unscheidbarkeit zu achten, ist den Christen durch das Liebesgebot aufgegeben. Das evangelische Kirchenrecht kennt eine Ehescheidung auch dem Bande nach, hat aber keine Normen, aus denen sich allgemein ableiten läßt, wann sie zulässig ist; es gibt keine gesetzliche Lösung.[42] Die Verschiedenheit des konfessionellen Ver-

---

[41] BVerfGE 70, 138 (168) = AP Nr. 24 zu Art. 140 GG.
[42] Vgl. *Tröger*, Evangelisches Eherecht, in: Evangelisches Staatslexikon, 3. Aufl. 1987, Bd. 1 Sp. 628 (632).

Kündigung und Kündigungsschutz §7

ständnisses wirkt sich mittelbar auf die Loyalitätsobliegenheit des Arbeitnehmers im kirchlichen Dienst aus.

Die katholische Kirche verlöre ihre Glaubwürdigkeit, das Dogma von der 28
Unauflöslichkeit der Ehe zu verkünden, wenn sie es hinnehmen müßte, daß seine Beachtung für die Eignung eines Mitarbeiters in ihrem Dienst keine Rolle spielte. Kirchengesetzlich ist daher durch Art. 5 Abs. 2 GrOkathK festgelegt, daß die Kirche im Abschluß einer nach dem Glaubensverständnis und der Rechtsordnung der Kirche ungültigen Ehe einen schwerwiegenden Loyalitätsverstoß erblickt.[43] Aber auch im evangelischen Bereich gehört die Unauflöslichkeit der Ehe zur kirchlichen Lebensordnung. Die kirchliche Trauung darf Geschiedenen nur gewährt werden, wenn durch sie die Botschaft des Evangeliums nicht unglaubwürdig wird. Deshalb kann auch in Einrichtungen der evangelischen Kirche die Mißachtung der Ehe als der von Gott gestifteten Lebensordnung Konsequenzen für den Bestand des Arbeitsverhältnisses haben.

2. Rechtsprechung des Bundesarbeitsgerichts vor dem Beschluß des Bundesverfassungsgerichts

a) Das Bundesarbeitsgericht hatte im Urteil vom 25. April 1978[44] folgenden 29
Sachverhalt zu entscheiden: Die Leiterin eines katholischen Pfarrkindergartens hatte einen geschiedenen Mann geheiratet. Daraufhin war ihr von der Kirchengemeinde gekündigt worden. Das Landesarbeitsgericht Saarbrücken war zu dem Ergebnis gekommen, daß die Kündigung sozial nicht gerechtfertigt und deshalb rechtsunwirksam war.[45] Dieses Ergebnis hatte es unter anderem damit begründet, es bestünden Zweifel, ob die Eheschließung mit einem geschiedenen Partner aus kirchlicher Sicht eine schwere Verfehlung darstelle. Es mehrten sich nämlich die Stimmen, die es für unangemessen hielten, Ehepartner, von denen einer geschieden sei, von der Teilnahme an den Sakramenten auszuschließen. Deshalb sei das kanonische Recht insoweit „überprüfungs- und unter Abwägung des Für und Wider erneuerungsbedürftig". Aber auch wenn die Eheschließung einen schweren Verstoß gegen die Vorschriften des kanonischen Rechts darstellen sollte, sei die Kündigung nicht zu rechtfertigen; denn die Eheschließung gehöre eindeutig zum privaten Lebensbereich eines Arbeitnehmers.

Das Bundesarbeitsgericht hat diese Entscheidung korrigiert; denn die For- 30
mulierung des kirchlichen Standpunkts ist, wie es betont, nicht Sache des staatlichen Gerichts, sondern muß den Kirchen überlassen bleiben.[46] Dennoch wäre es denkbar, dem Schutz des Arbeitsplatzes den Vorrang zu geben. Das Bundesarbeitsgericht hat jedoch als wesentlich angesehen, daß eine Ka-

---

[43] S. Rn. 24 f.
[44] BAGE 30, 247 = AP Nr. 2 zu Art. 140 GG mit zust. Anm. von *Mayer-Maly* = EzA § 1 KSchG Tendenzbetrieb Nr. 4 mit zust. Anm. von *Dütz* = AR-Blattei, Kirchenbedienstete: Entsch. 16 mit zust. Anm. von *Richardi*.
[45] NJW 1976, 645 f.
[46] BAGE 30, 247 (259).

tholikin, die sich durch die Heirat mit einem geschiedenen Mann aus der Kirchengemeinschaft ausschließt, die spezifisch religiös-erzieherischen Aufgaben der Leiterin eines katholischen Gemeindekindergartens nicht zu erfüllen vermag; denn ihr sei „nicht mehr möglich, ohne inneren Widerspruch wesentliche Grundlagen der katholischen Glaubens- und Sittenlehre darzustellen und zu vermitteln".[47]

31 b) Entsprechend hat das Bundesarbeitsgericht im Urteil vom 4. März 1980 angenommen, daß eine ordentliche Kündigung auch dann sozial gerechtfertigt ist, wenn die Leiterin eines Pfarrkindergartens mit einem nicht laisierten katholischen Priester standesamtlich die Ehe schließt.[48] Nach katholischem Kirchenrecht unterliegt ein Priester der Zölibatspflicht, die für ihn ein Ehehindernis begründet und die Verpflichtung zur Enthaltsamkeit beinhaltet (can. 277 § 1, can. 1087 CIC). Ein Priester, der eine Zivilehe eingeht, verfällt ohne weiteres der Exkommunikation (can. 1378 § 1 CIC). Gleiches gilt für die Frau, die ihn heiratet, als Mittäterin (can. 1329 § 2 CIC). Die standesamtliche Eheschließung mit einem nicht laisierten Ordenspriester ist deshalb ein personen- und betriebsbedingter Grund, der eine ordentliche Kündigung nach § 1 Abs. 2 Satz 1 KSchG sozial zu rechtfertigen vermag.

32 c) In dem Urteil des Bundesarbeitsgerichts vom 14. Oktober 1980 mit seiner staatskirchenrechtlich nicht haltbaren Begründung[49] ging es um die Kündigung einer katholischen Schreibkraft, die bei einem Diözesan-Caritasverband beschäftigt war.[50] Die Sekretärin, die bei ihrer Einstellung bereits geschieden war und die schon damals für ein zwei Jahre später geborenes Kind zu sorgen hatte, war standesamtlich eine neue Ehe eingegangen. Das Bundesarbeitsgericht hielt die deshalb erklärte außerordentliche Kündigung für unwirksam, war aber der Meinung, daß die ordentliche Kündigung, in die es gemäß § 140 BGB die außerordentliche Kündigung umgedeutet hatte, i. S. von § 1 Abs. 2 KSchG sozial gerechtfertigt gewesen sei. Zu diesem Ergebnis konnte es wegen der in dieser Entscheidung entwickelten Abstufungslehre nur über einen Umweg gelangen. Ausdrücklich betonte es, daß die Glaubwürdigkeit der katholischen Kirche kaum berührt werde, „wenn etwa der Heizer oder Betriebshandwerker oder ein Arbeitnehmer im Küchen- oder Reinigungsdienst eines katholischen Krankenhauses zu Lebzeiten seines geschiedenen Ehegatten eine neue Zivilehe eingeht", und stellte ergänzend fest: „Gleiches dürfte für einen Arbeitnehmer gelten, der ausschließlich im internen Schreibdienst eingesetzt ist."[51] Daß das Bundesarbeitsgericht gleichwohl die Wiederverheiratung als Kündigungsgrund ansah, stützte es ausschließlich darauf, daß die Sekretärin neben ihrer Schreibtätigkeit zu einem Drittel ihrer Gesamtarbeitszeit spezifisch kirchliche Aufgaben wahrgenommen hätte, die es darin erblickte, daß sie bei Abwesenheit des Leiters der Kreiscaritas-

---

[47] BAGE 30, 247 (263).
[48] BAGE 33, 14 = AP Nr. 3 zu Art. 140 GG mit zust. Anm. von *Stein* = AR-Blattei, Kirchenbedienstete: Entsch. 18 mit zust. Anm. von *Richardi*.
[49] S. § 6 Rn. 22 f.
[50] BAGE 34, 195 = AP Nr. 7 zu Art. 140 GG mit zust. Anm. von *Schlaich* = AR-Blattei, Kirchenbedienstete: Entsch. 20 mit kritischer Anm. von *Richardi*.
[51] BAGE 34, 195 (205).

Kündigung und Kündigungsschutz **§ 7**

Geschäftsstelle Besucher empfangen, mit ihnen gesprochen, ihnen Ratschläge erteilt, Anträge aufgenommen und gegebenenfalls auch kleinere Geldbeträge herausgegeben habe.

Die in dieser Entscheidung entwickelte Abstufungslehre verstößt gegen die Verfassungsgarantie des Selbstbestimmungsrechts, wie das Bundesverfassungsgericht klargestellt hat.[52] Völlig ungeprüft blieb ein Gesichtspunkt, der sogar ein gegenteiliges Ergebnis hätte sachlich rechtfertigen können. Unberücksichtigt blieb nämlich, ob und inwieweit der kirchliche Arbeitgeber bei der Einstellung darauf vertrauen konnte, daß die Arbeitnehmerin sich an das Eherecht der Kirche hält. Wenn ein Diözesan-Caritasverband eine 24 jährige Schreibkraft einstellt, die bereits geschieden ist und für ein zwei Jahre nach der Scheidung geborenes Kind zu sorgen hat, muß er damit rechnen, daß die junge Frau eine neue Ehe eingeht. 33

d) Beachtung verdient aus der Zeit vor dem Beschluß des Bundesverfassungsgerichts außerdem noch ein Urteil des Siebenten Senats vom 31. Oktober 1984, in dem es um die ordentliche Kündigung einer bei einem katholischen Missionsgymnasium beschäftigten katholischen Lehrerin ging, die einen geschiedenen Mann geheiratet hatte.[53] Obwohl die Lehrerin Mathematik und Geographie unterrichtete, sah das Bundesarbeitsgericht als entscheidend an, daß sie durch ihre Tätigkeit am missionarischen Auftrag der Kirche mitwirkte, weil sie durch ihre Tätigkeit unmittelbar an der Verwirklichung des Erziehungsziels des von dem Orden getragenen Gymnasiums beteiligt war. Diese Entscheidung hat ihre Bedeutung nicht verloren. Die Bedenken des Bundesverfassungsgerichts richten sich ausschließlich gegen eine Abstufungslehre, in der die Kirche sich nicht mehr wiedererkennt. Soweit das Bundesarbeitsgericht aber in seiner bisherigen Rechtsprechung das kirchliche Selbstbestimmungsrecht respektiert hat, kann es auf sie auch noch nach der Entscheidung des Bundesverfassungsgerichts zurückgreifen. 34

3. Rechtsprechung des Bundesarbeitsgerichts nach dem Beschluß des Bundesverfassungsgerichts

a) Im Urteil vom 18. November 1986 hatte der Siebente Senat über die fristlose Kündigung einer Lehrerin für Deutsch und Pädagogik zu entscheiden, die an einer Berufsfachschule in kirchlicher Trägerschaft beschäftigt war.[54] Sie hatte standesamtlich einen geschiedenen Mann geheiratet. Das Landesarbeitsgericht als Vorinstanz hatte angenommen, daß der Arbeitgeber deshalb zur außerordentlichen Kündigung nach § 626 BGB berechtigt war. Das Bundesarbeitsgericht bestätigte das Urteil, weil dessen Ausführungen revisionsrechtlich nicht zu beanstanden waren. 35

Bei der Prüfung geht deshalb das Bundesarbeitsgericht zunächst darauf ein, ob der Tatrichter von einem Sachverhalt ausgegangen ist, der unabhän- 36

---

[52] BVerfGE 70, 138 (168).
[53] BAGE 47, 144 = AP Nr. 20 zu Art. 140 GG mit Anm. von *Dütz*.
[54] BAG AP Nr. 35 zu Art. 140 GG = EzA § 611 BGB Kirchliche Arbeitnehmer Nr. 26 mit Anm. von *Dütz*.

gig von den Besonderheiten des Einzelfalles geeignet ist, an sich einen wichtigen Grund für eine außerordentliche Kündigung abzugeben. Dies wird bejaht. Mit der Feststellung, daß ein Loyalitätsverstoß an sich einen wichtigen Grund für eine außerordentliche Kündigung darstellen kann, ist aber noch nicht die Frage beantwortet, ob im konkreten Fall die außerordentliche Kündigung zulässig war. Zum Rechtsbegriff des wichtigen Grundes gehört die Prüfung und Abwägung, ob es demjenigen, der eine außerordentliche Kündigung erklärt hat, unzumutbar gewesen ist, das Arbeitsverhältnis bis zum Ablauf der Kündigungsfrist bzw. bei einem Zeitvertrag bis zum Ablauf der Frist, für die es eingegangen ist, fortzusetzen. Daran ist auch ein kirchlicher Arbeitgeber gebunden; denn es handelt sich um ein für alle geltendes Gesetz, das einen kirchlichen Arbeitgeber nicht mehr belastet als jedermann. Im konkreten Fall ergab die Interessenabwägung durch das Landesarbeitsgericht, daß dem Arbeitgeber die Einhaltung der ordentlich Kündigungsfrist nicht zuzumuten war. Er hätte nämlich sonst das Beschäftigungsverhältnis noch für die Dauer eines Schuljahres fortsetzen müssen.

37   b) Beachtet man diese Besonderheit, so wird auch ohne weiteres verständlich, daß der Siebente Senat des Bundesarbeitsgerichts im Urteil vom 25. Mai 1988 eine Entscheidung des Landesarbeitsgerichts bestätigt hat, in der es eine fristlose Kündigung für unwirksam gehalten, sie aber in eine wirksame ordentliche Kündigung umgedeutet hatte.[55] Bei diesem zweiten Passauer Fall ging es darum, daß einer von der Diözese Passau angestellten Religionslehrerin und Gemeindeassistentin außerordentlich gekündigt worden war, weil sie einen geschiedenen Mann, von dem sie ein Kind erwartete, standesamtlich geheiratet hatte.

38   Für die Beurteilung ist der Sachverhalt wichtig: Die Arbeitnehmerin hatte auf Grund der ihr erteilten missio canonica an der örtlichen Haupt- und Sonderschule Religionsunterricht erteilt und außerdem kirchliche Gemeindearbeit, insbesondere außerschulische Firmvorbereitung und Krankenhausseelsorge geleistet. Sie hatte am 28. Dezember 1984 geheiratet und dies mit Schreiben vom 30. Dezember 1984 dem Bischof von Passau mitgeteilt. Da die Arbeitnehmerin zu diesem Zeitpunkt schwanger war, bestand für sie Mutterschutz. Auch für einen kirchlichen Arbeitgeber ist bindend, daß nach § 9 Abs. 1 MuSchG die Kündigung – und zwar nicht nur die ordentliche, sondern auch die außerordentliche Kündigung – gegenüber einer Frau während der Schwangerschaft unzulässig ist. Nach § 9 Abs. 3 MuSchG kann aber die für den Arbeitsschutz zuständige oberste Landesbehörde oder die von ihr bestimmte Stelle in besonderen Fällen ausnahmsweise die Kündigung für zulässig erklären. Der Diözese wurde diese Zulassung durch Bescheid vom 27. Februar 1985 verweigert. Sie ließ ihn bestandskräftig werden und beschäftigte die Arbeitnehmerin bis zum Beginn des mutterschutzrechtlichen Beschäftigungsverbotes als Religionslehrerin und Gemeindeassistentin weiter. Nach der Geburt ihres Kindes am 26. Juni 1985 nahm die Arbeitnehmerin den ihr zustehenden Mutterschaftsurlaub und kündigte noch vor dessen

---

[55] BAG AP Nr. 36 zu Art. 140 GG = EzA § 611 BGB Kirchliche Arbeitnehmer Nr. 27 mit Anm. von *Dütz*.

Antritt ihre Weiterarbeit nach dessen Ablauf zum 27. Dezember 1985 an. Mit Schreiben vom 12. Dezember 1985 beurlaubte die Diözese die Arbeitnehmerin von der weiteren Dienstleistung bis einschließlich 25. Februar 1986. Erst mit Schreiben vom darauffolgenden Tag, dem 26. Februar 1986, kündigte sie das Arbeitsverhältnis außerordentlich zum 28. Februar 1986.

Bei dieser Fallgestaltung kann keinem Zweifel unterliegen, daß der Sachverhalt keine außerordentliche Kündigung mehr rechtfertigte. Daran ändert auch nichts die Tatsache, daß ein schwerwiegender Loyalitätsverstoß der unmittelbar in der Glaubensverkündigung tätigen Arbeitnehmerin vorlag. Daß ein Sachverhalt als wichtiger Grund für eine außerordentliche Kündigung in Betracht kommt, bedeutet noch keineswegs, daß die auf ihn gestützte Kündigung rechtswirksam ist. Notwendig ist vielmehr die Prüfung, ob dem Arbeitgeber die Fortsetzung des Arbeitsverhältnisses bis zum Ablauf der Kündigungsfrist für eine ordentliche Kündigung oder bis zum Ende der vereinbarten Befristung zugemutet werden kann (§ 626 Abs. 1 BGB). Außerdem kann eine außerordentliche Kündigung nur innerhalb von zwei Wochen nach Kenntniserlangung der für sie maßgebenden Tatsachen erfolgen (§ 626 Abs. 2 BGB). Erfolgt eine Weiterbeschäftigung trotz des Loyalitätsverstoßes, so ist eine außerordentliche Kündigung ausgeschlossen. Für die Kirche gilt insoweit nichts anderes als für den Jedermann. **39**

c) Schließlich hatte der Zweite Senat des Bundesarbeitsgerichts sich im Urteil vom 24. April 1997 mit der Frage zu befassen, ob bei einem der Mormonenkirche angehörenden Arbeitnehmer, der für sie als Gebietsdirektor Europa (Abteilung Öffentlichkeitsarbeit) tätig war, Ehebruch eine außerordentliche Kündigung zu rechtfertigen vermag.[56] Der Senat hielt die Mormonenkirche als Arbeitgeberin für berechtigt, den Arbeitnehmern die Beachtung des Grundsatzes der ehelichen Treue als einen der tragenden Grundsätze ihrer Sittenlehre aufzuerlegen. Diese Vorgabe stünde nicht im Widerspruch zu den Grundprinzipien der Rechtsordnung; sie sei keine unannehmbare Anforderung an die Loyalität des Arbeitnehmers und deshalb vom Selbstbestimmungsrecht innerhalb der Schranken des für alle geltenden Gesetzes gedeckt. **40**

4. Vorgaben der Grundordnung für die katholische Kirche

Da nach der verfassungsgerichtlichen Erkenntnis die Kirche nach ihrer Rechtsordnung bestimmt, ob ein Verstoß gegen wesentliche Grundsätze der kirchlichen Glaubens- und Sittenlehre vorliegt und wie bei kirchlichen Mitarbeitern eine Anforderungs- und Sanktionsabstufung stattfindet, hat die katholische Kirche in Art. 5 Abs. 2–5 GrOkathK für den ihr zugeordneten Bereich verbindlich festgelegt, ob ein ehewidriges Verhalten einen kündigungsrelevanten Verstoß gegen die Loyalitätsobliegenheit des kirchlichen Mitarbeiters darstellt.[57] An diese kirchengesetzlich festgelegten Vorgaben sind die Arbeitsgerichte gebunden,[58] „und zwar ungeachtet der Tatsache, **41**

---

[56] BAG AP Nr. 27 zu § 611 BGB Kirchendienst mit Anm. von *Thüsing*.
[57] S. auch Rn. 24 f.
[58] BVerfGE 70, 138 (168).

daß dies in der gelebten Praxis auch anders gesehen wird".[59] Gemäß Art. 5 Abs. 2 GrOkathK ist der „Abschluß einer nach dem Glaubensverständnis und der Rechtsordnung der Kirche ungültigen Ehe" eine schwerwiegender Loyalitätsverstoß. Er kommt demnach generell als Kündigungsgrund in Betracht. Wird er von pastoral, katechetisch oder leitend tätigen Mitarbeitern oder Mitarbeitern, die auf Grund einer Missio canonica tätig sind, begangen, so schließt er gemäß Art. 5 Abs. 3 Satz 1 GrOkathK die Möglichkeit einer Weiterbeschäftigung aus. Von einer Kündigung kann ausnahmsweise abgesehen werden, wenn schwerwiegende Gründe des Einzelfalles diese als unangemessen erscheinen lassen (Art. 5 Abs. 3 Satz 3 GrOkathK). Abgesehen wird in diesem Fall aber nur von der Möglichkeit einer Beendigungskündigung; es geht also keineswegs darum, daß der Personenkreis seine bisherigen Aufgaben im pastoralen oder katechetischen Dienst wahrnehmen kann oder wie bisher leitend tätig bleibt. Auch bei den sonstigen Mitarbeitern hängt gemäß Art. 5 Abs. 4 GrOkathK die Möglichkeit einer Weiterbeschäftigung von den Einzelfallumständen ab, insbesondere vom Ausmaß einer Gefährdung der Glaubwürdigkeit von Kirche und kirchlicher Einrichtung, von der Belastung der kirchlichen Dienstgemeinschaft, der Art der Einrichtung, dem Charakter der übertragenen Aufgabe, deren Nähe zum kirchlichen Verkündigungsauftrag sowie von der Stellung des Mitarbeiters in der Einrichtung. Durch Art. 5 Abs. 5 Satz 2 GrOkathK wird klargestellt, daß im Fall des Abschlusses einer nach dem Glaubensverständnis und der Rechtsordnung der Kirche ungültigen Ehe eine Weiterbeschäftigung jedenfalls dann ausscheidet, „wenn sie unter öffentliches Ärgernis erregenden oder die Glaubwürdigkeit der Kirche beeinträchtigenden Umständen geschlossen wird (z.B. nach böswilligem Verlassen von Ehepartner und Kindern)".

5. Verhältnis zu Art. 6 Abs. 1 GG

42 Die Beachtung des kirchlichen Eherechts führt zu Eheverboten, die dem bürgerlichen Recht unbekannt sind. Soweit eine standesamtliche Eheschließung einen Kündigungsgrund darstellt, besteht daher das Problem einer Vereinbarkeit mit Art. 6 Abs. 1 GG. Schon im Urteil vom 10. Mai 1957 hat das Bundesarbeitsgericht anerkannt, daß eine Abrede, nach der bei Eheschließung des Arbeitnehmers das Arbeitsverhältnis endet, wegen Verstoßes gegen Art. 6 Abs. 1 GG nichtig ist.[60]

43 Nach Art. 6 Abs. 1 GG stehen Ehe und Familie unter dem besonderen Schutze der staatlichen Ordnung. Diese verfassungsrechtliche Gewährleistung bezieht sich auf die bürgerliche, nicht die kirchliche Ehe.[61] Art. 6 Abs. 1 GG enthält eine Institutsgarantie, die „zugleich eine *Grundsatznorm* darstellt, d. h. eine verbindliche Wertentscheidung für den gesamten Bereich des Ehe und Familie betreffenden privaten und öffentlichen Rechts".[62] Nur

---

[59] BAG AP Nr. 27 zu § 611 BGB Kirchendienst.
[60] BAGE 4, 274 = AP Nr. 1 zu Art. 6 Abs. 1 GG Ehe und Familie.
[61] Vgl. *Maunz* in Maunz/Dürig, GG, Art. 6 Rn. 15.
[62] So bereits BVerfGE 6,55 (71).

diese Interpretation wird „der Einordnung der Norm in den Grundrechtsteil der Verfassung gerecht".[63] Deshalb besteht im Verhältnis zur Verfassungsgarantie des kirchlichen Selbstbestimmungsrechts ein Spannungsverhältnis auf der Ebene des Verfassungsrechts. Allgemein formuliert geht es um das Problem, ob und inwieweit die Kirchen an die staatlichen Grundrechte gebunden sind, wenn sie ein eigenes Dienstrecht schaffen.[64] Bei Begründung eines Arbeitsverhältnisses durch den Abschluß eines Vertrags ist außerdem zu beachten, daß die Kirche sich privatrechtlicher Gestaltungsformen bedient. Eine Grundrechtsbindung kommt jedoch auch für diesen Fall nur insoweit in Betracht, als sie auch sonst im Privatrechtsverkehr gilt.

Die Verfassungsbestimmung des Art. 6 Abs. 1 GG ist eine wertentscheidende Grundsatznorm, die für den gesamten Bereich des privaten und öffentlichen Rechts gilt. Die Zulässigkeit einer Zölibatsklausel kann nicht unter Bezugnahme auf die Vertragsfreiheit gerechtfertigt werden; denn die Freiheit der Eheschließung hat Vorrang.[65] Da Kündigungsgrund allein die nach staatlichem Recht gültige und damit verfassungsrechtlich geschützte Ehe ist, gerät ein mit Verfassungsrecht ausgestattetes Recht in Widerstreit zu der verfassungsrechtlich garantierten Kirchenautonomie.[66] Zur Lösung dieses Konflikts soll sich nach Auffassung des Bundesarbeitsgerichts die nach § 1 Abs. 2 Satz 1 KSchG ohnehin erforderliche Interessenabwägung anbieten, „die eine Abwägung der beiderseitigen verfassungskräftigen Rechtspositionen einschließt".[67] Das Bundesarbeitsgericht räumt im Ergebnis der Kirchenautonomie den Vorrang ein, jedenfalls soweit es sich um Arbeitnehmer handelt, deren Tätigkeit durch eine Nähe zum Auftrag der Kirche geprägt wird. Bei einer Weiterbeschäftigung stünde die Glaubwürdigkeit der Kirche auf dem Spiel, und der Verlust der Glaubwürdigkeit sei auf Dauer für die Kirche existenzgefährdend.[68]

44

Der Grundsatz der Einheit der Verfassung als Interpretationsziel bedeutet nicht, daß jeweils im Einzelfall abzuwägen ist, ob man dem Interesse der kirchlichen Einrichtung an der Auflösung des Arbeitsverhältnisses oder dem Interesse des Arbeitnehmers an der Beibehaltung seines Arbeitsplatzes bei einer nach staatlichem Recht zulässigen Eheschließung den Vorrang zu geben hat. Bei dem Verhältnis zur Verfassungsgarantie des kirchlichen Selbstbestimmungsrechts handelt es sich nicht um eine *Interessenabwägung*, sondern um eine *Normenabwägung*. Deshalb ist von Bedeutung, daß die Verfassungsgarantie des Selbstbestimmungsrechts „gerade auch eine spezifisch religiös und kirchlich begründete Auffassung von der prinzipiellen Unauflöslichkeit der Ehe schützt".[69] Die Verfassungsgarantie in Art. 6 Abs. 1 GG schließt nicht die gesetzgeberische Gestaltungsfreiheit aus; sie wird vielmehr

45

---

[63] Wie Fn. 62.
[64] S. dazu § 9 Rn. 6 ff.
[65] Ebenso BAGE 4, 274 (280) = AP Nr. 1 zu Art. 6 Abs. 1 GG Ehe und Familie.
[66] Ebenso BAGE 33, 14 (25) = AP Nr. 3 zu Art. 140 GG.
[67] BAGE 33, 14 (25); bestätigt durch BAGE 47, 144 (159) = AP Nr. 20 zu Art. 140 GG.
[68] BAGE 33, 14 (25); 47, 144 (159).
[69] So zutreffend BAGE 30, 247 (262) = AP Nr. 2 zu Art. 140 GG unter Hinweis auf *Rüthers* NJW 1976, 1918 (1921).

erst durch gesetzliche Regelungen erfüllt. Die Kirchen müssen deren Geltung hinnehmen; sie werden dadurch aber nicht gezwungen, die staatliche Sicht der Ehe ihrem Dienstrecht zugrunde zu legen.

46 Gerade wenn man berücksichtigt, daß durch Art. 6 Abs. 1 GG nur die bürgerliche, nicht die kirchliche Ehe geschützt ist, kann man eine praktische Konkordanz mit der Verfassungsgarantie des kirchlichen Selbstbestimmungsrechts nicht dadurch herbeiführen, daß die Kirche sich in ihren Angelegenheiten einem Eheverständnis beugen muß, das ihrem Bekenntnis widerspricht.[70] Erst recht muß das gelten, soweit nichteheliche Lebensgemeinschaften zunehmend den Schutz der Verfassung genießen.[71] Für die Abwägung mit der Verfassungsgarantie des kirchlichen Selbstbestimmungsrechts ist daher wesentlich, daß die kirchliche Sicht der Ehe nicht der Verfassungsgarantie des Art. 6 Abs. 1 GG entgegensteht. Sie ist vielmehr, wie das Bundesarbeitsgericht zutreffend sagt, „sogar geeignet, den Schutzgedanken des Art. 6 Abs. 1 GG zu bekräftigen; die Unauflöslichkeitsforderung stärkt die Institutionalisierung der Ehe".[72]

47 Dennoch bleibt ein Spannungsverhältnis zu Art. 6 Abs. 1 GG, weil dieser Grundrechtsartikel bei Wiederverheiratung auch die neue Ehe schützt. Art. 6 Abs. 1 GG bezieht sich hier aber nicht auf das Staat-Bürger-Verhältnis, sondern es geht um einen Anwendungsfall der Grundrechtswirkung im Privatrechtsverkehr.[73] Die Grundrechte enthalten nicht nur Eingriffsverbote und Abwehrrechte, sondern aus ihrem Charakter als objektive Grundsatznormen ergeben sich auch Schutzpflichten des Staates für das in ihnen gewährleistete Rechtsgut. Dem einzelnen Träger eines Grundrechts erwächst aus der grundrechtlichen Gewährleistung ein Recht auf solche staatlichen Maßnahmen, „die zum Schutz seines grundrechtlich gesicherten Freiheitsraums unerläßlich sind".[74] Diese Schutzpflicht besteht auch gegenüber Grundrechtsbeeinträchtigungen durch Privatrechtssubjekte. Man hat hier aber zu beachten, daß es um eine rechtliche Relation zwischen Grundrechtsträgern geht. Man muß daher drei Ebenen unterscheiden: die der Pflicht des Staats zum Grundrechtsschutz, die des Rechts des einzelnen gegenüber dem Staat und schließlich die der rechtlichen Beziehungen zwischen den Privatrechtssubjekten.[75] Soweit der Grundrechtsschutz eine privatrechtsgestaltende Wirkung entfaltet, schafft diese Rechte des einzelnen und zugleich Pflichten eines anderen. Die Abgrenzung vorzunehmen, ist deshalb Sache des Gesetzgebers. Der Verfassung läßt sich nicht unmittelbar entnehmen, wann der Grundrechtsschutz den Eingriff des Gesetzgebers erfordert. Dieser hat insoweit einen besonders weiten Beurteilungsspielraum.[76] Da bei der Gestaltung privatrechtlicher Beziehungen jede Begrenzung der Freiheit des einen gleichzeitig in die Freiheit

---

[70] So aber *Struck* NZA 1991, 249 (255 f.).
[71] BVerfGE 82, 6 (13 ff.); 84, 168 (184).
[72] BAGE 30, 247 (262) = AP Nr. 2 zu Art. 140 GG.
[73] Vgl. zu den Prinzipien des Grundrechtsschutzes im Arbeitsverhältnis *Richardi*, FS Schwarz, 1991, S. 781 ff.
[74] BVerfGE 35, 79 (116).
[75] *Alexy*, Theorie der Grundrechte, 1985, S. 485.
[76] BVerfGE 81, 242 (255).

des anderen eingreift, hat der Gesetzgeber auch eine weite Gestaltungsfreiheit; denn er muß konkurrierenden Grundrechtspositionen ausgewogen Rechnung tragen.[77]

Soweit es um das Verhältnis zur Kirchenfreiheit geht, muß ein grundrechtssicherndes Gesetz zugleich die Qualität eines für alle geltenden Gesetzes i. S. des Art. 137 Abs. 3 WRV haben. Soweit der Beurteilungsmaßstab wie nach geltendem Recht beim Kündigungsschutz die soziale Rechtfertigung einer ordentlichen Kündigung und beim Recht zur außerordentlichen Kündigung der wichtige Grund sind, muß die von den staatlichen Arbeitsgerichten ausgeübte Rechtskontrolle in die Beurteilung einbeziehen, daß der Schutz der Zweitehe nicht die Glaubwürdigkeit des kirchlichen Dienstes beeinträchtigen darf. **48**

6. Herstellung einer praktischen Konkordanz mit Art. 6 Abs. 1 GG durch eine kircheneigene Regelung

Der verfassungsrechtliche Schutz der Zweitehe durch Art. 6 Abs. 1 GG verlangt vom staatlichen Arbeitsgericht, das im Kündigungsrechtsstreit das Vorliegen eines Kündigungsgrundes überprüft, nach den Worten des Bundesverfassungsgerichts „sicherzustellen, daß die kirchlichen Einrichtungen nicht in Einzelfällen unannehmbare Anforderungen – insoweit möglicherweise entgegen den Grundsätzen der eigenen Kirche und der daraus folgenden Fürsorgepflicht (vgl. § 1 Nr. 2 AVR) – an die Loyalität ihrer Arbeitnehmer stellen".[78] Daraus folgt, daß nicht jede Wiederverheiratung stets einen kündigungsrelevanten Verstoß gegen die Loyalitätsobliegenheit ohne Rücksicht auf den vertraglich übernommenen Arbeitsbereich darstellt.[79] Nicht gelöst ist damit aber das Problem der Abgrenzungskompetenz. **49**

Der Weg, den das Bundesarbeitsgericht zur Abstufung beschritten hatte, führte in die Verfassungswidrigkeit seiner Entscheidungen. Man hat sich daher an der Erkenntnis des Bundesverfassungsgerichts zu orientieren, daß es grundsätzlich den verfaßten Kirchen überlassen bleibt, „ob und wie innerhalb der im kirchlichen Dienst tätigen Mitarbeiter eine *Abstufung* der Loyalitätspflichten eingreifen soll".[80] Den Brückenschlag zu einem geordneten Kirche-Staat-Verhältnis kann daher auch die Kirche vornehmen, um zu gewährleisten, daß die von ihr festgelegten Abstufungen einerseits ihrem bekenntnismäßigen Verständnis entsprechen, andererseits aber auch verhindern, daß die kirchlichen Einrichtungen unannehmbare Anforderungen stellen, die möglicherweise sogar vor den Augen des Papstes nicht bestehen können.[81] **50**

---

[77] BVerfGE 81, 242 (255).
[78] BVerfGE 70, 138 (168).
[79] So schon *Dütz* NZA Beil. 1/1986, 15; ders. NJW 1990, 2025 (2029); *Rüfner*, FS Rechtswiss. Fakultät Köln, S. 797 (805).
[80] BVerfGE 70, 138 (168); ebenso *Rüfner*, FS Rechtswiss. Fakultät Köln, S. 797 (804).
[81] Vgl. unter Hinweis auf das päpstliche Rundschreiben Familiaris consortio *Schockenhoff* HK 1991, 278 ff.

V. Kirchenaustritt als Kündigungsgrund

1. Beurteilung „nach den von der verfaßten Kirche anerkannten Maßstäben" (Bundesverfassungsgericht)

51 Eine besonders schwerwiegende Verfehlung ist nach kirchlichem Verständnis der Kirchenaustritt. Er wird *ausschließlich* nach den Vorschriften des *staatlichen Rechts* vollzogen. Er hat deshalb Rechtswirkung auch nur für den staatlichen Bereich und berührt nicht die kraft Kirchenrechts bestehenden Bindungen.[82] Da die Kirche eine unauflösliche Gemeinschaft und unverfügbare Stiftung darstellt, ist es theologisch unmöglich, daß sich jemand vom Leibe Christi trennt. Die Zugehörigkeit zur Kirche wird nicht durch eine *Willenserklärung*, sondern durch das *Sakrament der Taufe* begründet. Entsprechend bestimmt deshalb das kanonische Recht: Durch die Taufe wird der Mensch der Kirche Christi eingegliedert und in ihr zur Person mit den Pflichten und Rechten, die den Christen unter Beachtung ihrer jeweiligen Stellung eigen sind, soweit sie sich in der kirchlichen Gemeinschaft befinden (can. 96 CIC). Wenn der Kirchenaustritt erklärt wird, so liegt darin ein schwerwiegendes Vergehen, das den Kirchenbann, die Exkommunikation, zur Folge hat (can. 1364 § 1 CIC).[83] Das katholische Kirchenrecht unterscheidet, daß jemand aus der Kirche austritt, weil er vom christlichen Glauben abfällt, also den christlichen Glauben im ganzen ablehnt (Apostasie), daß er sich einer anderen christlichen Kirche mit von der katholischen Kirche abweichenden Überzeugungen anschließt (Häresie) oder daß er sich dem Papst oder seinem Bischof und dessen Herrschaftsbereich entzieht (Schisma).[84]

52 Auch nach dem Recht der evangelischen Kirche wird die Mitgliedschaft durch die Taufe begründet.[85] Sie vermittelt nicht nur die „Gliedschaft in der ecclesia universalis", sondern zugleich auch die „Mitgliedschaft in einer rechtlich organisierten Teilkirche".[86] An den Kirchenaustritt nach Maßgabe der staatlichen Rechtsvorschriften knüpft das Kirchenrecht zwar den Verlust aller Rechte nach kirchlichem Recht; das Band der Taufe wird dadurch aber nicht gelöst. Der Kirchenaustritt hat daher nach evangelischem Verständnis „keinerlei konstitutive Bedeutung für die Zugehörigkeit zur geistlichen Kirche".[87]

---

[82] BVerfGE 30, 415 (426); OVG Lüneburg ZevKR 31 (1986), 232 (234); *v. Campenhausen*, HdBStKirchR Bd. I S. 777ff.; *Mörsdorf*, Lehrbuch des Kirchenrechts, Bd. I S. 183f.
[83] Vgl. *Mörsdorf*, Lehrbuch des Kirchenrechts, Bd. I S. 184.
[84] Vgl. can. 751 CIC.
[85] Vgl. *v. Campenhausen*, HdBStKirchR Bd. I S. 755 (762ff.).
[86] *v. Campenhausen*, HdBStKirchR Bd. I S. 755 (765).
[87] *Link*, Kirchengliedschaft I B, in: Evangelisches Staatslexikon, 3. Aufl., 1987, Sp. 1595 (1599).

2. Rechtsprechung des Bundesarbeitsgerichts

Das Bundesarbeitsgericht hat im Urteil vom 4. März 1980 anerkannt, daß 53
der Kirchenaustritt ein Grund ist, der eine ordentliche Kündigung sozial zu
rechtfertigen vermag.[88] Im entschiedenen Fall ging es darum, daß eine an einer katholischen Privatschule in kirchlicher Trägerschaft beschäftigte Fachlehrerin für Gymnastik und Textilgestaltung aus der katholischen Kirche
ausgetreten war und den Kirchenaustritt bei ihrer Einstellung verschwiegen
hatte. Deshalb wäre auch eine Irrtumsanfechtung nach § 119 Abs. 2 BGB
zulässig gewesen.[89] Der Arbeitgeber hatte jedoch eine ordentliche Kündigung
erklärt, so daß es ausschließlich darum geht, ob der Kirchenaustritt einen
Kündigungsgrund darstellt. Das Bundesarbeitsgericht hat in der Begründung
darauf abgestellt, daß die Klägerin in einer erzieherischen Einrichtung tätig
war; sie wirkte „unmittelbar an der Verwirklichung des Erziehungsziels der
von der Beklagten getragenen katholischen Privatschule und damit am missionarischen Auftrag der Kirche mit".[90] Die Besonderheit der Fallgestaltung
birgt die Gefahr in sich, daß man den entscheidenden Gesichtspunkt auch
bei einem Kirchenaustritt darin zu erblicken hat, ob der Arbeitnehmer eine
spezifische Funktion der Kirche erfüllt, also insbesondere am Verkündigungsauftrag der Kirche teilhat.

Nachdem das Bundesarbeitsgericht in seiner Caritassekretärin-Entscheidung vom 14. Oktober 1980 für die Loyalitätsobliegenheit eines kirchlichen 54
Arbeitnehmers als entscheidend angesehen hatte, ob der Arbeitnehmer zu
den Mitarbeitern gehört, die durch ihre Tätigkeit eine kirchliche Grundfunktion wahrnehmen, war der Weg vorgezeichnet, für den Kirchenaustritt als
Kündigungsgrund eine entsprechende Abgrenzung vorzunehmen. Dieser Versuchung erlag das Bundesarbeitsgericht in seinem Urteil vom 23. März 1984,
in dem es darum ging, ob der Kirchenaustritt eine ordentliche Kündigung
aus verhaltens- oder personenbedingten Gründen sozial rechtfertigt, wenn es
sich lediglich um einen Buchhalter handelt.[91] Das Bundesarbeitsgericht hat
keineswegs verkannt, daß der Kirchenaustritt kirchenrechtlich als „schwerwiegendes Vergehen" bewertet wird.[92] Dennoch sah es als entscheidend an,
daß der Kirchenaustritt aus „Verärgerung" über das Verhalten der Ordensgemeinschaft in ihrer Eigenschaft als Arbeitgeber erfolgt sei. Es hält der Ordensgemeinschaft vor, sie habe dafür, daß „andere Gründe für den Kirchenaustritt" maßgeblich gewesen seien, „z. B. Abwendung von den katholischen
Glaubensgrundsätzen oder Eintritt in eine andere christliche Kirche oder Anschluß an eine nichtchristliche religiöse Vereinigung", nichts vorgetragen.[93]
Dieser Einwand verrät eine elementare Nichtkenntnis der kirchlichen Lehre,

---

[88] BAG AP Nr. 4 zu Art. 140 GG = AR-Blattei, Kirchenbedienstete: Entsch. 17 mit zust. Anm. von *Mayer-Maly*.
[89] Ebenso *Otto* AuR 1980, 289 (292 Fn. 27).
[90] BAG, AP Nr. 4 zu Art. 140 GG, Bl. 3 R.
[91] BAGE 45, 250 = AP Nr. 16 zu Art. 140 GG.
[92] BAGE 45, 250 (258).
[93] BAGE 45, 250 (258).

die mit hinreichender Deutlichkeit belegt, daß das nachkonstantinische Zeitalter Realität geworden ist. Das Bundesverfassungsgericht hat durch seinen Beschluß vom 4. Juni 1985 das Urteil wegen Verletzung des kirchlichen Selbstbestimmungsrechts aufgehoben.[94]

55 Im Urteil vom 12. Dezember 1984 ging es um die Zulässigkeit einer ordentlichen Kündigung gegenüber einem in einem katholischen Krankenhaus beschäftigten Assistenzarzt, der nach Abschluß des Arbeitsvertrages aus der römisch-katholischen Kirche ausgetreten war.[95] Das Bundesarbeitsgericht kam hier zu dem Ergebnis, daß der Kirchenaustritt an sich geeignet sei, einen personenbedingten Grund für die ordentliche Kündigung darzustellen. Da das Urteil noch vor dem Beschluß des Bundesverfassungsgerichts erging, sah es als entscheidend an, daß der Arzt durch seine Tätigkeit „unmittelbar in den Verkündigungsauftrag" der Kirche einbezogen war;[96] denn „der Glaube der Kirche soll für den kranken Menschen durch die ihm im Krankenhaus geleistete Hilfe erfahrbar werden".[97] Das Bundesarbeitsgericht ließ es allerdings nicht dabei bewenden, sondern verlangte entsprechend der von ihm bis zum Beschluß des Bundesverfassungsgerichts vertretenen Auffassung eine an den Besonderheiten des Einzelfalles orientierte Interessenabwägung.[98] Für sie sah es als erheblich an, ob der kirchliche Arbeitgeber bei der Einstellung eines anderen Arztes davon Kenntnis gehabt habe, daß dieser ein Jahr zuvor aus der katholischen Kirche ausgetreten war. Sollte er dies ohne arbeitsrechtliche Konsequenzen hingenommen haben, so könnte dies ein Anzeichen dafür sein, daß er dem Austritt eines seiner Ärzte aus der katholischen Kirche für dessen weitere Eignung, in seinem Krankenhaus ärztlich tätig zu sein, kein entscheidendes Gewicht beimesse.[99] Diese Argumentation überzeugt nicht; denn es besteht ein wesentlicher Unterschied, ob ein Gesichtspunkt, der für die Durchführung eines Vertrages wesentlich ist, bereits bei dessen Abschluß vorliegt und dem Vertragspartner bekannt ist oder ob er erst nach Abschluß des Vertrages eintritt.

3. Besonderheit des Kirchenaustritts gegenüber sonstigen Loyalitätsverstößen

56 Wer aus der Kirche austritt, gibt die Mindestübereinstimmung preis, die die Kirche von jedem Arbeitnehmer erwarten kann, der in ihren Dienst tritt. Dies gilt nicht nur für Arbeitnehmer, die eine spezifische Funktion der Kirche erfüllen, also insbesondere nach kirchlichem Selbstverständnis am Verkündigungsauftrag teilhaben, sondern auch für sonstige Arbeitnehmer, die in kirchlichen Einrichtungen tätig werden.[100] Dies hat das Bundesverfassungs-

---

[94] BVerfGE 70, 138 ff.; s. ausführlich Rn. 18 ff.
[95] BAGE 47, 292 = AP Nr. 21 zu Art. 140 GG.
[96] BAGE 47, 292 (304).
[97] BAGE 47, 292 (303).
[98] BAGE 47, 292 (306).
[99] BAGE 47, 292 (307).
[100] Ebenso *Dütz* NZA Beil. 1/1986, 11 (15); *Rüfner*, FS Rechtswiss. Fakultät Köln, S. 797 (804).

gericht in seinem Beschluß vom 4. Juni 1985 ausdrücklich klargestellt, als es das Urteil des Bundesarbeitsgerichts, das einen Buchhalter betraf, aufhob.[101] Der Kirchenaustritt unterscheidet sich von sonstigen Verstößen gegen die kirchliche Lebensordnung dadurch, daß man in ihm im Sinne der für Tendenzarbeitsverhältnisse maßgeblichen Unterscheidung einen *tendenzfeindlichen Akt* zu erblicken hat.[102] Nicht notwendig ist, daß er in gehässiger oder sonst verletzender Weise geschieht.[103]

Wenn eine Einrichtung Wesens- und Lebensäußerung der Kirche ist, kann man ebensowenig wie nach der Funktion, die der Arbeitnehmer wahrnimmt, nach der Art der jeweiligen Einrichtung eine Abstufung vornehmen.[104] Ebenfalls unerheblich ist, ob der Arbeitgeber Arbeitnehmer eines anderen christlichen Bekenntnisses oder sogar konfessionslose Arbeitnehmer beschäftigt; denn der Staat kann der Kirche nicht vorschreiben, wie sie ihr Verhältnis zu Menschen anderen Glaubens gestaltet, zumal sie nach ihrem Selbstverständnis für alle Menschen guten Willens offen ist.[105] Die Beschäftigung von konfessionslosen oder andersgläubigen Arbeitnehmern ist deshalb nicht gleichzusetzen mit der Beschäftigung eines Arbeitnehmers, der sich durch seinen Austritt aus der Kirche von ihr öffentlich losgesagt hat.[106] 57

4. Wegfall der Geschäftsgrundlage für eine Beschäftigung im kirchlichen Dienst

Wer aus der Kirche austritt, beseitigt damit die Geschäftsgrundlage seines Arbeitsverhältnisses mit einem der Kirche zugeordneten Arbeitgeber. Es handelt sich um eine Obliegenheitsverletzung, die so schwerwiegend ist, daß sie auch bei langer Beschäftigungsdauer und hohem Lebensalter sowie sonstiger erheblicher sozialer Gesichtspunkte dem kirchlichen Arbeitgeber die Fortsetzung des Arbeitsverhältnisses unzumutbar macht und daher eine außerordentliche Kündigung zuläßt.[107] Für die katholische Kirche bestimmt Art. 5 Abs. 5 GrOkathK, daß ein Mitarbeiter, der aus der katholischen Kirche austritt, nicht weiterbeschäftigt werden kann. Insoweit kommt also auch keine Abstufung nach der zugewiesenen Arbeitsaufgabe in Betracht. Soweit der Arbeitgeber eine ordentliche Kündigung ausspricht, ist sie i. S. des § 1 KSchG sozial gerechtfertigt.[108] 58

---

[101] BVerfGE 70, 138 (172).
[102] Vgl. auch *Buchner* ZfA 1979, 335 (348); *Otto* AuR 1980, 289 (292).
[103] So aber *Ruland* NJW 1980, 89 (95).
[104] So aber *Weiss* AuR 1979, Sonderheft: Kirche und Arbeitsrecht, S. 28 (31).
[105] S. auch § 4 Rn. 23 ff.
[106] Ebenso BAG AP Nr. 4 zu Art. 140 GG, Bl. 4.
[107] Ebenso BVerfGE 70, 138 (172); aus dem Schrifttum: *Jurina*, Dienst- und Arbeitsrecht im Bereich der Kirchen, S. 121; *Rüthers* in: Straßburger Kolloquien Bd. 6, S. 15; *Buchner* ZfA 1979, 335 (348); *Richardi*, Anm. zu BAG, AR-Blattei, Kirchenbedienstete: Entsch. 20; *Dütz* NZA Beil. 1/1986, 11 (15); *ders.*, NJW 1990, 2025 (2031); *Marré* Theologie und Glaube 78 (1988), 397 (405).
[108] So bereits vor BVerfGE 70, 138 ff. für die an einer katholischen Privatschule beschäftigte Fachlehrerin für Gymnastik und Textilgestaltung BAG AP Nr. 4 zu Art. 140 GG; s. auch Rn. 53.

59 Etwas anderes gilt nur dann, wenn der Kirchenaustritt dem kirchlichen Arbeitgeber bereits bei der Einstellung bekannt gewesen war oder er ihn später erfahren hat, ohne daraus die Konsequenz zu ziehen, das Arbeitsverhältnis aus diesem Grund aufzulösen.[109] Wenn der Arbeitgeber in diesem Fall wegen des Kirchenaustritts zu einem späteren Zeitpunkt kündigt, würde er sich zu seinem eigenen früheren Verhalten treuwidrig in Widerspruch setzen; es wäre ein *venire contra factum proprium*. Dessen Verbot ist ein Rechtsgrundsatz, der auch die Kirche bindet.

VI. Geltungsbereich der Bindung an die von der verfaßten Kirche anerkannten Maßstäbe

60 Seit dem grundlegenden Beschluß des Bundesverfassungsgerichts vom 4. Juni 1985 steht fest, daß die Beurteilung, ob eine bestimmte Tätigkeit durch eine Nähe zum Auftrag der Kirche geprägt wird, ausschließlich in die Beurteilungskompetenz der Kirche fällt. Daran ist ein staatliches Arbeitsgericht gebunden. Für den Geltungsbereich ist auch unerheblich, in welcher Organisationsform die Kirche ihren Auftrag wahrnimmt. Keine Rolle spielt deshalb, ob der Arbeitnehmer in einer Gliederung der verfaßten Kirche tätig wird oder ob das Arbeitsverhältnis mit einer rechtlich verselbständigten Einrichtung besteht, die eine Wesens- und Lebensäußerung der Kirche darstellt.[110]

61 Die in einem Kindergarten geleistete Erziehungsarbeit entspricht nach kirchlichem Selbstverständnis dem Auftrag der Kirche zur zeit- und personengemäßen Glaubensverkündigung. Sie gehört, wie das Bundesarbeitsgericht es formuliert hat, „bereits zum eigentlichen Wirken der Kirche".[111] Eine Trennung von der Kirche wird nicht dadurch herbeigeführt, daß für die Aufnahme in den Kindergarten die Konfessionszugehörigkeit keine Rolle spielt. Wie kirchenfremd die Diskussion geführt wird, zeigt die These, daß bei Aufnahme konfessionsverschiedener oder konfessionsloser Kinder in den Kindergarten die Loyalität zur Kirche als Glaubensgemeinschaft nicht in dem gleichen Umfang erwartet werden könne wie bei einer Beschränkung des Benutzerkreises auf die Mitglieder der Kirche.[112] Diese These findet zwar weitgehend Verständnis, weil der Verlust des Arbeitsplatzes wegen der verfassungsrechtlichen Garantie des Rechts zur Eheschließung eine Härte darstellt, die ein Arbeitnehmer sonst nicht hinzunehmen braucht. Sie ist aber gleichwohl mit der Verfassungsgarantie des kirchlichen Selbstbestimmungsrechts nicht vereinbar; denn sie fordert von der Kirche ein Verhalten, das ihrem Selbstverständnis widerspricht; denn der ihr gestellte Auftrag verlangt, daß sie *allen* Menschen zugewandt bleibt. Deshalb ist es Sache der Kirche, festzulegen, wen sie in den Kindergarten aufnimmt. Sie allein bestimmt das religiöse und pädagogische Konzept, nach dem der Kindergarten geführt werden

---

[109] Ebenso BAG AP Nr. 4 zu Art. 140 GG, Bl. 4.
[110] Vgl. ausführlich § 3.
[111] BAGE 30, 247 (256) = AP Nr. 2 zu Art. 140 GG.
[112] So *Weiss* AuR 1979, Sonderheft: Kirche und Arbeitsrecht, S. 28 (32).

soll.¹¹³ Das Grundgesetz prämiiert nicht *kirchliche Ghettobildung*, sondern gewährleistet eine *Öffnung der Kirche zur Welt*.

Folgerichtig hat deshalb das Bundesarbeitsgericht angenommen, daß die katholisch-kirchliche Prägung eines von einer katholischen Kirchengemeinde getragenen Kindergartens nicht dadurch ausgeschlossen wird, daß Kinder anderer Konfessionen aufgenommen werden und daß keine spezifisch katholische Glaubensunterweisung stattfindet.¹¹⁴ Da es allein Sache der Kirche ist, das religiöse und pädagogische Konzept zu bestimmen, nach dem der Kindergarten geführt werden soll, ist auch allein sie befugt, „darüber zu entscheiden, wie und mit welcher Intensität sie das religiöse Element in ihrer Kindergartenarbeit äußerlich hervortreten läßt".¹¹⁵ Allgemein gilt, was das Bundesarbeitsgericht im Urteil vom 25. April 1978 ausgesprochen und im Urteil vom 4. März 1980 bestätigt hat: „Der Kindergarten erhält entscheidend seine kirchliche Prägung bereits dadurch, daß seine Trägerin die katholische Kirchengemeinde ist und sie gerade in dieser ihrer Eigenschaft tätig wird."¹¹⁶

Nichts anderes gilt für andere erzieherische Einrichtungen und auch für karitative Einrichtungen. Daß in einer der katholischen Kirche zugeordneten Einrichtung Lehrer beschäftigt werden, die anderen christlichen Kirchen angehören, steht durchaus im Einklang mit den Erziehungs- und Bildungszielen einer katholischen Schule in privater Trägerschaft.¹¹⁷ Es kann sogar zu ihrem Programm gehören, Mitglieder einer anderen christlichen Kirche in die Erziehungsarbeit einzubeziehen. Dann sind auch sie, wie das Bundesarbeitsgericht feststellt, geeignet, „an der Verwirklichung des Bildungsideals der Schule mitzuwirken, wenn sie den besonderen Charakter der Schule tolerieren".¹¹⁸ Die Aufnahme von konfessionsverschiedenen Schülern vermag ebenfalls nichts an der kirchlichen Zuordnung zu ändern. „Glaubensverkündung der Kirche sowie die Verwirklichung von katholischen Erziehungsidealen betreffen gerade auch die Darstellung des katholischen Glaubens gegenüber Nichtkatholiken."¹¹⁹ Für einen der katholischen Kirche angehörenden Lehrer spielt, soweit es um die Loyalitätsobliegenheit geht, auch keine Rolle, ob er mit dem Religionsunterricht betraut ist. Selbst wenn ein Lehrer nur Mathematik oder Geographie unterrichtet, ist für die Beurteilung wesentlich, daß seine Tätigkeit durch den erzieherischen Auftrag geprägt wird. Der Erfolg in der Erziehungsarbeit einer Schule hängt, wie das Bundesarbeitsgericht feststellt, „maßgeblich davon ab, daß sich die Lehrer in ihren Verhaltensweisen an den von der Schule verfolgten grundlegenden Glaubens- und Wertvorstellungen orientieren".¹²⁰

---

[113] Ebenso BAGE 30, 247 (260) = AP Nr. 2 zu Art. 140 GG; bestätigt BAGE 33, 14 (21) = AP Nr. 3 zu Art. 140 GG.
[114] Vgl. die Nachweise in Fn. 113.
[115] BAGE 33, 14 (21); so bereits BAGE 30, 247 (260).
[116] BAGE 30, 247 (260); ebenso BAGE 33, 14 (21).
[117] So zutreffend BAGE 47, 144 (149) = AP Nr. 20 zu Art. 140 GG.
[118] BAG AP Nr. 4 zu Art. 140 GG, Bl. 4; bestätigt durch BAGE 47, 144 (149) = AP Nr. 20 zu Art. 140 GG, Bl. 2 R.
[119] BAGE 47, 144 (149).
[120] BAGE 47, 144 (155).

VII. Ergebnis

64 1. Die staatlichen Gesetzesvorschriften des Kündigungs- und Kündigungsschutzrechts finden auf kirchliche Arbeitsverhältnisse Anwendung. Nach ihnen richtet sich, ob und inwieweit eine Kündigung erklärt werden kann. Daß eine außerordentliche Kündigung einen wichtigen Grund voraussetzt (§ 626 BGB), gilt auch für einen kirchlichen Arbeitgeber. Erfüllt der Arbeitnehmer die Voraussetzungen für den allgemeinen Kündigungsschutz, so muß eine ordentliche Kündigung durch den Arbeitgeber nach § 1 KSchG sozial gerechtfertigt sein.

65 2. Die Verfassungsgarantie des kirchlichen Selbstbestimmungsrechts begründet keine Freistellung vom staatlichen Kündigungs- und Kündigungsschutzrecht; sie verbietet aber eine Fremdbestimmung über Wesen und Auftrag der Kirche durch den Staat bei Anwendung des Kündigungs- und Kündigungsschutzrechts. Deshalb ist bei dessen Interpretation zu beachten, „daß die Kirchen bei der arbeitsvertraglichen Gestaltung des kirchlichen Dienstes das Leitbild einer christlichen Dienstgemeinschaft zugrunde legen und die Verbindlichkeit kirchlicher Grundpflichten bestimmen können".[121] Diese Gewährleistung ist bei Anwendung des Kündigungs- und Kündigungsschutzrechts auf Kündigungen von Arbeitsverhältnissen „wegen der Verletzung der sich daraus für die Arbeitnehmer ergebenden Loyalitätsobliegenheiten aus *verfassungsrechtlichen Gründen* zu berücksichtigen".[122]

66 3. Für die Bewertung vertraglicher Loyalitätsobliegenheiten haben daher die Arbeitsgerichte die „vorgegebenen kirchlichen Maßstäbe" zugrunde zu legen, „soweit die Verfassung das Recht der Kirchen anerkennt, hierüber selbst zu befinden".[123] Das Bundesverfassungsgericht zieht daraus die folgende Konsequenz:

> „Es bleibt danach grundsätzlich den verfaßten Kirchen überlassen, verbindlich zu bestimmen, was ,die Glaubwürdigkeit der Kirche und ihrer Verkündigung erfordert', was ,spezifisch kirchliche Aufgaben' sind, was ,Nähe' zu ihnen bedeutet, welches die ,wesentlichen Grundsätze der Glaubens- und Sittenlehre' sind und was als – gegebenenfalls schwerer – Verstoß gegen diese anzunehmen ist. Auch die Entscheidung darüber, ob und wie innerhalb der im kirchlichen Dienst tätigen Mitarbeiter eine ,Abstufung' der Loyalitätspflichten eingreifen soll, ist grundsätzlich eine dem kirchlichen Selbstbestimmungsrecht unterliegende Angelegenheit."

67 Die Feststellung der kirchlichen Vorgaben richtet sich nach den von der verfaßten Kirche anerkannten Maßstäben.[124] So ist für die Feststellung, was Inhalt der katholischen Glaubenslehre ist, ausschließlich maßgebend, was für die Kirche ihre dazu berufenen Organe formulieren. Hiervon abweichende Lehrmeinungen sind für die staatlichen Gerichte unbeachtlich. Für die Feststellung, was den von der verfaßten Kirche anerkannten Maßstäben ent-

---

[121] BVerfGE 70, 138 (167).
[122] BVerfGE 70, 138 (167) – Hervorhebung vom Bundesverfassungsgericht.
[123] BVerfGE 70, 138 (167 f.)
[124] BVerfGE 70, 138 (166).

spricht, verweist das Bundesverfassungsgericht die staatlichen Gerichte an die „zuständigen Kirchenbehörden".[125] Gemeint ist damit nicht, daß eine Kirchenbehörde aus eigener Machtvollkommenheit festlegen kann, welche Vorgaben ein staatliches Gericht seiner Entscheidung zugrunde legen muß. Das Bundesverfassungsgericht macht vielmehr deutlich, daß eine Bindung nur eintritt, wenn die Gerichte sich nicht dadurch in Widerspruch zu Grundprinzipien der Rechtsordnung begeben, „wie sie im allgemeinen Willkürverbot (Art. 3 Abs. 1 GG) sowie in dem Begriff der ‚guten Sitten' (§ 138 Abs. 1 BGB) und des ordre public (Art. 30 EGBGB, *nunmehr Art. 6 EGBGB*) ihren Niederschlag gefunden haben".[126]

4. Für die katholische Kirche haben die Bischöfe in der Grundordnung kirchengesetzlich festgelegt, ob ein Loyalitätsverstoß einer Weiterbeschäftigung im kirchlichen Dienst entgegensteht. Die maßgebliche Regelung enthält Art. 5 GrOkathK. **68**

5. Für die Interpretation des wichtigen Grundes für eine außerordentliche Kündigung (§ 626 BGB) und der sozialen Rechtfertigung einer ordentlichen Kündigung (§ 1 KSchG) gelten die allgemeinen Grundsätze, soweit die Kündigung nicht auf einen Verstoß gegen wesentliche kirchliche Glaubensgrundsätze und Kirchenrechtsnormen gestützt wird. Bei Einschränkung der Haushaltsmittel gilt deshalb für die Zulässigkeit einer Kündigung im kirchlichen Dienst im Prinzip nichts anderes als in weltlichen Diensten.[127] Bei einem Verstoß gegen wesentliche kirchliche Glaubensgrundsätze und Kirchenrechtsnormen ist dagegen verfassungsrechtlich das Verständnis der Kirche die „maßgebliche Richtschnur für die Beurteilung des gerichtlich festgestellten Loyalitätsverstoßes".[128] Für die Beurteilung, ob ein Verstoß vorliegt, darf das Arbeitsgericht sich nicht an die Stelle der Kirche setzen. **69**

---

[125] BVerfGE 70, 138 (168).
[126] BVerfGE 70, 138 (168).
[127] Ebenso BVerfGE 70, 138 (170); *Dütz* NZA Beil. 1/1986, 11 (14).
[128] BVerfGE 70, 138 (171).

§ 8 Kirchenautonomie und Arbeitnehmerschutzrecht

I. Kirchenautonomie und tarifdispositives Gesetzesrecht

1. Vorrang des Tarifvertrags bei zwingendem Gesetzesrecht

1 Die staatliche Gesetzgebung spielt im Arbeitsrecht nicht nur die Rolle, daß durch Gesetz die maßgeblichen Institutionen der Arbeitsverfassung gestaltet werden, wie durch das Tarifvertragsgesetz und das Betriebsverfassungsgesetz, sondern Gesetzesrecht bezieht sich unmittelbar auch auf den sozialen Ausgleich zwischen Arbeitgeber und Arbeitnehmer. Derartige Gesetze begrenzen im allgemeinen die individuelle Vertragsfreiheit im Schutzinteresse des Arbeitnehmers. Sie sind zwingend für das Arbeitsverhältnis, da durch sie ein Mindestschutz für die Arbeitnehmer verwirklicht werden soll. Wegen dieser Zweckbestimmung gilt aber als Auslegungsregel, daß von zwingendem Gesetzesrecht zugunsten des Arbeitnehmers abgewichen werden kann.[1]

2 Da die arbeitsrechtliche Schutzgesetzgebung die fehlende Gleichgewichtslage im Einzelarbeitsverhältnis ausgleichen soll, das Tarifvertragssystem aber auf dem Verhandlungsgleichgewicht der Koalitionen beruht, hat der Gesetzgeber seine Regelungen, die gegenüber den Arbeitsvertragsparteien zwingend sind, in bestimmten Grenzen gegenüber den Tarifvertragsparteien dispositiv gestaltet.

3 Nach einer vor allem von *Kurt H. Biedenkopf* begründeten Auffassung soll zwischen der arbeitsrechtlichen Schutzgesetzgebung und der Tarifautonomie ein verfassungsrechtlich gesichertes Subsidiaritätsverhältnis bestehen.[2] Gestützt wird diese Annahme darauf, daß Art. 9 Abs. 3 GG einen Kernbereich koalitionsrechtlicher Gestaltung der Arbeitsbedingungen gegenüber dem Staat gewährleistet. *Biedenkopf* leitet daraus ab, daß die Regelungskompetenz der Koalitionen sich nicht auf eine Verbesserung der gesetzlichen Arbeitsbedingungen beschränke. Die tarifvertragliche Regelung gehe vielmehr schlechthin zwingendem Gesetzesrecht vor, soweit sie nicht die gesetzliche Existenzsicherung antaste und wirksam und geeignet sei, eine dem Gesetz ebenbürtige Schutzfunktion zu erfüllen.[3] Es soll daher einen Grundsatz mit Verfassungsrang darstellen, daß zwingendes Gesetzesrecht tarifdispositiv ist, soweit es nicht die Bedingungen sichert, die nach dem Menschenbild des

---

[1] Vgl. MünchArbR/*Richardi* § 9 Rn. 35.
[2] *Biedenkopf*, Grenzen der Tarifautonomie, 1964, S. 102 ff., insbes. S. 178 ff.; ders., Sinn und Grenzen der Vereinbarungsbefugnis der Tarifvertragsparteien, in: Verhandlungen des 46. DJT, 1966, Bd. I/1 S. 97 (112 f.); *Säcker*, Grundprobleme der kollektiven Koalitionsfreiheit, 1969, S. 45 ff.; vgl. auch *Galperin*, Die autonome Rechtsetzung im Arbeitsrecht, in: FS Molitor, 1962, S. 143 (158).
[3] *Biedenkopf*, Tarifautonomie (s. Fn. 2), S. 189; ebenso M. *Wolf*, Tarifautonomie, Kampfparität und gerechte Tarifgestaltung, ZfA 1971, 151 (157 ff.).

Grundgesetzes gegeben sein müssen, um eine menschenwürdige Existenz zu gewährleisten.

Die Doktrin beruht auf der Erwägung, daß eine Okkupation des tarifautonomen Regelungsbereichs durch staatliche Arbeitsschutzgesetzgebung das Grundrecht der Koalitionsfreiheit aushöhlt. Daraus kann man aber nicht ableiten, daß Art. 9 Abs. 3 GG den Koalitionen eine im Verhältnis zur Gesetzgebung vorrangige Regelungskompetenz einräumt. Der Vorrang des Tarifvertrags bedeutet nicht, daß für die Tarifautonomie ein *Freiraum* besteht, der von Gesetz und Recht nicht beherrscht wird.[4] Deshalb ist es zweifelhaft, ob eine im Verhältnis zur Gesetzgebung vorrangige Regelungskompetenz der Tarifvertragsparteien allein auf Art. 9 Abs. 3 GG gestützt werden kann. Soweit zwingendes Gesetzesrecht, das den Arbeitnehmern bestimmte Rechtspositionen sichert, tarifdispositiv gestaltet worden ist, handelt der Gesetzgeber aber im Rahmen seiner *Gestaltungsfreiheit*. Er kann in seine Überlegungen einbeziehen, daß eine tarifvertragliche Regelung besser als eine Gesetzesregelung in der Lage ist, den unterschiedlichen branchenspezifischen Erfordernissen und den unterschiedlichen örtlichen Besonderheiten Rechnung zu tragen. 4

Folgerichtig hat deshalb die moderne Gesetzgebung, soweit sie durch zwingendes Recht einen sozialen Interessenausgleich zwischen Arbeitgeber und Arbeitnehmer vornimmt, ihre Regelungen tarifdispositiv gestaltet: Von Gesetzen, die zum Schutz des Arbeitnehmers für die Parteien des Einzelarbeitsvertrages zwingend sind, können die Tarifvertragsparteien auch zu Lasten der Arbeitnehmer abweichen. Dies gilt für das Urlaubsrecht nach § 13 BUrlG, die Entgeltfortzahlung im Krankheitsfall nach § 4 Abs. 4 EFZG, die Bestimmungen über die Teilzeitarbeit nach § 6 BeschFG, die Regelung der Kündigungsfristen nach § 622 Abs. 4 BGB und die betriebliche Altersversorgung nach § 17 Abs. 3 BetrAVG. 5

Tarifdispositiv sind auch Regelungen des öffentlich-rechtlichen Arbeitnehmerschutzrechts. Für die Regelung der werktäglichen Arbeitszeit im Arbeitszeitgesetz bestimmt dessen § 7 Abs. 1 und 2, daß in einem Tarifvertrag oder auf Grund eines Tarifvertrags in einer Betriebsvereinbarung die dort vorgesehenen Abweichungen von der Gesetzesregelung zugelassen werden können. Gleiches gilt für den Jugendarbeitsschutz gemäß § 21a Abs. 1 JArbSchG. 6

2. Delegation der Regelung von Sachproblemen an die Tarifvertragsparteien

Durch die Tarifdispositivität respektiert der Gesetzgeber, daß ohne Hilfe der Gewerkschaften und Arbeitgeberverbände nicht die Vielzahl der höchst unterschiedlichen Arbeitsverhältnisse in ihren Einzelheiten geregelt werden kann, ohne die freiheitliche Gesellschaftsordnung preiszugeben. Dabei zeichnet sich in der Gesetzgebung die Tendenz ab, daß Tarifvertragsregelungen zunehmend in das gesetzliche Regelungskonzept einbezogen werden. Das 7

---

[4] Vgl. *Richardi*, Richterrecht und Tarifautonomie, in: Gedächtnisschrift Rolf Dietz, 1973, S. 269 (270 f.).

Arbeitszeitgesetz, das als Art. 1 des Arbeitszeitrechtsgesetzes vom 6. Juni 1994 (BGBl. I S. 1170) ergangen ist, trifft für wesentliche Sachprobleme des Arbeitszeitschutzes überhaupt keine Regelung mehr. Soweit es um den werktäglichen Arbeitszeitschutz geht, beschränkt das Gesetz sich auf eine Grundregelung, die sich im wesentlichen darin erschöpft, daß die werktägliche Arbeitszeit der Arbeitnehmer im Prinzip acht Stunden nicht überschreiten darf (§ 3), daß die Arbeitszeit durch Ruhepausen von einer bestimmten Mindestdauer zu unterbrechen ist (§ 4) und daß Arbeitnehmer nach Beendigung der täglichen Arbeitszeit eine ununterbrochene Ruhezeit von mindestens elf Stunden haben müssen (§ 5 Abs. 1). Wenn etwas anderes gelten soll, weil es sachlich geboten ist, überträgt das Gesetz diese Aufgabe den Tarifvertragsparteien (§ 7 Abs. 1 und 2). Im Gegensatz zu dem in der 10. und 11. Legislaturperiode eingebrachten Regierungsentwurf[5] trifft das Gesetz zwar unmittelbar eine vom Regelfall abweichende Bestimmung über die Dauer der Ruhezeit in Krankenhäusern und anderen Einrichtungen zur Behandlung, Pflege und Betreuung von Personen; es läßt eine Veränderung aber nur in sehr engen Grenzen zu und gebietet, daß sie insoweit zu anderen Zeiten ausgeglichen wird (§ 5 Abs. 2 und 3 ArbZG). Jede andere Gestaltung des öffentlich-rechtlichen Arbeitszeitschutzes steht zur Disposition der Tarifvertragsparteien nach § 7 Abs. 1 und 2 ArbZG.

8 Gegen eine Übertragung von Regelungsbefugnissen auf die Tarifvertragsparteien bestehen verfassungsrechtliche Bedenken, wenn ein Gesetz nicht mehr selbst die Regelung enthält, von der durch Tarifvertrag abgewichen werden kann. Deshalb ist die Regelung in § 7 Abs. 1 und 2 ArbZG nicht unproblematisch, wie auch darin zum Ausdruck kommt, daß die Vorschrift, die den Inhalt der Ermächtigung zum Erlaß von Rechtsverordnungen enthält (§ 7 Abs. 6 ArbZG), in einer Verweisung auf die Vorschrift besteht, durch die das Gesetz den Bereich seiner tarifdispositiven Geltung festlegt (§ 7 Abs. 1 und 2 ArbZG). Die Ermächtigungsnorm enthält als zusätzliche Voraussetzung nur noch, daß die Zulassung von Ausnahmen „aus betrieblichen Gründen erforderlich ist und die Gesundheit der Arbeitnehmer nicht gefährdet wird". Da es sich um einen öffentlich-rechtlichen Arbeitszeitschutz handelt, bei dem Verstöße als Ordnungswidrigkeit und Straftat geahndet werden (§§ 22, 23 ArbZG), ist bereits zweifelhaft, ob der Gesetzgeber zulassen kann, daß letztlich erst durch den Tarifvertrag die Regelung getroffen wird, deren Verletzung mit einer Geldbuße geahndet werden kann oder sogar mit Freiheitsstrafe bis zu einem Jahr oder mit Geldstrafe sanktioniert wird.

9 Man hat in diesem Zusammenhang auch zu beachten, daß das Bundesverfassungsgericht gegen die dynamische Verweisung in einem Gesetz auf tarifvertragliche Regelungen verfassungsrechtliche Bedenken erhoben hat.[6] Es meint, eine Verweisung von staatlichen Gesetzen auf tarifvertragliche Regelungen dürfe „nicht dazu führen, daß der Bürger schrankenlos der normsetzenden Gewalt der Tarifvertragsparteien ausgeliefert wird, die ihm gegen-

---

[5] BT-Drucks. 10/2706 und 11/360; vgl. zu ihm *Wlotzke* NZA 1984, 182 ff.; *Zmarzlik* NZA Beil. 3/1987, 15 ff.
[6] BVerfGE 64, 208 ff.

über weder staatlich-demokratisch noch mitgliedschaftlich legitimiert sind".[7] Die Unterwerfung der Nichtmitglieder unter die normsetzende Gewalt der Tarifvertragsparteien ergibt sich zwar nicht daraus, daß das Arbeitszeitgesetz auf tarifvertragliche Regelungen verweist; sie folgt aber daraus, daß an Stelle der gesetzlichen die tarifvertragliche Abgrenzung gilt, wenn sie durch Betriebsvereinbarung oder, wenn ein Betriebsrat nicht besteht, durch schriftliche Vereinbarung zwischen dem Arbeitgeber und dem Arbeitnehmer übernommen wird (§ 7 Abs. 3 ArbZG).

3. Ersetzung durch den Tarifvertrag bei einer gesetzlichen Öffnungsklausel

Soweit eine tarifdispositive Gesetzesbestimmung die Rechtsbeziehungen des Arbeitgebers zum einzelnen Arbeitnehmer regelt, gehört bei einer Öffnungsklausel im Gesetzesrecht die sie ersetzende Tarifvertragsregelung zu den Rechtsnormen, die den Inhalt von Arbeitsverhältnissen festlegen (§ 1 Abs. 1 TVG). Sie gilt unmittelbar und zwingend nur zwischen den beiderseits tarifgebundenen Arbeitsvertragsparteien (§ 4 Abs. 1 Satz 1 TVG). Die Tarifgeltung tritt also nur ein, wenn sowohl der Arbeitgeber als auch der Arbeitnehmer tarifgebunden sind (§ 3 Abs. 1 TVG). Da in der Rechtswirklichkeit wegen des Organisationsgrades der Arbeitnehmer die meisten Tarifverträge keine Tarifgeltung haben, sondern auf Grund einer Einbeziehungsabrede im Arbeitsvertrag den Inhalt der Arbeitsverhältnisse festlegen, ist den Parteien des Einzelarbeitsvertrags bei tarifdispositivem Gesetzesrecht im allgemeinen auch bei fehlender Tarifgeltung gestattet, daß sie im Geltungsbereich des Tarifvertrags die Anwendung der von dem zwingenden Gesetzesrecht abweichenden tarifvertraglichen Bestimmungen arbeitsvertraglich vereinbaren können (vgl. § 622 Abs. 4 Satz 2 BGB, § 13 Abs. 1 Satz 2 BUrlG, § 4 Abs. 4 Satz 2 EFZG, § 6 Abs. 2 Satz 1 BeschFG). Damit trägt der Gesetzgeber der Tatsache Rechnung, daß die Tarifverträge innerhalb ihres Geltungsbereichs eine Ordnungsfunktion erfüllen. Auch bei Übernahme der tarifvertraglichen Regelung wird der Zweck erreicht, den der Gesetzgeber mit der Tarifdisponibilität sonst zwingenden Gesetzesrechts verfolgt. Entscheidend ist nicht der *verschiedene Geltungsgrund* für die Rechtsbindung an den Tarifvertrag, sondern das *Zustandekommen der Regelung unter den Funktionsvoraussetzungen des Tarifvertragssystems*. 10

Der Tarifvertrag muß deshalb auch trotz fehlender Tarifgeltung eine Schutzfunktion für das Arbeitsverhältnis erfüllen. Deshalb ist eine Abweichung vom tarifdispositiven Gesetzesrecht nur zulässig, wenn die folgenden Voraussetzungen erfüllt sind: 11
– Das Arbeitsverhältnis muß bei Tarifgeltung unter den räumlichen, sachlichen und persönlichen Geltungsbereich des Tarifvertrags fallen.
– Notwendig ist weiterhin, daß die Anwendung der tarifvertraglichen Bestimmungen vereinbart wird, wobei nicht erforderlich ist, daß auf den gesamten Tarifvertrag Bezug genommen wird, sondern es genügt die Über-

---

[7] BVerfGE 64, 208 (214).

nahme des Regelungskomplexes aus dem einschlägigen Tarifvertrag.[8] Keineswegs genügt, daß die Tarifvertragsregelung nur inhaltsgleich in den Einzelarbeitsvertrag übernommen wird. Nur bei Bezugnahme auf den Tarifvertrag, nicht schon bei inhaltsgleicher Regelung tritt bei tarifdispositiven Gesetzen die tarifvertragliche an die Stelle der gesetzlichen Regelung.

4. Bedeutung für das kirchliche Selbstbestimmungsrecht

12 Da der Staat nicht erwarten kann, daß die Kirchen ihrem Dienst das Tarifvertragssystem zugrunde legen, wäre es ein Verstoß gegen die Verfassungsgarantie des Selbstbestimmungsrechts, wenn der Staat ihnen keinen *eigenen Weg* eröffnen würde, eine sinnvolle Gestaltung vorzunehmen. Er kann und darf sie nicht auf die Übernahme von Tarifverträgen verweisen, zumal sie nicht unter deren Geltungsbereich fallen.[9]

II. Abweichung von zwingendem Gesetzesrecht auf Grund einer im Gesetz enthaltenen Kirchenklausel

1. Kirchenklauseln in neuen Gesetzen

13 Die Verfassungsgarantie des Selbstbestimmungsrechts hat den Gesetzgeber veranlaßt, das Recht zu abweichender Regelung nicht nur den Tarifvertragsparteien einzuräumen, sondern darüber hinaus auch anzuerkennen, daß die „Kirchen und die öffentlich-rechtlichen Religionsgesellschaften" in „ihren Regelungen" von den Gesetzesvorschriften abweichen können. Den Hinweis auf eine „Regelung der Kirchen und der öffentlich-rechtlichen Religionsgesellschaften" enthielt erstmals das Vorruhestandsgesetz vom 13. April 1984 (BGBl. I S. 601), das in seinem § 2 für den Anspruch auf die Gewährung eines Zuschusses zur Voraussetzung machte, daß der Arbeitgeber „auf Grund eines Tarifvertrages, einer Regelung der Kirchen und der öffentlich-rechtlichen Religionsgesellschaften oder einer Vereinbarung mit dem Arbeitnehmer" Vorruhestandsgeld zahlt. Daß durch *eigene Regelungen* der „Kirchen und der öffentlich-rechtlichen Religionsgesellschaften" ebenso wie durch Tarifvertrag eine gesetzesergänzende und gesetzesderogierende Wirkung eintreten kann, findet sich erstmals im Beschäftigungsförderungsgesetz 1985. Dort ist für die gesetzlichen Regelungen über die Teilzeitarbeit festgelegt, daß sie nicht bloß tarifdispositiv sind, sondern daß die Kirchen und die öffentlich-rechtlichen Religionsgesellschaften in ihren Regelungen ebenfalls von den Vorschriften über die Teilzeitbeschäftigung abweichen können (§ 6 Abs. 3 BeschFG). Die Kirchenklausel wurde seitdem in § 7 Abs. 4 ArbZG und § 21a Abs. JArbSchG aufgenommen.

14 Der Gesetzgeber trägt damit, wie es in der Begründung des Regierungsentwurfs eines Beschäftigungsförderungsgesetzes 1985 heißt, „den besonde-

---

[8] LAG Düsseldorf EzA § 622 BGB nF Nr. 10.
[9] S. ausführlich § 10 Rn. 3 ff.

ren kirchlichen Systemen zur Regelung des Arbeitsrechts" Rechnung.[10] Er hat dabei insbesondere im Auge, daß die Kirchen für ihren Bereich nicht das Tarifvertragssystem übernehmen, sondern eine Beteiligung nach dem Modell des „Dritten Weges" verwirklichen.[11] Da der Vorbehalt aber wegen der Verfassungsgarantie des Selbstbestimmungsrechts erfolgt,[12] ist er nicht auf eine bestimmte Gestaltungsform des Arbeitsrechtsregelungsverfahrens beschränkt. Es fällt vielmehr in die freie Entscheidung der Kirchen, ob und wie sie die Beteiligung ihrer Mitarbeiter im kirchlichen Dienst gestalten.[13] Dem Gebot praktischer Konkordanz kirchlicher Ordnung mit dem im staatlichen Bereich geltenden Regelungssystem dient aber, daß die Mitarbeiter im kirchlichen Dienst durch das Arbeitsrechtsregelungsrecht an der Gestaltung der arbeitsrechtlichen Ordnung beteiligt werden.

2. Inhalt der Kirchenklauseln

Der Gesetzgeber beschränkt den Vorbehalt auf die *Kirchen* und die *öffentlich-rechtlichen Religionsgesellschaften*. Die weitgehende Freistellung vom staatlichen Arbeitsrecht soll also nicht jeder Religionsgesellschaft zugute kommen, sondern die Befugnis zu abweichender Regelung soll nur haben, wer nach Art. 137 Abs. 5 WRV eine *Körperschaft des öffentlichen Rechts* ist. Daraus darf man aber nicht ableiten, daß die Befugnis zu einer vom staatlichen Gesetzesrecht abweichenden Regelung sich verfassungsrechtlich aus der Verleihung des öffentlich-rechtlichen Status ergibt. Wie beim Tarifvertragssystem geht es nämlich nicht um einen Vorrang gegenüber der Gesetzgebung, sondern es geht ausschließlich um die Konsequenz aus der vom Gesetzgeber im Rahmen seiner Gestaltungsfreiheit getroffenen Entscheidung, den Geltungsanspruch seiner Regelung einzuschränken.[14] Es wäre zwar mit der Verfassungsgarantie des Selbstbestimmungsrechts nicht vereinbar, wenn er eine Religionsgesellschaft nur deshalb diskriminieren würde, weil sie statt des Tarifvertragssystems eine andere Form der Arbeitnehmerbeteiligung ihren Arbeitsverhältnissen zugrunde legt. Daraus folgt aber keineswegs, daß der Gesetzgeber gezwungen wird, jeder Religionsgesellschaft das Recht einzuräumen, zum Nachteil ihrer Arbeitnehmer auch von den Gesetzen abzuweichen, die zu dem für alle geltenden Gesetz gehören.

15

Da der Staat die Verleihung einer *Sonderstellung*, wie sie mit der Anerkennung als Körperschaft des öffentlichen Rechts verbunden ist, von Verfassungs wegen auf Religionsgesellschaften beschränkt, die „durch ihre Verfassung und die Zahl ihrer Mitglieder die Gewähr der Dauer bieten" (Art. 137 Abs. 5 Satz 2 WRV),[15] kann er auch eine weitgehende Freistellung von Ge-

16

---

[10] BR-Drucks. 393/84, S. 27.
[11] Ebenso *Jurina* NZA Beil. 1/1986, 15 (16).
[12] So ausdrücklich die Begründung des Regierungsentwurfs eines Arbeitszeitgesetzes, BT-Drucks. 11/360, S. 19.
[13] Ebenso *Jurina* NZA Beil 1/1986, 15 (17).
[14] S. Rn. 4.
[15] BVerfGE 19, 129 (134); 66, 1 (24).

setzen, die eine Schrankenwirkung i. S. des für alle geltenden Gesetzes entfalten, davon abhängig machen, daß die Regelung durch Organe einer Religionsgesellschaft getroffen wird, die er als Körperschaft des öffentlichen Rechts anerkennt. Darin liegt kein Verstoß gegen Art. 140 GG i. V. mit Art. 137 Abs. 3 WRV; denn das Selbstbestimmungsrecht besteht nur in den Grenzen des für alle geltenden Gesetzes. Der Staat kann die Freistellung von einem für alle geltenden Gesetz davon abhängig machen, daß es sich um die Regelung einer Religionsgesellschaft handelt, die er als Körperschaft des öffentlichen Rechts anerkennt. Würde er insoweit die Befugnis zur Abweichung von seinen Regelungen auch privatrechtlichen Religionsgesellschaften einräumen, so wäre sogar im Gegenteil in Frage gestellt, ob er seine Regelung überhaupt noch mit einer zwingenden Wirkung gegenüber den Arbeitsvertragsparteien ausstatten dürfte; denn die religiöse Zweckbestimmung allein begründet keine Privilegierung zur Freistellung von einem für alle geltenden Gesetz, das für jedermann verbindlich ist. Dies braucht jedoch nicht vertieft zu werden. Läßt der Gesetzgeber Abweichungen zu, so kann er sie auf Regelungen beschränken, bei deren Zustandekommen ein sozialer Interessenausgleich gewährleistet ist.

17 Durch die Kirchenklauseln wird ebensowenig wie durch die Einräumung eines Vorrangs des Tarifvertrags eine *Rechtsetzungsbefugnis* übertragen, sondern es geht ausschließlich um eine begrenzte Herstellung der *Privatautonomie* gegenüber abweichendem Gesetzesrecht, weil der Staat davon ausgehen kann, daß er gegenüber Regelungen, wie die Tarifvertragsparteien sie treffen oder wie die Kirchen und sonstigen öffentlich-rechtlichen Religionsgesellschaften sie schaffen, nicht zur Wahrung des Gemeinwohls eingreifen muß.

3. Geltungsbereich der Kirchenklauseln

18 Der Gesetzgeber hat die Regelungsbefugnis nur den Kirchen und öffentlich-rechtlichen Religionsgesellschaften eingeräumt. Daraus darf man nicht ableiten, daß die Öffnungsklauseln im karitativ-diakonischen Bereich keine Anwendung finden. Eine derartige Beschränkung wäre nicht mit der Verfassungsgarantie des Selbstbestimmungsrechts vereinbar, die es den Kirchen überläßt, über die Organisation der Erfüllung kirchlicher Aufgaben selbst zu befinden.[16] Wenn dennoch in den Kirchenklauseln nur die „Kirchen und die öffentlich-rechtlichen Religionsgesellschaften" genannt sind, kommt darin zum Ausdruck, daß die rechtlich verselbständigten Einrichtungen der Caritas und der Diakonie nicht selbst die maßgebliche Regelung treffen können, sondern eine Regelung übernehmen müssen, die in einem kirchengesetzlich legitimierten Arbeitsrechtsregelungsverfahren zustande gekommen ist.

---

[16] Ebenso *Jurina* NZA Beil 1/1986, 15 (17f.); zu § 6 Abs. 3 BeschFG BAGE 66, 314 (319f.) = AP Nr. 12 zu § 2 BeschFG 1985; zu § 7 Abs. 4 ArbZG die Begründung des Regierungsentwurfs, BT-Drucks. 12/5888, S. 28.

III. Bindung an die öffentlich-rechtlichen Arbeitnehmerschutzgesetze in den Grenzen des Schrankenvorbehalts

1. Kein Vorrang auf Grund des Sozialstaatsprinzips

Der Staat hat zur Herstellung eines sozialen Interessenausgleichs sich nicht nur darauf beschränkt, Arbeitsgesetze mit zwingender Wirkung für das Arbeitsverhältnis zu erlassen, sondern er hat darüber hinaus in Teilbereichen auch durch öffentlich-rechtliche Sanktionen gesichert, daß sein Gesetzesbefehl verfolgt wird. Zu diesem öffentlich-rechtlichen Arbeitnehmerschutz gehören das weitverzweigte Recht des Gefahrenschutzes, das Arbeitszeitrecht sowie als besonderer Schutz für einzelne Arbeitnehmergruppen das Mutterschutz-, Jugendarbeitsschutz- und Schwerbehindertenrecht.

Der Gesetzgeber entspricht durch die arbeitsrechtlichen Schutzgesetze dem Sozialstaatsprinzip. Das bedeutet aber nicht, daß sie dadurch selbst in den Verfassungsrang erhoben werden.[17] Die verfassungsrechtliche Gewährleistung des Sozialstaats läßt nämlich offen, wie der Gesetzgeber seinen Auftrag erfüllt. Auch ein Gesetz, das dem Sozialstaatsprinzip entspricht, setzt der Kirchenautonomie nur Schranken, wenn und soweit es zu dem für alle geltenden Gesetz im Sinne des Schrankenvorbehalts des Art. 137 Abs. 3 WRV gehört.[18]

2. Bindung an die öffentlich-rechtlichen Arbeitnehmerschutzbestimmungen

Soweit das öffentlich-rechtliche Arbeitnehmerschutzrecht dem Arbeitgeber Pflichten über Anzeigen und Meldungen auferlegt, bestehen im allgemeinen keine Bedenken dagegen, daß auch ein kirchlicher Arbeitgeber sie einzuhalten hat.[19] Gleiches gilt, soweit durch die arbeitsrechtlichen Schutzvorschriften unerträgliche Arbeitsbedingungen verhindert werden sollen. Wenn der Staat durch Gesetz oder Rechtsverordnung Regelungen trifft, wie Arbeitsplatz, Arbeitsablauf und Arbeitsumgebung arbeitstechnisch zu gestalten sind, damit Gefahren für Leben und Gesundheit der Arbeitnehmer vermieden werden, handelt es sich im allgemeinen um Regelungen, die sich auf die Erfüllung des kirchlichen Auftrags neutral auswirken. Sie haben deshalb für die Kirche dieselbe Bedeutung wie für den Jedermann und gehören zu dem für alle geltenden Gesetz.

3. Verfassungsrechtliche Gewährleistung eines eigenen Weges

Ein Spannungsverhältnis zum verfassungsrechtlich gewährleisteten Selbstbestimmungsrecht entsteht, wenn das Arbeitnehmerschutzrecht die nach staat-

---

[17] So zutreffend D. *Neumann*, FS G. Müller, S. 353 (364).
[18] Ebenso D. *Neumann*, FS G. Müller, S. 353 (364); s. auch § 7 Rn. 4 ff.
[19] Ebenso D. *Neumann*, FS G. Müller, S. 353 (365).

lichem Recht gebildeten Betriebs- oder Personalräte in seine Durchführung einbeziht oder Regelungen trifft, die sich aus der Sicht der Kirche auf die Wahrnehmung ihres Sendungsauftrags auswirken. Insoweit ist die Erkenntnis des Bundesverfassungsgerichts zu beachten, daß der Staat im Sozialordnungsrecht den Kirchen eigene Wege offenhalten muß, auf denen sie die besonderen kirchlichen Aspekte in der vom kirchlichen Selbstverständnis gebotenen Form verwirklichen können.[20]

IV. Berücksichtigung der Besonderheit des kirchlichen Dienstes in den öffentlich-rechtlichen Arbeitnehmerschutzgesetzen

1. Gefahrenschutz

23 Das Recht des Gefahrenschutzes, den man im Gegensatz zum sozialen Arbeitsschutz auch als technischen Arbeitsschutz bezeichnet,[21] umfaßt die vom Bund und von den Ländern erlassenen Arbeitsschutzvorschriften (staatliches Arbeitsschutzrecht) und die von den Trägern der gesetzlichen Unfallversicherung (§ 114 Abs. 1 SGB VII) auf Grund des § 15 Abs. 1 SGB VII erlassenen Unfallverhütungsvorschriften (autonomes Arbeitsschutzrecht). In die Durchführung des Arbeitsschutz- und Unfallverhütungsrechts sind die Betriebs- und Personalräte in vielfältiger Weise eingeschaltet.[22] So bestimmt z.B. § 9 Abs. 3 Satz 1 ASiG, daß die Betriebsärzte und Fachkräfte für Arbeitssicherheit mit Zustimmung des Betriebsrats zu bestellen und abzuberufen sind. Das Arbeitssicherheitsgesetz gilt auch für privatrechtlich verselbständigte Einrichtungen der Kirchen, während für den Bereich der verfaßten Kirche genügt, daß wie sonst für Körperschaften des öffentlichen Rechts ein den Grundsätzen des Arbeitssicherheitsgesetzes gleichwertiger arbeitsmedizinischer und sicherheitstechnischer Arbeitsschutz zu gewährleisten ist (§ 16 ASiG).

24 Nach § 1 Abs. 4 ArbSchG treten bei öffentlich-rechtlichen Religionsgemeinschaften an die Stelle der Betriebs- oder Personalräte die Mitarbeitervertretungen entsprechend dem kirchlichen Recht. Damit berücksichtigt der staatliche Gesetzgeber, daß das Betriebsverfassungsgesetz und die Personalvertretungsgesetze auf Religionsgemeinschaften keine Anwendung finden (§ 118 Abs. 2 BetrVG, § 112 Satz 1 BPersVG). Nicht beachtet wird aber, daß die Bereichsausnahme sich, wie verfassungsrechtlich geboten ist, auch auf die karitativen und erzieherischen Einrichtungen unbeschadet deren Rechtsform bezieht. Das kirchliche Mitarbeitervertretungsrecht hat deshalb die privatrechtlich verselbständigten Einrichtungen der Kirche in seinen Geltungsbereich einbezogen. Daraus folgt, daß nicht nur bei der verfaßten Kirche, sondern auch im Bereich der Caritas und der Diakonie die arbeitsschutzbezogenen Rechte und Pflichten der Betriebs- oder Personalräte von

---

[20] BVerfGE 53, 366 (401).
[21] So MünchArbR/*Wlotzke* § 207 Rn. 4.
[22] Vgl. MünchArbR/*Wlotzke* § 208 Rn. 29 ff.

Kirchenautonomie und Arbeitnehmerschutzrecht **§ 8**

den Mitarbeitervertretungen entsprechend dem kirchlichen Recht wahrgenommen werden.

2. Arbeitszeitschutz

Für den öffentlich-rechtlichen Arbeitszeitschutz gilt das Arbeitszeitgesetz, das als Art. 1 des Arbeitszeitrechtsgesetzes vom 6. Juni 1994 (BGBl. I S. 1170) ergangen ist. Es regelt nicht nur die werktägliche Arbeitszeit, sondern auch die Sonn- und Feiertagsruhe (§§ 9 ff. ArbZG). Das Arbeitszeitgesetz gilt auch für die Kirchen. Ausdrücklich ausgenommen ist der liturgische Bereich (§ 18 Abs. 1 Nr. 4 ArbZG). 25

Ein Spannungsverhältnis zum verfassungsrechtlich gewährleisteten Selbstbestimmungsrecht besteht, soweit das Arbeitszeitgesetz abweichend Regelungen in einem Tarifvertrag zuläßt (§§ 7 Abs. 1–3, 12 ArbZG).[23] Verfassungsrechtlich geboten ist deshalb die Aufnahme der Kirchenklausel in § 7 Abs. 4 ArbZG. Durch sie findet Anerkennung, daß abweichende Regelungen vom Arbeitszeitgesetz auch in dem kircheneigenen Arbeitsrechts-Regelungsverfahren getroffen werden können (§§ 7 Abs. 4, 12 Satz 2 ArbZG). Trotz der Formulierung im Gesetzestext, daß die „Kirchen und die öffentlich-rechtlichen Religionsgesellschaften" in den Grenzen der §§ 7 Abs. 1 und 2, 12 Satz 1 ArbZG Abweichungen vom Gesetz in ihren Regelungen vorsehen können, gilt die Kirchenklausel nicht nur für den Bereich der verfaßten Kirche, sondern auch für die privatrechtlich verselbständigten Einrichtungen.[24] 26

V. Kirchlicher Dienst und Arbeitsplatz im Schwerbehindertenrecht

Zum öffentlich-rechtlichen Arbeitnehmerschutzrecht gehören Regelungen, die *arbeitsmarktregulierend* wirken. Für das Verhältnis zur Kirchenautonomie ist von besonderer Bedeutung, daß das Gesetz zur Sicherung der Eingliederung Schwerbehinderter in Arbeit, Beruf und Gesellschaft (Schwerbehindertengesetz – SchwbG) i. F. vom 26. August 1986 in § 5 Abs. 1 vorsieht, daß private Arbeitgeber und Arbeitgeber der öffentlichen Hand, die über mindestens 16 Arbeitsplätze verfügen, auf wenigstens sechs Prozent der Arbeitsplätze Schwerbehinderte zu beschäftigen haben. Wenn sie diese Pflicht nicht erfüllen, besteht die Sanktion zwar nicht mehr wie nach dem Schwerbeschädigtengesetz vom 16. Juni 1953 darin, daß ein Arbeitsverhältnis durch Verwaltungsakt begründet werden kann (§ 10 SBG), sondern der Arbeitgeber ist lediglich zur Zahlung einer Ausgleichsabgabe verpflichtet (§ 11 SchwbG). Zu den Arbeitsplätzen gehören nicht nur die Stellen, auf denen Arbeiter und Angestellte, sondern auch die Stellen, auf denen Beamte beschäftigt werden (§ 7 Abs. 1 SchwbG). Als Arbeitsplätze 27

---

[23] S. auch Rn. 7 ff.
[24] S. auch Rn. 18.

zählen aber nicht die Stellen, die Personen übertragen sind, deren Beschäftigung nicht in erster Linie ihrem Erwerb dient, sondern vorwiegend durch Beweggründe karitativer oder religiöser Art bestimmt ist (§ 7 Abs. 2 Nr. 2 SchwbG).

28 Das Schwerbehindertengesetz hat die Kirchen und ihre karitativen und erzieherischen Einrichtungen nicht aus seinem Geltungsbereich ausgeklammert. Normzweck ist die Rehabilitation aller Behinderten. Das Schwerbehindertengesetz ist deshalb, soweit es diesem Zweck dient, ein für alle geltendes Gesetz, das die Kirchen bei der Gestaltung ihres Dienstrechts zu respektieren haben.[25] Soweit es auf den Arbeitsplatz abstellt, ist es aber so zu interpretieren, daß die Besonderheit des kirchlichen Dienstes gewahrt bleibt. Schon bei der Begriffsbestimmung des Arbeitsplatzes in § 7 Abs. 1 SchwbG ist deshalb zu beachten, daß das geistliche Amt keine Stelle ist, auf der ein Geistlicher als Arbeitnehmer oder Beamter beschäftigt wird.[26] Ein katholischer Pfarrer steht ausschließlich in einem kirchenrechtlich gestalteten Dienstverhältnis zur Kirche. Schon aus diesem Grund ist er nicht „Beamter" i. S. von § 7 Abs. 1 SchwbG.[27] Durch die Priesterweihe erhält der katholische Geistliche eine personale Prägung, die es ausschließt, ein Kirchenamt, dessen Fundament die Priesterweihe als Sakrament ist, als Arbeitsplatz zu behandeln. Trotz konfessionell begründeter Unterschiede in der Ämterlehre ist auch das Pfarramt in der evangelischen Kirche durch den Dienst an Wort und Sakrament bestimmt. Auch soweit das Dienstverhältnis der evangelischen Pfarrer als ein öffentlich-rechtliches Rechtsverhältnis bezeichnet wird, fehlt deshalb die Parallele zu den Beamten. Ob und inwieweit das Amt eines evangelischen Pfarrers als Arbeitsplatz i. S. von § 7 Abs. 1 SchwbG angesehen werden kann, braucht jedoch nicht vertieft zu werden; denn der Gesetzgeber hat bei der Neufassung des Schwerbehindertengesetzes vom 26. August 1986 in § 7 Abs. 2 Nr. 2 klargestellt, daß als Arbeitsplätze nicht die Stellen gelten, auf denen „Geistliche öffentlich-rechtlicher Religionsgesellschaften" beschäftigt werden.

29 Wenn dagegen die Kirchen zur Bewältigung von Aufgaben, die nicht eine Zugehörigkeit zum geistlichen Stand voraussetzt, Beamtenverhältnisse begründen oder einen Arbeitsvertrag abschließen, so handelt es sich um Arbeitsplätze. Das staatliche Arbeitsrecht hat aber auch insoweit die verfassungsrechtlich gewährleistete Kirchenautonomie zu respektieren. Deren Sicherung dient deshalb, daß die Stellen, auf denen Personen tätig sind, deren Beschäftigung nicht in erster Linie ihrem Erwerb dient, sondern vorwiegend durch Beweggründe karitativer oder religiöser Art bestimmt ist, nicht als Ar-

---

[25] Ebenso *v. Campenhausen*, FS Scupin, S. 705 (708).
[26] Anderer Ansicht zum Schwerbehindertengesetz i. f. vom 8. Oktober 1979 für die Pfarrstelle eines evangelischen Geistlichen *v. Campenhausen*, FS Scupin, S. 705 (709 ff.). Aus dem Zweck des Schwerbehindertengesetzes ergibt sich allerdings, daß es sich um Stellen handeln muß, die *jedermann* übernehmen kann, sofern er die persönlichen und fachlichen Voraussetzungen erfüllt. Ein geistliches Amt ist daher in diesem Sinne keine Stelle, die für den Arbeitsmarkt zur Verfügung steht; im Ergebnis wie hier *Rüthers*, FS Herschel, S. 351 (353 ff.).
[27] Ebenso *Rüthers*, FS Herschel, S. 351 (361).

beitsplätze zählen (§ 7 Abs. 2 Nr. 2 SchwbG). Die Abgrenzung entspricht § 5 Abs. 2 Nr. 3 BetrVG.[28] Der Gesetzgeber berücksichtigt deshalb auch hier, daß die primär nicht erwerbsdienliche Beschäftigung, wenn sie religiös oder karitativ motiviert ist, zu einer betriebssoziologischen Sonderstellung führt.[29] Ein derartiger Arbeitsplatz kann dem Arbeitsmarkt nicht für die Beschäftigung von Schwerbehinderten zur Verfügung stehen. Für die Beantwortung der Frage, ob die Beschäftigung in erster Linie dem Erwerb dient, kommt es nicht auf die Erwerbsabsicht, sondern auf die *Erwerbsdienlichkeit* an, also nicht der Wille des Beschäftigten, sondern ein objektiver Funktionszusammenhang ist maßgebend.[30] Erst dann, wenn die Beschäftigung objektiv nicht in erster Linie dem Erwerb dient, ist weiterhin entscheidend, ob sie vorwiegend durch Beweggründe karitativer oder religiöser Art bestimmt ist. Zu dem Personenkreis, deren Stellen auf Grund dieser Bestimmung ausgeklammert sind, gehören vor allem die Mitglieder von Orden.[31]

Handelt es sich um Geistliche, so ist, wie bereits ausgeführt, auf Grund ausdrücklicher Klarstellung in § 7 Abs. 2 Nr. 2 SchwbG die Stelle, auf der er beschäftigt wird, nicht als Arbeitsplatz i. S. des § 7 Abs. 1 SchwbG mitzuzählen. Das gilt jedoch nur, wenn nach kirchlichem Selbstverständnis die Zugehörigkeit zum geistlichen Stand eine Voraussetzung für die Besetzung der Stelle darstellt.

VI. Kirchenautonomie im Berufsbildungsrecht

Weitgehend öffentlich-rechtlich gestaltet ist das Berufsbildungsrecht durch das Berufsbildungsgesetz vom 14. August 1969. Der Gesetzgeber hat jedoch zu beachten, daß unter die Verfassungsgarantie des Selbstbestimmungsrechts fällt, welche Berufe es in der Kirche gibt. Die Berufsbildung gehört deshalb, soweit es um das Berufsbild und die persönlichen Anforderungen geht, zu den kircheneigenen Angelegenheiten i. S. des Art. 137 Abs. 3 WRV; denn „das Berufsbild des kirchlichen Dienstes wird insgesamt vom kirchlichen Grundauftrag geprägt und erhält von daher seine verfassungsrechtlich geschützte Eigenart".[32] Die Berufsbildung ist jedoch zugleich auch eine Angelegenheit, die der Verantwortung des Staates für das Gemeinwohl unterliegt.[33] Die Kirche bestimmt deshalb nach ihrem Selbstverständnis, welche geistlichen Voraussetzungen und welche Kenntnisse und Fähigkeiten ein Mitarbeiter in ihrem Dienst haben muß, um eine bestimmte Aufgabe zu erfüllen. Handelt es sich um pastorale Dienste, so hat ausschließlich sie die Kompetenz zum Erlaß von Ausbildungsordnungen. Handelt es sich dagegen um ei-

---

[28] Ebenso *Neumann/Pahlen*, SchwbG, 9. Aufl., 1999, § 7 Rn. 51; *v. Campenhausen*, FS Scupin, S. 705 (716).
[29] Vgl. *Richardi*, BetrVG, § 5 Rn. 147.
[30] Vgl. dazu *Mayer-Maly*, Erwerbsabsicht und Arbeitnehmerbegriff, S. 21 ff.
[31] Ebenso *Richardi*, BetrVG, § 5 Rn. 148; *v. Campenhausen*, FS Scupin, S. 705 (716).
[32] BVerfGE 72, 278 (290).
[33] So ausdrücklich BVerfGE 72, 278 (290).

nen Beruf, wie es ihn auch im weltlichen Dienst gibt, so findet das Berufsbildungsgesetz Anwendung.

32   Der Gesetzgeber hat der besonderen Stellung der Kirchen in der Berufsausbildung durch die Vorschrift des § 84 a BBiG Rechnung getragen. Er hat ihnen die Befugnis zugewiesen, für ihren Bereich die zuständige Stelle für die Berufsausbildung in kircheneigenen Ausbildungsberufen zu bestimmen. Nach der Gesetzesregelung müssen aber dem Berufsausbildungsausschuß sechs Beauftragte der Arbeitgeber, sechs Beauftragte der Arbeitnehmer und sechs Lehrer an berufsbildenden Schulen angehören, wobei die Lehrer lediglich beratende Stimme haben (§ 56 Abs. 1 Satz 2 BBiG). Das Gesetz gibt der Kirche also lediglich die Möglichkeit, die „Beauftragten der Arbeitgeber" zu bestimmen, während die „Beauftragten der Arbeitnehmer" auf Vorschlag der „im Bezirk der zuständigen Stelle bestehenden Gewerkschaften und selbständigen Vereinigungen von Arbeitnehmern mit sozial- oder berufspolitischer Zwecksetzung" von der „nach Landesrecht zuständigen Behörde" als Mitglieder berufen werden (§ 56 Abs. 2 BBiG). Obwohl der Berufsbildungsausschuß nach dem Gesetz eine *kirchliche Stelle* ist, obliegen Ernennung und Abberufung seiner Mitglieder der nach Landesrecht zuständigen *staatlichen Behörde*. Die für seine Errichtung zuständige kirchliche Stelle hat nur ein Vorschlagsrecht für ein Drittel seiner Mitglieder. Die von ihr bestimmten Mitglieder sind nach der gesetzlichen Konzeption nicht in der Lage, einen Beschluß gegen den Willen der übrigen stimmberechtigten Mitglieder durchzusetzen, die möglicherweise der Kirche nicht einmal angehören oder ihr aus anderen Gründen fernstehen. Den Kirchen wird deshalb „der normative Wille eines Gremiums als eigene Entscheidung zugeordnet und aufgezwungen, das seiner inneren Struktur nach keinerlei repräsentativen Charakter für sie besitzt".[34]

33   Das Bundesverfassungsgericht hat darin einen Verstoß gegen die Verfassungsgarantie des Selbstbestimmungsrechts erblickt und deshalb im Beschluß vom 14. Mai 1986 festgestellt, daß § 56 Abs. 1 und 2 BBiG mit Art. 140 GG i. V. mit Art. 137 Abs. 3 WRV unvereinbar und daher nicht anzuwenden ist, soweit Berufsbildung im Bereich der Kirchen und sonstigen Religionsgesellschaften des öffentlichen Rechts durchgeführt wird.[35]

---

[34] BVerfGE 72, 278 (293 f.).
[35] BVerfGE 72, 278 ff.

Drittes Kapitel
Koalitionsfreiheit und Koalitionsbetätigungsrecht in kirchlichen Einrichtungen

§ 9 Koalitionsfreiheit und Kirchenautonomie

I. Vorrang der Koalitionsfreiheit?

1. Koalitionsfreiheit als Grundrecht der Arbeitsverfassung

Das Grundrecht der Arbeitsverfassung ist die Koalitionsfreiheit. Art. 9 Abs. 3 Satz 1 und 2 GG bestimmt: „Das Recht, zur Wahrung und Förderung der Arbeits- und Wirtschaftsbedingungen Vereinigungen zu bilden, ist für jedermann und für alle Berufe gewährleistet. Abreden, die dieses Recht einschränken oder zu behindern suchen, sind nichtig, hierauf gerichtete Maßnahmen sind rechtswidrig." Die Verfassungsgarantie beschränkt sich nicht auf die individuelle Koalitionsfreiheit, sondern bei der Bestimmung der Tragweite dieses Grundrechts ist, wie das Bundesverfassungsgericht in ständiger Rechtsprechung zu Art. 9 Abs. 3 GG stets hervorgehoben hat, seine historische Entwicklung zu berücksichtigen.[1] Art. 9 Abs. 3 GG schützt deshalb auch die Koalition als solche und ihr Recht, durch spezifisch koalitionsmäßige Betätigung den Koalitionszweck zu verfolgen.[2]

1

Zur spezifisch koalitionsmäßigen Betätigung gehört vor allem der Abschluß von Tarifverträgen. Das Tarifvertragssystem ist daher in seinem Kernbereich verfassungsrechtlich garantiert. Der Staat muß frei gebildeten Koalitionen die Möglichkeit eröffnen, „insbesondere Löhne und sonstige materielle Arbeitsbedingungen in einem von staatlicher Rechtsetzung frei gelassenen Raum in eigener Verantwortung im wesentlichen ohne staatliche Einflußnahme durch unabdingbare Gesamtvereinbarungen sinnvoll zu ordnen".[3] Zu den Funktionsvoraussetzungen des Tarifvertragssystems gehört das Recht, bei Tarifkonflikten einen Arbeitskampf zu führen.[4]

2

Neben dem Tarifvertragssystem besteht die durch Gesetz geschaffene Mitbestimmung auf der Ebene des Betriebs und des Unternehmens. Auch sie gehört zu den Besonderheiten der deutschen Entwicklung im Arbeitsrecht.

3

---

[1] Vgl. BVerfGE 50, 290 (367).
[2] Vgl. BVerfGE 4, 96 (101f., 106); 17, 319 (333); 18, 18 (25f.); 19, 303 (312); 28, 295 (304); 50, 290 (367); 57, 220 (245); 58, 233 (246); 84, 212 (224); 93, 352 (357); *R. Scholz* in Maunz/Dürig, GG, Art. 9 Rn. 239ff.
[3] BVerfGE 44, 322 (340f.); bestätigt BVerfGE 58, 233 (346f.); ebenso bereits BVerfGE 4, 96 (106, 108).
[4] Vgl. BVerfGE 84, 212 (224f.); 92, 365 (393f.); bereits BAGE 33, 140 (150ff.) = AP Nr. 64 zu Art. 9 GG Arbeitskampf; *Rüthers* in Brox/Rüthers, Arbeitskampfrecht, 2. Aufl., 1982, S. 36ff.

Art. 9 Abs. 3 GG läßt sich deshalb, wie das Bundesverfassungsgericht im Mitbestimmungsurteil sagt, „nicht dahin auslegen, daß er ein Tarifsystem als *ausschließliche* Form der Förderung der Arbeits- und Wirtschaftsbedingungen gewährleiste".[5] Das Nebeneinander von Tarifvertragssystem und Mitbestimmung ist vorgegeben. Ein Vorrang des Tarifvertragssystems und damit der Privatautonomie besteht nur insoweit, als eine Gesetzesregelung über die Mitbestimmung nicht zu einer Gewichtsverlagerung führen darf, die eine Funktionsunfähigkeit des Tarifvertragssystems zur Folge hätte.[6] Die Koalitionsfreiheit wird in ihrem Funktionsbereich weiterhin dadurch gesichert, daß die Koalitionsbetätigung auch in der gesetzlich gestalteten Betriebsverfassung und Unternehmensmitbestimmung wirksam werden kann.[7]

4   Damit die Gewerkschaften ihre Rolle in der Arbeitsverfassung ausüben können, gehört zu der den Koalitionen verfassungsrechtlich gewährleisteten Betätigung schließlich die Mitgliederwerbung und -betreuung. Art. 9 Abs. 3 GG schützt auch die Betätigungen, „die für die der Erhaltung und Sicherung der Existenz der Koalition dienen".[8] Die gewerkschaftliche Mitgliederwerbung und Informationstätigkeit im Betrieb ist daher verfassungsrechtlich garantiert.

5   Für die Kirchen besteht daher das Problem, ob ihnen innerhalb der von der Koalitionsfreiheit geprägten Arbeitsverfassung ein *eigener Weg* offenbleibt, um zu sichern, daß der Vertragsinhalt kirchlicher Arbeitsverhältnisse und das Verfahren zu seiner Festlegung ihren Vorstellungen über die Besonderheit des kirchlichen Dienstes gerecht werden. Es geht um das Verhältnis des Selbstbestimmungsrechts zum Grundrecht der Koalitionsfreiheit. Dessen Geltung für den kirchlichen Dienst ist deshalb vorweg zu klären.

2. Grundrechtsbindung der Kirchen

6   In der höchstrichterlichen Rechtsprechung fehlt bisher eine Stellungnahme zu der Frage, ob und inwieweit die Kirchen an die staatlichen Grundrechte gebunden sind. Das Bundesverfassungsgericht hat in seinem Gemeindeteilungs-Beschluß vom 17. Februar 1965 auf eine Festlegung verzichtet, „ob und inwieweit Grundrechte die Selbstbestimmung der Kirchen im Verhältnis zu den einzelnen Gläubigen beeinflussen können".[9] In der Literatur wird dagegen kontrovers beantwortet, ob und in welchem Umfang eine Grundrechtsbindung der Kirchen besteht.[10] Einigkeit besteht lediglich darin, daß die Kirchen

---

[5] BVerfGE 50, 290 (371).
[6] BVerfGE 50, 290 (372 f., 376 f.).
[7] Vgl. BVerfGE 50, 290 (372).
[8] Zu eng zunächst die Formulierung, daß die Betätigungen für die Erhaltung und Sicherung der Koalitionsexistenz „unerläßlich" seien, BVerfGE 28, 295 (304); bestätigt BVerfGE 57, 220 (246); klargestellt aber durch BVerfGE 93, 352 (358 ff.).
[9] BVerfGE 18, 385 (387).
[10] Vgl. dazu vor allem *H. Weber*, HdbStKirchR Bd. I S. 573 ff.; *ders.*, ZevKR 17 (1972), 386 ff.; *M. Heckel*, Gleichheit oder Privilegien?, S. 16 ff.; *Rüfner* EssG 7 (1972), 9 ff.; *Hesse*, FS Werner Weber, S. 447 ff.; *H. Säcker* DVBl. 1969, 5 ff.; *Ruland* NJW 1980, 89 (92 ff.).

bei der Ausübung der ihr vom Staat übertragenen öffentlichen Gewalt, wie im Kirchensteuerwesen, auch der Bindung der staatlichen Gewalt an die Grundrechte unterliegen.[11] Die Problematik bezieht sich also ausschließlich darauf, ob die Kirchen bei der Wahrnehmung des Selbstbestimmungsrechts an die Grundrechte gebunden sind.

Die Grundrechte richten sich gegen den Staat, nicht gegen die Kirche.[12] Deren Bindung an die Grundrechte über den Schrankenvorbehalt des Art. 137 Abs. 3 WRV zu begründen, ist, wie *Konrad Hesse* nachgewiesen hat, bereits im Ansatz verfehlt: Zum einen bleibe der Zusammenhang der verfassungsrechtlichen Regelung des Verhältnisses von Staat und Kirche mit der Gesamtverfassung nicht nur unberücksichtigt, sondern werde sogar gänzlich zerschnitten; der Grundsatz der Einheit der Verfassung schließe es aus, „Begrenzungen der kirchlichen Freiheit prinzipiell anders zu verstehen als andere Freiheitsbegrenzungen".[13] Zum anderen scheide eine Qualifikation von Grundrechten als „für alle geltende Gesetze" auch deshalb aus, weil diese nicht Rechte, sondern allgemeine Begrenzungen, also Pflichten meinten, und „als solche können Grundrechte nicht verstanden werden, ohne in ihr Gegenteil verkehrt zu werden".[14]

7

Das Problem der Grundrechtsbindung läßt sich auch nicht dadurch lösen, daß man nach Bereichen abstuft.[15] Eine Differenzierung zwischen dem inneren Kirchenbereich und sonstigen eigenen Angelegenheiten, die unter das kirchliche Selbstbestimmungsrecht fallen, widerspricht dem Selbstverständnis der Kirchen. Das Bundesverfassungsgericht hat zu Recht deutlich gemacht, daß es kaum eine Angelegenheit gebe, „die die Kirchen nach ihrem Selbstverständnis eigenständig zu ordnen berufen sind, die nicht auch einen gesellschaftspolitischen Aspekt hätte", und es gebe deshalb auch kaum eine Regelung, die nicht mit Auswirkungen „hinübergreife" in einen Bereich des Öffentlichen, des Gesellschaftlichen, also in den Bereich, innerhalb dessen der Staat ordnen kann.[16] Das Bundesverfassungsgericht fährt fort: „Gerade die etwa für die christlichen Kirchen nach ihrem Selbstverständnis wesentlichen Dinge, insbesondere ihr von Christus stammender Auftrag (Lehre, Predigt und Sakramentenspendung; Heilsdienst an der Welt) und ihre Struktur, bedürfen der rechtlichen Ordnung. Und diese hat natürlich ihre Wirkungen, ihre Berührung mit der staatlichen Ordnung und kann dennoch gerade nicht durch die staatliche Ordnung begrenzt werden, es sei denn um den Preis der Abhängigkeit der kirchlichen Ordnung von der staatlichen Ordnung."[17] Das Grundgesetz beschränkt das Recht der Kirchen zur Selbstbestimmung ledig-

8

---

[11] Vgl. BVerfGE 30, 415 (422); weiterhin M. *Heckel*, Gleichheit oder Privilegien?, S. 18; *Rüfner* EssG 7 (1972), 9 (12 ff.); *Hesse*, FS Werner Weber, S. 447 (451); H. *Säcker* DVBl. 1969, 5; H. *Weber* ZevKR 17 (1972), 386 (401 f.).
[12] Vgl. v. *Campenhausen* in v. Mangoldt/Klein, GG, Art. 140 Rn. 134.
[13] *Hesse*, FS Werner Weber, S. 447 (454 f.).
[14] *Hesse*, FS Werner Weber, S. 447 (456 f.).
[15] So aber H. *Weber* ZevKR 17 (1972), 386 (404 ff.); vgl. dagegen jedoch *Hesse*, FS Werner Weber, S. 447 (452 f.).
[16] BVerfGE 42, 312 (334).
[17] BVerfGE 42, 312 (334 f.).

lich durch die Schranken des für alle geltenden Gesetzes, läßt also nicht zu, daß der Staat darüber hinaus eine *Kompetenz-Kompetenz* hat.[18] Man kann daher im Rahmen der Angelegenheiten, die der kirchlichen Selbstbestimmung unterliegen, nicht zwischen einem *inneren* und einem *äußeren* Bereich unterscheiden, um dadurch eine abgestufte Grundrechtsbindung herbeizuführen.

3. Koalitionsfreiheit als Grundrecht mit Drittwirkung

9 Die Streitfrage einer unmittelbaren Grundrechtsbindung der Kirchen braucht nicht vertieft zu werden. Bei der Koalitionsfreiheit geht es um ein Grundrecht, das mit einer unmittelbaren Drittwirkung ausgestattet ist (Art. 9 Abs. 3 Satz 2 GG). Grundrechtsadressat sind nicht nur die Träger öffentlicher Gewalt, sondern auch alle Privatrechtssubjekte. Soweit die Kirchen Personen zu unselbständiger Arbeit in ihren Dienst nehmen, sind sie ebenfalls an das Grundrecht der Koalitionsfreiheit gebunden. Wegen der unmittelbaren Drittwirkung der Koalitionsfreiheit wird allgemein anerkannt, daß dieses Grundrecht auch die Kirchenfreiheit begrenzt.[19]

10 Bedenken gegen diese Begründung hat lediglich *Albert Janssen* geäußert: Da der öffentlich-rechtliche Körperschaftsstatus (Art. 137 Abs. 5 WRV) den Kirchen zur wirkungsvollen Erfüllung ihres Auftrags verliehen sei, bestünde zwischen der Bindung der Kirchen an Art. 9 Abs. 3 GG und ihrer Bindung an die übrigen Grundrechte kein wesentlicher Unterschied.[20] Die Wahl des privaten Arbeitsrechts könne die Kirche nicht aus ihrer besonderen Bindung an den kirchlichen Auftrag herauslösen. Das verfassungsrechtliche Sonderrecht der Kirchen schließe „das für alle Juristischen Personen geltende Verfassungsrecht (Artikel 9 Abs. 3 GG) insoweit aus".[21] Eine derartige Ausgrenzung vermag aber schon deshalb nicht zu überzeugen, weil das Grundrecht der Koalitionsfreiheit auch für Beamte gilt, also nicht durch die öffentlich-rechtliche Gestaltungsform eines Dienstverhältnisses verdrängt wird.[22] Der den Kirchen verliehene Körperschaftsstatus kann nicht den Ausschluß des Art. 9 Abs. 3 GG bewirken.

11 Die Drittwirkung der Koalitionsfreiheit bedeutet, daß das Recht, zur Wahrung und Förderung der Arbeits- und Wirtschaftsbedingungen Vereinigungen zu bilden, von jedermann zu respektieren ist. Deshalb sind, wie es in Art. 9 Abs. 3 Satz 2 GG heißt, Abreden, die dieses Recht einschränken oder zu behindern suchen, nichtig, hierauf gerichtete Maßnahmen rechtswidrig. Das gilt auch für die Kirchen, sofern ein Beschäftigungsverhältnis die in

---

[18] Vgl. dazu auch *Hesse*, FS Werner Weber, S. 447 (452 f.).
[19] Vgl. *Hesse*, HdbStKirchR Bd. I S. 521 (558); *ders.*, FS Werner Weber, S. 447 (457); *Rüfner* EssG 7 (1972), 9 (22 f.); *H. Weber* ZevKR 17 (1972), 386 (406); weiterhin *Frank* EssG 10 (1976), 9 (29); *Richardi*, FS Beitzke, S. 873 (880 ff.); *Pahlke*, Kirche und Koalitionsrecht, S. 147 ff.
[20] *Janssen*, Streikrecht, S. 35.
[21] *Janssen*, Streikrecht, S. 36.
[22] Vgl. BVerfGE 19, 303 (323 f.); *R. Scholz* in Maunz/Dürig, GG, Art. 9 Rn. 178 mit weiteren Nachweisen aus dem Schrifttum.

Art. 9 Abs. 3 GG vorausgesetzten Elemente erfüllt.²³ Das Bundesverfassungsgericht teilt diese Auffassung, wenn es in dem Beschluß über das Zutrittsrecht der Gewerkschaften zu einer kirchlichen Einrichtung ausführt, Art. 9 Abs. 3 GG könnte „im Hinblick auf die dieser Bestimmung unbestritten zukommende Drittwirkung (Art. 9 Abs. 3 Satz 2 GG) als ein für alle geltendes Gesetz im Sinn des Art. 137 Abs. 3 WRV in Betracht kommen".²⁴

Diese Feststellung bedeutet nicht, daß dem Grundrecht der Koalitionsfreiheit gegenüber der Verfassungsgarantie des kirchlichen Selbstbestimmungsrechts der Vorrang eingeräumt ist. Die durch Art. 140 GG inkorporierten Weimarer Kirchenartikel sind „vollgültiges Verfassungsrecht der Bundesrepublik Deutschland geworden und stehen gegenüber den anderen Artikeln des Grundgesetzes nicht etwa auf einer Stufe minderen Ranges".²⁵ Nach den Grundsätzen der Erforderlichkeit und Verhältnismäßigkeit muß jede verfassungsrechtliche Gewährleistung in ihrem Kern erhalten bleiben.²⁶ Die Anordnung der Drittwirkung betrifft den *Grundrechtsadressaten*. Sie sagt aber nichts darüber aus, wie das Verhältnis der Koalitionsfreiheit zum Selbstbestimmungsrecht der Kirchen zu bestimmen ist.

4. Koalitionsfreiheit und Schrankenvorbehalt des Art. 137 Abs. 3 WRV

Ein Vorrang der Koalitionsfreiheit kann nicht daraus begründet werden, daß das kirchliche Selbstbestimmungsrecht unter dem Schrankenvorbehalt des für alle geltenden Gesetzes steht.²⁷ Abgesehen davon, daß die Grundrechtsgewährleistungen nach ihrem Geltungsanspruch im Verhältnis zueinander nicht danach abgestuft werden können, ob sie unter einem Gesetzesvorbehalt stehen, ist für den Schrankenvorbehalt des Art. 137 Abs. 3 WRV zu beachten, daß die Bindung an das für alle geltende Gesetz keine Subordination der Kirchen unter den Staat beinhaltet. Doch ist bereits im Ansatz verfehlt, wenn man die Geltung der Koalitionsfreiheit aus dem Schrankenvorbehalt begründet.²⁸ Die Koalitionsfreiheit wird durch Art. 9 Abs. 3 GG in erster Linie als Freiheitsrecht garantiert. In dieser Eigenschaft kann sie nicht als für alle geltendes Gesetz qualifiziert werden, das Schranken-ziehend wirken soll.

Das Spannungsverhältnis zur Kirchenautonomie tritt deshalb auch erst in Erscheinung, wenn es um das Verhältnis zur *kollektiven Koalitionsfreiheit*

---

[23] S. Rn. 17 ff.
[24] BVerfGE 57, 220 (245).
[25] BVerfGE 19, 206 (219); s. auch oben § 1 Rn. 6.
[26] Vgl. *Hesse*, Grundzüge des Verfassungsrechts der Bundesrepublik Deutschland, Rn. 317 ff.
[27] So aber *Naendrup* BlStSozArbR 1979, 353 (361); *ders.* AuR 1979, Sonderheft: Kirche und Arbeitsrecht, S. 37 (41); abweig *Wahsner*, in: Beiträge für Abendroth, S. 78 (95), der die „Kollision" der Verfassungsgarantie des Selbstbestimmungsrechts mit Art. 9 Abs. 3 Satz 1 GG als „Erfindung der Verfassungsinterpreten" bezeichnet; es trifft nicht zu, „daß sich beide Verfassungsgarantien auf klar abgegrenzte soziale Bereiche und Konfliktfelder beziehen und sich wechselseitig nicht überschneiden können".
[28] S. auch Rn. 7.

geht. Bei der verfassungsrechtlichen Gewährleistung des Koalitionsverfahrens ist aber zu beachten, daß Art. 9 Abs. 3 GG das Recht zur Bildung einer Koalition und deren Betätigung zur Verfolgung des Koalitionszwecks schützt, nicht aber unmittelbar für sie Befugnisse einräumt. Es ist vielmehr, wie das Bundesverfassungsgericht in ständiger Rechtsprechung feststellt, „Sache des Gesetzgebers, die Tragweite der Koalitionsfreiheit dadurch zu bestimmen, daß er die Befugnisse der Koalitionen im einzelnen gestaltet und näher regelt".[29] Bei Erfüllung dieses Gestaltungsauftrages ist die Kirchenautonomie zu respektieren, werden dem kirchlichen Selbstbestimmungsrecht Grenzen also nur insoweit gezogen, als die Konkretisierung von Art. 9 Abs. 3 GG durch eine Regelung im Rang des einfachen Gesetzesrechts die Qualität eines für alle geltenden Gesetzes hat.

5. Koalitionsfreiheit als verfahrensgeprägtes Grundrecht

15 Soweit es um die verfassungsrechtliche Gewährleistung geht, sind Koalitionsfreiheit und kirchliches Selbstbestimmungsrecht nicht im Verhältnis zueinander über- und untergeordnet, sondern sie stehen auf einer Stufe *gleichen Ranges*. Für ihr Verhältnis zueinander und damit für die Bestimmung eines Ausgleichs ist aber wesentlich, daß Art. 9 Abs. 3 GG zu den *verfahrensgeprägten Grundrechten* gehört.[30] Darin liegt die Wesensverschiedenheit zur Verfassungsgarantie des Selbstbestimmungsrechts, die ihre grundrechtliche Absicherung in der Glaubensfreiheit hat (Art. 4 GG).

16 Das Grundrecht der Koalitionsfreiheit setzt voraus, daß für die Erbringung von Dienstleistungen ein Arbeitgeber-Arbeitnehmer-Verhältnis besteht, wobei unerheblich ist, ob es privatrechtlich als Arbeitsverhältnis oder öffentlich-rechtlich als Beamtenverhältnis gestaltet ist. Koalitionsfreiheit gilt deshalb nur dort, wo Arbeit im fremden Dienst das Beschäftigungsverhältnis prägt, also auch *inhaltlich* die Voraussetzungen dafür gegeben sind, daß man sich zur Wahrung und Förderung der Arbeits- und Wirtschaftsbedingungen zusammenschließt. Sie besteht nicht für Arbeit im Rahmen einer religiösen Dienstordnung, der sich ein einzelner auf Grund seiner Glaubensentscheidung unterwirft; insoweit gilt die Verfassungsgarantie der Glaubensfreiheit. Wird dagegen die Beschäftigung durch ein Arbeitgeber-Arbeitnehmer-Verhältnis geprägt, so schließt die religiöse Motivation bei der Erbringung der Dienstleistung Art. 9 Abs. 3 GG nicht aus. Das Grundrecht der Koalitionsfreiheit wird aber in seiner Ausübung dadurch begrenzt, daß der Zusammenschluß zur Wahrung und Förderung der Arbeits- und Wirtschaftsbedingungen sich nicht auf die Zweckbestimmung des kirchlichen Dienstes beziehen kann. Der damit verbundene Pflichtengehalt steht nicht zur Disposition des Koalitionsverfahrens, zumal nach kirchlichem Selbstverständnis nicht einmal sämtliche Glieder der Kirche über ihn verfügen können; denn

---

[29] BVerfGE 50, 290 (368); so bereits BVerfGE 19, 303 (321); 28, 295 (306); weiterhin BVerfGE 57, 220 (246); 58, 233 (247); modifiziert für den Arbeitskampf durch BVerfGE 84, 212 (226); 92, 365 (394: „Ausgestaltung durch die Rechtsordnung").

[30] Vgl. *Ossenbühl/Richardi*, Neutralität im Arbeitskampf, 1987, S. 130.

ihren Auftrag hat die Kirche nach ihrem Bekenntnis von Christus selbst erhalten. Sie ist stets *seine* Kirche.

II. Individualgrundrecht der Koalitionsfreiheit

1. Geltungsvoraussetzungen

Das Grundrecht der Koalitionsfreiheit gilt für Personen, deren Beschäftigungsverhältnis durch die Erbringung einer materiellen Gegenleistung geprägt wird. Soweit diese Voraussetzung erfüllt ist, können sich auch Mitarbeiter im kirchlichen Dienst zu einer Koalition zusammenschließen. 17

Für die Geltung der Koalitionsfreiheit ist daher entscheidend, welchen Inhalt ein Beschäftigungsverhältnis nach der kirchlichen Rechtsordnung hat. Verlangt die Kirche für die Erfüllung bestimmter Dienste, daß mit ihrer Erbringung eine Verknüpfung mit materieller Gegenleistung unvereinbar ist, dann tritt auch der einzelne, der ein derartiges Dienstverhältnis eingeht, unter diese Bindung. Kirchlicher Dienst und Koalitionsfreiheit sind in diesem Fall miteinander unvereinbar. Die Koalitionsfreiheit wird dadurch aber nicht beschränkt, sondern es fehlen die Voraussetzungen, von denen die Geltung der Koalitionsfreiheit abhängt. 18

2. Kirchenamt und Koalitionsfreiheit

a) Katholische Kirche

Nach dem Recht der römisch-katholischen Kirche tritt ein Priester mit dem Weihesakrament in ein *Inkardinationsverhältnis* zu seinem Bischof.[31] Damit er sich ausschließlich dem priesterlichen Dienst widmen kann, ist sein Bischof verpflichtet, für den Lebensunterhalt und die wirtschaftliche Sicherung zu sorgen. Dieser Verpflichtung entspricht ein Anspruch des Priesters auf Versorgung; er hat das Recht auf gerechte Entlohnung, auf angemessenen Urlaub und auf ausreichende soziale Für- und Vorsorge (cc. 281, 283 § 2 CIC).[32] Der Versorgungsanspruch steht aber nicht in einem Gegenseitigkeitsverhältnis zu der vom Priester geschuldeten Dienstleistung; es besteht auch kein Leistungsaustauschverhältnis, wie es das Beamtenrecht voraussetzt.[33] Den Dienst leistet der Priester vielmehr dem Herrn der Kirche. Der Anspruch auf standesgemäßen Unterhalt soll lediglich sicherstellen, daß er ein priesterliches Leben führen kann; es soll verschieden von einem Bettlerdasein und einem Luxusleben sein und ihm ermöglichen, diejenigen angemessen zu ent- 19

---

[31] S. dazu § 1 Rn. 14.
[32] Vgl. auch *Schmaus*, Festgabe Scheuermann, S. 153 (157, 158 f.); *H. Schmitz*, ebenda, S. 137 (149); weiterhin Art. 7 Abs. 1, 10 Abs. 3 und vor allem Art. 20 des Dekrets „Presbyterorum Ordinis", abgedruckt in: Lexikon für Theologie und Kirche, 2. Aufl., Das Zweite Vatikanische Konzil, Bd. III S. 175, 195 und 233.
[33] Ebenso *Rüthers*, FS Herschel, S. 351 (360 f.).

lohnen, deren Dienstleistungen er in Anspruch nimmt, um seine Aufgaben zu erfüllen.[34] Priester dürfen, wie es im Dekret des Zweiten Vatikanischen Konzils „Presbyterorum Ordinis" über Dienst und Leben der Priester heißt, „das kirchliche Amt weder als Erwerbsquelle betrachten noch die Einkünfte daraus für die Vermehrung des eigenen Vermögens verwenden".[35] Deshalb bestimmt can. 282 § 2 CIC, daß die Güter, welche die Kleriker anläßlich der Ausübung eines Kirchenamtes erwerben und die übrigbleiben, nachdem für ihren angemessenen Unterhalt und die Erfüllung aller Pflichten des eigenen Standes gesorgt ist, sie zum Wohle der Kirche und für Werke der Caritas verwenden mögen. Priester sollen sich „vor aller Art weltlichen Handels sorgfältig hüten".[36]

20 Mit dem Priestertum ist daher nach dem Verständnis der römisch-katholischen Kirche nicht vereinbar, einer arbeitsrechtlichen Koalition mit Kampfstellung gegen die Kirche anzugehören. Zulässig ist lediglich der Zusammenschluß zur Verfolgung von Zwecken, die dem Klerikerstande angemessen sind (can. 278 § 1 CIC). Kleriker dürfen keiner Vereinigung angehören, „deren Zielsetzung oder Tätigkeit sich nicht mit den dem Klerikerstand eigenen Pflichten vereinbaren läßt oder die gewissenhafte Erfüllung der ihnen von der zuständigen kirchlichen Autorität übertragenen Aufgaben hemmen kann" (can. 278 § 3 CIC). Auch soweit es nicht um die Wahrnehmung ihrer eigenen Arbeitsbedingungen geht, dürfen sie an der Leitung von Gewerkschaften nicht aktiv teilnehmen, es sei denn, dies sei nach dem Urteil der zuständigen kirchlichen Autorität erforderlich, um die Rechte der Kirche zu schützen oder das allgemeine Wohl zu fördern (can. 287 § 2 CIC).

b) Evangelische Kirche

21 Für den Bereich der evangelischen Kirche wird dagegen vertreten, daß nach evangelischem Kirchenrecht die Zugehörigkeit von Mitarbeitern zu einer arbeitsrechtlichen Koalition zulässig sei und daß dies auch für Pfarrer und Kirchenbeamte gelte; denn die Koalitionsfreiheit werde vom kirchlichen Dienstrecht vorausgesetzt.[37] Soweit es sich um Pfarrer handelt, muß allerdings als zweifelhaft angesehen werden, ob diese Feststellung zutrifft. Auch nach evangelischem Verständnis prägt der Dienst an Wort und Sakrament das Kirchenamt. Wird er von der Gewährung eines Entgelts abhängig gemacht, so gilt wohl auch für den Bereich der evangelischen Kirche, daß dies den Tatbestand der Simonie begründen würde. Darauf braucht hier aber nicht näher eingegangen zu werden.[38]

---

[34] So *Schmaus*, Festgabe Scheuermann, S. 153 (157, 158 f.).
[35] Art. 17 Abs. 3 des Dekrets „Presbyterorum Ordinis", aaO, S. 225.
[36] Wie Fn. 35.
[37] So *Frank*, HdbStKirchR Bd. I S. 669 (692).
[38] Zutreffend aber deshalb in diesem Zusammenhang G. *Müller* Juristen-Jahrbuch 10 (1969/70), 125 (135 f.), wenn er dort die Auffassung vertritt, daß „Kultusdiener, etwa der evangelische Pastor, der katholische Geistliche, der jüdische Rabbiner, der mohammedanische Hodscha", sich als solche nicht koalieren können.

3. Koalitionsfreiheit für Arbeitnehmer im kirchlichen Dienst

Für Personen, die kein geistliches Amt haben, aber sonst zum Dienst in der Kirche bestellt sind, ist im allgemeinen der Tatbestand gegeben, den das Grundrecht der Koalitionsfreiheit voraussetzt.[39] Dies gilt jedoch nicht für Ordensangehörige; sie gehören ebenfalls zum geistlichen Stand. Mit der Verpflichtung auf die evangelischen Räte, insbesondere mit der freiwillig übernommenen Armut um der Nachfolge Christi willen und dem Gelöbnis des Gehorsams ist es unvereinbar, sich neben dem Orden oder im Orden zu einer Koalition zusammenzuschließen.[40]

Die Koalitionsfreiheit entbindet Arbeitnehmer im Dienst der Kirche nicht von der Pflicht, ihre Arbeit als Beitrag zum Auftrag der Kirche zu leisten. Für die katholische Kirche hat dies Art. 6 Abs. 1 Satz 3 GrOkathK ausdrücklich klargestellt. Die Arbeitnehmer im kirchlichen Dienst können sich als kirchliche Arbeitnehmer zusammenschließen, um Einfluß auf die Gestaltung ihrer Arbeits- und Wirtschaftsbedingungen zu gewinnen (so für die katholische Kirche auch Art. 6 Abs. 1 Satz 1 GrOkathK). Sie dürfen sich aber keiner Organisation anschließen, die bei der Erfüllung des Koalitionszweckes keine Rücksicht auf die Besonderheit des kirchlichen Dienstes nimmt. Kirchlicher Dienst wird niemals wertneutral geleistet, sondern steht stets in der Bindung zum Auftrag, den die Kirche von ihrem Stifter erhalten hat.

Für die katholische Kirche bestimmt deshalb Art. 6 Abs. 2 Satz 1 GrOkathK: „Wegen der Zielsetzung des kirchlichen Dienstes muß eine Vereinigung dessen Eigenart und die sich daraus für die Mitarbeiterinnen und Mitarbeiter ergebenden Loyalitätsobliegenheiten anerkennen." Eine Gewerkschaft, die ihren Organisationsbereich nicht auf kirchliche Mitarbeiter beschränkt, und erst recht eine Gewerkschaft, die den Schwerpunkt ihrer Organisation im außerkirchlichen Bereich hat, muß deshalb, soweit sie Arbeitnehmern im kirchlichen Dienst den Beitritt eröffnet und für sie Koalitionsaufgaben erfüllt, durch ihre Satzung oder zumindest durch ihre tatsächlich praktizierte Organisation sicherstellen, daß ihre spezifisch koalitionsgemäße Betätigung in kirchlichen Einrichtungen mit der Bindung des kirchlichen Dienstes an den Auftrag der Kirche in Einklang steht. Koalitionsfreiheit besteht also nur unter Respektierung der Besonderheit des kirchlichen Dienstes für den Auftrag der Kirche.[41]

---

[39] Ebenso schon *Molitor*, FS Albert Stohr, Bd. II S. 231 (234); weiterhin *Frank*, HdbStKirchR Bd. I S. 669 (692); *Hesse*, HdbStKirchR Bd. I S. 521 (558); *ders.*, FS Werner Weber, S. 447 (457); *Rüfner* EssG 7 (1972), 9 (22); *Kuper* Stimmen der Zeit 195 (1977), 626 (631).

[40] Vgl. dazu auch das Dekret über die zeitgemäße Erneuerung des Ordenslebens „Perfectae Caritatis", abgedruckt in: Lexikon für Theologie und Kirche, 2. Aufl., Das Zweite Vatikanische Konzil, Bd. II S. 266 ff.

[41] Ebenso im Ergebnis *Hesse*, FS Werner Weber, S. 447 (457); *Janssen*, Streikrecht, S. 37; *Pahlke*, Kirche und Koalitionsrecht, S. 157; *Grethlein* ZevKR 33 (1988), 257 (260 ff.).

III. Kollektive Koalitionsfreiheit und Kirchenautonomie

1. Koalitionsfreiheit als Gruppengrundrecht

25 Der Verfassungstext nennt nur das Individualgrundrecht; die historische Ausgangslage und der Zweck der Koalitionsfreiheit gebieten aber, die kollektiven Koalitionsrechte in den Grundrechtsschutz einzubeziehen.[42] Für sie besteht keine *institutionelle und funktionelle Garantie*.[43] Die verfassungsrechtliche Gewährleistung ist nicht *institutionsrechtlich* gestaltet. Die Koalitionen haben deshalb keinen den Kirchen vergleichbaren verfassungsrechtlichen Sonderstatus.[44] Das kollektive Bestands- und Betätigungsrecht der Koalitionen beruht vielmehr auf einem als Freiheitsrecht garantierten Grundrecht.

26 Das Bundesarbeitsgericht und die überwiegende Lehre sehen in der Koalitionsfreiheit ein *Doppelgrundrecht*.[45] Neben dem Individualgrundrecht soll ein *Gruppengrundrecht* stehen, das den Koalitionen korporativen Bestands- und Betätigungsschutz zusichert.[46] Dabei wird übersehen, daß die Koalitionsfreiheit wie jedes Grundrecht *individualrechtlich* verfaßt ist. Auch das Bundesverfassungsgericht betont, daß die Koalitionsfreiheit in erster Linie ein Freiheitsrecht ist.[47] Sie gewährleistet, wie es sagt, „die Freiheit des Zusammenschlusses zu Vereinigungen zur Förderung der Arbeits- und Wirtschaftsbedingungen und die Freiheit der gemeinsamen Verfolgung dieses Zwecks". Dieser Hinweis enthält nicht die Anerkennung eines Doppelgrundrechts, sondern macht im Gegenteil deutlich, daß der Schutz der Koalition als solcher und ihr Recht, durch spezifisch koalitionsmäßige Betätigung den Koalitionszweck zu verfolgen, nicht von dem Individualgrundrecht gelöst werden kann.[48] Die Freiheitsgarantie für den kollektivrechtlichen Tatbestand des Koalitionswesens bedeutet, daß über den Zusammenschluß zu einer Koalition und die gemeinsame Verfolgung des Koalitionszwecks „die Beteiligten selbst und eigenverantwortlich, grundsätzlich frei von staatlicher Einflußnahme, bestimmen".[49] Ein Kollektivschutz besteht nicht als Kontrastgrund-

---

[42] S. die Angaben in Fn. 2.
[43] So aber *E. R. Huber*, Wirtschaftsverwaltungsrecht, Bd. II, 1954, S. 382; *Nipperdey* in Hueck/Nipperdey, Bd. II/1 S. 40 Fn. 34, S. 137; vor allem *Säcker*, Grundprobleme der kollektiven Koalitionsfreiheit, 1969, passim, insbes. S. 28; vgl. gegen dieses Grundrechtsverständnis der Koalitionsfreiheit *Richardi* ZfA 1970, 85 ff.
[44] Vgl. *Richardi*, Kollektivgewalt und Individualwille, S. 62 ff.; *Scholz*, Koalitionsfreiheit als Verfassungsproblem, S. 165 ff.
[45] BAG-Großer Senat, BAGE 20, 175 (210) = AP Nr. 13 zu Art. 9 GG; *Gamillscheg*, Kollektives Arbeitsrecht, Bd. I S. 181 f.; *v. Mangoldt/Klein*, GG, Art. 9 Anm. V 3 (S. 327); *Biedenkopf*, Tarifautonomie, S. 88; *Werner Weber*, Koalitionsfreiheit und Tarifautonomie als Verfassungsproblem, 1965, S. 11; *Galperin* AuR 1965, 1 ff.
[46] Vgl. BAGE 20, 175 (210) = AP Nr. 13 zu Art. 9 GG.
[47] BVerfGE 50, 290 (367).
[48] So bereits *Richardi*, Kollektivgewalt und Individualwille, S. 77 f.
[49] BVerfGE 50, 290 (367).

recht, sondern als Folge der Grundrechtsausübung; es gibt „keine Antinomie zwischen individualem und kollektivem Koalitionsrecht".[50]

Den Grundrechtsschutz des Art. 9 Abs. 3 GG hat daher nicht nur das einzelne Koalitionsmitglied, sondern auch der Verband als solcher, zu dem sich kirchliche Arbeitnehmer zusammenschließen. Treten sie aber einer Organisation bei, die bei der Erfüllung des Koalitionszweckes keine Rücksicht auf die Besonderheit des kirchlichen Dienstes nimmt, so reicht der Kollektivschutz nicht weiter als das Individualgrundrecht. Die kollektive Rechtsstellungsgarantie des Art. 19 Abs. 3 GG ermöglicht dem Verband zwar, daß er den Koalitionsschutz im eigenen Namen geltend machen kann; sie erweitert den Koalitionsschutz aber nicht. Daraus folgt, worauf bereits *Konrad Hesse* hingewiesen hat, daß Koalitionen, soweit sie kirchlichen Arbeitnehmern den Beitritt eröffnen, im Hinblick auf Aufgabe und Eigenart der Kirche einen anderen Charakter tragen als sonstige Koalitionen.[51]

2. Bedeutung der verfassungsrechtlich unfertigen Garantie der kollektiven Koalitionsfreiheit für das Selbstbestimmungsrecht der Kirchen

Soweit der Grundrechtsschutz sich auf Koalitionsbestand und Koalitionsbetätigung bezieht, ist es Sache des Gesetzgebers, Befugnisse der Koalitionen im einzelnen auszugestalten und näher zu regeln.[52] Für Koalitionsbestand und Koalitionsbetätigung enthält deshalb Art. 9 Abs. 3 GG nur eine verfassungsrechtlich unfertige Gewährleistung. Der kollektivrechtliche Tatbestand des Koalitionswesens wird erst durch die *einfache Gesetzgebung* entfaltet.

Die Koalitionen sind in ihrem Handeln und Wirken an die ordnungspolitischen Grundentscheidungen des Gesetzgebers gebunden. Dieser schafft die Rahmenbedingungen, in denen die kollektive Koalitionsfreiheit sich entfalten kann. Der Ermessensspielraum des Gesetzgebers wird lediglich dadurch beschränkt, daß er die mit der Grundrechtsausübung verwirklichte Funktion zu respektieren hat. Insoweit kann er nur Schranken ziehen, die von der Sache selbst gefordert sind.[53]

Soweit der Gesetzgeber von seiner Regelungskompetenz keinen Gebrauch macht, können Koalitionsbefugnisse nicht unmittelbar aus dem Grundrecht der Koalitionsfreiheit abgeleitet werden.[54] In Betracht kommt nur, wie das Bundesverfassungsgericht in seiner Aussperrungsentscheidung vom 26. 6. 1991 klargestellt hat, daß die Gerichte „bei unzureichenden gesetzlichen Vorgaben das materielle Recht mit den anerkannten Methoden der Rechts-

---

[50] *Scholz*, Koalitionsfreiheit als Verfassungsproblem, S. 150; ausführlich dazu, daß die kollektive Koalitionsfreiheit eine unselbständige Objektivation des Individualgrundrechts aus Art. 9 Abs. 3 GG darstellt, *Scholz*, aaO, S. 135 ff.; ebenso im Ergebnis *Zöllner* AöR 98 (1973), 71 (79 ff.) und *Seiter* AöR 109 (1984), 88 (94 ff.) in ihren Würdigungen der Rechtsprechung des Bundesverfassungsgerichts zu Art. 9 Abs. 3 GG.
[51] *Hesse*, FS Werner Weber, S. 447 (457).
[52] Vgl. BVerfGE 19, 303 (321); 28, 295 (306); 50, 290 (368); 57, 220 (246); 58, 233 (247).
[53] Vgl. BVerfGE 28, 295 (306).
[54] Vgl. BVerfGE 57, 220 (245 ff.).

31 findung aus den allgemeinen Rechtsgrundlagen ableiten, die für das betreffende Rechtsverhältnis maßgeblich sind".⁵⁵ Das gelte auch dort, „wo eine gesetzliche Regelung, etwa wegen einer verfassungsrechtlichen Schutzpflicht, notwendig wäre".⁵⁶

31 Diese Beurteilung hat unmittelbar Bedeutung für das Verhältnis zum kirchlichen Selbstbestimmungsrecht; denn die Schranke des für alle geltenden Gesetzes muß ein „für alle geltendes *Gesetz*" sein.⁵⁷ Die gesetzliche Regelung kann nicht durch einen Richterspruch ersetzt werden.

32 Soweit der *Gesetzgeber* tätig wird, hat er seinerseits zu beachten, daß die Kirchenautonomie in den Schranken des für alle geltenden Gesetzes besteht. Er muß daher der Kirche einen *eigenen Weg* offenhalten, damit sie sich in ihren Angelegenheiten eine von ihrem Bekenntnis geprägte Ordnung geben kann. Die Kirchen haben deshalb in der grundrechtlichen Koalitionsverfassung eine Sonderstellung, die es dem Gesetzgeber verbietet, kollektive Koalitionsrechte in ihren für den weltlichen Bereich erfolgten Ausprägungen auf den Bereich zu erstrecken, der unter die Verfassungsgarantie des Selbstbestimmungsrechts fällt.

33 Daraus folgt nicht, daß die kollektive Koalitionsfreiheit auf den kirchlichen Dienst keine Anwendung findet. Da das Grundrecht der Koalitionsfreiheit für kirchliche Arbeitnehmer gilt, besteht die Koalitionsfreiheit auch in ihrer kollektivrechtlichen Dimension. Aber für sie ist zu beachten, daß die Koalitionen der kirchlichen Arbeitnehmer in ihrem Handeln und Wirken an die vom kirchlichen Selbstverständnis her gebotenen Gestaltungen der kirchlichen Dienstverfassung gebunden sind. Das gilt nicht nur für eine Gewerkschaft, die ihren Organisationsbereich auf kirchliche Mitarbeiter beschränkt, sondern auch für eine Gewerkschaft, die ihre Mitglieder überwiegend im außerkirchlichen Bereich hat. Der kirchliche Gesetzgeber schafft die Rahmenbedingungen, in denen die kollektive Koalitionsfreiheit sich entfalten kann.

34 Für die katholische Kirche verlangt deshalb Art. 6 Abs. 2 Satz 1 GrOkathK, daß eine Gewerkschaft die Eigenart des kirchlichen Dienstes und die sich daraus für die Mitarbeiter ergebenden Loyalitätsobliegenheiten anerkennt. Sie muß das verfassungsmäßige Selbstbestimmungsrecht der Kirche zur Gestaltung der sozialen Ordnung ihres Dienstes respektieren (Art. 6 Abs. 2 Satz 4 GrOkathK).

---

[55] BVerfGE 84, 212 (226 f.).
[56] BVerfGE 84, 212 (227).
[57] So die ausdrückliche Hervorhebung in BVerfGE 57, 220 (245).

§ 10 Koalitionsbetätigung zur Erfüllung des Koalitionszwecks

I. Tarifautonomie als Koalitionsverfahren in einem marktwirtschaftlich geordneten System des Arbeitslebens

Zum verfassungsrechtlich gewährleisteten Kernbereich der Koalitionsfreiheit, dem die Regelungsbefugnis des Gesetzgebers ihre Grenzen findet, gehört die „Garantie eines gesetzlich geregelten und geschützten Tarifvertragssystems, dessen Partner frei gebildete Koalitionen im Sinne des Art. 9 Abs. 3 GG sein müssen".[1] Diese Verfassungsgarantie bezieht sich darauf, daß das Tarifvertragssystem mit arbeitskampfrechtlicher Konfliktlösung in einem marktwirtschaftlichen System das Instrument des Koalitionsverfahrens zur Wahrung und Förderung der Arbeits- und Wirtschaftsbedingungen darstellt. Die Tarifautonomie und der ihr zugeordnete Arbeitskampf sind, wie *Bernd Rüthers* zutreffend formuliert, „notwendige Elemente eines marktwirtschaftlich organisierten Arbeitslebens".[2]

Die verfassungsrechtliche Garantie für die Tarifautonomie darf nicht isoliert begriffen werden, sondern bildet mit der Berufs- und Gewerbefreiheit des Art. 12 GG, der Eigentumsgewährleistung des Art. 14 GG und dem Generalfreiheitsrecht aus Art. 2 Abs. 1 GG einen grundrechtlichen Ordnungszusammenhang. Die marktwirtschaftliche Ordnung des Arbeitslebens ist daher als „organisatorische Grundlage dieser verfassungsrechtlichen Systemfunktionen garantiert".[3] Die Tarifautonomie als Bestandteil des grundgesetzlichen Arbeits- und Wirtschaftssystems kann sich daher nicht über dessen Grenzen hinwegsetzen. Verfassungsrechtliche Garantien stehen nicht zu ihrer Disposition.

II. Tarifvertragssystem mit arbeitskampfrechtlicher Konfliktlösung und Kirchenautonomie

1. Freiheit zum Abschluß von Tarifverträgen

Wegen der Bedeutung der Tarifautonomie in einer marktwirtschaftlich geordneten Arbeitsverfassung stellt sich die Frage, ob die Kirchen für ihren Be-

---

[1] BVerfGE 4, 96 (108); 50, 290 (369).
[2] *Rüthers*, Tarifautonomie und Schlichtungszwang, in: Gedächtnisschrift Rolf Dietz, 1973, S. 299 (307) mit der treffenden Formulierung: Die Tarifautonomie und der ihr zugeordnete Arbeitskampf seien „*Kinder der Marktwirtschaft*, nicht Abkömmlinge eines mißverstandenen Demokratiebegriffs"; ebenso bereits für den Arbeitskampf *Mayer-Maly*, Österreichisches Arbeitsrecht, 1970, S. 206.
[3] *Scholz* ZfA 1990, 377 (388).

reich das Tarifvertragssystem durch ein eigenes Dienstrecht ersetzen können. Soweit die Tarifautonomie zum verfassungsrechtlich geschützten Koalitionsverfahren gehört, besteht die Verfassungsgarantie auch für Arbeitsverhältnisse im kirchlichen Dienst. Aus dieser Erkenntnis folgt aber zunächst nur, daß kirchliche Einrichtungen als Arbeitgeber mit einer Gewerkschaft ihrer Arbeitnehmer Tarifverträge abschließen *können*, in denen Arbeitsentgelte und sonstige Arbeitsbedingungen geregelt werden. Zulässig ist auch, daß kirchliche Einrichtungen sich zu einem Arbeitgeberverband zusammenschließen, der die Tarifverträge abschließt. Beantwortet wird damit aber nicht die Frage, ob die Kirche Tarifverträge abschließen *muß*, auch wenn dies ihrem Selbstverständnis von einer Gestaltung der Arbeitsbedingungen in ihrem Bereich widerspricht. Art. 9 Abs. 3 GG enthält keine *öffentlich-rechtliche Verpflichtung* zum Abschluß von Tarifverträgen, sondern gewährleistet eine *Tarifautonomie*; denn das Tarifvertragssystem ist Instrument eines *freiheitsrechtlichen* Koalitionsverfahrens.[4] Zu den Funktionsvoraussetzungen der Tarifautonomie gehört deshalb der Arbeitskampf, durch den der Abschluß eines Tarifvertrags auch gegen den Willen der Arbeitgeberseite erzwungen werden kann.[5]

4   Dennoch wird nicht nur von den Gewerkschaften, sondern auch im kirchlichen Raum die Forderung erhoben, die Arbeitsbedingungen kirchlicher Mitarbeiter durch Tarifvertrag zu regeln.[6] *Oswald v. Nell-Breuning SJ* machte geltend, daß die Mitarbeiter Leute seien, „die wie alle anderen Erwerbstätigen an erster Stelle ihre eigenen Interessen wahrnehmen, für die also nicht der Dienst an Aufgaben der Kirche, sondern ihr Erwerb und die Sorge für ihr eigenes Wohlergehen und das ihrer Familie den ersten Platz einnehmen".[7] Den Bemühungen, das Tarifvertragssystem durch eine kirchliche Ordnung zur Mitwirkung an der Gestaltung des Arbeitsvertragsrechts zu ersetzen, hielt er entgegen: „Diesen ‚Dritten Weg' werden sie nicht finden; den ‚Dritten Weg' gibt es nicht." Auch *Albrecht Zeuner* meinte: „Gegen den Abschluß kirchlicher Tarifverträge sprechen keine stichhaltigen Gründe. Die Konsequenz des ersten Schritts, überhaupt Arbeitsverträge abzuschließen,

---

[4] Vgl. *Richardi*, Anm. zu BAG, AR-Blattei, Kirchenbedienstete: Entsch. 9 (unter III 4); *Mayer-Maly* EssG 10 (1976), 110 f.; im Ergebnis ebenso *Jurina* EssG 10 (1976), 57 (88).

[5] Vgl. BVerfGE 84, 212 (224 f.); 92, 365 (393 f.).

[6] Vgl. *Lillich*, Tarifverträge in der Kirche, in: Evangelische Kommentare 1977, S. 29 f.; *v. Nell-Breuning*, „Einander wenigstens auf halbem Weg entgegenkommen", in ötv-magazin 7/1977, S. 5 ff.; *Zeuner*, Thesen: Kirchliche Mitarbeiter und Kirchen brauchen den Tarifvertrag, Seminar der Evangelischen Akademie Nordelbien vom 4.–6. 7. 1977, abgedruckt in: Evangelischer Pressedienst Dokumentation Nr. 14/78, S. 69 f. = Dokumentation zur Entwicklung des Arbeitsrechts im Bereich der Evangelischen Kirche in Deutschland (EKD), Drucksache Nr. 44/78 der Synode der Evangelischen Kirche in Hessen und Nassau, S. 34; *ders.*, Soll die Kirche Tarifverträge abschließen?, in: Nordelbische Stimmen Nr. 9/1977, S. 2 ff.; *Jessen*, Thesen, in: Drucksache Nr. 44/78, S. 35; ausführlich *ders.*, Pro und Contra von Tarifverträgen, Votum vor der nordelbischen Synode in Rendsburg, 18. 2. 1978, in: Evangelischer Pressedienst Dokumentation Nr. 14/78, S. 8 ff.

[7] *v. Nell-Breuning* AuR 1979, 1 (8).

drängt vielmehr zum zweiten Schritt der Einbettung dieser Verträge in ein Tarifvertragsgefüge."[8]

2. Tarifvertrag und Arbeitskampf als Funktionseinheit

Wer die Forderung erhebt, die Arbeitsbedingungen kirchlicher Mitarbeiter 5 durch Tarifvertrag zu regeln, muß folgerichtig den Arbeitskampf bei Tarifkonflikten im kirchlichen Dienst zulassen. Zur Tarifautonomie gehört der Arbeitskampf, weil, wie das Bundesarbeitsgericht sagt, „sonst weder das Zustandekommen noch die inhaltliche Sachgerechtigkeit tariflicher Regelungen gewährleistet wären".[9] Hätten nämlich die Gewerkschaften nicht das Streikrecht, so beruhten Tarifverträge, soweit sie überhaupt zustande kämen, „nur auf dem einseitigen Willensentschluß einer Seite und böten daher nicht die Gewähr eines sachgerechten Ausgleichs der beiderseitigen Interessen".[10] Erst durch das Streikrecht wird das Verhandlungsgleichgewicht hergestellt, ohne das die Tarifautonomie nicht funktionieren kann.

Wie bereits die Weimarer Reichsverfassung hat auch das Grundgesetz 6 darauf verzichtet, ein Streikrecht als Grundrecht im Verfassungstext zu verankern.[11] Der Arbeitskampf ist als Koalitionsmittel im Rahmen des Koalitionsverfahrens zur Wahrung und Förderung der Arbeits- und Wirtschaftsbedingungen garantiert. Das Bundesverfassungsgericht hat im Beschluß vom 26. Juni 1991 ausdrücklich den Bezug zum Tarifvertragssystem hergestellt.[12] Unter den Schutzbereich der Koalitionsfreiheit fallen „Arbeitskampfmaßnahmen, die auf den Abschluß von Tarifverträgen gerichtet sind".[13] Zu ihnen gehört auch die Aussperrung, die bei Tarifauseinandersetzungen zur Herstellung der Verhandlungsparität eingesetzt wird.[14] Welche Grenzen hierbei zu beachten sind, überläßt das Bundesverfassungsgericht der „Ausgestaltung des Grundrechts durch die Rechtsordnung".[15] Das Bundesverfassungsgericht hat nicht beanstandet, daß das Bundesarbeitsgericht selbst die Grundsätze entwickelt hat, an denen es die Zulässigkeit von Arbeitskampfmaßnahmen mißt. Staatskirchenrechtlich bedeutet aber das Fehlen einer Gesetzesregelung, daß schon aus diesem Grund kein für alle geltendes *Gesetz* i. S. des Art. 137 Abs. 3 WRV vorliegt.[16] Andererseits ist die verfassungsgerichtliche Erkenntnis bindend, daß zur Sicherung einer funktionierenden Ta-

---

[8] *Zeuner* (Fn. 6), These 9, abgedruckt in: Evangelischer Pressedienst Dokumentation Nr. 14/78, S. 69 = Drucksache Nr. 44/78 der Synode der Evangelischen Kirche in Hessen und Nassau, S. 34.
[9] BAGE 33, 140 (150) = AP Nr. 64 zu Art. 9 GG Arbeitskampf; s. auch BVerfGE 84, 212 (229).
[10] BAGE 33, 140 (151) = AP Nr. 64 zu Art. 9 GG Arbeitskampf.
[11] Vgl. auch *Ossenbühl/Richardi*, Neutralität im Arbeitskampf, 1987, S. 108 ff. mit weiteren Nachweisen aus dem Schrifttum.
[12] BVerfGE 84, 212 (224 ff.).
[13] BVerfGE 84, 212 (225).
[14] BVerfGE 84, 212 (225).
[15] BVerfGE 84, 212 (225).
[16] Vgl. BVerfGE 57, 220 (245).

rifautonomie Streik und Aussperrung zulässige Arbeitskampfmaßnahmen sind.

3. Unvereinbarkeit des Arbeitskampfes mit der Verfassungsgarantie des Selbstbestimmungsrechts

a) Begrenzte Streikfreiheit?

7   Im Schrifttum vertritt eine Minderheit daher die Auffassung, daß kirchliche Einrichtungen bestreikt werden können, um den Abschluß von Tarifverträgen durchzusetzen.[17] Schranken werden nur insoweit anerkannt, als sie „auch nach den weltlich-rechtlichen Wertungen" eingreifen.[18] Zusätzlich soll Art. 4 Abs. 2 GG zur Gewährleistung der freien Religionsausübung den Arbeitnehmern, die „wie Küster oder Laienprediger direkt an der Sakramentsverwaltung bzw. der Wortverkündigung teilhaben", ein Arbeitskampfverbot auferlegen.[19] Entsprechend verlangt *Bieback*, soweit man überhaupt ein Streikverbot in Betracht ziehe, nach der „*Nähe der Funktion des kirchlichen Arbeitnehmers zum kirchlichen Auftrag* zu differenzieren".[20] Keine Grenzen der Streikfreiheit sollen daher für die Arbeitnehmer bestehen, die wie technisches und Verwaltungspersonal „eher neutral, mit stärker technischen Aufgaben" betraut seien oder die im sog. gemeinsamen Bereich von Staat und Kirche beschäftigt seien, „in dem die Kirchen (vor allem soziale) Aufgaben wahrnehmen, die in Inhalt und Form auch von staatlichen/kommunalen oder nicht-religiösen Trägern durchgeführt werden".

8   Die Abstufung widerspricht der Verfassungsgarantie des kirchlichen Selbstbestimmungsrechts. Soweit man den sozial-karitativen Bereich ausklammert, hat das Bundesverfassungsgericht dies bereits im Fall Goch festgestellt.[21] Soweit man das Streikverbot nach der Nähe zum Verkündigungsauftrag der Kirche abstuft, hat das Bundesverfassungsgericht diese Inanspruchnahme einer ekklesiologischen Kompetenz im Beschluß vom 4. Juni 1985 verworfen.[22]

9   Nach dem Selbstverständnis der Kirchen ist es mit ihrem Auftrag unvereinbar, die Glaubensverkündigung und den Dienst am Nächsten zu suspendieren, um einen Regelungsstreit über den Inhalt der Beschäftigungsverhältnisse durch Koalitionskampfmittel zu lösen. Die Bischöfe der katholischen Kirche haben in ihrer Erklärung zum kirchlichen Dienst vom 27. Juni 1983 das Bestehen von Interessengegensätzen zwischen Anstellungsträgern und

---

[17] So vor allem *Gamillscheg*, Kollektives Arbeitsrecht, Bd. I S. 1117f.; *ders.*, FS Zeuner, S. 39 (49f.); *Naendrup* BlStSozArbR 1979, 353 (367f.); *Wahsner*, Beiträge für Abendroth, S. 78 ff.; *Bieback* in Däubler, Arbeitskampfrecht, 2. Aufl. 1987, Rn. 498 ff.; *Zeuner* ZfA 1985, 127 (137); *Keßler*, Die Kirchen und das Arbeitsrecht, S. 275 ff., 298 f.
[18] *Naendrup* BlStSozArbR 1979, 353 (368).
[19] *Naendrup* aaO.
[20] *Bieback* (Fn. 17) Rn. 511 a.
[21] BVerfGE 46, 73; s. auch § 3 Rn. 4ff.
[22] BVerfGE 70, 138; s. auch § 5 Rn. 19ff.

Mitarbeitern im kirchlichen Dienst keineswegs bestritten. Ausdrücklich heißt es: „Die Dienstgemeinschaft schließt die Existenz und Verfolgung unterschiedlicher Interessen – einen Grundkonsens aller über den kirchlichen Auftrag voraussetzend – bei Mitarbeitern und Dienstgebern nicht aus."[23] Sie sind aber der Meinung: „Arbeitskampf durch Streik oder Aussperrung ist mit den Grunderfordernissen des kirchlichen Dienstes unvereinbar."

Daran haben die Bischöfe in ihrer Erklärung zum kirchlichen Dienst vom 22. September 1993 festgehalten.[24] Art. 7 Abs. 2 GrOkathK bestimmt deshalb: „Wegen der Einheit des kirchlichen Dienstes und der Dienstgemeinschaft als Strukturprinzip des kirchlichen Arbeitsrechts schließen kirchliche Dienstgeber keine Tarifverträge mit Gewerkschaften ab. Streik und Aussperrung scheiden ebenfalls aus." Auch für die evangelische Kirche ist „das Selbstverständnis der kirchlichen Mitarbeit mit solchen tarifrechtlichen Gestaltungsformen unvereinbar, die einen Streik oder eine Aussperrung innerhalb der Kirche als Kampfmittel zur Lösung von Konflikten vorsehen".[25]

b) Fehlen der Voraussetzungen für den Arbeitskampf zur Herstellung eines Verhandlungsgleichgewichts

Das Arbeitskampfrecht geht von dem für das Arbeitsrecht typischen Arbeitgeber-Arbeitnehmer-Gegensatz aus, setzt also voraus, daß Arbeitgeber und Arbeitnehmer die jeder Seite zugeordneten Kampfmittel ergreifen, um ihre Interessen in einem Tarifkonflikt zu wahren. Für den Bereich des kirchlichen Dienstrechts wird dieser das Arbeitsrecht prägende Arbeitgeber-Arbeitnehmer-Gegensatz durch die Dominanz des der Kirche von ihrem Stifter gegebenen Auftrages abgemildert. Das Gesetzbuch der katholischen Kirche bestimmt für Laien, die auf Dauer oder auf Zeit für einen besonderen Dienst der Kirche bestellt werden, in can. 231 § 2 CIC ausdrücklich, daß sie das Recht auf eine angemessene Vergütung haben, die ihrer Stellung entspricht und mit der sie, auch unter Beachtung des weltlichen Rechts, für die eigenen Erfordernisse und für die ihrer Familie in geziemender Weise sorgen können. Ebenso stehe ihnen das Recht zu, daß für ihre Zukunft, die soziale Sicherheit und die Gesundheitsfürsorge gebührend vorgesorgt werde.

Zum Selbstbestimmungsrecht der Kirche gehört daher die Schaffung eines kircheneigenen Regelungssystems, um den Vertragsinhalt der Arbeitsverhältnisse festzulegen; denn mit dem religiösen Amtsauftrag ist eine nach dem Wettbewerbsprinzip organisierte Dienstverfassung unvereinbar. Der Staat kann nicht erwarten, daß die Kirche Kampfmaßnahmen ergreift, um einem Streik zu begegnen; denn sie kann weder die Glaubensverkündigung noch den Dienst am Nächsten suspendieren, um durch eine Aussperrung Druck auf ihre Mitarbeiter auszuüben. Bei Anerkennung eines Streikrechts wäre daher für die Kirchen Wirklichkeit, was der Große Senat des Bundesarbeits-

---

[23] So unter 4, in: Sekretariat der Deutschen Bischofskonferenz (Hrsg.), Hirtenschreiben und Erklärungen der Deutschen Bischöfe, Heft 35, 1983.
[24] So unter IV 1, in: Sekretariat der Deutschen Bischofskonferenz (Hrsg.), Die deutschen Bischöfe, Heft 51, 1993.
[25] *Stein*, Evangelisches Kirchenrecht, S. 127.

gerichts in seiner Aussperrungs-Entscheidung vom 21. April 1971 für den Fall der Nichtzulassung einer Aussperrung feststellt: „Könnte die eine Seite, nämlich die Arbeitnehmerschaft, vertreten durch die Gewerkschaft, allein das Kampfgeschehen bestimmen und wäre der Arbeitgeber auf ein Dulden und Durchstehen des Arbeitskampfes beschränkt, so bestünde die Gefahr, daß die Regelung der Arbeitsbedingungen nicht mehr auf einem System freier Vereinbarungen beruht, das Voraussetzung für ein Funktionieren und innerer Grund des Tarifvertragssystem ist."[26] Wenn schon für die Betriebsverfassung das Bundesarbeitsgericht feststellt: „Das streng dualistische System des Betriebsverfassungsgesetzes widerspricht dem Wesensgehalt der christlichen Religionsgemeinschaften",[27] so gilt das erst recht für das nicht wie die Betriebsverfassung vom *Kooperationsmodell*, sondern vom *Konfrontationsmodell* geprägte Tarifvertragssystem mit arbeitskampfrechtlicher Konfliktlösung.[28]

13 Tarifvertrag und Arbeitskampf sind Koalitionsmittel in einem marktwirtschaftlich organisierten Arbeitsleben. Die Tarifautonomie ist in einem marktwirtschaftlichen System das Instrument des Koalitionsverfahrens zur Wahrung und Förderung der Arbeits- und Wirtschaftsbedingungen. Da der Staat die Kirchen, auch soweit sie ihren Dienst in privatrechtlichen Gestaltungsformen ordnen, nicht dazu zwingen kann, die Erfüllung ihres religiös bestimmten Auftrags den Funktionsbedingungen eines marktwirtschaftlichen Systems unterzuordnen, muß er ihnen *eigene Wege* offenhalten. Dies gilt nicht nur für die organisatorischen Strukturen, sondern, wie das Bundesverfassungsgericht im Beschluß über das Zutrittsrecht einer Gewerkschaft zu kirchlichen Einrichtungen erkannt hat, auch für die Befugnisse der Koalitionen bei Konkretisierung der Tragweite der Koalitionsfreiheit durch den Gesetzgeber.[29]

14 Die Kirche kann die Erfüllung ihres geistig-religiösen Auftrags nicht unter den Vorbehalt eines Arbeitskampfes stellen, ohne ihr Selbstverständnis als Kirche preiszugeben. Ein kirchlicher Arbeitgeber kann keine Kampfmaßnahmen ergreifen, um einem Streik zu begegnen; denn die Kirche kann weder die Glaubensverkündigung noch den Dienst am Nächsten suspendieren, um zur Wahrung von Vermögensinteressen Druck auf ihre Mitarbeiter auszuüben. Auch wenn man die Aussperrung im Gegensatz zur Rechtsprechung des Bundesverfassungsgerichts und des Bundesarbeitsgerichts für entbehrlich hält, um eine Koalitionsparität als Voraussetzung für ein Funktionieren der Tarifautonomie zu wahren, wäre die Kirche bei einem Streik gezwungen, ihren Dienst einzustellen, weil die Menschen, durch die sie handelt und in deren Tätigkeit sie als Kirche präsent wird, ihre Arbeitsleistung verweigern, um dadurch eine Erhöhung ihrer Arbeitsentgelte oder Verbesserung ihrer sonsti-

---

[26] BAGE 23, 292 (308) = AP Nr. 43 zu Art. 9 GG Arbeitskampf.
[27] BAGE 29, 405 (411) = AP Nr. 10 zu § 118 BetrVG 1972.
[28] Vgl. *Richardi*, FS 25 Jahre BAG, S. 429 (448 f.); ebenso *Dütz*, Gewerkschaftliche Betätigung in kirchlichen Einrichtungen, S. 25; *Janssen*, Streikrecht, S. 21; *Pahlke* NJW 1986, 350 (353).
[29] BVerfGE 57, 220 (244).

gen Arbeitsbedingungen zu erzwingen. Die Kirche muß, um ihren Auftrag glaubwürdig vertreten zu können, in der Lage sein, Interessenkonflikte mit ihren Mitarbeitern auch ohne die Möglichkeit einer Verstrickung in einen Arbeitskampf austragen zu können. Macht der Staat ihr dies unmöglich, so trifft ein derartiges Gesetz die Kirche härter als den Jedermann, weil sie gezwungen wird, ihren Auftrag den Funktionsvoraussetzungen der Tarifautonomie unterzuordnen. Nach dem Schrankenvorbehalt in der Interpretation des Bundesverfassungsgerichts ist ein derartiges Gesetz kein für alle geltendes Gesetz, das dem kirchlichen Selbstbestimmungsrecht eine Schranke zieht.[30]

Kirchliche Einrichtungen können deshalb, soweit sie der Kirche als Kirche zuzuordnen sind, nicht bestreikt werden, um den Abschluß von Tarifverträgen durchzusetzen.[31]

4. Ersetzung des Arbeitskampfes durch einen Kontrahierungszwang zu verbindlicher Schlichtung

Da das Tarifvertragssystem ohne eine Konfliktregulierung nicht funktionieren kann, soll nach *Gerhard Müller* das Tarifvertragswesen als allgemeines Institut der Arbeitsrechtsordnung den Religionsgemeinschaften wegen ihrer Nichtfähigkeit zum Arbeitskampf gebieten, sich auf Tarifvertragsverhandlungen mit den Gewerkschaften einzulassen.[32] *Müller* begnügt sich aber nicht mit einem Verhandlungsanspruch, sondern fordert die freiwillig vereinbarte, verbindliche Schlichtung als notwendige Kompensation für die fehlende Möglichkeit, Druck durch Arbeitskampfmaßnahmen ausüben zu können. Prämisse seiner These ist, daß die Koalitionsfreiheit nur respektiert wird, wenn die Regelung der Arbeitsverhältnisse in ein Tarifvertragsgefüge eingebettet wird. Ausdrücklich sagt er: Das Tarifvertragssystem gehöre zum *ordre public*.

Bereits grundrechtsdogmatisch ist es verfehlt, eine *Pflicht* aus einem als Freiheitsrecht gestalteten Grundrecht abzuleiten. Die Ersetzung der Tarifautonomie durch eine vom Kontrahierungszwang beherrschte Regelung verbindlicher Schlichtung steht in Widerspruch zu dem freiheitsrechtlichen Ko-

---

[30] S. § 2 Rn. 27 ff.
[31] Ebenso bereits *Frank*, HdbStKirchR, Bd. I S. 669 (693); ders. RdA 1979, 86 (93); weiterhin RGRK/*Gehring* § 630 Anh. III Rn. 187; *Wiedemann/Stumpf*, TVG, § 1 Rn. 54; *Richardi*, FS 25 Jahre BAG, S. 429 (447); ders., FS Beitzke, S. 873 (881 f.); ders. ZevKR 19 (1974), 275 (295); *Mayer-Maly* EssG 10 (1976), 127 (140); *Jurina*, Dienst- und Arbeitsrecht im Bereich der Kirchen, S. 84; *G. Müller* RdA 1979, 71 (77); *H. Weber* ZevKR 22 (1977), 346 (386); *Grethlein* ZevKR 24 (1979), 270 (284 f., 286); ders. NZA Beil 1/1986, 18 (19 f.); *Janssen*, Streikrecht, S. 20; *Pahlke*, Kirche und Koalitionsrecht, S. 163 ff.; ders. NJW 1986, 350 (353); *Briza*, „Tarifvertrag" und „Dritter Weg", S. 130 ff.; *v. Campenhausen*, FS Geiger, S. 580 (587); *Schilberg*, Rechtsschutz und Arbeitsrecht in der evangelischen Kirche, S. 41 ff., 47; *Thüsing* ZevKR 41 (1996), 52 (57 ff.); zweifelnd *Schlaich* JZ 1980, 209 (215 f.); wie hier bei paritätischer Gestaltung eines kircheneigenen Arbeitsrechtsregelungsverfahrens MünchArbR/*Otto* § 285 Rn. 216 ff.
[32] *G. Müller* RdA 1979, 71 (78).

alitionsverfahren, wie es durch Art. 9 Abs. 3 GG in seinem Kernbereich garantiert wird. Deshalb läßt sich aus Art. 9 Abs. 3 GG nicht begründen, daß die Gestaltung der Arbeitsverhältnisse in ein Tarifvertragssystem eingebettet werden muß, bei dem die fehlende Fähigkeit zum Arbeitskampf durch einen Kontrahierungszwang zu verbindlicher Schlichtung ersetzt wird.[33]

III. Tarifautonomie und Einheit des kirchlichen Dienstes

1. Koalitionspluralismus

18 Die Koalitionsfreiheit gewährleistet den Koalitionspluralismus. Art. 9 Abs. 3 GG schreibt zwar nicht vor, daß für einen Bereich konkurrierende Koalitionen bestehen müssen; er garantiert aber ein *plurales Koalitionswesen*.[34] Die Kirchen können nicht verbieten, daß ihre Arbeitnehmer sich in verschiedenen Gewerkschaften zusammenschließen. Sie können daher nicht verhindern, daß mehrere Gewerkschaften tarifzuständig sind.[35] Vor allem wenn die fehlende Möglichkeit, Druck durch Arbeitskampfmaßnahmen auszuüben, durch einen Anspruch der Gewerkschaft auf eine verbindliche Schlichtung kompensiert wird, hat dies notwendigerweise zur Folge, daß die Kirche von verschiedenen Gewerkschaften durch verbindliche Schlichtung zu einem Tarifvertrag gezwungen werden kann und damit die Einheit des kirchlichen Dienstes preisgegeben wird.

2. Problem der Allgemeinverbindlicherklärung

19 Die Einheit des kirchlichen Dienstes kann nicht durch die Allgemeinverbindlicherklärung eines Tarifvertrags gesichert werden. Mit der Allgemeinverbindlicherklärung erfassen die Rechtsnormen des Tarifvertrags in seinem Geltungsbereich zwar auch die bisher nicht tarifgebundenen Arbeitgeber und Arbeitnehmer (§ 5 Abs. 4 TVG); dadurch wird aber nicht die Tarifzuständigkeit einer konkurrierenden Gewerkschaft berührt. Verlangt sie den Abschluß eines Tarifvertrags und wird die fehlende Streikbefugnis durch einen Kontrahierungszwang zu verbindlicher Schlichtung ersetzt, so tritt eine Ta-

---

[33] Ebenso *Pahlke*, Kirche und Koalitionsrecht, S. 198 f.; *Thüsing* ZevKR 41 (1996), 52 (61 f.).

[34] So *Scholz*, Koalitionsfreiheit als Verfassungsproblem, S. 379.

[35] Die Tarifzuständigkeit ist, wie das Bundesarbeitsgericht feststellt, „die Fähigkeit eines an sich tariffähigen Verbandes, Tarifverträge mit bestimmtem Geltungsbereich abschließen zu können" (BAGE 16, 329 [332] = AP Nr. 1 zu § 2 TVG Tarifzuständigkeit). Sie ist für den Tarifvertrag eine Wirksamkeitsvoraussetzung und hängt allein von der *Satzung* als der den Zuständigkeitsbereich der betreffenden Vereinigung normierenden Regelung ab; vgl. BAGE 16, 329 (334) und 22, 295 (302) = AP Nr. 1 und 3 zu § 2 TVG Tarifzuständigkeit; st. Rspr.; zuletzt BAGE 84, 166 (177) und 314 (320) = AP Nr. 10 und 11 zu § 2 TVG Tarifzuständigkeit; weiterhin *Richardi*, Kollektivgewalt und Individualwille, S. 158 ff.

rifkonkurrenz ein, für deren Lösung arbeitsrechtlich das Prinzip der betrieblichen, fachlichen, persönlichen und räumlichen Nähe gilt; denn maßgebend ist: *lex specialis derogat legi generali.*[36]

Auch wenn man sich über diese Bedenken hinwegsetzt, ist zu beachten, **20** daß die Kompetenz, einen Tarifvertrag für allgemeinverbindlich zu erklären, nicht die *Kirche* hat. Das gilt auch, soweit sie eine Körperschaft des öffentlichen Rechts ist; denn die Korporationsqualität umfaßt nicht die Befugnis zur Allgemeinverbindlicherklärung von Tarifverträgen. Nach § 5 Abs. 1 TVG ist für die Allgemeinverbindlicherklärung der Bundesminister für Arbeit und Sozialordnung zuständig, der für einzelne Fälle das Recht der Allgemeinverbindlicherklärung sowie der Aufhebung der Allgemeinverbindlichkeit der obersten Arbeitsbehörde eines Landes übertragen kann (§ 5 Abs. 6 TVG). Die Allgemeinverbindlicherklärung ist ein staatlicher Rechtsetzungsakt; sie beruht „auf der subsidiären Regelungszuständigkeit des Staates".[37]

Da die Allgemeinverbindlicherklärung ein staatlicher Rechtsetzungsakt ist, **21** um für die Tarifautonomie eine Hilfsfunktion wahrzunehmen, kann sie gegenüber einem kirchlichen Arbeitgeber keine Rechtswirkung haben.[38] Der Staat kann nicht anordnen, daß die Rechtsnormen eines Tarifvertrags einen kirchlichen Arbeitgeber gegen dessen Willen erfassen; denn er würde dadurch mittelbar die Kirche zwingen, sich am Tarifvertragssystem zu beteiligen. Sollte in den Geltungsbereich eines Tarifvertrags eine kirchliche Einrichtung fallen, so darf die Allgemeinverbindlicherklärung nicht sie erfassen. Erstreckt die Allgemeinverbindlicherklärung dennoch die Rechtsnormen eines Tarifvertrags auf sie, so wird dadurch die Verfassungsgarantie des kirchlichen Selbstbestimmungsrechts verletzt; denn die Kirche wäre ohne ihre Mitwirkung an eine von ihr nicht aufgestellte Ordnung gebunden. Wie der Staat nicht selbst den Inhalt kirchlicher Dienstverhältnisse festlegen kann, so ist es ihm auch verwehrt, Rechtsnormen eines Tarifvertrags allein auf Grund des Antrags einer Tarifvertragspartei auf Einrichtungen zu erstrecken, die verfassungsrechtlich Teil der Kirche sind.

3. Übernahme von Tarifverträgen des öffentlichen Dienstes

Da kirchlicher Dienst als öffentlicher Dienst anerkannt wird,[39] übernehmen **22** die Kirchen weitgehend die Tarifverträge des öffentlichen Dienstes. Dadurch wird erreicht, daß kirchliche Arbeitnehmer an den Tariferfolgen der für den öffentlichen Dienst zuständigen Gewerkschaften teilhaben. Die grundrechtliche Koalitionsverfassung verpflichtet die Kirchen aber nicht dazu, das Fehlen einer Streikbefugnis ihrer Arbeitnehmer durch Übernahme von Tarifvertragsregelungen auszugleichen, die von einer mit Streikbefugnis ausgestatteten Arbeitnehmergruppe erzielt sind. *Thilo Ramm* hat zwar diesen Vorschlag für die Reform des öffentlichen Dienstrechts gemacht, um das Tarifver-

---

[36] Vgl. *Wank* in Wiedemann, TVG, § 4 Rn. 289.
[37] BVerfGE 44, 322 (342).
[38] Ebenso *Thüsing* ZevKR 41 (1996), 52 (62 f.).
[39] Vgl. *v. Campenhausen* in v. Mangoldt/Klein, GG, Art. 140 Rn. 157 ff.

tragsmodell auf streikverhinderte Arbeitnehmer und Beamte zu erstrecken;[40] es kann aber keinem Zweifel unterliegen, daß dies nicht koalitionsrechtlich geboten ist. Eine Gesetzesregelung, die dies vorsähe, würde, wenn sie die Kirchen und ihre Einrichtungen einbezöge, gegen die Verfassungsgarantie des Selbstbestimmungsrechts verstoßen. Eine Pflicht zur Übernahme der Tarifverträge des öffentlichen Dienstes hätte zur Folge, daß man den kirchlichen Dienst einem Recht unterwerfen würde, das ausschließlich an *säkularen Vorstellungen* orientiert ist.

23 Dieser Auffassung kann man nicht entgegenhalten, daß nach der bestehenden Praxis den kirchlichen Arbeitsverhältnissen die Tarifverträge des öffentlichen Dienstes zugrunde gelegt werden. Bei Übernahme wie auch bei freiwilligem Abschluß eines Tarifvertrags bleibt der kirchliche Arbeitgeber Herr seiner Regelung.

24 Auf einer anderen Ebene ist angesiedelt, daß bei Übernahme der Tarifverträge des öffentlichen Dienstes die Kirchen die Glaubwürdigkeit ihres Arguments aufs Spiel setzen, daß das Tarifvertragssystem für sie nicht geeignet sei, die Arbeitsverhältnisse ihrer Mitarbeiter zu regeln.[41] Bedenken gegen das *Verfahren* zur Regelung der Arbeitsbedingungen schließen es aus, daß man das *Ergebnis* dieses Regelungsverfahrens automatisch übernimmt. Eine Blankettverweisung auf Tarifverträge des öffentlichen Dienstes bedeutet der Sache nach, daß die Kirche darauf verzichtet, die Besonderheit ihres Dienstes bei der Regelung von Arbeitsverträgen zur Geltung zu bringen. Sie ist eine *Notordnung*.[42] Durch sie läßt sich ein Programm, den kirchlichen Dienst unter Beteiligung der Arbeitnehmer so zu gestalten, wie es dem bekenntnismäßigen Verständnis der Kirche entspricht, nicht verwirklichen.

4. Folgerung für die kirchliche Arbeitsrechtsregelung

25 Den Kirchen ist durch Art. 140 GG i. V. mit Art. 137 Abs. 3 WRV als eigene Angelegenheit garantiert, ob sie das vom Konfrontationsmodell geprägte Tarifvertragssystem mit arbeitskampfrechtlicher Konfliktlösung der Gestaltung ihrer Dienstverhältnisse zugrunde legen. Sie haben die Freiheit, Tarifverträge abzuschließen. Da aber der Konfliktfall wegen des Selbstverständnisses der Kirche niemals aktuell werden darf, ist es sachgerecht, daß die Kirchen zur Ordnung ihrer Arbeitsverhältnisse ein eigenständiges Beteiligungsmodell entwickelt haben; denn eine Tarifautonomie ohne Arbeitskampf ist ein stumpfes Schwert, der Arbeitskampf aber mit dem Wesen und Auftrag der Kirche nicht vereinbar.[43]

---

[40] *Ramm*, Das Koalitions- und Streikrecht der Beamten, 1970, S. 174; *ders.* JZ 1977, 737 (742).

[41] S. Rn. 9f.; zur kirchenrechtlichen Beurteilung der Übernahme *Eder*, Tarifpartnerin Katholische Kirche?, S. 82f.

[42] So bereits *Richardi* ZevKR 19 (1974), 275 (285).

[43] So bereits *Richardi*, FS 25 Jahre BAG, S. 429 (449); ebenso *Janssen*, Streikrecht, S. 19f.; *Pahlke* NJW 1986, 350 (352).

IV. Kirchliches Arbeitsrechtsregelungssystem und Koalitionsfreiheit

1. Vereinbarkeit eines eigenständigen kirchlichen Beteiligungsmodells mit Art. 9 Abs. 3 GG

Die Verfassungsgarantie des Selbstbestimmungsrechts ist für die Kirchen die 26 Rechtsgrundlage zur Schaffung eines kircheneigenen Arbeitsrechts-Regelungssystems. Die Gewährleistung des Tarifvertragssystems durch Art. 9 Abs. 3 GG verbietet ihnen nicht eigenständige Regelungen zur Beteiligung ihrer Mitarbeiter, um durch sie die Dienstgemeinschaft als maßgebendes Strukturelement des kirchlichen Dienstes zu fördern und auszubauen.

Wie das Bundesverfassungsgericht im Mitbestimmungsurteil ausgeführt 27 hat, läßt sich Art. 9 Abs. 3 GG „nicht dahin auslegen, daß er ein Tarifsystem als *ausschließliche* Form der Förderung der Arbeits- und Wirtschaftsbedingungen gewährleiste".[44] Das Bundesverfassungsgericht hat für das Verhältnis zur Unternehmensmitbestimmung festgestellt:

„Als Freiheitsrecht will Art. 9 Abs. 3 GG in dem von staatlicher Regelung freigelassenen Raum gewährleisten, daß die Beteiligten selbst eigenverantwortlich bestimmen können, wie sie die Arbeits- und Wirtschaftsbedingungen fördern wollen. Daß dies nur im Wege von Tarifverträgen möglich sein sollte, ist nicht zu erkennen, zumal eine solche Lösung auf eine Einschränkung der gewährleisteten Freiheit hinausliefe. Vielmehr kann die sinnvolle Ordnung und Befriedung des Arbeitslebens, um die es Art. 9 Abs. 3 GG geht, auf verschiedenen Wegen angestrebt werden: nicht nur durch Gestaltungen, die, wie das Tarifsystem, durch die Grundelemente der Gegensätzlichkeit der Interessen, des Konflikts und des Kampfes bestimmt sind, sondern auch durch solche, die Einigung und Zusammenwirken in den Vordergrund rücken, wenngleich sie Konflikte und deren Austragung nicht ausschließen. Auch der zweite Weg vermag namentlich der Aufgabe der Befriedung gerecht zu werden."[45]

Damit begründet das Bundesverfassungsgericht zwar nur das Nebeneinander 28 von Tarifvertragssystem und Mitbestimmung in Betrieb und Unternehmen. Für das Verhältnis zur arbeitsrechtlichen Regelungsautonomie der Kirchen ergibt sich aber aus diesen Überlegungen, daß die Entwicklung eines eigenständigen Beteiligungsmodells für die Gestaltung der Arbeitsbedingungen nicht durch Art. 9 Abs. 3 GG ausgeschlossen wird.[46] Das Bundesverfassungsgericht sagt ausdrücklich:

„Insgesamt läßt sich mithin nicht annehmen, daß Art. 9 Abs. 3 GG andere Formen einer sinnvollen Ordnung und Befriedung des Arbeitslebens als die des Tarifsystems ausschließen will."[47]

Die Ausführungen des Bundesverfassungsgerichts beziehen sich auf die Re- 29 gelungskompetenz des Gesetzgebers für eine Mitbestimmung in Betrieb und

---
[44] BVerfGE 50, 290 (371).
[45] BVerfGE 50, 290 (371).
[46] Ebenso *v. Campenhausen* in v. Mangoldt/Klein, GG, Art. 140 Rn. 87f.; *Dütz* EssG 18 (1984), 67 (73 ff.); *Pahlke* NJW 1986, 350 (353).
[47] BVerfGE 50, 290 (372).

Unternehmen. Da durch die Mitbestimmung Gewichtsverlagerungen eintreten, die für die Tarifautonomie von Bedeutung sind, ist das Bundesverfassungsgericht sogar der Meinung, daß die Regelungskompetenz des Gesetzgebers sich auch darauf bezieht, einen Ausgleich herbeizuführen, der die Zulässigkeit von Beschränkungen der Tarifautonomie einschließt, wenn diese im Prinzip erhalten und funktionsfähig bleibt. Deshalb verlangt es, daß „bei einem Nebeneinander von erweiterter Mitbestimmung und Tarifvertragssystem die Unabhängigkeit der Tarifpartner in dem Sinne hinreichend gewahrt bleibt, daß sie nach ihrer Gesamtstruktur gerade dem Gegner gegenüber unabhängig genug sind, um die Interessen ihrer Mitglieder auf arbeits- und sozialrechtlichem Gebiet wirksam und nachhaltig zu vertreten".[48]

30 Für ein kirchliches Beteiligungsmodell ergibt sich aus dieser Forderung keine Einschränkung; denn durch ein kirchliches Arbeitsrechtsregelungssystem wird die Unabhängigkeit der Gewerkschaften als Koalitionsvoraussetzung im Verhältnis zu den kirchlichen Arbeitgebern überhaupt nicht berührt.[49] Daß die Funktionsvoraussetzungen der Tarifautonomie nicht gegeben sind, wird nicht durch ein eigenständiges kirchliches Beteiligungsmodell herbeigeführt, sondern ist wegen der durch die Verfassungsgarantie des kirchlichen Selbstbestimmungsrechts gesicherten Ausklammerung aus dem Arbeitskampfsystem ein von vornherein gegebenes Datum.

2. Bedeutung der Koalitionsfreiheit für ein kirchliches Beteiligungsmodell

31 Wenn die Kirchen sich für ein anderes Regelungsverfahren als den Abschluß von Tarifverträgen entscheiden, so tritt dadurch keine Abschottung von der Koalitionsfreiheit ein. Verfassungsrechtlich durch Art. 9 Abs. 3 GG gewährleistet ist vielmehr auch insoweit ein *Kernbereich der Koalitionsbetätigung*. Die Problematik ist ähnlich gelagert wie für den weltlichen Bereich bei der Betriebs- und Unternehmensverfassung und im Personalvertretungsrecht. Das Bundesverfassungsgericht hat die Koalitionsbetätigungsgarantie nicht auf das Recht beschränkt, die Arbeits- und Wirtschaftsbedingungen durch Tarifvertrag festzulegen, sondern es hat sie ausdrücklich auch auf die Betätigung in der Personalvertretung und damit, wie das Bundesverfassungsgericht im Mitbestimmungsurteil ergänzend bestätigt hat, auch auf eine Betätigung der Koalitionen im Bereich des Betriebsverfassungsrechts erstreckt.[50] Deshalb ist den Koalitionen durch Art. 9 Abs. 3 GG gewährleistet, Einfluß auf die Wahl der Betriebs- und Personalräte sowie der Arbeitnehmerrepräsentanten in der mitbestimmten Unternehmensorganisation zu nehmen. Die Koalitionsbetätigung ist also nicht nur dort verfassungsrechtlich gewährleistet, wo sich im Rahmen der sich selbst verfassenden Gesellschaft Gestaltungsformen entwickelt haben, um Einfluß auf die Arbeits- und Wirtschaftsbedingungen zu nehmen, sondern sie wird auch dort garantiert, wo der staatliche oder

---

[48] BVerfGE 50, 290 (373).
[49] Ebenso *Pahlke*, Kirche und Koalitionsrecht, S. 195.
[50] Vgl. BVerfGE 19, 303 (313 f.); 50, 290 (372).

kirchliche Gesetzgeber intervenierend ein Mitbestimmungsstatut verwirklicht.[51]

Das Bundesverfassungsgericht hat den Gesetzgeber jedoch nicht verpflichtet, für die Koalitionen Befugnisse zu schaffen, sondern es geht ausschließlich darum, daß die kommunikative Funktion der Koalitionsfreiheit auch in diesem Bereich zu respektieren ist, die Koalition also durch spezifisch koalitionsgemäße Betätigung Einfluß auf die Auswahl der Personen nehmen kann, die in der Mitbestimmungsordnung die Arbeitnehmer repräsentieren.[52] Überträgt man diese Erkenntnis auf den kirchlichen Bereich, so bedeutet sie, daß die Kirchen nicht für die in ihrem Bereich tätigen Koalitionen Befugnisse schaffen müssen, um sie an der für die Gestaltung der Arbeitsverhältnisse maßgeblichen Kommission zu beteiligen, sondern verfassungsrechtlich gewährleistet ist lediglich eine Betätigung im Vorfeld der Wahlen.[53] Die Kirchen können also wählen, ob sie, wie dies der Rat der Evangelischen Kirche in Deutschland in der Richtlinie eines Arbeitsrechts-Regelungsgesetzes empfiehlt,[54] die Koalitionen unmittelbar durch Entsendung von Vertretern in die Arbeitsrechtliche Kommission beteiligen oder ob sie sich wie die Bischöfe der römisch-katholischen Kirche für ein Regelungssystem entscheiden, bei dem die Mitarbeitervertreter in den Arbeitsrechtlichen Kommissionen von den Arbeitnehmern gewählt werden, ihre Auswahl also nicht auf dem Verbandsgrundsatz, sondern auf dem Grundsatz der demokratisch legitimierten Repräsentation beruht.[55]

32

Die für den kirchlichen Dienst zulässigen Koalitionen haben aus Art. 9 Abs. 3 GG auch kein Recht, eine andere Rahmenregelung für die Gestaltung des kirchlichen Dienstes herbeizuführen. Sie können insbesondere nicht, sei es durch Streik, sei es durch Inanspruchnahme staatlicher Gerichte, die Kirchen zu einem Tarifvertragssystem zwingen; denn sie sind in der Wahrnehmung des Koalitionszwecks an die kirchliche Ordnung des Dienstrechts gebunden. Für die katholische Kirche bestimmt deshalb Art. 6 Abs. 2 Satz 4 GrOkathK folgerichtig, daß die Vereinigungen und die ihnen angehörenden Mitarbeiter das verfassungsmäßige Selbstbestimmungsrecht der Kirche zur Gestaltung der sozialen Ordnung ihres Dienstes zu respektieren haben.

33

---

[51] Vgl. dazu, daß der Schutzbereich des Art. 9 Abs. 3 GG sich folgerichtig auf die Unternehmensorganisation erstreckt, soweit in ihr eine Mitbestimmungsordnung verwirklicht wird: *Säcker* ArbRGegw. 12 (1975), 17 (55); *Richardi* ArbRGegw. 13 (1976), 19 (41); ausführlich *Hanau* ZGR 1977, 397 (416 ff.); s. auch BGHZ 84, 352 (357 f.).
[52] Vgl. dazu auch *Richardi* DB 1978, 1736 (1737 f.).
[53] Ebenso *Pahlke*, Kirche und Koalitionsrecht, S. 204.
[54] Abgedruckt in ABl.EKD 1976 S. 398 ff.
[55] S. ausführlich § 14.

§ 11 Koalitionsbildung, Koalitionsbeitritt und Koalitionswerbung

I. Gewerkschaftsbegriff und Kirchenautonomie

1. Recht auf Koalitionsbildung

1 Das Grundrecht der Koalitionsfreiheit in Art. 9 Abs. 3 GG gewährleistet das Recht auf Koalitionsbildung und schützt deshalb auch die Koalitionen in ihrem Recht auf verbandsautonomen Bestand. Die Entstehung einer Koalition darf nicht behindert werden. Da die Koalitionsfreiheit ein Grundrecht mit Drittwirkung ist, gilt dies nicht nur gegenüber dem Staat, sondern vor allem gegenüber einem Arbeitgeber. Sofern eine Koalition die Besonderheit des kirchlichen Dienstes für den Auftrag der Kirche respektiert,[1] darf deshalb auch die Kirche ihre Entstehung nicht behindern. Art. 9 Abs. 3 GG schützt bereits die Koalitionsverabredung als Vorstufe für die Bildung einer Koalition. Die Koalitionsverabredung hat aber noch nicht den kollektivrechtlichen Status als Koalition; denn der Gesetzgeber ist nicht verpflichtet, jeden Zusammenschluß von Arbeitnehmern oder Arbeitgebern zur Wahrung ihrer Arbeits- und Wirtschaftsbedingungen als Gewerkschaft oder Arbeitgeberverband mit kollektivrechtlichem Status in der Arbeitsverfassung anzuerkennen.

2. Gewerkschaftsbegriff und Tariffähigkeit

2 Nach Auffassung des Bundesarbeitsgerichts hat in der Rechtsordnung der Gewerkschaftsbegriff stets dieselbe Bedeutung.[2] Gewerkschaftseigenschaft soll aber nur den Arbeitnehmervereinigungen zukommen, die tariffähig sind. Das Fehlen der Tariffähigkeit hat deshalb zur Folge, daß einer Arbeitnehmervereinigung auch sonst die Rechte einer Gewerkschaft abgesprochen werden.

3 Das Bundesarbeitsgericht hat für die Tariffähigkeit zunächst generell die Bereitschaft zum Arbeitskampf verlangt.[3] Nachdem das Bundesverfassungsgericht darin für einen Verband katholischer Hausgehilfinnen einen Verstoß gegen die Koalitionsfreiheit erblickt hatte,[4] hat das Bundesarbeitsgericht dieses Merkmal durch das Kriterium der *Koalitionsmächtigkeit* ersetzt.[5] Nach

---

[1] S. auch § 9 Rn. 23 f. und 27.
[2] BAGE 23, 320 (324) = AP Nr. 2 zu § 97 ArbGG 1953; BAGE 29, 72 (79) = AP Nr. 24 zu Art. 9 GG.
[3] BAGE 4, 351 (352 f.) = AP Nr. 11 zu § 11 ArbGG 1953; BAGE 12, 184 = AP Nr. 13 zu § 2 TVG; ebenso *Nipperdey* in Hueck/Nipperdey, Bd. II/1 S. 108 ff., 435; *Biedenkopf*, Tarifautonomie, S. 148; dagegen *Scholz* in Maunz/Dürig, GG, Art. 9 Rn. 217; *Nikisch*, Bd. II S. 255; *Dietz*, in: Grundrechte, Bd. III/1 S. 441.
[4] BVerfGE 18, 18 (30 ff.) = AP Nr. 15 zu § 2 TVG.
[5] BAGE 21, 98 ff. = AP Nr. 25 zu § 2 TVG; BAGE 23, 320 (323 f.) = AP Nr. 2 zu § 97 ArbGG 1953; vor allem BAGE 29, 72 (80 ff.) = AP Nr. 24 zu Art. 9 GG; BAG AP

seiner Ansicht muß die Koalition sich als „satzungsmäßige Aufgabe die Wahrnehmung der Interessen ihrer Mitglieder gerade in ihrer Eigenschaft als Arbeitgeber oder Arbeitnehmer gesetzt haben und willens sein, Tarifverträge für ihre Mitglieder abzuschließen; sie muß frei gebildet, gegnerfrei, unabhängig und auf überbetrieblicher Grundlage organisiert sein; schließlich muß sie das geltende Tarifrecht als für sich verbindlich anerkennen".[6] Das Bundesarbeitsgericht geht davon aus, „daß Koalitionen, die Tariffähigkeit für sich in Anspruch nehmen, diese ihr als Tarifpartner obliegende Aufgabe nur dann sinnvoll erfüllen können, wenn sie soviel Gewicht haben, daß sie in dem Verhältnis der Koalitionspartner zueinander einen im Rahmen der Rechtsordnung zulässigen fühlbaren Druck auszuüben vermögen, um so zur Aufnahme von Tarifverhandlungen und zum Abschluß von Tarifverträgen zu kommen".[7]

Das Bundesarbeitsgericht begründet die Notwendigkeit einer Koalitionsmächtigkeit für die Tariffähigkeit aus den für die Tarifautonomie maßgeblichen Funktionsvoraussetzungen. Da das Tarifvertragssystem durch das Prinzip der Gegen- und Gleichgewichtigkeit der Tarifvertragsparteien beherrscht wird, soll eine Koalition die Aufgabe der Tarifautonomie, die Arbeitsbedingungen in einem von staatlicher Rechtsetzung freigelassenen Raum in eigener Verantwortung und im wesentlichen ohne staatliche Einflußnahme durch unabdingbare Gesamtvereinbarungen sinnvoll zu ordnen,[8] nur dann erfüllen können, wenn sie so mächtig und leistungsfähig ist, daß sie ihren sozialen Gegenspieler unter Druck setzen kann, um zum Abschluß eines Tarifvertrags zu kommen.[9]

Diese Lehre von der Koalitionsmächtigkeit stößt im Schrifttum auf Bedenken.[10] Das Tarifvertragssystem setzt zwar, wie das Bundesverfassungsgericht feststellt, voraus, „daß in den Koalitionen eine ausreichende Zahl von Arbeitnehmern und Arbeitgebern zusammengeschlossen ist";[11] daraus folgt aber nicht, daß eine Koalition erst dann die Gewerkschaftseigenschaft erwirbt, wenn sie wegen der Zahl ihrer Mitglieder oder auf Grund deren Schlüsselstellung im Arbeits- und Wirtschaftsleben eine marktmächtige Organisation darstellt.[12] Nach Ansicht des Bundesverfassungsgerichts dürfen

---

Nr. 30 zu § 2 TVG (bestätigt durch BVerfGE 58, 233 ff. = AP Nr. 31 zu § 2 TVG); weiterhin BAG AP Nr. 32 zu § 2 TVG; BAGE 49, 322 (330 f.), 53, 347 (356 f.) und 64, 16 (20 f.) = AP Nr. 34, 36 und 39 zu § 2 TVG.

[6] BAGE 29, 72 (79) = AP Nr. 24 zu Art. 9 GG.
[7] BAGE 29, 72 (80) = AP Nr. 24 zu Art. 9 GG.
[8] Vgl. BVerfGE 44, 322 (342 f.).
[9] BAGE 29, 72 (82 f.) = AP Nr. 24 zu Art. 9 GG.
[10] Vgl. *Gamillscheg*, Kollektives Arbeitsrecht, Bd. I S. 433 ff.; *Buchner*, Die Rechtsprechung des Bundesarbeitsgerichts zum Gewerkschaftsbegriff, in: FS 25 Jahre BAG, 1979, S. 55 (59 f., 66 f.); *Zeuner*, Gedanken zum Verhältnis von Richterrecht und Betätigungsfreiheit der Beteiligten – dargelegt an Beispielen aus der Rechtsprechung des Bundesarbeitsgerichts – in: FS 25 Jahre BAG, 1979, S. 727 (728 ff.); *Eitel*, Die Ungleichbehandlung der repräsentativen und nicht repräsentativen Gewerkschaften durch den Staat, 1991.
[11] BVerfGE 28, 295 (305).
[12] So BAGE 29, 72 (80) = AP Nr. 24 zu Art. 9 GG.

"keine Anforderungen an die Tariffähigkeit gestellt werden, die erheblich auf die Bildung und Betätigung einer Koalition zurückwirken, diese unverhältnismäßig einschränken und so zur Aushöhlung der durch Art. 9 Abs. 3 GG gesicherten freien Koalitionsbildung und -betätigung führen".[13] Das Bundesarbeitsgericht verlangt daher für die Feststellung, ob die Arbeitnehmervereinigung ihre Aufgabe als Tarifpartei sinnvoll erfüllen kann, auch nur noch „Durchsetzungskraft gegenüber dem sozialen Gegenspieler" und „ausreichende Leistungsfähigkeit ihrer Organisation".[14] Deshalb soll für die Feststellung der Durchsetzungskraft genügen, daß eine Arbeitnehmerkoalition die Arbeitsbedingungen ihrer Mitglieder bereits durch Tarifverträge regeln konnte, die im Arbeitsleben beachtet wurden und die Arbeitsverhältnisse bestimmt hatten;[15] es soll sogar ausreichen, daß die Arbeitnehmervereinigung „von der Arbeitgeberseite ernst genommen wurde".[16]

6   Die Koalitionsmacht ist der Zweck der Koalitionsvereinigung. Da aber auf Grund der grundrechtlich gewährleisteten Koalitionsfreiheit der freiheitsrechtliche Charakter auch den kollektiven Tatbestand des Koalitionswesens zu beherrschen hat, ist weder mit der grundrechtlich geschützten Freiheit der Koalitionsbildung noch mit der ebenfalls verfassungsrechtlich gewährleisteten Koalitionsbestands- und -betätigungsgarantie vereinbar, einer Arbeitnehmerkoalition nur dann die Gewerkschaftseigenschaft zuzuerkennen, wenn sie bereits über ein ausreichendes Machtpotential verfügt. Neugebildeten Koalitionen wird die Chance genommen, mit einer marktmächtigen Organisation zu konkurrieren.[17] Auch das Gegenargument des Bundesarbeitsgerichts, die Koalitionseigenschaft i. S. des Art. 9 Abs. 3 GG und die Tariffähigkeit i. S. des § 2 TVG seien nicht deckungsgleich, sondern Koalitionseigenschaft und Zuerkennung der Tariffähigkeit seien voneinander zu unterscheiden,[18] führt lediglich zu dem Ergebnis, daß nicht jede durch Art. 9 Abs. 3 GG geschützte Koalition tariffähig sein muß, sondern der Staat insoweit Abstufungen vornehmen kann, die für die Funktionsfähigkeit der Tarifautonomie von der Sache her geboten sind. Eine derartige Schrankenziehung darf aber nicht die Struktur des freiheitsrechtlichen Koalitionsverfahrens beeinträchtigen und den Erwerb der Tariffähigkeit von Kriterien abhängig machen, auf die der Verband keinen Einfluß hat. Eine Versagung der Tariffähigkeit muß außerdem nicht notwendigerweise zur Folge haben, daß eine Arbeitnehmerkoalition auch außerhalb der Tarifautonomie nicht die Rechte einer Gewerkschaft hat.[19]

---

[13] BVerfGE 58, 233 (249).
[14] BAGE 49, 322 (330f.), 53, 347 (356f.) und 64, 16 (20f.) = AP Nr. 34, 36 und 39 zu § 2 TVG.
[15] BAGE 49, 322 ff. = AP Nr. 34 zu § 2 TVG.
[16] BAGE 53, 347 ff. = AP Nr. 36 zu § 2 TVG.
[17] Vgl. *Mayer-Maly*, Druck und Recht im Arbeitsrecht, RdA 1979, 356 (357f.); *Wiedemann*, Anm. zu BAG AP Nr. 24 zu Art. 9 GG, Bl. 11 R; – dem BAG zustimmend *Scholz* in Maunz/Dürig, GG, Art. 9 Rn. 218; *Dütz* AuR 1976, 65 ff.; *Söllner* AuR 1976, 321 ff.
[18] BAGE 29, 72 (81) = AP Nr. 24 zu Art. 9 GG.
[19] Ebenso *Wiedemann*, Anm. zu BAG AP Nr. 24 zu Art. 9 GG, Bl. 11 R.

3. Gewerkschaftsbegriff und Koalitionseigenschaft im kirchlichen Dienst

Das Bundesarbeitsgericht hat den Gewerkschaftsbegriff aus dem Zusammenhang mit der Tarifautonomie entwickelt. Eine Arbeitnehmerkoalition ist nur dann eine Gewerkschaft, wenn sie zur Wahrung der Arbeits- und Wirtschaftsbedingungen ihrer Mitglieder die für die Tarifautonomie maßgeblichen Koalitionsmittel einzusetzen vermag. Soweit die Kirchen nicht das Tarifvertragssystem mit arbeitskampfrechtlicher Konfliktlösung übernehmen, sondern ihrem Dienstrecht ein eigenes Beteiligungsmodell zugrunde legen, sind schon aus diesem Grund andere Voraussetzungen für den Gewerkschaftsbegriff maßgebend. Soweit Koalitionsfreiheit gilt, müssen lediglich die Voraussetzungen eines freiheitlichen Koalitionsverfahrens gegeben sein. Für den kirchlichen Bereich ist deshalb wie auch sonst davon auszugehen, daß eine Koalition dem Gebot der *Koalitionsreinheit* entsprechen muß.[20]

Für den Koalitionsbegriff ist die *Unabhängigkeit von der Gegenseite* eine konstitutive Voraussetzung. Deshalb muß für einen kirchlichen Mitarbeiterverband, wenn er als Koalition in Betracht kommen soll, gewährleistet sein, daß er von den Institutionen *unabhängig* ist, die im kirchlichen Bereich die Funktion als *Arbeitgeber* ausüben. Das bedeutet aber keineswegs Unabhängigkeit von der Kirche als *Glaubensgemeinschaft.*[21] Für Arbeitnehmer im kirchlichen Dienst kann diese Unabhängigkeit niemals bestehen; denn der kirchliche Dienst wird durch den kirchlichen Auftrag bestimmt, auch wenn er in und an der Welt geleistet wird. Ein Arbeitnehmer im Dienst der Kirche ist daher auch dann, wenn er auf Grund seiner Glaubensüberzeugung nicht das Bekenntnis der Kirche teilt, verpflichtet, seine Arbeitsleistung so zu erbringen, daß die Kirche ihren Auftrag als Kirche in der Öffentlichkeit erfüllen kann.

Da die Kirche nicht verpflichtet werden kann, für die Regelung ihres Dienstes das Tarifvertragssystem zu übernehmen, kann man bei einer Koalition, zu der kirchliche Mitarbeiter sich zusammenschließen, die Gewerkschaftseigenschaft nicht davon abhängig machen, daß sie Tarifverträge abschließt.[22] Wenn das Tarifvertragssystem als Gestaltungsmittel des Koalitionsverfahrens ausscheidet, wie dies wegen Art. 33 Abs. 5 GG auch für Beamte zutrifft, scheitert die Gewerkschaftseigenschaft nicht an der fehlenden *Tariffähigkeit*. Diese ist nur dann eine Voraussetzung der Gewerkschaftseigenschaft, wenn für das Koalitionsverfahren das Tarifvertragssystem zur Verfügung steht. Entsprechend kann daher auch nicht verlangt werden, daß eine *Bereitschaft zum Arbeitskampf* besteht.[23] Selbst wenn eine Kirche den Inhalt der Arbeits-

---

[20] Vgl. BVerfGE 18, 18 (28); BAGE 29, 72 (79) = AP Nr. 24 zu Art. 9 GG; weiterhin *Richardi*, BetrVG, § 2 Rn. 40 ff. mit weiteren Nachweisen aus dem Schrifttum.
[21] Vgl. *Richardi*, FS Beitzke, S. 873 (888); s. auch § 9 Rn. 23 f. und 27.
[22] Ebenso *Wiedemann* in Wiedemann, TVG, § 1 Rn. 128.
[23] Ebenso RGRK/*Gehring* § 630 Anh. III Rn. 181; *Wiedemann* in Wiedemann TVG, § 1 Rn. 128; *Birk* AuR 1979, Sonderheft: Kirche und Arbeitsrecht, S. 9 (18); *Dütz* EssG 18 (1984), 67 (83 f.); a. A. *Keßler*, Die Kirchen und das Arbeitsrecht, S. 309 f., unter der von ihm angenommenen Prämisse, daß die Kirchen an die Tarifautonomie gebunden seien.

verhältnisse durch den Abschluß von Tarifverträgen regelt, aber die Möglichkeit des Arbeitskampfes ausschließt und durch einen Kontrahierungszwang zu verbindlicher Schlichtung ersetzt, ist für eine Gewerkschaft in ihrem Bereich keine Voraussetzung, daß sie äußerstenfalls auch zum Arbeitskampf entschlossen ist, um die Interessen ihrer Mitglieder wahrzunehmen. Der Verzicht auf den Arbeitskampf ist lediglich Spiegelbild der besonderen Bindung zum Auftrag der Kirche. Die Koalition respektiert die arbeitsrechtliche Bindung ihrer Mitglieder zum Auftrag der Kirche, der es ausschließt, den Arbeitskampf als Instrument zur Lösung eines Regelungskonflikts einzusetzen.

10 Auch wenn man sonst für eine Gewerkschaft die Bereitschaft zum Streik verlangt,[24] muß man hier beachten, daß dem Arbeitskampf besondere Gesichtspunkte entgegenstehen. Deshalb hat das Bundesverfassungsgericht für einen Verband katholischer Hausgehilfinnen und Hausangestellten[25] und das Bundesarbeitsgericht für einen Verband abhängiger Ärzte, den sog. Marburger Bund,[26] angenommen, daß trotz fehlender Kampfwilligkeit eine Gewerkschaft vorliegt. Wird nämlich in diesem Fall die Gewerkschaftseigenschaft versagt, so wird dadurch die Koalitionsfreiheit eingeschränkt.[27] Für den kirchlichen Dienst ergeben sich die besonderen Gesichtspunkte aus der Bindung zum Auftrag der Kirche. Der Staat kann deshalb auch die Eigenschaft als Tarifvertragspartei nicht davon abhängig machen, daß ein Mitarbeiterverband sich in Widerspruch zum kirchlichen Selbstverständnis setzt, um seine Anerkennung als Gewerkschaft zu erlangen; denn ein derartiges Gesetz träfe die Kirche in ihrem Selbstverständnis und wäre daher kein für alle geltendes Gesetz i. S. des Art. 137 Abs. 3 WRV.

11 Für einen kirchlichen Mitarbeiterverband kann, um ihn als Gewerkschaft anzuerkennen, nicht verlangt werden, daß er äußerstenfalls auch zum Arbeitskampf entschlossen ist.[28] Entsprechend kann daher auch eine Gewerkschaft, die nach ihrer Satzung sonst zum Arbeitskampf bereit ist, gegenüber den Kirchen wirksam vereinbaren, daß sie vom Instrument des Arbeitskamp-

---

[24] Vgl. BAGE 4, 351 (352 f.) = AP Nr. 11 zu § 11 ArbGG 1953; BAGE 12, 184 = AP Nr. 13 zu § 2 TVG; ebenso *Nipperdey* in Hueck/Nipperdey, Bd. II/2, S. 108 ff., 435; zum Streitstand vgl. ausführlich *Dietz/Richardi*, BetrVG, § 2 Rn. 45.

[25] Vgl. BVerfGE 18, 18 = AP Nr. 15 zu § 2 TVG unter Aufhebung von BAGE 12, 184 = AP Nr. 13 zu § 2 TVG.

[26] Vgl. BAG AP Nr. 6 zu § 118 BetrVG 1972.

[27] Vgl. BVerfGE 18, 18 (30 ff.).

[28] Vgl. die Nachweise in Fn. 23. Mit Art. 9 Abs. 3 GG ist aber auch nicht vereinbar, daß ein kirchlicher Mitarbeiterverband nur dann als Gewerkschaft im kirchlichen Bereich auftreten darf, wenn er die Quotenregelung für eine Beteiligung in den für den Dritten Weg optierenden Arbeitsrechtsregelungsgesetzen der evangelischen Kirchen erfüllt; so *Christoph* ZevKR 31 (1986), 216 (226). Abgesehen davon, daß der Dritte Weg in der katholischen Kirche eine andere Verfahrensregelung für die Auswahl der Vertreter der Mitarbeiter in der Arbeitsrechtlichen Kommission vorsieht, steht die Existenz als Gewerkschaft nicht zur Disposition des kirchlichen Gesetzgebers. Dieser hat nur die Befugnis, von einer Quotenregelung abhängig zu machen, ob ein kirchlicher Mitarbeiterverband einen Vertreter in die Arbeitsrechtliche Kommission entsenden kann, die den Erlaß der kirchlichen Arbeitsvertragsordnungen festlegt.

fes keinen Gebrauch macht, ohne dadurch ihren Charakter als tariffähige Koalition zu verlieren.[29] Eine Gewerkschaft liegt aber auch im kirchlichen Bereich nur vor, wenn der Mitarbeiterverband von den Organen unabhängig ist, die in der Kirche oder den ihr zugeordneten Einrichtungen die Funktion als Arbeitgeber ausüben. Das bedeutet keineswegs Unabhängigkeit von der Kirche als *Glaubensgemeinschaft.* Für Arbeitnehmer im kirchlichen Dienst kann diese Unabhängigkeit niemals bestehen; denn der kirchliche Dienst wird in seiner Eigenart durch den religiös geprägten Auftrag der Kirche bestimmt.[30]

II. Rechtsgrundlagen einer gewerkschaftlichen Betätigung im Betrieb

1. Verfassungsgarantie einer gewerkschaftlichen Betätigung zum Koalitionswohl

Zur Koalitionsbildung gehört die Mitgliederwerbung und die Informationstätigkeit für die Ziele der Koalition. Nach Auffassung des Bundesverfassungsgerichts gehört deshalb zu der den Koalitionen und ihren Mitgliedern verfassungsrechtlich gewährleisteten Betätigung auch die Werbung neuer Mitglieder.[31] Das Grundrecht der Koalitionsfreiheit bezieht die Koalitionen selbst in seinen Schutz ein. Durch Art. 9 Abs. 3 GG wird also nicht nur ihr *Entstehen,* sondern auch ihr *Bestand* gewährleistet.

Das Grundrecht der Koalitionsfreiheit beschränkt den Schutz der Koalitionswerbung nicht auf Tätigkeiten, die für die Erhaltung und Sicherung des Bestandes der Koalition unerläßlich sind.[32] Der Grundrechtsschutz erstreckt sich vielmehr auf „alle Verhaltensweisen, die koalitionsspezifisch sind".[33] Daraus folgt aber nicht, daß das Grundgesetz die Betätigungsfreiheit der Koalitionen schrankenlos gewährleistet. Ihr dürfen aber „nur solche Schranken gezogen werden, die zum Schutz anderer Rechtsgüter von der Sache her geboten sind".[34]

---

[29] Ebenso *Keßler,* Die Kirchen und das Arbeitsrecht, S. 308 f.; abweichend *Wahsner,* in: Beiträge für Abendroth, S. 78 (96): Eine derartige Satzungsbestimmung habe „bestenfalls Bindungswirkung im Verhältnis des Verbandes zu seinen Mitgliedern und umgekehrt"; er meint: „Mit Außenwirkung kann weder der Verband für sich selbst noch für seine Mitglieder auf den Schutz der verfassungsrechtlichen Streikgarantie verzichten." Diese Feststellung beruht auf der Annahme *Wahsners,* daß die Streikfreiheit „als integraler Bestandteil der Koalitionsfreiheit" auch für die Beschäftigten des kirchlichen Dienstes gelte, „und zwar ausnahmslos für alle kirchlichen Arbeiter und Angestellten, aber auch für die Kirchenbeamten" (S. 95).
[30] S. § 9 Rn. 23 f.
[31] BVerfGE 28, 295 (304); 93, 352 (357 f.).
[32] So ursprünglich BVerfGE 28, 295 (304); bestätigt BVerfGE 57, 220 (246); aber aufgegeben durch BVerfGE 93, 352 (358 ff.).
[33] BVerfGE 53, 352 (358).
[34] So bereits BVerfGE 28, 295 (306); vgl. auch BVerfGE 93, 352 (359 f.).

2. Verhältnis zur Verfassungsgarantie des kirchlichen Selbstbestimmungsrechts

14 Soweit eine Gewerkschaft die Besonderheit des kirchlichen Dienstes respektiert, sind kirchliche Arbeitnehmer berechtigt, innerhalb ihrer Einrichtung für den Beitritt zu dieser Koalition zu werben, über deren Aufgaben und Tätigkeit zu informieren sowie Koalitionsmitglieder zu betreuen. Für den Bereich der katholischen Kirche hat dies Art. 6 Abs. 1 Satz 2 GrOkathK ausdrücklich klargestellt. Dieses Recht in der Ausübung ihrer Koalitionsfreiheit steht dem Koalitionsmitglied zu; es kann aber wegen der Zielsetzung der Koalitionsfreiheit auch von der Koalition selbst wahrgenommen werden.

15 Das Bundesarbeitsgericht hat im Urteil vom 14. Februar 1967 angenommen, daß eine Gewerkschaft unmittelbar aus Art. 9 Abs. 3 GG neben ihren betriebsangehörigen Mitgliedern einen Anspruch auf Information und Mitgliederwerbung im Betrieb hat.[35] Nach dem der Entscheidung zugrunde liegenden Sachverhalt ging es darum, daß die Gewerkschaft ihre betriebsangehörigen Mitglieder mit der Verteilung des Informations- und Werbematerials beauftragt hatte. Das Bundesarbeitsgericht entschied, daß der Betriebsinhaber es der Gewerkschaft nicht untersagen darf, „im Betrieb durch der Gewerkschaft angehörende Belegschaftsmitglieder Werbe- und Informationsmaterial mit spezifisch koalitionsgemäßem Inhalt außerhalb der Arbeitszeit und während der Pausen verteilen zu lassen".[36] Im Urteil vom 14. Februar 1978 ist es sodann einen Schritt weitergegangen und hat angenommen, daß die Betreuungs-, Werbe- und Informationstätigkeit nicht davon abhängig gemacht werden könne, ob sie von betriebsangehörigen oder betriebsfremden Mitgliedern der Gewerkschaft ausgeübt werde; es ist daher zu dem Ergebnis gelangt, daß der Anspruch auf Information und Mitgliederwerbung im Betrieb der Gewerkschaft auch das Recht gibt, betriebsfremde Gewerkschaftsbeauftragte in den Betrieb zu entsenden, um eine Betreuungs-, Werbe- und Informationstätigkeit zu entfalten.[37] Dieses Urteil, das die Orthopädischen Anstalten Volmarstein betraf, hat aber das Bundesverfassungsgericht durch Beschluß vom 17. Februar 1981 wegen Verletzung von Art. 140 GG i. V. mit Art. 137 Abs. 3 WRV aufgehoben; ein derartiges Zutrittsrecht für betriebsfremde Gewerkschaftsbeauftragte lasse sich nicht unmittelbar aus Art. 9 Abs. 3 GG ableiten und sei auch nicht durch einfaches Gesetzesrecht ausgewiesen.[38]

---

[35] BAGE 19, 217 ff. = AP Nr. 10 zu Art. 9 GG; ebenso BAG AP Nr. 11 zu Art. 9 GG mit abl. Anm. von *Mayer-Maly*.
[36] BAGE 19, 217 (1. Leitsatz).
[37] BAGE 30, 12 ff. = AP Nr. 26 zu Art. 9 GG mit abl. Anm. von *Frank* = EzA Art. 9 GG Nr. 25 mit abl. Anm. von *Rüthers/Klosterkemper* = AR-Blattei, Kirchenbedienstete: Entsch. 15 mit abl. Anm. von *Richardi* = SAE 1980, 108 ff. mit abl. Anm. von *Schwerdtner*.
[38] BVerfGE 57, 220 ff. = AP Nr. 9 zu Art. 140 GG = EzA Art. 9 GG Nr. 32 mit kritischer Anm. von *Otto* = AR-Blattei, Kirchenbedienstete: Entsch. 22 mit zust. Anm. von *Richardi* = SAE 1981, 257 ff. mit zust. Anm. von *Scholz*.

Die Versagung eines koalitionsrechtlichen Zutrittsrechts bedeutet nicht, 16
daß die Gewerkschaft selbst keinen Anspruch auf Mitgliederwerbung und
Informationstätigkeit im Betrieb hat.[39] Auch die Bindungswirkung des § 31
BVerfGG bezieht sich ausschließlich darauf, daß der Anspruch der Gewerkschaft kein koalitionsrechtliches Zutrittsrecht zum Betrieb umfaßt, richtet
sich aber nicht dagegen, daß eine Werbe- und Informationstätigkeit durch
der Gewerkschaft angehörende Belegschaftsmitglieder erfolgt.[40] Soweit deren
Mitgliederwerbung und Informationstätigkeit im Betrieb zulässig ist, können
Behinderungen auch von der Gewerkschaft selbst geltend gemacht werden.
Der Schutz der Koalitionsfreiheit durch Art. 9 Abs. 3 Satz 2 GG gebietet sogar, daß bei einer Behinderung durch den Arbeitgeber die Gewerkschaft im
eigenen Namen Rechtsschutz erlangen kann, sie also nicht darauf angewiesen ist, daß die einzelnen Koalitionsmitglieder tätig werden. Zweck der Koalitionsfreiheit ist nämlich die Wahrung und Förderung der Arbeits- und
Wirtschaftsbedingungen durch ein nach dem Prinzip der Selbstbestimmung
verbandsrechtlich organisiertes Zusammenwirken der Arbeitnehmer und Arbeitgeber. Deshalb kann die Organisation selbst, hier also die Gewerkschaft,
Ansprüche geltend machen, die zu ihrer Selbsterhaltung aus Art. 9 Abs. 3
GG entwickelt werden. Es ist lediglich ein Problem der rechtstechnischen
Ausgestaltung, ob man der Gewerkschaft das Recht gibt, Ansprüche ihrer
Mitglieder im eigenen Namen geltend zu machen, oder ob man ihr selbst
neben den Gewerkschaftsmitgliedern einen Anspruch einräumt.

Auch bei einer kirchlichen Einrichtung haben nicht nur die gewerkschaft- 17
lich organisierten Arbeitnehmer, sondern auch die Gewerkschaft selbst einen
Anspruch auf Mitgliederwerbung und Informationstätigkeit im Betrieb. Aus
der Verfassungsgarantie des kirchlichen Selbstbestimmungsrechts ergeben
sich zwar wegen der Loyalität zum Wesen und Auftrag der Kirche Grenzen
für Inhalt und Umfang einer gewerkschaftlichen Werbe- und Informationstätigkeit; soweit diese Schranken aber beachtet werden, hat auch gegenüber
einem kirchlichen Arbeitgeber die Koalition selbst den Anspruch auf Duldung der gewerkschaftlichen Aktivitäten ihrer betriebsangehörigen Mitglieder.[41] Für die katholische Kirche bestimmt daher Art. 6 Abs. 2 Satz 2 GrOkathK, daß Vereinigungen, die in der Zielsetzung des kirchlichen Dienstes
dessen Eigenart und die sich daraus für die Mitarbeiter ergebenden Loyalitätsobliegenheiten anerkennen, die ihnen angehörenden Mitarbeiter bei der
zulässigen Koalitionsbetätigung in der Einrichtung unterstützen können.
Dabei haben sie und die ihnen angehörenden Mitarbeiter darauf zu achten,
daß die Arbeit einer kirchlichen Einrichtung unter einem geistig-religiösen
Auftrag steht (Art. 6 Abs. 2 Satz 3 GrOkathK).

---

[39] Ebenso *Dütz*, Gewerkschaftliche Betätigung in kirchlichen Einrichtungen, S. 36; bereits *Richardi*, FS G. Müller, S. 413 (439).

[40] Ebenso *Dütz*, Gewerkschaftliche Betätigung in kirchlichen Einrichtungen, S. 13 ff.; *ders.* EssG 18 (1984), 67 (80 f.); *Otto*, Gewährleistung der koalitionsspezifischen Betätigung, S. 28 ff.; *Jurina*, FS Broermann, S. 797 (824); *Scholz* SAE 1981, 265 (267 f.); s. auch Rn. 21.

[41] Ebenso *Dütz*, Gewerkschaftliche Betätigung in kirchlichen Einrichtungen, S. 37 f.

III. Zutrittsrecht der Gewerkschaften zur Mitgliederwerbung und Informationstätigkeit im Betrieb

1. Koalitionsfreiheit und Zutrittsrecht

18 Das Bundesarbeitsgericht hatte in dem vom Bundesverfassungsgericht aufgehobenen Urteil vom 14. Februar 1978 angenommen, daß der Anspruch auf Information und Mitgliederwerbung im Betrieb das Recht einschließe, betriebsfremde Gewerkschaftsbeauftragte in den Betrieb zu entsenden, um eine Betreuungs-, Werbe- und Informationstätigkeit zu entfalten.[42] Das sollte jedenfalls dann gelten, wenn – wie im entschiedenen Fall – Arbeitnehmer des Betriebs schon der das Zutrittsrecht begehrenden Gewerkschaft angehören. Der in einem Betrieb vertretenen Gewerkschaft könne „nicht verboten werden, ihre Mitglieder durch eigens bestimmte betriebsfremde Gewerkschaftsbeauftragte zu betreuen, zu informieren und durch sie neue Mitglieder zu werben".[43] Ein Zutrittsrecht der Gewerkschaften läßt sich aber nicht unmittelbar durch *Konklusion* aus Art. 9 Abs. 3 GG begründen, sondern es handelt sich insoweit um einen *Akt der Rechtsschöpfung*, der die kollektive Koalitionsfreiheit durch Zuweisung einer koalitionsrechtlichen Befugnis konkretisiert.[44] Es ist daher Sache des *Gesetzgebers*, ob er eine entsprechende Regelung trifft.[45]

19 Beachtet man den Zusammenhang der Koalitionsbestands- und -betätigungsgarantie mit dem Individualgrundrecht der Koalitionsfreiheit,[46] so kann das Ergebnis nur lauten, daß die verfassungsrechtliche Absicherung des Anspruchs der Gewerkschaft auf Mitgliederwerbung und Informationstätigkeit im Betrieb grundrechtsdogmatisch auf dem Recht ihrer dort tätigen Mitglieder beruht, eine Koalition zu bilden. Verfassungsrechtlich ist von diesem Ansatz aus nicht zu begründen, daß eine Gewerkschaft betriebsfremde Mitglieder zur Werbung und Information in den Betrieb entsenden kann. Wie auch sonst kein Außenstehender ein Zutrittsrecht zu einem Betrieb hat, um dort für die Bildung einer Koalition zu werben, gilt dies auch für eine Gewerkschaft. Das durch die Koalitionsbestandsgarantie gesicherte Recht, ihren Zuständigkeitsbereich autonom zu bestimmen, gibt ihr noch keineswegs das Recht, einen betriebsfremden Beauftragten zur Mitgliederwerbung in alle Betriebe zu entsenden, für die sie sich für zuständig erklärt. Aber auch wenn in dem Betrieb schon Mitglieder der Gewerkschaft tätig sind, kann daraus nicht abgeleitet werden, daß die Gewerkschaft ein Zutrittsrecht zur Werbung und Information im Betrieb hat. Die Koalitionsfreiheit öffnet nicht dem betriebsfremden Gewerkschaftsbeauftragten die Betriebstore, um

---

[42] BAGE 30, 122 = AP Nr. 26 zu Art. 9 GG; weitere Fundstellen s. Fn. 38.
[43] BAGE 30, 122 (128).
[44] Vgl. *Richardi* DB 1978, 1736; zu den Grenzen einer hermeneutischen Ableitung aus Art. 9 Abs. 3 GG bereits *Mayer-Maly*, Betrieb und Gewerkschaft, S. 18 ff.
[45] S. auch § 9 Rn. 28 ff.
[46] S. § 9 Rn. 26.

2. Verneinung eines gewerkschaftlichen Zutrittsrechts zu kirchlichen Einrichtungen durch Beschluß des Bundesverfassungsgerichts vom 17. Februar 1981

Das Bundesverfassungsgericht hat vom Standpunkt seiner Rechtsprechung zur kollektiven Koalitionsfreiheit aus folgerichtig im Beschluß vom 17. Februar 1981 verneint, daß ein Zutrittsrecht für betriebsfremde Gewerkschaftsbeauftragte sich unmittelbar aus Art. 9 Abs. 3 GG ergibt.[48] Ein derartiges Zutrittsrecht sei in Art. 9 Abs. 3 GG „vom Wortlaut her nicht festgeschrieben"; es lasse sich „aus dieser Vorschrift des Grundgesetzes auch nicht durch Auslegung ableiten".[49] Verfassungskräftig verbürgt sei eine gewerkschaftliche Betätigung nur insoweit, „als diese für die Erhaltung und Sicherung der Existenz der Koalition als unerläßlich betrachtet werden muß".[50] Zur kernbereichsgeschützten Betätigungsfreiheit der Koalitionen gehöre nicht, „daß sie in jedem Fall, losgelöst von den jeweiligen Gegebenheiten, müßten bestimmen können, ob sie ihre werbende, informierende und betreuende Tätigkeit durch betriebsangehörige Gewerkschaftsmitglieder ausüben lassen oder betriebsfremden Beauftragten diese Tätigkeit übertragen und somit selbst ein Zutrittsrecht wahrnehmen".[51] Eine Gewerkschaft könne die ihrem Fortbestand dienenden Rechte innerbetrieblich durch ihre zur Belegschaft zählenden Mitglieder wahrnehmen. Ihnen bleibe unbenommen, „sich – gegebenenfalls nach entsprechender Einführung – innerhalb des Betriebs, am gemeinsamen Arbeitsort, werbend und unterrichtend zu betätigen, in zulässigem Umfang Plakate auszuhängen, Prospekte auszulegen und zu verteilen und mit den Arbeitnehmern zu sprechen".[52] Das Bundesverfassungsgericht meint: „Daß externe Gewerkschaftsbeauftragte möglicherweise infolge größerer Unabhängigkeit, vermehrt zur Verfügung stehender Zeit und etwa besserer Schulung effektivere Gewerkschaftsarbeit zu leisten vermögen, erfordert nicht von Verfassungs wegen ihren Einsatz im Betrieb selbst."[53]

Diese Feststellung entfaltet Bindungswirkung nach § 31 BVerfGG.[54] Diese entfällt nicht deshalb, weil das Bundesverfassungsgericht die Unerläßlichkeit als Primärerfordernis des Betätigungsrechts aufgegeben hat.[55] Das Bundesverfassungsgericht hat jedoch die Einschränkung vorgenommen: Daß ein

---

[47] So bereits *Richardi* ZfA 1970, 85 (95); zustimmend *Bohn* SAE 1974, 147; *Schwerdtner* JZ 1974, 460 und SAE 1980, 114.
[48] BVerfGE 57, 220 ff. = AP Nr. 9 zu Art. 140 GG; weitere Fundstellen s. Fn. 38.
[49] BVerfGE 57, 220 (245).
[50] BVerfGE 57, 220 (246).
[51] BVerfGE 57, 220 (246 f.).
[52] BVerfGE 57, 220 (247).
[53] Wie Fn. 52.
[54] Vgl. dazu *Dütz*, Gewerkschaftliche Betätigung in kirchlichen Einrichtungen, S. 13 ff.; *Otto*, Gewährleistung der koalitionsspezifischen Betätigung, S. 28 ff.
[55] Vgl. BVerfGE 93, 352 ff.; aA offenbar ErfK/*Kissel*, GG, Art. 9 Rn. 34 f.

Zutrittsrecht durch Art. 9 Abs. 3 GG postuliert wäre, sei „jedenfalls dort, wo die Gewerkschaft bereits in Betrieben und Anstalten durch Mitglieder vertreten ist, mit Sicherheit auszuschließen".[56] Die nach § 31 BVerfGG bestehende Bindungswirkung hängt nicht davon ab, ob gewerkschaftlich organisierte Betriebsangehörige auch bereit und imstande sind, innerbetriebliche Gewerkschaftsarbeit zu leisten.[57] Es genügt, daß sie vorhanden sind. Dagegen fällt nicht unter die Bindungswirkung, daß eine Gewerkschaft im Betrieb noch nicht vertreten ist.[58] Für diesen Fall hat das Bundesverfassungsgericht noch nicht verbindlich festgestellt, ob Art. 9 Abs. 3 GG ein koalitionsrechtliches Zutrittsrecht einschließt.

3. Betriebe ohne gewerkschaftsangehörige Arbeitnehmer

22 Im Schrifttum fehlt es nicht an Stimmen, die einer Gewerkschaft, die im Betrieb noch kein Mitglied gewonnen hat, das Recht geben, durch einen betriebsfremden Gewerkschaftsbeauftragten Mitglieder zu werben.[59] In diesem Fall sei ein Zutrittsrecht unerläßlich.[60] Nachdem das Bundesverfassungsgericht die Unerläßlichkeit als Primärerfordernis des Betätigungsrechts in seinem Beschluß vom 14. November 1995 aufgegeben hat,[61] gelangt *Otto Rudolf Kissel* sogar zu dem Ergebnis, Kirchenautonomie und Koalitionsbetätigungsfreiheit seien neu auf der Grundlage dieser Entscheidung gegeneinander abzuwägen.[62] Dabei werde „ein Zutrittsrecht beim Vorhandensein von im Betrieb beschäftigten Gewerkschaftsangehörigen unverändert zu verneinen sein, während das Fehlen solcher Mitglieder für ein externes Zutrittsrecht spricht".

23 Dieser Auffassung kann nicht gefolgt werden. Es bleibt vielmehr Sache des Gesetzgebers, ob er eine entsprechende Befugnis einräumt. Keineswegs gebietet der Koalitionsschutz der Mitgliederwerbung, daß der Gesetzgeber verpflichtet ist, jeder Gewerkschaft, die nach ihrem durch die Satzung festgelegten Organisationsbereich für Arbeitnehmer eines Betriebs zuständig ist, nur deshalb, weil sie dort noch keine Mitglieder hat, die Betriebstore zu öffnen. Da für die Tarifzuständigkeit und den Organisationsbereich einer Gewerkschaft ausschließlich deren Satzung maßgebend ist, würde nur vom Verbandswillen einer Gewerkschaft abhängen, ob sie ein koalitionsrechtliches Zutrittsrecht hat. Das läßt sich nicht unmittelbar aus Art. 9 Abs. 3 GG begründen. Beachtet man, daß der Koalitionsschutz grundrechtsdogmatisch auf

---

[56] BVerfGE 57, 220 (247).
[57] Ebenso BAGE 37, 331 = AP Nr. 10 zu Art. 140 GG = EzA Art. 9 Nr. 34 mit zust. Anm. von *Dütz*; *Dütz*, Gewerkschaftliche Betätigung in kirchlichen Einrichtungen, S. 17; *Otto*, Gewährleistung der koalitionsspezifischen Betätigung, S. 29.
[58] Ebenso *Dütz*, aaO, S. 17; *Otto*, aaO, S. 31.
[59] Vgl. ErfK/*Kissel*, GG, Art. 9 Rn. 34 f.; *Klosterkemper*, Zugangsrecht der Gewerkschaften, S. 148 ff.; *Hanau* ArbRGegw. 17 (1980), 37 (44); *Säcker* AuR 1979, 39 (40); *Schwerdtner* SAE 1980, 116.
[60] *Klosterkemper*, aaO, S. 148.
[61] BVerfGE 93, 352 ff.
[62] ErfK/*Kissel*, GG, Art. 9 Rn. 35.

dem Individualgrundrecht beruht, eine Koalition zu bilden, so muß eine Gewerkschaft erst Mitglieder in einem Betrieb gewonnen haben, bevor sie innerbetrieblich die ihrem Fortbestand dienenden Rechte ausüben kann. Art. 9 Abs. 3 GG gibt nicht den Schlüssel, um durch betriebsfremde Gewerkschaftsbeauftragte in Betrieben, in denen sie nicht vertreten ist, eine Werbe- und Informationstätigkeit auszuüben.

4. ILO-Abkommen Nr. 135 über Schutz und Erleichterungen für Arbeitnehmervertreter im Betrieb

Ausgestaltung und nähere Regelung des Rechts der Gewerkschaften, im Betrieb Mitglieder zu werben oder eine Informationstätigkeit zu entfalten, sind, wie das Bundesverfassungsgericht feststellt, Sache des Gesetzgebers.[63] Keine gesetzliche Grundlage enthält das Übereinkommen Nr. 135 der Internationalen Arbeitsorganisation vom 23. Juni 1971 über Schutz und Erleichterungen für Arbeitnehmervertreter im Betrieb, das durch Bundesgesetz vom 23. Juli 1973 (BGBl. II S. 953) innerdeutsches Recht geworden und gemäß der Bekanntmachung vom 19. November 1973 (BGBl. II S. 1595) am 26. September 1974 in Kraft getreten ist.[64] Nach Art. 2 Abs. 1 dieses Abkommens sind den Arbeitnehmervertretern im Betrieb Erleichterungen zu gewähren, die geeignet sind, ihnen die rasche und wirksame Durchführung ihrer Aufgaben zu ermöglichen. Das gilt aber nicht für *betriebsfremde Gewerkschaftsbeauftragte*. Bei dem Übereinkommen geht es vielmehr nur um Schutz und Erleichterungen für *Arbeitnehmervertreter im Betrieb*. Das ergibt sich eindeutig aus der Formulierung in Art. 1, wo von „Arbeitnehmervertretern im Betrieb" die Rede ist. Nach Art. 3 gelten als Arbeitnehmervertreter im Sinne des Übereinkommens „Gewerkschaftsvertreter, d. h. von Gewerkschaften oder von deren Mitgliedern bestellte oder gewählte Vertreter", und „gewählte Vertreter, d. h. Vertreter, die von den Arbeitnehmern des Betriebs im Einklang mit Bestimmungen der innerstaatlichen Gesetzgebung oder von Gesamtarbeitsverträgen frei gewählt werden und deren Funktionen sich nicht auf Tätigkeiten erstrecken, die in dem betreffenden Land als ausschließliches Vorrecht der Gewerkschaften anerkannt sind". Mit den Gewerkschaftsvertretern sind nicht betriebsfremde Gewerkschaftsbeauftragte gemeint, sondern als solche sind, wie das Bundesarbeitsgericht feststellt, in der Bundesrepublik Deutschland die gewerkschaftlichen Vertrauensleute in den Betrieben zu nennen.[65]

Hiervon abgesehen begründet das Übereinkommen keine unmittelbaren Rechtsansprüche.[66] Es verpflichtet lediglich die Vertragsparteien, einen dem

---

[63] BVerfGE 28, 295 (306); 50, 290 (368); 57, 220 (246).
[64] Ebenso BAGE 37, 331 (341 f.) = AP Nr. 10 zu Art. 140 GG; bereits BAGE 31, 166 (174) = AP Nr. 28 zu Art. 9 GG.
[65] BAGE 37, 331 (341) = AP Nr. 10 zu Art. 140 GG.
[66] Ebenso BAGE 31, 166 (174) = AP Nr. 28 zu Art. 9 GG; bestätigt durch BAGE 37, 331 (341) = AP Nr. 10 zu Art. 140 GG; ebenso *Däubler*, Gewerkschaftsrechte im Betrieb, Rn. 30; *Dütz*, Gewerkschaftliche Betätigung in kirchlichen Einrichtungen, S. 15.

Übereinkommen entsprechenden Rechtszustand herzustellen. Seine Durchführung kann, wie sich aus Art. 6 ergibt, „durch die innerstaatliche Gesetzgebung, durch Gesamtarbeitsverträge oder auf irgendeine andere, den innerstaatlichen Gepflogenheiten entsprechende Art und Weise erfolgen". In diesem Zusammenhang ist von Bedeutung, daß nach Art. 4 die innerstaatliche Gesetzgebung bestimmen kann, welche Art oder Arten von Arbeitnehmervertretern Anspruch auf den Schutz und die Erleichterungen haben, die in dem Übereinkommen vorgesehen sind. Nicht verlangt wird also, daß die Gewerkschaftsvertreter im Betrieb einen besonderen Status erhalten. Das deutsche Recht hat vielmehr die Bestimmungen des Übereinkommens für die Mitglieder der gewählten Belegschaftsvertretungen nach dem Betriebsverfassungsgesetz und den Personalvertretungsgesetzen verwirklicht. Das genügt zur innerstaatlichen Durchführung des Übereinkommens. Das Übereinkommen verlangt nicht, wie das Bundesarbeitsgericht feststellt, „daß beide Arten von Arbeitnehmervertretern, nämlich die gewählten Belegschaftsvertreter und die Gewerkschaftsvertreter, den Schutz und die Erleichterungen, die es vorsieht, erhalten".[67]

26 Auch für den kirchlichen Bereich ist deshalb zu beachten, daß die Mitarbeitervertretungsordnungen für die gewählten Mitglieder der Mitarbeitervertretungen einen dem Übereinkommen entsprechenden Schutz und auch entsprechende Erleichterungen zur raschen und wirksamen Durchführung ihrer Aufgaben vorsehen.[68]

5. Einräumung von Koalitionsrechten durch Richterspruch

27 Da der Gesetzgeber untätig blieb, die Rechtsstellung der Gewerkschaften im Betrieb zu regeln, stellt sich die Frage, ob und unter welchen Voraussetzungen der Richter diese Aufgabe übernehmen und damit als *Ersatzgesetzgeber* tätig werden kann. Es geht um das Problem, wie weit die richterliche Kompetenz reicht, um die verfassungsrechtlich unfertig verfaßte Garantie der kollektiven Koalitionsfreiheit auszubauen.

28 *Franz Jürgen Säcker* meint, der Richter sei ebensowenig wie der Gesetzgeber gehalten, „nur solche Normen aufzustellen, die den Koalitionen die zur Erreichung von Koalitionswohl und Koalitionszweck unerläßlichen Befugnisse geben; er sollte ihnen vielmehr wie ein guter Gesetzgeber, der die Verfassung nicht nur minimal, sondern in ihrem vollen Sinn erfüllen will, alle dafür wichtigen Rechte geben".[69] Mit dieser These wird die Aufgabenordnung des Gewaltenteilungsprinzips durchbrochen. Die Untätigkeit des Ge-

---

[67] BAGE 31, 166 (175) = AP Nr. 28 zu Art. 9 GG.
[68] Ebenso BAGE 37, 331 (342) = AP Nr. 10 zu Art. 140 GG.
[69] *Säcker*, Inhalt und Grenzen des gewerkschaftlichen Zutrittsrechts zum Betrieb unter besonderer Berücksichtigung der Verhältnisse in der Seeschiffahrt, Rechtsgutachten für die ÖTV, selbständig veröffentlicht 1975, S. 11; ähnlich *Ruland*, Werbung und Information durch Beauftragte der Gewerkschaften in Betrieben und kirchlichen Einrichtungen, S. 42: Der Gesetzgeber könne nicht durch seine Enthaltsamkeit den Richter hindern, „selbst unmittelbar aus der Verfassung die entsprechenden Rechte herzuleiten"; zustimmend LAG Düsseldorf/Köln, EzA Art. 9 GG Nr. 31 mit Anm. von *Dütz*.

setzgebers berechtigt den Richter nicht, an seine Stelle zu treten. Er hat vielmehr zu respektieren, daß die Kompetenz, Recht zu setzen, im Rechtsstaat nur der Gesetzgeber hat; er teilt sie nicht mit dem Richter. Auch die Kompetenz zur richterlichen Rechtsfortbildung ersetzt nicht den *parlamentarischen Gesetzgeber*. Durch sie soll nur zur Geltung kommen, was dem Recht bereits entspricht, auch wenn es noch in keinem Gesetz seinen Niederschlag gefunden hat.[70] Rechtsfortbildung ist *schöpferische Rechtsfindung*;[71] sie darf die Grenze zur *Rechtserfindung* nicht überschreiten, sondern muß *Rechtsfindung* bleiben.[72]

6. Verhältnis zum betriebsverfassungsrechtlichen Zutrittsrecht

Deshalb ist für die Betätigungsfreiheit der Gewerkschaften im Betrieb von grundlegender Bedeutung, wie der Gesetzgeber ihr Verhältnis zur *Betriebsverfassung* gestaltet hat; denn der Richter kann Begrenzungen, die sich für die Gewerkschaften aus der Betriebsverfassung ergeben, nicht unbeachtet lassen, wenn er ihre Rechtsstellung als Koalition im Betrieb präzisiert. Das dort in § 2 Abs. 2 BetrVG vorgesehene Zutrittsrecht gibt ihnen nur die Befugnis, einen betriebsfremden Beauftragten zur Wahrnehmung ihrer *betriebsverfassungsrechtlichen Aufgaben und Befugnisse* zu entsenden. Zu ihnen gehört, was bereits zweifelhaft sein kann, die in § 2 Abs. 1 BetrVG genannte allgemeine Unterstützungsaufgabe.[73] Allerdings ist in diesem Fall Voraussetzung, daß ein Ersuchen des Betriebsratsvorsitzenden namens des Betriebsrats oder eines Ausschusses des Betriebsrats auf Entsendung eines Gewerkschaftsbeauftragten zur Unterstützung der Betriebsratsarbeit vorliegt; denn die Amtsausübung steht dem Betriebsrat in eigener Verantwortung zu.[74] Auch wenn man § 2 Abs. 2 BetrVG nicht als abschließende Regelung interpretiert,[75] ist der Bereich, für den man eine entsprechende Anwendung in Erwägung ziehen kann, überschritten, soweit es darum geht, daß die Gewerkschaft sich im Betrieb zur *Selbsterhaltung* als Koalition betätigt. Das betriebsverfassungsrechtliche Zutrittsrecht des § 2 Abs. 2 BetrVG kann also über den Gesetzestext hinaus nur dann entsprechend angewandt werden, wenn den Gewerkschaften im Betrieb gesetzlich Aufgaben und Befugnisse zugewiesen sind, wie z. B. das Wahlvorschlagsrecht zu den Aufsichtsräten nach dem MitbestG 1976.[76]

Man kann zwar darauf abstellen, daß je nach dem Zweck zu unterscheiden ist, ob es sich um ein *betriebsverfassungsrechtliches* oder ein *koalitionsrechtliches Zutrittsrecht* handelt. Für das koalitionsrechtliche Zutrittsrecht

---

[70] Vgl. *Larenz*, Methodenlehre der Rechtswissenschaft, 5. Aufl. 1983, S. 351 ff.
[71] BVerfGE 34, 269 (287 f.).
[72] So die plastische Formulierung von *Flume*, Richter und Recht, in: Verhandlungen des 46. DJT 1966, Bd. II/K, S. 25.
[73] Vgl. *Richardi*, BetrVG, § 2 Rn. 108 f.
[74] Ebenso LAG Hamm, AP Nr. 1 zu § 2 BetrVG 1972 mit zust. Anm. von *Richardi*.
[75] Vgl. BAGE 25, 242 (245 f.) = AP Nr. 2 zu § 2 BetrVG 1972.
[76] Vgl. *Richardi*, FS G. Müller, S. 413 (423).

steht dann aber fest, daß eine Gesetzesgrundlage fehlt und § 2 Abs. 2 BetrVG nicht als lückenschließende Regelung entsprechend Anwendung findet.[77]

31 Bei kirchlichen Einrichtungen besteht nicht einmal das betriebsverfassungsrechtliche Zutrittsrecht nach § 2 Abs. 2 BetrVG; denn das Betriebsverfassungsgesetz findet auf sie keine Anwendung (§ 118 Abs. 2 BetrVG). Es fehlt daher eine *gesetzliche Regelung*, aus der sich ein Zutrittsrecht für betriebsfremde Gewerkschaftsbeauftragte zur Mitgliederwerbung und Informationstätigkeit im Betrieb ergibt.

7. Zutrittsrecht und Kirchenautonomie

32 Ein Zutrittsrecht für die Wahrnehmung von Koalitionsaufgaben oder zur Koalitionswerbung im Betrieb ergibt sich nicht unmittelbar aus Art. 9 Abs. 3 GG, sondern es bedarf einer Rechtsgrundlage, die der Gesetzgeber bisher nicht geschaffen hat. Dieser grundrechtsdogmatische Zusammenhang bestimmt das Verhältnis zur verfassungsrechtlich garantierten Kirchenautonomie. Ein Zutrittsrecht zu kirchlichen Einrichtungen besteht nur, wenn und soweit es zu dem für alle geltenden Gesetz im Sinne des Schrankenvorbehalts in Art. 137 Abs. 3 WRV gehört. Da ein koalitionsrechtliches Zutrittsrecht nicht durch einfaches Gesetzesrecht ausgewiesen ist, fehlt bereits eine *gesetzliche Regelung*, die als für alle geltendes Gesetz i. S. von Art. 137 Abs. 3 WRV in Betracht kommen kann.[78] Problematisch ist deshalb lediglich, ob der Gesetzgeber ein koalitionsrechtliches Zutrittsrecht schaffen kann, das auch gegenüber kirchlichen Einrichtungen besteht. Das Bundesverfassungsgericht hatte diese Frage offenlassen können; es hat daher nicht geprüft, „ob eine solche gesetzliche Regelung, würde sie trotz der in § 118 Abs. 2 BetrVG enthaltenen, mit der Verfassung übereinstimmenden gesetzgeberischen Entscheidung auch auf die Kirchen und die ihnen zugeordneten Einrichtungen erstreckt, sich als ein dem kirchlichen Selbstbestimmungsrecht Schranken setzendes Gesetz im Sinn des Art. 140 GG, Art. 137 Abs. 3 WRV erweisen könnte".[79] Der Hinweis auf § 118 Abs. 2 BetrVG zeigt aber, daß die gesetzgeberische Wertung, die in dieser Bestimmung ihren Ausdruck gefunden hat, auch hier den allein gangbaren Weg weist.[80]

33 Da die Koalitionsfreiheit nur unter Respektierung der Besonderheit des kirchlichen Dienstes für den Auftrag der Kirche besteht, gebietet die für die Verfassungsinterpretation maßgebliche Konkordanz zwischen der Koalitionsfreiheit und der Kirchenautonomie, daß der Staat die Kirchen nicht durch Gesetz dazu verpflichten kann, jeder Gewerkschaft, die nach ihrer Satzung ihre Zuständigkeit auf Arbeitnehmer im kirchlichen Dienst erstreckt, Zutritt zu ihren Einrichtungen zu gewähren, um dort Mitglieder zu werben und

---

[77] Ebenso BVerfGE 57, 220 (247 f.).
[78] So BVerfGE 57, 220 (248).
[79] BVerfGE 57, 220 (249).
[80] Ebenso *Richardi* DB 1978, 1736 (1742); *Klosterkemper*, Zugangsrecht der Gewerkschaften, S. 164 f.; *Dütz* EssG 18 (1984), 67 (79); bereits *Mayer-Maly* BB 1977, 749.

über ihre Ziele zu informieren. Der Staat kann nicht die kirchenspezifischen Voraussetzungen festlegen, von denen die Kirche die Betätigung eines betriebsfremden Gewerkschaftsbeauftragten abhängig machen kann. Ein Gesetz, das den Gewerkschaften ohne Beachtung kirchlicher Vorgaben ein Zutrittsrecht für betriebsfremde Beauftragte einräumen würde, träfe die Kirche nicht wie den Jedermann. Es wäre nicht gewährleistet, daß durch den Zutritt eines Betriebsfremden kein kirchenfremder oder gar kirchenfeindlicher Einfluß ausgeübt wird. Die Verfassungsgarantie des kirchlichen Selbstbestimmungsrechts durch Art. 140 GG i. V. mit Art. 137 Abs. 3 WRV läßt deshalb kein gesetzliches Zutrittsrecht betriebsfremder Gewerkschaftsbeauftragter zu kirchlichen Einrichtungen zu.[81]

Davon wird nicht berührt, daß eine Gewerkschaft ihre innerbetriebliche Informationstätigkeit und Mitgliederwerbung durch Mitglieder ausüben kann, die der kirchlichen Einrichtung angehören. Arbeitnehmer im kirchlichen Dienst stehen auf Grund ihres Arbeitsverhältnisses in einer Loyalitätsbindung zum Auftrag der Kirche. Daher muß ein kirchlicher Arbeitgeber dulden, daß sie für ihre Gewerkschaft im Betrieb tätig werden, sofern sie die Grenzen beachten, die für die innerbetriebliche Koalitionswerbung und -betreuung gelten. Für die katholische Kirche haben dies die Bischöfe in der von ihnen als Kirchengesetz erlassenen Grundordnung ausdrücklich klargestellt (vgl. Art. 6 Abs. 1 Satz 2 GrOkathK). **34**

IV. Schranken gewerkschaftlicher Mitgliederwerbung und Informationstätigkeit im Betrieb

1. Gewerkschaftliche Betätigung und Arbeitsverhältnis

Eine Gewerkschaft kann ihr Recht auf Selbstdarstellung im Betrieb nur durch Mitglieder ausüben, die dem Betrieb angehören. Ihr Anspruch entspricht inhaltlich dem Recht ihrer Mitglieder auf gewerkschaftliche Werbe- und Informationstätigkeit im Betrieb. Eine Verbannung der Mitgliederbetreuung und -werbung aus dem Betrieb wäre ein Verstoß gegen Art. 9 Abs. 3 GG. **35**

Die Zulässigkeit der gewerkschaftlichen Mitgliederwerbung und Informationstätigkeit im Betrieb rechtfertigt jedoch keine Einschränkung der Pflich- **36**

---

[81] Ebenso *Klosterkemper*, Zugangsrecht der Gewerkschaften, S. 152 ff.; *Dütz*, Gewerkschaftliche Betätigung in kirchlichen Einrichtungen, S. 23 ff.; *ders.* EssG 18 (1984), 67 (79); *Richardi*, FS Beitzke, S. 873 (891 ff.); *ders.* DB 1978, 1736 (1742 f.); *Mayer-Maly* BB Beil. 4/1979, 5 ff.; *ders.* BB 1979, 632 (633 f.); bereits *ders.* BB 1977, 749; *Leisner* BayVBl. 1980, 321 ff.; vgl. auch die von *Scholz* begründete Verfassungsbeschwerde, abgedruckt in: Schöppe, Informationen zur Verfassungsbeschwerde der Orthopädischen Anstalten Volmarstein I, 1979, S. 117 ff.; a. A. *Naendrup* AuR 1979, Sonderheft: Kirche und Arbeitsrecht, S. 37 ff.; *Ruland*, Werbung und Information durch Beauftragte der Gewerkschaften in Betrieben und kirchlichen Einrichtungen, S. 87 ff.; *Otto*, Gewährleistung der koalitionsspezifischen Betätigung, S. 62; beim Fehlen von im Betrieb beschäftigten Gewerkschaftsangehörigen ErfK/*Kissel*, GG, Art. 9 Rn. 35.

ten aus dem Arbeitsverhältnis. Arbeitnehmer dürfen für sie keine Arbeitszeit in Anspruch nehmen. Sie sind aus dem Arbeitsverhältnis verpflichtet, ihr Verhalten so einzurichten, daß der Arbeitsablauf nicht beeinträchtigt und der Betriebsfrieden nicht gefährdet wird. Das Bundesarbeitsgericht hat darauf im Urteil vom 14. Februar 1967 noch nicht besonders eingehen müssen; denn die Gewerkschaft nahm ein Recht zur Werbung und Information „nur für die Zeiten für sich in Anspruch, die keine betrieblichen Arbeitszeiten sind, nämlich die Zeiten vor Beginn und nach Beendigung der Arbeit sowie während der Pausen".[82] Erst im Urteil vom 14. Februar 1978 hat das Bundesarbeitsgericht ausdrücklich festgestellt, daß die Werbe- und Informationstätigkeit den Arbeitsablauf nicht beeinträchtigen und erst recht nicht stören dürfe.[83] Die Aufhebung des Urteils durch das Bundesverfassungsgericht bezog sich nur auf die Einräumung eines Zutrittsrechts; sie berührt also nicht diese Erkenntnis des Bundesarbeitsgerichts.[84]

37 Ein Arbeitnehmer darf für seine Gewerkschaft nur vor oder nach der Arbeitszeit und während der Pausen tätig werden.[85] Daran hat auch der Beschluß des Bundesverfassungsgerichts vom 14. November 1995 nichts geändert.[86] In diese Entscheidung hat es nur seine Kernbereichslehre zum Verfassungsschutz der kollektiven Koalitionsfreiheit aufgegeben und klargestellt, daß der Schutz des Art. 9 Abs. 3 GG sich nicht auf diejenigen Tätigkeiten beschränkt, die für die Erhaltung und die Sicherung des Bestandes einer Koalition unerläßlich sind. Da das Bundesarbeitsgericht seinem Urteil über die Zulässigkeit einer vom Arbeitgeber wegen einer Werbetätigkeit während der Arbeitszeit erklärten Ermahnung noch die Kernbereichslehre zugrunde gelegt hatte,[87] hat das Bundesverfassungsgericht allein aus diesem Grund die Entscheidung aufgehoben; es hat lediglich klargestellt, daß das als Vertragsverletzung angesehene Verhalten in den Schutzbereich der Koalitionsfreiheit fällt, ohne für den konkreten Fall festzustellen, ob eine Vertragsverletzung vorliegt, die auch nicht durch das Grundrecht der Koalitionsfreiheit gerechtfertigt wird.[88]

38 Die gewerkschaftliche Mitgliederwerbung und Informationstätigkeit im Betrieb verletzt, soweit sie durch betriebsangehörige Mitglieder der Gewerkschaft erfolgt, weder das Hausrecht noch das Eigentum des Betriebsinhabers.[89] Sie ist also sowohl mit dem Grundrecht aus Art. 13 GG als auch mit der in Art. 14 GG enthaltenen Eigentumsgewährleistung vereinbar, weil der Arbeitnehmer seine im Arbeitsvertrag mit dem Arbeitgeber festgelegte Arbeitspflicht im Betrieb zu erfüllen hat. Die in Art. 13 GG und Art. 14 GG

---

[82] BAGE 19, 217 (223) = AP Nr. 10 zu Art. 9 GG.
[83] BAGE 30, 122 (134) = AP Nr. 26 zu Art. 9 GG.
[84] Vgl. *Dütz*, Gewerkschaftliche Betätigung in kirchlichen Einrichtungen, S. 28.
[85] Ebenso *Richardi*, BetrVG, § 2 Rn. 153; *Dütz*, Gewerkschaftliche Betätigung in kirchlichen Einrichtungen, S. 48 f.
[86] BVerfGE 93, 352 ff.; a. A. *Däubler*, Gewerkschaftsrechte im Betrieb, Rn. 385.
[87] BAG AP Nr. 7 zu § 611 BGB Abmahnung.
[88] Vgl. BVerfGE 93, 352 (357, 360 f.).
[89] Ebenso BAGE 19, 217 (224 ff.) = AP Nr. 10 zu Art. 9 GG; vgl. auch *Rüthers*, Mitgliederwerbung, S. 57 ff. = RdA 1968, 161 (175 ff.).

garantierten Herrschaftsrechte geben dem Betriebsinhaber nicht das Recht, einem Arbeitnehmer die Werbe- und Informationstätigkeit für dessen Gewerkschaft zu verbieten.

2. Schranken aus dem Funktionszusammenhang mit der Koalitionsfreiheit

Die normative Grundlage in der Koalitionsfreiheit beschränkt die Gewerkschaften auf eine Betätigung als *Koalition,* auch wenn ihr Selbstverständnis über den Koalitionsauftrag hinausgeht. Das Recht, zu wirtschafts-, gesellschafts- und kulturpolitischen Fragen Stellung zu nehmen, ist zwar ebenfalls verfassungsrechtlich gewährleistet; aber grundrechtsdogmatisch ergibt es sich nicht aus Art. 9 Abs. 3 GG, sondern insoweit werden andere Grundrechte kollektiv wahrgenommen. Die kollektive Wahrnehmung von Grundrechten ist kein Privileg der Gewerkschaften. Deshalb sind sie insoweit bei einer Betätigung im Betrieb nicht anders als sonstige Verbände zu behandeln.[90] Nur als Koalition haben die Gewerkschaften das Recht zur Mitgliederbetreuung und -werbung im Betrieb.

Dieser grundrechtsdogmatische Zusammenhang hat deshalb unmittelbar Bedeutung für den Schrankenkatalog, den das Bundesarbeitsgericht im Urteil vom 14. Februar 1967 aufgestellt hat:[91]

a) Die Mitgliederwerbung und Informationstätigkeit innerhalb des Betriebs muß den *Koalitionspluralismus* respektieren; denn Art. 9 Abs. 3 GG sichert, daß in jedem Betrieb mehrere Gewerkschaften bestehen können. Die Werbung neuer Mitglieder im Betrieb allein ist aber, auch wenn Mitglieder der anderen Gewerkschaft zum Übertritt veranlaßt werden sollen, keine Beeinträchtigung der Koalitionsfreiheit gemäß Art. 9 Abs. 3 Satz 2 GG. Die Vorschriften des Gesetzes gegen den unlauteren Wettbewerb finden auf die Mitgliederwerbung einer Gewerkschaft unmittelbar keine Anwendung.[92] Für das Verhältnis mehrerer konkurrierender Gewerkschaften zueinander ist jedoch das Gebot der Fairneß zu beachten; die berechtigten Belange der anderen Koalition dürfen nicht beeinträchtigt werden, insbesondere darf die werbende Gewerkschaft nicht Tariferfolge der mit ihr in Wettbewerb stehenden Gewerkschaft so darstellen, daß ein unbefangener Leser sie ihr zurechnet.[93]

b) Da die Betätigung der Koalition nach Art. 9 Abs. 3 GG sich auf die Regelung der Arbeits- und Wirtschaftsbedingungen beschränkt, darf das im Betrieb zu verteilende Werbe- und Informationsmaterial *nur* einen *koalitionsspezifischen Inhalt* haben. Die Verteilung von parteipolitischem Werbe- und Informationsmaterial braucht der Betriebsinhaber nicht zu dulden. Auch Informationen allgemeinpolitischen Inhalts sind durch das Informations- und Werberecht nicht gedeckt, sofern es sich nicht um „politische Fragen handelt, die mit der Wahrung der Arbeits- und Wirtschaftsbedingungen i. S. des

---

[90] Vgl. *Richardi,* FS G. Müller, S. 413 (427).
[91] Vgl. zum folgenden BAGE 19, 217 (226 ff.) = AP Nr. 10 zu Art. 9 GG.
[92] Vgl. BAGE 21, 201 (206 f.) = AP Nr. 14 zu Art. 9 GG; BGHZ 42, 210 (218) = AP Nr. 6 zu § 54 BGB.
[93] Ebenso BAGE 21, 201 (208 f.) = AP Nr. 14 zu Art. 9 GG.

Art. 9 Abs. 3 GG in unmittelbarem Zusammenhang stehen".[94] Diese Abgrenzung ist wenig praktikabel; jedoch werden im Einzelfall kaum Schwierigkeiten auftreten, wenn die Gewerkschaft es vermeidet, den Betrieb zur Stätte für politische Auseinandersetzungen zu wählen.[95]

43 c) Die Werbetätigkeit darf nicht ein derartiges Gewicht erhalten, daß die Koalitionsfreiheit des einzelnen Arbeitnehmers nur noch auf dem Papier steht. Deshalb verlangt das Bundesarbeitsgericht, daß die *negative Koalitionsfreiheit* der einzelnen Arbeitnehmer respektiert wird, also ein Bedrängen der Arbeitskollegen, soweit es über ein gütliches Zureden hinausgeht, verboten ist.[96]

44 d) Schließlich meint das Bundesarbeitsgericht unter Hinweis auf den Grundsatz der Menschenwürde, daß nicht nur Arbeitnehmer, die der Werbung Widerstand leisten, sondern auch der Arbeitgeber keinen unsachlichen Angriffen ausgesetzt sein dürfen.[97] Der Betrieb ist auch nicht der Ort, um gegen den Arbeitgeberverband, dem der Arbeitgeber angehört oder dem er doch erkennbar nahesteht, zu agitieren.

3. Vereinbarkeit mit den Pflichten aus der gesetzlichen Mitbestimmung

45 Soweit die Mitgliederwerbung und Informationstätigkeit von der Gewerkschaft koordiniert wird, ist außerdem zu beachten, daß eine Gewerkschaft nicht durch eine Änderung des Betätigungsfeldes die Pflichten abstreifen kann, die ihr innerhalb der Betriebsverfassung obliegen. Deshalb muß sie bei der Mitgliederwerbung und Informationstätigkeit respektieren, daß sie betriebsverfassungsrechtlich in das Gebot der vertrauensvollen Zusammenarbeit zwischen Arbeitgeber und Betriebsrat einbezogen wird (§ 2 Abs. 1 BetrVG). Damit steht in Zusammenhang, daß die Einrichtungen der Betriebsverfassung nicht in eine gewerkschaftliche Werbe- und Informationstätigkeit einbezogen werden dürfen.

46 Der Betriebsrat als solcher darf weder für eine bestimmte Gewerkschaft noch für die Gewerkschaften überhaupt werben oder Informationsmaterial verteilen.[98] Er ist Repräsentant aller Arbeitnehmer, auch soweit diese nicht oder in einer anderen Gewerkschaft organisiert sind.[99] Der Betriebsrat hat auch kein durch Art. 9 Abs. 3 GG gewährleistetes Recht, die Arbeits- und Wirtschaftsbedingungen der Arbeitnehmer durch Unterstützung der Tätigkeit einer Gewerkschaft zu wahren und zu fördern.[100]

47 Das Gebot gewerkschaftsneutraler Amtsführung hat nicht zur Folge, daß es auch einem Betriebsratsmitglied verboten ist, sich im Betrieb für seine Gewerkschaft zu betätigen. Das Bundesarbeitsgericht verlangt zwar noch im

---

[94] BAGE 19, 217 (227) = AP Nr. 10 zu Art. 9 GG.
[95] Vgl. *Richardi*, BetrVG, § 2 Rn. 162; zustimmend *Kunze*, FS 25 Jahre BAG, S. 315 (317).
[96] BAGE 19, 217 (227) = AP Nr. 10 zu Art. 9 GG.
[97] BAGE 19, 217 (227) = AP Nr. 10 zu Art. 9 GG.
[98] Ebenso BAGE 19, 217 (227f.) = AP Nr. 10 zu Art. 9 GG.
[99] So ausdrücklich für den Personalrat BVerfGE 51, 77 (88).
[100] So ausdrücklich für den Personalrat BVerfGE 28, 314 (323); bestätigt durch BVerfGE 51, 77 (88).

Urteil vom 14. Februar 1967, daß Betriebsratsmitglieder sich an einer Werbe- und Informationsaktion nur beteiligen dürfen, „wenn eine deutliche Scheidung von ihrem Betriebsratsamt zu erkennen ist".[101] Mit Art. 9 Abs. 3 GG wäre es sogar, wie das Bundesverfassungsgericht für Personalratsmitglieder ausdrücklich festgestellt hat, vereinbar, wenn der Gesetzgeber ihnen und damit auch Betriebsratsmitgliedern die Pflicht auferlegen würde, jegliche Werbung von Mitgliedern für ihre Koalition im Betrieb zu unterlassen.[102] In Reaktion auf diese Feststellung des Bundesverfassungsgerichts bestimmt aber § 74 Abs. 3 BetrVG ausdrücklich, daß Arbeitnehmer, die im Rahmen dieses Gesetzes Aufgaben übernehmen, hierdurch in der Betätigung für ihre Gewerkschaft auch im Betrieb nicht beschränkt werden. Trotz dieser Feststellung gilt es zu beachten, daß Betriebsratsmitglieder Repräsentanten aller Arbeitnehmer sind.[103] Sie haben sich deshalb so zu verhalten, daß das Vertrauen der Arbeitnehmer in die Objektivität und Neutralität ihrer Amtsführung nicht beeinträchtigt wird; sie müssen jede Bevorzugung und Benachteiligung von Arbeitnehmern wegen ihrer gewerkschaftlichen Einstellung unterlassen (§ 75 Abs. 1 Satz 1 BetrVG). Wenn sie daneben für die Ziele ihrer Gewerkschaft arbeiten, so ist zu beachten, daß sie insoweit lediglich in Ausübung des ihnen zustehenden Individualgrundrechts der Koalitionsfreiheit, nicht hingegen in ihrer Eigenschaft als Mitglied des Betriebsrats tätig werden.[104] Für die Lösung des damit verbundenen Rollenkonflikts hat deshalb als Maxime zu gelten, daß ein Betriebsratsmitglied eine Betätigung für seine Gewerkschaft im Betrieb seiner Pflicht zur neutralen Amtsausübung unterzuordnen hat.[105]

4. Bedeutung des Schrankenkatalogs für kirchliche Einrichtungen

Ein kirchlicher Arbeitgeber kann von seinen Arbeitnehmern verlangen, daß die aus dem Funktionszusammenhang der Koalitionsfreiheit entwickelten Schranken bei gewerkschaftlichen Aktivitäten im Betrieb eingehalten werden. Darüber hinaus gilt, daß die Koalitionsfreiheit die Arbeitnehmer im kirchlichen Dienst nicht von der Pflicht entbindet, ihre Arbeit als Beitrag zum Auftrag der Kirche zu leisten.[106] Bei gewerkschaftlichen Aktivitäten ist deshalb darauf Rücksicht zu nehmen, daß die Arbeit einer kirchlichen Einrichtung unter einem geistlich-religiösen Auftrag steht.[107] Das Bundesarbeitsgericht hebt hervor: „Die Kirchenautonomie und die sich hieraus zugunsten der Kirchen ergebenden Folgerungen dürfen nicht nur bei der

---

[101] BAGE 19, 217 (228) = AP Nr. 10 zu Art. 9 GG.
[102] BVerfGE 28, 295 (308).
[103] So ausdrücklich für die Mitglieder eines Personalrats BVerfGE 51, 77 (88).
[104] Vgl. BVerfGE 51, 77 (88).
[105] Ebenso *Richardi*, FS G. Müller, S. 413 (429); weiterhin G. *Müller* RdA 1976, 46 (49); im Prinzip auch *Gnade*, Zur politischen und gewerkschaftlichen Betätigung – insbesondere von Betriebsratsmitgliedern – im Betrieb, ArbRGegw. 14 (1977), S. 59 (73 f.).
[106] Klargestellt für die katholische Kirche durch Art. 6 Abs. 1 Satz 3 GrOkathK.
[107] Ebenso *Dütz* EssG 18 (1984), 67 (84); vgl. für die katholische Kirche Art. 6 Abs. 2 GrOkathK.

Information, Werbung und Betreuung, sondern ganz allgemein nicht beeinträchtigt und nicht in Abrede gestellt werden."[108]

49 Da die Koalitionsfreiheit kein Recht gibt, eine vom kirchlichen Dienstrecht abweichende Rahmenregelung für die Gestaltung des kirchlichen Dienstes herbeizuführen, sondern das Koalitionsverfahren sich innerhalb des kirchlichen Arbeitsrechtsregelungsverfahrens entfaltet, darf eine gewerkschaftliche Betätigung in kirchlichen Einrichtungen sich nicht gegen das kirchliche Dienstrecht wenden. Wenn eine Kirche sich also für den sog. Dritten Weg entschieden hat, sind gewerkschaftliche Aktivitäten unzulässig, durch die erreicht werden soll, daß ein Tarifvertragssystem mit arbeitskampfrechtlicher Konfliktlösung übernommen wird.[109]

50 Schließlich ist zu beachten, daß das kirchliche Mitarbeitervertretungsrecht in den Mitarbeitervertretungen Einrichtungen geschaffen hat, die nach den gleichen Ordnungsgrundsätzen wie die Betriebs- und Personalräte gebildet werden und ebenfalls für die Arbeitnehmer im kirchlichen Dienst Beteiligungsrechte wahrnehmen. Wie ein Betriebs- oder Personalrat ist auch die Mitarbeitervertretung der durch das demokratische Prinzip legitimierte Repräsentant der Belegschaft. Auch für sie gilt, daß sie und auch jedes ihrer Mitglieder – einmal gewählt – Repräsentant *aller* Beschäftigten ist, auch soweit diese nicht oder in anderen Gewerkschaften organisiert sind.[110] Eine Mitarbeitervertretung darf deshalb weder für eine bestimmte Gewerkschaft noch für die Gewerkschaften überhaupt werben oder Informationsmaterial verteilen. Entsprechend gilt für die Mitglieder einer Mitarbeitervertretung, daß sie sich bei gewerkschaftlichen Aktivitäten so zu verhalten haben, daß das Vertrauen der Arbeitnehmer in die Objektivität und Neutralität ihrer Amtsführung nicht beeinträchtigt wird. Zulässig ist sogar, daß ein kirchlicher Gesetzgeber den Mitgliedern einer Mitarbeitervertretung die Pflicht auferlegt, jegliche Koalitionswerbung im Betrieb zu unterlassen.[111]

V. Mittel der gewerkschaftlichen Betätigung

1. Verwendung von Arbeitgebereigentum

51 Die grundrechtliche Gewährleistung der innerbetrieblichen Mitgliederwerbung und Informationstätigkeit gibt nicht das Recht, das Arbeitgebereigentum zu diesem Zweck in Anspruch zu nehmen. Dabei spielt keine Rolle, ob

---

[108] BAGE 30, 122 (134) = AP Nr. 26 zu Art. 9 GG.
[109] Ebenso LAG Düsseldorf/Köln, EzA Art. 9 GG Nr. 31; *Dütz*, Gewerkschaftliche Betätigung in kirchlichen Einrichtungen, S. 44 f., 47; *Jurina*, FS Broermann, S. 797 (825); s. auch Art. 6 Abs. 2 Satz 4 GrOkathK, der für die katholische Kirche klarstellt, daß die Mitarbeiterverbände und die ihnen angehörenden Mitarbeiter das verfassungsmäßige Selbstbestimmungsrecht der Kirche zur Gestaltung der sozialen Ordnung ihres Dienstes respektieren müssen.
[110] So für den Personalrat BVerfGE 51, 77 (88).
[111] So für den Personalrat BVerfGE 28, 295 (308). Im Ergebnis wohl auch *Dütz*, Gewerkschaftliche Betätigung in kirchlichen Einrichtungen, S. 44.

die Gewerkschaftswerbung im Betrieb sich innerhalb der koalitionsmäßigen Betätigungsfreiheit hält. So ist beispielsweise die harmloseste Form der gewerkschaftlichen Werbung der Hinweis auf eine Gewerkschaftszugehörigkeit auf Anstecknadeln oder Aufklebern. Dennoch hat das Bundesarbeitsgericht im Urteil vom 23. Februar 1979 ausdrücklich anerkannt, daß der Arbeitgeber die Entfernung von Gewerkschaftsemblemen auf den von ihm zur Verfügung gestellten Schutzhelmen verlangen kann.[112] Er braucht daher nicht zu dulden, daß Gewerkschaftsmitglieder Betriebsmittel oder die von ihm gestellte Arbeitskleidung als Werbeträger verwenden.

2. Plakatwerbung im Betrieb

Die gewerkschaftliche Mitgliederwerbung im Betrieb durch Plakate gehört zum Schutzbereich einer koalitionsmäßigen Betätigung.[113] Daraus folgt aber nicht, daß der Arbeitgeber einer Gewerkschaft Anschlagbretter für ihre Werbung und Information zur Verfügung stellen muß.[114] Die koalitionsrechtliche Betätigungsfreiheit gibt auch hier kein Recht an fremdem Eigentum zum Zweck der Koalitionswerbung. Es geht vielmehr ausschließlich darum, ob und wieweit ein Arbeitgeber einen Plakataushang dulden muß.

52

Für die Beurteilung ist wesentlich, daß der Arbeitgeber auf Grund einer Vielzahl von Gesetzesvorschriften verpflichtet ist, im Betrieb bestimmte Mitteilungen für jedermann zugänglich bekanntzumachen oder einen Aushang vorzunehmen. Beispielsweise muß nach Art. 2 des Arbeitsrechtlichen EG-Anpassungsgesetzes vom 13. August 1980 (BGBl. I S. 1308 i.F. des Art. 9 Zweites Gleichberechtigungsgesetz vom 24. Juni 1994, BGBl. I S. 1406) der Arbeitgeber einen Abdruck der §§ 611a, 611b, 612 Abs. 3 und des § 612a BGB sowie des § 61b ArbGG an geeigneter Stelle im Betrieb zur Einsicht auslegen oder aushängen. Die zu diesem Zweck bestehenden Anschlagbretter dienen der Information der Belegschaft. Wegen dieser Zweckbestimmung wäre es eine Behinderung der Koalitionsfreiheit, wenn der Arbeitgeber es Arbeitnehmern untersagen würde, auf ihnen gewerkschaftliche Informationen zu verbreiten. Das gleiche Recht hat eine im Betrieb vertretene Gewerkschaft, sofern sie es durch Arbeitnehmer des Betriebs ausübt. Deshalb darf eine Gewerkschaft in vertretbarem Umfang das allgemeine „Schwarze Brett" für ihre Plakatwerbung benützen. Der Betriebsinhaber kann dies nur untersagen, wenn er den Gewerkschaften ein anderes Brett an einer zentralen Stelle im Betrieb zur Verfügung stellt.[115] Ein wildes Plakatieren braucht er nicht zu dulden.[116] Plakate dürfen ohne seine Zustimmung nicht an beliebiger Stelle im Betrieb ausgehängt werden.

53

---

[112] BAGE 31, 318 ff. = AP Nr. 30 zu Art. 9 GG; s. auch *Richardi*, FS G. Müller, S. 415 (430 ff.).
[113] BAG AP Nr. 38 zu Art. 9 GG.
[114] Ebenso *Dütz*, Gewerkschaftliche Betätigung in kirchlichen Einrichtungen, S. 38.
[115] Vgl. *Richardi*, BetrVG, § 2 Rn. 156; *Dütz*, Gewerkschaftliche Betätigung in kirchlichen Einrichtungen, S. 38.
[116] Wie Fn. 115.

§ 11 *Drittes Kapitel. Koalitionsfreiheit und Koalitionsbetätigungsrecht*

54 Soweit eine Gewerkschaft nach den für den kirchlichen Bereich für eine Koalitionsbildung geltenden Grundsätzen zulässig ist,[117] braucht für die Koalitionswerbung nicht die Zustimmung des Betriebsinhabers vorzuliegen. Auch die Verfassungsgarantie des kirchlichen Selbstbestimmungsrechts gibt kein Recht auf Vorzensur. Der kirchliche Arbeitgeber kann aber verlangen, daß die allgemeinen und vom Auftrag der Kirche her gebotenen Grenzen gewerkschaftlicher Mitgliederwerbung und Informationstätigkeit beachtet werden. Wird dagegen verstoßen, so hat er einen Anspruch auf Beseitigung des unzulässigen Plakats.

55 Erfolgt eine Plakatwerbung auf nicht zugelassenen Werbeflächen, so kann der Betriebsinhaber verlangen, daß die Plakate entfernt werden. Er hat gegen eine Gewerkschaft den Anspruch aus § 1004 Abs. 1 Satz 1 BGB. Daneben besteht aber auch der besitzschutzrechtliche Beseitigungsanspruch nach § 862 Abs. 1 Satz 1 BGB; denn eine Gewerkschaft begeht verbotene Eigenmacht, wenn sie den Besitzer widerrechtlich im Besitz stört. In diesem Fall hat der Betriebsinhaber sogar das Recht zur Besitzwehr, kann also selbst das Plakat entfernen, weil der Besitzer sich verbotener Eigenmacht mit Gewalt erwehren darf (§ 859 Abs. 1 BGB).[118]

56 Wenn dagegen die Plakate an zulässiger Stelle ausgehängt sind, darf der Betriebsinhaber sie nicht entfernen. Tut er es dennoch, so begeht er verbotene Eigenmacht (§ 858 Abs. 1 BGB). Die Gewerkschaft kann nach § 861 BGB verlangen, daß ihr Besitz an den Plakaten wiederhergestellt wird. Der Arbeitgeber ist verpflichtet, die Plakate wieder anzubringen.[119] Dieser Besitzschutzanspruch besteht unabhängig davon, ob die Gewerkschaft die Grenzen zulässiger Koalitionswerbung eingehalten hat (§ 863 BGB). Der Betriebsinhaber hat in diesem Fall lediglich den Anspruch aus dem Eigentum nach § 1004 Abs. 1 Satz 1 BGB auf Beseitigung, den er gerichtlich durchsetzen muß, wobei in dringenden Fällen der Erlaß einer einstweiligen Verfügung in Betracht kommt. Nur ausnahmsweise hat er das Recht zur Eigenmacht, insbesondere dann, wenn der Notwehrtatbestand i. S. des § 227 BGB gegeben ist. Die Plakatentfernung muß also erforderlich sein, um einen gegenwärtigen rechtswidrigen Angriff von sich oder einem anderen abzuwenden. Das ist anzunehmen, wenn die Plakatmitteilung gegen ein Strafgesetz verstößt, beispielsweise eine Beleidigung des Arbeitgebers darstellt.[120]

3. Verteilung gewerkschaftlicher Werbe- und Informationsschriften

57 Die Verteilung gewerkschaftlicher Werbe- und Informationsschriften im Betrieb fällt, wenn sie durch der Gewerkschaft angehörende Belegschaftsmitglieder erfolgt, unter den Koalitionsschutz des Art. 9 Abs. 3 GG.[121] Daraus

---

[117] S. § 9 Rn. 16, 23 f. und 27.
[118] Ebenso *Dütz*, Gewerkschaftliche Betätigung in kirchlichen Einrichtungen, S. 55 f.
[119] Ebenso *Dütz*, Gewerkschaftliche Betätigung in kirchlichen Einrichtungen, S. 54 f.
[120] Ebenso *Dütz*, Gewerkschaftliche Betätigung in kirchlichen Einrichtungen, S. 55.
[121] BVerfGE 93, 352 (357 ff.); so bereits auch BAGE 19, 217 ff. = AP Nr. 10 zu Art. 9 GG.

folgt aber nicht, daß die Gewerkschaft und die ihr angehörenden Arbeitnehmer Arbeitgebereigentum zu diesem Zweck in Anspruch nehmen dürfen.[122] Das Bundesarbeitsgericht hat daher im Urteil vom 23. September 1986 anerkannt, daß ein Krankenhaus seinen Arbeitnehmern untersagen kann, gewerkschaftliche Werbe- und Informationsschriften über ein hausinternes Postverteilungssystem, das für dienstliche Zwecke eingerichtet wurde, an die Mitarbeiter des Krankenhauses zu verteilen.[123] Außerdem muß gewährleistet sein, daß durch die Verteilung nicht der Arbeitsablauf beeinträchtigt oder gestört wird. Der Arbeitgeber kann daher verbieten, daß eine Gewerkschaft Werbe- und Informationsmaterial durch die Arbeitnehmer während deren Arbeitszeit verteilen läßt. Da jedoch nach der Erkenntnis des Bundesverfassungsgerichts vom 14. November 1995 der Schutz des Art. 9 Abs. 3 GG sich nicht auf die Betätigungen beschränkt, die für die Erhaltung und die Sicherung des Koalitionsbestandes unerläßlich sind,[124] geht es um ein Problem der Schrankenziehung. Der Koalitionsschutz rechtfertigt keine Vertragsverletzung. Deshalb braucht der Arbeitgeber es nicht hinzunehmen, daß durch die Verteilung des Werbe- und Informationsmaterials Arbeitnehmer ihre Arbeitspflicht nicht erfüllen oder der Arbeitsablauf beeinträchtigt oder gestört wird. Bei gleitender Arbeitszeit kann er die Verteilung während der Gleitzeit verbieten, wenn dadurch eine Störung eintritt; das gilt auch, wenn ein Arbeitnehmer die Verteilzeit sich nicht als Arbeitszeit anrechnen läßt.[125]

Wegen der ursprünglich vertretenen Begrenzung des Koalitionsschutzes **58** auf die Unerläßlichkeit einer Betätigung für die Erhaltung und Sicherung des Koalitionsbestandes war das Bundesarbeitsgericht sogar der Auffassung, daß der Arbeitgeber die Verteilung einer Gewerkschaftszeitung durch betriebsangehörige Mitglieder im Betrieb verbieten kann, und zwar auch dann, wenn die Gewerkschaftszeitung die Schranken respektiert, die das Bundesarbeitsgericht für die gewerkschaftliche Werbung im Betrieb aufgezeigt hat.[126] Im konkreten Fall ging es darum, daß die Verteilung ausschließlich an die Mitglieder der Gewerkschaft erfolgte. Das Bundesarbeitsgericht sah in ihr einen innergewerkschaftlichen Verteilungsmodus. Es kam daher zu dem Ergebnis, daß die Verteilung im Betrieb für die Gewerkschaft nicht zu den Tätigkeiten gehöre, die als für die Erhaltung und Sicherung der Existenz der Koalition unerläßlich betrachtet werden müssen. Die Begründung war mißglückt.[127] Wenn das Bundesarbeitsgericht neben den Gewerkschaftsmitgliedern auch der Gewerkschaft selbst einen Anspruch darauf gibt, durch ihre betriebsangehörigen Mitglieder Informations- und Werbematerial zu verteilen, bestand kein Grund, Gewerkschaftszeitungen generell davon auszunehmen. Das gilt auch, soweit sie nur an Mitglieder verteilt werden sollen; denn unter den

---

[122] S. Rn. 51.
[123] BAGE 53, 89 ff. = AP Nr. 45 zu Art. 9 GG.
[124] BVerfGE 93, 352 ff.
[125] Vgl. BAGE 41, 1 ff. = AP Nr. 35 zu Art. 9 GG, allerdings ohne die hier gemachte Einschränkung, weil die Entscheidung vor BVerfGE 93, 352 ff. erging.
[126] BAG AP Nr. 29 zu Art. 9 GG.
[127] Vgl. *Richardi*, FS G. Müller, S. 415 (434 ff.).

Koalitionsschutz fällt nicht nur die Koalitionswerbung, sondern auch die Koalitionsbetreuung.

59 Ein kirchlicher Arbeitgeber kann verlangen, daß bei der Verteilung gewerkschaftlicher Werbe- und Informationsschriften die Grenzen eingehalten werden, deren Beachtung jeder Arbeitgeber verlangen kann. Wegen der Verfassungsgarantie des Selbstbestimmungsrechts, an der er teilhat, braucht er auch nur zu dulden, daß seine Arbeitnehmer für die Gewerkschaften tätig werden, die das Selbstbestimmungsrecht der Kirche zur Gestaltung der sozialen Ordnung ihres Dienstes respektieren. Das Werbe- und Informationsmaterial dieser Gewerkschaften muß außerdem beachten, daß die Arbeit einer kirchlichen Einrichtung unter einem geistig-religiösen Auftrag steht.[128]

4. Gewerkschaftliche Vertrauensleute im Betrieb

60 Da eine Gewerkschaft ihre Betreuungs-, Werbe- und Informationstätigkeit durch der Gewerkschaft angehörende Belegschaftsmitglieder im Betrieb ausüben kann, ist ebenfalls durch Art. 9 Abs. 3 GG gewährleistet, daß sie zu diesem Zweck gewerkschaftliche Vertrauensleute im Betrieb benennen kann. Das Bundesarbeitsgericht nimmt daher im Urteil vom 8. Dezember 1978 folgerichtig an, daß damit auch das Institut der gewerkschaftlichen Vertrauensleute verfassungsrechtlich abgesichert sei, „die allein ein voll wirksames Bindeglied zwischen dem hauptamtlichen Funktionärskörper der Gewerkschaft und den Gewerkschaftsmitgliedern im Betriebe darstellen und die dort auch den sonstigen Arbeitnehmern gegenüber die Gewerkschaft repräsentieren"[129]. Diese verfassungsrechtliche Garantie bedeutet nach den Worten des Bundesarbeitsgerichts „jedoch nicht, daß damit auch die Wahl der Vertrauensleute im Betrieb verfassungsrechtlich gesichert wäre". Das trifft zwar im Ergebnis weitgehend zu, kann aber nicht, wie das Bundesarbeitsgericht ausführt, damit begründet werden, es sei „nicht unerläßlich, daß die Wahl gerade im Betriebe stattfindet".[130] Das Bundesverfassungsgericht hat die Unerläßlichkeit als Primärerfordernis des Koalitionsschutzes verworfen.[131] Es geht um ein Problem der Schrankenziehung. Eine Wahl im Betrieb darf den Arbeitsablauf nicht beeinträchtigen oder stören. Dies ist insbesondere kein Rechtfertigungsgrund für eine Nichterfüllung der vertraglich zugesagten Arbeitspflicht.

61 Gewerkschaftliche Vertrauensleute dürfen nicht die Funktion einer gewerkschaftlichen Arbeitnehmervertretung im Betrieb erhalten; denn in diesem Fall berührt ihre Bildung die Eigenständigkeit des Betriebsratsamtes. Zu den Grundsätzen des Betriebsverfassungsrechts gehört, daß der Betriebsrat in der Ausübung seiner Tätigkeit nicht gestört oder behindert werden darf (§ 78 Satz 1 BetrVG). Durch die Etablierung eines Gremiums gewerkschaftlicher Vertrauensleute im Betrieb darf deshalb kein *Ersatzbetriebsrat* geschaf-

---

[128] Vgl. für die katholische Kirche die Klarstellung in Art. 6 Abs. 2 Satz 3 GrOkathK.
[129] BAGE 31, 166 (172) = AP Nr. 28 zu Art. 9 GG.
[130] BAGE 31, 166 (173).
[131] BVerfGE 93, 352 ff.

fen werden.[132] Für kirchliche Einrichtungen gilt nichts anderes, obwohl das Betriebsverfassungsgesetz auf sie keine Anwendung findet (§ 118 Abs. 2 BetrVG). Bei ihnen ist nämlich zu beachten, daß an die Stelle des Betriebsrats die Mitarbeitervertretung nach dem kirchlichen Mitarbeitervertretungsrecht tritt.

---

[132] Vgl. *Richardi*, BetrVG, § 2 Rn. 171.

Viertes Kapitel
Arbeitsrechts-Regelungsrecht der Kirchen

§ 12 Kirchenautonomie und kollektives Arbeitsrecht

I. Vorgaben

1. Historische Ausgangslage

a) Evangelische Kirche

Solange das landesherrliche Kirchenregiment bestand, waren die evangelischen Kirchen dem Staat eingegliedert.[1] Auch nach der Trennung von Staat und Kirche durch Art. 137 Abs. 1 WRV war der kirchliche Dienst deshalb öffentlicher Dienst. Die Kirchen sind aber in der Gestaltung des Dienstrechts autonom. Ausführlich geregelt haben sie den kirchlichen Dienst in Pfarrergesetzen und kirchlichen Beamtengesetzen. Lückenhaft blieb aber die kirchliche Rechtsordnung für Angestellte und Arbeiter, obwohl ihre Zahl zur Bewältigung der kirchlichen Aufgaben erheblich zugenommen hatte. Da man von der Einheit des öffentlichen Dienstes ausging, beschränkten die Kirchen sich überwiegend darauf, die Tarifwerke des öffentlichen Dienstes unter Abweichungen und Ergänzungen auf die Angestellten und Arbeiter im kirchlichen Dienst zu übertragen.

1

b) Katholische Kirche

Für die katholische Kirche bestand zwar eine andere Ausgangslage;[2] die Diözesen der katholischen Kirche haben aber auch für ihre Arbeitnehmer weitgehend das Tarifvertragsrecht des öffentlichen Dienstes übernommen.[3]

2

2. Notwendigkeit kircheneigener Rechtsetzung

Die Verfassungsgarantie des Selbstbestimmungsrechts wirkt sich für das Arbeitsrecht auf zwei voneinander verschiedenen Ebenen aus: auf die Festlegung der eigenen Angelegenheiten, für die nach dem Staatskirchenrecht des Grundgesetzes die von den verfaßten Kirchen anerkannten Maßstäbe verbindlich sind,[4] und auf die Gestaltung der Arbeitsbedingungen, für die nach staatlichem Recht im Tarifvertragssystem und in der gesetzlichen Mitbestimmungsordnung eine Gruppenautonomie vorgesehen ist.

3

---

[1] S. § 4 Rn. 1.
[2] S. § 4 Rn. 4.
[3] S. § 4 Rn. 5.
[4] BVerfGE 70, 138 (166, 168).

4   Soweit es um die Festlegung des selbstbestimmten Bereichs geht, gilt das Kirchenrecht. Nach ihm richten sich die Strukturvorgaben des kirchlichen Dienstes. Es entscheidet nicht nur darüber, ob ein Dienst auf der Grundlage eines Arbeitsvertrags erbracht werden kann, sondern es enthält auch die Vorgaben für den kirchlichen Dienst auf der Grundlage von Arbeitsverträgen. Insoweit richtet sich die Festlegung nach der Amtsverfassung der Kirche, entscheidet also in der evangelischen Kirche das Organ, dem für die Kirche die Rechtsetzungsbefugnis zugewiesen ist, und für die katholische Kirche unterliegt die Regelung der ausschließlichen Gesetzgebungskompetenz der Bischöfe.

5   Davon zu unterscheiden ist, daß staatliche Arbeitsgesetze, die als für alle geltendes Gesetz dem Selbstbestimmungsrecht eine Schranke setzen, Freiheitsspielräume vorsehen, die nur durch Tarifvertrag oder eine Regelung des Arbeitgebers mit dem Betriebs- oder Personalrat ausgefüllt werden können. Wegen der Verfassungsgarantie des Selbstbestimmungsrechts muß der Gesetzgeber den Kirchen insoweit eigene Wege offenhalten. Das gilt insbesondere für die gesetzliche Ordnung der Arbeitsbedingungen, für die der Gesetzgeber zur Sicherung einer freiheitsrechtlichen Ordnung durch Öffnungsklauseln den Tarifvertragsparteien eine Abweichung gestattet.[5]

6   Für die Kirchen folgt aus diesem Sachverhalt, daß für die Vielzahl ihrer Beschäftigungsverhältnisse die Alternative zum Tarifvertrag nicht in einer *staatlichen Regelung*, sondern im *Fehlen jeder Regelung* besteht. Es gibt niemanden, der ihnen die Verantwortung für eine sozial gerechte Gestaltung ihrer Dienstverhältnisse abnimmt. Sie müssen deshalb Regelungsverfahren entwickeln, um für ihre Mitarbeiter den Inhalt der Arbeitsvertragsordnungen festzulegen.

7   Für die Kirchen besteht daher ein Handlungsbedarf zur Regelung, der über die Festlegung der spezifisch kirchlichen Gesichtspunkte für den kirchlichen Dienst weit hinausgeht. Sie müssen für den Bereich der Tarifautonomie, also den „Bereich, in dem der Staat seine Regelungszuständigkeit weit zurückgenommen hat",[6] *selbst* regelnd tätig werden. Die Regelungsnotwendigkeit besteht also nicht nur für die Festlegung des *kirchlichen Proprium*, sondern sie ergibt sich auch daraus, daß das Arbeitsleben marktwirtschaftlich geordnet ist und deshalb bei Verzicht auf das Tarifvertragssystem ein *anderes Regelungsverfahren* gefunden werden muß, weil der Staat für die Arbeitsverfassung eine *rechtsgeschäftliche Ordnung des Arbeitslebens* zugrunde legt.

8   Die Unterscheidung zweier voneinander verschiedener Ebenen für kircheneigene Regelungen hat unmittelbar Bedeutung für die Befugnis, den Inhalt des Arbeitsverhältnisses mit verbindlicher Wirkung für die Arbeitnehmer festzulegen. Geht es um die Sicherstellung der religiösen Dimension des kirchlichen Dienstes, so handelt es sich um eine *eigene Angelegenheit* der Kirche, die *ausschließlich* der *kirchlichen Gesetzgebung* unterliegt. Auch ein für alle geltendes Gesetz vermag insoweit keine Schranke zu ziehen, weil der

---

[5] S. § 8 Rn. 1 ff.
[6] So die Definition des BVerfG für das Verhältnis zur Tarifautonomie in BVerfGE 50, 290 (367).

Staat sich nicht zum Wesen und Auftrag der Kirche äußern kann. Er hat kein ekklesiologisches Mandat. Was ihre Sendung ist, kann nur die Kirche selbst wissen. Die Formulierung des kirchlichen Proprium obliegt den Kirchen, die sie nach der für sie maßgeblichen Rechtsordnung festlegen. Die kirchliche Gesetzgebungsgewalt erstreckt sich aber nicht auf den Gesamtbereich der arbeitsrechtlichen Beziehungen, sondern insoweit muß die Wesensverschiedenheit zur öffentlich-rechtlichen Gestaltungsform des kirchlichen Dienstes erhalten bleiben. Wenn aber die Kirchen in dem Bereich, der sonst durch den Abschluß von Tarifverträgen ausgefüllt wird, kircheneigene Regelungen treffen, nehmen sie kein Privileg wahr, sondern handeln auf Grund des ihnen verfassungsrechtlich garantierten Selbstbestimmungsrechts, sich so der Privatautonomie zu bedienen, wie es ihrem Verständnis vom Wesen und Auftrag der Kirche entspricht.

II. Rechtsetzungskompetenz zur Regelung des kirchlichen Dienstes

1. Körperschaften des öffentlichen Rechts

Soweit es sich um Körperschaften i.S. des Art. 137 Abs. 5 WRV handelt, kann das Dienstverhältnis nach öffentlich-rechtlichen Grundsätzen geordnet werden. Die Körperschaften des öffentlichen Rechts können aber auch Arbeitsverträge abschließen. In diesem Fall findet die kircheneigene Ordnung unmittelbar Anwendung. Die Verbindlichkeit des kirchlichen Dienstrechts bedeutet aber nicht, daß eine hoheitliche Rechtsetzungskompetenz gegenüber den Parteien des Arbeitsvertrags in Anspruch genommen wird. Sie erschöpft sich jedoch auch nicht in einer *lex contractus*, sondern legt für die staatliche Rechtsordnung fest, was für eine Mitarbeit im kirchlichen Dienst verbindlich sein muß, soweit das Staatskirchenrecht die Befugnis der Kirche anerkennt, hierüber selbst zu befinden. 9

Die für ein Arbeitsverhältnis maßgebliche Arbeits- oder Dienstvertragsordnung beruht entweder auf einem kirchlichen Gesetz, oder es ist durch Kirchengesetz geregelt, wer sie schaffen kann. Sie gilt daher als Rechtsvorschrift für den Bereich der verfaßten Kirche, also den als öffentlich-rechtliche Körperschaft anerkannten kirchlichen Bereich. 10

2. Einrichtungen des Diakonischen Werkes und des Deutschen Caritasverbandes

Bei den Einrichtungen des Diakonischen Werkes und des Deutschen Caritasverbandes trifft man auf die Schwierigkeit, daß sie privatrechtlich verselbständigt sind, also nicht zur verfaßten Kirche gehören. Das Problem ist daher, wie man juristisch begründen kann, daß für die Arbeitsverhältnisse der dort beschäftigten Angestellten und Arbeiter eine kirchliche Arbeits- oder Dienstvertragsordnung verbindlich ist. Den entscheidenden Gesichtspunkt hat man darin zu erblicken, daß für das Staatskirchenrecht keine Rolle spielt, 11 ob der kirchliche Auftrag durch das Regelungs- und Gestaltungsinstrumentarium der jedermann offenstehenden Privatautonomie wahrgenommen wird.[7] Deshalb kann auch für die Kompetenz der Kirche, eine Arbeits- oder Dienstvertragsordnung für die ihr zugeordneten Arbeitsverhältnisse zu erlassen, kein Unterschied gemacht werden, ob der kirchliche Dienst in kirchlichen Behörden oder in Einrichtungen der Caritas oder Diakonie geleistet wird. Soweit das Selbstbestimmungsrecht sich auf die Gestaltung der Arbeitsbedingungen erstreckt und soweit ihm das staatliche Arbeitsrecht unter dem Gesichtspunkt des Schrankenvorbehalts keine Grenzen zu ziehen vermag, muß die Rechtslage in beiden Fällen *gleich* beurteilt werden.

III. Notwendigkeit einer kircheneigenen Arbeitsverfassung zur Sicherung des Selbstbestimmungsrechts

1. Grundgesetzliche Arbeitsverfassung

12 Das Grundgesetz enthält kein ordnungspolitisch geschlossenes System der Arbeitsverfassung.[8] Es handelt sich vielmehr um ein offenes System, in dem „ebenso sozialstaatliche wie marktwirtschaftliche Elemente vertreten sind".[9] Die durch die Grundrechtsgewährleistungen verfassungsrechtlich abgesicherte ordnungspolitische Grundentscheidung für ein marktwirtschaftliches System ist zugleich die der Arbeitsverfassung vorgegebene Grundentscheidung. Während aber für den Markt der Güter und selbständigen Dienstleistungen der Schutz des Wettbewerbsprinzips weitgehend sichert, daß die Vertragsfreiheit ihre ordnungspolitische Funktion als Instrument individueller Selbstbestimmung verwirklichen kann, ist für die Arbeitsverfassung die Gruppenautonomie prägend. Sie hat zur Ausbildung des kollektiven Arbeitsrechts geführt, das den Arbeitgeber-Arbeitnehmer-Beziehungen ihre rechtliche Ordnung innerhalb des Gesellschaftssystems in der Bundesrepublik Deutschland gibt.

13 Das Tarifvertragssystem und die gesetzlich gestaltete Mitbestimmung in der Betriebsverfassung und Unternehmensorganisation bezwecken eine gleichberechtigte Beteiligung der Arbeitnehmer an der Gestaltung ihrer Arbeitsbedingungen im Arbeitsverhältnis. Der individuelle Vertrag vermag diese Funktion ohne Einbettung in eine vom Grundsatz der sozialen Selbstverwaltung beherrschte Arbeitsverfassung nicht zu erfüllen.[10] Der Grundsatz der sozialen Selbstverwaltung gehört deshalb zu den Rechtsgrundsätzen, die tragende Prinzipien der staatlichen Ordnung normieren. Da die Kirchenfreiheit sich in ihr entfaltet, muß die Kirche den Freiraum so ausfüllen, daß sie unter Vorrang ihres bekenntnismäßigen Verständnisses die für die staatliche Ordnung maßgebenden Rechtsprinzipien wahrt.

---

[7] BVerfGE 70, 138 (165).
[8] Vgl. *Scholz* in Isensee/Kirchhof, Handbuch des Staatsrechts der Bundesrepublik Deutschland, Bd. VI, 1989, § 151 Rn. 24.
[9] *Scholz* ZfA 1981, 265 (271).
[10] Vgl. MünchArbR/*Richardi* § 12 Rn. 1 ff.

Der Grundsatz der sozialen Selbstverwaltung begrenzt die Kirchenautonomie allerdings nicht als für alle geltendes Gesetz i. S. des Schrankenvorbehalts in Art. 137 Abs. 3 WRV. Das für alle geltende Gesetz muß eine *gesetzliche Regelung* sein. Der Grundsatz der sozialen Selbstverwaltung ist aber ein Rechtsprinzip der Arbeitsverfassung; er wird durch das staatliche kollektive Arbeitsrecht konkretisiert und ausgestaltet. Da die Kirchen nicht gezwungen werden können, das Tarifvertragssystem mit arbeitskampfrechtlicher Konfliktlösung für ihren Dienst zu übernehmen, und die staatlichen Mitbestimmungsgesetze auf sie keine Anwendung finden, fällt in ihre Kompetenz, ob und wie sie den Grundsatz der sozialen Selbstverwaltung in ihrer Dienstverfassung verwirklichen. Es gehört zu ihren Angelegenheiten, ob und wie er mit ihrem bekenntnismäßigen Verständnis vom Wesen und Auftrag des kirchlichen Dienstes vereinbar ist. Der Staat kann daher nicht erzwingen, daß die Kirche für ihren Bereich das Arbeitsrecht nach dem Grundsatz der sozialen Selbstverwaltung regelt. Wenn die Kirchen untätig bleiben, wird aber das System einer positiv im Verhältnis zueinander geordneten Trennung von Staat und Kirche in Frage gestellt. Es würde ein Spannungsverhältnis zu der vom staatlichen Gesetzgeber geregelten Arbeitsverfassung entstehen.

14

Mit anderen Worten: Das System einer positiv im Verhältnis zueinander geordneten Trennung von Staat und Kirche erfordert, daß die Kirche den Brückenschlag vornimmt, um eine ihrem bekenntnismäßigen Verständnis entsprechende Arbeitsverfassung zu schaffen, in die der individuelle Arbeitsvertrag eingebettet ist.

15

2. Übernahme der Tarifverträge des öffentlichen Dienstes

Die Geltung der kirchlichen Arbeits- oder Dienstvertragsordnungen beruht gegenüber den Arbeitnehmern nicht auf einem einseitigen Rechtsetzungsakt des kirchlichen Arbeitgebers, sondern sie muß *rechtsgeschäftlich* legitimiert sein. Auch soweit sie keine eigene Dienstvertragsordnung erlassen, sondern die Tarifwerke des öffentlichen Dienstes übernehmen, handelt es sich nicht um arbeitsrechtliche Normierungen, die als staatliches Gesetz und staatliche Rechtsverordnung Geltungskraft haben.

16

Der Bundes-Angestelltentarifvertrag (BAT) gilt, auch soweit er durch Kirchengesetz oder kirchliche Rechtsverordnung übernommen wird, nicht als *Tarifvertrag* für die Angestellten im kirchlichen Dienst; denn er hat wie jeder Tarifvertrag Tarifgeltung für den Inhalt des Arbeitsverhältnisses nur bei beiderseitiger Tarifgebundenheit der Arbeitsvertragsparteien (§§ 3 Abs. 1, 4 Abs. 1 TVG). Die Tarifgebundenheit eines kirchlichen Arbeitgebers scheitert schon daran, daß er nicht Mitglied eines Verbandes ist, der auf der Arbeitgeberseite den Tarifvertrag abgeschlossen hat. Außerdem fallen kirchliche Einrichtungen nicht einmal unter den Geltungsbereich des BAT. Es handelt sich um eine freiwillige Unterordnung unter die für den staatlichen Bereich maßgeblichen Regelungen des öffentlichen Dienstes. Sofern staatliche Arbeitsgesetze tarifdispositiv sind, ist daher von ihnen nicht durch die Übernahme des BAT abgewichen. Die im tarifdispositiven Gesetzesrecht enthaltenen Öff-

17

nungsklauseln verlangen zwar nicht Tarifgeltung; sie lassen aber eine arbeitsvertragliche Bezugnahme nur genügen, wenn das Arbeitsverhältnis unter den Geltungsbereich des Tarifvertrags fällt (vgl. § 622 Abs. 4 Satz 2 BGB).[11]

18   Bei einer Übernahme der Tarifwerke des öffentlichen Dienstes besteht, soweit es um die *Bindungswirkung* geht, kein qualitativer Unterschied zu den *allgemeinen Arbeitsbedingungen,* die vom Arbeitgeber einseitig für den Betrieb einheitlich erlassen werden und für das Arbeitsverhältnis nur verbindlich sind, wenn sie auf Grund einer Einbeziehungsabrede Bestandteil des Einzelarbeitsvertrags sind oder nach den Grundsätzen der Vertrauenshaftung zu einer rechtlichen Bindung der Arbeitsvertragsparteien führen. Lediglich soweit es um die *inhaltliche Beurteilung* geht, kann man davon ausgehen, daß bei Übernahme einer tarifvertraglichen Regelung wegen des Gleichgewichts der Tarifvertragsparteien die im Tarifvertrag erzielten Ergebnisse mehr einem Interessenausgleich nach dem Postulat der Vertragsgerechtigkeit entsprechen als eine einseitig erlassene Arbeits- oder Dienstvertragsordnung.

19   Da die Kirchen ihrem Dienst das Leitbild einer Dienstgemeinschaft zugrunde legen, ist die Übernahme des öffentlichen Dienstrechts nur eine *Notlösung.* Durch sie wird nicht gewährleistet, daß die Gestaltung des Dienstrechts dem bekenntnismäßigen Verständnis entspricht.[12]

---

[11] S. auch § 8 Rn. 10 f.
[12] S. auch § 10 Rn. 22 ff.

§ 13 Grundsätze und Formen des kirchlichen Arbeitsrechtsregelungsverfahrens

I. Überblick

Sowohl die evangelische Kirche als auch die katholische Kirche stimmen 1 darin überein, daß es dem Wesen des Dienstes in der Kirche nicht gerecht wird, wenn der Inhalt der Arbeitsverhältnisse ihrer Angestellten und Arbeiter einseitig durch den kirchlichen Gesetzgeber oder durch kirchliche Leitungsorgane gestaltet wird. Höchst umstritten war aber, ob dieser sog. „Erste Weg" durch den Abschluß von Tarifverträgen zwischen Kirchen und Gewerkschaften abgelöst werden soll oder ob man statt dieses „Zweiten Weges" in der Entwicklung eines eigenständigen kirchlichen Beteiligungsmodells einen „Dritten Weg" gehen soll. Die evangelischen Landeskirchen haben sich mit Ausnahme der Nordelbischen Kirche und der Evangelischen Kirche in Berlin-Brandenburg für den „Dritten Weg" entschieden.[1] Die Diözesen der katholischen Kirche folgen ihm sogar ohne Ausnahme.

II. Grundsätze eines kirchlichen Arbeitsrechtsregelungsverfahrens

Trotz der Verschiedenheit der Beteiligungsmodelle stimmen die Kirchen 2 darin überein, daß nach ihrem Selbstverständnis jede Dienst- und Arbeitsleistung ein Stück kirchlichen Auftrags in der Welt verwirklicht. Die Dienstgemeinschaft soll deshalb auch in den Verfahrensstrukturen einer Arbeitnehmerbeteiligung an der Gestaltung der Arbeitsbedingungen zum Ausdruck kommen. Dabei handelt es sich um die folgenden Grundsätze:[2]
- *Partnerschaft*, d. h. Kooperation, nicht Konfrontation beim Ausgleich unterschiedlicher Interessen, weil im kirchlichen Dienst alle Beteiligten, Dienstgeber in gleicher Weise wie Dienstnehmer, der religiösen Grundlage und Zielrichtung ihrer Einrichtung verpflichtet sind;
- *Parität*, d. h. Anerkennung der Gleichwertigkeit und Gleichberechtigung von Dienstgebern und Dienstnehmern;
- *Prinzip der Lohngerechtigkeit*, die in der katholischen Kirche sogar in can. 231 § 2 CIC abgesichert ist;
- *keine Konfliktregulierung durch Streik und Aussperrung* wegen der Unvereinbarkeit eines Arbeitskampfes mit den Grunderfordernissen des kirchlichen Dienstes;
- Sicherung der *religiösen Grundlage und Zielbindung des kirchlichen Dienstes*;
- Sicherung *einheitlicher Geltung* unabhängig vom jeweiligen Anstellungsträger.

---

[1] S. ausführlich Rn. 10 ff.
[2] S. auch *Briza*, „Tarifvertrag" und „Dritter Weg", S. 144 f.

III. Bindung der Kirchen an das Tarifvertragsgesetz bei Abschluß von Tarifverträgen

3   Den Kirchen ist freigestellt, in welcher Regelungsform sie ihre Maximen eines Beteiligungsmodells verwirklichen. Sie haben insbesondere auch die Freiheit, zu diesem Zweck Tarifverträge mit Gewerkschaften abzuschließen. Beschränken sie sich auf die Übernahme des Tarifvertragssystems, so gilt für Inhalt und Reichweite der tarifvertraglichen Regelungskompetenz das Tarifvertragsgesetz als für alle geltendes Gesetz; denn die getroffene Vereinbarung erhält nur dann die Anerkennung als *Tarifvertrag*, wenn sie den Inhalten des Tarifvertragsgesetzes entspricht.[3]

4   Das Tarifvertragsgesetz regelt lediglich die Ordnungsprobleme, die mit der Tarifautonomie verbunden sind. Es bestimmt, was Inhalt des normativen Teils eines Tarifvertrags sein kann (§ 1 Abs. 1 TVG); es gibt eine Formvorschrift (§ 1 Abs. 2 TVG); es regelt, wer Partei eines Tarifvertrags sein kann (§ 2 TVG) und wer tarifgebunden ist, d. h. der Tarifgeltung der tarifvertraglichen Rechtsnormen unterliegt (§ 3 TVG). Festgelegt ist weiterhin, daß die tarifvertraglichen Rechtsnormen bei Tarifgeltung unabdingbar sind (§ 4 Abs. 1 TVG), daß sie aber wegen des zwingend angeordneten Günstigkeitsprinzips stets nur Mindest-, niemals Höchstbedingungen für ein Arbeitsverhältnis enthalten können (§ 4 Abs. 3 TVG) und daß bei Ablauf eines Tarifvertrags die Rechtsnormen Nachwirkungen entfalten, d. h. für die bereits begründeten Arbeitsverhältnisse weitergelten, bis sie durch eine andere Abmachung ersetzt werden (§ 4 Abs. 5 TVG). Außerdem ergibt sich aus § 5 TVG, daß eine Erstreckung der Normengeltung auf nicht tarifgebundene Arbeitgeber und Arbeitnehmer nur durch Allgemeinverbindlicherklärung des Tarifvertrags möglich ist.

5   Bei Abschluß von Tarifverträgen besteht deshalb für die Kirchen eine Vielzahl von Problemen, die nicht dadurch gelöst werden können, daß die Kirchen in Übereinkunft mit einer oder mehreren Gewerkschaften sich das Tarifvertragsrecht so zurechtschneiden, wie es ihrem Selbstverständnis entspricht:

6   a) Nach § 2 Abs. 1 TVG sind auf der Arbeitgeberseite nur der einzelne Arbeitgeber und Vereinigungen von Arbeitgebern tariffähig. Die katholische Kirche als solche ist weder Arbeitgeber noch eine Körperschaft des öffentlichen Rechts, sondern Arbeitgeber können nur die einzelnen Diözesen, die Kirchengemeinden, Orden oder Säkularinstitute, der Caritasverband, die einzelnen Diözesancaritasverbände sowie die sonstigen selbständigen Vermögensträger sein, sofern sie Personen in einem Arbeitsverhältnis beschäftigen. Entsprechend ist die Rechtslage bei einer evangelischen Kirche. Die Ta-

---

[3] *Richardi* ZevKR 15 (1970), 219 (225); ders. ZevKR 19 (1974), 275 (294); zustimmend *Briza*, „Tarifvertrag" und „Dritter Weg", S. 94, 167; abweichend *Pahlke*, Kirche und Koalitionsrecht, S. 174 ff. für eine kirchliche Freistellung vom Tarifvertragsrecht; jedoch meint er ausschließlich, daß es in der „freiwilligen Entschließung der Kirchen" liege, „ein tarifautonomes Verfahren zu wählen" (S. 198).

riffähigkeit einer Diözese oder einer Landeskirche reicht deshalb nur so weit, wie sie Arbeitgeber ist. Ihre kirchenrechtliche Organisationsgewalt gibt ihr arbeitsrechtlich nicht die Tariffähigkeit für selbständige kirchliche Einrichtungen; denn neben dem einzelnen Arbeitgeber ist auf der Arbeitgeberseite nur eine Arbeitgeberkoalition tariffähig.

Wenn die Kirchen normativ einheitliche Arbeitsbedingungen für Arbeitnehmer in ihrem Dienst schaffen wollen, kann dies nur dadurch erreicht werden, daß alle der Kirche zugeordneten Körperschaften des öffentlichen Rechts und selbständigen Rechtsträger im Bereich des privaten Vereins-, Stiftungs- oder Gesellschaftsrechts, sofern mit ihnen Arbeitsverträge abgeschlossen werden, einen *Arbeitgeberverband* bilden, der mit einer Gewerkschaft Tarifverträge abschließen kann, die für ihre Mitglieder verbindlich sind. Der Beitritt zu einem Arbeitgeberverband nimmt dem einzelnen Arbeitgeber aber nicht die Tariffähigkeit, so daß für ihn die Möglichkeit erhalten bleibt, einen Tarifvertrag abzuschließen.

b) Ebenfalls wird nicht durch das Tarifvertragsrecht gewährleistet, daß auf der Arbeitnehmerseite nur eine Gewerkschaft steht oder die in einem Betrieb beschäftigten Arbeitnehmer, sofern sie zu mehreren Gewerkschaften gehören, eine Tarifeinheit bilden. Das Tarifvertragsrecht respektiert vielmehr den durch Art. 9 Abs. 3 GG verfassungsrechtlich abgesicherten *Koalitionspluralismus*. Deshalb gelten Tarifnormen, die Abschluß, Inhalt und Beendigung von Arbeitsverhältnissen regeln, unmittelbar und zwingend nur zwischen den beiderseits tarifgebundenen Arbeitgebern und Arbeitnehmern (§§ 3 Abs. 1, 4 Abs. 1 Satz 1 TVG).

c) Tarifliche Arbeitsbedingungen sind stets nur *Mindestbedingungen*. Durch § 4 Abs. 3 TVG wird *zwingend* das Günstigkeitsprinzip festgelegt, nach dem von einer tarifvertraglichen Regelung stets zugunsten eines Arbeitnehmers durch einzelvertragliche Abrede abgewichen werden kann. Bestritten ist sogar, ob ein Arbeitgeberverband durch seine Satzung oder einen satzungsgemäß zustande gekommenen Beschluß seiner Mitgliederversammlung die tarifunterworfenen Arbeitgeber verpflichten kann, von den tarifvertraglich festgesetzten Arbeitsbedingungen nicht zugunsten der Arbeitnehmer abzuweichen. Dies muß man jedoch als zulässig ansehen; denn das Günstigkeitsprinzip beschränkt lediglich die *kollektivvertragliche Gestaltungsmacht* der Tarifvertragsparteien, nicht aber die *Verbandsmacht* der am Tarifvertrag beteiligten Vereinigungen.[4] Für den Bereich des öffentlichen Dienstes können deshalb Landesgesetze und verwaltungsinterne Anweisungen eine Überschreitung des Tariflohns verbieten oder nur unter bestimmten Voraussetzungen zulassen. Sie verstoßen dadurch nicht gegen § 4 Abs. 3 TVG, sofern sie ihre Rechtsgeltung auf die Angehörigen des öffentlichen Dienstes be-

---

[4] Vgl. *Wank* in Wiedemann, TVG, § 4 Rn. 398 ff.; *Gamillscheg*, Kollektives Arbeitsrecht, Bd. I S. 845; *Richardi*, Kollektivgewalt und Individualwille, S. 373 f.; *ders.*, AR-Blattei, Tarifvertrag VI A, II 3; *Molitor* BB 1957, 85 ff.; *Dietz* DB 1965, 591 (594 ff.); *Zeuner* DB 1965, 630 ff.; a. A. aber *Nipperdey* in Hueck-Nipperdey, Bd. II/1 S. 574 ff.; *Nikisch*, Bd. II S. 422; *ders.* DB 1963, 1254; *Biedenkopf*, Grenzen der Tarifautonomie, S. 75; *Wlotzke*, Das Günstigkeitsprinzip im Verhältnis des Tarifvertrages zum Einzelarbeitsvertrag und zur Betriebsvereinbarung, 1957, S. 24.

schränken. Das Bundesarbeitsgericht ist aber gegenteiliger Auffassung; es hält ein derartiges Angleichungsrecht mit § 4 Abs. 3 TVG für unvereinbar, weil Rechtsnormen niederen Ranges nicht das bundesgesetzliche Günstigkeitsprinzip einschränken könnten.[5]

IV. Arbeitsrechtsregelungssystem des „Zweiten Weges"

1. Entscheidungen für den „Zweiten Weg"

10 Vorbild für die Forderung einer tarifvertraglichen Lösung ist die Evangelisch-Lutherische Landeskirche Schleswig-Holsteins, mit der 1960 ein aus vier Tarifverträgen bestehendes Tarifwerk zustande kam. Die Kirchenleitung war bereits durch Kirchengesetz vom 9. Februar 1951 ermächtigt worden, im Namen der Kirchengemeinden, Kirchengemeindeverbände, Gesamtverbände und Probsteien der Landeskirche Tarifverträge abzuschließen.[6]

11 Obwohl der Rat der Evangelischen Kirche in Deutschland in einer Richtlinie vom 8. Oktober 1976 den Gliedkirchen eine Arbeitsrechtsregelung nach dem Modell des Dritten Wegs empfohlen hat, hat die Nordelbische Evangelisch-Lutherische Kirche (NEK), in der die Schleswig-Holsteinische Landeskirche seit dem 1. Januar 1977 aufgegangen ist, sich durch kirchliches Arbeitsrechtsregelungsgesetz vom 9. Juni 1979 für den Abschluß von Tarifverträgen entschieden.[7] Ergänzend haben der zu diesem Zweck geschaffene Verband kirchlicher und diakonischer Anstellungsträger Nordelbien (VKDA-NEK)[8] einerseits und die Deutsche Angestelltengewerkschaft (DAG), die Gewerkschaft Öffentliche Dienste, Transport und Verkehr (ÖTV), die Gewerkschaft Gartenbau, Land- und Forstwirtschaft (GLF) und der Verband kirchlicher Mitarbeiter Nordelbien (VKM) andererseits folgende Tarifverträge abgeschlossen: den Tarifvertrag zur Regelung der Grundlagen einer kirchengemäßen Tarifpartnerschaft, eine Schlichtungsvereinbarung und eine tarifvertragliche Vereinbarung über Regelungen in finanziellen Notlagen.[9] Bei diesen Tarifverträgen handelt es sich nicht um Regelungen, die Rechtsnormen für den Inhalt der Arbeitsverhältnisse aufstellen, sondern die Vereinbarungen bilden, wie *Armin Pahlke* zutreffend feststellt, „lediglich das Verfah-

---

[5] BAGE 10, 247 (259) = AP Nr. 2 zu § 4 TVG Angleichungsrecht; BAG AP Nr. 3 zu § 4 TVG Angleichungsrecht; *Nipperdey* in Hueck-Nipperdey, Bd. II/1 S. 578 Fn. 10, S. 580; *ders.*, FS Herschel, 1955, S. 9 (25); dagegen aber BVerwGE 18, 135 = AP Nr. 4 zu § 4 TVG Angleichungsrecht mit abl. Anm. von *Stahlhacke*; BVerwG AP Nr. 10 zu § 4 TVG Angleichungsrecht mit zust. Anm. von *Wiedemann*; ebenso *Richardi*, Kollektivgewalt und Individualwille, S. 376; *ders.*, AR-Blattei, Tarifvertrag VI A, II 4; *Nikisch* DB 1963, 1254 (1275); *Dietz* DB 1965, 591 (597); *Zeuner* DB 1965, 630 (632).
[6] Vgl. *Pahlke*, Kirche und Koalitionsrecht, S. 10 ff.
[7] Abgedruckt in ABl.EKD 1979 S. 482; s. zur Entstehungsgeschichte *Weinmann*, Tarifverträge für kirchliche Mitarbeiter?, S. 15 ff.
[8] Abgedruckt in ABl.EKD 1980 S. 14 ff.
[9] Abgedruckt in ABl.EKD 1980 S. 104 ff.

Grundsätze und Formen des kirchlichen Arbeitsrechtsregelungsverfahrens **§ 13**

rensgerüst des Zweiten Weges".[10] Ein Tarifvertrag, der die Arbeitsverhältnisse der kirchlichen Mitarbeiter unabdingbar gestaltet, ist für die kirchlichen Angestellten erst durch den kirchlichen Angestelltentarifvertrag (KAT) am 15. Januar 1982 geschlossen worden.

Dem Beispiel der Nordelbischen Kirche ist nur noch die Evangelische Kirche in Berlin-Brandenburg gefolgt. Vor der Wiedervereinigung war sie in die Region West und die Region Ost geteilt. Für die Region West sah das Kirchengesetz über die tarifvertragliche Regelung der Rechtsverhältnisse der in einem privatrechtlichen Arbeitsverhältnis beschäftigten Mitarbeiter in der Evangelischen Kirche in Berlin-Brandenburg (Berlin West) (Tarifvertragsordnung – TVO) vom 18. November 1979[11] vor, daß die Arbeitsbedingungen der kirchlichen Mitarbeiter nach den mit den Mitarbeitervereinigungen (Gewerkschaften) abgeschlossenen Tarifverträgen zu gestalten seien. Nach Wiederherstellung der rechtlichen Einheit hat die Evangelische Kirche in Berlin-Brandenburg an der Entscheidung für den „Zweiten Weg" festgehalten. Ihre Synode erließ das Kirchengesetz über die tarifvertragliche Regelung der Rechtsverhältnisse der in einem privatrechtlichen Arbeitsverhältnis beschäftigten Mitarbeiter in der Evangelischen Kirche in Berlin-Brandenburg (Tarifvertragsordnung – TVO) vom 16. November 1991.[12]

12

2. Arbeitsrechtsregelungssystem der Nordelbischen Kirche

a) Überblick

Die Entscheidung für die tarifvertragliche Lösung bedeutet nicht, daß die beiden genannten Kirchen damit den kirchlichen Dienst in ihrem Bereich der Tarifautonomie unterstellen. Dabei fällt weniger ins Gewicht, daß Arbeitskampfmaßnahmen zugunsten einer verbindlichen Schlichtung ausgeschlossen werden. Das gilt jedenfalls, soweit für die Nordelbische Kirche lediglich der Tarifvertrag zur Regelung der Grundlagen einer kirchengemäßen Partnerschaft vom 5. November 1979 eine absolute Friedenspflicht für die Dauer des Tarifvertrags festlegt[13] und deshalb in der Schlichtungsvereinbarung ein

13

---

[10] *Pahlke*, Kirche und Koalitionsrecht, S. 15.
[11] Abgedruckt in ABl.EKD 1980 S. 89 f.
[12] Abgedruckt in ABl.EKD 1992 S. 71.
[13] Abgedruckt in ABl.EKD 1980 S. 104 f.
Der Tarifvertrag hat den folgenden Wortlaut: „In dem Bewußtsein der Besonderheit des kirchlichen Dienstes, der vom Auftrag der Kirche bestimmt ist, das Wort Gottes zu verkünden, Glauben zu wecken, Liebe zu üben und die Gemeinde zu bauen, in der Erkenntnis, daß die Regelung der Arbeitsverhältnisse zwischen der Kirche und ihrer Diakonie, unabhängig von ihrer Rechtsgestalt, als Dienstgeber und ihren nichtbeamteten Mitarbeitern zur Wahrnehmung der Fürsorgepflicht rechtsverbindlicher Ordnungen bedarf, und in der Erkenntnis, daß die Kirche ihre verfassungsmäßigen Rechte wahren und ihre Aufgaben ungehindert ausüben muß.

§ 1

Zwischen den Tarifvertragsparteien besteht für die Dauer dieses Tarifvertrages eine absolute Friedenspflicht.

Schlichtungsverfahren vereinbart wird.[14] Die Gewerkschaften haben in diesem Fall nicht auf den Arbeitskampf als ultima ratio für die Durchsetzung ihrer Regelungswünsche verzichtet, weil die absolute Friedenspflicht nur nach Maßgabe des Tarifvertrags besteht. Das genügt, um das für die Tarifautonomie wesentliche Verhandlungs- und Kampfgleichgewicht zu wahren; denn nach Ablauf des Tarifvertrags ist ein Arbeitskampf zulässig, sofern die Nordelbische Kirche sich nicht auf ihren verfassungsrechtlichen Sonderstatus zurückzieht und geltend macht, daß ein Arbeitskampf mit Wesen und Auftrag der Kirche nach ihrem bekenntnismäßigen Verständnis nicht vereinbar ist.

14   Sieht man einmal davon ab, daß der Arbeitskampf notwendige Funktionsvoraussetzung der Tarifautonomie ist, so ist vor allem beachtenswert, daß die kirchengesetzliche Gestaltung des sog. Zweiten Weges durch die Nordelbische Kirche nicht den Grundsätzen des Tarifvertragsrechts entspricht:

15   (1) Tarifvertragspartei ist kirchlicherseits nur der Verband kirchlicher und diakonischer Anstellungsträger Nordelbien (VKDA-NEK, § 1 ARRG-NEK). Dieser Verband, dem die Nordelbische Kirche selbst beigetreten ist und dem ihre selbständigen Untergliederungen und Verbände sowie die selbständigen Dienste und Werke freiwillig beitreten können, ist ein rechtsfähiger Verein des bürgerlichen Rechts. Er ist ein Arbeitgeberverband und damit eine Koalition i. S. des Art. 9 Abs. 3 GG; denn sein Zweck ist nach der Satzung, die Wahrung der Interessen seiner Mitglieder an der Einheitlichkeit der Arbeitsbedingungen im kirchlichen Dienst. Im Vergleich zu sonstigen Arbeitgeberverbänden ist er aber in der Wahrung der Arbeits- und Wirtschaftsbedingungen nicht unabhängig, sondern ist an die Entscheidungen der Synode im Rahmen des Kirchengesetzes über die Regelung der Rechtsverhältnisse der in einem privatrechtlichen Dienstverhältnis beschäftigten Mitarbeiter in der Nordelbischen Ev.-Luth. Kirche (Arbeitsrechtsregelungsgesetz – ARRG) vom 9. Juni 1979 in seiner jeweiligen Fassung gebunden.[15]

16   Zweck der kirchengesetzlichen Beschränkung ist nicht nur die Wahrung der Tarifeinheit, sondern es soll auch ausgeschlossen werden, daß sich innerhalb der Kirche weitere Arbeitgeberverbände bilden. Die Vorschrift, daß die Arbeitsbedingungen der Arbeitnehmer ausschließlich nach den zwischen dem VKDA-NEK und den Mitarbeiterorganisationen abgeschlossenen Tarifverträgen sowie den sonstigen vom VKDA-NEK nach Maßgabe seiner Satzung

---

§ 2

(1) Dieser Tarifvertrag tritt am 5. November 1979 in Kraft.
(2) Er kann erstmalig zum 31. Dezember 1986 gekündigt werden. Falls er nicht gekündigt wird, gilt er jeweils für fünf Jahre weiter. Die Kündigungsfrist beträgt jeweils sechs Monate zum Jahresschluß. Mit der Kündigung sind zugleich alle sonstigen zwischen den Tarifvertragsparteien geschlossenen Vereinbarungen ohne Rücksicht auf die in ihnen vereinbarten Fristen aufgelöst. Die Anwendung der Schlichtungsvereinbarung auf diesen Tarifvertrag ist ausgeschlossen.
Protokoll zu § 2 (2): Im Falle einer Kündigung verpflichten sich die Tarifvertragsparteien, im Geiste des Grundlagentarifvertrages unverzüglich in Verhandlungen einzutreten mit dem Ziel, neue Vereinbarungen abzuschließen."

[14] Abgedruckt in ABl.EKD 1980 S. 105 f.
[15] § 2 Abs. 1 Satz 3 Satzung des VKDA-NEK, abgedruckt in ABl.EKD 1980 S. 14.

Grundsätze und Formen des kirchlichen Arbeitsrechtsregelungsverfahrens **§ 13**

getroffenen Regelungen zu gestalten sind, gilt zwar nur für die Kirchenkreise, Kirchengemeinde und deren Verbände, soweit sie Mitglieder des VKDA-NEK sind (§ 1 Satz 2 ARRG). Dennoch wird ihnen, auch wenn sie nicht Mitglieder sind, vorgeschrieben, die Tarifverträge und Regelungen des VKDA-NEK anzuwenden, wenn die Kirchenleitung sie durch Beschluß für allgemeinverbindlich für den Bereich der Nordelbischen Evangelisch- Lutherischen Kirche erklärt hat (§ 3 Abs. 2 ARRG). Für den Fall, daß die Nordelbische Kirche den finanziellen Gesamtaufwand einer rechtlich selbständigen juristischen Person insgesamt oder für einzelne Bereiche oder Stellen zu mehr als einem Drittel oder die Personalkosten zu mehr als der Hälfte trägt, soll die Bewilligung davon abhängig gemacht werden, daß das Vergütungsgefüge der VKDA-NEK eingehalten wird (§ 3 Abs. 3 ARRG).

(2) Nach dem Beschluß der Synode finden Tarifvertragsverhandlungen grundsätzlich nur unter Beteiligung aller jeweils betroffenen Tarifpartner statt. Damit soll verhindert werden, daß Tarifverträge unterschiedlichen Inhalts mit verschiedenen Gewerkschaften abgeschlossen werden, obwohl von dieser Möglichkeit das Tarifvertragsgesetz ausgeht. 17

(3) Tarifnormen, die den Inhalt der Arbeitsverhältnisse regeln, gelten normativ nur zwischen den beiderseits tarifgebundenen Arbeitgebern und Arbeitnehmern (§§ 3 Abs. 1, 4 Abs. 1 Satz 1 TVG). Dennoch sieht das Arbeitsrechtsregelungsgesetz in § 2 unter der amtlichen Überschrift „Differenzierungsverbot" vor, daß die tarifvertragliche Regelung auf alle Mitarbeiter ohne Rücksicht darauf anzuwenden ist, ob sie Mitglieder einer Mitarbeiterorganisation sind, die an dem Abschluß des Tarifvertrags beteiligt war. Eine Prüfung des Bestehens von Mitgliedschaften wird sogar ausdrücklich für unzulässig erklärt. 18

Die Kirchenleitung nimmt darüber hinaus für sich in Anspruch, die Tarifverträge auch für Anstellungsträger, die nicht dem VKDA-NEK beigetreten sind, für allgemeinverbindlich zu erklären. Geschieht dies, so ist nicht einmal Voraussetzung, daß der kirchliche Arbeitgeber tarifgebunden ist. Kirchengesetzlich wird er verpflichtet, nach einer Allgemeinverbindlicherklärung durch die Kirchenleitung die mit dem VKDA-NEK geschlossenen Tarifverträge allen Arbeitsverhältnissen zugrunde zu legen. 19

(4) Das Arbeitsrechtsregelungsgesetz schreibt schließlich vor, daß Anstellungsträger, auch soweit sie nicht Mitglieder des VKDA-NEK sind, für die Gesamtheit ihrer Mitarbeiter keine allgemein geltenden günstigeren Arbeitsbedingungen vereinbaren oder beschließen dürfen, als sie vom VKDA-NEK in Tarifverträgen vereinbart oder in sonstigen Regelungen festgelegt sind. Diese Formulierung schließt nicht das in § 4 Abs. 3 TVG zwingend festgelegte Günstigkeitsprinzip aus; es verbietet aber, daß einzelne Anstellungsträger generell von der im Tarifvertragsgesetz vorgesehenen Möglichkeit Gebrauch machen, eine abweichende Regelung zugunsten der Arbeitnehmer zu treffen. 20

b) Unvereinbarkeit mit den Ordnungsgrundsätzen des Tarifvertragssystems

Diese Skizze zeigt, daß die Nordelbische Kirche für ihren Bereich ein *kirchliches Tarifvertragsgesetz* erlassen hat, das sogar in seinen Grundlagen vom 21

185

staatlichen Tarifvertragsgesetz abweicht. Der sog. „Zweite Weg" bedeutet daher nicht Übernahme des Tarifvertragssystems, sondern er erweist sich als besondere Form eines kirchlichen Beteiligungsmodells. Auch hinter ihm steht letztlich, daß bei der Gestaltung der Arbeitsverhältnisse die Einheit des kirchlichen Dienstes erhalten bleiben muß. Dann aber stellt sich die Frage, warum man dem von anderen Ordnungsgrundsätzen beherrschten Tarifvertragssystem den Tarifvertrag als Regelungsinstrumentarium entnimmt und ihn durch Regelungen ergänzt, die dem Tarifvertragsgesetz fremd sind.

22 Die Kirche kann nach ihrem Selbstverständnis nicht anerkennen, daß eine verschiedene Gewerkschaftszugehörigkeit unterschiedliche Arbeitsbedingungen zur Folge haben kann, obwohl diese Auswirkungen des Koalitionspluralismus in der personell begrenzten Tarifgeltung Anerkennung findet. Es kann ihr auch nicht genügen, daß die Tarifmacht durch das Günstigkeitsprinzip begrenzt wird und daher jede abweichende Regelung zugunsten der Arbeitnehmer zulässig ist, sondern sie muß insoweit sicherstellen, daß ein einheitliches Vergütungsgefüge gewahrt bleibt. Der für die Kirche maßgebliche Grundsatz der Lohngerechtigkeit steht in einem Spannungsverhältnis zur Vertragsgerechtigkeit, wie er für das Tarifvertragssystem maßgebend ist.

3. Arbeitsrechtsregelungssystem der Evangelischen Kirche in Berlin-Brandenburg

23 Die Entscheidung für den „Zweiten Weg" traf die Evangelische Kirche in Berlin-Brandenburg, als sie durch Kirchengesetz der Region West vom 18. November 1979 ihre Grundordnung dahin änderte, daß nach Art. 108 Abs. 2 Satz 2 durch Kirchengesetz bestimmt werden kann, daß das Arbeitsrecht der privatrechtlich angestellten Mitarbeiter tarifvertraglich geregelt wird.[16] Die folgenden Sätze 3–5 haben den folgenden Wortlaut: „Tarifverträge müssen sicherstellen, daß das Selbstverständnis der Kirche gewahrt bleibt. Um des Auftrags der Kirche willen müssen Arbeitskampfmaßnahmen ausgeschlossen sein. Angemessene Regelungen für finanzielle Notlagen der Kirche sind vorzusehen." Auf dieser Grundlage erging das Kirchengesetz vom 18. November 1979.[17] Bei diesem Gesetz handelt es sich wie in der Nordelbischen Kirche um ein *kirchliches Tarifvertragsgesetz*, das von anderen Ordnungsgrundsätzen beherrscht wird, als sie nach dem staatlichen Tarifvertragsgesetz für das Tarifvertragssystem gelten. Die Grundordnung hatte festgelegt, daß um des Auftrags der Kirche willen Arbeitskampfmaßnahmen ausgeschlossen sein müssen. Der für die hauptberuflichen Mitarbeiter maßgebliche Tarifvertrag wurde deshalb nur mit dem Verband kirchlicher Mitarbeiter Berlin (West) e.V. und der Deutschen Angestellten-Gewerkschaft geschlossen.

24 Bei der Wiederherstellung der rechtlichen Einheit wurde durch das Kirchengesetz über die Synode, die Kirchenleitung und das Konsistorium der Evangelischen Kirche in Berlin-Brandenburg vom 9. Dezember 1990 (KABl.

---

[16] Abgedruckt in ABl.EKD 1980 S. 89; s. zur Entstehungsgeschichte *Weinmann* (Fn. 7), S. 34 ff.
[17] S. Fn. 11.

Grundsätze und Formen des kirchlichen Arbeitsrechtsregelungsverfahrens § 13

S. 145) in Art. 5 Abs. 2 die folgende Bestimmung getroffen: „Die kirchliche Dienstgemeinschaft erfordert eine partnerschaftliche Regelung ihres Arbeitsrechts. Durch Kirchengesetz kann bestimmt werden, daß das Arbeitsrecht der privatrechtlich angestellten Mitarbeiter tarifvertraglich geregelt wird. Tarifverträge müssen sicherstellen, daß das Selbstverständnis der Kirchen gewahrt bleibt. Um des Auftrags der Kirche willen müssen Arbeitskampfmaßnahmen ausgeschlossen sein. Angemessene Regelungen für finanzielle Notlagen der Kirche sind vorzusehen."

Daraufhin erging das „Kirchengesetz über die tarifvertragliche Regelung 25 der Rechtsverhältnisse der in einem privatrechtlichen Arbeitsverhältnis beschäftigten Mitarbeiter in der evangelischen Kirche in Berlin-Brandenburg (Tarifvertragsordnung – TVO) vom 16. November 1991 (KABl. S. 162). Die Tarifvertragslösung wurde dadurch unter Außerkraftsetzung der auf die Region West beschränkten Tarifvertragsordnung gesamtkirchliches Recht für die evangelische Kirche in Berlin-Brandenburg. Die mit den Mitarbeitervereinigungen (Gewerkschaften) abgeschlossenen Tarifverträge sind „verbindliches kirchliches Arbeitsrecht, das auf Grund arbeitsvertraglicher Vereinbarung auch für die Arbeitsverhältnisse der keiner der beteiligten Mitarbeitervereinigungen angehörenden Mitarbeiter gilt" (§ 1 Abs. 1 Satz 2).

V. „Dritter Weg" als sachgerechtes Beteiligungsmodell

Die Modifikationen des Tarifvertragsrechts durch die kirchengesetzliche Ge- 26 staltung des sog. Zweiten Weges zeigen, daß das Tarifvertragssystem ohne Eingriff in sein Wesen nicht mit den Ordnungsgrundsätzen vereinbar ist, die nach dem Selbstverständnis der Kirche ihren Dienst beherrschen. Deshalb ist es sachgerecht, daß die Kirchen die Beteiligung ihrer Arbeitnehmer durch ein anderes Regelungssystem verwirklichen. Da sie auch dann, wenn sie den kirchlichen Dienst auf der Grundlage von Arbeitsverträgen regeln, ihm das besondere Leitbild einer Dienstgemeinschaft aller ihrer Mitarbeiter zugrunde legen können, sind sie befugt, das Beteiligungsmodell so auszugestalten, daß es diesem Leitprinzip entspricht. Vorgaben der staatlichen Rechtsordnung bestehen nur insoweit, als das Beteiligungsmodell dem Ausgleich eines Interessengegensatzes in privatrechtlicher Form dient. Deshalb muß bei einer Repräsentation die Verschiedenheit der Funktion als Dienstgeber oder als Dienstnehmer getrennt bleiben, und es muß durch Festlegung einer Parität die Gleichberechtigung im Prinzip anerkannt werden. Nur dann erfüllt nämlich das kirchliche Arbeitsrechts-Regelungsrecht die Voraussetzungen, die es rechtfertigen, der kircheneigenen Regelung aus der Sicht des staatlichen Rechts die gleiche gesetzesausfüllende und gesetzesderogierende Wirkung wie tarifvertraglichen Regelungen zukommen zu lassen. Dabei ist allerdings zu beachten, daß in die Kompetenz der Kirche fällt, in welchen Formen die kirchlichen Arbeitnehmer am Arbeitsrechtsregelungsverfahren beteiligt werden.[18] Der Staat kann nicht erwarten, daß die Kirche für sie wesentliche

---

[18] Ebenso *Jurina* NZA Beil. 1/1986, 15 (17).

187

Ordnungsgrundsätze aufgibt, um eine Mitbestimmung ihrer Arbeitnehmer zu verwirklichen. Zu ihnen gehört nach katholischem Verständnis die Kompetenz des Bischofs, der bei der Erfüllung seiner Hirtenaufgabe kirchlicherseits nicht in seiner Zuständigkeit begrenzt werden kann.[19]

27 Die Gesetzgebungsbefugnis für das Arbeitsrechts-Regelungsrecht beschränkt sich nicht auf die verfaßte Kirche, sondern erstreckt sich auch auf die Einrichtungen, die privatrechtlich verselbständigt, aber der Kirche zugeordnet sind. Für den Bereich der katholischen Kirche ist daher verbindlich, daß wegen der Einheit des kirchlichen Dienstes und der Dienstgemeinschaft als Strukturprinzip des kirchlichen Arbeitsrechts kirchliche Dienstgeber keine Tarifverträge mit Gewerkschaften abschließen (Art. 7 Abs. 2 Satz 1 GrOkathK). Der Rechtsträger einer kirchlichen Einrichtung verliert dadurch zwar nicht seine Tariffähigkeit als Arbeitgeber; denn § 2 Abs. 1 TVG steht nicht zur Disposition eines kirchlichen Gesetzgebers. Soweit ein Arbeitgeber aber der Kirche zugeordnet ist, muß er das kirchliche Arbeitsrechts-Regelungsrecht einhalten. Das ergibt sich aus der Verfassungsgarantie des für die Kirche bestehenden Selbstbestimmungsrechts. Durch die Zuordnung zur Kirche nimmt er an ihm teil, kann aber nicht selbst bestimmen, was im selbstbestimmten Bereich gilt, sondern muß insoweit das Recht der Kirche anwenden. Läßt es keine Tarifverträge zu, so darf er sich nicht an der Tarifautonomie beteiligen, sondern muß die kirchliche Ordnung dem Inhalt der Arbeitsverhältnisse zugrunde legen. Bei privatrechtlicher Verselbständigung kann der Rechtsträger einer Einrichtung zwar seine Tariffähigkeit aktualisieren; er verliert dadurch aber seine Sonderstellung als kirchliche Einrichtung in der Arbeitsrechtsordnung und gibt jedenfalls insoweit die Zuordnung zur Kirche preis.

---

[19] S. § 15 Rn. 24 ff.

§ 14 Überblick über das Recht des „Dritten Weges"

I. Evangelische Kirche

1. Richtlinie der EKD

Der Rat der Evangelischen Kirche in Deutschland hat in einer Richtlinie vom 8. Oktober 1976 den Gliedkirchen empfohlen, die Arbeitsverhältnisse der Mitarbeiter im kirchlichen Dienst auf der Grundlage eines von ihm verabschiedeten Musterentwurfs eines Kirchengesetzes über das Verfahren zur Regelung der Arbeitsverhältnisse der Mitarbeiter im kirchlichen Dienst (Arbeitsrechts-Regelungsgesetz – ARRG) zu regeln:[1]

Für die Ordnung und Fortentwicklung der Arbeitsbedingungen der Arbeitnehmer soll eine *Arbeitsrechtliche Kommission* gebildet werden, die paritätisch aus Vertretern der Mitarbeiter im kirchlichen Dienst und Vertretern kirchlicher Körperschaften sowie anderer Träger kirchlicher und diakonischer Einrichtungen gebildet wird (§§ 2, 5 ARRG). Die Vertreter der Mitarbeiter werden durch die Vereinigungen, in denen eine Mindestzahl der Mitarbeiter organisiert ist, entsandt, wobei die Anzahl der Vertreter, die von den einzelnen Vereinigungen entsandt werden, sich nach dem zahlenmäßigen Verhältnis der im Zeitpunkt der Entsendung in diesen Vereinigungen zusammengeschlossenen kirchlichen Mitarbeiter richtet (§ 6 Abs. 1 ARRG). Lediglich die Hälfte der von den einzelnen Vereinigungen zu entsendenden Vertreter muß hauptberuflich im kirchlichen oder diakonischen Dienst tätig sein (§ 6 Abs. 2 ARRG). Die EKD-Richtlinie verlangt, daß Mitglied der Kommission und Stellvertreter nur sein kann, wer zu kirchlichen Ämtern wählbar ist (§ 5 Abs. 3 ARRG).

Kommt in der Arbeitsrechtlichen Kommission kein Beschluß zustande, so wird mit der Angelegenheit ein *Schlichtungsausschuß* befaßt, der ebenfalls paritätisch zusammengesetzt ist; er wird aus einem Vorsitzenden, auf den beide Seiten sich einigen bzw. der bei Nichteinigung vom Vorsitzenden des jeweils festgelegten Verwaltungsgerichts bestimmt wird, und aus Beisitzern gebildet, die von den beiden Seiten benannt werden (§ 12 Abs. 1–4 ARRG). Dieser Schlichtungsausschuß hat, je nachdem für welchen Vorschlag sich eine Gliedkirche entscheidet, entweder die Kompetenz zur Zwangsschlichtung, oder er legt den Vorschlag der Synode zur abschließenden Entscheidung vor (§ 12 Abs. 8 ARRG).

---

[1] Abgedruckt in ABl.EKD 1976 S. 398 ff.; vgl. auch Arbeitsrecht der Kirche (I): EKD befürwortet „Dritten Weg", in: Evangelischer Pressedienst Dokumentation Nr. 13/78; EKD (Hrsg.), Der Dritte Weg – Arbeitsrechtsregelung in der Evangelischen Kirche, 1978. Zur Entstehungsgeschichte des Dritten Weges *Grethlein* ZevKR 37 (1992), 1 ff.

2. Einführung des „Dritten Weges" durch die Landeskirchen

4   Die meisten Landeskirchen sind der Empfehlung der EKD gefolgt.[2] Vorreiter war die Evangelisch-Lutherische Kirche in Bayern mit dem Kirchengesetz über das Verfahren zur Regelung der Arbeitsverhältnisse der Mitarbeiter in ihrem Dienst und dem Dienst ihres Diakonischen Werkes vom 30. März 1977 (ARRG-Bayern, ABl.EKD S. 277).

5   Es folgten
- die Konföderation der evangelischen Kirchen in Niedersachsen (mit den Mitgliedskirchen Hannover, Braunschweig und Oldenburg) durch das Kirchengesetz der Konföderation der evangelischen Kirchen in Niedersachsen für die Rechtsstellung der Mitarbeiter (Gemeinsames Mitarbeitergesetz – MG) vom 14. März 1978 (ABl.EKD S. 153),
- die Evangelische Landeskirche in Baden mit dem kirchlichen Gesetz über die Verfahrensregelung der Arbeitsverhältnisse im Dienst der Evangelischen Landeskirche in Baden und im Bereich des Diakonischen Werkes der Evangelischen Landeskirche in Baden (ARRG-Baden) vom 5. April 1978 (ABl.EKD S. 365), Neufassung durch Gesetz vom 18. April 1985 (ABl.EKD S. 353),
- die Evangelische Kirche in Kurhessen-Waldeck durch Kirchengesetz über das Verfahren zur Regelung der Arbeitsverhältnisse der Mitarbeiter im kirchlichen und diakonischen Dienst der Evangelischen Kirche von Kurhessen-Waldeck (ARRG-KHW) vom 25. April 1979 (ABl.EKD S. 471),
- die Evangelische Kirche des Rheinlands, die Westfälische Kirche und die Lippische Landeskirche mit der Bildung einer gemeinsamen Arbeitsrechtlichen Kommission durch Kirchengesetz der Evangelischen Kirche im Rheinland über das Verfahren zur Regelung der Arbeitsverhältnisse der Mitarbeiter im kirchlichen Dienst (ARRG-Rheinland) vom 19. Januar 1979 (ABl.EKD S. 107), Kirchengesetz der Evangelischen Kirche von Westfalen über das Verfahren zur Regelung der Mitarbeiter im kirchlichen Dienst (ARRG-Westfalen) vom 25. Oktober 1979 (KABl. S. 230) und Kirchengesetz der Lippischen Landeskirche über das Verfahren zur Regelung der Arbeitsverhältnisse der Mitarbeiter im kirchlichen Dienst (ARRG-Lippe) vom 11. September 1979 (KABl. Bd. 7 S. 19),
- die Evangelische Kirche in Hessen und Nassau durch Kirchengesetz der Evangelischen Kirche in Hessen und Nassau über das Verfahren zur Regelung der Arbeitsverhältnisse im kirchlichen Dienst (ARRG-Hessen und Nassau) vom 29. November 1979 (ABl.EKD 1980 S. 98),
- die Evangelische Landeskirche in Württemberg durch Kirchengesetz über das Verfahren zur Regelung der Arbeitsverhältnisse der privatrechtlich angestellten Mitarbeiter im kirchlichen Dienst (ARRG-Württemberg) vom 27. Juni 1980 (ABl.EKD S. 440),

---

[2] Vgl. *Grethlein/Spengler* BB Beil. 10/1980, 4 ff. mit ausführlicher Darstellung des Arbeitsrechtsregelungsgesetzes der Evangelisch-Lutherischen Kirche in Bayern vom 30. 3. 1977 (ABl.EKD S. 277); weiterhin *Briza*, „Tarifvertrag" und „Dritter Weg", S. 208 ff.; *Weinmann*, Tarifverträge für kirchliche Mitarbeiter?, S. 41 ff.

Überblick über das Recht des „Dritten Weges" § 14

- die Bremische Evangelische Landeskirche durch Kirchengesetz über das Verfahren zur Regelung der Arbeitsverhältnisse der Mitarbeiter im Kirchlichen Dienst der Bremischen Evangelischen Kirche (ARRG Bremen) vom 22. März 1984 (ABl.EKD S. 411).

Für den Bereich der Dienststellen der EKD und der Hauptgeschäftsstelle 6 ihres Diakonischen Werkes erging das Arbeitsrechtsregelungsgesetz der Evangelischen Kirche in Deutschland (ARRG-EKD) vom 10. November 1988 (ABl.EKD S. 366). Nach der Wiedervereinigung wurde das Regelungsverfahren des „Dritten Weges" in den neuen Bundesländern übernommen:
- Arbeitsrechtsregelungsordnung der Evangelischen Kirche der Union vom 3. Dezember 1991 (ABl.EKD 1992 S. 20) mit unmittelbarer Geltung für die EKU (§ 15 Abs. 1) sowie Inkraftsetzung für die Evangelische Landeskirche Anhalts, die Evangelische Kirche des Görlitzer Kirchengebietes, die Evangelische Kirche der Kirchenprovinz Sachsen und die Pommersche Evangelische Kirche durch Beschluß vom 5. Februar 1992 (ABl.EKD S. 105),
- Kirchengesetz über das Verfahren zur Regelung der Arbeitsverhältnisse der Mitarbeiter im Dienst der Evangelisch-Lutherischen Landeskirche Mecklenburgs – Arbeitsrechtsregelungsgesetz vom 17. März 1991 (ABl.EKD S. 259),
- Kirchengesetz über die Regelung der privatrechtlichen Dienstverhältnisse der Mitarbeiter der Evangelischen-Lutherischen Landeskirche Sachsens (landeskirchliches Mitarbeitergesetz – LMG) vom 26. März 1991 (ABl.-EKD S. 252),
- Kirchengesetz über die Regelung der privatrechtlichen Dienstverhältnisse der Mitarbeiter in der evangelischen lutherischen Kirche in Thüringen – Arbeitsrechtsregelungsgesetz vom 11. November 1991 (KABl. 1992 S. 17).

3. Einzeldarstellung[3]

a) Aufgabe und Funktion der Arbeitsrechtlichen Kommission

Kernstück des Verfahrenskonzepts des Dritten Weges ist die Arbeitsrechtli- 7 che Kommission. Sie ist ein durch Kirchengesetz geschaffenes Gremium, das paritätisch mit Vertretern der Dienstgeber und Mitarbeiter besetzt ist. Ihre Aufgabe besteht darin, Normen zu schaffen, die Abschluß, Inhalt und Beendigung des Einzelarbeitsverhältnisses regeln. Ihr ist damit eine Zuständigkeit zugewiesen, die sonst durch den Abschluß von Tarifverträgen wahrgenommen wird.

b) Personale Mitgliedsvoraussetzungen

Die Richtlinie, nach der Mitglied der Kommission und Stellvertreter nur sein 8 kann, wer zu kirchlichen Ämtern wählbar ist, wird teilweise dahingehend konkretisiert, daß die Zugehörigkeit zu einer evangelischen Kirche genügt (§ 5 Abs. 3 ARRG-Kurhessen-Waldeck). Überwiegend wird verlangt, daß

---
[3] Vgl. zum folgenden auch *Briza*, „Tarifvertrag" und „Dritter Weg", S. 211 ff.

jemand zu kirchlichen Ämtern der betreffenden Landeskirche wählbar ist (§ 5 Abs. 3 ARRG-Bayern, § 7 Abs. 3 lit a ARRG-Württemberg; ähnlich, wenn es heißt, daß Mitglied der Kommission oder Stellvertreter nur sein kann, „wer zu kirchlichen Ämtern in einer der beteiligten Kirchen wählbar ist", § 13 Abs. 2 MG-Niedersachsen). In der Evangelischen Landeskirche in Baden muß nur „in der Regel" die Wählbarkeit zu kirchlichen Ämtern der Evangelischen Landeskirche in Baden gegeben sein (§ 6 Abs. 3 ARRG-Baden). Die Evangelische Kirche im Rheinland fordert die „Befähigung zum Amt eines Presbyters in der Evangelischen Kirche im Rheinland oder in der Evangelischen Kirche von Westfalen oder eines Kirchenältesten in der Lippischen Kirche oder zu entsprechenden Ämtern in einer der Vereinigung der evangelischen Freikirchen angehörenden Freikirche" (§ 5 Abs. 3 ARRG-Rheinland). Die Evangelische Kirche in Hessen und Nassau läßt genügen, daß jemand „zu kirchlichen Ämtern der Evangelischen Kirche in Hessen und Nassau oder zu Ämtern einer der in der Arbeitsgemeinschaft christlicher Kirchen zusammengeschlossenen Religionsgemeinschaften wählbar ist" (§ 6 Abs. 3 ARRG-Hessen und Nassau). Da zur Arbeitsgemeinschaft christlicher Kirchen auch die katholische Kirche gehört, trägt sie mit dieser Regelung einem ökumenischen Aspekt Rechnung.

9 Teilweise wird entgegen der EKD-Richtlinie verlangt, daß Mitglied der Kommission und Stellvertreter nur sein kann, wer „haupt- oder nebenberuflich im kirchlichen oder diakonischen Dienst steht" (§ 6 Abs. 3 ARRG-Hessen und Nassau). Da Nebenberuflichkeit genügt, wird nicht ausgeschlossen, daß es sich bei den entsandten Mitgliedern um hauptberufliche Funktionäre einer Mitarbeitervereinigung handelt. Weiter geht deshalb die Landeskirche in Bayern, wenn sie verlangt, daß mindestens zwei Drittel der von jeder Vereinigung zu entsendenden Vertreter mindestens seit drei Jahren hauptberuflich im kirchlichen oder diakonischen Dienst tätig sein müssen (§ 6 Abs. 2 ARRG-Bayern). Den evangelischen Kirchen in Niedersachsen genügt dagegen, daß die Vertreter der Mitarbeiter im kirchlichen Dienst stehen oder gestanden haben müssen (§ 13 Abs. 2 MG-Niedersachsen). Die Evangelische Kirche von Kurhessen-Waldeck fordert, daß die von einer Mitarbeitervereinigung entsandten Mitglieder seit mindestens drei Jahren im kirchlichen und diakonischen Dienst, davon seit mindestens einem Jahr im Bereich der Landeskirche oder des Diakonischen Werkes in Kurhessen-Waldeck stehen; lediglich für Mitglieder der Landessynode gelten diese Voraussetzungen nicht (§ 5 Abs. 4 ARRG-Kurhessen-Waldeck).

c) Besetzungsverfahren

10 Für die Frage, welche Rechtsqualität die Beschlüsse der Arbeitsrechtlichen Kommission haben, ist von entscheidender Bedeutung, durch wen und wie die einzelnen Kommissionsmitglieder bestimmt werden. Die EKD hat in ihrer Richtlinie empfohlen, daß die Vertreter der Mitarbeiter in der Arbeitsrechtlichen Kommission von den Mitarbeitervereinigungen entsandt werden (§ 6 Abs. 1 ARRG). Die Gewerkschaften der kirchlichen Mitarbeiter sind in diesem Fall unmittelbar an der Besetzung der Gremien des „Dritten Weges" be-

teiligt. Das Arbeitsrechtsregelungssystem ist also dadurch gekennzeichnet, daß die Koalitionen der Mitarbeiter Befugnisse innerhalb des kirchengesetzlich gestalteten Mitbestimmungsstatuts erhalten. Dadurch wird die Koalitionsfreiheit über den verfassungsrechtlich gewährleisteten Schutz der Koalitionsbetätigung hinaus ausgestaltet.[4] Die Auswahl der Vertreter der Mitarbeiter durch Entsendung nach dem Verbandsgrundsatz hat allerdings zur Folge, daß Arbeitnehmer, die keiner entsendungsberechtigten Mitarbeitervereinigung angehören, nicht beteiligt werden. Da das Arbeitsrechtsregelungssystem aber auch für sie gelten soll, fehlt insoweit die *Legitimation* der Vertreter der Mitarbeiter in der Arbeitsrechtlichen Kommission.[5] Die Privilegierung der Koalitionsmitgliedschaft widerspricht dem Grundsatz, daß das Arbeitsrechtsregelungssystem vom besonderen Leitbild einer kirchlichen Dienstgemeinschaft *aller* Mitarbeiter getragen sein soll.

Wegen dieser Bedenken hat die Evangelische Landeskirche in Württemberg sich für die *Mitarbeitervertretungslösung* entschieden: Die Vertreter der Mitarbeiter werden von den Mitgliedern der Landeskirchlichen Mitarbeitervertretung und ihren Stellvertretern bzw. von der Arbeitsgemeinschaft der Mitarbeitervertretungen im Diakonischen Werk Württemberg aus dem Kreis der wählbaren Mitarbeiter gewählt (§ 8 Abs. 1 und 2 ARRG-Württemberg). Der Koalitionsfreiheit wird hier dadurch Rechnung getragen, daß Vereinigungen von Mitarbeitern, denen mindestens dreihundert Mitglieder aus dem kirchlichen und diakonischen Dienst im Bereich der Landeskirche angehören, den Wahlgremien Kandidaten vorschlagen können (§ 8 Abs. 5 ARRG-Württemberg). Ein Mischkonzept hat die Evangelische Kirche in Baden gewählt: Sie läßt auf die Mitarbeitervereinigungen nur die Hälfte der zu entsendenden Mitarbeitervertreter entfallen, während die andere Hälfte von der Gesamtvertretung nach dem Mitarbeitervertretungsgesetz entsandt wird (§ 7 Abs. 1 und 3 ARRG-Baden).

d) Letztentscheidungsrecht

Verschieden ist in den Landeskirchen geregelt, ob der Schlichtungsausschuß eine *Kompetenz zur Zwangsschlichtung* hat oder das *Letztentscheidungsrecht bei der Synode* liegt. Überwiegend geht die Tendenz dahin, die Vorlage an die Synode nicht zuzulassen, so daß der Schlichtungsausschuß bzw. die Schlichtungskommission verbindlich entscheidet (vgl. § 13 ARRG-Bayern, § 14 ARRG-Hessen und Nassau, § 24 MG-Niedersachsen, § 16 ARRG-Rheinland, § 19 ARRG-Württemberg; – für die Möglichkeit eines Letztentscheidungsrechts der Synode: § 14 ARRG-Baden, § 14 ARRG-Kurhessen-Waldeck, des Kirchentags: § 18 ARRG-Bremen). Soweit die Landeskirchen die verbindliche Entscheidung durch den Schlichtungsausschuß festgelegt haben, ist das Arbeitsrechtsregelungsverfahren paritätisch gestaltet. Aber auch ein Letztentscheidungsrecht der Synode ist nicht dem Fall gleichzustellen, daß die Kirchenleitung abschließend entscheidet. Die Synode ist zwar

---

[4] S. § 10 Rn. 31 ff.
[5] Ebenso *Janssen*, Streikrecht, S. 21; vgl. auch *Pirson* RdA 1979, 65 (71); *Schlaich* JZ 1980, 209 (210); *Dütz* EssG 18 (1984), 67 (87).

ebenfalls ein kirchenleitendes Organ; sie ist aber das Organ, das kirchenrechtlich die Gesetzgebungskompetenz hat. Sofern sie lediglich zu dem Zweck eingeschaltet wird, die sachgerechte Erfüllung notwendiger kirchlicher Aufgaben zu gewährleisten, liegt darin keine Paritätsstörung.[6]

4. Arbeitsrechtsregelungsverfahren im Bereich der Diakonie

13 Die von den Landeskirchen erlassenen Arbeitsrechts-Regelungsgesetze beziehen die landeskirchlichen Diakonischen Werke in ihren Geltungsbereich ein. Da sie nicht zur verfaßten Kirche gehören, verlangt die Richtlinie der EKD, daß für den Bereich des landeskirchlichen Diakonischen Werkes das zuständige Organ die Übernahme beschlossen hat (§ 4). Die Arbeitsrechts-Regelungsgesetze folgen im allgemeinen diesem Vorschlag (§ 4 ARRG-Bayern, § 4 ARRG-Kurhessen-Waldeck, § 2 Abs. 2 MG-Niedersachsen, § 2 Abs. 2 ARRG-Hessen und Nassau, § 3 ARRG-Württemberg). Eine Ausnahme bildet die Evangelische Landeskirche in Baden, die durch § 5 ARRG-Baden die unmittelbare Geltung ihres Gesetzes für den Bereich der Diakonie angeordnet hat.

14 In den meisten Landeskirchen sind daher gemeinsame Arbeitsrechtliche Kommissionen für Kirche und Diakonie gebildet worden. Außerdem hat das Diakonische Werk der Evangelischen Kirche in Deutschland durch seine Satzung sichergestellt, daß das Arbeitsrechtsregelungssystem des „Dritten Weges" in seinem Bereich Anwendung findet. Diesem Zweck dient eine Arbeitsrechtliche Kommission, die für die dem Diakonischen Werk der EKD angeschlossenen Einrichtungen zuständig ist, soweit nicht die jeweilige Landeskirche verbindliche Regelungen erlassen hat.[7] Aufgaben und Organisation regelt die von der Diakonischen Konferenz verabschiedete Ordnung für die Arbeitsrechtliche Kommission des Diakonischen Werkes der EKD vom 14. Oktober 1992. Von ihr nicht erfaßt ist die Hauptgeschäftsstelle des Diakonischen Werkes der EKD. Für sie gilt das Arbeitsrechtsregelungsgesetz der EKD vom 10. November 1988 (ABl.EKD S. 366).

II. Katholische Kirche

1. Rechtsgrundlagen

a) Grundordnung

15 Die Grundordnung, die auf kirchengesetzlicher Grundlage allgemeines Recht für den Gesamtbereich der katholischen Kirche in der Bundesrepublik Deutschland ist,[8] bestimmt in Art. 7 Abs. 2, daß wegen der Einheit des

---

[6] S. § 15 Rn. 24 ff.
[7] Vgl. *Winter/Adamek* ZevKR 33 (1988), 441 ff.; *Jürgens*, Regelungen des Dritten Weges im Bereich der kirchlichen Wohlfahrtspflege (Diakonie), S. 129 ff.
[8] S. § 4 Rn. 31 ff.

kirchlichen Dienstes und der Dienstgemeinschaft als Strukturprinzip des kirchlichen Arbeitsrechts kirchliche Dienstgeber keine Tarifverträge mit Gewerkschaften abschließen und daß Streik und Aussperrung ebenfalls ausscheiden. An die Stelle des Tarifvertragssystems mit arbeitskampfrechtlicher Konfliktlösung tritt daher die Mitarbeiterbeteiligung nach dem Modell des „Dritten Weges". Art. 7 Abs. 1 GrOkathK enthält die Grundsatzgewährleistung für die Einrichtung und Kompetenz paritätisch besetzter Kommissionen zur Ordnung des Arbeitsvertragsrechtes (KODA).

b) KODA-Ordnungen

Die Entscheidung für eine Mitarbeiterbeteiligung nach dem Modell des „Dritten Weges" hatte die Deutsche Bischofskonferenz bereits am 5. Dezember 1977 getroffen. Die Vollversammlung des Verbandes der Diözesen Deutschlands beschloß zu diesem Zweck für den diözesanen Bereich als Musterordnung eine „Ordnung zur Mitwirkung bei der Gestaltung des Arbeitsvertragsrechts durch eine Kommission für den diözesanen Bereich (Bistums-KODA oder Regional-KODA)", und sie verabschiedete mit ihr zugleich eine „Ordnung zur Mitwirkung bei der Gestaltung des Arbeitsvertragsrechtes durch eine Kommission für den überdiözesanen Bereich (Zentral-KODA)".[9] Diese beiden KODA-Ordnungen, die auf Grund eines Beschlusses der Bischofskonferenz vom 30. Juni 1986 novelliert wurden, bildeten seitdem die Rechtsgrundlage.[10] Auf ihrer Vollversammlung am 15. Juni 1998 haben die Bischöfe die Ordnung für die Zentrale Kommission zur Ordnung des Arbeitsvertragsrechts im kirchlichen Dienst (Zentral-KODA-Ordnung) neu gestaltet und die Rahmenordnung für die Kommission zur Ordnung des diözesanen Arbeitsvertragsrechtes (Bistums/Regional-KODA-Ordnung) angepaßt.[11] Die Zentral-KODA-Ordnung ist mit Wirkung vom 1. Januar 1999 unter Aufhebung der bisher geltenden Ordnung in Kraft gesetzt worden;[12] die

16

---

[9] Abgedruckt in: Sekretariat der Deutschen Bischofskonferenz (Hrsg.), Arbeitshilfen 16: Arbeitsvertragsrecht in der Kirche (1. Mai 1980); s. dazu *Jurina*, Dienst- und Arbeitsrecht, S. 86ff.; *Richardi*, FS 25 Jahre BAG, S. 429 (443f.); *Kuper* RdA 1979, 93ff.; *Pahlke*, Kirche und Koalitionsrecht, S. 29ff.; *Briza*, „Tarifvertrag" und „Dritter Weg", S. 200ff.; *Eder*, Tarifpartnerin Katholische Kirche?, S. 21ff., zur kirchenrechtlichen Bewertung des Dritten Weges S. 34ff.; zur Entstehung des KODA-Systems *Jurina*, FS Listl, S. 519ff.

[10] Vgl. den Fundstellennachweis in: Arbeitshilfen 16: Arbeitsvertragsrecht in der Kirche (Fn. 9), S. 30. Die KODA-Regelung galt demnach lediglich nicht in den Diözesen Fulda und Trier. Zwischenzeitlich ist sie auch dort eingeführt worden; vgl. für die Diözese Fulda Bistums-KODA-Ordnung vom 14. 10. 1988 (ABl. Nr. 168), für das Bistum Trier Bistums-KODA-Ordnung vom 15. 9. 1989 (ABl. S. 159).

[11] Vgl. *Richardi* NZA 1998, 1305ff.; *Jurina*, FS Listl, S. 519 (532ff.).

[12] Bistum Aachen: KAnz. 1998 S. 200; Bistum Augsburg: ABl. 1999 S. 33; Erzbistum Bamberg: ABl. 1999 S. 3; Erzbistum Berlin: ABl. 1999 S. 24; Bistum Dresden-Meißen: KABl. 1998 S. 154; Bistum Eichstätt: Patoralblatt 1999 S. 47; Bistum Erfurt: ABl. 1999 S. 6; Bistum Essen: KABl. 1998 S. 114; Erzbistum Freiburg: ABl. 1999 S. 25; Bistum Fulda: KABl. 1999 S. 1; Bistum Görlitz: ABl. 1993 Nr. 112; Erzbistum Hamburg: ABl. 1999 S. 58; Bistum Hildesheim: KAnz. 1999 S. 19; Erzbistum Köln: ABl. 1998 S. 325; Bistum Limburg: ABl. 1998 S. 209; Bistum Magdeburg: AMitt. 1999 S. 1; Bis-

§ 14   Viertes Kapitel. Arbeitsrechts-Regelungsrecht der Kirchen

KODA-Ordnungen sind der novellierten Rahmenordnung für eine Bistums/Regional-KODA-Ordnung angepaßt worden.[13]

17 Das KODA-Recht ist seit dem 1. Januar 1999 zweistufig gestaltet.[14] Es regelt das Zustandekommen von Rechtsnormen über Inhalt, Abschluß und Beendigung von Arbeitsverhältnissen mit Rechtsträgern im Geltungsbereich der Grundordnung (vgl. Art. 2 GrOkathK).[15] Für die Beschlußfassung primär zuständig ist die für jedes Bistum oder mehrere Bistümer gebildete „Kommission zur Ordnung des Diözesanen Arbeitsvertragsrechtes" (Bistums/Regional-KODA) bzw. für den Bereich der Caritas die Arbeitsrechtliche Kommission des Deutschen Caritasverbandes. Daneben besteht die „Zentrale Kommission zur Ordnung des Arbeitsvertragsrechtes im kirchlichen Dienst" (Zentral-KODA), um zur Sicherung der Einheit und Glaubwürdigkeit des kirchlichen Dienstes in allen Diözesen und für alle der Kirche zugeordneten Einrichtungen in einem eng begrenzten Zuständigkeitsbereich einheitlich arbeitsvertragliche Regelungen zu erreichen.[16]

2. Diözesaner Bereich

a) Einrichtung und Aufgabe einer „Kommission zur Ordnung des Diözesanen Arbeitsvertragsrechtes" (Bistums/Regional-KODA)

18 Nach der von den Bischöfen durch Kirchengesetz erlassenen Bistums/Regional-KODA-Ordnung besteht entweder für das Bistum eine eigene „Kommission zur Ordnung des Diözesanen Arbeitsvertragsrechtes" (Bistums-KODA), oder es ist durch entsprechend übereinstimmende Kirchengesetze eine Kom-

---

tum Mainz: KABl. 1999 S. 17; Erzbistum München und Freising: ABl. 1998 S. 382, 1999 S. 111; Bistum Münster: KABl. 1999 S. 9; Bistum Osnabrück: KABl. 1999 S. 133; Erzbistum Paderborn: KABl. 1998 S. 115; Bistum Passau: ABl. 1998 S. 68; Bistum Regensburg: ABl. 1999 S. 1; Bistum Rottenburg-Stuttgart: KABl. 1998 S. 313; Bistum Speyer: OVB 1998 S. 342; Bistum Trier: KABl. 1999 S. 40; Bistum Würzburg: Diözesanblatt 1999 S. 56.

[13] Bistum Aachen: KAnz. 1997 S. 171, 1998 S. 199; Bistum Augsburg: ABl. 1992 S. 212, 1999 S. 43; Erzbistum Bamberg: ABl. 1997 S. 150, 1999 S. 15, 102; Erzbistum Berlin: ABl. 1999 S. 28; Bistum Dresden-Meißen: KABl. 1999 S. 66; Bistum Eichstätt: Pastoralblatt 1997 S. 133, 1999 S. 113; Bistum Erfurt: ABl. 1999 S. 16; Bistum Essen: KABl. 1997 S. 93, 1998 S. 118; Erzbistum Freiburg: ABl. 1999 S. 19; Bistum Görlitz: ABl. 1999 Nr. 26; Erzbistum Hamburg: ABl. 1999 S. 52; Bistum Hildesheim: KAnz. 1999 S. 1; Erzbistum Köln: ABl. 1997 S. 194, 1998 S. 325; Bistum Limburg: ABl. 1998 S. 219; Bistum Magdeburg: AMitt. 1999 S. 21; Bistum Mainz: KABl. 1998 S. 59, 1999 S. 21; Erzbistum München und Freising: ABl. 1997 S. 175, 1998 S. 392, 1999 S. 138; Bistum Münster: KABl. 1997 S. 167, 1999 S. 8; Bistum Osnabrück: KABl. 1999 S. 137; Erzbistum Paderborn: KABl. 1997 S. 103, 1998 S. 114; Bistum Passau: ABl. 1997 S. 14, 1998 S. 72, 1999 S. 23; Bistum Regensburg: ABl. 1997 S. 107, 1999 S. 5; Bistum Rottenburg-Stuttgart: KABl. 1998 S. 307; Bistum Speyer: OVB 1998 S. 351; Bistum Trier: KABl. 1989 S. 159, 1999 S. 44; Bistum Würzburg: Diözesanblatt 1997 S. 201, 1999 S. 64.

[14] Vgl. *Richardi* NZA 1998, 1305 ff.
[15] S. zum Geltungsbereich § 4 Rn. 37 ff.
[16] S. Rn. 29 f.

mission für mehrere Bistümer geschaffen, eine sog. Regional-KODA.[17] Eine derartige Regional-KODA haben für die Bistümer in Nordrhein-Westfalen die Erzbischöfe von Köln und Paderborn, die Bischöfe von Aachen und Essen sowie für den nordrhein-westfälischen Teil seiner Diözese der Bischof von Münster gebildet. Für die Diözese Osnabrück und den niedersächsischen Teil der Diözese Münster besteht die Regional-KODA Osnabrück/Vechta. Für die im Freistaat Bayern gelegenen Bistümer gibt es die Bayerische Regional-KODA und für die (Erz-)Bistümer Berlin, Dresden-Meißen, Erfurt, Görlitz, Hamburg und Magdeburg die Regional-KODA Nord-Ost.

Aufgabe der Bistums/Regional-KODA ist die Beschlußfassung über Rechtsnormen, die Inhalt, Abschluß und Beendigung von Arbeitsverhältnissen regeln, solange und soweit die Zentral-KODA von ihrer Beschlußkompetenz keinen Gebrauch gemacht hat oder macht (§ 3 Bistums/Regional-KODA-Ordnung). Der Zuständigkeitsbereich bezieht sich auf die folgenden Anstellungsträger: die Diözese, die Kirchengemeinden und Kirchenstiftungen, die Verbände von Kirchengemeinden und die sonstigen öffentlichen juristischen Personen des kanonischen Rechts (§ 1 Abs. 1) sowie alle sonstigen kirchlichen Rechtsträger, die ohne Rücksicht auf ihre Rechtsform unter die Grundordnung fallen, wenn nicht der Diözesanbischof für diese Rechtsträger eine eigene Ordnung erlassen hat (§ 1 Abs. 2). Soweit kirchliche Anstellungsträger die Arbeitsvertragsrichtlinien des Deutschen Caritasverbandes (AVR) anwenden, bleiben sie von der Zuständigkeit der Kommission ausgenommen (§ 1 Abs. 3), weil in diesem Fall die „Arbeitsrechtliche Kommission des Deutschen Caritasverbandes" zuständig ist.

b) Zusammensetzung der Bistums/Regional-KODA

Der KODA gehören als Mitglieder eine gleiche Anzahl von Vertretern der Dienstgeber und der Mitarbeiter an (§ 4 Bistums/Regional-KODA-Ordnung). Die Vertreter der Mitarbeiter werden aus den verschiedenen Gruppen des kirchlichen Dienstes von den Mitarbeitern gewählt (§ 5 Abs. 2). Die katholische Kirche folgt für die Bestimmung der Vertreter der Mitarbeiter in der Kommission also nicht dem Verbandsgrundsatz, sondern sie hat sich für eine Ordnung entschieden, die auf dem Grundsatz der demokratisch legitimierten Repräsentation beruht. Nur für die Bistümer in Nordrhein-Westfalen besteht insoweit eine Ausnahme, als für die Regional-KODA NRW der Zentralverband katholischer Kirchenangestellter Deutschlands e. V. (ZKD) das Recht hat, Vertreter der Mitarbeiter in die Arbeitsrechtliche Kommission zu entsenden.[18] Wenn man von diesem Fall absieht, sind die kirchlichen Mitarbeiterverbände und die Gewerkschaften nicht unmittelbar an der Besetzung der Kommission beteiligt, sondern ihr Einfluß wird durch die hier vorgesehene Wahl mediatisiert.

Für die Wählbarkeit ist die Zugehörigkeit zur katholischen Kirche erforderlich (s. zur Wählbarkeit § 5 Abs. 3 Bistums/Regional-KODA-Ordnung).

---

[17] Fundstellen in Fn. 13.
[18] Vgl. *Bietmann*, Betriebliche Mitbestimmung im kirchlichen Dienst, 1982, S. 153, 229; *Dütz* EssG 18 (1984), 67, 89 f.

Für die Wahlberechtigung ist sie hingegen keine Voraussetzung (s. § 5 Abs. 5 Bistums/Regional-KODA-Ordnung).

c) Rechtsstellung der Vertreter der Mitarbeiter

22 Die Bistums/Regional-KODA-Ordnung enthält Bestimmungen über die Rechtsstellung der Kommissionsmitglieder. Sie führen ihr Amt unentgeltlich als Ehrenamt (§ 8 Abs. 1). Die Mitglieder der Kommission, die im kirchlichen Dienst stehen, sind zur ordnungsgemäßen Durchführung ihrer Aufgaben im notwendigen Umfang von der dienstlichen Tätigkeit freizustellen (§ 9), und sie erhalten innerhalb der Amtsperiode, die vier Jahre beträgt (§ 2 Abs. 2), bis zu zwei Wochen Arbeitsbefreiung unter Fortzahlung der Vergütung für den Besuch von Schulungsveranstaltungen, die die für die Arbeit in der Kommission erforderlichen Kenntnisse vermitteln (§ 10). Außerdem haben die Vertreter der Mitarbeiter in der Kommission einen besonderen Kündigungsschutz, der in Anlehnung an § 19 der Rahmenordnung für eine Mitarbeitervertretungsordnung gestaltet ist (§ 11).

d) Verfahren und Durchführung der Beschlüsse der Kommission

23 Die Kommission tritt bei Bedarf zusammen (§ 13 Bistums/Regional-KODA-Ordnung). Die Kommission faßt Beschlüsse mindestens mit Dreiviertel-Mehrheit der Gesamtzahl ihrer Mitglieder (§ 13 Abs. 8). Erhält ein Antrag in der Kommission nicht die für einen Beschluß erforderliche Mehrheit, so wird unter bestimmten, näher umgrenzten Voraussetzungen der Vermittlungsausschuß beteiligt (§ 15). Dieser setzt sich aus dem Vorsitzenden und vier Beisitzern zusammen, von denen zwei der Dienstgeberseite und zwei der Mitarbeiterseite angehören. Der Vorsitzende und sein Stellvertreter werden von der Kommission gewählt (§ 17). Sie müssen der katholischen Kirche angehören und sollen über Kenntnisse und Erfahrungen im Arbeitsrecht verfügen; sie dürfen nicht in der Ausübung der allen Kirchenmitgliedern zustehenden Rechte behindert sein und müssen die Gewähr dafür bieten, daß sie jederzeit für das kirchliche Gemeinwohl eintreten (§ 16). Das Vermittlungsverfahren wird mit einem Vermittlungsvorschlag abgeschlossen, den der Vermittlungsausschuß der Kommission vorlegt (§ 19). Stimmt die Kommission dem Vermittlungsvorschlag nicht mit der erforderlichen Mehrheit zu, so kann sie den Vermittlungsausschuß in erweiterter Besetzung anrufen (§ 20); in der erweiterten Besetzung treten den Mitgliedern des Vermittlungsausschusses zwei weitere Beisitzer hinzu, die der Kommission nicht angehören dürfen (§ 15 Abs. 3).

24 Beschlüsse der Kommission bedürfen der bischöflichen Inkraftsetzung (§ 14 Bistums/Regional-KODA-Ordnung). Gesichert ist also stets das Letztentscheidungsrecht des Bischofs, der bei der Erfüllung seiner Hirtenaufgabe kirchlicherseits nicht in seiner Kompetenz beschränkt werden kann.[19]

---

[19] Vgl. Dekret über die Hirtenaufgabe der Bischöfe in der Kirche „Christus Dominus", in: Lexikon für Theologie und Kirche, 2. Aufl., Das Zweite Vatikanische Konzil, Bd. II S. 127 ff.; s. zur Letztentscheidungsbefugnis des Diözesanbischofs in der KODA-Regelung aus kirchenrechtlicher Sicht *Eder*, Tarifpartnerin Katholische Kirche?, S. 78 ff.

3. Arbeitsrechtsregelungsverfahren im Bereich des Deutschen Caritasverbandes

a) Diözesanes Arbeitsvertragsrecht

Die Bistums-KODA bzw. Regional-KODA ist nicht nur für die Gliederungen der verfaßten Kirche zuständig, sondern auch für die ihr zugeordneten, rechtlich selbständig geführten Einrichtungen, also insbesondere auch für die Dienststellen und Einrichtungen des Caritasverbandes (§ 1 Abs. 1 Nr. 4 und Abs. 2 Bistums/Regional-KODA-Ordnung). Nur soweit kirchliche Anstellungsträger die Arbeitsvertragsrichtlinien des Deutschen Caritasverbandes (AVR) anwenden, bleiben sie von der Zuständigkeit der Kommission ausgenommen (§ 1 Abs. 3).

b) Arbeitsvertragsrichtlinien des Deutschen Caritasverbandes (AVR)

Für das Arbeitsrechtsregelungsverfahren im Bereich des Deutschen Caritasverbandes besteht auf der Grundlage kirchengesetzlicher Anerkennung die Arbeitsrechtliche Kommission des Deutschen Caritasverbandes. Für das Verfahren und ihre Beschlüsse gilt die „Ordnung der Arbeitsrechtlichen Kommission des Deutschen Caritasverbandes" vom 10. Mai 1995. Nach ihr ist Aufgabe der Arbeitsrechtlichen Kommission die Beschlußfassung von Rechtsnormen über Inhalt, Abschluß und Beendigung von Dienstverhältnissen im Bereich des Deutschen Caritasverbandes, solange und soweit die Zentral-KODA von ihrer Beschlußkompetenz keinen Gebrauch gemacht hat oder macht (§ 1 Abs. 3).

Die Kommission besteht aus 28 Vertretern der Dienstgeber und 28 Vertretern der Mitarbeiter sowie aus dem Vorsitzenden und dem Geschäftsführer (§ 2). Sie faßt ihre Beschlüsse mit einer Dreiviertel-Mehrheit ihrer Mitglieder, wobei der Vorsitzende und der Geschäftsführer nicht stimmberechtigt sind (§ 12 Abs. 1 i. V. mit § 3 Abs. 4).

Die Beschlüsse der Arbeitsrechtlichen Kommission bedürfen zu ihrer Wirksamkeit der Inkraftsetzung durch die Diözesanbischöfe (vgl. § 15 der Ordnung der Arbeitsrechtlichen Kommission). Bei der Inkraftsetzung wirkt die Arbeitsgemeinschaft der Bistümer in der Bundesrepublik Deutschland für die Arbeitsrechtliche Kommission des deutschen Caritasverbandes mit. Die Vollversammlung des Verbandes der Diözesen Deutschlands hat am 25. November 1996 die „Richtlinien für die Inkraftsetzung der Beschlüsse der Arbeitsrechtlichen Kommission des Deutschen Caritasverbandes durch die Diözesanbischöfe in der Bundesrepublik Deutschland" neugefaßt; sie sind mit Wirkung vom 1. Januar 1997 in Kraft. Wenn ein Beschluß der Arbeitsrechtlichen Kommission unter Beachtung der in den Richtlinien getroffenen Verfahrensregelung die Zustimmung der Arbeitsgemeinschaft erhalten hat, so wird er von den Diözesanbischöfen durch Veröffentlichung in den diözesanen Amtsblättern in Kraft gesetzt. Sieht sich ein Bischof dazu nicht in der Lage, so gilt der Beschluß in dem entsprechenden Bistum nicht.

4. Überdiözesaner Bereich

29 Nach der von der Deutschen Bischofskonferenz am 15. Juni 1998 novellierten Zentral-KODA-Ordnung besteht die „Zentrale Kommission zur Ordnung des Arbeitsvertragsrechtes im kirchlichen Dienst" (Zentral-KODA), um zur Sicherung der Einheit und Glaubwürdigkeit des kirchlichen Dienstes in allen Diözesen und für alle der Kirche zugeordneten Einrichtungen einheitliche arbeitsvertragliche Regelungen zu erreichen. Da insoweit kein Unterschied zwischen der verfaßten Kirche und der Caritas sachlich gerechtfertigt ist, kennt die Zentral-KODA-Ordnung nicht mehr die Aufteilung der Kommission in eine Abteilung A und eine Abteilung B.[20] Die Zentral-KODA ist vielmehr ausschließlich als Gremium konzipiert, das zur Sicherung der Einheit und Glaubwürdigkeit des kirchlichen Dienstes in allen Diözesen und für alle der Kirche zugeordneten Einrichtungen im Funktionsbereich der Tarifautonomie gebildet wird. Damit ist mittelbar klargestellt, daß die Arbeitsrechtliche Kommission des Deutschen Caritasverbandes, die bisher als Abteilung B erfaßt war, die auf gleicher Ebene angesiedelte Befugnis für den Erlaß von Rechtsnormen hat wie eine Bistums/Regional-KODA, soweit sie zuständig ist.[21]

30 Neben der schon nach bisherigem Recht bestehenden Befugnis, Empfehlungen für die Beschlußfassung über Rechtsnormen durch die anderen KODA-Kommissionen zu geben, hat die novellierte Zentral-KODA-Ordnung der Zentral-KODA durch einen abschließenden Enumerationskatalog in § 3 Abs. 1 eine Beschlußkompetenz für den Gesamtbereich der katholischen Kirche eingeräumt.[22] Der Enumerationskatalog beschränkt sich auf die Ausfüllung von Öffnungsklauseln in staatlichen Gesetzen, die Fassung von Einbeziehungsabreden für Arbeitsverträge hinsichtlich der Loyalitätsobliegenheiten und Nebenpflichten gemäß der Grundordnung sowie auf kirchenspezifische Regelungen für die Befristung von Arbeitsverhältnissen, für den kirchlichen Arbeitszeitschutz, für Mehrfacharbeitsverhältnisse bei verschiedenen Dienstgebern und für die Rechtsfolgen des Wechsels von einem Dienstgeber zu einem anderen Dienstgeber. Klargestellt ist, daß die anderen KODA-Kommissionen die Befugnis zur Beschlußfassung auch in diesen Angelegenheiten haben, solange und soweit die Zentral-KODA von ihrer Regelungsbefugnis keinen Gebrauch gemacht hat oder macht (§ 3 Abs. 2; s. zur Inkraftsetzung der Beschlüsse § 10 Zentral-KODA-Ordnung).

---

[20] S. dazu 2. Aufl. § 13 Rn. 30.
[21] S. Rn. 19.
[22] Vgl. *Richardi* NZA 1998, 1305 (1307f.).

§ 15 Arbeitsrechts-Regelungsrecht als kollektives Arbeitsrecht der Kirchen

I. Herstellung praktischer Konkordanz zwischen staatlicher und kirchlicher Ordnung

Das von den Kirchen geschaffene Arbeitsrechtsregelungsverfahren dient wegen der Bedeutung des Mitbestimmungsgedankens im staatlichen Bereich dem Ausbau einer Konkordanz zwischen staatlicher und kirchlicher Ordnung, die, wie das Bundesverfassungsgericht formuliert, es gestattet, „auf beiden Seiten davon auszugehen, daß staatliche Gesetze nicht die den Kirchen wesentlichen eigenen Ordnungen beeinträchtigen und daß kirchliche Gesetze nicht die für den Staat unabdingbare Ordnung kränken werden".[1] Eine derartige Konkordanz wäre in Frage gestellt, wenn der Staat die unter Beteiligung der Mitarbeiter geschaffene, vom bekenntnismäßigen Verständnis her geprägte kirchliche Arbeitsvertragsordnung nicht anders behandeln würde als *vertragliche Einheitsregelungen*, die einseitig vom Arbeitgeber aufgestellt werden.

Mit dem „Dritten Weg" haben die Kirchen für ihren Bereich ein Beteiligungsverfahren eingeführt, das trotz struktureller Unterschiede zum Tarifvertragssystem dessen Aufgaben erfüllt. Es beruht auf kirchengesetzlicher Grundlage. Da durch das Beteiligungsverfahren aber der Inhalt der regelungsunterworfenen Arbeitsverhältnisse festgelegt wird, enthält die kirchliche Ordnung für die Gestaltung der Arbeitsbedingungen nicht nur eine *innerkirchliche Zuständigkeitsregelung*,[2] sondern sie schafft zugleich auch *Dienstrecht mit Rechtswirkungen im weltlichen Bereich*.[3] Das kirchliche Arbeitsrecht kann man deshalb weder pauschal dem Kirchenrecht zuordnen, noch läßt sich der enge Zusammenhang von kirchlicher und staatlicher Arbeitsrechtsordnung durch ein beziehungsloses Nebeneinander beider Rechtskreise rechtsdogmatisch richtig erfassen.[4] Kirchliche Dienst- und Arbeitsvertragsordnungen, die auf der Beschlußfassung in paritätisch besetzten Kommissionen beruhen, dürfen nicht mit vertraglichen Einheitsregelungen, die einseitig vom Arbeitgeber aufgestellt werden, auf eine Stufe gestellt werden. Es handelt sich um einen wesensverschiedenen Sachverhalt, dessen Nichtbeachtung die Verfassungsgarantie des kirchlichen Selbstbestimmungsrechts verletzt. Den Kirchen ist als eigene Angelegenheit überlassen, nach ihrem bekenntnismäßigen Verständnis darüber zu befinden, ob und wie die Mitbestimmung in ihrem Bereich verwirklicht wird.[5] Eine von ihnen geschaffene Ordnung für die Gestaltung des Dienst- und Arbeitsvertragsrechts kann nur

---

[1] BVerfGE 42, 312 (349).
[2] So aber *Schlaich* JZ 1980, 209 (213).
[3] Ebenso *Pahlke* NJW 1986, 350 (354).
[4] Ebenso *Pahlke* NJW 1986, 350 (354).
[5] So für die Betriebsverfassung BVerfGE 46, 73 (94).

unter Beachtung des ihnen verfassungsrechtlich gewährleisteten Selbstbestimmungsrechts rechtsdogmatisch richtig beurteilt werden.

II. Gleichwertigkeit mit dem Tarifvertragssystem

1. Rechtsprechung des Bundesarbeitsgerichts

a) Problemaufriß

3 Die Arbeitsvertragsordnungen und Arbeitsvertragsrichtlinien der Kirchen und ihrer diakonischen oder karitativen Verbände sind keine Tarifverträge. Sie haben diese Rechtsqualität auch nicht, wenn sie in einem kirchlichen Arbeitsrechts-Regelungsverfahren durch eine paritätisch besetzte Kommission festgelegt werden. Das Bundesarbeitsgericht nimmt daher in ständiger Rechtsprechung zutreffend an, daß die Richtlinien für Arbeitsverträge in den Einrichtungen des Deutschen Caritasverbandes keine Tarifverträge seien.[6] Falsch sind aber die Schlußfolgerungen, die es aus dieser Feststellung zieht. Dabei fällt weniger ins Gewicht, daß es eine normative Wirkung verneint, so daß kirchliche Arbeitsvertragsregelungen nur kraft einzelvertraglicher Bezugnahme auf ein Arbeitsverhältnis Anwendung finden,[7] als vielmehr die Gleichsetzung mit von einem Arbeitgeber einseitig aufgestellten Vertragsbedingungen.[8] Die Gleichstellung mit den Einheitsarbeitsbedingungen läßt die Schutzwirkung völlig außer acht, die sich für die Arbeitnehmer aus dem kircheneigenen Verfahren paritätischer Normsetzung ergibt. Ihre Nichtbeachtung verletzt die Verfassungsgarantie des Selbstbestimmungsrechts.[9]

---

[6] BAGE 34, 182 (184) = AP Nr. 9 zu § 72 a ArbGG 1979 Grundsatz; BAG AP Nr. 22 zu § 72 a ArbGG 1979 Grundsatz; BAG AP Nr. 1 zu § 7 AVR Caritasverband; so zu den Arbeitsvertragsrichtlinien des Diakonischen Werkes BAGE 73, 191 (200) = AP Nr. 3 zu § 12 AVR Diakonisches Werk; für eine Kirchliche Anstellungsordnung BAG AP Nr. 24 zu § 611 BGB Kirchendienst; bereits zu den Arbeitsvertragsrichtlinien des Deutschen Caritasverbandes vor Einführung des „Dritten Weges" BAGE 14, 61 (63) = AP Nr. 77 zu Art. 3 GG; BAGE 28, 14 (17) = AP Nr. 40 zu § 242 BGB Gleichbehandlung.

[7] Vgl. BAGE 66, 314 (320) = AP Nr. 12 zu § 2 BeschFG 1985; BAG AP Nr. 2, 3 und 4 zu § 12 AVR Caritasverband; BAGE 84, 282 (286) = AP Nr. 1 zu § 10a AVR Caritasverband, wo ergänzend ausgeführt wird, es könne dabei dahingestellt bleiben, ob den AVR-Caritas mit Rücksicht auf Art. 140 GG i.V. mit Art. 137 Abs. 3 WRV „normativer Charakter" zukomme; weiterhin BAG AP Nr. 10 und 11 zu § 12 AVR Caritasverband.

[8] So BAGE 34, 182 (184) = AP Nr. 9 zu § 72 a ArbGG 1979 Grundsatz; vgl. auch Anm. von *Grunsky*, der völlig verfehlt von einem „rechtlichen Abgrund" spricht, der zwischen solchen Vertragsbedingungen und einem Tarifvertrag bestehe, und ändere auch nichts dadurch, „daß bei den Festlegungen der Richtlinien gleichberechtigt Vertreter der Arbeitgeber- und der Arbeitnehmerseite beteiligt waren"; weiterhin BAG AP Nr. 24 zu § 611 BGB Kirchendienst; abweichend aber nunmehr BAGE 84, 282 (288 ff.) = AP Nr. 1 zu § 10a AVR Caritasverband, BAG AP Nr. 11 zu § 12 AVR Caritasverband.

[9] Ebenso *Schilberg*, Rechtsschutz und Arbeitsrecht in der evangelischen Kirche, S. 186 ff.; *Dütz*, FS Schaub, S. 157 ff.; *Thüsing*, RdA 1997, 163 (165 ff.).

b) Ältere Judikatur

Soweit es um die Gleichbehandlung mit den Tarifverträgen geht, waren die Begründungen in der Rechtsprechungen des Bundesarbeitsgerichts nicht einheitlich. In einer frühen Entscheidung, im Urteil vom 25. Januar 1963, hat das Bundesarbeitsgericht die Richtlinien des Deutschen Caritasverbandes hinsichtlich der Grundrechtsbindung bereits wie Tarifnormen behandelt.[10] Es vertritt in dieser Entscheidung nämlich die Auffassung, daß nicht nur Tarifnormen, sondern auch eine gesamteinheitliche Festlegung allgemeiner Arbeitsbedingungen an den Gleichheitssatz des Art. 3 Abs. 1 GG gebunden seien, weil der Grundrechtsbindung nicht entgegenstehe, daß eine vertragseinheitliche Regelung keinen normativen Charakter habe. Auf die Besonderheit des kirchlichen Dienstes kam es im entschiedenen Fall nicht an. 4

Das Bundesarbeitsgericht hat dagegen im Urteil vom 4. Februar 1976 bei der Anwendung des Gleichbehandlungsgrundsatzes eine Differenzierung gegenüber dem Tarifvertrag vorgenommen.[11] Vertragliche Einheitsregelungen, zu denen es die Arbeitsvertragsrichtlinien des Caritasverbandes zählte, seien „nicht von gleichstarken Vertragspartnern ausgehandelt, sondern praktisch vom Arbeitgeber allein festgelegt".[12] Deshalb seien sie anders als Tarifverträge einer gerichtlichen „Übermachtskontrolle" unterworfen. Das Bundesarbeitsgericht hat im konkreten Fall nicht nur die Einschlägigkeit der Verfassungsgarantie des kirchlichen Selbstbestimmungsrechts übersehen, sondern es hat auch nicht beachtet, daß schon damals der „Ständigen arbeitsrechtlichen Kommission" des Caritasverbandes Mitarbeiter angehört hatten.[13] 5

Nach § 72 a Abs. 1 Nr. 2 ArbGG kann die Beschwerde wegen einer Nichtzulassung der Grundsatzrevision durch das Landesarbeitsgericht darauf gestützt werden, daß die Rechtssache Rechtsstreitigkeiten über die Auslegung eines Tarifvertrages betreffe, dessen Geltungsbereich sich über den Bezirk des Landesarbeitsgerichts hinaus erstreckt. Die Arbeitsvertragsordnungen und Arbeitsvertragsrichtlinien der Kirchen und ihrer diakonischen oder karitativen Verbände fallen nicht unter diese Gesetzesbestimmung. Entsprechend hat deshalb das Bundesarbeitsgericht angenommen, daß auf eine fehlerhafte Auslegung der „Richtlinien für Arbeitsverträge in den Einrichtungen des Deutschen Caritasverbandes" (AVR) eine Nichtzulassungsbeschwerde nicht gestützt werden könne.[14] Sie seien kein Tarifvertrag i. S. des § 72 a Abs. 1 Nr. 2 ArbGG 1979.[15] Das Bundesarbeitsgericht sieht in der Beschränkung auf Tarifverträge auch keine Verletzung der verfassungsrechtlich 6

---

[10] BAGE 14, 61 (63) = AP Nr. 77 zu Art. 3 GG.
[11] BAGE 28, 14 (20 f.) = AP Nr. 40 zu § 242 BGB Gleichbehandlung.
[12] BAGE 28, 14 (21).
[13] Vgl. *Richardi*, Anm. zu BAG, AR-Blattei, Kirchenbedienstete: Entsch. 9; ebenso *Mayer-Maly* ÖAKR 28 (1977), 64 (72).
[14] BAGE 34, 182 ff. = AP Nr. 9 zu § 72 a ArbGG 1979 Grundsatz mit zust. Anm. von *Grunsky*; bestätigt für die Kirchliche Arbeitsvertragsordnung für Angestellte der Evangelischen Kirche im Rheinland (AngKAVO) BAG AP Nr. 22 zu § 72 a ArbGG 1979 Grundsatz.
[15] BAGE 34, 182 (184 f.).

§ 15　　　　　*Viertes Kapitel. Arbeitsrechts-Regelungsrecht der Kirchen*

geschützten Regelungsautonomie der Kirchen, wobei es ergänzend darauf hinweist, daß nach dem Gesetz auch für andere Arbeitnehmergruppen nicht die Möglichkeit bestehe, im Wege der Nichtzulassungsbeschwerde die für sie geltenden arbeitsrechtlichen Bestimmungen einer revisionsgerichtlichen Überprüfung zuzuführen.[16]

7　*Wilhelm Dütz* hat dem Bundesarbeitsgericht zutreffend entgegengehalten, es sich mit den kirchlichen Arbeitsrechtsregelungssystemen zu leicht zu machen.[17] Die kirchlichen Arbeitsrechtsregelungen entsprächen funktionell den profanen Tarifverträgen in jeder Hinsicht. Deshalb widerspreche es der Verfassungsgarantie des Selbstbestimmungsrechts, „den Kirchen im Unterschied zu den Tarifpartnern die nur revisionsgerichtlich herbeizuführende Möglichkeit vorzuenthalten, eine gegebenenfalls sogar bundesweit einheitliche Arbeitsrechtsordnung verbindlich auslegen zu lassen". Wie wenig überzeugend die Begründung des Bundesarbeitsgerichts ist, zeigt seine verschiedene Behandlung der Tarifverträge, die keine Tarifgeltung für das Arbeitsverhältnis haben. Wenn ein Tarifvertrag kraft einzelvertraglicher Vereinbarung gilt, soll die Nichtzulassungsbeschwerde zulässig sein, nicht dagegen, wenn eine kirchliche Arbeitsvertragsordnung auf ihn Bezug nimmt.[18]

8　Ebenfalls nicht überzeugend begründet ist die Auffassung des Bundesarbeitsgerichts in seinen beiden Urteilen vom 28. Oktober 1987 und 26. Mai 1993 zur Beachtung der Schriftform für Vertragsänderungen in den Arbeitsvertragsrichtlinien der Caritas und den Arbeitsvertragsrichtlinien der Diakonie.[19] Die Arbeitsvertragsrichtlinien enthalten eine Bestimmung, wie sie ähnlich in den Tarifverträgen des öffentlichen Dienstes enthalten ist (vgl. § 4 Abs. 2 BAT). Nach ihr bedürfen zusätzliche Vereinbarungen zu ihrer Gültigkeit der Schriftform. Obwohl der Tarifvertrag kein Gesetz ist, sieht das Bundesarbeitsgericht in tarifvertraglichen Formvorschriften eine durch Gesetz vorgeschriebene Form i. S. des § 125 Satz 1 BGB. Die Arbeitsvertragsrichtlinien seien keine Tarifverträge und damit keine Rechtsnormen i. S. des Art. 2 EGBGB. Die vorgeschriebene Schriftform in kirchlichen Arbeitsvertragsordnungen ist demnach nur eine durch Rechtsgeschäft bestimmte Form i. S. des § 125 Satz 2 BGB, wobei das Bundesarbeitsgericht ohne weitere Einschränkung unterstellt, daß das Schriftformerfordernis durch eine abweichende betriebliche Übung stillschweigend aufgehoben wird.

9　Sieht man einmal davon ab, daß eine Rechtsprechung, die § 125 Satz 2 BGB praktisch gegenstandslos macht, nicht zutreffend sein kann,[20] so werden kirchliche Arbeitsvertragsordnungen selbst dann, wenn sie von der Arbeitsrechtlichen Kommission unter Beteiligung der kirchlichen Mitarbeiter festgelegt sind, schlechter eingestuft als jeder Tarifvertrag und sogar jede Betriebsvereinbarung; denn für ihre Einordnung als Rechtsnorm i. S. des Art. 2

---

[16] BAGE 34, 182 (185).
[17] *Dütz* EzA § 13 BUrlG Nr. 21 (S. 85); weiterhin *ders.*, FS Henckel, S. 145 (155 f.).
[18] BAG AP Nr. 22 zu § 72 a ArbGG 1979 Grundsatz.
[19] BAG AP Nr. 1 zu § 7 AVR Caritasverband mit abl. Anm. von *Mayer-Maly*; BAGE 73, 191 (200) = AP Nr. 3 zu § 12 AVR Diakonisches Werk.
[20] Ebenso *Mayer-Maly*, Anm. zu BAG AP Nr. 1 zu § 7 AVR Caritasverband.

EGBGB soll maßgebend sein, daß für sie gesetzliche Bestimmungen bestünden, in denen ihre Rechtsnormqualität i. S. des staatlichen Rechts klar zum Ausdruck komme (§ 4 Abs. 1 TVG, § 77 Abs. 4 Satz 1 BetrVG), während solche Bestimmungen für die Arbeitsvertragsrichtlinien fehlten.[21] Dabei wird grundlegend verkannt, daß Tarifvertrag und Betriebsvereinbarung strenggenommen keine Gesetze im materiellen Sinn sind. Trotz der Rechtsnormenqualität der in ihnen enthaltenen Bestimmungen sind sie gegenüber der staatlichen Gesetzgebung eine wesensverschiedene Form der Rechtsetzung. Soweit eine tarifvertragliche Formvorschrift einer durch Gesetz vorgeschriebenen Form gleichgestellt wird, geht es ausschließlich um die Rechtsfolgenbestimmung, für die wie bei einer Formvorschrift im Gesetzesrecht maßgebend ist, daß nicht die Vertragsparteien selbst sie aufgestellt haben. Darauf beruht, daß die Folgen der Nichtbeachtung sich wie bei einem Verstoß gegen eine gesetzlich vorgeschriebene Form nach § 125 Satz 1 und nicht nach § 125 Satz 2 BGB richten.[22] Man mag daher bei einer kirchlichen Arbeitsvertragsordnung in die Beurteilung einbeziehen, daß sie nach herrschendem Verständnis kraft einzelvertraglicher Vereinbarung für die Arbeitsverhältnisse gilt, und aus diesem Grund zu dem Ergebnis kommen, daß eine Formvorschrift wie eine durch Rechtsgeschäft bestimmte Form zu behandeln ist. Daraus darf aber nicht abgeleitet werden, daß den kirchlichen Arbeitsvertragsordnungen eine Rechtsnormqualität fehlt, wie man sie für Tarifvertrag und Betriebsvereinbarung anerkennt.

c) Neuere Judikatur

Die gegenüber dem Tarifvertragssystem wesensverschiedene Form der Regelfindung darf nicht zur Folge haben, daß man das kirchliche Arbeitsrechts-Regelungsverfahren bei der Einfügung in das staatliche Arbeitsrecht negiert und die in ihm festgelegten Arbeitsvertragsordnungen als bloße allgemeine Arbeitsbedingungen ansieht. Die Nichtbeachtung des kirchlichen Arbeitsrechts-Regelungsrechts ist nicht nur ein Verstoß gegen die Verfassungsgarantie des Selbstbestimmungsrechts, sondern sie läßt vor allem auch die Schutzwirkung völlig außer acht, die sich für die Arbeitnehmer aus dem kircheneigenen Verfahren paritätischer Normsetzung ergeben.

Das Bundesarbeitsgericht hat deshalb im Urteil vom 6. November 1996 anerkannt, daß für die Inhaltskontrolle kirchlicher Arbeitsvertragsrichtlinien im Hinblick auf die Wahrung der Berufsfreiheit (Art. 12 Abs. 1 GG) die für Tarifverträge anzuwendenden Maßstäbe heranzuziehen sind, „zumindest soweit in die Arbeitsvertragsrichtlinien die entsprechenden Tarifvertragsregelungen des öffentlichen Dienstes für gleichgelagerte Sachbereiche ganz oder mit im wesentlichen gleichen Inhalten ‚übernommen' werden, die dann kraft arbeitsvertraglicher Vereinbarung für das einzelne Arbeitsverhältnis gelten".[23]

---

[21] BAG AP Nr. 1 zu § 7 AVR Caritasverband, unter III 1 b der Gründe.
[22] Vgl. *Staudinger/Richardi*, BGB, § 611 Rn. 36.
[23] BAGE 84, 282 (288 f.) = AP Nr. 1 zu § 10 a AVR Caritasverband; bestätigt BAG AP Nr. 11 zu § 12 AVR Caritasverband; vgl. dazu die Anm. von *Thüsing*, ZevKR 44 (1999), 99 ff.

Das Bundesarbeitsgericht ist nunmehr auf dem richtigen Weg.[24] Ausdrücklich erkennt es an, „daß für die Inhaltskontrolle kirchlicher Arbeitsvertragsrichtlinien grundsätzlich die für Tarifverträge geltenden Maßstäbe heranzuziehen sind".[25] Dabei macht es zwar die Einschränkung, daß dies gelte, „soweit Tarifvertragsregelungen ganz oder mit im wesentlichen gleichen Inhalten übernommen werden".[26] Doch kommt dieser Einschränkung kein Gewicht mehr zu; denn sie erklärt sich ausschließlich daraus, daß im entschiedenen Fall diese Voraussetzung gegeben war. Aus dem Begründungszusammenhang ergibt sich, daß es darauf nicht entscheidend ankommt; denn für das Bundesarbeitsgericht wesentlich war allein, daß eine materielle Richtigkeitsgewähr anzuerkennen ist, weil „die auf Kirchenverfassungsrecht gegründete Arbeitsrechtliche Kommission", auf deren Beschluß die Arbeitsvertragsrichtlinien beruhen, „von der Kirchenleitung unabhängig und paritätisch mit gewählten Repräsentanten der Arbeitnehmer und der Arbeitgeber besetzt" ist.[27]

2. Eigenständige, aber gleichwertige Regelung im Funktionsbereich der Tarifautonomie

a) Beschlußkompetenz der Arbeitsrechtlichen Kommission

12 Der von den Kirchen begangene „Dritte Weg" soll das Tarifvertragssystem ersetzen. Die wesensverschiedene Gestaltung der Arbeitnehmerbeteiligung führt aber zu Problemen, wie sie stets auftreten, wenn eine Konfliktlösung durch eine verbindliche Schlichtung herbeigeführt werden kann. Da dem Koalitionsverfahren nach Art. 9 Abs. 3 GG die Wahrung und Förderung der Arbeits- und Wirtschaftsbedingungen zugewiesen ist, kann durch Tarifvertrag im Prinzip alles geregelt werden, was die Rechtsbeziehungen zwischen der Arbeitgeber- und der Arbeitnehmerseite beherrschen soll. Die Rechtsetzungskompetenz der Tarifvertragsparteien wird nicht durch einen Zuständigkeitskatalog begrenzt, sondern ist eine Form der Privatautonomie. Regelungswünsche der Arbeitnehmer kann die Arbeitgeberseite bereits dadurch ablehnen, daß sie über sie nicht in Verhandlungen tritt und keinen Vertrag abschließt. Wegen dieses Sachverhalts wird der Arbeitskampf zugelassen. Durch seine rechtliche Anerkennung wird eine Konsensbereitschaft institutionalisiert, damit es zum Abschluß von Tarifverträgen kommt. Für die Arbeitnehmerseite liegt darin eine Hürde, die ausgeräumt ist, wenn an die Stelle des Arbeitskampfes eine verbindliche Schlichtung tritt. Damit wird die Möglichkeit eröffnet, daß jeder Interessenkonflikt Gegenstand einer verbindlichen Schlichtung werden kann, wenn nicht wie innerhalb der gesetzlichen Betriebsverfassung der Arbeitnehmerseite lediglich abgestufte Beteiligungsrechte in bestimmten Angelegenheiten eingeräumt werden.

---

[24] Ebenso *Thüsing* ZevKR 44 (1999), 99 ff.
[25] BAGE 84, 282 (291).
[26] So die Formulierung im 1. Leitsatz.
[27] BAGE 84, 282 (290); s. auch Rn. 33 ff.

Die kirchengesetzlichen Ordnungen über den „Dritten Weg" beschränken 13
sich bisher weitgehend auf Organisationsstatute, ohne die Kompetenz der
Arbeitsrechtlichen Kommission näher festzulegen. Eine Klarstellung haben
jedoch für die katholische Kirche die Novellierungen der Bistums- bzw. Regional-KODA-Ordnungen auf Grund des Beschlusses der Vollversammlung
des Verbandes der Diözesen Deutschlands vom 15. Juni 1998 und die an
diesem Tag ebenfalls verabschiedete Zentral-KODA-Ordnung gebracht.
Ausdrücklich heißt es nunmehr in § 1 Abs. 1 Bistums-/Regional-KODA-Ordnung bzw. § 1 Zentral-KODA-Ordnung, daß diese Ordnung das „Zustandekommen von Rechtsnormen über Inhalt, Abschluß und Beendigung von Arbeitsverhältnissen" regelt. Damit ist eine Formulierung gewählt, wie sie für
das Tarifvertragsrecht § 1 Abs. 1 TVG enthält.

Die Rechtsnormen, die nach den kirchlichen Verfahrensordnungen des 14
„Dritten Weges" zustande kommen, sind ein Instrument der Privatautonomie für den Bereich der kirchlichen Arbeitsverhältnisse. Sie verfolgen denselben Zweck wie die Rechtsnormen eines Tarifvertrags; sie sind Tarifsurrogat.
Wie die Tarifautonomie darauf angelegt ist, „die strukturelle Unterlegenheit
der einzelnen Arbeitnehmer beim Abschluß von Arbeitsverträgen durch kollektives Handeln auszugleichen und damit ein annähernd gleichgewichtiges
Aushandeln der Löhne und Arbeitsbedingungen zu ermöglichen",[28] so sichert die Kirche, wie es in Art. 7 Abs. 1 GrOkathK für die katholische Kirche heißt, das Verhandlungsgleichgewicht ihrer abhängig beschäftigten Mitarbeiter bei Abschluß und Gestaltung der Arbeitsverträge durch das ihr
verfassungsmäßig gewährleistete Recht, ein eigenes Arbeitsrechts-Regelungsverfahren zu schaffen. Staatliches Recht, das der Tarifautonomie Schranken
setzt, begrenzt auch den Gestaltungsspielraum für Regelungen, die im kirchlichen Arbeitsrechts-Regelungsverfahren zustande kommen. Eine Besonderheit ergibt sich allerdings daraus, daß staatliche Gesetze für den selbstbestimmten Bereich einer Religionsgesellschaft nur verbindlich sind, soweit sie
zu dem für alle geltenden Gesetz i. S. des Art. 137 Abs. 3 WRV gehören.
Daraus folgt aber nicht, daß insoweit die nach dem kirchlichen Recht gebildete Arbeitsrechtliche Kommission für eine Regelung zuständig ist. Für den
selbstbestimmten Bereich richtet sich die Befugnis zur Regelung, wie es im
Beschluß des Bundesverfassungsgerichts vom 4. Juni 1985 heißt, „nach den
von der verfaßten Kirche anerkannten Maßstäben".[29] Für die katholische
Kirche gilt also, daß die Gesetzgebungsbefugnis der Diözesanbischof hat.

Man muß deshalb von der privatautonomen Regelungszuständigkeit, für 15
deren Wahrnehmung die nach kirchlichem Recht gebildeten Kommissionen
tätig werden, die nach dem Staatskirchenrecht des Grundgesetzes verfassungsrechtlich gewährleistete Regelungszuständigkeit für den selbstbestimmten Bereich einer Kirche unterscheiden. Im letzteren Fall kann zwar auch eine
Regelungskompetenz nach dem Recht des „Dritten Weges" bestehen. Jedoch
ist insoweit vorrangig die im Kirchenrecht vorgesehene Gesetzgebungsbefugnis. Für die katholische Kirche bestimmt deshalb § 3 Abs. 3 Bistums/

---
[28] BVerfGE 84, 212 (229).
[29] BVerfGE 70, 138 (166).

Regional-KODA-Ordnung bzw. § 3 Abs. 4 Zentral-KODA-Ordnung, daß die Kommission an die Grundordnung und die anderen Kirchengesetze gebunden ist (vgl. auch Art. 7 Abs. 1 Satz 5 GrOkathK).

16 Da der profan-wirtschaftliche Teil der Arbeitsbedingungen nicht strikt vom kirchlich-ideellen Bereich getrennt werden kann, haben die Kirchen nicht nur ein kircheneigenes Arbeitsrechtsregelungsverfahren geschaffen, sondern sie müssen auch bei dessen Gestaltung zur Bewahrung der Glaubwürdigkeit ihrer Ordnung sicherstellen, daß keine Regelungen mit unterschiedlichem Inhalt getroffen werden, wenn sie abweichend von Gestaltungen im profan-wirtschaftlichem Bereich mit kirchlichen Eigenarten begründet werden. Für die katholische Kirche besteht deshalb die Zentral-KODA-Ordnung, die einer für den Gesamtbereich der katholischen Kirche in der Bundesrepublik Deutschland gebildeten Kommission die Beschlußfassung über Rechtsnormen in einem bestimmten, durch § 3 Abs. 1 festgelegten Regelungsbereich die Beschlußfassung ermöglicht, um insoweit eine einheitliche Regelung herbeizuführen.[30]

17 Soweit nach kirchlichem Verständnis eine Angelegenheit nicht zur Disposition einer privatautonomen Regelung steht, ist damit auch der Kompetenz der Arbeitsrechtlichen Kommission eine immanente Schranke gezogen. Die kirchengesetzlichen Regelungen über das Beteiligungsmodell des „Dritten Weges" verteilen Regelungsmacht zur Gestaltung des kirchlichen Dienstes, soweit Mitarbeiter auf der Grundlage eines Arbeitsvertrages beschäftigt werden. Entscheidend ist deshalb, ob und inwieweit es dem kirchlichen Selbstverständnis entspricht, daß bestimmte Aussagen über den kirchlichen Dienst und sein Wesen von einer Kommission getroffen werden können, wie sie die Arbeitsrechtliche Kommission darstellt. Für die katholische Kirche muß die KODA-Regelung in Zusammenhang mit dem katholischen Verständnis der Ämterorganisation gesehen werden. Sie ist kein Instrument zur Einebnung der hierarchischen Struktur der Kirche, um damit den Boden für eine Laienherrschaft in der Kirche vorzubereiten. Die Formulierung des kirchlichen Proprium ist deshalb ausschließlich eine Sache des Bischofs. Welche Anforderungen an die Person eines Arbeitnehmers unter dem Aspekt der religiösen Dimension des kirchlichen Dienstes zu stellen sind, legt nicht die Arbeitsrechtliche Kommission, sondern ausschließlich der Bischof durch entsprechende Rechtsetzung fest. Daraus erklärt sich auch seine besondere Position in der KODA-Regelung.

18 Soweit die Kirche eine Verschiedenheit des Dienstes innerhalb der Dienstgemeinschaft kennt, ist dies für die Arbeitsrechtliche Kommission bindend. Die Notwendigkeit einer bischöflichen Sendung steht nicht zur Disposition der Kommission. Die Vorschriften über persönliche Anforderungen an Laien im pastoralen Dienst fallen ausschließlich in die Kompetenz der bischöflichen Gesetzgebungsgewalt. Daraus folgt aber nicht, daß Gemeindereferenten und Pastoralreferenten nicht unter den persönlichen Geltungsbereich der KODA-Regelung fallen. Da sie auf der Grundlage eines Arbeitsvertrags beschäftigt werden, gilt auch für sie das Arbeitsrecht. Soweit es um die vermö-

---

[30] S. § 14 Rn. 30.

gensrechtlichen Beziehungen dieses Personenkreises geht, findet auf sie das Arbeitsrechts-Regelungsverfahren des „Dritten Weges" Anwendung.

b) Paritätserfordernis bei der Gestaltung des Arbeitsrechtsregelungsverfahrens

Für die Beurteilung der Gleichwertigkeit mit dem Tarifvertragssystem wird der paritätischen Gestaltung des kirchlichen Arbeitsrechtsregelungsverfahrens das entscheidende Gewicht beigemessen.[31] *Dütz* meint, der gebotene Ausgleich zwischen Koalitionsfreiheit und Kirchenautonomie befreie „trotz aller Betonung kirchlicher Besonderheiten nicht von dem allgemeinen Rechtsprinzipien entsprechenden Anliegen, über ein paritätisches Verfahren zu einem angemessenen Interessenausgleich bei der Aufstellung von Arbeitsbedingungen für kirchliche Mitarbeiter zu gelangen".[32] Ob dies mit der Koalitionsfreiheit begründet werden kann, ist zweifelhaft. Im Ergebnis ist ihm aber zu folgen, daß nur ein paritätisch gestaltetes Arbeitsrechtsregelungsverfahren die Konkordanz zwischen kirchlicher Ordnung und der sonst im gesellschaftlichen Bereich geltenden Ordnung der Arbeits- und Wirtschaftsbedingungen gewährleistet.[33]

Auch für die Kirchen geht es dabei nicht um die Abschaffung des Vertragsprinzips und dessen Ersetzung durch eine hoheitliche Gestaltung, sondern es geht wie beim Tarifvertagssystem und der gesetzlich geschaffenen Mitbestimmung innerhalb der Betriebsverfassung um die Sicherung der Funktionsfähigkeit des Vertragsprinzips, um eine rechtsgeschäftliche Ordnung des Arbeitslebens zu schaffen und zu gewährleisten. Den Kirchen ist dabei ein eigener Weg eröffnet, damit ihre Ordnung nicht Schaden leidet; denn dem Ordnungsziel freiheitlicher Gestaltung würde eine Zwangssäkularisierung kirchlicher Einrichtungen zuwiderlaufen.

Ein kircheneigenes Regelungssystem wird für den Staat nur dann an die Stelle der Tarifautonomie treten, wenn es das Prinzip der Parität realisiert, soweit dies mit kirchlichen Eigenarten zu vereinbaren ist.[34] Die paritätische Gestaltung wird nicht schon dadurch in Frage gestellt, daß die Kommission mehrheitlich beschließt, die Regelung also nicht wie beim Tarifvertrag auf dem Vertragsprinzip beruht. Auch die fehlende Möglichkeit, bei einem Regelungskonflikt einen Arbeitskampf zu führen, steht der Annahme einer Parität bei der Entscheidungsfindung nicht entgegen; denn es handelt sich insoweit um Folgerungen aus der gegenüber dem Tarifvertragssystem verschiedenen Struktur des kirchlichen Arbeitsrechtsregelungsverfahrens.[35] Für die Annahme eines Gleichgewichts genügt andererseits nicht die gleiche Mit-

---

[31] *Dütz* EssG 18 (1984), 67 (91 ff.); *Briza*, „Tarifvertrag" und „Dritter Weg", S. 226 ff.; *Vogt*, Der „Dritte Weg", S. 136 ff.
[32] *Dütz* EssG 18 (1984), 67 (92).
[33] Vgl. *Richardi* ZevKR 32 (1987), 628 (637).
[34] So zutreffend *Dütz* EssG 18 (1984), 67 (92) unter Hinweis auf *Hanau* ZevKR 25 (1980), 61 (69).
[35] Ebenso BAGE 84, 282 (290) = AP Nr. 1 zu § 10a AVR Caritasverband; *Vogt*, Der „Dritte Weg", S. 136 f.

gliederzahl von Vertretern der Arbeitgeber und Arbeitnehmer in der Arbeitsrechtlichen Kommission. Es müssen vielmehr weitere Merkmale erfüllt sein, um dem Paritätsprinzip zu genügen.

22 Paritätsrelevant ist deshalb vor allem die persönliche Rechtsstellung der Kommissionsmitglieder der Mitarbeiter.[36] Zur Sicherung ihrer Unabhängigkeit enthielten die Kirchengesetze zunächst erhebliche Regelungsdefizite. Sie wurden weitgehend behoben. Insbesondere enthält auch die KODA-Regelung seit ihrer Novellierung 1986 einen Kündigungsschutz der Vertreter der Mitarbeiter (§ 8 b, seit der Novellierung auf Grund des Beschlusses der Vollversammlung des Verbandes der Diözesen Deutschlands vom 15. Juni 1998 § 11 Bistums/Regional-KODA-Ordnung).[37] Für die Beurteilung der Parität wesentlich ist weiterhin, ob „die Mitarbeiterseite dem Sachverstand der Dienstgeber eine entsprechende eigene Fachkompetenz entgegensetzen kann".[38] Dem Paritätserfordernis genügt insoweit, daß die Vertreter der Mitarbeiter sich bei der Erfüllung ihrer Aufgaben von ihren Verbänden unterstützen lassen können. Deren Betätigung im Verfahren des „Dritten Weges" ist koalitionsrechtlich gewährleistet, ohne daß der kirchliche Gesetzgeber verpflichtet ist, ihnen besondere Befugnisse zuzuweisen.[39]

23 Berücksichtigt man die Funktionsweise der Verfahrensregelung des „Dritten Weges", so kann keinem Zweifel unterliegen, daß die Verhältnisse in den Gremien des „Dritten Weges" paritätischen Erfordernissen entsprechen.[40]

c) Letztentscheidungsrecht des Bischofs oder der Synode

24 Nach einem Teil des Schrifttums soll der Paritätsgrundsatz bei Inanspruchnahme eines bischöflichen bzw. synodalen Letztentscheidungsrechts nicht gewahrt sein.[41] Zu einem richtigen Ergebnis kommt man nur, wenn man die kirchenrechtliche Grundlage des Letztentscheidungsrechts in die Beurteilung einbezieht.

25 Die Synode ist bereits rechtstatsächlich nicht mit dem kirchlichen Arbeitgeber gleichzusetzen, sondern sie ist kirchenrechtlich das Organ, das über alle Angelegenheiten der Landeskirche beraten und beschließen kann. Entsprechend muß auch die Kompetenz des Bischofs für den Bereich der katholischen Kirche in ihrer kirchenrechtlichen Bedeutung gewürdigt werden. Er

---

[36] Vgl. *Pahlke*, Kirche und Koalitionsrecht, S. 216 ff.; *Dütz* EssG 18 (1984), 67 (92 f.); s. auch *Briza*, „Tarifvertrag" und „Dritter Weg", S. 225 f.; *Vogt*, Der „Dritte Weg", S. 138 ff.
[37] S. auch § 14 Rn. 22.
[38] *Dütz* EssG 18 (1984), 67 (93).
[39] Vgl. § 10 Rn. 31 f.
[40] Ebenso BAGE 84, 282 (290) = AP Nr. 1 zu § 10 a AVR Caritasverband; *Pahlke*, Kirche und Koalitionsrecht, S. 219; *Dütz* EssG 18 (1984), 67 (96); ders., FS Listl, S. 573 (584 f.); *Briza*, „Tarifvertrag" und „Dritter Weg", S. 229; *Thüsing* RdA 1997, 163 (169); a. A. *Vogt*, Der „Dritte Weg", S. 139 f. wegen angeblich fehlender Gegnerunabhängigkeit der Mitarbeitervertreter.
[41] *Pahlke*, Kirche und Koalitionsrecht, S. 219 ff.; ders. NJW 1986, 350 (354); *Vogt*, Der „Dritte Weg", S. 141 f.; zunächst auch *Dütz* EssG 18 (1984), 67 (95 ff.), aber nicht mehr aufrechterhalten in FS Listl, S. 573 (584 f.).

ist in seiner Diözese der einzige Gesetzgeber. Deshalb kann er die Gestaltung des kirchlichen Dienstes nicht auf eine von ihm unabhängige Einigungsstelle übertragen. Für die Paritätsbeurteilung ist wesentlich, daß das kirchliche Arbeitsrechtsregelungsverfahren für die Beteiligung der Arbeitnehmer Möglichkeiten eröffnet, die im Tarifvertragssystem nicht gegeben sind.[42] Im Gegensatz zu ihm kann die Arbeitgeberseite hier Regelungswünsche der Arbeitnehmer nicht schon dadurch ablehnen, daß sie sich weigert, in Verhandlungen einzutreten. Die Kompetenz der Arbeitsrechtlichen Kommission eröffnet die Möglichkeit, daß jeder Interessenkonflikt Gegenstand einer verbindlichen Schlichtung sein kann. Schon aus diesem Grund kann man das Letztentscheidungsrecht der Synode oder des Bischofs nicht als Kriterium heranziehen, um für das staatliche Recht die Gleichwertigkeit des „Dritten Weges" mit dem Tarifvertragssystem in Frage zu stellen. Die Arbeitsrechtliche Kommission regelt bei der Festlegung der Arbeitsbedingungen „nur einen Teilbereich kirchlichen Seins, ohne auf gesamtkirchliche Belange unbedingt verpflichtet zu sein".[43]

Schließlich muß man in diesem Zusammenhang beachten, daß eine dem paritätischen Verfahren nicht entsprechende Regelung nur dann vorliegt, wenn Synode oder Bischof an Stelle der Arbeitsrechtlichen Kommission eine Regelung treffen. Bei der bloßen Kassation fehlt schon die Regelung, die den Anlaß zur Beanstandung unter dem Gesichtspunkt fehlender Parität bieten kann. Bedenken kommen deshalb nur in Betracht, soweit eine Regelung tatsächlich durch das Letztentscheidungsrecht kirchenleitender Stellen zustande gekommen ist. Die bloße Möglichkeit des Letztentscheidungsrechts reicht nicht aus, um zu dem Ergebnis zu kommen, daß die Regelung nicht dem Paritätserfordernis entspricht.[44]

Die Anerkennung kirchlicher Ordnung darf nicht daran scheitern, daß im Arbeitsrechts-Regelungsverfahren den nach Kirchenrecht zuständigen Stellen Eingriffsmöglichkeiten zur Wahrung des kirchlichen Auftrags vorbehalten bleiben.[45] Die Bischöfe der katholischen Kirche haben deshalb in ihrer Erklärung zum kirchlichen Dienst vom 27. Juni 1983 zutreffend darauf aufmerksam gemacht, daß der Bischof, der die umfassende Verantwortung für das Heil der ihm anvertrauten Gläubigen trage, nicht einfach als „Arbeitgeber" verstanden werden könne.[46] Geschieht dies dennoch, weil der Staat unterstellt, daß der Bischof seine Kompetenz ausübt, um Arbeitgeberinteressen durchzusetzen, so liegt darin eine Verletzung der Verfassungsgarantie des Selbstbestimmungsrechts.

---

[42] Vgl. Rn. 12 ff.
[43] *Briza*, „Tarifvertrag" und „Dritter Weg", S. 232.
[44] So auch *Dütz* EssG 18 (1984), 67 (98); vgl. weiterhin BAGE 84, 282 (290) = AP Nr. 1 zu § 10a AVR Caritasverband.
[45] Ebenso *Pahlke* NJW 1986, 350 (354).
[46] So unter 4, abgedruckt in: Sekretariat der Deutschen Bischofskonferenz (Hrsg.), Hirtenschreiben und Erklärungen der Deutschen Bischöfe 35, 1983; vgl. auch Erklärung der deutschen Bischöfe zum kirchlichen Dienst vom 22. September 1993, unter IV. 2, abgedruckt in: Sekretariat der Deutschen Bichofskonferenz (Hrsg.), Die deutschen Bischöfe 51, 1993; weiterhin *Eder*, Tarifpartnerin Katholische Kirche?, S. 78 ff.

III. Kirchliches Arbeitsrecht und gerichtliche Übermachtkontrolle

1. Billigkeitskontrolle gegenüber vertraglichen Einheitsregelungen

28 Nach Ansicht des Bundesarbeitsgerichts haben die Arbeitsgerichte bei den vertraglichen Einheitsregelungen nicht nur die Kompetenz zur Rechtskontrolle, sondern darüber hinaus auch die Kompetenz zur inhaltlichen Billigkeitskontrolle.[47] Die Vertragsgestaltung bedürfe der gerichtlichen Überprüfung, „wenn kein Gleichgewicht der Vertragspartner einen angemessenen Vertragsinhalt gewährleistet, weil entweder die Vertragsparität gestört ist oder eine Vertragspartei aus anderen Gründen allein den Inhalt des Vertragsverhältnisses gestalten kann".[48] Da in diesem Fall die Vertragsparität keinen Interessenausgleich gewährleisten könne, dürfe der Arbeitgeber nicht nur seine Interessen verfolgen; vielmehr müsse er seinerseits auch den Interessen des Arbeitnehmers angemessen Rechnung tragen: Seine Leistungsbestimmung müsse billig und gerecht sein; ob sie dies sei, müßten die Gerichte im Streitfall nachprüfen.

29 Diese vom arbeitsrechtlichen Schutzprinzip her geforderte Inhaltskontrolle wird nicht gegenüber der Tarifautonomie ausgeübt, weil wegen der Gleichgewichtslage auf kollektiver Ebene die im Tarifvertrag erzielten Ergebnisse einer *materiellen Richtigkeitsgewähr* entsprechen.[49] Auf diesem Gedanken beruht auch, daß zwingendes Gesetzesrecht, das den Arbeitnehmern bestimmte Rechtspositionen sichert, zunehmend tarifdispositiv gestaltet wird.[50] Die durch Richterrecht geschaffenen Grenzen für den Gratifikationsrückzahlungsvorbehalt sind nach Auffassung des Bundesarbeitsgerichts ebenfalls tarifdispositiv, weil bei einer tarifvertraglichen Regelung für den Interessenausgleich eine materielle Richtigkeitsgewähr besteht.[51]

2. Rechtsprechung des Bundesarbeitsgerichts

a) Ältere Judikatur

30 Die Arbeitsvertragsordnungen und Arbeitsvertragsrichtlinien der Kirchen und ihrer diakonischen und karitativen Verbände sind keine Tarifverträge. Das Bundesarbeitsgericht sah in ihnen zunächst nur „eine von der Arbeitgeberseite einseitig ausgestaltete vertragliche Einheitsregelung", die es hinsicht-

---

[47] Vgl. BAGE 23, 160 (163 f.) = AP Nr. 1 zu § 305 BGB Billigkeitskontrolle; BAG AP Nr. 2 zu § 305 BGB Billigkeitskontrolle; ausführlich *Richardi*, FS zum 100 jährigen Bestehen des Deutschen Arbeitsgerichtsverbandes, S. 537 (548 ff.).
[48] BAGE 23, 160 (163) = AP Nr. 1 zu § 305 BGB Billigkeitskontrolle.
[49] Vgl. BAGE 22, 252 (167) = AP Nr. 142 zu § 242 BGB Ruhegehalt; BAGE 28, 14 (20) = AP Nr. 40 zu § 242 BGB Gleichbehandlung.
[50] S. § 8 Rn. 2 ff.
[51] BAGE 18, 217 (221 f.) = AP Nr. 54 zu § 611 BGB Gratifikation; BAG AP Nr. 57 zu § 611 BGB Gratifikation.

lich der Vertragsinhaltskontrolle „sonstigen vertraglichen Einheitsregelungen" gleichstellte.⁵² Ausdrücklich hob es die Verschiedenheit zu den Tarifverträgen hervor, die es keiner Billigkeitskontrolle unterzieht, so daß bei gleicher Regelung dennoch Gleiches nicht für einzelvertraglich wirkende Einheitsregelungen gelten könne, wie sie die kirchlichen Arbeitsvertragsrichtlinien darstellen.⁵³

Das Bundesarbeitsgericht stützt die Befugnis zur richterlichen Vertragskontrolle auf eine *Störung der Vertragsparität*. Folgt man dieser Beurteilung, so muß auch ein kirchlicher Arbeitgeber sie gegen sich gelten lassen. Eine Besonderheit ergibt sich hier aber bereits daraus, daß der kirchliche Dienst vom Leitbild einer Dienstgemeinschaft beherrscht wird, für die nach dem bekenntnismäßigen Verständnis der Kirche das *Gebot der Lohngerechtigkeit* gilt.⁵⁴ Ein kirchlicher Arbeitgeber muß auch dann, wenn er wegen fehlender Vertragsparität seine Interessen durchsetzen kann, auf Grund des kirchlichen Selbstverständnisses seine Leistungsbestimmung billig und gerecht treffen. Für die Inanspruchnahme einer Vertragskontrolle darf diese Besonderheit nicht völlig unbeachtet bleiben. Hält ein Arbeitgeber sich an die Regelungen, die im kirchlichen Arbeitsrechtsregelungsverfahren festgelegt wurden, so kann eine Vertragskontrolle nicht darauf gestützt werden, daß er einseitig Marktchancen zu seinen Gunsten wahrgenommen hat. Die kirchlichen Arbeitsvertragsordnungen sind unter dem Gebot der Lohngerechtigkeit ergangen und dürfen deshalb nicht bloß als Produkt eines Marktresultates gewertet werden.

Auf der anderen Seite wird, sofern man überhaupt eine richterliche Vertragskontrolle anerkennt, ein kirchlicher Arbeitgeber nicht schon deshalb ausgenommen, weil innerkirchlich das Gebot der Lohngerechtigkeit gilt. Da jedoch die Vertragskontrolle damit begründet wird, daß eine Gleichgewichtslage zwischen den Vertragsparteien fehlt, ist für sie wesentlich, wie die *Verfahrensordnung* gestaltet ist, durch die eine Regelung der Arbeitsbedingungen im Bereich der Kirche und ihrer Einrichtungen erfolgt.⁵⁵ Mit der Verfassungsgarantie des kirchlichen Selbstbestimmungsrechts ist es unvereinbar, die Kirchen allein auf den Tarifvertrag zu verweisen. Es fällt vielmehr in ihre Regelungsautonomie, ob sie Tarifverträge abschließen oder ein eigenständiges Arbeitsrechts-Regelungsverfahren schaffen, um eine paritätische Beteiligung der Arbeitnehmer zu ermöglichen. Werden Arbeitsvertragsordnungen und Arbeitsvertragsrichtlinien in einem kirchlichen Arbeitsrechtsregelungsverfahren durch eine paritätisch besetzte Kommission festgelegt, so verstößt es gegen die Verfassungsgarantie des Selbstbestimmungsrechts, wenn staatli-

---

⁵² So vor allem BAGE 28, 14 (21) = AP Nr. 40 zu § 242 BGB Gleichbehandlung; s. auch die Nachweise in Fn. 6.
⁵³ BAGE 28, 14 (20).
⁵⁴ S. § 4 Rn. 6 ff.
⁵⁵ Vgl. *Richardi*, Anm. zu BAG vom 3. 2. 1976 – 1 ABR 59/75, AR-Blattei, Kirchenbedienstete: Entsch. 9; *ders.*, FS 25 Jahre BAG, S. 429 (441 f.); ebenso *Dütz*, in: Arbeitshilfen zu den Richtlinien für Arbeitsverträge in den Einrichtungen des Deutschen Caritasverbandes, 1980, S. 21 (27); *ders.* EssG 18 (1984), 67 (97 f.); *Grethlein/Spengler* BB Beil. 10/1980, 15; *Thüsing* RdA 1997, 163 (170).

che Gerichte eine Inhaltskontrolle ausüben, auf die sie gegenüber Tarifverträgen verzichten.[56]

b) Neuere Judikatur

33 Das Bundesarbeitsgericht hat seine Judikatur zur gerichtlichen Billigkeitskontrolle gegenüber einer kirchlichen Arbeitsvertragsordnung im Urteil vom 17. April 1996 modifiziert.[57] Die Festlegung der Arbeitsbedingungen durch eine Arbeitsrechtliche Kommission behandelt es nicht mehr als eine von der Arbeitgeberseite einseitig ausgestaltete vertragliche Einheitsregelung, sondern es sieht in der Kommission einen Dritten i. S. des § 317 Abs. 1 BGB. Die Einordnung scheitere nicht daran, daß es sich bei der Arbeitsrechtlichen Kommission um eine kraft Kirchengesetzes durch den Arbeitgeber eingesetzte Institution handele, die durch ein entsprechendes Kirchengesetz auch wieder abgeschafft bzw. bezüglich ihrer paritätischen Besetzung oder Unabhängigkeit grundlegend verändert werden könnte. Entscheidend sei allein, daß die Arbeitsvertragsordnung nur durch die paritätisch besetzte, an Weisungen nicht gebundene Arbeitsrechtliche Kommission geändert werden könne. Mangels Anhaltspunkten für eine anderweitige Vereinbarung der Arbeitsvertragsparteien sei nach § 317 Abs. 1 BGB davon auszugehen, daß die Arbeitsrechtliche Kommission ihre Leistungsbestimmung nach billigem Ermessen zu treffen habe. Diese Einordnung unter § 317 BGB hat im Gegensatz zu einer Heranziehung des § 315 BGB zur Folge, daß die getroffene Bestimmung durch die Arbeitsrechtliche Kommission für die Vertragschließenden nur dann nicht verbindlich ist, „wenn sie offenbar unbillig ist" (§ 319 Abs. 1 Satz 1 BGB).

34 Aber auch dieser Rückgriff auf § 317 BGB ist problematisch, da Tarifverträge nicht derselben Kontrolldichte unterliegen.[58] Das Bundesarbeitsgericht hat deshalb im Urteil vom 6. November 1996 davon abgesehen, eine Billigkeitskontrolle auf § 317 BGB zu stützen.[59] Es nimmt vielmehr an, daß für die Inhaltskontrolle kirchlicher Arbeitsvertragsrichtlinien die für Tarifverträge geltenden Maßstäbe heranzuziehen seien, und hat diese Auffassung im Urteil vom 28. Januar 1998 bestätigt.[60] In beiden Fällen hatte die jeweils zuständige Arbeitsrechtliche Kommission Regelungen des Bundes-Angestelltentarifvertrags (BAT) übernommen. Wegen dieser Fallkonstellation ließ es daher offen, ob eine Billigkeitskontrolle in den Fällen angemessen ist, in denen es nicht um die Übernahme tarifvertraglicher Regelungen geht oder diese nur ihrer Struktur nach, nicht aber ihren materiellen Werten nach „übernommen" werden. Darauf beruht seine Feststellung, daß für die Inhaltskontrolle der Arbeitsvertragsrichtlinien in den entschiedenen Fällen die für Tarifverträge geltenden Maßstäbe heranzuziehen seien, soweit in ihnen

---

[56] Ebenso *Grethlein*, FS Hauptverband kirchlicher Mitarbeiter im Bereich der Evangelischen Kirche in Deutschland, S. 38 (62); *Richardi*, FS 25 Jahre BAG, S. 429 (441 f.); *Spengler* NZA 1987, 833 (838).
[57] AP Nr. 24 zu § 611 BGB Kirchendienst mit abl. Anm. von *Thüsing*.
[58] Ebenso *Thüsing*, Anm. zu BAG AP Nr. 24 zu § 611 BGB Kirchendienst.
[59] BAGE 84, 282 (291) = AP Nr. 1 zu § 10a AVR Caritasverband.
[60] BAG AP Nr. 11 zu § 12 AVR Caritasverband; vgl. auch *Dütz*, FS Listl, S. 573 (577 ff.).

die Tarifvertragsregelungen ganz oder mit im wesentlichen gleichen Inhalten übernommen würden.

Demnach bleibt offen, ob in den anderen Fällen eine Billigkeitskontrolle 35 angemessen ist. Beachtenswert ist aber immerhin, daß sich das Bundesarbeitsgericht nicht mehr an § 315 BGB orientiert, sondern hier auf § 317 BGB zurückgreift, so daß für den Fall, daß eine Billigkeitskontrolle überhaupt Anerkennung finden sollte, die getroffene Bestimmung für die Arbeitsvertragsparteien nur dann nicht verbindlich ist, „wenn sie offenbar unbillig ist" (§ 319 Abs. 1 Satz 1 BGB).

3. Gerichtliche Vertragskontrolle gegenüber im Verfahren des „Dritten Weges" festgelegten Arbeitsvertragsrichtlinien

a) Verschiedenheit der Formen richterlicher Vertragskontrolle

Das Bundesarbeitsgericht hat zwar in einer Vielzahl von Fällen die Rechts- 36 wirksamkeit arbeitsvertraglicher Klauseln zugunsten der Arbeitnehmer durch eine Inhaltskontrolle eingeschränkt und dadurch den vertraglichen Gestaltungsmöglichkeiten der Arbeitgeber Grenzen gesetzt.[61] Für sie gibt es aber keine juristische Einheitsformel. Bereits die richterliche Vertragsauslegung kann man als Vertragskontrolle bezeichnen, darf dabei aber nicht übersehen, daß nicht die Geltung des Vertragsinhalts einer Nachprüfung unterzogen wird, sondern es ausschließlich um die Feststellung des arbeitsvertraglichen Erklärungsgehalts geht. Das Bundesarbeitsgericht unterzieht typische Vertragsabreden einer Revisionskontrolle.[62] Insoweit gilt Gleiches wie für Tarifnormen auch für die kirchlichen Arbeitsvertragsrichtlinien.

Von der Vertragsauslegung muß man die Kontrolle über den Vertragsin- 37 halt scharf trennen. Sie ist, soweit es um Rechtsanwendung geht, die Subsumtion unter vorgegebene Normen. Die gerichtliche Kontrolle des Vertragsinhalts kann keine Billigkeitskontrolle sein; sie ist nichts anderes als *Rechtskontrolle*. Nur zu ihr, nicht aber zur Ersetzung der Vertragsregelung durch eine von ihm für richtig gehaltene Regelung ist der Richter berufen. Soweit Vertragsfreiheit besteht, unterliegt nicht der Fremdbestimmung eines Dritten, ob die Vertragschließenden im konkreten Fall vernünftig gehandelt haben. Auch das Fehlen einer tatsächlichen Chancengleichheit im konkreten Fall läßt keinen typischen Schluß auf einen unbilligen Vertragsinhalt zu.[63] Soweit man eine Sonderkontrolle einseitig aufgestellter Vertragsbedingungen bei vertragseinheitlicher Regelung auf eine Störung der Vertragsparität stützt, ist die Argumentation nicht stimmig; denn sieht man für sie als entscheidend an, daß nur bei einem tatsächlichen Gleichgewicht der Vertragsschluß eine materielle Richtigkeitsgewähr bietet, so muß man in die Beurteilung einbeziehen, daß das *Gewicht* der Arbeitnehmerseite bei einheitlichen Bedingungen im allgemeinen größer ist als bei einer individuellen Festle-

---

[61] Vgl. MünchArbR/*Richardi*, § 14 Rn. 40 ff.
[62] So bereits BAG AP Nr. 1 und 4 zu § 549 ZPO; vgl. *Richardi*, FS zum 100 jährigen Bestehen des Deutschen Arbeitsgerichtsverbandes, S. 537 (538 ff.).
[63] Ebenso *Coester-Waltjen* AcP 190 (1990), 1 (20 f.).

gung.⁶⁴ Der Sache nach kann es also nur darum gehen, daß für die rechtliche Überprüfung von Einheitsarbeitsbedingungen die für die Kontrolle von Allgemeinen Geschäftsbedingungen entwickelten allgemeingültigen Prinzipien gelten, obwohl das AGB-Gesetz bei Verträgen auf dem Gebiet des Arbeitsrechts keine Anwendung findet (§ 23 Abs. 1 AGB-Gesetz).

38   Keine Vertragsinhaltsschranke ergibt sich dagegen aus § 315 BGB. Diese Bestimmung ist vielmehr nur eine Auslegungsregel. Gleichen Charakter hat § 317 BGB, der für den Fall gilt, daß die Bestimmung der Leistung einem Dritten überlassen ist. § 319 Abs. 2 BGB ordnet daher auch an, was für den Fall zu gelten hat, wenn der Dritte die Bestimmung nach „freiem Belieben" treffen soll.

b) Tarifsurrogat kirchlicher Arbeitsvertragsrichtlinien

39   Durch den „Dritten Weg" sichern die Kirchen das Verhandlungsgleichgewicht ihrer abhängig beschäftigten Mitarbeiter (vgl. Art. 7 Abs. 1 Satz 1 GrOkathK). Dieser Zielsetzung dient es, daß Rechtsnormen für den Inhalt der Arbeitsverhältnisse durch Beschlüsse von Kommissionen zustande kommen, die mit Vertretern der Dienstgeber und Vertretern der Mitarbeiter paritätisch besetzt sind (vgl. Art. 7 Abs. 1 Satz 2 GrOkathK). Bei diesen Kommissionen handelt es sich nicht um einen Dritten i.S. des § 317 BGB, sondern um ein kollektiv geordnetes Beteiligungsverfahren zur Herbeiführung eines Interessenausgleichs nach dem Prinzip der Vertragsgerechtigkeit.⁶⁵ Darauf beruht, daß kirchliche Arbeitsvertragsrichtlinien keiner grundsätzlich anderen Inhaltskontrolle zu unterziehen sind, als sie bei Tarifverträgen vorzunehmen ist. Entscheidend kann auch nicht sein, ob eine tarifvertragliche Regelung übernommen wird, sondern maßgebend ist allein die verfahrensmäßige Sicherung eines Verhandlungsgleichgewichts. Wie das Bundesarbeitsgericht zutreffend ausführt, beruht auch die materielle Richtigkeitsgewähr tarifvertraglicher Regelung nicht primär darauf, daß den Tarifvertragsparteien das Mittel des Arbeitskampfs zur Verfügung steht, sondern darauf, daß sie als gleichgewichtig durchsetzungsfähig angesehen werden.⁶⁶ Diese zuletzt genannte Voraussetzung ist aber, wie das Bundesarbeitsgericht feststellt, „innerhalb der Arbeitsrechtlichen Kommissionen bei den Kirchen gleichermaßen gegeben".⁶⁷ Deren paritätische Besetzung und die Weisungsunabhängigkeit ihrer Mitglieder gewährleiste, daß keine der beiden Seiten das Übergewicht erreichen könne. Schließlich ist nach Meinung des Bundesarbeitsgerichts eine Gleichstellung mit den Tarifverträgen auch deshalb geboten, weil der Gesetzgeber Arbeitsvertragsrichtlinien der Kirchen immer häufiger im selben Umfang wie Tarifverträge, soweit er tarifdispositives Recht setze, respektiere, indem er insoweit eine Abänderbar-

---

⁶⁴ So zutreffend *Zöllner* RdA 1989, 152 (156).
⁶⁵ Ebenso *Thüsing* RdA 1997, 163 (170); weiterhin *Dütz*, FS Listl, S. 573 (576 f.); *Jurina*, FS Listl, S. 519 (541 f.).
⁶⁶ BAGE 84, 282 (290) = AP Nr. 1 zu § 10a AVR Caritasverband.
⁶⁷ BAGE 84, 282 (290).

keit der gesetzlichen Regelung im selben Maß zulasse wie durch Tarifverträge.[68]

Für eine Vertragskontrolle i.S. einer Angemessenheitskontrolle, wie sie 40
gegenüber einseitig vom Arbeitgeber vorformulierten Vertragsbedingungen
gilt, fehlen also die tatsächlichen Voraussetzungen. Die kirchlichen Ordnungen bei Festlegung in dem kircheneigenen Arbeitsrechts-Regelungsverfahren
dürfen wegen der Beteiligung der Arbeitnehmerseite nicht mit den vom
Arbeitgeber einseitig festgelegten vertraglichen Einheitsregelungen auf eine
Stufe gestellt werden, sondern ausschlaggebend ist, daß die Kirchen durch
die Ausübung ihres Selbstbestimmungsrechts im Verfahren des „Dritten
Weges" eine Form paritätischer Beteiligung ihrer Arbeitnehmer eingeführt
haben. Außerdem begrenzt ein Gesetz die Befugnis der Kirchen zur Regelung
ihrer Angelegenheiten nur, soweit es i.S. des Schrankenvorbehalts in
Art. 140 GG i.V. mit Art. 137 Abs. 3 WRV zu dem für alle geltenden Gesetz gehört.

IV. Gleichstellung mit dem Tarifvertrag bei einer Abweichung von zwingendem Gesetzesrecht

1. Gesetze mit Kirchenklauseln

Arbeitsgesetze aus letzter Zeit gestatten, soweit sie tarifdispositiv gestaltet 41
sind, den Kirchen und öffentlich-rechtlichen Religionsgesellschaften wie den
Tarifvertragsparteien, in ihren Regelungen von den Gesetzesvorschriften
abzuweichen. Eine derartige Bestimmung enthalten § 6 Abs. 3 BeschFG,
§ 7 Abs. 4 ArbZG und § 21 a Abs. 3 JArbSchG. Der Gesetzgeber trägt damit den besonderen kirchlichen Systemen zur Regelung des Arbeitsrechts
Rechnung.[69] Den Tarifverträgen sind daher die Regelungen gleichgestellt,
die im kircheneigenen Arbeitsrechtsregelungsverfahren erlassen sind. Daß
der Gesetzgeber die Regelungsbefugnis nur den Kirchen und öffentlich-rechtlichen Religionsgesellschaften eingeräumt hat, bedeutet nicht, daß die
Öffnungsklauseln im karitativ-diakonischen Bereich keine Anwendung
finden.[70] Auch in den rechtlich verselbständigten Einrichtungen der Caritas
und der Diakonie kann von den Gesetzesvorschriften durch die im Regelungsverfahren des „Dritten Weges" zustande gekommenen Bestimmungen abgewichen werden; denn auch das Arbeitsrechtsregelungsverfahren im
Bereich der Caritas und der Diakonie ist ein Regelungsverfahren der Kirche.[71]

---

[68] BAGE 84, 282 (291).
[69] S. § 8 Rn. 13 ff.
[70] S. § 8 Rn. 18.
[71] Ebenso *Jurina* NZA Beil. 1/1986, 15 (17 f.); zu § 6 Abs. 3 BeschFG BAGE 66, 314 (319 f.) = AP Nr. 12 zu § 2 BeschFG 1985; zu § 7 Abs. 4 ArbZG die Begründung des RegEntw., BT-Drucks. 12/5888 S. 28.

2. Gesetze ohne Kirchenklauseln

42 Die Mehrzahl der tarifdispositiven Gesetze enthält keine ausdrückliche Öffnungsklausel für die Kirchen und die öffentlich-rechtlichen Religionsgesellschaften. Aber auch für sie muß gelten, daß die Arbeitsvertragsrichtlinien den Tarifverträgen gleichzustellen sind.[72] Da die Arbeitsvertragsordnungen der Kirchen nicht vom Arbeitgeber einseitig gesetzt sind, sondern in einem Verfahren zustande kommen, bei dem die Arbeitnehmer im wesentlichen paritätisch mitwirken, ergibt sich aus der Verfassungsgarantie des Selbstbestimmungsrechts das Gebot zur Gleichstellung mit den Tarifverträgen.[73]

V. Rechtsgeltung der im Arbeitsrechtsregelungsverfahren festgelegten Regelungen

1. Problem des Vorrangs des Einzelarbeitsvertrags

43 Problematisch ist, wie die von der Arbeitsrechtlichen Kommission beschlossenen bzw. sonst im Arbeitsrechtsregelungsverfahren festgelegten Arbeitsvertragsordnungen für das einzelne Arbeitsverhältnis Verbindlichkeit erlangen. Herrschend ist die Vorstellung, daß es einer arbeitsvertraglichen Einbeziehungsabrede bedarf.[74] Man sieht darin zugleich eine Schwäche des von den Kirchen bevorzugten „Dritten Weges". Die in diesem Arbeitsrechtsregelungsverfahren festgelegten Arbeitsvertragsordnungen sind keine Tarifverträge. Daher gilt für sie nicht die normative Wirkung eines Tarifvertrags. Da die Tarifgeltung aber beiderseitige Tarifgebundenheit voraussetzt (§ 3 Abs. 1 TVG), muß die Hoffnung enttäuscht werden, daß durch die Wahl des „Zweiten Weges" arbeitsrechtliche Regelungen *normativ* für alle Arbeitnehmer im kirchlichen Dienst festgelegt werden können; denn die Kirchenleitungen haben nicht die Kompetenz, Tarifverträge in ihrem Bereich für allgemeinverbindlich zu erklären. Der „Zweite Weg" löst daher nicht das *Rechtsgeltungsproblem*; es bestehen vielmehr die gleichen rechtsdogmatischen Schwierigkeiten wie beim „Dritten Weg".

2. Rechtsgeltung in Anlehnung an § 4 TVG und § 77 Abs. 4 BetrVG

44 Für die Rechtsgeltung der im kirchlichen Arbeitsrechtsregelungsverfahren erlassenen Dienstvertragsordnungen besteht keine ausdrückliche Gesetzesbe-

---

[72] Vgl. ArbG Berlin und LAG Berlin AP Nr. 19 zu Art. 140 GG mit Anm. von *Pahlke* – ohne Stellungnahme in der Revisionsentscheidung, weil nach Ansicht des BAG die Höhe der Vergütung eines Angestellten im Krankheitsfall auch durch Tarifvertrag nicht beschränkt werden kann, BAGE 54, 308 = AP Nr. 1 zu § 20 a AVR Diakonisches Werk; offengelassen von BAG AP Nr. 1 zu § 7 AVR Caritasverband; wie hier RGRK/*Gehring* § 630 Anh. III Rn. 171 ff.; *Thüsing* RdA 1997, 163 (168 ff.).

[73] Vgl. vor allem auch *Pahlke*, Anm. zu ArbG Berlin und LAG Berlin AP Nr. 19 zu Art. 140 GG.

[74] S. Fn. 7.

stimmung über ihre unmittelbare und zwingende Wirkung, wie sie für den Tarifvertrag in § 4 TVG und für die Betriebsvereinbarung in § 77 Abs. 4 BetrVG enthalten ist. Die Einfügung in das staatliche Arbeitsrecht ist daher insoweit rechtsdogmatisch noch heftig umstritten. Rechtsprechung und Lehre sehen das Problem nahezu ausschließlich unter dem Blickwinkel der *Kompetenz zur Rechtsetzung*. Vermißt wird eine dem § 4 TVG und § 77 Abs. 4 BetrVG entsprechende Gesetzesbestimmung.[75] Ein Teil des Schrifttums stützt deshalb die unmittelbare und zwingende Wirkung von Dienstvertragsordnungen unmittelbar auf die Verfassungsgarantie des Selbstbestimmungsrechts.[76] *Jürgens* entnimmt der Verfassungsgarantie, daß der kirchliche Gesetzgeber berechtigt sei, die unmittelbare und zwingende Wirkung der Arbeitsvertragsrichtlinien entsprechend den Bestimmungen des Tarifvertragsgesetzes anzuordnen, weil sie das kirchliche Pendant zum Tarifvertrag seien und daher eine entsprechende kirchengesetzliche Anordnung der Herstellung einer praktischen Konkordanz von staatlichem und kirchlichem Arbeitsrecht diene.[77] *Dütz* ist dagegen der Auffassung, daß bereits auf Grund der kollektiven kirchlichen Arbeitsrechtsregelungen die Arbeitsverhältnisse kirchlicher Arbeitnehmer mit normativer Wirkung erreicht würden.[78] Dies ergebe sich allerdings nicht aus der Verfassungsgarantie des Selbstbestimmungsrechts, sondern Ermächtigungsgrundlage seien insoweit „die Verfassungsrecht ausführenden und jedenfalls analog heranzuziehenden §§ 112 BPersVG, 118 Abs. 2 BetrVG sowie die in neuen Arbeitsrechtsgesetzen enthaltenen Kirchenklauseln".[79]

Diesen Auffassungen liegt eine *öffentlich-rechtliche Sicht* der Rechtsbildung zugrunde. Daher wird nicht einmal der Versuch gemacht, das kirchliche Arbeitsrechtsregelungsverfahren mit den Rechtsgrundlagen privatautonomer Gestaltung in Beziehung zu setzen, um auf diesem Weg die normative Wirkung der Arbeitsvertragsordnungen des „Dritten Weges" auf Arbeitsverhältnisse im kirchlichen Dienst rechtsdogmatisch zu begründen. Die Verfassungsgarantie des Selbstbestimmungsrechts zwingt den Staat nicht dazu, jede Regelung einer eigenen Angelegenheit durch eine Religionsgesellschaft als *Recht* innerhalb des staatlich geordneten Bereichs anzuerkennen. Für die Rechtsgeltung der kirchlichen Arbeitsvertragsordnungen muß man in die Beurteilung einbeziehen, daß die Verfassungsgarantie keine Freistellung von den Grundsätzen der Zivilrechtsordnung darstellt. Sie ist zwar der Grundstein, aber nicht der einzige Baustein für das juristische Gebäude des Staatskirchenrechts. Insbesondere darf man nicht aus dem Blickfeld verlieren, daß es bei der Rechtsgeltung der Arbeitsvertragsordnungen vor allem um die Wahrnehmung des *eigenen Weges* geht, der den Kirchen bei der Regelung ihrer Arbeitsverhältnisse *innerhalb des staatlich geordneten Bereichs* zusteht.

45

---

[75] BAG AP Nr. 1 zu § 7 AVR Caritasverband, unter III 1 b der Gründe.
[76] So vor allem *Pahlke*, Kirche und Koalitionsrecht, S. 235 ff.; *ders.* NJW 1986, 350 (354 f.); *v. Campenhausen* EssG 18 (1984), 9 (31).
[77] *Jürgens*, Normative Tragweite des kirchlichen Selbstsbestimmungsrechts, S. 115 ff.
[78] FS Schaub, S. 157 ff.
[79] *Dütz*, FS Schaub, S. 157 (172); *ders.*, FS Listl, S. 573 (582 f.); zust. *Jurina*, FS Listl, S. 519 (541).

3. Rechtsgeltungsproblem bei Tarifvertrag und Betriebsvereinbarung

46 Für die Beantwortung der Frage, ob die Arbeitsvertragsordnungen des „Dritten Weges" für die Arbeitsverhältnisse im kirchlichen Dienst unmittelbare und zwingende Wirkung entfalten, enthält die Diskussion zur Rechtsgeltungsproblematik des Tarifvertrags reiches Anschauungsmaterial. Man darf ihnen nicht kurzschlüssig gleiche Rechtsqualität und gleiche Rechtswirkungen zuweisen, um die positivrechtliche Regelung des § 4 TVG entsprechend anwenden zu können. Man hat hier vielmehr insbesondere schon die Verschiedenheit der Legitimation zu beachten, die eine Tarifgeltung auf die beiderseits tarifgebundenen Arbeitsvertragsparteien beschränkt. Der Vorrang der Betriebsvereinbarung vor arbeitsvertraglicher Gestaltung war bis zum Betriebsverfassungsgesetz 1972 überhaupt nicht im Gesetzesrecht verankert und hatte dennoch bereits Anerkennung gefunden.[80] Die Anerkennung der Rechtsgeltung durch die staatlichen Gesetzesbestimmungen ist nichts anderes als die Klarstellung einer bereits mit der Zulassung des Regelungsverfahrens sachlich begründeten Rechtsfolge.

47 Da der Tarifvertrag seine mit der Anerkennung der Koalitionsfreiheit intendierte Schutzfunktion für den einzelnen Arbeitnehmer nur erfüllen kann, wenn er gegenüber arbeitsvertraglichen Regelungen den Vorrang genießt, wurden seine Normen mit unmittelbarer und zwingender Wirkung ausgestattet. Für die Privatrechtsordnung lag die entscheidende Weichenstellung in der Anerkennung der Tarifverträge als rechtsverbindliche Normenverträge. Die Festlegung einer normativen Wirkung durch die Tarifvertragsverordnung vom 23. Dezember 1918 hat den Tarifvertrag nur mit der *richtigen Form* gekrönt, nachdem die Vertragsfreiheit des bürgerlichen Rechts und die Anerkennung der Koalitionsfreiheit ihn bereits als *Rechtsinstitut des Koalitionsverfahrens* ermöglicht hatten.[81]

48 Die Betriebsvereinbarung verdankt noch mehr als der Tarifvertrag ihre Anerkennung als Rechtsinstitut der Rechtswissenschaft, obwohl sie im Gegensatz zum Tarifvertragssystem ihr Vorhandensein ausschließlich auf ein Gesetz zurückführt, die Gesetzesregelung der Betriebsverfassung. Für die verschiedenen Formen eines Arbeitsnormenvertrags mit dem Betriebsrat, wie das Betriebsrätegesetz vom 4. Februar 1920 sie bereits enthielt, prägte *Georg Flatow* in der ersten rechtsdogmatischen Abhandlung, die diesem Rechtsinstitut überhaupt gewidmet ist, den Begriff der Betriebsvereinbarung.[82] Obwohl keine Gesetzesvorschrift bestand, hat er schon in dieser 1921 unter dem Titel „Betriebsvereinbarung und Arbeitsordnung" veröffentlichten Monographie die Rechtswirkungen der Betriebsvereinbarung auf das Einzelarbeitsverhältnis so herausgearbeitet, wie es heute weitgehend dem geltenden Gesetzesrecht entspricht. Die Begründung, die *Flatow* für sie gab, verdient dabei vor allem Beachtung, weil sich aus ihr zugleich ergibt, was man von

---

[80] Vgl. für viele *Dietz*, BetrVG, 4. Aufl. 1967, § 52 Rn. 33 ff.
[81] Vgl. *Richardi*, Kollektivgewalt und Individualwille, S. 95.
[82] *Flatow*, Betriebsvereinbarung und Arbeitsordnung, 1921, 2. Aufl. 1923.

der Gesetzgebung nicht erwarten darf, sondern Aufgabe der Rechtswissenschaft ist: Wie beim Tarifvertrag der Wille der freigebildeten Organisationen, den nach langem Kampf in Wissenschaft und Praxis der Gesetzgeber zur unabdingbaren Norm der Einzelarbeitsverträge gemacht habe, so könne auch bei der Betriebsvereinbarung das Ziel des Gesetzes, das der zur Einheit zusammengefaßten Arbeitnehmerschaft jedes Betriebs das Recht auf Abschluß einer Betriebsvereinbarung über die allgemeinen Arbeitsbedingungen verleihe, nur sein, diese Normenvereinbarung ebenfalls gegenüber etwaigen Abreden der isolierten einzelnen Arbeitnehmer unabdingbar zu machen.[83]

Flatow sah als entscheidend an, daß die gesetzlichen Sicherungen für die Mitglieder des Betriebsrats sie zu möglichst unabhängigen Vertretern der Arbeitnehmerinteressen gegenüber dem Arbeitgeber machen sollen. Mit dieser Stellung wäre es, wie er sagte, „unvereinbar, wenn ein einzelner wirksam eine im Verhältnis zur Betriebsvereinbarung ungünstigere Abrede treffen könnte".[84] Dagegen soll es mit der Abdingbarkeit zugunsten des Arbeitnehmers anders stehen; denn aus den gleichen Gründen, aus denen von jeher im Tarifrecht zugunsten des Arbeitnehmers vom Tarifvertrag abweichende Einzelverträge für wirksam gälten, müsse man solche Abreden auch gegenüber der Betriebsvertretung für statthaft halten.[85] So sei es undenkbar, daß eine Erhöhung des Urlaubs durch Einzelvertrag wohl gegenüber dem Tarifvertrag, aber nicht gegenüber einer die Urlaubsregelung enthaltenden Betriebsvereinbarung möglich sein sollte. Auch noch § 77 Abs. 4 BetrVG hat nicht ausdrücklich das Günstigkeitsprinzip geregelt, und dennoch hat der Große Senat des Bundesarbeitsgerichts anerkannt, daß die gesetzliche Regelung durch das Günstigkeitsprinzip ergänzt wird.[86] 49

4. Schlußfolgerung aus paralleler Beurteilung

Soweit die Kirchen berechtigt sind, die Arbeitsverhältnisse ihrer Mitarbeiter durch eine kircheneigene Ordnung zu regeln, kann daher die Geltungsproblematik im Prinzip nicht anders gelöst werden als bei einem Tarifvertrag.[87] Die Frage nach Rechtsqualität und Rechtswirkungen der im kirchlichen Arbeitsrechtsregelungsverfahren geschaffenen Arbeitsvertragsordnungen läßt sich nicht durch Ausschau nach einer besonderen Gesetzesvorschrift beantworten. Maßgebend ist vielmehr allein, daß mit dem kirchlichen Arbeitsrechts-Regelungssystem für den kirchlichen Bereich eine Arbeitsverfassung geschaffen wird, in die der individuelle Vertrag eingebettet ist, um die Funktionsfähigkeit einer rechtsgeschäftlichen Ordnung der Arbeitsverhältnisse im kirchlichen Bereich zu gewährleisten. Wie die kirchliche Ordnung beschaffen ist, fällt unter die Verfassungsgarantie des Selbstbestimmungsrechts. Da die Selbstbestimmung aber nur in den Schranken des für alle geltenden Gesetzes 50

---

[83] *Flatow* (Fn. 82), S. 67f.
[84] *Flatow* (Fn. 82), S. 68.
[85] *Flatow* (Fn. 82), S. 68.
[86] BAGE 53, 42ff. und 63, 211ff. = AP Nr. 17 und 46 zu § 77 BetrVG 1972.
[87] Vgl. auch *Thüsing* RdA 1997, 163 (167f.).

gewährleistet wird, ist für das Verhältnis zur staatlichen Gesetzesregelung von nicht unerheblicher Bedeutung, ob hinter der in einer kirchlichen Einrichtung praktizierten Ordnung die Kirche steht. Der Staat braucht nicht jeder Religionsgesellschaft zu gestatten, was nur die Kirchen sinnvoll zu erfüllen vermögen. Die neuen Arbeitsgesetze stellen daher in ihren Öffnungsklauseln den Tarifvertragsparteien nur die kirchlichen und die öffentlich-rechtlichen Religionsgemeinschaften gleich.[88] Nur deren Ordnung, nicht die Ordnung jeder beliebigen Religionsgesellschaft genießt Vorrang. Darin liegt kein Verstoß gegen die Verfassungsgarantie des Selbstbestimmungsrechts. Soweit es um die rechtlich selbständigen Einrichtungen der Kirche geht, wird nur verhindert, daß in ihnen statt der kirchlichen eine *hausgemachte Ordnung* gilt.

51 Daraus sind die Konsequenzen für die Lösung der Rechtsgeltungsproblematik zu ziehen. Es geht insoweit nicht um das politische, sondern um das *technische Element* des Rechts, um die Unterscheidung aufzugreifen, die *Savigny* seiner berühmten Schrift „Vom Beruf unserer Zeit für Gesetzgebung und Rechtswissenschaft" 1814 zugrunde gelegt hat. Für das technische Element fehlt der Gesetzgebung die besondere Kompetenz; sie hat insoweit keinen anderen Beruf als die Rechtswissenschaft.

52 Soweit die Kirchen durch Mitarbeitervertretungsgesetz für ihren Bereich eine Betriebsverfassung schaffen, bestehen deshalb keine Bedenken dagegen, Vereinbarungen mit der Mitarbeitervertretung mit den gleichen Rechtswirkungen wie eine Betriebsvereinbarung auszustatten, die unmittelbar und zwingend gilt (§ 77 Abs. 4 BetrVG). Nicht so einfach läßt sich das Rechtsgeltungsproblem lösen, soweit es um die Arbeitsvertragsordnungen des „Dritten Weges" geht; denn für sie spielt eine Rolle, daß die Ordnungsgrundsätze der Zivilrechtsordnung nicht zur Disposition des kirchlichen Selbstbestimmungsrechts stehen. Auch für die unmittelbare und zwingende Wirkung der Tarifnormen ist ausschlaggebend, daß die Regelungsmacht der Tarif-vertragsparteien durch einen individualrechtlichen Unterwerfungsakt legitimiert wird, der in dem Verbandsbeitritt zu dem tarifschließenden Verband liegt.[89]

5. Zivilrechtliche Begründung einer normativen Wirkung

53 Bei Abschluß eines Arbeitsvertrags haben die Kirchen gegenüber den Vertragsparteien kein Normsetzungsrecht *von oben* her. Für die Geltung der im Arbeitsrechtsregelungsverfahren erlassenen Arbeitsvertragsordnungen ist die Rechtslage vergleichbar mit der Problemkonstellation, die bestünde, wenn es die Bestimmungen der §§ 4 TVG und 77 Abs. 4 BetrVG nicht gäbe.[90] Eine Zentralfrage des kollektiven Arbeitsrechts, wie die nach der normativen Wirkung von Normenverträgen, ist nicht schon deshalb befriedigend beantwortet, weil eine Gesetzesbestimmung ihnen Normgeltung verliehen hat.

---

[88] S. Rn. 41.
[89] Vgl. BVerfGE 44, 322 (347 f.); 64, 208 (215).
[90] So zutreffend *Briza*, „Tarifvertrag" und „Dritter Weg", S. 260.

Daß man sie deshalb als objektives Recht bezeichnet, ändert nichts an dem wesensverschiedenen Geltungsgrund der Normenverträge gegenüber dem staatlichen Gesetzesrecht, mag es auch nicht die Form eines Gesetzes haben, sondern nur als Rechtsverordnung oder Satzung erlassen sein. Die Tarifautonomie ist keine Regelungsform, die zur Verwirklichung des Rechtsgedankens Recht setzt, sondern sie ist ein Regelungssystem vertraglicher Verhandlung und Einigung, durch das Mitglieder- und Verbandsinteressen wahrgenommen werden. Sie ist daher eine Form privatautonomer Gestaltung von Rechtsverhältnissen.

Das Rechtsproblem der normativen Wirkung ergibt sich daraus, daß der Tarifvertrag sich nicht in einem parteibezogenen schuldrechtlichen Vertrag erschöpft, sondern einen *drittbezogenen Normenvertrag* darstellt. Die Privatautonomie erschöpft sich nicht in der *individuellen Vertragsfreiheit* des § 305 BGB, sondern sie umschließt auch das *Recht zu regelnder Gestaltung*.[91] Die Lehre vom Gestaltungsrecht gibt das dogmatische Instrumentarium, um Rechtsgeschäfte von *normativem Charakter* zu erfassen. Hätten die tariflichen Normen nicht kraft ausdrücklicher Anordnung durch den Gesetzgeber die Qualität von Rechtsnormen, so hätte, wie *Eduard Bötticher* nachgewiesen hat, die Unabdingbarkeit des Tarifvertrags aus einem *Gestaltungsrecht kraft Unterwerfung* nach dem Grundsatz des § 317 BGB erklärt werden können.[92]

Bötticher hat dargelegt: Die Tarifmacht hätte man als ein privatrechtlich begründetes „Dauergestaltungsrecht" auffassen können, das sich auf eine unbestimmte Vielzahl von Rechtsverhältnissen erstrecke.[93] Arbeitgeber und Arbeitnehmer unterwürfen sich „in den jeweiligen *voneinander unabhängigen Beitrittserklärungen* zu den Verbänden" für ihr Arbeitsverhältnis dem jeweils maßgeblichen Inhalt der Tarifverträge, zu denen die Koalitionen sich einigen.[94] Mit Wesen und Wirkungen des Rechtsgeschäfts sei es durchaus vereinbar, auf diese Weise für die Tarifvertragsparteien ein *normatives Gestaltungsrecht* zu begründen.[95] Auch der unabdingbare Charakter der Tarifnormen erfordere nicht, den Bereich des Rechtsgeschäfts zu verlassen, obwohl der Grundsatz des § 137 BGB gegen den Verzicht auf ein einverständliches Abgehen zu sprechen scheine.[96] Wenn man im Bereich des § 317 BGB dem Dritten über die bloße *Möglichkeit* der Gestaltung hinaus ein *Interesse* an ihr zubillige, müsse man folgerichtig annehmen, daß es bei der herbeigeführten Gestaltung verbleiben solle, falls nicht zugleich der Dritte einer Änderung zustimme.[97] Für die Tarifvertragsparteien sei, sofern man von einem dem § 317 BGB ähnlichen Gestaltungsrecht ausgehe, ein derart

---

[91] Vgl. *Richardi*, Kollektivgewalt und Individualwille, S. 50 f.
[92] Vgl. *Bötticher*, Gestaltungsrecht und Unterwerfung im Privatrecht, S. 18 ff.
[93] *Bötticher*, aaO, S. 20 f.
[94] *Bötticher*, aaO, S. 21. Die Beitrittserklärung enthalte eine doppelte Unterwerfung: einmal die übliche Unterwerfung unter die Vereinsgewalt, sodann die Unterwerfung unter die privatrechtliche Gestaltungsmacht der Tarifvertragsparteien (S. 21 Fn. 26).
[95] *Bötticher*, aaO, S. 21 f.
[96] *Bötticher*, aaO, S. 24.
[97] *Bötticher*, aaO, S. 24.

eigenständiges Interesse anzuerkennen, „weil bei Abdingbarkeit die Zwecke des Tarifvertrages weder für die Arbeitnehmer noch für die Arbeitgeber erreicht werden könnten".[98] Diese können sich daher durch einzelvertragliche Abreden untereinander nicht von dem Gehorsam gegenüber dem Gestaltungsrecht der Tarifvertragsparteien entbinden; „der Gehorsam kann nicht gebrochen, er kann nur aufgekündigt, d. h. die Unterwerfung kann durch Austritt aus dem Verband beendet werden".[99]

56 Dieser Erklärungsversuch *Bötticher*s führt über die herrschende Rechtsquellentheorie zur Tarifautonomie hinaus; er liefert damit zugleich auch eine tragfähige Begründung für die Anerkennung einer normativen Wirkung von Normenverträgen außerhalb des Tarifvertragssystems.

6. Kirchenautonomie und normatives Gestaltungsrecht auf privatrechtlicher Grundlage

57 Den Kirchen ist durch die Verfassungsgarantie des Selbstbestimmungsrechts gewährleistet, als Alternative zum Tarifvertragssystem ein kircheneigenes Beteiligungsmodell zu schaffen. Die auf seiner Grundlage erlassenen Arbeitsvertragsordnungen enthalten wie Normenverträge Regelungen für den Inhalt des Arbeitsverhältnisses. Für deren unmittelbare Geltung im Arbeitsverhältnis ist Voraussetzung, daß die Normsetzungsbefugnis durch einen rechtsgeschäftlichen Unterwerfungsakt legitimiert wird. Die Unterwerfungserklärung muß sich auf das Recht zu *normativer Gestaltung* beziehen.

58 Wenn wie im evangelischen Bereich die Vertreter der Mitarbeiter in den Entscheidungsgremien des „Dritten Weges" durch die Mitarbeitervereinigungen entsandt werden, liegt der rechtsgeschäftliche Legitimationsakt im *Verbandsbeitritt*. Sofern eine Mitarbeitervereinigung sich am kirchlichen Arbeitsrechtsregelungssystem beteiligt, besteht ihr Zweck darin, den Inhalt der Arbeitsverhältnisse ihrer Mitglieder in den Ordnungsformen des kirchlichen Arbeitsrechtsregelungsverfahrens mit der Arbeitgeberseite zu gestalten. Für die Anerkennung eines Rechts zu normativer Gestaltung ist nicht notwendig, daß es wie beim Tarifvertragsmodell in der Form eines Vertrags ausgeübt wird, sondern es genügt, daß die Mitarbeitervereinigung sich an einem *Regelungsverfahren* zur Gestaltung der Arbeitsbedingungen *beteiligt*. Dann räumt sie der maßgeblichen Kommission bzw. der Instanz, die im Konfliktsfall das Letztentscheidungsrecht hat, nach dem Grundsatz des § 317 BGB ein Gestaltungsrecht ein.[100]

59 Gehört ein Arbeitnehmer keiner Mitarbeitervereinigung an, so versagt dieser Erklärungsversuch, und zwar nicht nur beim „Dritten Weg", sondern auch beim „Zweiten Weg".[101] Legitimationsbasis und damit Geltungsgrund ist ausschließlich der *Vertrag*, durch den das Arbeitsverhältnis begründet wird. Aus ihm muß sich ergeben, ob für die beiderseitigen Rechte und Pflich-

---

[98] *Bötticher*, aaO, S. 24.
[99] *Bötticher*, aaO, S. 25.
[100] Ebenso wie hier im Ergebnis *Briza*, „Tarifvertrag" und „Dritter Weg", S. 273 ff.
[101] Ebenso *Briza*, aaO, S. 269.

Arbeitsrechts-Regelungsrecht als kollektives Arbeitsrecht der Kirchen § 15

ten eine individuelle Abrede oder die Arbeitsvertragsordnung maßgebend ist. Wird festgelegt, daß für den Vertragsinhalt die im Arbeitsrechtsregelungsverfahren festgelegte kirchliche Ordnung maßgebend ist, so ist die Rechtslage nicht anders, als wenn im Geltungsbereich eines Tarifvertrags dessen Anwendung zwischen nicht tarifgebundenen Arbeitgebern und Arbeitnehmern vereinbart wird.[102]

Für die Geltung der kirchlichen Ordnung spielt deshalb im Ergebnis keine Rolle, ob das Arbeitsrechtsregelungsverfahren die Beteiligung der Mitarbeiter nach dem *Verbandsgrundsatz* verwirklicht oder ob sie auf dem *Grundsatz der demokratisch legitimierten Repräsentation* beruht. Entscheidend ist, daß der paritätisch besetzten Kommission bzw. der Instanz, die im Konfliktfall das Letztentscheidungsrecht hat, ein Gestaltungsrecht eingeräumt ist. Privatrechtlich ist damit nicht dem Arbeitgeber, sondern einem Dritten nach dem Grundsatz des § 317 BGB das Recht zu regelnder Gestaltung zugewiesen. Da die Kirche durch diese Ordnung das arbeitsrechtliche Schutzprinzip verwirklicht, hat die von ihr eingerichtete Kommission, sofern man von einem dem § 317 BGB ähnlichen Gestaltungsrecht ausgeht, ein eigenständiges Interesse daran, daß es bei der von ihr herbeigeführten Gestaltung verbleibt, weil bei Abdingbarkeit der Zweck des kirchlichen Arbeitsrechtsregelungsverfahrens nicht erreicht werden kann. Ein Arbeitnehmer, mit dem eine entgegenstehende individuelle Abrede getroffen wird, kann sich deshalb darauf berufen, daß die Kirche durch die Einrichtung des Arbeitsrechts-Regelungssystems sich darauf festgelegt hat, daß nicht zu seinem Nachteil von der kirchlichen Arbeitsvertragsordnung abgewichen werden darf.

60

Ein kirchlicher Arbeitgeber kann sich nicht durch einzelvertragliche Abrede mit einem Arbeitnehmer von dem Gehorsam gegenüber der kirchlichen Rechtsordnung entbinden. Deshalb haben die Bestimmungen, die im Arbeitsrechtsregelungsverfahren erlassen werden, für die Arbeitsverhältnisse *unabdingbaren Charakter*. Da der Arbeitnehmer sich nur auf Grund eines Vertragsverhältnisses bindet, ist allerdings möglich, daß er den Vertragsschluß von einer abweichenden Regelung zu seinen Gunsten abhängig macht. Deshalb wird im Ergebnis wie beim Tarifvertrag die Unabdingbarkeit durch das *Günstigkeitsprinzip* begrenzt.

61

7. Problem der Zuordnung auf der Arbeitgeberseite

Wie für den einzelnen Arbeitnehmer gilt auch für den Arbeitgeber, daß ein Gestaltungsrecht nach dem Grundsatz des § 317 BGB eine Unterwerfungserklärung voraussetzt. Deshalb stellt sich die Frage, ob die Kirchen gewährleisten können, daß in ihrem Bereich die Arbeitsvertragsordnung einheitlich durchgeführt wird. Soweit es sich um die amtskirchliche Organisation han-

62

---

[102] S. zu dieser Problematik *Nömeier*, Bezugnahme auf Tarifinhalte im Einzelarbeitsverhältnis, Diss. Regensburg 1990, der zutreffend herausgearbeitet hat, daß ohne beiderseitige Tarifbindung es keine notwendig einheitliche Zurechnung des tariflichen Gesamtregelungswerkes gibt.

225

delt, sichert die durch Art. 137 Abs. 5 WRV verliehene öffentlich-rechtliche Regelungskompetenz, daß ein Kirchengesetz über das Verfahren zur Regelung der Arbeitsverhältnisse im kirchlichen Dienst unmittelbar für den Bereich der verfaßten Kirche gilt.

63 Ist dagegen eine kirchliche Einrichtung wie im diakonischen und karitativen Bereich privatrechtlich organisiert, so beurteilt sich nach dem für ihre Rechtsform maßgeblichen Organisationsrecht, ob und mit welchem Inhalt sie Arbeitsverträge abschließen kann. Privatrechtlich ist es möglich, daß eine rechtlich verselbständigte Einrichtung den Arbeitsverhältnissen ihrer Arbeitnehmer einen von der kirchlichen Arbeitsvertragsordnung abweichenden Inhalt gibt. Sofern der Arbeitgeber sich aber dem kirchlichen Arbeitsrechtsregelungsverfahren unterworfen hat, z. B. beim „Dritten Weg" sich an der Entsendung von Mitgliedern in die Arbeitsrechtliche Kommission beteiligt oder beim „Zweiten Weg" Mitglied des tarifschließenden Verbandes der Anstellungsträger ist, setzt er sich in Widerspruch zu der darin liegenden Unterwerfungserklärung unter das kirchliche Arbeitsrechtsregelungsverfahren. Dem betroffenen Arbeitnehmer ist zu gestatten, durch den Hinweis auf ein *venire contra factum proprium* geltend zu machen, daß nicht zu seinem Nachteil von der kirchlichen Arbeitsvertragsordnung abgewichen werden darf. Aber auch wenn eine rechtlich verselbständigte kirchliche Einrichtung sich nicht unmittelbar am Arbeitsrechtsregelungsverfahren beteiligt, ist zu beachten, daß sie die Zuordnung zur Kirche für ihren arbeitsrechtlichen Bereich nur in Anspruch nehmen kann, wenn sie ihre Mitarbeiter nach dem kirchlichen Dienstrecht behandelt.

64 Beispielsweise bestimmt deshalb die Satzung des Diakonischen Werks der evangelischen Kirche in Württemberg in § 4 Nr. 1 lit. g, daß die dem Diakonischen Werk als Mitglieder angehörenden diakonischen Einrichtungen verpflichtet sind, mit ihren privatrechtlich angestellten Mitarbeitern Arbeitsverträge so abzuschließen, „daß deren Mindestinhalt mit den Beschlüssen und Entscheidungen der Arbeitsrechtlichen Kommission und ihres Schlichtungsausschusses übereinstimmt". Durch die satzungsmäßige Festlegung wird sichergestellt, daß das kirchliche Arbeitsvertragsrecht Anwendung findet. Die Satzungsautonomie ermöglicht jedoch nicht, ein Arbeitsvertragsrecht zu schaffen; denn Arbeitnehmer stehen zu der Einrichtung nur in einem Arbeitsverhältnis, sind aber nicht ihre Mitglieder. Soweit kirchliches Arbeitsrecht von zwingenden Vorschriften des staatlichen Rechts abweicht, ist Rechtsgrundlage für seine Verbindlichkeit allein die verfassungsrechtlich gewährleistete Kirchenautonomie. Die satzungsmäßige Festlegung bedeutet deshalb lediglich, daß eine Einrichtung in ihren arbeitsrechtlichen Beziehungen der Kirche zugeordnet wird. Wenn sie von dieser Festlegung absieht, kann sie für ihren arbeitsrechtlichen Bereich nicht die Zuordnung zur Kirche in Anspruch nehmen. Für sie gilt nicht das kirchliche, sondern das staatliche kollektive Arbeitsrecht.[103]

---

[103] S. ausführlich § 3 Rn. 9 und § 4 Rn. 41 ff.

Fünftes Kapitel
Betriebsverfassungsrecht der Kirchen

§ 16 Kirchenautonomie und gesetzliche Betriebsverfassung

I. Geschichtliche Entwicklung

1. Weimarer Zeit

Das Betriebsrätegesetz vom 4. Februar 1920 enthielt für die Kirchen und ihre 1
Einrichtungen noch keine ausdrückliche Ausklammerung aus seinem Geltungsbereich. Nach § 9 Abs. 1 BRG galten als Betriebe, in denen bei entsprechender Arbeitnehmerzahl Betriebsräte zu errichten waren, „alle Betriebe, Geschäfte und Verwaltungen des öffentlichen und privaten Rechtes". Das Betriebsrätegesetz fand also nicht nur für den Bereich der Privatwirtschaft, sondern auch für den öffentlichen Dienst Anwendung. In der Kommentarliteratur war man sich darin einig, daß zu den Verwaltungen, in denen eine Betriebsvertretung zu errichten war, auch die kirchlichen Verwaltungen gehören.[1] Erst recht galt dies für die karitativen Einrichtungen der Kirchen, die in selbständiger Rechtsform geführt und die im Gesetzestext vom Begriff des Betriebes, der konfessionellen Bestrebungen dient, erfaßt wurden (§ 67 BRG).

Wie wenig der Aspekt der Kirchenautonomie bei der Gesetzgebung be- 2
rücksichtigt worden war, zeigen nicht zuletzt die Änderungsanträge, die einen gewissen Bezug zu kirchlichen Einrichtungen aufwiesen, aber niemals mit der Besonderheit der Kirche begründet wurden. § 62 BRG sah vor: „Ein Betriebsrat ist nicht zu errichten oder hört auf, wenn seiner Einrichtung oder seiner Tätigkeit nach der Natur des Betriebes besondere Schwierigkeiten entgegenstehen und auf Grund eines für allgemeinverbindlich erklärten Tarifvertrags eine andere Vertretung der Arbeitnehmer des Betriebs besteht oder errichtet wird." Zu der entsprechenden Vorschrift in § 17 Abs. 1 des Entwurfs war im Ausschuß der Nationalversammlung für soziale Angelegenheiten beantragt worden, hinter den Worten: „Ein Betriebsrat ist nicht zu errichten oder ein bestehender Betriebsrat ist aufzulösen..." und vor dem Nebensatz: „wenn seiner Errichtung oder seiner Tätigkeit..." einzufügen: „in Heil-, Pflege-, Erziehungsanstalten und milden Stiftungen, wenn satzungsgemäß nachgewiesen wird, daß es sich nicht um ein Erwerbsunterneh-

---

[1] Vgl. *Dersch*, Kommentar zum Betriebsrätegesetz, 6. Aufl., 1923, § 9 Erl. 2a; *Kieschke-Syrup/Krause*, Kommentar zum Betriebsrätegesetz, 6. Aufl., 1928, § 9 Erl. 4; *Mansfeld*, Kommentar zum Betriebsrätegesetz, 2. Aufl., 1930, § 9 Erl. 2; weiterhin *Jacobi*, Betrieb und Unternehmen als Rechtsbegriffe, Sonderdruck aus der Festschrift für Viktor Ehrenberg, 1926, S. 27.

men handelt, ferner ...".² Zur Begründung wurde auf die Bethel'schen Anstalten verwiesen, in denen die sog. „Wandernden Brüder" sich teils zur Heilung befänden, teils aber auch gegen Entgelt beschäftigt würden.³ Von einem Regierungsvertreter wurde darauf hingewiesen, daß es sich in diesem Fall um Patienten handele, für die die Betriebsräte nicht zu errichten seien; das Pflegepersonal könne aber vom Gesetz nicht ausgenommen werden. In der Diskussion wurde ausgeführt, daß nicht daran gedacht sei, die Insassen von Krankenanstalten, Irrenanstalten usw. als Arbeitnehmer anzusehen, auch wenn die Kranken zu Heilzwecken mit Arbeit beschäftigt würden. Ein Abgeordneter schlug vor, die Frage vorläufig zurückzustellen, da man dem im Antrag ausgesprochenen Gedanken entgegenkommen müsse. Hervorgehoben wurde weiterhin, „daß in religiösen Anstalten Schwestern und Brüder ausfallen würden, wenn nur die bezahlten Arbeitskräfte das Recht der Wahl zum Betriebsrat hätten".⁴

3   Bei der zweiten Lesung ist man gleichwohl nicht mehr auf den Antrag zurückgekommen, sondern es wurde auf Grund des Antrags Nr. 138 dem § 3 des Entwurfs ein Abs. 4 hinzugefügt, der als § 10 Abs. 2 Nr. 2 Gesetz wurde: Nicht als Arbeitnehmer galten neben den „öffentlichen Beamten und Beamtenanwärtern", die durch Nr. 1 ausgeklammert waren, „Personen, deren Beschäftigung nicht in erster Linie ihrem Erwerb dient, sondern mehr durch Rücksichten der körperlichen Heilung, der Wiedereingewöhnung, der sittlichen Besserung oder Erziehung oder durch Beweggründe charitativer, religiöser, wissenschaftlicher oder künstlerischer Art bestimmt wird".⁵

4   Das Betriebsrätegesetz vom 4. Februar 1920 hat damit nicht der staatskirchenrechtlichen Lage Rechnung getragen, wie sie durch die Weimarer Reichsverfassung eingetreten war. Durch die Einbeziehung der Kirchen und ihrer Einrichtungen in seinen Geltungsbereich ist es der Verfassungssituation verhaftet, wie sie bis 1918 bestand. Dennoch wurde das Verhältnis zwischen der gesetzlichen Betriebsverfassung und der Kirchenautonomie damals nicht aktuell, weil das Betriebsrätegesetz im kirchlichen Bereich nicht durchgeführt wurde.⁶ Dabei mag ausschlaggebend gewesen sein, daß das Betriebsrätegesetz eine Repräsentation nur für Arbeitnehmer vorsah, deren Beschäftigung im kirchlichen Bereich damals lediglich eine untergeordnete Rolle spielte. In den kirchlichen Verwaltungen waren die maßgeblichen Funktionen den Priestern, Geistlichen oder Kirchenbeamten anvertraut, die nicht vom Betriebsrätegesetz erfaßt wurden (§ 10 Abs. 2 Nr. 1 BRG). Die karitative und erzieherische Tätigkeit wurde jedenfalls in der katholischen Kirche vornehmlich von

---

² Vgl. Bericht des Ausschusses für soziale Angelegenheiten über den Entwurf eines Gesetzes über Betriebsräte – Nr. 928 der Drucksachen –, in: Verhandlungen der verfassunggebenden Deutschen Nationalversammlung, Bd. 340, Aktenstück Nr. 1838, S. 1973 und dort Nr. 63.
³ AaO, S. 1909.
⁴ AaO, S. 1909.
⁵ AaO, S. 1919, 1992.
⁶ Vgl. dazu *Bauersachs*, Beteiligung der kirchlichen Mitarbeiter an der Gestaltung kirchlicher Ordnung, S. 11 ff.

Ordensangehörigen wahrgenommen, die ebenfalls aus dem Arbeitnehmerbegriff des Betriebsrätegesetzes ausgeklammert waren (§ 10 Abs. 2 Nr. 2 BRG). Für die Rechtslage in der Weimarer Zeit kann man daher konstatieren, daß die Nichterstreckung der Mitbestimmungsordnung des Betriebsrätegesetzes in nicht unerheblichem Maß über die Abgrenzung des Arbeitnehmerbegriffs gesichert war. Eine Einschränkung der Mitbestimmung bestand nach dem Gesetz weiterhin insoweit, als kirchliche Einrichtungen zu den „Betrieben, die politischen, gewerkschaftlichen, militärischen, konfessionellen, wissenschaftlichen, künstlerischen und ähnlichen Bestrebungen dienen", also zu den sog. *Tendenzbetrieben* gehörten (§ 67 BRG). Aber gerade die Einordnung unter den Tendenzbetrieb zeigt, daß das Gesetz sie nicht in ihrer Besonderheit als *Kirche*, sondern wie *Unternehmen mit geistig-ideeller Bestimmung* bewertete.

2. Bedeutung der Kirchenautonomie bei der Entstehung des Betriebsverfassungsgesetzes 1952

a) Kontrollratsgesetz Nr. 22 vom 10. April 1946

Nach dem Zweiten Weltkrieg ermöglichte das Kontrollratsgesetz Nr. 22 vom 10. April 1946, daß in den Betrieben Betriebsräte errichtet wurden. Das Gesetz gab nur eine *Rahmenregelung*, die in den meisten Bundesländern durch Betriebsrätegesetze ausgefüllt wurde. Das Kontrollratsgesetz Nr. 22 unterschied aber ebenfalls wie das Betriebsrätegesetz 1920 nicht zwischen der Privatwirtschaft und dem öffentlichen Dienst und hat insbesondere auch nicht die Kirchen aus seinem Geltungsbereich ausgeklammert. Wie *Martin Bauersachs* berichtet, wurde es aber im kirchlichen Bereich nur sehr selten ausgeführt.[7] Dabei war ausschlaggebend, daß die Kirchen das Gesetz als auf sie für nicht anwendbar ansahen. Hinzu kam, daß die Kirchen über die Zonengrenzen hinweg ihre Einheit bewahrt hatten, während der staatliche Wiederaufbau sich in zwei Teilstaaten mit völlig unterschiedlicher Gesellschaftsverfassung vollzog. Auch soweit Arbeitnehmer im Dienst der Kirche und ihrer Einrichtungen standen, erschien zweifelhaft, ob das Arbeitsrecht zur Anwendung kam. *Werner Kalisch* hatte im Jahr 1952 die These aufgestellt: „*Neben das allgemeine Arbeitsrecht und das öffentliche Dienstrecht und zu dem kirchlichen Dienstrecht der Geistlichen und Kirchenbeamten tritt ein eigenständiges kirchliches Dienstrecht für die Angestellten und Arbeiter der Kirche und ihrer Werke.*"[8] Die Einheit allen kirchlichen Dienstes erfordere die Gestaltung eines eigenständigen kirchlichen Dienstrechts für alle kirchlichen Dienstzweige als einer kircheneigenen Angelegenheit im Sinne der Weimarer Kirchenartikel.[9]

---

[7] Vgl. *Bauersachs*, Beteiligung der kirchlichen Mitarbeiter an der Gestaltung kirchlicher Ordnung, S. 20.
[8] *Kalisch*, ZevKR 2 (1952/53), 24 (30).
[9] *Kalisch*, ZevKR 2 (1952/53), 24 (32); s. dazu auch § 2 Rn. 3.

b) Entstehungsgeschichte der Bereichsausklammerung im Betriebsverfassungsgesetz 1952

6 Noch der Regierungsentwurf eines Betriebsverfassungsgesetzes vom 31. Oktober 1950 hatte keine Bestimmung, durch die die Religionsgemeinschaften und ihre karitativen und erzieherischen Einrichtungen aus dem Geltungsbereich des Gesetzes ausgeklammert werden sollten, sondern ihre Betriebe hatten wie im Betriebsrätegesetz lediglich die Stellung eines Tendenzbetriebes.[10] Allerdings war bereits vorgesehen, daß das Gesetz keine Anwendung „auf die Beteiligung und Mitbestimmung der Arbeitnehmer des Bundes, der Länder, der Gemeinden und sonstiger Körperschaften des öffentlichen Rechts" findet. Die Gliederungen der Kirchen waren daher, soweit sie Körperschaften des öffentlichen Rechts sind, ausgeklammert, aber nicht die von den Kirchen in privatrechtlicher Form geführten Einrichtungen.

7 In einer Besprechung, zu der das Bundesarbeitsministerium das Erzbischöfliche Ordinariat in Köln und die Kirchenkanzlei der Evangelischen Kirche in Deutschland eingeladen hatte, sahen die Vertreter der Kirchen in dieser Regelung eine Beschränkung der Kirchenautonomie.[11] Mit den staatlichen Vertretern erzielten sie eine Verständigung darüber, daß das geplante Betriebsverfassungsgesetz nicht zu dem „für alle geltenden Gesetz" i. S. von Art. 137 Abs. 3 WRV gehöre und daher die kirchliche Autonomie nicht einschränken könne. Der Vorsitzende des Rates der Evangelischen Kirche in Deutschland, Bischof *Dibelius*, und der Vorsitzende der Fuldaer Bischofskonferenzen, Erzbischof *Kardinal Frings*, forderten in fast gleichlautenden Schreiben vom 12. Juni 1951 bzw. 28. Juli 1951 an den Bundeskanzler und an den Bundesminister für Arbeit, die folgende Vorschrift in das Gesetz aufzunehmen: „Das Gesetz findet ferner keine Anwendung auf die Beteiligung und Mitbestimmung der Arbeitnehmer der Religionsgesellschaften und ihrer Einrichtungen, die kirchlichen, gemeinnützigen oder mildtätigen Zwecken dienen, unbeschadet ihrer Rechtsform". Sie befürchteten, wie es in ihrem Schreiben heißt, „von einer Anwendung auch nur von Teilen dieses Gesetzes auf den kirchlichen Dienst eine Einwirkung kirchenfremder Gesichtspunkte in die Sphäre, die der Kirche um ihres besonderen Auftrages willen vorbehalten bleiben muß". In einem nicht veröffentlichten Rechtsgutachten des Kirchenrechtlichen Instituts der Evangelischen Kirche in Deutschland vom 18. September 1951 kam *Rudolf Smend* zu dem Ergebnis: „Die vom Bund zu erlassenden Betriebsverfassungsgesetze sind kein allgemeines Gesetz im Sinne des Art. 137 Abs. 3 WRV. Jedoch sind die Kirchen als verpflichtet anzusehen, kirchengesetzlich eine Regelung des Rechts ihrer Arbeitnehmer auf Beteiligung und Mitbestimmung in den Betrieben und Verwaltungen zu schaffen".

---

[10] Vgl. § 98 Abs. 1 RegEntw., BT-Drucks. I/1546, S. 32; auch abgedruckt in RdA 1950, 343 (349).

[11] Vgl. *v. Harling*, Kirchliche Autonomie auf dem Gebiet des Arbeitsrechts, Anlage zum Schreiben der Arbeitsgemeinschaft Christlicher Kirchen in Deutschland vom 31. 1. 1952 – AZ 245/52 vH/R –.

Sowohl der Bundeskanzler als auch der Bundesminister für Arbeit setzten 8
sich dafür ein, den Bedenken der Kirchen Rechnung zu tragen. Der damalige
Vorsitzende der CDU/CSU-Fraktion des Bundestages, *v. Brentano*, erklärte
in einem Schreiben an den Vorsitzenden des Rates der Evangelischen Kirche
in Deutschland ausdrücklich seine Übereinstimmung mit der Feststellung,
daß die Dienstleistung innerhalb kirchlicher Institutionen nicht vergleichbar
mit der Dienstleistung in irgendwelchen wirtschaftlichen Betrieben sei und
daß daher eine Ausnahmeregelung Platz greifen müsse. Obwohl der Regierungsentwurf in seiner ursprünglichen Fassung bereits vom Bundesrat gebilligt und an den Bundestag weitergeleitet worden war, hat das Bundesarbeitsministerium dem Kabinett einen neuen Gesetzentwurf vorgelegt, in dem
die kirchlichen Vorschläge volle Berücksichtigung fanden. In klarer Erkenntnis der Bedeutung der Kirchenautonomie für die gesetzliche Betriebsverfassung wurde daher in das Betriebsverfassungsgesetz vom 11. Oktober 1952
§ 81 Abs. 2 eingefügt, der den folgenden Wortlaut erhielt: „Dieses Gesetz
findet keine Anwendung auf Religionsgemeinschaften und ihre karitativen
und erzieherischen Einrichtungen unbeschadet deren Rechtsform."

Die Gründe, die zu dieser Vorschrift geführt hatten, sind deshalb nur sehr 9
unvollständig wiedergegeben, wenn es in dem Bericht des Vorsitzenden des
Ausschusses für Arbeit im Bundestag heißt: Die Erstreckung auf die karitativen und erzieherischen Einrichtungen der Religionsgemeinschaften sei
„zweckmäßig und der Eigenart dieser Betriebe und Einrichtungen angemessen", „nicht zuletzt im Hinblick auf die Tatsache, daß diese Stellen selbst in
der sowjetischen Besatzungszone nicht unter das dortige Betriebsverfassungsrecht fallen, da man ihnen eine gewisse Autonomie eingeräumt habe"; man
müsse daher verhindern, daß sich wegen einer Einbeziehung in die gesetzliche Betriebsverfassung „die Lage der kirchlichen Einrichtungen in der Ostzone verschlechtere".[12]

c) Entsprechende Regelung im Personalvertretungsrecht

Eine dem § 81 Abs. 2 BetrVG 1952 entsprechende Vorschrift fand in das 10
Personalvertretungsrecht Eingang, das für den Bereich des öffentlichen Dienstes eine der Betriebsverfassung entsprechende Mitbestimmungsordnung
gibt. § 96 des Personalvertretungsgesetzes des Bundes vom 5. August 1955
erklärte: „Dieses Gesetz findet keine Anwendung für Religionsgemeinschaften und ihre karitativen und erzieherischen Einrichtungen ohne Rücksicht
auf ihre Rechtsform; ihnen bleibt die selbständige Ordnung eines Personalvertretungsrechtes überlassen." Diese Vorschrift bindet auch die Länder in
ihrer Gesetzgebungskompetenz zur Regelung des Personalvertretungsrechts.[13]

---

[12] Vgl. Bericht des Abgeordneten *Sabel*, BT-Drucks. I/3585, S. 18; auch abgedruckt in RdA 1952, 281 (295 f.).
[13] Vgl. *Dietz/Richardi*, BPersVG, § 112 Rn. 30; *Frank*, HdbStKirchR Bd. I S. 669 (707).

II. Ausklammerung aus der Geltung der staatlichen Mitbestimmungsgesetze durch besondere Rechtsvorschrift

11 Der Gesetzgeber hat seitdem in allen Gesetzen, die entweder das bisherige Betriebsverfassungs- und Personalvertretungsrecht neu gestaltet oder für den Bereich der Unternehmensorganisation ein Mitbestimmungsstatut geschaffen haben, klargestellt, daß die gesetzliche Regelung auf Religionsgemeinschaften und ihre karitativen und erzieherischen Einrichtungen unbeschadet deren Rechtsform bzw. ohne Rücksicht auf ihre Rechtsform keine Anwendung findet, und zwar in § 118 Abs. 2 BetrVG 1972, § 1 Abs. 3 Nr. 2 SprAuG, § 112 BPersVG 1974 und § 1 Abs. 4 Satz 2 MitbestG 1976.

12 Beim Betriebsverfassungsgesetz 1972 hat man nur der Neugestaltung des Tendenzschutzparagraphen, des § 118 Abs. 1 BetrVG, viel Aufmerksamkeit gewidmet.[14] § 118 Abs. 2 BetrVG entspricht dagegen der bisherigen Regelung in § 81 Abs. 2 BetrVG 1952. Der Referentenentwurf hatte diese Bestimmung zwar lediglich als Alternative vorgeschlagen und neben ihr die folgende Fassung vorgesehen: „Dieses Gesetz findet keine Anwendung auf Religionsgemeinschaften."[15] Bereits der Regierungsentwurf hielt aber an der bisherigen Regelung fest.[16] Bestrebungen, die Bestimmung in Abs. 2 ersatzlos zu streichen[17] oder die Erstreckung auf die karitativen und erzieherischen Einrichtungen zu beseitigen,[18] hatten keinen Erfolg. Der Gesetzgeber hat bewußt davon abgesehen, die Kirchen und ihre Einrichtungen auf den Status eines Tendenzunternehmens zu beschränken.

13 Das Kontrollratsgesetz Nr. 22, das die Kirchen in seine Ordnung zwar nicht ausdrücklich einbezog, sie aber auch nicht ausklammerte, gilt ebenfalls seit dem Inkrafttreten des Betriebsverfassungsgesetzes 1952 nicht mehr für die „Religionsgemeinschaften und ihre karitativen und erzieherischen Einrichtungen". Das Gesetz Nr. 30 der Alliierten Hohen Kommission über Beseitigung der Wirksamkeit der Vorschriften des Kontrollratsgesetzes Nr. 22 (Betriebsrätegesetz) im Gebiet der Bundesrepublik Deutschland vom 30. September 1952 (ABl. S. 1953) bestimmt in seinem Art. 1 ausdrücklich: „Das Kontrollratsgesetz Nr. 22 (Betriebsrätegesetz) verliert hiermit im Gebiete der Bundesrepublik im sachlichen Geltungsbereich des Betriebsverfassungsgesetzes seine Wirksamkeit, soweit seine Vorschriften nicht bereits ihre Wirksamkeit verloren haben." Zwar sah das Betriebsverfassungsgesetz 1952 für die Religionsgemeinschaften in § 81 Abs. 2 eine *Ausklammerung* vor,

---

[14] Vgl. *Richardi,* BetrVG, § 118 Rn. 10f.
[15] Abgedruckt in RdA 1970, 368.
[16] § 119 Abs. 2 RegEntw., BT-Drucks. VI/1786, S. 27.
[17] So die Forderung des Vertreters der Gewerkschaft ÖTV *Schlosser,* Anhörung des BT-Ausschusses für Arbeit und Sozialordnung, in: Deutscher Bundestag, 6. Wahlperiode, Ausschuß für Arbeit und Sozialordnung, Protokolle Nr. 57 und 58, S. 40.
[18] So die Forderung des Vertreters der Gewerkschaft ÖTV *Stein,* Anhörung des BT-Ausschusses für Arbeit und Sozialordnung, in: Protokolle (Fn. 17), S. 39.

aber damit war zugleich eine *sachliche Entscheidung* im Verhältnis zu den Religionsgemeinschaften getroffen.

Die Begrenzung des Außerkrafttretens des Kontrollratsgesetzes Nr. 22 auf den sachlichen Geltungsbereich des Betriebsverfassungsgesetzes 1952 sollte lediglich sicherstellen, daß das Kontrollratsgesetz Nr. 22 auch weiterhin auf die Betriebe und Verwaltungen des Bundes, der Länder, der Gemeinden und sonstigen Körperschaften und Anstalten des öffentlichen Rechts Anwendung findet, die nach § 88 Abs. 1 BetrVG 1952 aus dem Geltungsbereich dieses Gesetzes ausgeklammert waren, weil die Regelung für diesen Bereich einem besonderen Gesetz vorbehalten blieb. Zu dem Bereich des öffentlichen Dienstes, wie er in § 88 BetrVG 1952 umgrenzt war, gehörten aber nicht mehr die Religionsgemeinschaften, soweit sie nach Art. 137 Abs. 5 WRV Körperschaften des öffentlichen Rechts sind.[19] Gemeint waren vielmehr lediglich die Körperschaften des öffentlichen Rechts, die dem Staat organisatorisch eingegliedert sind. Die Kirchen zählen nicht zu ihnen; denn die ihnen zuerkannte Qualität einer Körperschaft des öffentlichen Rechts ist von verfassungsrechtlicher Qualität und sichert ihre Sonderstellung.[20]

III. Verfassungsbezug und Verfassungsrang der Ausklammerung aus der staatlichen Mitbestimmungsordnung

1. Rechtsprechung

Die Ausklammerung der Religionsgemeinschaften und ihrer karitativen und erzieherischen Einrichtungen aus dem Geltungsbereich des staatlichen Mitbestimmungs-, Betriebsverfassungs- und Personalvertretungsrechts (§ 118 Abs. 2 BetrVG, § 1 Abs. 3 Nr. 2 SprAuG, § 112 BPersVG, § 1 Abs. 4 Satz 2 MitbestG, § 81 Abs. 2 BetrVG 1952) wird von der staatskirchenrechtlichen Ordnung des Grundgesetzes gefordert. Durch sie entspricht der Gesetzgeber dem Grundrecht der freien Religionsausübung (Art. 4 Abs. 2 GG) und der Verfassungsgarantie des kirchlichen Selbstbestimmungsrechts (Art. 140 GG i. V. mit Art. 137 Abs. 3 WRV).

Diesen Verfassungsbezug hat das Bundesarbeitsgericht bereits in seiner ersten Entscheidung zu diesem Problembereich, dem Beschluß vom 19. Dezember 1969, klar erkannt.[21] Es ging um die Bestellung eines Wahlvorstandes zum Zweck der Durchführung einer Betriebsratswahl nach dem BetrVG in einem Krankenhaus, das von einem Säkularinstitut der katholischen Kirche betrieben wurde. Das Bundesarbeitsgericht wies in seiner Begründung ausdrücklich darauf hin, daß die Gestaltung ihrer eigenen inneren Angelegenheiten den Religionsgemeinschaften durch Art. 140 GG gewährleistet sei und daß zu ihnen „insbesondere die Gestaltung ihrer Verfassung und

---

[19] Vgl. ausführlich *Bauersachs,* Beteiligung der kirchlichen Mitarbeiter an der Gestaltung kirchlicher Ordnung, S. 40.
[20] S. § 1 Rn. 5.
[21] BAG AP Nr. 12 zu § 81 BetrVG 1952 mit zust. Anm. von *Mayer-Maly* = SAE 1970, 258 ff. mit zust. Anm. von *Richardi.*

Organisation, somit auch die Errichtung von Ordensgemeinschaften und von diesen gleichgestellten Verbänden" gehöre. Dadurch hat es den entscheidenden normativen Zusammenhang hergestellt, um zu dem Ergebnis zu kommen, daß die Einrichtung unter § 81 Abs. 2 BetrVG 1952 fiel und daher auf sie das gesetzliche Betriebsverfassungsrecht keine Anwendung fand.

17 Im Fall Goch, dem Beschluß vom 21. November 1975, kam das Bundesarbeitsgericht zwar für das dort im Streit stehende Krankenhaus einer Stiftung zu einem gegenteiligen Ergebnis, brachte aber den Verfassungsbezug des § 118 Abs. 2 BetrVG noch deutlicher als im Beschluß vom 19. Dezember 1969 zum Ausdruck.[22] Es stellt fest: Die Einbeziehung der karitativen oder erzieherischen Einrichtungen der Religionsgemeinschaften in die Vorschrift des § 118 Abs. 2 BetrVG lasse sich daraus erklären, daß sich die verfassungsrechtlich garantierte Autonomie der Kirchen nicht nur auf die Gestaltung innerkirchlicher Angelegenheiten, sondern auch auf die Kirche „in ihrer Sendung zur Mission und Diakonie im öffentlichen Bereich" beziehe. Da das Bundesarbeitsgericht im konkreten Fall die Tragweite des kirchlichen Selbstbestimmungsrechts verkannt hatte, wurde seine Entscheidung durch das Bundesverfassungsgericht im Beschluß vom 11. Oktober 1977 aufgehoben.[23] Das Bundesverfassungsgericht stellt fest: Die Kirche bestimmt i. S. des Art. 137 Abs. 3 WRV als eigene Angelegenheit, „ob und in welcher Weise die Arbeitnehmer und ihre Vertretungsorgane in Angelegenheiten des Betriebs, die ihre Interessen berühren, mitwirken und mitbestimmen".[24]

18 Entsprechend hat daher das Bundesarbeitsgericht im Fall Volmarstein, dem Beschluß vom 6. Dezember 1977, ausdrücklich anerkannt, daß die Herausnahme der Religionsgemeinschaften und ihrer karitativen und erzieherischen Einrichtungen aus dem BetrVG auf dem den Kirchen in Art. 140 GG i. V. mit Art. 137 Abs. 3 WRV eingeräumten, für die Staatsgewalt unantastbaren Freiheitsbereich beruhe, der den Religionsgesellschaften im Rahmen der für alle geltenden Gesetze das Recht gewährleiste, ihre Angelegenheiten selbst zu ordnen und zu verwalten.[25] Daher habe das Betriebsverfassungsgesetz auch keine Geltung für die ausgegliederten Teile der Kirche, die in einer weltlichen Organisationsform geführt werden, wenn die Erfüllung ihrer Aufgaben Wesens- und Lebensäußerung der Kirche selbst sei.

---

[22] BAG AP Nr. 6 zu § 118 BetrVG 1972 mit zust. Anm. von *Küchenhoff* und abl. Anm. von *Richardi*.

[23] BVerfGE 46, 73 ff. = AP Nr. 1 zu Art. 140 GG = EzA § 118 BetrVG 1972 Nr. 15 mit zust. Anm. von *Rüthers* = AR-Blattei, Kirchenbedienstete: Entsch. 13 mit zust. Anm. von *Richardi*.

[24] BVerfGE 46, 73 (95).

[25] BAGE 29, 405 ff. = AP Nr. 10 zu § 118 BetrVG 1972 = EzA § 118 BetrVG 1972 Nr. 16 mit zust. Anm. von *Rüthers/Klosterkemper*, abgedruckt bei Art. 9 GG Nr. 25 S. 178 a = AR-Blattei, Kirchenbedienstete: Entsch. 14 mit zust. Anm. von *Richardi* = SAE 1978, 207 mit zust. Anm. von *Küchenhoff*; ebenso für ein Krankenhaus des Johanniterordens BAGE 41, 5 (19) = AP Nr. 24 zu § 118 BetrVG 1972; für das Berufsbildungswerk Brakel des Kolpingwerkes BAGE 58, 92 (99) = AP Nr. 36 zu § 118 BetrVG 1972 mit zust. Anm. von *Dütz*; für den Evangelischen Presseverband Nord e. V. BAGE 68, 170 (174 ff.) = AP Nr. 48 zu § 118 BetrVG 1972; für ein Jugenddorf, dessen Trägerverein zu einem Diakonischen Werk gehört, BAG AP Nr. 60 zu § 118 BetrVG 1972.

2. Konkretisierung der Verfassungsgarantie

Die Ausklammerung aus dem staatlichen Mitbestimmungs-, Betriebsverfassungs- und Personalvertretungsrecht ist vom Grundgesetz gefordert. Ihre Konkretisierung in § 118 Abs. 2 BetrVG 1972, § 1 Abs. 3 Nr. 2 SprAuG, § 112 BPersVG, § 1 Abs. 4 Satz 2 MitbestG und § 81 Abs. 2 BetrVG 1952 ist zwar eine Regelung des einfachen Gesetzesrechts. Da durch sie aber der Gesetzgeber seine Aufgabe, eine dem Grundgesetz entsprechende Regelung zu schaffen, erfüllt, gilt für ihre Interpretation die Reichweite des kirchlichen Selbstbestimmungsrechts; denn „nach Art. 137 Abs. 3 WRV sind nicht nur die organisierte Kirche und die rechtlich selbständigen Teile dieser Organisation, sondern alle der Kirche in bestimmter Weise zugeordneten Einrichtungen ohne Rücksicht auf ihre Rechtsform Objekte, bei deren Ordnung und Verwaltung die Kirche grundsätzlich frei ist, wenn sie nach kirchlichem Selbstverständnis ihrem Zweck oder ihrer Aufgabe entsprechend berufen sind, ein Stück Auftrag der Kirche in dieser Welt wahrzunehmen und zu erfüllen".[26]

Die hier vertretene Auffassung entspricht der fast einhellig vertretenen Lehre im Schrifttum.[27] Gegenteiliger Auffassung ist vor allem *Wilhelm Herschel*.[28] Obwohl er die gesetzliche Regelung des § 118 Abs. 2 BetrVG ebenfalls als einen „Akt des Respekts vor Sendung und Würde der Kirchen" versteht, ist er gleichwohl der Meinung, daß „die Verbeugung zu tief geraten" sei; § 118 Abs. 2 BetrVG verstoße gegen das Übermaßverbot in Zusammenhang mit dem Gleichbehandlungsgebot. Der Gesetzgeber habe das rechte Maß überschritten, so daß man § 118 Abs. 2 BetrVG, wenn man ihn nicht gar als verfassungswidrig für nichtig halte, „durch verfassungskonforme Auslegung auf einen vertretbaren Inhalt zurückschrauben muß".[29] *Franz Ruland* geht sogar noch einen Schritt weiter: Da die staatlichen Mitbestimmungsordnungen die Koalitionsfreiheit der Arbeitnehmer und das Sozialstaatsprinzip konkretisieren, sei die generelle Herausnahme kirchlicher Arbeitnehmer aus ihrem Anwendungsbereich verfassungswidrig; denn die

---
[26] BVerfGE 46, 73 (1. LS und S. 85).
[27] Vgl. *Richardi*, BetrVG, § 118 Rn. 185 ff.; *Galperin/Löwisch*, BetrVG, § 118 Rn. 2; *Mayer-Maly*, Erwerbsabsicht und Arbeitnehmerbegriff, S. 18; *ders.*, Krankenhausstruktur, Betriebsverfassung und Kirchenautonomie, S. 37 ff.; *ders.*, FS Plöchl, S. 283 (286); *ders.* EssG 10 (1976), 127 (144 ff.); *ders.* BB 1977, 249 (250); *ders.* BB Beil. 3/1977, 13; *Richardi* ZevKR 15 (1970), 219 (236); *ders.* ZevKR 19 (1974), 275 (298 ff.); *ders.* ZevKR 23 (1978), 367 (377 ff.); *Jurina*, Dienst- und Arbeitsrecht im Bereich der Kirchen, S. 151 ff.; *Rüthers* NJW 1976, 1918 (1922); *ders.*, Anm. zu BVerfG EzA § 118 BetrVG 1972 Nr. 15 S. 126; *G. Müller* RdA 1979, 71 (73 ff.); *Grethlein* ZevKR 24 (1979), 270 (281); im Ergebnis auch *Marino*, Die verfassungsrechtlichen Grundlagen des sog. Tendenzschutzes im Betriebsverfassungsrecht und im Unternehmensverfassungsrecht, 1986, S. 152 ff., 338 f.; *Weth/Wern* NZA 1998, 118 (120 f.).
[28] *Herschel* AuR 1978, 172 (173 f.); weiterhin *Fabricius*, GK-BetrVG, § 118 Rn. 727 ff.; *Bietmann*, Betriebliche Mitbestimmung im kirchlichen Dienst, S. 44 ff.; *Schwerdtner* AuR 1979, Sonderheft: Kirche und Arbeitsrecht, S. 21 (27); *Otto* AuR 1980, 289 (298 f.); *Kohte* BlStSozArbR 1983, 145 (149 ff.).
[29] *Herschel* AuR 1978, 172 (174).

Verfassungsgarantie des kirchlichen Selbstbestimmungsrechts mache Ausnahmeregelungen lediglich zum Schutz der religiösen Tendenz notwendig.[30] Nach seiner Auffassung genießen daher die Religionsgemeinschaften und ihre karitativen und erzieherischen Einrichtungen „derzeit nur den – wegen seiner Flexibilität allerdings ausreichenden – allgemeinen Tendenzschutz".[31] *Peter Schwerdtner* ist ebenfalls der Meinung, „daß die gegenwärtigen Bereichsausnahmen in § 118 BetrVG und § 112 BPersVG nicht nur als nicht verfassungsgeboten, sondern darüber hinaus als sachwidrig anzusehen sind".[32] Da es sich aber nicht um Regelungen handele, die unter keinem sachlich vertretbaren Gesichtspunkt gerechtfertigt erscheinen, so daß die Unsachlichkeit der getroffenen Regelung evident sei, werde man sie nicht als verfassungswidrig verwerfen können.

21   Hinter diesen Thesen steht als Grundannahme, daß das Betriebsverfassungsgesetz zu dem für alle geltenden Gesetz gehört, das der Kirchenautonomie eine Schranke setzt. Nur wenn man dies bejaht, stellt sich das Problem, ob der Gestaltungsspielraum des Gesetzgebers eine Herausnahme der Religionsgemeinschaften und ihrer karitativen und erzieherischen Einrichtungen deckt oder ob insoweit eine Privilegierung gegenüber anderen Tendenzbetrieben dem Grundgesetz widerspricht.

3. Betriebsverfassungsgesetz ein „für alle geltendes Gesetz"?

22   Das Bundesverfassungsgericht beschränkt sich auf die Feststellung: Das Betriebsverfassungsgesetz selbst erweise sich, indem es zugunsten der „Religionsgemeinschaften und ihrer karitativen und erzieherischen Einrichtungen unbeschadet deren Rechtsform" in § 118 Abs. 2 einen ausdrücklichen Vorbehalt mache, nicht als ein „für alle geltendes Gesetz".[33] Mit dieser Begründung wird, wie nicht nur *Wilhelm Herschel*, sondern auch *Theo Mayer-Maly* feststellt, das Problem unzulässig verkürzt.[34] Einerseits fällt nicht in die Kompetenz des einfachen Gesetzgebers, darüber zu entscheiden, ob ein Gesetz als ein „für alle geltendes Gesetz" dem kirchlichen Selbstbestimmungsrecht Schranken zieht, sondern der Schrankenvorbehalt ist durch das Staatskirchenrecht des Grundgesetzes festgelegt. Andererseits verliert ein Gesetz nicht deshalb seine Qualität als „für alle geltendes Gesetz", weil es eine privilegierende Regelung trifft.[35] Entscheidend ist vielmehr, wie das Bundesverfassungsgericht zur Klarstellung sagt, daß der Gesetzgeber mit dem ausdrücklichen Vorbehalt in § 118 Abs. 2 BetrVG „auf das verfassungsrechtlich Gebotene" Rücksicht genommen habe.[36] Auch wenn man mit *Her-*

---

[30] *Ruland* NJW 1980, 89 (97 f.).
[31] *Ruland* NJW 1980, 89 (98).
[32] *Schwerdtner* AuR 1979, Sonderheft: Kirche und Arbeitsrecht, S. 21 (27).
[33] BVerfGE 46, 73 (95).
[34] Vgl. *Herschel* AuR 1978, 172 (174); *Mayer-Maly*, Anm. zum Beschluß des BVerfG im Fall Goch, AR-Blattei, Tendenzbetrieb: Entsch. 15.
[35] Ebenso *Mayer-Maly*, AR-Blattei, Tedenzbetrieb: Entsch. 15; vgl. auch *Herschel* AuR 1978, 172 (174).
[36] BVerfGE 46, 73 (95).

schel darin übereinstimmt, daß das Betriebsverfassungsgesetz „zu den tragenden Gesetzen unseres sozialen Rechtsstaats" gehört,[37] ergibt sich daraus nicht, wie er meint, daß es zu dem für alle geltenden Gesetz gehört, an dem die Kirchenautonomie ihre Schranke findet. Obwohl er anerkennt, daß den Kirchen eine Autonomie eingeräumt ist, „die mit keiner anderen verglichen werden kann", soll das Betriebsverfassungsgesetz für die Kirche lediglich dieselbe Bedeutung haben wie für jedermann; es spreche die Kirche nicht „in ihrer Besonderheit als Kirche" an.[38]

Bei dieser Argumentation bleibt unbeachtet, daß eine Mitbestimmungsregelung *untrennbar* mit der *Dienstverfassung* verbunden ist, deren Gestaltung zu den eigenen Angelegenheiten einer Religionsgesellschaft gehört.[39] Art. 137 Abs. 3 WRV bedeutet im kirchenpolitischen System des Grundgesetzes, daß der Staat die Eigenständigkeit der Kirchen anerkennt und deshalb ihr Selbstbestimmungsrecht, also *Autonomie* „innerhalb der Schranken des für alle geltenden Gesetzes", gewährleistet. Der Inhalt des Schrankenvorbehalts läßt sich nicht durch eine abstrakte Formel ausschöpfen, die ihrerseits einer bestimmten verfassungspolitischen Situation verhaftet bleibt.[40] Für die Interpretation des Schrankenvorbehalts gilt vielmehr als Leitlinie, daß der Staat keine Bestimmung treffen kann, die sich auf die Verfassung der Kirche und ihren Auftrag bezieht. Er kann ihre Gestalt und ihren Auftrag nur anerkennen, nicht aber regeln.

Ein Betriebsverfassungsgesetz, das die Kirchen in seinen Geltungsbereich einbezöge, würde die Verfassungsgarantie des kirchlichen Selbstbestimmungsrechts verletzen. Das gilt insbesondere, wenn die Kirchen eine ihrem Selbstverständnis entsprechende Mitbestimmungsordnung geschaffen haben. Trotz einer Geltung für alle wäre es kein für alle geltendes Gesetz; denn es träfe auf

---

[37] *Herschel* AuR 1978, 172 (174).
[38] Vgl. *Herschel* AuR 1978, 172 (174 f.).
[39] So bereits *Richardi* ZevKR 23 (1978), 367 (381); ebenso *Jurina*, Dienst- und Arbeitsrecht im Bereich der Kirchen, S. 151, wenn er dort darauf hinweist, die Zugehörigkeit zu den eigenen Angelegenheiten i. S. von Art. 137 Abs. 3 WRV ergebe sich „außer aus der engen Verknüpfung der Mitbestimmungsregelungen mit dem Dienstrecht vor allem daraus, daß Art und Umfang der innerbetrieblichen Mitbestimmung maßgeblichen Einfluß auf die Leitung und Organisation der Dienststelle haben und haben sollen, in der die Mitbestimmung ausgeübt wird"; a. A. *Bietmann*, Betriebliche Mitbestimmung im kirchlichen Dienst, S. 49 ff.; vor allem auch *Fabricius*, GK-BetrVG, § 118 Rn. 737; *Kohte* BlStSozArbR 1983, 145 (149 ff.). Die gegenteilige Meinung verkennt die Bedeutung der Betriebsverfassung als System der Verteilung von Regelungsmacht auf der betrieblichen und auf der Unternehmensebene des Arbeitslebens; sie sieht in ihr nur eine Ausgleichsordnung für die Defizite des individuellen Arbeitsvertrags bei der Regelung des Interessengegensatzes zwischen den Arbeitsvertragsparteien; so insbesondere *Kohte* BlStSozArbR 1983, 145 (149). Mit dieser Reduzierung auf einen Teilaspekt wird begründet, daß es sehr wohl möglich sei, Dienst- und Betriebsverfassung zu trennen; vgl. *Kohte* BlStSozArbR 1983, 145 (150). Damit wird nicht zur Kenntnis genommen, daß die betriebsverfassungsrechtliche Mitbestimmungsordnung die Entscheidungsautonomie der Unternehmensleitung begrenzt. Soweit paritätische Beteiligungsrechte bestehen, hat der Betriebsrat die Stellung eines der Unternehmensleitung gleichberechtigt gegenüberstehenden Unternehmensorgans erlangt.
[40] S. auch § 2 Rn. 28 ff.

die „materielle Wertentscheidung der Verfassung, die über einen für die Staatsgewalt unantastbaren Freiheitsbereich hinaus die besondere Eigenständigkeit der Kirchen und ihrer Einrichtungen gegenüber dem Staat anerkennt".[41]

4. Besonderheit gegenüber Tendenzunternehmen

25 Die gesetzliche Regelung der Betriebsverfassung wird nicht dadurch zu einem für alle geltenden Gesetz i. S. des Schrankenvorbehalts in Art. 137 Abs. 3 WRV, daß man für die Kirchen und ihre Einrichtungen einen *relativen Tendenzschutz* schafft. Eine Relativklausel für die Geltung des Betriebsverfassungsrechts, wie sie § 118 Abs. 1 BetrVG für Tendenzunternehmen enthält, wäre verfassungswidrig, weil mit ihr eine Bindung an die *Grundstruktur des staatlichen Betriebsverfassungsrechts* verbunden wäre. Der Staat darf den Kirchen nicht vorschreiben, wie sie den Mitbestimmungsgedanken in ihrer vom christlichen Bekenntnis her geprägten Dienstverfassung verwirklichen.

26 Daß jede andere Abgrenzung dem Staat eine Kompetenz-Kompetenz über die kirchliche Dienstverfassung gibt, zeigt sehr deutlich die Entwicklung bei der Interpretation des § 118 Abs. 1 BetrVG. Einen *absoluten Tendenzschutz* enthält diese Bestimmung nur insoweit, als die Vorschriften über den Wirtschaftsausschuß überhaupt nicht, die über die Beteiligung bei Betriebsänderungen nur insoweit anzuwenden sind, als sie den Ausgleich oder die Milderung wirtschaftlicher Nachteile für die Arbeitnehmer infolge von Betriebsänderungen regeln (§ 118 Abs. 1 Satz 2 BetrVG). Die Mitbestimmung über die Aufstellung eines Sozialplans bleibt deshalb auch in diesem Bereich erhalten. Für die sonstigen Vorschriften des Betriebsverfassungsgesetzes gilt dagegen lediglich die Relativklausel, daß sie keine Anwendung finden, soweit die Eigenart des Unternehmens oder des Betriebs dem entgegensteht (§ 118 Abs. 1 Satz 1 BetrVG). Es besteht also nur ein *relativer Tendenzschutz*. Die Frage, welchen Vorschriften des Betriebsverfassungsgesetzes der Tendenzcharakter entgegensteht, kann nicht einheitlich beantwortet werden; insbesondere läßt sich nicht ein einheitlicher Maßstab aufstellen. Es hängt vielmehr vom Normenkomplex einerseits und dem Tendenzcharakter andererseits ab, ob das Gesetz Anwendung findet.[42]

27 Das Schwergewicht des relativen Tendenzschutzes liegt bei der Beteiligung des Betriebsrats in *personellen Angelegenheiten*; denn die Absicherung der Tendenzverwirklichung vor fremdbestimmtem Einfluß hat vor allem bei der Auswahl der Mitarbeiter Bedeutung. Es genügt aber nicht, daß Arbeitnehmer lediglich Aufgaben rein technischer Natur erfüllen, sondern Voraussetzung ist, daß sie *Tendenzträger* sind, d. h. zu den Personen gehören, die den Tendenzcharakter des Unternehmens mitverwirklichen.[43]

---

[41] BVerfGE 53, 366 (404).
[42] Vgl. *Richardi*, BetrVG, § 118 Rn. 119 ff.
[43] Vgl. BAGE 27, 316 (320) = AP Nr. 1 und § 130 BetrVG 1972; BAGE 27, 322 (328 ff.) = AP Nr. 3 zu § 99 BetrVG 1972; BAG AP Nr. 2, 4 und 7 zu § 118 BetrVG 1972; BAGE 35, 278 (285), 43, 35 (41 f.) und 69, 302 (304) = AP Nr. 18, 27 und 50 zu § 118 BetrVG 1972; s. auch BVerfGE 52, 283 (296 f.) = AP Nr. 14 zu § 118 BetrVG 1972.

Aber auch soweit ein Arbeitnehmer *Tendenzträger* ist, also zu den Personen gehört, für deren Tätigkeit die geistig-ideelle Zielsetzung prägend ist, wird eine Beteiligung des Betriebsrats nicht ausgeschaltet, sondern eine Einschränkung der Mitbestimmung kommt nur dann in Betracht, wenn die personelle Maßnahme *tendenzbezogen* ist, wobei nach einem sehr restriktiven, aber herrschend gewordenen Verständnis des Tendenzschutzparagraphen außerdem noch darauf abgestellt wird, ob eine tendenzbezogene personelle Maßnahme aus *tendenzfreien* oder *tendenzbedingten Gründen* erfolgt.[44]

Mit der Sicherung der geistig-ideellen Zielsetzung sind grundsätzlich auch nur *Mitbestimmungsrechte* unvereinbar, weil sie entweder das Recht zur Mitentscheidung (positives Konsensprinzip) oder ein Einspruchsrecht (negatives Konsensprinzip) geben, nicht dagegen die Informations-, Anhörungs- und Beratungsrechte des Betriebsrats. Aber auch der Wegfall des Mitbestimmungsrechts hat nicht zur Folge, daß in dem mitbestimmungspflichtigen Bereich die Beteiligung des Betriebsrats überhaupt entfällt, sondern hier endet das Mitbestimmungsverfahren auf der Ebene der Mitwirkung im Sinne eines *Informations-, Anhörungs- oder Beratungsrechts,* sofern einer derartigen Mitwirkung ausnahmsweise nicht die Eigenart des Unternehmens oder Betriebs entgegensteht. Die Versagung eines Mitbestimmungsrechts bei der Einstellung oder Versetzung eines Tendenzträgers bedeutet deshalb nicht, daß eine Beteiligung des Betriebsrats überhaupt ausscheidet. Der Arbeitgeber hat vielmehr den Betriebsrat nach § 99 Abs. 1 BetrVG zu unterrichten; er hat insbesondere auch die Pflicht, die Bewerbungsunterlagen sämtlicher Bewerber vorzulegen.[45] Der Betriebsrat hat das Recht, binnen einer Woche nach Zugang der Information aus den in § 99 Abs. 2 BetrVG genannten Gründen schriftlich Bedenken geltend zu machen, mit denen der Arbeitgeber sich sachlich auseinandersetzen muß.[46] Der Betriebsrat hat hier lediglich kein Zustimmungsverweigerungsrecht; es entfällt also nur die Notwendigkeit, daß der Arbeitgeber eine vom Betriebsrat fristgerecht und ordnungsmäßig erklärte Zustimmungsverweigerung durch Beschluß des Arbeitsgerichts ersetzen lassen muß, wenn er geltend macht, daß der Zustimmungsverweigerungsgrund nicht vorliegt.[47]

Damit wird für Tendenzunternehmen nur in sehr engen Grenzen eine Abweichung vom gesetzlich gestalteten Mitbestimmungsstatut anerkannt. Im Prinzip bleibt das Modell der Mitbestimmung nach dem Betriebsverfassungsgesetz erhalten, wie man auch immer die Grenzen innerhalb des relati-

---

[44] Nach Ansicht des BAG soll lediglich eine *tatsächliche Vermutung* dafür sprechen, daß eine Einstellung von Tendenzträgern aus tendenzbedingten Gründen erfolgt, so BAGE 27, 322 (329) = AP Nr. 3 zu § 99 BetrVG 1972; BAG AP Nr. 7 zu § 118 BetrVG 1972; BAGE 35, 278 (285) = AP Nr. 18 zu § 118 BetrVG 1972; ebenso *Fitting/Kaiser/Heither/Engels,* BetrVG, § 118 Rn. 37; *Galperin/Löwisch,* BetrVG, § 118 Rn. 76; vgl. dazu kritisch *Richardi,* BetrVG, § 118 Rn. 161.

[45] So ausdrücklich BAGE 35, 278 (284 ff.) = AP Nr. 18 zu § 118 BetrVG 1972.

[46] Ebenso BAGE 27, 322 (330) = AP Nr. 3 zu § 99 BetrVG 1972; bestätigt BAGE 35, 278 (286 f.) = AP Nr. 18 zu § 118 BetrVG 1972.

[47] So ausdrücklich BAGE 27, 322 (330) = AP Nr. 3 zu § 99 BetrVG 1972; bestätigt BAG AP Nr. 7 und 46 zu § 118 BetrVG 1972; vgl. *Richardi,* BetrVG, § 118 Rn. 122, 152 und 162.

ven Tendenzschutzes zieht. Deshalb verdient die Feststellung des Bundesarbeitsgerichts im Beschluß vom 6. Dezember 1977 Beachtung: „Das streng dualistische System des Betriebsverfassungsgesetzes widerspricht dem Wesensgehalt der christlichen Religionsgemeinschaften."[48] Damit steht fest, daß die Einrichtungen einer Kirche, durch die sie ihren Auftrag in der Welt erfüllt, keine Tendenzunternehmen sind und daher mit ihnen auch nicht arbeitsrechtlich auf die gleiche Stufe gestellt werden dürfen.[49]

30 Der Unterschied tritt klar in Erscheinung, wenn man beachtet, daß der geistig-religiöse Auftrag der Kirche den Menschen in seiner Gesamtheit erfaßt, sich also auf sämtliche Lebensbereiche bezieht, während die sonstigen Grundrechtsgewährleistungen sich nur auf bestimmte Rollen beziehen, die der einzelne in Staat und Gesellschaft ausübt. Der Gedanke, der in Art. 4 GG seine verfassungsrechtliche Ausprägung gefunden hat, verwehrt dem Staat, wie das Bundesverfassungsgericht im Bremer Pastoren-Beschluß hervorhebt, „den bestimmenden Zugriff auf die religiöse oder weltanschauliche Dimension des Menschen".[50] Daher besitzen, wie das Bundesverfassungsgericht feststellt, die Kirchen zum Staat ein qualitativ anderes Verhältnis als irgendeine andere gesellschaftliche Großgruppe; denn die Kirche spreche „den Menschen als Ganzes in allen Feldern seiner Betätigung und seines Verhaltens" an und stelle an ihn Forderungen, die von ihrem geistig-religiösen Auftrag geprägt sind.[51]

5. Bindung des staatlichen Gesetzgebers an BVerfGE 46, 73 ff.

31 Das Bundesverfassungsgericht hat deshalb in seiner Entscheidung zum Fall Goch festgestellt, daß durch Art. 137 Abs. 3 WRV es den Kirchen als *eigene Angelegenheit* gewährleistet sei, darüber zu bestimmen, „ob und in welcher Weise die Arbeitnehmer und ihre Vertretungsorgane in Angelegenheiten des Betriebs, die ihre Interessen berühren, mitwirken und mitbestimmen".[52] Diese verfassungsgerichtliche Erkenntnis bindet gemäß § 31 Abs. 1 BVerfGG die Verfassungsorgane des Bundes und der Länder sowie alle Gerichte und Behörden. Auf ihr beruht nämlich die Entscheidung des Bundesverfassungsgerichts.[53] Hätte es für zulässig erachtet, daß eine karitative Einrichtung der Kirche lediglich den Status eines Tendenzunternehmens erhielte, so hätte es den Beschluß des Bundesarbeitsgerichts im Fall Goch nicht aufheben dürfen.[54]

---

[48] BAGE 29, 405 (411) = AP Nr. 10 zu § 118 BetrVG 1972.
[49] Vgl. *Richardi* ZevKR 23 (1978), 367 (402 ff.); ebenso *Mayer-Maly* BB Beil. 3/1977, 12; *Rüthers* NJW 1978, 2066 (2070); a. A. *Ruland* NJW 1980, 89 (97 f.); *Otto* AuR 1980, 289 (298 f.); s. auch § 6 Rn. 24 ff.
[50] BVerfGE 42, 312 (332).
[51] BVerfGE 42, 312 (333).
[52] BVerfGE 46, 73 (94).
[53] Vgl. *Maunz*/Schmidt-Bleibtreu/Klein/Ulsamer, Bundesverfassungsgerichtsgesetz, Loseblattkommentar, § 31 Rn. 16: Die Bindungswirkung erstreckt sich auf denjenigen Teil der Entscheidungsbegründung, „der aus der Deduktion des Gerichts nicht mehr hinwegzudenken ist, ohne daß sich das Ergebnis, das im Tenor formuliert ist, ändert".
[54] Zu eng deshalb *Bietmann*, Betriebliche Mitbestimmung im kirchlichen Dienst, S. 47, wenn er meint, Grundlage der Entscheidung sei nur das Problem gewesen, ob das Anton-Wilhelm-Hospital in Goch Einrichtung einer Religionsgemeinschaft sei.

Diese Dimension der Entscheidung des Bundesverfassungsgerichts wird 32
deutlich, wenn man berücksichtigt, daß das Bundesverfassungsgericht keine
Superrevisionsinstanz ist, also nicht die Richtigkeit der Rechtsanwendung
schlechthin überprüft.[55] Es kann auf Grund einer zulässig erhobenen Verfassungsbeschwerde zu einer Kassation nur gelangen, wenn die angefochtene Entscheidung gegen das Grundgesetz verstößt. Im Fall Goch ging es nicht darum,
daß die Verfassungswidrigkeit eines Rechtssatzes gerügt wurde, auf dem die
gerichtliche Entscheidung beruht, sondern die Verfassungsbeschwerde wurde
damit begründet, daß der verfassungsrechtliche Hintergrund, wie er sich aus
Art. 4 Abs. 2 GG und Art. 140 GG i. V. mit Art. 137 Abs. 3 WRV ergebe,
dazu zwinge, die Stiftung unter den Begriff der karitativen Einrichtung
i. S. des § 118 Abs. 2 BetrVG zu subsumieren. Bei einer derartigen Interpretationsbeschwerde geht es ebenfalls nicht darum, Auslegungsprobleme des
einfachen Gesetzesrechts zu klären. Der Verfassungsbeschwerde bliebe der
Erfolg versagt, wenn die vom Richter angeordnete Rechtsfolge zwar auf einer Fehlinterpretation beruht, aber vom Gesetzgeber angeordnet werden
könnte, ohne daß darin ein Verstoß gegen die Verfassung liegt. Es muß also
die unrichtige Rechtsanwendung in einen *Rechtssatz* „umgedacht" werden,
um festzustellen, ob die vom Richter angenommene Rechtsfolge verfassungsrechtlich unbedenklich ist.[56] Ein Verstoß gegen das Grundgesetz ist nur anzunehmen, *„wenn der angefochtene Richterspruch eine Rechtsfolge annimmt, die der einfache Gesetzgeber nicht als Norm erlassen dürfte".*[57]

Dieser Zusammenhang ist hier deshalb von Gewicht, weil das Bundesarbeitsgericht zwar zu dem Ergebnis gekommen war, daß die Stiftung keine 33
karitative Einrichtung der katholischen Kirche ist und daher nicht unter
§ 118 Abs. 2 BetrVG fällt; es hatte damit aber nicht *positiv* festgestellt, daß
das Betriebsverfassungsgesetz unbeschränkt zur Anwendung kommt, sondern im Gegenteil hervorgehoben: „Nicht zu entscheiden war, ob nur eine
eingeschränkte Anwendung des BetrVG gemäß § 118 Abs. 1 BetrVG in
Frage kommt, was nicht zweifelhaft erscheint."[58] Beachtet man, daß der
Tendenzschutz des § 118 Abs. 1 BetrVG eine grundrechtlich gewährleistete
Betätigungsfreiheit vor einer Beeinträchtigung durch betriebliche Mitbestimmungsrechte abschirmen soll,[59] so wird durch die Aufhebung der Entscheidung des Bundesarbeitsgerichts klargestellt, daß eine Erstreckung des
Betriebsverfassungsgesetzes auf kirchliche Einrichtungen auch dann die Verfassungsgarantie des Selbstbestimmungsrechts in Art. 137 Abs. 3 WRV verletzen würde, wenn sie den Status eines Tendenzunternehmens erhielten, also

---

[55] Vgl. BVerfGE 59, 104 (117 f.).
[56] Grundlegend E. *Schumann,* Verfassungs- und Menschenrechtsbeschwerde gegen richterliche Entscheidungen, 1963, S. 206 ff., 334; vgl. dazu auch *Steinwedel,* „Spezifisches Verfassungsrecht" und „einfaches Recht", 1976, S. 64 ff.; *Herzog,* Das Bundesverfassungsgericht und die Anwendung einfachen Gesetzesrechts, 1991.
[57] E. *Schumann,* aaO, S. 20.
[58] BAG AP Nr. 6 zu § 118 BetrVG 1972, letzter Satz.
[59] Vgl. BVerfGE 52, 283 (298); zur Interpretation der Tendenzautonomie durch das Bundesverfassungsgericht auch *Richardi,* Wissenschaftsfreiheit und personalvertretungsrechtliche Mitbestimmungsordnung, WissR 16 (1983), 1 (5 f.).

das Gesetz nur dann keine Anwendung fände, „soweit die Eigenart des Unternehmens oder des Betriebs dem entgegensteht", wie die Formulierung in § 118 Abs. 1 Satz 1 BetrVG lautet.

34 Forderungen, Abs. 2 in § 118 BetrVG ersatzlos zu streichen, können deshalb unter Wahrung des kirchlichen Selbstbestimmungsrechts nicht realisiert werden; denn die Verwirklichung der Mitbestimmung kann nicht von der Verfassung der Kirche und ihrem Auftrag getrennt werden. Die staatliche Schrankengesetzgebung hat aber dort ihre Schranke, wo es um die Verfassung der Kirche und ihren Auftrag geht.

6. Verhältnis zum Sozialstaatsprinzip

35 Das Sozialstaatsprinzip legitimiert den Staat nicht, den Kirchen ein Mitbestimmungssystem, das ihrem Selbstverständnis nicht entspricht, aufzuzwingen. Die Ausklammerung der Religionsgemeinschaften und ihrer karitativen und erzieherischen Einrichtungen aus dem Geltungsbereich des Betriebsverfassungsgesetzes verstößt, wie das Bundesarbeitsgericht im Beschluß vom 6. Dezember 1977 feststellt, nicht gegen den Verfassungsgrundsatz der Sozialstaatlichkeit.[60] Beachtet man, daß der Zweck der Herausnahme vor allem ist, daß die Kirche sich für ihren Bereich Mitbestimmungsregelungen geben kann, die ihrem bekenntnismäßig geprägten Selbstverständnis entsprechen, so ist schon wegen dieser Zielsetzung der Grundsatz der Sozialstaatlichkeit nicht berührt. Man behauptet zwar vielfach, daß das kirchliche Mitarbeitervertretungsrecht nicht den sozialen Standard der gesetzlichen Betriebsverfassung erreiche. Doch wird das kirchliche Mitarbeitervertretungsrecht nicht einmal ausgewertet, wenn man die Herausnahme der Kirchen aus der Mitbestimmung als Verstoß gegen das Sozialstaatsprinzip damit begründet, daß die Pflicht zur Anhörung vor einer Kündigung oder die Zustimmung der Betriebsvertretung zu einer Arbeitszeit- und Pausenregelung die Kirchen nicht hindern würde, ihre Tendenz zu verwirklichen.[61] Das kirchliche Mitarbeitervertretungsrecht räumt der Mitarbeitervertretung in dem beanstandeten Bereich durchaus Beteiligungsrechte ein.[62] Es kennt auch für eine Vielzahl von Angelegenheiten bei Nichteinigung ein verbindliches Einigungsverfahren.[63]

36 Das Sozialstaatsprinzip verlangt nicht, daß die Mitbestimmungsordnung überall dieselbe ist. Schon die verschiedene Gesetzgebungskompetenz, wie sie für die Betriebsverfassung einerseits und die Personalvertretung andererseits besteht, führt zu unterschiedlichen Gestaltungen. Außerdem ist zu beachten, daß das Sozialstaatsprinzip keine Schranke für die verfassungsrechtlich gewährleistete Kirchenautonomie darstellt; denn eine Begrenzung durch die Verfassung selbst würde insoweit voraussetzen, daß das Sozialstaatsprinzip einen konkreten und verbindlichen Auftrag zur Einführung einer Mitbestimmung in kirchlichen Einrichtungen enthält. Davon kann aber nicht die

---

[60] BAGE 29, 405 (411) = AP Nr. 10 zu § 118 BetrVG 1972.
[61] Vgl. *Ruland* NJW 1980, 89 (97).
[62] S. § 18 Rn. 123 ff. und 129 ff. sowie § 19 Rn. 20 ff.
[63] S. auch § 18 Rn. 140 ff. und § 19 Rn. 29 ff.

Rede sein. Selbst für die relative Tendenzautonomie in § 118 Abs. 1 BetrVG darf die Heranziehung des Sozialstaatsprinzips, wie das Bundesverfassungsgericht für die Pressefreiheit feststellt, „nicht in eine Beschränkung des Grundrechts umschlagen".[64] Erst recht gilt dies im Verhältnis zur verfassungsrechtlich gewährleisteten Kirchenautonomie.

IV. Geltungsbereich der Ausklammerung aus der gesetzlichen Betriebsverfassung

1. Abgrenzung im Gesetzesrecht

Nach dem Wortlaut des § 118 Abs. 2 BetrVG findet dieses Gesetz keine Anwendung auf „Religionsgemeinschaften und ihre karitativen und erzieherischen Einrichtungen unbeschadet deren Rechtsform". Der Begriff der Religionsgemeinschaft ist in dem gleichen Sinne zu verstehen wie der Begriff der Religionsgesellschaft in Art. 137 WRV.[65]

Soweit es sich um die Kirchen handelt, ist zu beachten, daß die verfaßte Kirche einen öffentlich-rechtlichen Status hat. Sie fällt schon aus diesem Grund nicht unter den Geltungsbereich des Betriebsverfassungsgesetzes; denn dieses Gesetz findet nach § 130 BetrVG keine Anwendung auf Verwaltungen und Betriebe der Körperschaften des öffentlichen Rechts. Keine Voraussetzung ist, daß die Körperschaft in den organisatorisch gestuften Staatsaufbau einbezogen ist. § 130 BetrVG erfaßt auch eine Religionsgesellschaft, die nach Art. 140 GG i. V. mit Art. 137 Abs. 5 WRV Körperschaft des öffentlichen Rechts ist.[66] Körperschaften des öffentlichen Rechts sind für den Bereich der römisch-katholischen Kirche die Bistümer (Erzdiözesen und Diözesen) und der Verband der Diözesen Deutschlands, für den Bereich der evangelischen Kirche die Landeskirchen, ihre Zusammenschlüsse in der Evangelischen Kirche in Deutschland (EKD), der evangelischen Kirche der Union (EKU) und der Vereinigten Evangelisch-Lutherischen Kirche Deutschlands (VELKD) sowie die evangelischen Freikirchen. Vom Geltungsbereich ausgeklammert sind nicht nur die Behörden und Verwaltungsstellen der Kirchen, sondern auch deren ausgegliederte selbständigen Teile, selbst wenn diese nicht die Anerkennung als Körperschaften des öffentlichen Rechts erlangt haben. Die im Körperschaftsstatus beschlossene Hoheitsgewalt begründet für die Kirchen eine Organisationsgewalt, die sich „darin manifestiert, daß die Kirchen aus eigenem Recht unter Leitung kirchlicher Organe stehende selbständige rechtsfähige Anstalten und Stiftungen errichten können, die auch für das staatliche Recht an dem öffentlich-rechtlichen Status der Kirche teilnehmen".[67]

---

[64] BVerfGE 52, 283 (299).
[65] Ebenso BAGE 29, 405 (409 f.) = AP Nr. 10 zu § 118 BetrVG 1972; vgl. auch *Richardi*, BetrVG, § 118 Rn. 189 mit weiteren Nachweisen aus dem Schrifttum.
[66] Ebenso BAGE 56, 1 (4 f.) = AP Nr. 3 zu § 130 BetrVG 1972.
[67] *Friesenhahn*, HdbStKirchR Bd. I S. 545 (569).

39 Bereits nach § 130 BetrVG ausgeklammert sind weiterhin die Niederlassungen der Orden und religiösen Kongregationen, die nach Art. 182 der Bayerischen Verfassung i. V. mit Art. 2 Abs. 2 Satz 1 des Konkordats zwischen dem Heiligen Stuhle und dem Staate Bayern vom 29. März 1924 (BayBS II S. 639) die Rechtsform einer Körperschaft des öffentlichen Rechts haben.[68] Betreibt ein derartiger Orden nicht als rechtlich verselbständigtes Unternehmen, sondern als Eigenbetrieb eine Brauerei, so findet daher auf sie das Betriebsverfassungsgesetz keine Anwendung.[69] Aber auch das Personalvertretungsrecht gilt nicht, wie § 112 BPersVG nicht nur für die Bundesregelung, sondern auch für die Landespersonalvertretungsgesetze klarstellt.[70]

40 Soweit es um die Kirchen geht, liegt deshalb die Bedeutung des § 118 Abs. 2 BetrVG weniger in der Ausklammerung der verfaßten Kirche aus dem Geltungsbereich des Betriebsverfassungsgesetzes als vielmehr in der Erstreckung dieser Ausklammerung auf „ihre karitativen und erzieherischen Einrichtungen unbeschadet deren Rechtsform". Da das Gesetz auf Verwaltungen und Betriebe einer Körperschaft, Anstalt oder Stiftung des öffentlichen Rechts ohnehin keine Anwendung findet (§ 130 BetrVG), geht es vor allem um die karitativen und erzieherischen Einrichtungen in *privatrechtlicher Form*. Würde man § 118 Abs. 2 BetrVG im wesentlichen auf Einrichtungen der verfaßten Kirche beschränken, so hätte er praktisch keinen Anwendungsbereich. Seine selbständige Bedeutung hat er deshalb vor allem dort, wo eine Distanz zur verfaßten Kirche vorgegeben ist. Durch ihn wird sichergestellt, daß die karitative und erzieherische Betätigung der Kirchen, auch wenn sie von selbständigen Rechtsträgern durchgeführt wird, nicht vom Mitbestimmungsstatut des Betriebsverfassungsrechts erfaßt wird.

41 Der Gesetzgeber zieht damit die Konsequenz aus der Verfassungsgarantie des Selbstbestimmungsrechts, die den Kirchen gestattet, sich wie jedermann der Privatautonomie zu bedienen, um in den Organisationsformen des staatlichen Rechts ihren Auftrag zu erfüllen, ohne daß dadurch die Zugehörigkeit zu den eigenen Angelegenheiten der Kirche aufgehoben wird. Da jedoch unter den Einrichtungen, die in § 118 Abs. 1 BetrVG lediglich die Rechtsstellung eines Tendenzbetriebes erhalten, auch Unternehmen und Betriebe genannt sind, die unmittelbar und überwiegend konfessionellen, karitativen oder erzieherischen Bestimmungen dienen, ergeben sich Abgrenzungsschwierigkeiten.

2. Der Beschluß des Bundesarbeitsgerichts zu der karitativen Einrichtung eines Säkularinstituts der katholischen Kirche

42 Im Beschluß vom 19. Dezember 1969 hatte das Bundesarbeitsgericht darüber zu entscheiden, ob ein Krankenhaus, das von einem Säkularinstitut der katholischen Kirche betrieben wird, lediglich ein Tendenzunternehmen dar-

---

[68] Ebenso BAGE 56, 1 (3 ff.) = AP Nr. 3 zu § 130 BetrVG 1972.
[69] So zutreffend BAGE 56, 1 (5 f. – Klosterbrauerei Andechs); LAG München NZA 1986, 540 (Vorinstanz).
[70] Vgl. *Dietz/Richardi*, BPersVG, § 112 Rn. 30; *Dütz*, FS Stahlhacke, S. 101 (102, 113).

stellt oder nach dem damals maßgeblichen § 81 Abs. 2 BetrVG 1952 aus dem Geltungsbereich des Betriebsverfassungsrechts ausgeklammert ist.[71] Mit überzeugender Begründung hob es hervor, daß die Säkularinstitute nicht lediglich als religiöse oder konfessionelle Vereine angesehen werden können, sondern den Ordensgemeinschaften gleichzustellen sind. Das maßgebliche Kriterium für die Abgrenzung ist, wie in der Besprechung zu dieser Entscheidung bereits herausgestellt wurde, darin zu erblicken, ob und inwieweit man die Säkularinstitute als *Wesens- und Lebensäußerung der katholischen Kirche* ansehen kann.[72]

Durch die Constitutio Provida Mater Ecclesia vom 2. Februar 1947 wurden die Säkularinstitute kirchlicherseits klar in ihrer Zuordnung zur römisch-katholischen Kirche abgegrenzt.[73] Trotz der Unterscheidung von den klösterlichen Gemeinschaften sind sie nicht bloß ein Verein mit religiöser Zielsetzung, sondern ihre Mitglieder werden dem *Religiosenstand* zugerechnet. In seinem Motuproprio „Primo feliciter" vom 12. März 1948 hat Papst *Pius XII.* darauf hingewiesen, daß die Säkularinstitute wegen ihres Bekenntnisses zur christlichen Vollkommenheit in der Welt nicht unter den gewöhnlichen Vereinigungen von Gläubigen belassen werden dürfen und können, sondern daß für sie eine besondere kirchenrechtliche Ordnung gelten muß.[74] Von dem vollen Bekenntnis zur christlichen Vollkommenheit, das auf den evangelischen Räten unerschütterlich fest begründet und seiner Substanz nach wirklich *religiosa* sei, sei nämlich nichts abzustreichen. Der Codex Iuris Canonici 1983 zählt deshalb die Säkularinstitute mit den Orden zu den von der kirchlichen Autorität kanonisch errichteten Instituten des geweihten Lebens (cc. 573 ff., 710 ff. CIC). Damit ist kirchlicherseits festgelegt, daß sie Wesens- und Lebensäußerung der katholischen Kirche sind. Ein Krankenhaus, das von einem Säkularinstitut betrieben wird, gehört deshalb, wie das Bundesarbeitsgericht erkannt hatte, zu den karitativen Einrichtungen, die aus dem Geltungsbereich des Betriebsverfassungsgesetzes ausgeklammert sind.

3. Der Fall Goch

a) Sachverhalt

Im Fall Goch hatte das Bundesarbeitsgericht sich das zweite Mal mit dem Problem zu befassen, ob ein Krankenhaus als karitative Einrichtung einer Religionsgemeinschaft anzuerkennen war.[75] Der Entscheidung lag knapp skizziert der folgende Sachverhalt zugrunde: Die Erben des verstorbenen ehemaligen Mairs der Stadt Goch *Wilhelm Anton van den Bosch* errichteten

---

[71] Vgl. BAG AP Nr. 12 zu § 81 BetrVG 1952 mit zust. Anm. von *Mayer-Maly* = SAE 1970, 258 ff. mit zust. Anm. von *Richardi*.
[72] Vgl. *Richardi* SAE 1970, 261.
[73] Acta Apostolicae Sedis (AAS) Bd. XXXIX (1947) S. 114 ff.; deutsch abgedruckt in: *S. Mayer OSB*, Neueste Kirchenrechtssammlung Bd. III, 1955, S. 189 ff.
[74] AAS Bd. XL (1948) S. 283 ff.; deutsch abgedruckt in: *Mayer*, aaO, S. 198 ff.
[75] BAG AP Nr. 6 zu § 118 BetrVG 1972 mit zust. Anm. von *G. Küchenhoff* und abl. Anm. von *Richardi*.

am 30. November 1849 notariell eine Stiftung für eine Krankenanstalt unter der Leitung Barmherziger Schwestern und übertrugen der Stiftung durch Schenkung einen Teil des ihnen gehörigen, in Goch gelegenen ehemaligen Nonnenklosters. Der Bischof von Münster gab dem Schenkungsakt am 31. Januar 1850 seine „förmliche Bestätigung", wobei er die Empfehlung gab, „darauf künftig Bedacht zu nehmen, daß für das Hospital ein eigener Arzt gewonnen, und wo möglich auch der Unterschied der Confession bei armen Kranken nicht berücksichtigt werde". Außerdem wies er darauf hin, „daß ein Wohllöbliches Curatorium behufs Erwirkung der Korporationsrechte für das Hospital sich an die königliche Regierung zu wenden habe". Am 14. Dezember 1850 erfolgte sodann die landesherrliche Genehmigung der Stiftung und die landesherrliche Gestattung der Annahme der gemachten Schenkung durch den König von Preußen.

45 Das ursprüngliche Statut wurde durch die Satzung vom 28. Oktober 1970 abgelöst, wobei festgelegt wurde, daß das Kuratorium aus sieben stimmberechtigten Mitgliedern besteht, von denen geborene und ständige Mitglieder die jeweiligen Pfarrer der katholischen Kirchengemeinde St. Maria Magdalena und der katholischen Kirchengemeinde Liebfrauen in Goch sind. Die Satzung wurde durch das bischöfliche Generalvikariat und durch den Regierungspräsidenten in Düsseldorf genehmigt. Außerdem ist das Hospital Mitglied des Caritasverbandes für die Diözese Münster, und es wird in ihm das vom Bischof von Münster erlassene Mitarbeitervertretungsrecht praktiziert.

b) Beschluß des Bundesarbeitsgerichts

46 Das Bundesarbeitsgericht hat, wie bereits ausgeführt, in dem Beschluß vom 21. November 1975 klarer als je zuvor den Zusammenhang des § 118 Abs. 2 BetrVG zur verfassungsrechtlich garantierten Autonomie der Kirchen herausgestellt, wenn es betont: Die Einbeziehung der karitativen und erzieherischen Einrichtungen der Religionsgemeinschaften in die Vorschrift des § 118 Abs. 2 BetrVG lasse sich daraus erklären, daß sich die verfassungsrechtlich garantierte Autonomie der Kirchen nicht nur auf die Gestaltung innerkirchlicher Angelegenheiten, sondern auch auf die Kirche „in ihrer Sendung zur Mission und Diakonie im öffentlichen Bereich" beziehe.[76] Eine das theologische Selbstverständnis der Kirchen berücksichtigende Auslegung führe dazu, daß die Annahme einer Einrichtung der Religionsgemeinschaft eine „tatsächliche Verbundenheit" mit der Religionsgemeinschaft voraussetze bzw. die Einrichtung „Wesens- und Lebensäußerung der Kirche" sei.

47 Dieser zutreffende Ansatzpunkt hat leider nicht verhindern können, daß das Bundesarbeitsgericht die Bedeutung der Verfassungsgarantie des kirchlichen Selbstbestimmungsrechts für die Interpretation des § 118 Abs. 2 BetrVG verkannte. Es verlangte, daß die Stiftung nach *staatlichem Stiftungsrecht* die Sonderstellung einer kirchlichen Stiftung hat, wobei es wegen des Sitzes der Stiftung in Nordrhein-Westfalen auf die dort bestehende Rechtslage zurückgriff, und zwar, da ein Stiftungsgesetz bei Verkündung der Ent-

---

[76] BAG AP Nr. 6 zu § 118 BetrVG 1972.

scheidung noch nicht erlassen war, „auf das preußische Staatskirchenrecht, auf die zum Gewohnheitsrecht verdichtete Überlieferung und auf die dem geltenden allgemeinen Staatskirchenrecht immanente Rechtsüberzeugung." Unter Rückgriff auf die im Kulturkampf ergangenen preußischen Gesetze über die Vermögensverwaltung in den katholischen Kirchengemeinden vom 20. Juni 1875 und über die Aufsichtsrechte des Staats bei der Vermögensverwaltung in den katholischen Diözesen vom 7. Juni 1876 kam es zu dem Ergebnis, daß die Stiftung trotz ihres karitativen Charakters keine Einrichtung der katholischen Kirche sei. Die von ihm als notwendig erachtete organisatorische Zuordnung zur Kirche habe schon bei der Gründung gefehlt; jedenfalls sei ausschlaggebend, daß nach der geltenden Satzung die Kirche keinen entscheidenden Einfluß auf die Verwaltung der Stiftung habe, weil von insgesamt sieben Mitgliedern des Stiftungskuratoriums nur zwei der Amtskirche angehörten.

c) Abgrenzung nach dem Stiftungsrecht?

Will man die Zuordnung der Stiftung zur Kirche bei ihrer Entstehung zutreffend beurteilen, so muß man das damals in Preußen geltende Stiftungsrecht berücksichtigen. Stiftungszweck war eine „pia causa". Aber der Anerkennung als Kirchenvermögen stand das für das Stiftungswesen maßgebliche Allgemeine Landrecht von 1794 entgegen: Träger des Kirchenvermögens waren die „Kirchengesellschaften"; zu ihm gehörten „die Gebäude, liegenden Gründe, Capitalien und alle Einkünfte, welche zur anständigen Unterhaltung des äußern Gottesdienstes für jede Kirchengemeinde nach deren Verfassung bestimmt sind" (ALR II 11 § 160). Abgesehen davon, daß das so bestimmte Kirchenvermögen „unter der Oberaufsicht und Direction des Staats" stand (ALR II 11 § 161), werden die mildtätigen Stiftungen überhaupt nicht erfaßt. Die Kirche unterlag außerdem erheblichen Beschränkungen, derartige „Geschenke" anzunehmen; sie erhielten von einem gewissen Wert an „erst durch die Genehmigung des Staats ihre Gültigkeit" (ALR II 11 § 198). Die als „nützlich" anerkannten Stiftungen standen vielmehr unter staatlicher Herrschaft.[77] Ausdrücklich wird in ALR II 19 § 32 hervorgehoben: „Armenhäuser, Hospitäler, Waisen- und Findel-, Werk- und Arbeitshäuser stehen unter dem besonderen Schutz des Staates." Entsprechend war bestimmt: „Werden dergleichen Anstalten von neuem errichtet, so muß das Vorhaben dem Staate zur Prüfung der Grundsätze ihrer Verfassung angezeigt werden" (ALR II 19 § 33). Zwar war als Grundsatz gewährleistet, daß der Stifter Organisation und Aufsicht „nach Gutfinden anordnen" kann (ALR II 19 § 35); aber „auch solche Anstalten, denen in der Stiftungsurkunde, oder sonst, eigne Aufseher vorgesetzt sind, bleiben dennoch der Oberaufsicht des Staats unterworfen (ALR II 19 § 37). „Diese Oberaufsicht schränkt sich aber nur darauf ein, daß nach den vom Staate ausdrücklich oder stillschweigend genehmigten Verordnungen des Stifters verfahren werde, und nichts einschleiche, was dem allgemeinen Endzwecke solcher Stiftungen zuwider sey"(ALR II 19 § 38). Der Staat trat also dem Willen des Stifters nicht feindlich entgegen, sondern

---

[77] Vgl. *Liermann*, Handbuch des Stiftungsrechts, Bd. I S. 186 f.

49 Aus der damaligen Rechtslage ergibt sich, daß die *kirchliche Liebestätigkeit* organisatorisch nicht von der *verfaßten Kirche* selbst, sondern wie im Fall Goch durch eine *Stiftung des privaten Rechts* getragen wurde. Außerdem war zu Beginn des 19. Jahrhunderts die Anerkennung als juristische Person ausschließlich auf Korporationen beschränkt. Das ALR ignoriert grundsätzlich die Stiftung als Institution.[78] Erst während des 19. Jahrhunderts setzte sich die Auffassung durch, auch die Stiftung als juristische Person anzuerkennen.[79] Die Vorstellung eines „Eigentums" der Korporation, hier also der Kirche, an „ihren" Stiftungen zeigt sehr deutlich noch die verfassungsrechtliche Gewährleistung des Art. 140 GG i. V. mit Art. 138 Abs. 2 WRV; dort heißt es: „Das Eigentum und andere Rechte der Religionsgesellschaften und religiösen Vereine an *ihren* für Kultus-, Unterrichts- und Wohltätigkeitszwecke bestimmten Anstalten, Stiftungen und sonstigen Vermögen werden gewährleistet." Deshalb kann historisch aus der Errichtung als Bürgerstiftung kein Argument gewonnen werden, um eine Distanz zur römisch-katholischen Kirche zu begründen. Das Statut war vielmehr so gestaltet, daß nach dem Willen des Stifters eine *kirchliche Einrichtung* entstehen sollte, und sie erhielt diesen Charakter, als der Bischof von Münster den Schenkungsakt förmlich bestätigte.

50 Da nur eine doppelte Blickrichtung, worauf *Konrad Hesse* zutreffend hingewiesen hat,[80] die Probleme, die sich im Verhältnis von Kirche und Staat ergeben, befriedigend lösen kann, hätte die Beachtung des *kanonischen Rechts* klargestellt, daß die Stiftung kirchlicherseits der Kirche zugeordnet wird; denn nach kanonischem Recht liegt eine Wohlfahrtsstiftung nicht nur dann vor, wenn sie vom Bischof errichtet und von ihm zu einer kirchlichen Rechtspersönlichkeit erhoben wird, sondern auch dann, wenn sie von einem Stifter ins Leben gerufen wird, der dafür die bischöfliche Anerkennung erhalten hat (so can. 1489 § 1 und § 2 CIC 1917; vgl. auch cc. 1303 und 1304 CIC 1983). Wie *Audomar Scheuermann* zur Rechtslage aus der Sicht des kanonischen Rechts dargelegt hat, liegt eine kirchliche oder der Kirche zugeordnete Stiftung vor, wenn „die Stiftung

(1) sich einer der Kirche *eigentümlichen Aufgabe* widmet, hier dem Wohlfahrtsdienst,

(2) aus einem *Motiv religiösen Charakters* erwächst,

(3) vom *Ortsbischof gutgeheißen* und damit dem *Wirkfeld der Kirche zugehörig* qualifiziert wird".[81]

Die Stiftung erfüllte diese Voraussetzungen und ist daher nach kanonischem Recht als eine der Kirche zugeordnete Stiftung anzusehen.

---

[78] Vgl. *Liermann,* aaO, S. 188.
[79] Vgl. ausführlich *Liermann,* aaO, S. 234 ff.
[80] *Hesse* ZevKR 6 (1957/58), 177 (178).
[81] Vgl. *Scheuermann,* Das Wilhelm-Anton-Hospital in Goch als caritative Einrichtung der katholischen Kirche, Rechtsgutachten, das dem Bundesverfassungsgericht vorgelegen hat, 1977, S. 5.

Wenn das Bundesarbeitsgericht gleichwohl den kirchlichen Charakter 51
der Stiftung bestritt, ist dies unter anderem darauf zurückzuführen, daß
es die Rechtslage nach katholischem Kirchenrecht überhaupt nicht geprüft,
sondern ausschließlich auf das *staatliche Stiftungsrecht* abgestellt hat, um
zu entscheiden, ob eine *kirchliche Stiftung* vorliegt. Aus ihm gewinnt es
das Kriterium einer organisatorischen Zuordnung zur Kirche, die es bereits bei der Gründung vermißt, ohne daß es auf die besonderen Umstände bei der Errichtung der Stiftung eingeht. Hätte es sie beachtet, so hätte
es, wie das Bundesverfassungsgericht in seinen Ausführungen deutlich gemacht hat, nicht übersehen können, daß das Hospital bereits bei seiner
Errichtung der katholischen Kirche im Sinne der Verwirklichung einer ihr
wesentlichen Aufgabe, nämlich der Caritas, zugeordnet war und auch organisatorisch mit der Kirche satzungsgemäß mehrfach verbunden war.[82] Daran hat auch die Ersetzung des Statuts durch eine Satzung nichts geändert, weil der Wille des Stifters für den Charakter der Stiftung konstitutiv
bleibt.[83]

Geradezu als Mißgriff muß erscheinen, wenn das Bundesarbeitsgericht zur 52
Feststellung der Merkmale einer kirchlichen Einrichtung auf die während des
Kulturkampfes geschaffenen preußischen Gesetze zurückgreift, wobei es
nicht einmal beachtet hat, daß diese Gesetze bereits durch das preußische
Gesetz über die Verwaltung des katholischen Kirchenvermögens vom 24. Juli
1924 (GS S. 585) abgelöst wurden, das zwar die aus der Kulturkampfära
stammenden Bindungen erleichterte, aber gleichwohl im Hinblick auf
Art. 137 Abs. 3 WRV als verfassungswidrig angesehen wird.[84] Wie problematisch es war, den Geltungsbereich des § 118 Abs. 2 BetrVG vom Begriff
der kirchlichen Stiftung im staatlichen Stiftungsrecht abhängig zu machen
und daraus das Merkmal einer organisatorischen Verbindung zu gewinnen,
zeigt gerade die Rechtsentwicklung in Nordrhein-Westfalen; denn das dort
vom Bundesarbeitsgericht als maßgeblich herangezogene preußische Stiftungsrecht ist durch das Stiftungsgesetz (StiftG NW) vom 21. Juni 1977
(GVBl. S. 274) abgelöst worden, das am 1. Januar 1978 in Kraft getreten
ist.[85] Nach § 2 Abs. 4 Satz 1 StiftG NW sind kirchliche Stiftungen im Sinne
dieses Gesetzes „selbständige Stiftungen, deren Zweck es ist, überwiegend
kirchlichen Aufgaben zu dienen, und die nach dem Willen des Stifters von
einer Kirche verwaltet oder beaufsichtigt werden". Für die vor Inkrafttreten
des BGB errichteten Stiftungen läßt § 29 StiftG NW sogar genügen, daß sie
„überwiegend kirchlichen Aufgaben dienen". Der vom Bundesarbeitsgericht
geforderte „entscheidende Einfluß auf die Verwaltung der Stiftung" wird also nach geltendem, auf das Hospital anwendbaren Stiftungsrecht nicht verlangt, sondern es reicht aus, weil es sich um eine Altstiftung handelt, daß sie
überwiegend kirchlichen Aufgaben dient; es wird also nicht einmal gefordert,

---

[82] Vgl. BVerfGE 46, 73 (87–90).
[83] Ebenso BVerfGE 46, 73 (90–94).
[84] Vgl. dazu *Marx*, HdbStKirchR Bd. II S. 117 (134).
[85] Vgl. dazu *Zilles*, Stiftungsaufsicht über kirchliche Stiftungen (bürgerlichen Rechts) in Nordrhein-Westfalen, AkathKR 150 (1981), 158 ff.

daß sie nach dem Willen des Stifters von einer Kirche verwaltet oder beaufsichtigt wird.[86]

53 Es ist also bereits *stiftungsrechtlich* problematisch, die Zuordnung zur katholischen Kirche davon abhängig zu machen, daß die amtskirchliche Organisation einen entscheidenden Einfluß auf die Verwaltung der Stiftung hat. Für die Interpretation des § 118 Abs. 2 BetrVG und der sonstigen Gesetzesbestimmungen, die eine entsprechende Ausklammerung aus dem gesetzlich geregelten Mitbestimmungsstatut vorsehen, spielt aber die stiftungsrechtliche Abgrenzung überhaupt keine Rolle; denn auf die *Rechtsform* soll es gerade nicht ankommen, sondern es genügt, daß es sich um eine *karitative* oder *erzieherische Einrichtung der Kirche* handelt.

d) Beschluß des Bundesverfassungsgerichts

54 Das Bundesverfassungsgericht hat durch Beschluß vom 11. Oktober 1977 die Entscheidung des Bundesarbeitsgerichts wegen Verstoßes gegen die Verfassungsgarantie des kirchlichen Selbstbestimmungsrechts aufgehoben; denn für die Interpretation des § 118 Abs. 2 BetrVG ist maßgebend, daß die verfassungsrechtliche Gewährleistung des kirchlichen Selbstbestimmungsrechts nicht nur für die organisierte Kirche und die rechtlich selbständigen Teile dieser Organisation gilt, sondern sich auf „alle der Kirche in bestimmter Weise zugeordneten Einrichtungen ohne Rücksicht auf ihre Rechtsform" bezieht, „wenn sie nach kirchlichem Selbstverständnis ihrem Zweck oder ihrer Aufgabe entsprechend berufen sind, ein Stück Auftrag der Kirche in dieser Welt wahrzunehmen und zu erfüllen."[87] Es genügt, wie das Bundesverfassungsgericht unter Weiterführung seiner Überlegungen im Fall „Aktion Rumpelkammer" feststellt, daß das Hospital der Kirche so zugeordnet ist, „daß es teilhat an der Verwirklichung eines Stückes Auftrag der Kirche im Geist katholischer Religiosität, in Einklang mit dem Bekenntnis der katholischen Kirche und in Verbindung mit den Amtsträgern der katholischen Kirche."[88]

55 Diese Entscheidung bindet, wie bereits ausgeführt, die Verfassungsorgane des Bundes und der Länder sowie alle Gerichte und Behörden.[89] Die Einbeziehung der rechtlich selbständigen karitativen und erzieherischen Einrichtungen in § 118 Abs. 2 BetrVG ist deshalb durch Art. 140 GG i. V. mit Art. 137 Abs. 3 WRV verfassungsrechtlich gewährleistet. Ein Wegfall des Hinweises auf die karitativen und erzieherischen Einrichtungen im Gesetzes-

---

[86] Bemerkenswert ist in diesem Zusammenhang, daß nach der Begründung des Regierungsentwurfs des StiftG NW für kirchliche Stiftungen, die der staatlichen Stiftungsaufsicht nicht unterworfen sind, nicht zwischen Stiftungen des staatlichen Rechts, die für eigene Aufgaben von einer Kirche selbst errichtet werden, und kirchlichen Stiftungen unterschieden wird, deren Stifter nicht mit der Kirche identisch sind; vgl. Landtag Nordrhein-Westfalen, Drucksache 8/830, S. 19.
[87] BVerfGE 46, 73 (1. LS. und S. 85).
[88] BVerfGE 46, 73 (87) unter Hinweis auf BVerfGE 24, 236 (246f.); bestätigt BVerfGE 53, 366 (392).
[89] S. Rn. 31 ff.

text, also eine Beschränkung der Ausklammerung auf die Religionsgemeinschaften, wie sie von der BT-Fraktion der SPD in ihrem „Entwurf eines Gesetzes zur Neuregelung der Betriebsverfassung" vom 16. Dezember 1968 (BT-Drucks. V/3658) vorgesehen war,[90] könnte die bestehende Rechtslage nicht ändern.[91] Auch eine Beschränkung auf den Status eines Tendenzunternehmens mit relativer Tendenzautonomie innerhalb des Betriebsverfassungsrechts, wie § 118 Abs. 1 BetrVG sie vorsieht, wäre ein Verstoß gegen die Verfassungsgarantie des kirchlichen Selbstbestimmungsrechts; denn die Kirche ist in den ihr zugeordneten Einrichtungen, auch wenn sie rechtlich verselbständigt sind, nicht an die Grundstruktur des staatlichen Betriebsverfassungsrechts gebunden.

4. Der Fall Volmarstein

Das Bundesarbeitsgericht hat deshalb im Fall Volmarstein anerkannt, daß die Zuordnung einer karitativen Einrichtung zur Kirche sich „nicht danach bestimmt, ob die Kirche durch ihre Organe einen rechtlich abgesicherten maßgebenden Einfluß auf die Einrichtung ausüben kann."[92] Entscheidend sei nicht, daß die kirchliche Einrichtung organisatorisch oder institutionell mit der Kirche verbunden sei, sondern es genüge, daß die von der Einrichtung wahrzunehmenden Aufgaben sich als Wesens- und Lebensäußerung der Kirche darstellen, wobei ausdrücklich anerkannt wird, daß nur die Kirche selbst authentisch sagen kann, welches die ihr eigentümlichen Angelegenheiten, also „ihre Angelegenheiten" sind.[93] Deshalb kam das Bundesarbeitsgericht zu dem Ergebnis, daß die Orthopädischen Anstalten Volmarstein, die wie im Fall Goch ebenfalls durch eine Stiftung des bürgerlichen Rechts errichtet waren, unter § 118 Abs. 2 BetrVG fallen; denn sie sind als Anstalten der Inneren Mission Einrichtungen der evangelischen Kirche.

56

---

[90] Vgl. die Synopse von *Franz*, Betriebsverfassungsgesetz, Zum Dialog Nr. 11, 2. Aufl., 1968, Bl. 89; weiterhin Referentenentwurf zum BetrVG 1972, abgedruckt in RdA 1970, 368.

[91] Ebenso *Richardi*, Anm. zu BVerfG, AR-Blattei, Kirchenbedienstete: Entsch. 13, 5. Forts.-Blatt.

[92] BAGE 29, 405 (410) = AP Nr. 10 zu § 118 BetrVG 1972.

[93] Vgl. auch BAG AP Nr. 10 zu § 72 a ArbGG 1979 Divergenz, wo zutreffend festgestellt wird: „Wenn die Kirche nach Art. 140 GG i. V. mit Art. 137 Abs. 3 WRV frei ist, ihre Angelegenheiten selbständig zu verwalten und allein nach ihrem Selbstverständnis zu bestimmen, ob eine Einrichtung eine solche der Kirche ist, dann folgt aus dieser Freiheit auch das Recht zu bestimmen, ob die Betätigung dieser Einrichtung ‚Caritas' und damit Wesensäußerung der Kirche in der Welt ist." Deshalb kommt das BAG zu dem Ergebnis, daß der Begriff der karitativen Bestimmung i. S. von § 118 Abs. 1 Satz 1 Nr. 1 BetrVG und der Begriff der karitativen Einrichtung einer Kirche i. S. von § 118 Abs. 2 BetrVG nicht die gleiche Rechtsfrage betreffen; a. A. *Kohte* BlStSozArbR 1983, 145 (148).

5. Der Beschluß des Bundesarbeitsgerichts zum Kolping-Berufsbildungswerk Brakel

57 Das Bundesarbeitsgericht hat zum Kolping-Berufsbildungswerk Brakel im Beschluß vom 12. Februar 1986 seine bisherige Rechtsprechung bestätigt.[94] Bei dem Berufsbildungswerk handele es sich um eine erzieherische Einrichtung des Kolpingwerkes, das seinerseits eine Einrichtung der katholischen Kirche sei. Das Bundesarbeitsgericht verlangt unter Hinweis auf die Goch-Entscheidung des Bundesverfassungsgerichts, daß die verfaßte Kirche ihre Vorstellungen zur Gestaltung der Erziehung in der Einrichtung durchsetzen kann. Es erkennt aber ausdrücklich an, daß unter das Selbstbestimmungsrecht fällt, wie die Kirche die Verbindung der Einrichtung mit ihren Amtsträgern sichert.[95] Die verfaßte Kirche werde „insbesondere bei historisch gewachsenen Verbänden, die sich trotz der fehlenden Inkorporation als Teil der Kirche verstanden und stets ihre Zugehörigkeit zur Amtskirche betont und danach gehandelt haben, weniger direkt verwalten als neuzeitliche, von Laien ins Leben gerufene Einrichtungen".[96] Das gelte es zu respektieren, sofern feststehe, daß die verfaßte Kirche die Möglichkeit habe, einen etwaigen Dissens zwischen Kirche und Einrichtung bei der Ausübung der religiösen Tätigkeit zu unterbinden. Die Religionsgemeinschaft müsse sich „in Fragen der Ausübung der jeweiligen religiösen Betätigung gegenüber der Einrichtung durchsetzen können". Nur wenn das gewährleistet und damit gesichert sei, „daß die eigenen Gesetze der Kirche bei der Betätigung der Lebens- und Wesensäußerung durchgesetzt werden können", sei es gerechtfertigt, „einen Betrieb von den Konfrontationen staatlicher Betriebsverfassung zu befreien". Beim Kolpingwerk sei diese Voraussetzung gegeben. Die verfaßte Kirche habe über ihre dort tätigen Priester hinreichend Einflußmöglichkeiten, um die Übereinstimmung der religiösen Betätigung mit den Vorstellungen der katholischen Kirche auf Dauer zu gewährleisten. Ein historisch mit der katholischen Kirche so verbundener Verband wie das Kolpingwerk müßte seine Grundlagen verleugnen, wollte er priesterliche oder bischöfliche Hinweise auf eine Diskrepanz zwischen den Auffassungen der Amtskirche und der Ausübung religiöser Betätigung in einer Untergliederung des Verbandes mißachten. „Letztlich liefe er Gefahr, das Recht zu verlieren, sich katholisch nennen zu dürfen."[97]

---

[94] BAGE 58, 92 (98 ff.) = AP Nr. 36 zu § 118 BetrVG 1972; s. auch für den Bereich der evangelischen Kirche BAG AP Nr. 60 zu § 118 BetrVG 1972; zur Kostentragungspflicht des Arbeitgebers bei einer Betriebsratswahl entgegen § 118 Abs. 2 BetrVG BAG AP Nr. 58 zu § 40 BetrVG 1972.
[95] BAGE 58, 92 (102 f.).
[96] BAGE 58, 92 (103).
[97] BAGE 58, 92 (106).

6. Der Beschluß des Bundesarbeitsgerichts zum Evangelischen Presseverband Nord e. V.

Für die Notwendigkeit einer verfassungskonformen Abgrenzung nach § 118 Abs. 2 BetrVG von Bedeutung ist schließlich der Beschluß des Bundesarbeitsgerichts vom 24. Juni 1991 zum „Evangelischen Presseverband Nord e. V.", der dem Landesverband der Inneren Mission Schleswig-Holstein e. V. angeschlossen ist und nach seiner Satzung „den Öffentlichkeitsauftrag der Kirche durch publizistische Mittel aller Art zu erfüllen" hat.[98] Das Bundesarbeitsgericht stützt in diesem Fall die Herausnahme aus dem Geltungsbereich des Betriebsverfassungsgesetzes unmittelbar auf die Maßstäbe, die das Bundesverfassungsgericht zu Art. 140 GG i. V. mit Art. 137 Abs. 3 WRV entwickelt hat. Unter diesem Aspekt gelangt es zu dem Ergebnis, daß die Öffentlichkeitsarbeit mit publizistischen Mitteln als Teil kirchlicher Mission eine kirchliche Funktion erfülle.[99] Der Presseverband sei zwar der Evangelischen Kirche nicht unmittelbar inkorporiert; er sei ihr aber i. S. der Rechtsprechung des Bundesverfassungsgerichts „organisatorisch zugeordnet".[100] Die nach der Satzung eröffnete Möglichkeit, daß unter Umständen nicht kirchlich gebundene Vorstandsmitglieder den Vorstand gegenüber kirchengebundenen Vorstandsmitgliedern majorisieren, hält es entgegen der Ansicht des Landesarbeitsgerichts für „rechtlich unerheblich"; hierin sei „keine Lockerung der Zuordnung" zu sehen. Das Bundesarbeitsgericht hält es für ausreichend, daß zum aus sieben Personen bestehenden Vereinsvorstand stets drei von der Nordelbischen Kirche (NEK) entsandte Vertreter gehören. Als entscheidend sieht es die sich aus der Satzung ergebende Ausrichtung des Vereins an und daß der Vorsitzende von der Kirchenleitung der Nordelbischen Kirche bestätigt werden muß.

7. Zusammenfassung

Der Gesetzgeber ist von Verfassung wegen gehindert, die Geltung des Betriebsverfassungsgesetzes, der Personalvertretungsgesetze und der Mitbestimmungsgesetze auf die karitativen und erzieherischen Einrichtungen der Kirchen zu erstrecken. Auch eine Relativklausel für die Geltung des Betriebsverfassungsrechts, wie sie § 118 Abs. 1 BetrVG für Tendenzunternehmen enthält, wäre verfassungswidrig, weil mit ihr eine Bindung an die Grundstruktur des staatlichen Betriebsverfassungsrechts verbunden wäre. Der Staat darf den Kirchen nicht vorschreiben, wie sie den Mitbestimmungsgedanken in ihrer vom christlichen Bekenntnis her geprägten Dienstverfassung verwirklichen. Die Bereichsausnahme erstreckt sich daher auf privatrechtlich verselbständigte Einrichtungen.

---

[98] BAGE 68, 170 ff. = AP Nr. 48 zu § 118 BetrVG 1972.
[99] BAGE 68, 170 (175 f.).
[100] BAGE 68, 170 (176).

V. Ausklammerung aus der gesetzlichen Betriebsverfassung bei Betriebsübernahme

60 Für die Feststellung, ob es sich um eine karitative oder erzieherische Einrichtung der Kirche handelt, ist die Zweckbestimmung, nicht die Rechtsform, in der sie betrieben wird, maßgebend. Welchem Zweck der Betrieb dienen soll, entscheidet der Betriebsinhaber. Voraussetzung ist jedoch, daß er der Kirche zugeordnet ist. Nur dann kann eine karitative oder erzieherische Einrichtung den Charakter einer kirchlichen Einrichtung erhalten. Der Betriebsinhaber muß also im Sinne der Rechtsprechung des Bundesverfassungsgerichts teilhaben „an der Verwirklichung eines Stücks Auftrag der Kirche im Geist christlicher Religiosität, im Einklang mit dem Bekenntnis der christlichen Kirche und in Verbindung mit den Amtsträgern der Kirche."[101] Nur ein derartiger kirchlicher Rechtsträger hat die Fähigkeit, durch die Zweckbestimmung der arbeitsteiligen Organisation festzulegen, daß es sich um eine kirchliche Einrichtung handelt. Deshalb ist für die Zuordnung einer karitativen oder erzieherischen Einrichtung zur Kirche erforderlich, aber auch ausreichend, daß Betriebsinhaber ein kirchlicher Rechtsträger ist.

61 Wird eine karitative oder erzieherische Einrichtung von einem kirchlichen Rechtsträger übernommen, so wird sie allein durch den Trägerwechsel zu einer Einrichtung der Kirche, auf die das staatliche Betriebsverfassungs- und Personalvertretungsrecht keine Anwendung findet.[102] Keine Rolle spielt in diesem Zusammenhang, daß der kirchliche Rechtsträger nach § 613 a BGB von Gesetzes wegen in die Rechte und Pflichten aus den im Zeitpunkt des Betriebsübergangs bestehenden Arbeitsverhältnissen eintritt und deshalb die bisherige Belegschaft bestehen bleibt.[103] Für die Betriebsverfassung ist unerheblich, daß hier Bedenken gegen die Annahme einer kirchlichen Dienstgemeinschaft bestehen. Das ist vielmehr lediglich von Bedeutung für die individualrechtliche Position der Arbeitnehmer aus dem Arbeitsverhältnis.[104] Für die Geltung der Mitbestimmungsordnung ist dagegen allein maßgebend, wer Betriebsinhaber ist. Die Abgrenzung richtet sich insoweit nach den gleichen Kriterien, die das Verhältnis des Betriebsverfassungsgesetzes zum Personalvertretungsrecht beherrschen. Wenn ein Betrieb von einem öffentlich-rechtlichen auf einen privatrechtlichen Rechtsträger übergeht, endet damit ohne weiteres die Geltung des Personalvertretungsrechts, wie auch umgekehrt der Betrieb nicht mehr unter den Geltungsbereich des Betriebsverfassungsgesetzes fällt, wenn Betriebsinhaber der Staat oder eine Körperschaft, Anstalt oder Stiftung des öffentlichen Rechts wird.[105]

---

[101] BVerfGE 53, 366 (392); s. auch § 3 Rn. 13 ff.
[102] Ebenso BAG AP Nr. 24 zu § 118 BetrVG 1972; *Weth/Wern* NZA 1998, 118 (122).
[103] Anderer Ansicht LAG Düsseldorf EzA § 118 BetrVG 1972 Nr. 24; aber aufgehoben durch BAG AP Nr. 24 zu § 118 BetrVG 1972.
[104] S. § 5 Rn. 10 ff.
[105] Ebenso BAG AP Nr. 24 zu § 118 BetrVG 1972; *Richardi*, BetrVG, § 21 Rn. 40.

Entsprechend hat deshalb das Bundesarbeitsgericht im Beschluß vom 9. Februar 1982 angenommen, daß das von einem Landkreis errichtete und betriebene Krankenhaus mit der Übernahme durch eine GmbH, deren alleiniger Gesellschafter der Johanniterorden ist und die deshalb als Johanniter-Gesellschaft Aufgaben im Sinne der Diakonie als Wesens- und Lebensäußerung der evangelischen Kirche wahrnimmt, eine kirchliche Einrichtung geworden ist, auf die das Betriebsverfassungsgesetz keine Anwendung findet.[106] Die dennoch durchgeführte Betriebsratswahl war daher nichtig. Für die Betriebsverfassung der Einrichtung gilt das kirchliche Mitarbeitervertretungsrecht.

---

[106] BAG AP Nr. 24 zu § 118 BetrVG 1972.

§ 17 Mitarbeitervertretungsrecht als eigenes Betriebsverfassungsrecht der Kirchen

I. Schaffung einer Mitbestimmungsordnung als Problem kirchengesetzlicher Regelungsnotwendigkeit

1. Mitbestimmung und Rechtsstellung des einzelnen Arbeitnehmers

1   Der Gesetzgeber ist von Verfassungs wegen gehindert, die Geltung des Betriebsverfassungsgesetzes, der Personalvertretungsgesetze und der Mitbestimmungsgesetze auf die Religionsgemeinschaften und deren karitative und erzieherische Einrichtungen zu erstrecken. Auch bei einem Wegfall oder einer Einschränkung des in diesen Gesetzen enthaltenen ausdrücklichen Vorbehalts ziehen sie dem kirchlichen Selbstbestimmungsrecht keine Schranke. Eine Mitbestimmungsregelung ist nämlich untrennbar mit der Dienstverfassung verbunden, deren Gestaltung zu den eigenen Angelegenheiten einer Religionsgesellschaft gehört. Deshalb ist durch Art. 137 Abs. 3 WRV den Kirchen als eigene Angelegenheit gewährleistet, darüber zu bestimmen, „ob und in welcher Weise die Arbeitnehmer und ihre Vertretungsorgane in Angelegenheiten des Betriebs, die ihre Interessen berühren, mitwirken und mitbestimmen".[1]

2   Ein Vorrang der auf staatlichem Recht beruhenden Mitbestimmungsordnung kann auch nicht damit begründet werden, daß die Rechtsstellung der Arbeitnehmer innerhalb der Arbeitsverfassung nicht nur durch eine soziale Schutzgesetzgebung abgesichert wird, der soziale Mindeststandard also nicht nur *von oben* her verbürgt wird, sondern daß für die Regelung der Arbeitgeber-Arbeitnehmer-Beziehungen der *Mitbestimmungsgedanke*, realisiert durch Koalitionsfreiheit, Tarifautonomie und Mitbestimmung in Betrieb und Unternehmen, ein Grundprinzip darstellt, um auf freiheitsrechtlicher Grundlage soziale Gerechtigkeit zu verwirklichen. Dennoch besteht hier ein Problem, dessen Lösung für die Bewahrung des verfassungsrechtlichen Systems der positiv einander zugeordneten Trennung von Staat und Kirche entscheidende Bedeutung hat. Bedienen die Kirchen sich bei der Begründung und Regelung ihrer Dienstverhältnisse der Privatautonomie, so ist für sie verbindlich, daß Privatautonomie nur in den Grenzen des Arbeitsrechts besteht.[2] Soweit Gesetze die Abhängigkeit der Arbeitnehmer im Einzelarbeitsverhältnis durch zwingende Rechtsnormen ausgleichen, der soziale Mindeststandard und Interessenausgleich also von oben her verbürgt wird, handelt es sich im allgemeinen um für alle geltende Gesetze, an die auch ein kirchlicher Arbeitgeber gebunden ist. Die Verfassungsgarantie des Selbstbestimmungsrechts entfaltet

---

[1] BVerfGE 46, 73 (94).
[2] S. ausführlich § 2 Rn. 16 ff.

hier ihre Rechtswirkung nur insoweit, als dem Staat verwehrt ist, durch ein für alle geltendes Gesetz eine Herrschaft über das bekenntnismäßige Verständnis des kirchlichen Dienstes zu erlangen. Arbeitsgesetze sind deshalb im Lichte der Wertentscheidung der verfassungsrechtlichen Garantie des kirchlichen Selbstbestimmungsrechts auszulegen.³ Wird dagegen die Abhängigkeit der Arbeitnehmer durch Einräumung von Beteiligungsrechten an Arbeitnehmerrepräsentanten, nämlich an die Betriebs- und Personalräte, ausgeglichen, so steht hier einer Bindung an das staatliche Recht die Verfassungsgarantie der Kirchenautonomie überhaupt entgegen. Auch ein relativer Tendenzschutz wäre verfassungswidrig, weil der Staat Inhalt und Grenzen der Tendenzautonomie festlegte und damit eine Kompetenz-Kompetenz über die kirchliche Dienstverfassung erhielte.⁴

Durch die Beteiligungsrechte des Betriebsrats und Personalrats wird nicht nur der Aufgaben- und Zuständigkeitsbereich eines Organs innerhalb der gesetzlich gestalteten Mitbestimmungsordnung festgelegt, sondern die Mitwirkung und Mitbestimmung hat zugleich auch Bedeutung für die *Individualrechtsposition* des einzelnen Arbeitnehmers. Besonders deutlich tritt dieser Zusammenhang beim Kündigungsschutz in Erscheinung: Die Beteiligung des Betriebsrats bzw. Personalrats ist eine *Wirksamkeitsvoraussetzung* der Kündigung durch den Arbeitgeber (§ 102 Abs. 1 Satz 3 BetrVG, §§ 79 Abs. 4, 108 Abs. 2 BPersVG). Die Anhörung des Betriebsrats bzw. Mitwirkung des Personalrats begrenzt außerdem die *Kündigungsgründe*, die der Arbeitgeber bei der ordentlichen Kündigung zum Nachweis ihrer sozialen Rechtfertigung, bei der außerordentlichen Kündigung zum Nachweis des wichtigen Grundes geltend machen kann. Der Arbeitgeber braucht im Beteiligungsverfahren nur seinen Kündigungsentschluß zu begründen; er ist nicht verpflichtet, alle wesentlichen Gründe zu nennen, die eine Kündigung möglicherweise rechtfertigen, sondern er braucht nur die Gründe anzuführen, die für seinen Kündigungsentschluß maßgebend sind. Macht er jedoch im Kündigungsrechtsstreit Gründe geltend, die er dem Betriebsrat nicht mitgeteilt hat, so ist die Kündigung zwar nicht wegen Verletzung der Beteiligungspflicht rechtsunwirksam; sie kann aber nicht mit diesen Gründen gerechtfertigt werden, weil der Betriebsrat bzw. Personalrat zu ihnen nicht gehört wurde. Der Arbeitgeber ist also an die von ihm getroffene Auswahl der Kündigungsgründe gebunden.⁵

Dem Kündigungsschutz dient weiterhin ein in § 102 Abs. 5 BetrVG vorgesehener *vorläufiger Bestandsschutz* des Arbeitsverhältnisses: Hat der Betriebsrat einer ordentlichen Kündigung aus bestimmten Gründen frist- und ordnungsgemäß widersprochen (§ 102 Abs. 3 BetrVG), so muß der Arbeitgeber den Arbeitnehmer, wenn dieser die Kündigungsschutzklage nach § 4 Satz 1 KSchG erhoben hat, auf dessen Verlangen nach Ablauf der Kündigungsfrist bis zum rechtskräftigen Abschluß des Rechtsstreits bei unverän-

---
³ Vgl. die Nachweise in Fn. 8 bei § 4.
⁴ S. § 16 Rn. 25 ff.
⁵ Vgl. BAGE 34, 309 (315 ff.) und 35, 190 (197 ff.) = AP Nr. 22 und 23 zu § 102 BetrVG 1972; *Richardi*, BetrVG, § 102 Rn. 51 ff., 115 ff.

derten Arbeitsbedingungen weiterbeschäftigen.⁶ Dieser vorläufige Bestandsschutz des Arbeitsverhältnisses ist völlig unabhängig davon gestaltet, ob die Kündigung sozial gerechtfertigt und daher wirksam ist.⁷ Durch die Pflicht zur Weiterbeschäftigung soll gewährleistet werden, daß der Arbeitnehmer im Fall seines Obsiegens im Kündigungsschutzprozeß auch tatsächlich seinen Arbeitsplatz behält. Die Regelung hat in den gesetzlichen Grenzen den gleichen Effekt wie eine Gestaltungsklage: Erst mit rechtskräftiger Feststellung, daß die Kündigung wirksam erklärt ist, wird das Arbeitsverhältnis aufgelöst. Der Bestandsschutz des Arbeitsverhältnisses während des Kündigungsschutzrechtsstreits ist also nicht prozessual durch entsprechende Gestaltung des einstweiligen Rechtsschutzes geregelt, sondern es ist *materiellrechtlich* festgelegt, daß der Arbeitgeber das Risiko der Ungewißheit über die Rechtswirksamkeit der Kündigung trägt. Trotz der formalen Struktur als Feststellungsurteil wirkt die arbeitsgerichtliche Entscheidung über das Recht zur Kündigung als Gestaltungsurteil. Der Unterschied besteht lediglich darin, daß der Arbeitgeber nicht gezwungen wird, eine Gestaltungsklage zu erheben, um das Arbeitsverhältnis aufzulösen, sondern die Initiative dem Arbeitnehmer überlassen bleibt.

5   Die Beteiligung des Betriebsrats an Betriebsänderungen hat ebenfalls Bedeutung für die Individualrechtsposition des einzelnen Arbeitnehmers. Die Mitbestimmung über den Sozialplan sichert, daß der Betriebsrat eine Regelung über den Ausgleich oder die Milderung der wirtschaftlichen Nachteile erzwingen kann, die den Arbeitnehmern infolge der geplanten Betriebsänderung entstehen (§§ 112, 112 a BetrVG). Betroffene Arbeitnehmer haben unmittelbar aus dem Sozialplan einen Rechtsanspruch auf die in ihm festgelegten Leistungen. Führt der Unternehmer eine Betriebsänderung durch, ohne über sie einen Interessenausgleich mit dem Betriebsrat versucht zu haben, so haben die Arbeitnehmer sogar von Gesetzes wegen einen Anspruch auf Nachteilsausgleich, wenn sie infolge der Betriebsänderung entlassen werden oder andere wirtschaftliche Nachteile erleiden (§ 113 Abs. 3 BetrVG). Den Interessenausgleich kann der Betriebsrat zwar im Mitbestimmungsverfahren nicht erzwingen; kommt er aber zustande, so kann er Regelungen darüber enthalten, ob, wann und in welcher Form die vom Unternehmer geplante Betriebsänderung durchgeführt werden soll.⁸ Möglich ist daher, daß in ihm zur Vermeidung wirtschaftlicher Nachteile für die von einer Betriebsänderung betroffenen Arbeitnehmer Bestimmungen aufgenommen werden, die als Betriebsvereinbarung unmittelbar und zwingend gelten (§ 77 Abs. 4 BetrVG), z.B. Kündigungsverbote und Versetzungs- oder Umschulungsansprüche der Arbeitnehmer.⁹ Das Individualarbeitsrecht bildet deshalb bei Ausklammerung der gesetzlichen Betriebsverfassung nur einen

---

⁶ Eine entsprechende Weiterbeschäftigungspflicht des Arbeitgebers besteht für den Geltungsbereich des Personalvertretungsrechts nach § 79 Abs. 2 BPersVG, § 77 Abs. 2 PersVG Bad.-Württ. und Art. 77 Abs. 2 BayPVG.

⁷ Vgl. *Richardi*, BetrVG, § 102 Rn. 212.

⁸ Vgl. BAGE 49, 160 (165) = AP Nr. 13 zu § 113 BetrVG 1972; BAGE 56, 270 (283) = AP Nr. 41 zu § 112 BetrVG 1972.

⁹ BAGE 68, 277 ff. = AP Nr. 59 zu § 112 BetrVG 1972.

Torso, der die Rechtsstellung des einzelnen Arbeitnehmers unvollkommen umschreibt.

2. Bindung an die Mitbestimmung als Leitprinzip der Arbeitsverfassung

Die Beteiligung der Arbeitnehmer in Betrieb und Unternehmen ist eine Ausprägung des verfassungsrechtlich gewährleisteten Sozialstaatsprinzips. Deshalb liegt es nahe, daß zwar nicht die Mitbestimmungsgesetze, aber die Rechtsprinzipien, die durch sie konkretisiert und ausgestaltet werden, einen Bestandteil des für alle geltenden Gesetzes bilden, an das auch die Kirchen gebunden sind. Bereits *Rudolf Smend* hat sich 1951 in diesem Sinne ausgesprochen: Eine gesetzliche Regelung der Betriebsverfassung könne zwar nicht auf die Kirchen und ihre Werke Anwendung finden, „weil deren Betriebe und Verwaltungen sowohl der Privatwirtschaft als auch dem öffentlichen Dienst gegenüber einen so andersartigen Wesenscharakter haben, daß die Mitbestimmung bei ihnen einer besonderen kirchengesetzlichen Regelung" bedarf; die Kirchen seien aber an das Prinzip des Sozialstaats, zu dem, wie sich aus dem Zusammenhang seiner Ausführungen ergibt, der Mitbestimmungsgedanke als elementarer Grundsatz staatlicher Ordnung gehört, „so gebunden, wie irgendeine Gemeinschaft".[10] Man muß hier jedoch die Erkenntnis des Bundesverfassungsgerichts beach-

---

[10] Vgl. *Smend*, Rechtsgutachten des Kirchenrechtlichen Instituts der Evangelischen Kirche in Deutschland vom 18. 9. 1951, betreffend kirchliche Autonomie und weltliches Betriebsverfassungsrecht (nicht veröffentlicht). Dort heißt es auf S. 3: Es könne kein Zweifel bestehen, daß es, „wenn nicht schon seit 1918, so doch sicher seit 1945 zu einem wesentlichen Element der zu schaffenden neuen Sozialordnung gehört, daß den Arbeitnehmern in den Betrieben ein Recht zur Beteiligung und Mitbestimmung gebührt. Das ist heute gemeinsame Rechtsüberzeugung der die Weiterentwicklung tragenden, verantwortungsbewußten Glieder unseres Volkes. Es ist also für alle geltendes Gesetz, daß den Arbeitnehmern eine Beteiligung an der Leitung und Mitbestimmung eingeräumt werden muß, weil anders ein sozialer Staat im Sinne des heutigen Verständnisses des Sozialen nicht verwirklicht werden kann. Diesem Gesetz sind also auch die Kirchen unterworfen. So sehr es aber nun heute herrschende Rechtsüberzeugung ist, daß den Arbeitnehmern ein solches Recht zukommt, so sehr sind die Ansichten über den Inhalt und den Umfang dieses Rechtes noch in Fluß. Dabei ist allerdings auch heute schon deutlich, daß eine gleichförmige Gestaltung dieses Rechts angesichts der Verschiedenartigkeit der Betriebe und Verwaltungen nicht notwendig und nicht erwünscht ist". *Smend* fährt wenig später fort, daß selbst dann, wenn das beabsichtigte BetrVG für die Betriebe und Verwaltungen des öffentlichen Dienstes erlassen sein werde, dieses nicht auf die Kirchen und ihre Werke Anwendung finden könne, „weil deren Betriebe und Verwaltungen sowohl der Privatwirtschaft als auch dem öffentlichen Dienst gegenüber einen so andersartigen Wesenscharakter haben, daß die Mitbestimmung bei ihnen einer besonderen kirchengesetzlichen Regelung bedarf". Auf S. 4 heißt es sodann: Grundsätzlich sei die Kirche an das Prinzip des „Sozialstaats", zu dem, wie sich aus dem Zusammenhang seiner Ausführungen ergibt, der Mitbestimmungsgedanke als elementarer Grundsatz staatlicher Ordnung gehört, „so gebunden, wie irgendeine Gemeinschaft, ja, sie hat hier, mehr als alle anderen, Vorbild zu sein. Aber die rechtstechnische Durchführung des Prinzips ist in ihrem Bereich nur der ganz besonderen Art ihrer Aufgabe und menschlichen Bindungsverhältnisse entsprechend möglich".

ten, daß das für alle geltende Gesetz i. S. von Art. 137 Abs. 3 WRV die Qualität eines *Gesetzes* haben muß.[11] Ein derartiges Gesetz liegt aber nicht vor.

7 Wenn gleichwohl eine Bindung an Grundsätze angenommen wird, die in der staatlichen Mitbestimmungsordnung verwirklicht sind, kann dies nur bedeuten, daß dem Staat die Kompetenz eingeräumt wird, die Kirchen zu verpflichten, ein Mitbestimmungsrecht zu schaffen. Für den Schrankenvorbehalt genügt jedoch nicht, daß durch richterliche Erkenntnis Rechtsgrundsätze für die Struktur einer Mitbestimmungsordnung festgelegt werden, sondern bindend kann nur eine *gesetzliche Regelung* sein. Würde diese sich aber nur auf die Kirchen beziehen, so wäre sie schon aus diesem Grund kein für alle geltendes Gesetz im Sinne des Schrankenvorbehalts. Nicht zuletzt muß der Gesetzgeber, wie es im Krankenhausgesetz-Beschluß des Bundesverfassungsgerichts heißt, den Kirchen *eigene Wege* offenhalten, auf denen sie eine Mitbestimmungsordnung „unter Berücksichtigung der besonderen kirchlichen Aspekte und in der vom kirchlichen Selbstverständnis gebotenen Form verwirklichen."[12] Staatliches Sozialordnungsrecht, das eine Beteiligung der Arbeitnehmer vorsieht, kann deshalb für die Kirchen nur begrenzt und dann auch nur subsidiär verbindlich sein.

8 Dieser Rechtslage entspricht die Bestimmung in § 112 BPersVG: Den Religionsgemeinschaften und ihren karitativen und erzieherischen Einrichtungen „bleibt die selbständige Ordnung eines Personalvertretungsrechtes überlassen". Damit bestätigt der Gesetzgeber, daß den Kirchen *überlassen* ist, darüber zu bestimmen, ob und wie die Mitbestimmung in ihren Einrichtungen verwirklicht wird, d. h. die Kirche entscheidet selbst als Kirche, wie eine Mitbestimmungsregelung aussehen soll.

3. Herstellung einer Konkordanz mit der staatlichen Arbeitsrechtsordnung

9 Auch soweit der Mitbestimmungsgedanke zur Basis für eine Konkordanz zwischen staatlicher und kirchlicher Ordnung gehört, wäre es ein Eingriff in die verfassungsrechtlich garantierte Eigenständigkeit der Kirche, wollte der staatliche Gesetzgeber ihr vorschreiben, wie sie die Mitbestimmung innerhalb der Kirche zu verwirklichen hat. Ihr muß vielmehr, wie es in § 112 BPersVG ausdrücklich heißt, die selbständige Ordnung eines Personalvertretungsrechtes überlassen bleiben. Darin liegt keine die Kirchen bindende Pflicht.[13] Aber der Staat bringt durch diese Vorschrift eine Erwartung zum Ausdruck; denn die Verfassungsgarantie des kirchlichen Selbstbestimmungsrechts bezweckt nicht die Schaffung eines *rechtsfreien Raumes,* sondern die

---

[11] BVerfGE 57, 220 (245); s. auch § 2 Rn. 42 f.
[12] BVerfGE 53, 366 (405).
[13] Weitergehend *Hollerbach* AöR 106 (1981), 218 (244 Fn. 60): „Wenn § 112 BPersVG sagt, den Religionsgemeinschaften und ihren karitativen und erzieherischen Einrichtungen bleibe die selbständige Ordnung eines Personalvertretungsrechts überlassen, so wird demgemäß eine Regelung dieser Angelegenheit nicht ins Belieben gestellt, sondern – jedenfalls dem Grunde nach – zur Pflicht gemacht."

Bildung von *Recht entsprechend dem Bekenntnis* der Kirche.[14] Soweit die Kirchen für ihren Bereich ein Mitarbeitervertretungsrecht schaffen, geschieht dies deshalb zur Wahrung einer Konkordanz mit der staatlichen arbeitsrechtlichen Ordnung. Die völlige Aussparung von Mitwirkungsrechten der Arbeitnehmer im kirchlichen Bereich wäre, wie *Bernd Rüthers* zutreffend feststellt, „mit den Grundlagen einer Arbeitsrechtsordnung im Sozialstaat unvereinbar".[15] Berücksichtigt man, daß die den Kirchen zugeordneten Einrichtungen nach ihrer Zahl der „zweitgrößte Arbeitgeber" in der Bundesrepublik Deutschland sind, so ist es, wie er zu Recht bemerkt, „auf die Dauer unvorstellbar, daß neben der staatlichen, gesetzlichen Arbeitsrechtsordnung hier ein absoluter Freiraum, ein Vakuum mitbestimmungsrechtlicher Art bestehen würde".

Diese Erkenntnis ändert nichts daran, daß die Gestaltung einer Mitbestimmungsregelung in der kirchlichen Dienstverfassung zu den *eigenen* Angelegenheiten gehört. Das gilt auch, soweit sie eine *arbeitsrechtliche Dimension* hat, also in den Bereich „hinübergreift", den der Staat ordnen kann.[16] Es läßt sich nämlich ein Ausgleich nicht dadurch herbeiführen, daß die Regelung, soweit sie in den staatlichen Bereich wirkt, *geteilt* wird.[17] Die Kompetenz zum Erlaß eines Betriebsverfassungsrechts in kirchlichen Einrichtungen ist Bestandteil der verfassungsrechtlich gewährleisteten Kirchenautonomie.[18] Da es sich aber um einen Regelungsbereich handelt, der zur Verwirklichung einer sozialstaatlichen Ordnung in besonderem Maß Gegenstand staatlicher Gesetzesregelungen ist, müssen die Kirchen den vom Staat anerkannten Raum zu eigenverantwortlicher Gestaltung ausfüllen, wenn sie sich ihn erhalten wollen.[19]

10

II. Freiheit in der Gestaltung der Betriebsverfassung

Die Kirchen fügen sich mit ihren Einrichtungen in die sozialstaatliche Ordnung, wenn sie für ihren Bereich ein Betriebsverfassungsrecht schaffen. Das Sozialstaatsprinzip verlangt keineswegs, daß in allen Bereichen des Gemeinwesens das gleiche Mitbestimmungsmodell gilt. Erst recht ist dies im Verhältnis zur Kirche zu beachten, der der Staat nicht vorschreiben kann, wie und in welcher Form sie ihren Auftrag wahrnimmt. Auch soweit § 112 BPersVG bestimmt, daß den Kirchen die selbständige Ordnung eines Personalvertretungsrechtes überlassen bleibt, bedeutet dies nicht, daß dem Grundsatz der Sozialstaatlichkeit nur entsprochen ist, wenn das kirchliche Mitarbeitervertretungsrecht sich an das Modell des Personalvertretungsrechtes

11

---

[14] So bereits *Mayer-Maly*, Erwerbsabsicht und Arbeitnehmerbegriff, S. 19.
[15] *Rüthers*, Dienstgemeinschaft oder Leistungsaustausch?, in: Caritas-Verband Dortmund 75 Jahre, Festschrift, hrsg. vom Caritas-Verband Dortmund e. V., 1981, S. 20 (26).
[16] Vgl. BVerfGE 42, 312 (334).
[17] Vgl. BVerfGE 42, 312 (341 f.).
[18] S. Rn. 19.
[19] Ebenso *Rüthers*, 75 Jahre Caritas-Verband Dortmund (Fn. 15), S. 20 (26 f.).

hält. Hier ist vielmehr zu beachten, daß nach Auffassung des Bundesarbeitsgerichts das streng dualistische System des Betriebsverfassungsgesetzes, wie es auch dem Personalvertretungsrecht zugrunde liegt, dem Wesensgehalt der christlichen Religionsgemeinschaften widerspricht.[20] Ob die Feststellung in dieser Allgemeinheit zutrifft, braucht hier nicht entschieden zu werden; es genügt vielmehr, daß wegen der Verfassungsgarantie des kirchlichen Selbstbestimmungsrechts den Kirchen *überlassen* bleibt, darüber zu entscheiden, „ob und in welcher Weise die Arbeitnehmer und ihre Vertretungsorgane in Angelegenheiten des Betriebs, die ihre Interessen berühren, mitwirken und mitbestimmen".[21]

12 Die Kirchen sind insbesondere nicht darauf beschränkt, eine Mitbestimmungsregelung lediglich für die *Arbeitnehmer* in ihrem Dienst zu schaffen, sondern sie können den Kreis der Beschäftigten, der durch eine Mitarbeitervertretung repräsentiert werden soll, anders als in der gesetzlichen Betriebsverfassung abgrenzen; denn dort wird der Arbeitnehmerbegriff vom Profil der *Erwerbsdienlichkeit* der Beschäftigung geprägt.[22] Daher gelten „Personen, deren Beschäftigung nicht in erster Linie ihrem Erwerb dient, sondern vorwiegend durch Beweggründe karitativer oder religiöser Art bestimmt ist", nach § 5 Abs. 2 Nr. 3 BetrVG nicht als Arbeitnehmer im Sinne der gesetzlichen Betriebsverfassung; d. h. sie wählen nicht zum Betriebsrat mit und können auch nicht in den Betriebsrat gewählt werden, und der Betriebsrat hat in Angelegenheiten, die sie betreffen, keine Mitwirkungs- und Mitbestimmungsrechte. Dadurch berücksichtigt der Gesetzgeber, daß die primär nicht erwerbsdienliche Beschäftigung, wenn sie religiös oder karitativ motiviert ist, zu einer *betriebssoziologischen Sonderstellung* führt: Personen, die sie verrichten, stehen derart unter den Bindungen der von ihnen selbst gewählten Lebensordnung, daß sie für die Betriebsverfassung nicht als Arbeitnehmer gelten können. Gerade wegen dieser Bindungen bilden sie in der Kirche einen *besonderen Stand,* wenn sie in ein besonderes Rechtsverhältnis zur Kirche treten, um in der Nachfolge Christi zu leben. Sie sind sogar vom Geltungsanspruch des Arbeitsrechts überhaupt ausgenommen, weil sie „in einem so engen Verhältnis zur Kirche stehen, daß sie mit der von ihnen gewählten Lebensform einen Stand der Kirche bilden".[23] Vor allem ihre Tätigkeit trägt aber entscheidend dazu bei, daß die Kirche im karitativen Bereich nicht zu einem Dienstleistungsbetrieb unter anderen wird. Für die kirchliche Dienstverfassung gilt daher, daß sie mit den anderen Mitarbeitern ohne Rücksicht auf deren arbeitsrechtliche Stellung eine *Dienstgemeinschaft* bilden.

13 Die Kirchen sind schließlich darin frei, ob sie für die gesetzestechnische Gestaltung der in ihren Einrichtungen geltenden Betriebsverfassung das Modell des Betriebsverfassungsgesetzes oder das Modell des staatlichen Perso-

---

[20] BAGE 29, 405 (411) = AP Nr. 10 zu § 118 BetrVG 1972.
[21] BVerfGE 46, 73 (94).
[22] Vgl. *Mayer-Maly,* Erwerbsabsicht und Arbeitnehmerbegriff, S. 21 ff.
[23] BAGE 30, 122 (131) = AP Nr. 26 zu Art. 9 GG; BAGE 30, 247 (253) = AP Nr. 2 zu Art. 140 GG; s. auch hier § 5 Rn. 6 ff.

nalvertretungsrechts, wie es im Bundespersonalvertretungsgesetz festgelegt ist, wählen, oder ob sie ein von ihnen abweichendes Modell schaffen. Die Behördenstruktur der verfaßten Kirche legt es nahe, daß man Lösungen übernimmt, wie sie im Personalvertretungsrecht vorgezeichnet sind. Daraus läßt sich aber nicht ableiten, daß die Anlehnung an das Personalvertretungsrecht des öffentlichen Dienstes von der Sache her geboten ist.[24] Die völlig ungeordnete Zusammenfassung aller Mitbestimmungsfälle in zwei Bestimmungen, den §§ 75, 76 BPersVG, ist kein Vorbild für eine sinnvolle Gestaltung der Mitbestimmungsregelung. Ein wichtiger Gesichtspunkt für die Gestaltung des kirchlichen Betriebsverfassungsrechts ist es aber, daß in ihr die Einheit des kirchlichen Dienstes eine angemessene Berücksichtigung erfährt. Die Tatsache, daß Gliederungen der Kirche den Status einer Körperschaft des öffentlichen Rechts haben, während die Einrichtungen der Caritas und der Diakonie privatrechtlich organisiert sind, erfordert keine voneinander verschiedene Gestaltung des kirchlichen Betriebsverfassungsrechts.

III. Rechtsgrundlage des kirchlichen Mitarbeitervertretungsrechts

1. Überblick

Die Kirchen haben für ihren Bereich ein Mitarbeitervertretungsrecht geschaffen, um eine Mitwirkung und Mitbestimmung der im kirchlichen Dienst Beschäftigten zu verwirklichen. Für den Bereich der katholischen Kirche hat die Bischofskonferenz auf ihrer Vollversammlung am 3. März 1971 eine Rahmenordnung für Mitarbeitervertretungen (MAV) im kirchlichen und karitativen Dienst beschlossen, die sie auf der Vollversammlung am 24. Januar 1977 durch die Rahmenordnung für eine Mitarbeitervertretungsordnung (MAVO) ersetzte.[25] Diese Rahmenordnung wurde durch Beschluß der Vollversammlung am 25. November 1985 geändert.[26] Wiederum novelliert wurde sie durch den Beschluß der Vollversammlung am 20. November 1995.[27] Die Bischöfe haben die Rahmenordnung jeweils, teilweise unter geringfügigen Abweichungen, für ihre Diözese als Kirchengesetz in Kraft gesetzt.[28] Lediglich für die Diözese Würzburg galt in der Vergangenheit eine besondere Ordnung, die Personalvertretungsordnung vom 31. Mai 1977 (Diözesanblatt S. 210). Aber auch sie wurde zwischenzeitlich aufgehoben und durch die Mitarbeitervertretungsordnung ersetzt (Diözesanblatt 1988 S. 277).

14

---

[24] So aber *Leser* in: Diakonie in Bindung und Freiheit, S. 11 (19 f.).
[25] Abgedruckt in: Sekretariat der Deutschen Bischofskonferenz (Hrsg.), Arbeitshilfen 17: Mitarbeitervertretungsrecht der katholischen Kirche in den Diözesen der Bundesrepublik Deutschland und in der Diözese Berlin für Berlin (West), 1980.
[26] Abgedruckt in: Sekretariat der Deutschen Bischofskonferenz (Hrsg.), Arbeitshilfen 47: Rahmenordnung für eine Mitarbeitervertretungs-Ordnung, 1986.
[27] Abgedruckt in: Sekretariat der Deutschen Bischofskonferenz (Hrsg.), Arbeitshilfen 128: Rahmenordnung für eine Mitarbeitervertretungsordnung, 1995.
[28] S. § 18 Rn. 2.

15 Für die evangelische Kirche hat der Rat der EKD ein „Muster für ein Kirchengesetz über Mitarbeitervertretungen in kirchlichen und diakonischen Dienststellen und Einrichtungen" und eine dazu gehörende Wahlordnung als Richtlinien gemäß Art. 9 lit. b der Grundordnung verabschiedet. Der Gesetzentwurf und die Wahlordnung wurden am 26. Mai 1972 bekanntgemacht.[29] Das Mitarbeitervertretungsrecht für die Evangelische Kirche in Deutschland, die Evangelische Kirche der Union und die evangelischen Landeskirchen wurde auf dieser Grundlage gestaltet. Wegen des Fehlens einer die Gliedkirchen der EKD bindenden Rahmenregelung waren die Kirchengesetze in ihrem Inhalt sehr verschieden.[30] Soweit sie die privatrechtlich organisierten Einrichtungen der Diakonie in ihren Anwendungsbereich einbezogen, hatten sie ihre Geltung davon abhängig gemacht, daß die zuständigen Gremien für die Einrichtung die Anwendung des Gesetzes beschlossen. Für das Diakonische Werk der Evangelischen Kirche in Deutschland erging sogar ohne kirchengesetzliche Absicherung ausschließlich auf verbandsrechtlicher Grundlage die „Ordnung für die Mitarbeitervertretungen in diakonischen Einrichtungen (Mitarbeitervertretungsordnung – MVO)".[31] Das Mitarbeitervertretungsrecht der evangelischen Kirche bot deshalb ein Bild höchster Rechtszersplitterung. Diesen Mangel behob weitgehend das Kirchengesetz über Mitarbeitervertretungen in der Evangelischen Kirche in Deutschland (Mitarbeitervertretungsgesetz – MVG) vom 6. November 1992 (ABl. EKD S. 445), geändert durch Kirchengesetz vom 6. November 1996 (ABl. EKD S. 521) und 5. November 1998 (ABl. EKD S. 478).[32]

2. Mitarbeitervertretungsrecht als Kirchenrecht

16 Das Mitarbeitervertretungsrecht der Kirchen beruht nicht auf einer vom Staat den Kirchen verliehenen Rechtsetzungsgewalt. Auch die in § 112 BPersVG erfolgte Feststellung, daß den Kirchen die selbständige Ordnung eines Personalvertretungsrechtes überlassen bleibt, kann nicht als *staatliche Ermächtigung* interpretiert werden. Der Erlaß von Mitarbeitervertretungsordnungen fällt vielmehr, wie das Bundesverfassungsgericht im Fall Goch festgestellt hat, in den selbstbestimmten Bereich.[33] Das Mitarbeitervertretungsrecht der Kirchen ist deshalb *Kirchenrecht,* das eine Bindung auch im *weltlichen Rechtskreis* herbeiführt.[34]

17 Das Verhältnis des Mitarbeitervertretungsrechts zur kirchlichen Dienstverfassung ist, soweit man sich aus der Sicht des Arbeitsrechts ein Urteil erlauben darf, bisher weder rechtstheologisch noch kirchenrechtlich vollkommen gelöst. Der für die katholische Kirche als Gesamtkirche maßgebliche Codex

---

[29] ABl. EKD 1972 S. 285 ff.
[30] S. auch § 19 Rn. 3 ff.
[31] Vgl. *Scheffer/Leser,* Das Mitarbeitervertretungsrecht der evangelischen Kirche und ihrer Diakonie, 2. Aufl. i.f. der 7. Ergänzungslieferung, 1990.
[32] S. § 19 Rn. 6.
[33] BVerfGE 46, 73 (94 f.).
[34] Ebenso *Christoph* ZevKR 32 (1987), 47 (53); *Hartmut Krüger* PersV 1988, 42 (47).

Iuris Canonici vom 25. Januar 1983 gibt keine Regelung. In die Reform des Codex ist dieser Bereich nicht einbezogen worden. Daraus kann aber für den katholischen Bereich nicht abgeleitet werden, daß die Ortskirchen nicht befugt seien, ein Mitarbeitervertretungsrecht zu schaffen. Im Gegenteil hat für den Bereich seiner Diözese der Bischof die Gesetzgebungsgewalt, wenn er sie in Übereinstimmung mit dem Petrusamt ausübt (cc. 381, 391 CIC). Daß die Gestaltung eines Mitarbeitervertretungsrechts zu seiner Hirtenaufgabe gehört, ist auf dem Zweiten Vatikanischen Konzil durch das Dekret „Christus Dominus" bestätigt worden; dort heißt es in Art. 16: „Bei der Wahrnehmung dieser Hirtensorge mögen sie (die Bischöfe) ihren Gläubigen in den Angelegenheiten der Kirche den ihnen gebührenden Anteil belassen und deren Pflicht und Recht anerkennen, aktiv am Aufbau des mystischen Leibes Christi mitzuwirken". Für den katholischen Bereich ist damit die kirchenrechtliche Legitimation für den Erlaß eines Mitarbeitervertretungsrechts klargestellt.

3. Mitarbeitervertretungsrecht als autonomes Arbeitsrecht der Kirchen

Das von den Kirchen geschaffene Mitarbeitervertretungsrecht entfaltet nicht nur eine Bindung innerhalb der kirchlichen Organisation, sondern es wirkt darüber hinaus auch unmittelbar gegenüber den im kirchlichen Dienst beschäftigten Arbeitnehmern.[35] So bestimmt beispielsweise für den Bereich der katholischen Kirche die von den Bischöfen in Kraft gesetzte Mitarbeitervertretungsordnung in § 30 Abs. 5 für die ordentliche Kündigung und in § 31 Abs. 3 für die außerordentliche Kündigung, daß eine ohne Einhaltung des Beteiligungsverfahrens ausgesprochene Kündigung unwirksam ist. Das staatliche Arbeitsgericht muß daher bei einem Rechtsstreit über die Wirksamkeit einer Kündigung prüfen, ob der Arbeitgeber die Mitarbeitervertretung beteiligt hat.[36]

Kontrovers wird beantwortet, ob man die Kompetenz zum Erlaß von Recht mit derartiger Rechtsgeltung allein auf die Verfassungsgarantie der Befugnis zur Regelung eigener Angelegenheiten in Art. 137 Abs. 3 WRV stützen kann.[37] *Rolf Bietmann* sieht die Basis für die Rechtsgeltung des Mitarbeitervertretungsrechts in der Verleihung des öffentlich-rechtlichen Korporationsstatus in Art. 137 Abs. 5 WRV.[38] Über ihn erhielten die Kirchen „zusätzlich eine autonome Regelungskompetenz, die selbständig neben

---

[35] Ebenso *Christoph* ZevKR 32 (1987), 47 (60 ff.); a. A. *Bietmann*, Betriebliche Mitbestimmung im kirchlichen Dienst, S. 77 ff., nach dem erst durch arbeitsvertragliche Inbezugnahme das Mitarbeitervertretungsrecht arbeitsrechtliche Geltungskraft erhält.

[36] Vgl. BAG AP Nr. 41 zu Art. 140 GG; BAG AP Nr. 20 zu § 611 BGB Kirchendienst; bereits vorher BAG PersR 1992, 478 ff.; BAG ZMV 1992, 247 ff.; BAG vom 21. 5. 1992 – 2 AZR 49/92 (nv); LAG Düsseldorf NZA 1991, 600.

[37] So *Richardi*, Anm. zu LAG Düsseldorf, AR-Blattei, Kirchenbedienstete: Entsch. 6, 2. Forts.Blatt; ebenso *Jurina*, Dienst- und Arbeitsrecht im Bereich der Kirchen, S. 151, 162, 166; v. *Campenhausen* in v. Mangoldt/Klein, GG, Art. 140 Rn. 97; *Hartmut Krüger* PersV 1988, 42 (47); vgl. auch BVerfGE 46, 73 (94 f.); 53, 366 (403).

[38] *Bietmann*, Betriebliche Mitbestimmung im kirchlichen Dienst, S. 73 f.

die durch Art. 137 Abs. 3 WRV garantierte eigenständig kirchliche Rechtsetzungsgewalt tritt".[39] Hinter dieser These steht, daß das Personalvertretungsrecht öffentlich-rechtliches Organisationsrecht ist.[40] Das Betriebsverfassungsrecht gehört dagegen zum Privatrecht.[41] Die verschiedene Zuordnung des Betriebsverfassungs- und des Personalvertretungsrechts innerhalb der staatlichen Rechtsordnung kann deshalb nicht den Ausschlag geben, ob für das Mitarbeitervertretungsrecht eine aus Art. 137 Abs. 5 WRV abgeleitete öffentlich-rechtliche Rechtsetzungsbefugnis erforderlich ist. Die Anerkennung als Körperschaft des öffentlichen Rechts in Art. 137 Abs. 5 WRV bedeutet nicht, daß die Kirchen eine von der Staatsgewalt abgeleitete Hoheitsgewalt ausüben; es wird ihnen vielmehr verfassungsrechtlich garantiert, ihre *eigenständige Ordnung* in *öffentlich-rechtlichen Gestaltungsformen* zu verwirklichen. Deshalb besteht kein Gegensatz zur Verfassungsgarantie des Selbstbestimmungsrechts in Art. 137 Abs. 3 WRV.

20   Das Mitarbeitervertretungsrecht gilt nicht nur für Mitarbeiter, die in einem öffentlich-rechtlichen Dienstverhältnis im Bereich der verfaßten Kirche beschäftigt werden; es bezieht vielmehr vor allem auch die Mitarbeiter ein, die als Arbeitnehmer auf Grund eines privatrechtlichen Vertragsverhältnisses tätig sind. Keine Rolle spielt, ob sie der Kirche angehören.[42] Das Mitarbeitervertretungsrecht ist zwar Kirchenrecht; es regelt aber nicht Rechtsbeziehungen zu den Kirchengliedern, sondern es gibt der Betriebsverfassung kirchlicher Einrichtungen eine Mitbestimmungsordnung.

IV. Geltungsbereich eines kircheneigenen Mitarbeitervertretungsrechts

1. Staatskirchenrechtliche Grundlage

21   Die Befugnis zur Schaffung eines eigenständigen Mitarbeitervertretungsrechts beschränkt sich nicht auf die verfaßte Kirche, sondern sie besteht auch für die privatrechtlich organisierten kirchlichen Rechtsträger.[43] Da sie rechtlich verselbständigt sind, muß die Satzung zwar die Zuordnung zur Kirche festlegen; es muß andererseits aber auch durch das Recht der Kirche gewährleistet sein, daß es sich um eine kirchliche Einrichtung handelt.[44] Für die Geltung des Mitarbeitervertretungsrechts ist die Zuordnung zur Kirche durch die Satzung ebenso wie die kirchenrechtliche Anerkennung als kirchliche Einrichtung nur eine Voraussetzung, nicht aber der Geltungsgrund; denn die Satzungsautonomie umfaßt nicht die Kompetenz zum Erlaß einer arbeitsrechtlichen Mitbestimmungsordnung. Rechtsgrundlage für das Mitar-

---

[39] *Bietmann*, aaO, S. 73.
[40] Vgl. *Dietz/Richardi*, BPersVG, § 1 Rn. 61 ff.
[41] Vgl. *Richardi*, BetrVG, Einl. Rn. 124 ff.
[42] Ebenso *v. Campenhausen* in v. Mangoldt/Klein, GG, Art. 140 Rn. 98; *Christoph* ZevKR 32 (1987), 47 (60 ff.).
[43] Ebenso *Christoph* ZevKR 32 (1987), 47 (57 f.).
[44] S. § 3 Rn. 8 ff.; vgl. auch § 16 Rn. 37 ff.

beitervertretungsrecht ist vielmehr die Verfassungsgarantie des Selbstbestimmungsrechts in Art. 137 Abs. 3 WRV. Die Befugnis, ein Mitarbeitervertretungsrecht zu schaffen, hat nach der Kompetenzverteilung des Staatskirchenrechts die *Religionsgesellschaft*, nicht die *Einrichtung* einer Religionsgesellschaft.

2. Abgrenzung des Geltungsbereichs im kirchlichen Mitarbeitervertretungsrecht

Die Reichweite, die das Staatskirchenrecht den Kirchen für den Erlaß eines eigenen Mitarbeitervertretungsrechts öffnet, muß die Kirche ausschöpfen, wenn nicht ein Vakuum in der betriebsverfassungsrechtlichen Mitbestimmungsordnung entstehen soll. Deshalb ist sie auf dem richtigen Weg, wenn sie die ihr zugeordneten, rechtlich verselbständigten Einrichtungen in den Geltungsbereich einer von ihr erlassenen Mitarbeitervertretungsordnung einbezieht. Schwierigkeiten treten dort auf, wo die Zuordnung auf kirchenrechtliche Hindernisse stößt. Deshalb kann ein kirchlicher Gesetzgeber die Geltung seiner Mitarbeitervertretungsordnung davon abhängig machen, ob eine Einrichtung nach ihrer Satzung das Gesetz anwendet; es muß aber stets gewährleistet sein, daß das in einer Einrichtung angewandte Mitarbeitervertretungsrecht von einem *kirchlichen Gesetzgeber* geschaffen ist.

§ 18 Überblick über das Mitarbeitervertretungsrecht der katholischen Kirche

I. Rechtsquellen

1. Rahmenordnung für eine Mitarbeitervertretungsordnung

1 Das Mitarbeitervertretungsrecht, durch das in der katholischen Kirche eine Betriebsverfassung geschaffen wird, beruht auf der Rahmenordnung für eine Mitarbeitervertretungsordnung (MAVO). Beschlossen wurde sie in ihrer geltenden Fassung von der Bischofskonferenz auf ihrer Vollversammlung am 20. November 1995.[1] Sie hat die auf der Vollversammlung am 24. Januar 1977 verabschiedete und auf der Vollversammlung am 25. November 1985 geänderte Rahmenordnung novelliert, die ihrerseits die Rahmenordnung für Mitarbeitervertretungen (MAV) im kirchlichen und karitativen Dienst, beschlossen von der Vollversammlung des Verbandes der Diözesen Deutschlands am 3. März 1971, ersetzt hat.[2] Die letzte Novellierung war vor allem durch die von den Bischöfen am 22. September 1993 verabschiedete Grundordnung des kirchlichen Dienstes im Rahmen kirchlicher Arbeitsverhältnisse erforderlich geworden.

2. Kirchengesetzliche Grundlage der Mitarbeitervertretungsordnung

2 Die Rahmenordnung gilt unmittelbar für die Mitarbeiter des Verbandes der Diözesen Deutschlands. In den Diözesen ist dagegen die Fassung maßgebend, die der Ortsbischof ihr gegeben hat. Nach can. 391 § 2 CIC übt der Bischof für die ihm anvertraute Teilkirche die gesetzgebende Gewalt aus. Die Bischöfe haben die novellierte Fassung in ihrer Diözese in Kraft gesetzt.[3]

---

[1] Abgedruckt in: Sekretariat der Deutschen Bischofskonferenz (Hrsg.), Arbeitshilfen 128: Rahmenordnung für eine Mitarbeitervertretungs-Ordnung, 1995 – Kommentar: *Bleistein/Thiel*, 3. Aufl. 1997 – Beiträge, Informationen und Rechtsprechung zu einzelnen Fragen des Mitarbeitervertretungsrechts s. Die Mitarbeitervertretung (ZMV), Zeitschrift für die Praxis der Mitarbeitervertretung in den Einrichtungen der katholischen und evangelischen Kirche.

[2] S. auch § 17 Rn. 14. Kommentare: *Bleistein/Thiel*, 2. Aufl. 1992; *Frey/Schmitz-Elsen/Coutelle*, 3. Aufl. 1988; *Mösenfechtel/Perwitz-Passan/Wiertz*, 1987.

[3] Für das Bistum Aachen: KAnz. 1996 S. 205; Bistum Augsburg: ABl. 1996 S. 318; Erzbistum Bamberg: ABl. 1996 S. 325, Ergänzung ABl. 1997 S. 47; Bistum Berlin: ABl. 1996 S. 96; Bistum Dresden-Meißen: KABl. 1996 S. 138; Bistum Eichstätt: Pastoralblatt 1996 S. 177; Bistum Erfurt: ABl. 1996 S. 142; Bistum Essen: KABl. 1996 S. 123; Erzbistum Freiburg: ABl. 1997 S. 23; Bistum Fulda: KABl. 1997 S. 23; Bistum Görlitz: ABl. 1998 Nr. 53; Erzbistum Hamburg: KABl. 1996 S. 33; Bistum Hildesheim: KAnz. 1997 S. 1; Erzbistum Köln: ABl. 1996 S. 331; Bistum Limburg: ABl. 1997 S. 85; Bistum Magdeburg: AMitt. 1997 S. 28; Bistum Mainz: KABl. 1996 S. 97; Erzbistum

Das Mitarbeitervertretungsrecht ist deshalb wegen der Verschiedenheit der Rechtsquelle kein *gemeines Recht*; es ist aber, wenn man von wenigen Abweichungen absieht, inhaltlich *allgemeines Recht* der katholischen Kirche in der Bundesrepublik Deutschland.

3. Einrichtungen der Caritas

Die Rahmenordnung und entsprechend die diözesanen Mitarbeitervertretungsordnungen beschränken ihren Anwendungsbereich nicht auf Einrichtungen der verfaßten Kirche, sondern beziehen den Deutschen Caritasverband, die Diözesancaritasverbände und sonstige kirchliche Rechtsträger ohne Rücksicht auf deren Rechtsform ein (§ 1 Abs. 1 Nr. 4 und 5, Abs. 2 und 3 MAVO). Damit stellt sich die Frage nach der Rechtsetzungsgewalt des Ortsbischofs für die rechtlich verselbständigten kirchlichen Einrichtungen. Für den evangelischen Bereich wird die Auffassung vertreten, daß der kirchliche Gesetzgeber unmittelbar Recht nur für die verfaßte Kirche schaffen kann, während „privatrechtlich organisierte kirchliche Dienste wie Diakonie und Mission seiner öffentlich-rechtlichen Regelungskompetenz grundsätzlich entzogen sind und sich gerade in diesen Bereichen die Frage stellt, wie die Exemtion von der Geltung des Betriebsverfassungsgesetzes verantwortlich wahrgenommen werden kann".[4] Deshalb wird auch für den katholischen Bereich angenommen: „Autonomes kirchliches Recht kann der Bischof nur für den Bereich der verfaßten Kirche, also den als öffentlich-rechtliche Körperschaft anerkannten kirchlichen Bereich schaffen."[5]

Für den Deutschen Caritasverband und die sonstigen privatrechtlich organisierten kirchlichen Einrichtungen wird daraus die Konsequenz gezogen, daß das Mitarbeitervertretungsrecht dort nur auf der Grundlage der *Satzungsautonomie* Verbindlichkeit erlangen kann.[6] Mit dieser Argumentation wird als entscheidend angesehen, daß man im staatlichen Bereich zwischen der Amtskirche und den privatrechtlich organisierten kirchlichen Rechtsträgern zu unterscheiden hat. Damit wird aber für die Rechtsetzungsgewalt des Bischofs eine Schranke errichtet, für die ausschließlich die staatliche Sicht maßgebend ist. Bereits dieser Ansatz widerspricht der Verfassungsgarantie des Selbstbestimmungsrechts in Art. 137 Abs. 3 WRV. Maßgebend kann lediglich sein, daß in der Kirche rechtlich sichergestellt ist, ob der Ortsbischof die Geltung der Mitarbeitervertretungsordnung festlegen kann.[7] Stellt man

---

München und Freising: ABl. 1996 S. 218; Bistum Münster: KABl. 1996 S. 181; Bistum Osnabrück: KABl. 1996 S. 19; Erzbistum Paderborn: KABl. 1996 S. 117; Bistum Passau: ABl. 1996 S. 69; Bistum Regensburg: ABl. 1996 S. 57; Bistum Rottenburg – Stuttgart KABl. 1997 S. 471, geändert KABl. 1997 S. 623; Bistum Speyer: OVBl. 1996 S. 206; Bistum Trier: KABl. 1997 S. 63, ber. S. 117 und 190; Bistum Würzburg: Diözesanblatt 1996 S. 277.

[4] *Frank* EssG 10 (1976), 9 (25).
[5] *Bietmann*, Betriebliche Mitbestimmung im kirchlichen Dienst, S. 75.
[6] Vgl. *Bietmann*, MAVO, § 1 Anm. 2.2, S. 46f.
[7] Ebenso im Ergebnis *Frey/Schmitz-Elsen/Coutelle*, MAVO, § 1 Rn. 16; *Thiel* in Bleistein/Thiel, MAVO, § 1 Rn. 32.

dagegen auf die Rechtsform ab, so darf man nicht außer Betracht lassen, daß die Satzungsautonomie nichts anderes darstellt als eine Form der *rechtsgeschäftlichen Autonomie*. Es gibt keine originäre Autonomie eines privatrechtlich organisierten Verbandes, die es gestattet, für Personen, die zu dem Verband in einem Arbeitsverhältnis stehen, ein Repräsentationsmandat zu schaffen, wie es der Betriebsrat nach dem Betriebsverfassungsgesetz ausübt und wie es auch die Mitarbeitervertretung nach dem kirchlichen Mitarbeitervertretungsrecht wahrnimmt. Wenn deshalb den Kirchen die selbständige Ordnung eines Personalvertretungsrechtes überlassen bleibt, so kommt darin zum Ausdruck, daß der kirchliche Gesetzgeber entsprechend der für ihn kirchenrechtlich maßgeblichen Kompetenz Inhalt und Geltungsbereich einer Mitarbeitervertretungsordnung festlegt.

6 Dieser bereits in der 2. Auflage vertretenen Auffassung hat das BAG im Urteil vom 10. Dezember 1992 ausdrücklich zugestimmt.[8] Die vom Staat verliehene öffentlich-rechtliche Regelungskompetenz ist nicht notwendig, um die Rechtsqualität der kirchlichen Mitarbeitervertretungsordnung rechtsdogmatisch zu erklären. Sie hat nur insoweit Bedeutung, als es um die Frage geht, ob eine Einrichtung sich der Rechtsetzungsgewalt des Bischofs entziehen kann. Dies ist für den Bereich der verfaßten Kirche ausgeschlossen, soweit die Ämterorganisation ihm untersteht. Ist dagegen eine Einrichtung privatrechtlich organisiert, so ist zwar für die Zuordnung zur Kirche ebenfalls maßgebend, daß sie ihren Auftrag in Verbindung mit den Amtsträgern der katholischen Kirche wahrnimmt, der Ortsbischof also darüber entscheidet, ob es sich um eine Einrichtung der katholischen Kirche handelt; aber es muß auch durch die Satzung abgesichert sein, daß die Einrichtung zur Kirche gehört. Deshalb kann in der Satzung festgelegt sein, daß das kirchliche Mitarbeitervertretungsrecht auf die Einrichtung keine Anwendung findet. Darin liegt aber ein Rechtsakt, durch den die Einrichtung sich partiell der Rechtsetzungsgewalt des Bischofs entzieht. Deshalb kann zumindest zweifelhaft erscheinen, ob es sich in diesem Fall noch um eine Einrichtung der katholischen Kirche handelt.[9]

4. Einrichtungen von Orden

7 Zu den Rechtsträgern, die unter den Geltungsbereich der Mitarbeitervertretungsordnung fallen, gehören die Orden. Da sie öffentliche juristische Personen des kanonischen Rechts sind (can. 116 CIC), werden sie von § 1 Abs. 1 Nr. 5 MAVO erfaßt. Der Codex Iuris Canonici regelt sie unter dem Begriff der „Institute des geweihten Lebens" (cc. 573 ff. CIC). Sind sie als Institut diözesanen Rechts, also *bischöflichen Rechts*, errichtet, so stehen sie unter der Rechtsetzungsbefugnis des Diözesanbischofs (can. 594 CIC). Entsprechend fallen sie daher auch kirchenrechtlich unter den Geltungsbereich der diözesanen Mitarbeitervertretungsordnung.

---

[8] AP Nr. 41 zu Art. 140 GG.
[9] S. § 3 Rn. 13 f.

Orden *päpstlichen Rechts* unterstehen dagegen „in bezug auf die interne 8
Leitung und Rechtsordnung unmittelbar und ausschließlich der Gewalt des
Apostolischen Stuhles" (can. 593 CIC). Deshalb soll, wie *Oswald v. Nell-
Breuning SJ* meint, in diesem Fall die Geltung der Mitarbeitervertretungs-
ordnung kirchenrechtlich nur vom Heiligen Stuhl vorgeschrieben werden
können.[10] Für das Verhältnis zur staatlichen Rechtsordnung muß aber genü-
gen, daß auch ein derartiger Orden für seine Einrichtungen das kirchliche
Mitarbeitervertretungsrecht anwendet.

Für die Rechtsordnung innerhalb der Kirche ist maßgebend, daß die Mit- 9
arbeitervertretungsordnung nicht für den *Ordensbereich* gilt,[11] sondern den
vom Orden betriebenen *Einrichtungen* eine *Betriebsverfassung* gibt. Diese
betrifft zwar auch den Orden und seine Organisation, wenn er zur Erfüllung
seines Auftrags erzieherische oder karitative Einrichtungen betreibt; es handelt sich aber insoweit nicht um den Innenbereich des Ordensinstituts, der
unter die dem Orden gewährleistete Autonomie fällt (can. 586 CIC). Einschlägig ist vielmehr insoweit, daß gemäß can. 678 § 1 CIC die Ordensleute
der Gewalt der Bischöfe unterstehen, soweit eine Angelegenheit die Seelsorge, die öffentliche Abhaltung des Gottesdienstes und andere Apostolatswerke
betrifft. Da die Betriebsverfassung in den Außenbereich des Ordens ragt, hat
der Bischof nach dem Prinzip der einheitlichen Leitung der Diözese (can. 394
§ 1 CIC) die Befugnis, die Geltung seiner Mitarbeitervertretungsordnung anzuordnen, wenn der Orden in Ausübung seines Apostolats eine Arbeitsorganisation in seinem Bereich einrichtet.[12]

II. Grundlagen des Mitarbeitervertretungsrechts

1. Mitbestimmungsstatut im Spannungsverhältnis zum kirchlichen Auftrag

Die Mitarbeitervertretungsordnung enthält eine eigenständige Regelung der 10
Betriebsverfassung für den kirchlichen Bereich. Sie ist aber gesetzestechnisch
anders gestaltet als das Betriebsverfassungsgesetz. Ihr Modell ist vielmehr
das Personalvertretungsrecht; jedoch unterscheidet sie sich auch insoweit erheblich von dessen Gestaltung. Mit ihm hat sie gemeinsam, daß die Fälle der
Beteiligung jeweils nach deren Form in einer Vorschrift zusammengefaßt
sind. Daraus ergeben sich wie dort Schwierigkeiten für die praktische
Rechtsanwendung.

Da das Mitarbeitervertretungsrecht rechtsdogmatisch zum Betriebsverfas- 11
sungsrecht gehört, kann man in Zweifelsfällen bei gleichgelagertem Sachver-

---

[10] *v. Nell-Breuning* AuR 1979, 1 (5).
[11] Ebenso *Thiel* in Bleistein/Thiel, MAVO, § 1 Rn. 23.
[12] Ebenso *Thiel* in Bleistein/Thiel, MAVO, § 1 Rn. 26; vgl. auch *Frey/Schmitz-Elsen/
Coutelle*, MAVO, § 1 Rn. 23, wo auf die Empfehlung der Religiosenkongregation vom
5. April 1979 hingewiesen wird, in der sie anläßlich eines konkreten Falles bestätigt, daß
sie die drei Vereinigungen der höheren Ordensoberen in Deutschland auf die Notwendigkeit hingewiesen habe, in der Anwendung der kirchlichen Mitarbeitervertretungsordnung gemeinsam mit den Mitgliedern der Deutschen Bischofskonferenz vorzugehen.

halt auf die dort entwickelten Rechtsprinzipien zurückgreifen. Bei der Rechtsanwendung im Einzelfall ist aber zu beachten, weshalb der Gesetzgeber verfassungsrechtlich verpflichtet war, den Kirchen *eigene Wege* offenzuhalten. Durch die Verfassungsgarantie des kirchlichen Selbstbestimmungsrechts wird gesichert, daß eine der Kirche zugeordnete Einrichtung ihre Aufgabe innerhalb des kirchlichen Gesamtauftrags zu erfüllen vermag. Dieser besonderen Aufgabenstellung sind, wie es im Beschluß des Bundesverfassungsgerichts zum Krankenhausgesetz Nordrhein-Westfalen heißt, „die kirchenrechtlichen Anordnungen über die Bildung von Mitarbeitervertretungen angepaßt".[13] Deshalb ist die Besonderheit des kirchlichen Auftrags der für die Interpretation letztlich schlechthin ausschlaggebende Gesichtspunkt.

2. Geltungsbereich der Mitarbeitervertretungsordnung

12 Die vom Diözesanbischof als diözesanes (partikulares) Kirchengesetz erlassene Mitarbeitervertretungsordnung (MAVO) gilt im gesamten Gebiet seiner Diözese (can. 13 § 1 CIC). Unter ihren Geltungsbereich fallen nicht nur die Dienststellen der Diözesen, der Kirchengemeinden und Kirchenstiftungen sowie der Verbände der Kirchengemeinden (§ 1 Abs. 1 Nr. 1–3 MAVO), sondern auch die Einrichtungen der sonstigen öffentlichen juristischen Personen des kanonischen Rechts (§ 1 Abs. 1 Nr. 4 und 5 MAVO). Zu ihnen gehört auch die Katholische Universität Eichstätt; aus ihrer Stiftungsverfassung ergibt sich aber, daß Stiftung und Universität das Bayerische Personalvertretungsgesetz entsprechend anwenden, soweit dies dem Zweck der Stiftung und dem Auftrag der Universität nicht widerspricht (Art. 17 Abs. 2).

13 Gemäß § 1 Abs. 2 MAVO ist die Mitarbeitervertretungsordnung auch anzuwenden im Bereich der sonstigen kirchlichen Rechtsträger und ihrer Einrichtungen, unbeschadet ihrer Rechtsform sowie des Verbandes der Diözesen Deutschlands und des Deutschen Caritasverbandes, wobei die vorgenannten Rechtsträger gehalten sind, die Mitarbeitervertretungsordnung für ihren Bereich rechtsverbindlich zu übernehmen. Unterhält ein Rechtsträger in mehreren oder in allen Diözesen im Gebiet der Deutschen Bischofskonferenz Einrichtungen (mehr- bzw. überdiözesaner Rechtsträger), so ist, wenn keine Abweichung zugelassen wird, die MAVO der Diözese anzuwenden, in der sich der Sitz der Hauptniederlassung (Hauptsitz) befindet (§ 1 Abs. 3 MAVO).

3. Einrichtung als Organisationseinheit für die Bildung einer Mitarbeitervertretung

14 Für die Mitbestimmungsordnung in der Privatwirtschaft ist wesentlich, daß das Wirtschaftssystem in der Bundesrepublik Deutschland eine marktwirtschaftliche Ordnung hat. Ansatzpunkt für die Betriebsverfassung ist daher nicht eine vertikal gestufte Wirtschaftsdemokratie, sondern das Unterneh-

---

[13] BVerfGE 53, 366 (403).

men. Dennoch werden die Arbeitnehmerrepräsentanten, die für die Belegschaft die Mitwirkungs- und Mitbestimmungsrechte wahrnehmen, nicht auf der Ebene des Unternehmens, sondern bereits auf der Ebene des *Betriebs* gebildet, um eine arbeitnehmernahe Mitbestimmungsordnung zu verwirklichen. Gliedert sich ein Unternehmen in mehrere Betriebe, so bilden die Betriebsräte durch Entsendung einen Gesamtbetriebsrat (§ 47 BetrVG). Sind Unternehmen unter der einheitlichen Leitung eines herrschenden Unternehmens zusammengefaßt, so besteht außerdem die Möglichkeit der Errichtung eines Konzernbetriebsrats (§ 54 BetrVG). Entsprechend ist für das Personalvertretungsrecht die maßgebliche Organisationseinheit, die dem Betrieb entspricht, die Dienststelle (§ 6 BPersVG). Neben dem Personalrat, der in einer Dienststelle gebildet wird, bestehen für den Geschäftsbereich mehrstufiger Verwaltungen sog. Stufenvertretungen, nämlich bei den Behörden der Mittelstufe Bezirkspersonalräte, bei den obersten Dienstbehörden Hauptpersonalräte (§ 53 BPersVG).

Nach der Mitarbeitervertretungsordnung sind die Mitarbeitervertretungen bei den „Dienststellen, Einrichtungen und sonstigen selbständig geführten Stellen" der in § 1 Abs. 1 MAVO genannten Rechtsträger zu bilden. Wie es dort heißt, werden sie „nachfolgend als Einrichtung(en) bezeichnet". Die MAVO verwendet also die *Einrichtung* als Oberbegriff für die verschiedenen Organisationseinheiten, in denen eine Mitarbeitervertretung zu bilden ist, wenn in ihr in der Regel mindestens fünf wahlberechtigte Mitarbeiter beschäftigt werden, von denen mindestens drei wählbar sind (§ 6 Abs. 1). Der Begriff der Einrichtung hat dieselbe Funktion wie im Betriebsverfassungsrecht der Begriff des *Betriebs* und im Personalvertretungsrecht der Begriff der *Dienststelle*. Der Sache nach geht es um die arbeitstechnische Organisationseinheit, mit der ein kirchlicher Rechtsträger seine Aufgabe erfüllt. **15**

In der Arbeitsrechtswissenschaft hat sich die Auffassung durchgesetzt, daß man den Begriff des Betriebs nicht objektiv definieren kann.[14] Die Verwendung des Betriebsbegriffs im Arbeitsrecht läßt die rechtliche Vermögens- und Zuständigkeitsordnung des Unternehmens unangetastet. Da das Arbeitsverhältnis nicht mit einem Betrieb, sondern mit dem Arbeitgeber besteht, ist deshalb die Vermögens- und Zuständigkeitsordnung auch für die Arbeitgeber-Arbeitnehmer-Beziehung verbindlich, weil durch sie die für den Arbeitnehmer maßgebende Ordnung festgelegt wird. Wie der Arbeitgeber die arbeitstechnische Organisation des Unternehmens gestaltet, fällt in seine Entscheidungsautonomie. Von seinem Willen hängt deshalb ab, ob ein oder mehrere Betriebe bestehen. Andererseits ist für den Betriebsbegriff wesentlich, daß er das sachlich-organisatorische Substrat für Rechtsbeziehungen darstellt, die nicht einseitig zur Disposition des Arbeitgebers stehen. **16**

Für die Mitarbeitervertretungsordnung ist es deshalb richtig, daß man die Organisationseinheit, in der eine Mitarbeitervertretung zu bilden ist, nicht von dem kirchlichen Rechtsträger trennt, der mit ihr seine Aufgabe erfüllt. Es dient der Klarheit, daß der Rechtsträger nach § 1a Abs. 2 MAVO regeln **17**

---

[14] Vgl. ausführlich MünchArbR/*Richardi*, § 31 Rn. 14; vgl. zum Betriebsbegriff i.S. des § 23 Abs. 1 Satz 2 KSchG auch BVerfGE 97, 169 (184f.).

kann, was als Einrichtung gilt, wobei die Regelung der Genehmigung des Ordinarius (Generalvikar des Diözesanbischofs) bedarf. Trifft der Rechtsträger keine Regelung, so ist die Abgrenzung so vorzunehmen, wie sie auch nach dem Betriebsverfassungsrecht erfolgt. Entscheidend ist entweder, daß eine arbeitstechnische Organisationseinheit räumlich weit entfernt von einer Einrichtung liegt oder daß sie bei räumlicher Nähe durch Aufgabenbereich und Organisation eigenständig ist (vgl. § 4 Satz 1 BetrVG).

18   Die Rahmenordnung der MAVO hat bei ihrer Novellierung 1985 erstmals die Möglichkeit eingeführt, daß eine *Gesamtmitarbeitervertretung* gebildet werden kann, wenn bei einem Dienstgeber mehrere Mitarbeitervertretungen bestehen (§ 24). Die Regelung gehört zu den Bestimmungen über „besondere Formen der Vertretung von Mitarbeitern", die in der Rahmenordnung ausdrücklich als Musterregelungen bezeichnet sind. Die Vollversammlung hat damit zum Ausdruck gebracht, daß der einzelne Ortsbischof unter Beachtung der jeweiligen Strukturen und besonderen Gegebenheiten in seiner Diözese prüfen wird, ob hierfür überhaupt ein Bedarf besteht oder ob im gegebenen Fall die Musterfassung ihnen gerecht wird.

19   Ebenfalls als Muster für eine diözesane Fassung enthält § 25 der Rahmenordnung eine Bestimmung über die Bildung einer „Diözesanen Arbeitsgemeinschaft der Mitarbeitervertretungen im (Erz-)Bistum . . .". Während die Gesamtmitarbeitervertretung im Rahmen ihres Zuständigkeitsbereichs die Beteiligungsrechte ausübt (§ 24 Abs. 3 MAVO-Rahmenordnung), ist die Diözesane Arbeitsgemeinschaft der Mitarbeitervertretungen nur ein Informations- und Beratungsorgan (§ 25 Abs. 2 MAVO-Rahmenordnung). Die Arbeitsgemeinschaft kann sich mit Arbeitsgemeinschaften anderer (Erz-)- Diözesen zu einer Bundesarbeitsgemeinschaft der Mitarbeitervertretungen zusammenschließen (§ 25 Abs. 5 MAVO-Rahmenordnung).[15]

4. Begriff des Mitarbeiters zur Bestimmung des von der Mitarbeitervertretung repräsentierten Personenkreises

a) Mitarbeiter als Oberbegriff

20   Das Mitarbeitervertretungsrecht beschränkt die Mitbestimmungsordnung nicht auf kirchliche Beamte und Arbeitnehmer. Entsprechend dem Grundgedanken von der Einheit der Dienstgemeinschaft aller, die durch ihre Arbeitsleistung den Auftrag der Kirche verwirklichen, stellt deshalb die Mitarbeitervertretungsordnung auf den Begriff des *Mitarbeiters* ab, wobei sie wie schon die Grundordnung die weibliche und männliche Bezeichnung verwendet: Mitarbeiterinnen und Mitarbeiter sind alle Personen, die bei einem Dienstgeber auf Grund eines Beschäftigungsverhältnisses, auf Grund ihrer Ordenszugehörigkeit, auf Grund eines Gestellungsvertrages oder zu ihrer Ausbildung tätig sind (§ 3 Abs. 1 MAVO).

21   Die Abgrenzung geht weiter als der Arbeitnehmerbegriff des staatlichen Betriebsverfassungsrechts. Klargestellt ist insbesondere, daß der Personen-

---

[15] Vgl. *Thiel* in Bleistein/Thiel, MAVO, § 25 Rn. 27 ff.

kreis, der wegen der religiösen und karitativen Zielsetzung seiner nicht in erster Linie erwerbsdienlichen Beschäftigung aus dem betriebsverfassungsrechtlichen Arbeitnehmerbegriff ausgeklammert ist (§ 5 Abs. 2 Nr. 3 BetrVG), hier in die Mitarbeitervertretung einbezogen wird; denn die Tätigkeit von Ordensangehörigen prägt in besonderer Weise den kirchlichen Charakter einer Einrichtung. Sogar Geistliche einschließlich Ordensgeistliche fallen nur dann nicht unter den Mitarbeiterbegriff, wenn sie in Kirchengemeinden, Kirchenstiftungen und Kirchengemeindeverbänden tätig sind (§ 3 Abs. 2 Satz 1 Nr. 5 MAVO). Präzisiert ist nur, daß die besondere Stellung der Geistlichen gegenüber dem Diözesanbischof und die der Ordensleute gegenüber dem Ordensoberen durch die Mitarbeitervertretungsordnung nicht berührt werden (§ 3 Abs. 3 Satz 1 MAVO). Eine Mitwirkung in den persönlichen Angelegenheiten dieses Personenkreises findet daher nicht statt (§ 3 Abs. 3 Satz 2 MAVO).

b) Zuordnungsmerkmale

Der Mitarbeiterbegriff umfaßt Arbeitnehmer, Kirchenbeamte und Ordensangehörige sowie unter der genannten Einschränkung auch Geistliche. Voraussetzung ist nur, daß sie auf Grund eines *Beschäftigungsverhältnisses*, auf Grund ihrer Ordenszugehörigkeit oder auf Grund eines Gestellungsvertrags in der Einrichtung tätig sind. Nicht notwendig ist die *Entgeltlichkeit der Arbeitsleistung*. Erwerbsabsicht gehört nicht einmal im staatlichen Arbeitsrecht zum Arbeitnehmerbegriff.[16] Sie ist auch im Sozialversicherungsrecht nur dann Voraussetzung des Versicherungsschutzes, wenn neben der Beschäftigung die Entgeltlichkeit ausdrücklich gefordert wird (vgl. § 7 Abs. 1 SGB IV). Für den kirchlichen Bereich ist die Entgeltlichkeit als Kriterium völlig ungeeignet; denn zur Dienstgemeinschaft, durch die die Kirche ihren Auftrag erfüllt, gehören vor allem die Personen, deren Beschäftigung, wie es in der Bestimmung des § 5 Abs. 2 Nr. 3 BetrVG über die Ausklammerung aus dem betriebsverfassungsrechtlichen Arbeitnehmerbegriff heißt, nicht in erster Linie ihrem Erwerb dient, sondern vorwiegend durch Beweggründe karitativer oder religiöser Art bestimmt ist. 22

Der Begriff des *Beschäftigungsverhältnisses* entspricht nicht dem Begriff des Beschäftigungsverhältnisses i. S. des Sozialrechts. Für die Abgrenzung kann daher nicht auf deren Regelungen, also insbesondere auch nicht auf § 7 Abs. 4 SGB IV zurückgegriffen werden. Gemeint ist vielmehr, daß jemand auf Grund eines öffentlich-rechtlichen Dienstverhältnisses oder eines privatrechtlichen Arbeitsverhältnisses tätig wird, wobei im letzteren Fall auch Personen erfaßt werden, für die sozialrechtliche Sonderregelungen gelten. Der Klarstellung dient, daß zu den Mitarbeitern auch zählt, wer auf Grund eines *Gestellungsvertrages* tätig wird. Entscheidend ist also, daß eine Person mit ihrer Dienstleistung in die arbeitsteilige Organisation eingeordnet ist. 23

Personen, die auf Grund eines sog. freien Dienstvertrags als *freier Mitarbeiter* Dienstleistungen für kirchliche Einrichtungen erbringen, sind deshalb 24

---

[16] Vgl. zur Bedeutung der Arbeitsentgeltregelung für die Arbeitnehmereigenschaft ausführlich MünchArbR/*Richardi*, § 24 Rn. 65 ff.

keine Mitarbeiter, die von der Mitarbeitervertretung repräsentiert werden. Zu ihnen gehören in der Regel auch nicht Arbeitnehmer, die in keinem Arbeitsverhältnis zum Rechtsträger der Einrichtung stehen, sondern ihr von einem anderen Arbeitgeber vorübergehend zur Beschäftigung überlassen werden. Hat die kirchliche Einrichtung ein Zeitarbeit-Unternehmen in Anspruch genommen, so findet das Arbeitnehmerüberlassungsgesetz Anwendung.[17] Nach § 14 Abs. 1 AÜG bleiben *Leiharbeitnehmer* auch während der Zeit ihrer Arbeitsleistung bei einem Entleiher Angehörige des entsendenden Betriebs des Verleihers. Sie sind daher bei der Wahl der betriebsverfassungsrechtlichen Arbeitnehmervertretungen im Entleiherbetrieb weder wahlberechtigt noch wählbar (§ 14 Abs. 2 Satz 1 AÜG). Da das Betriebsverfassungsgesetz keine Anwendung findet (§ 118 Abs. 2 BetrVG), ist daher auch die Bestimmung des § 14 Abs. 3 AÜG, nach der vor Übernahme eines Leiharbeitnehmers zur Arbeitsleistung der Betriebsrat des Entleiherbetriebs nach § 99 BetrVG zu beteiligen ist, nicht unmittelbar anwendbar. Sie gilt aber entsprechend, wobei § 99 BetrVG hier durch § 34 MAVO ersetzt wird.

25 Wie in § 3 Abs. 1 MAVO ausdrücklich klargestellt wird, gehören dagegen zu den Mitarbeitern auch die Personen, die zu ihrer Ausbildung in der Einrichtung tätig sind. Dabei hat man allerdings zu beachten, daß hier dieselbe Problematik vorliegt, wie sie zu § 5 Abs. 1 BetrVG besteht, nach dessen Wortlaut die zu ihrer Berufsausbildung Beschäftigten unter den betriebsverfassungsrechtlichen Arbeitnehmerbegriff fallen. Dadurch soll nur erfaßt werden, wer durch seine Berufsausbildung in vergleichbarer Weise wie die sonstigen Arbeitnehmer in den Betrieb eingegliedert ist. Zu der vom Betriebsrat repräsentierten Belegschaft zählt daher nicht, wer als Auszubildender in einem reinen Ausbildungsbetrieb tätig ist.[18] Gleiches muß auch hier gelten, wenn ein kirchlicher Rechtsträger eine Einrichtung unterhält, die der Ausbildung und Fortbildung junger Menschen dient.[19] Schließlich gehört nicht zum Kreis der Mitarbeiter, wer auf Grund staatlicher Zuweisung in einer kirchlichen Einrichtung tätig wird. Deshalb sind Zivildienstleistende, deren Rechte und Pflichten das Zivildienstgesetz regelt, keine Mitarbeiter i. S. der MAVO.[20] Sie wählen aber in Dienststellen mit mindestens fünf Dienstleistenden als betriebsverfassungsrechtliche Vertretung einen Vertrauensmann (§ 37 ZDG). Nach § 46a Abs. 1 MAVO kann er an den Sitzungen der Mitarbeitervertretung beratend teilnehmen, wenn Angelegenheiten behandelt werden, die auch die Zivildienstleistenden betreffen.

26 Ebenfalls nicht in einem Beschäftigungsverhältnis stehen Personen, deren Beschäftigung nicht in erster Linie ihrem Erwerb dient und die vorwiegend zu ihrer Heilung, Wiedereingewöhnung, sittlichen Besserung oder Erziehung beschäftigt werden; es gilt insoweit Gleiches wie nach der ausdrücklichen Be-

---

[17] Ebenso *Frey/Schmitz-Elsen/Coutelle*, MAVO, § 3 Rn. 3.
[18] BAGE 74, 1 (8 ff.) = AP Nr. 8 zu § 5 BetrVG 1972; bestätigt BAG AP Nr. 54 zu § 5 BetrVG; BAG AP Nr. 9, 10 und 11 zu § 5 BetrVG 1972 Ausbildung.
[19] Vgl. den Sachverhalt in BAG AP Nr. 60 zu § 118 BetrVG 1972.
[20] Ebenso *Frey/Schmitz-Elsen/Coutelle*, MAVO, § 3 Rn. 8; *Thiel* in Bleistein/Thiel, MAVO, § 3 Rn. 5 f.

stimmung in § 5 Abs. 1 Nr. 4 BetrVG. Maßgebend ist hier nämlich anders als bei der karitativ und religiös motivierten Arbeit nicht der Beweggrund des *Beschäftigten*, sondern es kommt hier auf die Zielsetzung der die Beschäftigung gestaltenden *Institution* an.[21] Wer dagegen Arbeit im kirchlichen Dienst aufnimmt, um sich zu heilen, wiedereinzugewöhnen, sittlich zu bessern oder zu erziehen, steht in einem Beschäftigungsverhältnis zu dem Rechtsträger der kirchlichen Einrichtung.

Nur am Rand sei bemerkt, daß Personen, die in Maßnahmen zur Arbeitsbeschaffung beschäftigt sind (§§ 260–271 SGB III), zum Kreis der Arbeitnehmer gehören; denn mit ihnen wird ein Arbeitsverhältnis begründet (§ 260 Abs. 1 Nr. 2 SGB III). Sie sind daher Mitarbeiter i. S. des § 3 Abs. 1 MAVO.[22] Gleiches gilt, wenn ein kirchlicher Rechtsträger einen Arbeitslosen auf Grund eines sog. Eingliederungsvertrags (§§ 229–234 SGB III) beschäftigt; denn auf den Eingliederungsvertrag sind die Vorschriften und Grundsätze des Arbeitsrechts anzuwenden, soweit sich aus §§ 231 Abs. 3 und 4, 232 SGB III nichts anderes ergibt (§ 231 Abs. 2 Satz 1 SGB III). Für die Mitarbeitervertretungsfähigkeit der Einrichtung und die Zahl der Mitarbeitervertreter ist aber zu beachten, daß nach § 231 Abs. 2 Satz 2 SGB III Arbeitslose, die auf Grund eines Eingliederungsvertrags beschäftigt werden, nicht berücksichtigt werden, soweit die Geltung arbeitsrechtlicher Vorschriften von der Zahl der Arbeitnehmer im Betrieb oder Unternehmen abhängig ist. Der kirchliche Gesetzgeber braucht diese Regelung zwar nicht zu übernehmen. Da er aber insoweit keine andere Regelung getroffen hat, findet § 231 Abs. 2 Satz 2 SGB III entsprechend Anwendung.

27

c) Ausklammerung aus dem Kreis der von der Mitarbeitervertretung repräsentierten Mitarbeiter

Die betriebsverfassungsrechtliche Mitbestimmungsordnung kann nur funktionieren, wenn der Arbeitgeber für die Planung, Organisation und Leitung des Unternehmens Mitarbeiter anstellen kann, bei deren Auswahl und in deren Angelegenheiten er im Verhältnis zum Betriebsrat mitbestimmungsfrei entscheiden kann. Das Betriebsverfassungsgesetz erfaßt diesen Personenkreis durch den Begriff des *leitenden Angestellten* (§ 5 Abs. 3 und 4 BetrVG). Leitende Angestellte sind zum Betriebsrat nicht wahlberechtigt und wählbar; in ihren Angelegenheiten hat der Betriebsrat keine Beteiligungsrechte. Das Personalvertretungsrecht kennt teilweise entsprechende Ausklammerungen; vor allem die Beteiligung des Personalrats in Personalangelegenheiten für Beamtenstellen von der Besoldungsgruppe A 16 an aufwärts ist überwiegend ausgeschlossen (§ 77 Abs. 1 Satz 2 BPersVG).

28

Entsprechende Probleme stellen sich für eine kirchliche Mitarbeitervertretung; denn auch dort handelt der Arbeitgeber, der hier als Dienstgeber bezeichnet wird, durch Mitarbeiter, die auf Grund ihrer Tätigkeit in eine Inter-

29

---

[21] Vgl. *Richardi*, BetrVG, § 5 Rn. 150; ebenso *Mayer-Maly*, Erwerbsabsicht und Arbeitnehmerbegriff, S. 28 f.

[22] Ebenso *Frey/Schmitz-Elsen/Coutelle*, MAVO, § 3 Rn. 4; *Thiel* in Bleistein/Thiel, MAVO, § 3 Rn. 12 f.

essenpolarität zur Mitarbeitervertretung treten. Außerdem gibt es Personen, die wegen ihres kirchenrechtlichen Status deutlich von den sonstigen Mitarbeitern abgehoben sind. Dieser Besonderheit trägt § 3 Abs. 2 MAVO Rechnung. Nicht zu den Mitarbeitern, die von der Mitarbeitervertretung repräsentiert werden, gehören deshalb die Mitglieder des für den Dienstgeber handelnden Organs bzw. die von ihm bestellte Leitung der Einrichtung; denn dieser Personenkreis repräsentiert den Arbeitgeber (§ 3 Abs. 2 Satz 1 Nr. 1 und Nr. 2 MAVO). Er handelt, wie es in § 2 Abs. 2 MAVO heißt, für den Dienstgeber. Ausgeklammert sind weiterhin „Mitarbeiterinnen und Mitarbeiter, die zur selbständigen Entscheidung über Einstellungen, Anstellungen oder Kündigungen befugt sind" (§ 3 Abs. 2 Satz 1 Nr. 3 MAVO), und „sonstige Mitarbeiterinnen und Mitarbeiter in leitender Stellung" (§ 3 Abs. 2 Satz 1 Nr. 4 MAVO). Gemeint ist der Personenkreis, den das staatliche Recht zu den leitenden Angestellten zählt. Die Entscheidung, wer zu ihnen gehört, trifft nach § 3 Abs. 2 Satz 2 MAVO der Dienstgeber, nachdem er die Mitarbeitervertretung gemäß § 29 Abs. 1 Nr. 18 MAVO beteiligt hatte. Bei den in § 1 Abs. 1 MAVO genannten Rechtsträgern bedarf die Entscheidung der Genehmigung des Ordinarius, also des Generalvikars (§ 3 Abs. 2 Satz 3 MAVO).[23]

30 Die Mitarbeitervertretungsordnung zieht hier die Konsequenz daraus, daß die gesetzgeberischen Bemühungen zur Begriffsbestimmung des leitenden Angestellten in § 5 Abs. 3 und 4 BetrVG der Betriebspraxis eher Steine statt Brot gegeben haben.[24] Vor allem werden die in § 5 Abs. 3 Satz 2 und Abs. 4 BetrVG enthaltenen Merkmale nicht der Besonderheit des kirchlichen Dienstes gerecht.[25] Die Ausgrenzungsentscheidung soll für die Festlegung, wer zu den Mitarbeitern in leitender Stellung gehört, konstitutive Wirkung haben. Da von ihr aber nicht nur die Rechtsstellung innerhalb des Mitarbeitervertretungsrechts, sondern auch die Rechtsstellung innerhalb eines Kündigungsrechtsstreits abhängt (vgl. §§ 30 Abs. 5, 31 Abs. 3 MAVO), ist für das Arbeitsgericht im Rahmen der Inzidentkontrolle die „Reichweite des Bestimmungsrechts des Dienstgebers rechtlich unbeschränkt überprüfbar".[26] Der Mitarbeitervertretungsordnung sind jedoch keine näheren Kriterien zu entnehmen, wer als Mitarbeiter in leitender Stellung anzusehen ist. Sie enthält insoweit eine Regelungslücke.[27] Sie kann aber nicht durch Rückgriff auf die Legaldefinition des § 5 Abs. 3 Satz 2 BetrVG geschlossen werden; denn es geht in der Mitarbeitervertretungsordnung „nicht um die Person mit unternehmerischer Entscheidungsautonomie, sondern in Ausgestaltung des kirchlichen Selbstbestimmungsrechts nach Art. 137 Abs. 3 WRV darum, wer nach kirchlichem Selbstverständnis eine leitende Funktion ausübt, durch die er Aufgaben und Tätigkeiten der kirchlichen Einrichtung beeinflussen

---

[23] Vgl. zur Bedeutung der Genehmigung für die Ausgrenzungsentscheidung BAG AP Nr. 41 zu Art. 140 GG (unter III 2 der Gründe).
[24] Vgl. ausführlich zum Begriff des leitenden Angestellten *Richardi*, BetrVG, § 5 Rn. 156 ff.
[25] Ebenso *Dütz* EssG 18 (1984), 67 (110).
[26] So BAG AP Nr. 41 zu Art. 140 GG (unter III 1 c der Gründe).
[27] So auch *Thiel* in Bleistein/Thiel, MAVO, § 3 Rn. 71; bereits zur MAVO 1977 *Dütz* EssG 18 (1984), 67 (110).

kann".[28] Entsprechend hat dies das Bundesarbeitsgericht deshalb in seinem Urteil vom 10. Dezember 1992 bei einem Abteilungsarzt anerkannt; denn was den hilfreichen, karitativen Einsatz im Krankenhaus angehe, bestimme er mit das Bild des Krankenhauses in der Öffentlichkeit.[29]

5. Begriff des Dienstgebers

Dem Begriff des Mitarbeiters korrespondiert der Begriff des Dienstgebers, der hier eine entsprechende Bedeutung hat, wie der Begriff des Arbeitgebers im Betriebsverfassungsgesetz. Dienstgeber ist der Rechtsträger der Dienststelle (§ 2 Abs. 1 MAVO). Für ihn handelt das vertretungsberechtigte Organ oder die von ihm bestellte Leitung (§ 2 Abs. 2 MAVO), deren Mitglieder daher nicht als Mitarbeiter i. S. der MAVO gelten (§ 3 Abs. 2 Satz 1 Nr. 1 und Nr. 2 MAVO). 31

III. Errichtung einer Mitarbeitervertretung

1. Mitarbeitervertretungsfähigkeit einer Einrichtung

Nach § 1a Abs. 1 MAVO sind Mitarbeitervertretungen in den Einrichtungen zu bilden, die unter den Geltungsbereich der Mitarbeitervertretungsordnung fallen. Die Bildung einer Mitarbeitervertretung setzt aber gemäß § 6 Abs. 1 MAVO voraus, daß in der Einrichtung in der Regel mindestens fünf wahlberechtigte Mitarbeiter beschäftigt werden, von denen mindestens drei wählbar sind. Damit wird die Mitarbeitervertretungsfähigkeit einer Einrichtung in Anlehnung an § 1 BetrVG umschrieben. Liegen diese Voraussetzungen nicht vor, so kann keine Mitarbeitervertretung gebildet werden.[30] Jedoch hat der Rechtsträger bei der Regelung, was als Einrichtung gilt (§ 1a Abs. 2 MAVO), darauf Bedacht zu nehmen, daß alle Mitarbeiter seines Organisationsbereichs von einer Mitarbeitervertretung repräsentiert werden. Davon geht jedenfalls § 6 Abs. 3 MAVO aus, nach der für die Wahl einer Mitarbeitervertretung in einer Einrichtung mit einer oder mehreren nicht selbständig geführten Stellen der Dienstgeber eine Regelung treffen kann, die eine Vertretung auch der Mitarbeiter der nicht selbständig geführten Stellen durch einen Vertreter gewährleistet. 32

2. Größe und Zusammensetzung der Mitarbeitervertretung

a) Zahl der Mitglieder

Die Zahl der Mitglieder der Mitarbeitervertretung richtet sich nach der Größe der Einrichtung, wobei ausschließlich auf die Zahl der wahlberechtigten 33

---

[28] BAG AP Nr. 41 zu Art. 140 GG (unter III 1 c der Gründe).
[29] BAG AP Nr. 41 zu Art. 140 GG (unter III 1 c der Gründe).
[30] Ebenso *Frey/Schmitz-Elsen/Coutelle*, MAVO, § 6 Rn. 2.

Mitarbeiter abgestellt wird (§ 6 Abs. 2 MAVO). Maßgebend für sie ist nicht wie im Betriebsverfassungs- und Personalvertretungsrecht der Tag des Erlasses des Wahlausschreibens,[31] sondern der Tag, bis zu dem Wahlvorschläge eingereicht werden können (§ 6 Abs. 5 MAVO). Der Wahlausschuß muß deshalb den Termin festsetzen (§ 9 Abs. 5 Satz 1 MAVO).

34 Die in der MAVO für die einzelnen Stufen vorgesehene Zahl ist zwingend. Es fehlt eine Bestimmung, wie zu verfahren ist, wenn nicht genügend Bewerber vorhanden sind. Die Regelungslücke kann nicht dadurch geschlossen werden, daß keine Mitarbeitervertretung zu bilden ist, sondern in diesem Fall ist die Mitarbeitervertretung aus der höchstmöglichen Zahl von Mitgliedern zusammenzusetzen. Für die Betriebsverfassung bestimmt zwar § 11 BetrVG, daß bei nicht ausreichender Zahl von wählbaren Arbeitnehmern und daher entsprechend bei einer nicht ausreichenden Zahl von Arbeitnehmern, die zu einer Kandidatur bereit sind, die Zahl der Betriebsratsmitglieder der nächstniedrigeren Betriebsgröße zugrunde zu legen ist. Grund dafür ist, daß dem Betriebsrat stets eine ungerade Zahl von Mitgliedern angehören soll. Auch die Zahl der Mitglieder einer Mitarbeitervertretung ist stets ungerade; sie reicht von einem Mitglied bis zu 15 Mitgliedern. Dennoch bestehen Bedenken dagegen, § 11 BetrVG entsprechend anzuwenden. Es gibt keinen Rechtsgrundsatz, daß stets eine ungerade Zahl von Mitgliedern gewählt werden muß. Auch im Bundespersonalvertretungsgesetz fehlt eine dem § 11 BetrVG entsprechende Vorschrift.[32]

35 Ist die Zahl der Mitglieder unrichtig bestimmt worden, so ist die Mitarbeitervertretung nicht ordnungsgemäß besetzt. Das kann aber nur im Rahmen einer Wahlanfechtung geltend gemacht werden (§ 12 MAVO). Erfolgt sie nicht, so bleibt es für die Amtsperiode bei der vom Wahlausschuß festgelegten Zahl der Mitglieder der Mitarbeitervertretung.[33] Wird dagegen die Wahl angefochten, so ist sie zu wiederholen; denn es kann nicht ausgeschlossen werden, daß bei Festlegung der richtigen Zahl andere Kandidaten in die Mitarbeitervertretung gewählt worden wären.[34]

b) Keine Zusammensetzung nach Gruppen

36 Für den Betriebsrat sieht das Betriebsverfassungsgesetz vor, daß Arbeiter und Angestellte entsprechend ihrem zahlenmäßigen Verhältnis im Betriebsrat vertreten sein müssen (§ 10 BetrVG), und auch im Personalvertretungsrecht ist die Personalvertretung nach den Gruppen der Beamten, Arbeiter und Angestellten zusammengesetzt (§ 17 BPersVG). Entsprechend besteht ein Gruppenschutz bei der Organisation und der Geschäftsführung des Betriebsrats und des Personalrats. Die Mitarbeitervertretungsordnung sieht dagegen von einem besonderen Gruppenschutz ab; er stünde nämlich in einem Wer-

---

[31] Vgl. BAGE 28, 203 (212) = AP Nr. 1 zu § 8 BetrVG 1972; *Richardi*, BetrVG, § 9 Rn. 11; *Dietz/Richardi*, BPersVG, § 16 Rn. 6.
[32] Vgl. *Dietz/Richardi*, BPersVG, § 16 Rn. 12.
[33] Ebenso *Frey/Schmitz-Elsen/Coutelle*, MAVO, § 6 Rn. 5.
[34] Vgl. BAGE 28, 203 (209 f.) und 212 (215 f.) = AP Nr. 1 zu § 8 BetrVG 1972 und Nr. 5 zu § 19 BetrVG 1972; dazu auch *Richardi*, BetrVG, § 9 Rn. 17 ff.

tungswiderspruch zu dem Gedanken einer kirchlichen Dienstgemeinschaft aller Mitarbeiter. Deshalb enthält § 6 Abs. 4 MAVO lediglich eine Sollvorschrift. Mit dem Begriff der Gruppe sind hier auch nicht nur Beamte, Angestellte und Arbeiter gemeint, sondern es geht vor allem auch darum, daß der Personenkreis berücksichtigt wird, der als Geistlicher oder Ordensangehöriger Dienstleistungen erbringt.

3. Wahlberechtigung

Wahlberechtigt sind alle Mitarbeiter, die am Wahltag das 18. Lebensjahr vollendet haben; außerdem wird verlangt, daß der Mitarbeiter seit mindestens sechs Monaten ohne Unterbrechung in einer Einrichtung desselben Dienstgebers tätig ist (§ 7 Abs. 1 MAVO). Nicht notwendig ist aber eine ununterbrochene Tätigkeit. Unterbrechungen unter Fortbestand des Beschäftigungsverhältnisses werden deshalb auf die Dauer angerechnet, z. B. Krankheit und Urlaub.[35] Verlangt wird die ununterbrochene Tätigkeit in *einer* Einrichtung desselben Dienstgebers, also nicht in derselben Einrichtung. Bei Versetzung von einer zu einer anderen Einrichtung desselben Dienstgebers tritt daher keine Unterbrechung ein.[36]

37

Wie das Personalvertretungsrecht regelt die MAVO ausdrücklich den Fall der *Abordnung*. Der Begriff stammt aus dem Beamtenrecht. Mit ihm ist gemeint, daß ein Beamter vorübergehend bei einer anderen Dienststelle beschäftigt wird als bei der, der er kraft seines Amtes angehört (§ 27 BBG). Wer zu einer Einrichtung abgeordnet ist, wird in ihr bereits nach Ablauf von drei Monaten wahlberechtigt (§ 7 Abs. 2 MAVO). Das gilt jedoch nur, wenn der Mitarbeiter nicht binnen weiterer sechs Monate in die frühere Einrichtung zurückkehren wird. Man hat sich hier an § 13 Abs. 2 BPersVG orientiert. Entsprechend gilt deshalb, daß das Wahlrecht bei der früheren Einrichtung bestehen bleibt, solange der abgeordnete Mitarbeiter nicht in der neuen Einrichtung das aktive Wahlrecht erhält.

38

4. Wählbarkeit

Für die Wählbarkeit verlangt die Rahmenordnung in § 8 Abs. 1, daß der wahlberechtigte Mitarbeiter am Wahltag seit mindestens einem Jahr ohne Unterbrechung im kirchlichen Dienst steht und davon mindestens seit sechs Monaten in einer Einrichtung desselben Dienstgebers tätig ist. Nicht wählbar ist ein Mitarbeiter, dessen Beschäftigungsumfang unter fünfzig Prozent des Beschäftigungsumfangs eines vergleichbaren vollbeschäftigten Mitarbeiters liegt oder der zur selbständigen Entscheidung in Personalangelegenheiten befugt ist (§ 3 Abs. 2).

39

---

[35] Ebenso *Frey/Schmitz-Elsen/Coutelle*, MAVO, § 7 Rn. 9.
[36] Ebenso *Frey/Schmitz-Elsen/Coutelle*, MAVO, § 7 Rn. 10; *Thiel* in Bleistein/Thiel, MAVO, § 7 Rn. 19 ff.

40 Seit der Novellierung vom 20. November 1995 ist keine Wählbarkeitsvoraussetzung mehr, daß der Mitarbeiter der katholischen Kirche, einer anderen Kirche oder kirchlichen Gemeinschaft angehört. Mit dieser Streichung wird die Konsequenz daraus gezogen, daß nach Art. 3 GrOkathK unter den dort genannten Voraussetzungen ein Arbeitsverhältnis auch mit einer Person begründet werden kann, die nicht der katholischen Kirche angehört. Da jedoch der Vorsitzende der Mitarbeitervertretung (außer im Geltungsbereich der MAVO-Trier) katholisch sein soll (§ 14 Abs. 1 Satz 2), in der Diözese Fulda und in bayerischen Diözesen katholisch sein muß (vgl. § 14 Abs. 1 Satz 2 in der dort geltenden Fassung), hat der Wahlausschuß bzw. der Leiter zu prüfen, ob Wahlbewerber der katholischen Kirche angehören.[37]

5. Vorbereitung und Durchführung der Wahl

41 Vorbereitung und Durchführung der Wahl sind in §§ 9–11 MAVO geregelt. Ein vereinfachtes Wahlverfahren ist in §§ 11 a – c MAVO vorgesehen.

a) Regelfall

42 Die Wahl wird durch die Mitarbeitervertretung eingeleitet, indem sie spätestens acht Wochen vor Ablauf der Amtszeit den Wahltag bestimmt, der spätestens zwei Wochen vor Ablauf der Amtszeit liegen soll (§ 8 Abs. 1 MAVO). Sie bestellt spätestens sechs Wochen vor Ablauf ihrer Amtszeit die Mitglieder des Wahlausschusses, der die Wahl vorbereitet und durchführt (§ 9 Abs. 2 MAVO). Wer für die Mitarbeitervertretung kandidiert, kann nicht Mitglied des Wahlausschusses sein. Kandidiert ein Mitglied des Wahlausschusses für die Mitarbeitervertretung, so scheidet es aus dem Wahlausschuß aus; die Mitarbeitervertretung hat unverzüglich ein neues Mitglied zu bestellen (§ 9 Abs. 3 MAVO).

43 Besteht in einer Einrichtung keine Mitarbeitervertretung, obwohl die Voraussetzungen für ihre Bildung vorliegen, so hat der Dienstgeber spätestens nach drei Monaten seit Eintreten der Voraussetzungen zu einer Mitarbeiterversammlung einzuladen, die den Wahlausschuß wählt (§ 10 Abs. 1 MAVO). In diesem Fall bestimmt der Wahlausschuß den Wahltag, und er bestellt im Fall des Ausscheidens eines Mitgliedes ein neues Mitglied. Diese Regelung gilt auch, wenn die Mitarbeitervertretung nicht ihre Pflicht zur Bestellung eines Wahlausschusses erfüllt hat, bevor ihre Amtszeit abgelaufen war (§ 10 Abs. 1a Nr. 1 MAVO). Handelt es sich um eine neue Einrichtung, für die eine Mitarbeitervertretung zu bilden ist, so ist für die erste Wahl keine Wählbarkeitsvoraussetzung, daß der Mitarbeiter am Wahltag seit mindestens einem Jahr ohne Unterbrechung im kirchlichen Dienst steht; Gleiches gilt für die Mindestzugehörigkeit zur Einrichtung als Voraussetzung der Wahlberechtigung und Wählbarkeit (§ 9 Abs. 3 MAVO).

44 Die Wahl erfolgt auf Grund von Wahlvorschlägen (vgl. dazu § 9 Abs. 5 MAVO). Sie wird aber nicht als Listenwahl durchgeführt, sondern ist eine

---

[37] Vgl. *Thiel* in Bleistein/Thiel, MAVO, § 8 Rn. 27 ff.

Personenwahl (vgl. § 9 Abs. 8 und § 11 Abs. 2 MAVO). Gewählt ist, wer die meisten Stimmen erhalten hat (§ 11 Abs. 6 MAVO).

b) Vereinfachtes Wahlverfahren

In Einrichtungen mit bis zu zwanzig wahlberechtigten Mitarbeitern (bis zu fünfzig gemäß § 11a MAVO-Hamburg und MAVO-Osnabrück) ist ein vereinfachtes Wahlverfahren vorgesehen (§ 11a MAVO). Spätestens drei Wochen vor Ablauf ihrer Amtszeit lädt die Mitarbeitervertretung die Wahlberechtigten zu einer Wahlversammlung ein (§ 11b MAVO), in der die Wahl erfolgt (§ 11c MAVO).

6. Wahlanfechtung und Wahlnichtigkeit

Wird die Wahl fehlerhaft durchgeführt, so kann der Mangel grundsätzlich nur durch Anfechtung der Wahl geltend gemacht werden (§ 12 MAVO). Insoweit gilt Gleiches wie für eine Betriebs- oder Personalratswahl (vgl. § 19 BetrVG bzw. § 25 BPersVG). Anfechtungsberechtigt sind jeder wahlberechtigte Mitarbeiter und der Dienstgeber (§ 12 Abs. 1 Satz 1 MAVO). Die Anfechtung ist begründet, wenn ein Verstoß gegen die Vorschriften über die Wahl vorliegt. Sie ist aber nur dann für ungültig zu erklären, wenn dadurch das Wahlergebnis beeinflußt sein kann; im Falle einer sonstigen begründeten Wahlanfechtung ist der durch den Verstoß verursachte Fehler zu berichten (§ 12 Abs. 2 MAVO). Dieser Fall liegt nur vor, wenn das Wahlergebnis fehlerhaft festgestellt wurde. Deshalb besteht trotz des anderen Wortlauts kein Unterschied zur Wahlanfechtung nach dem staatlichen Betriebsverfassungs- und Personalvertretungsrecht.

Problematisch ist, ob die Wahlanfechtung auch begründet ist, wenn geltend gemacht wird, daß ein Wahlberechtigter nicht zur Wahl zugelassen wurde; denn nach § 9 Abs. 4 Satz 4 MAVO kann jeder Mitarbeiter nach Auslegung der Listen der wahlberechtigten Mitarbeiter gegen die Eintragung oder Nichteintragung eines Mitarbeiters Einspruch einlegen. Im Betriebsverfassungsrecht ist ein Einspruch gegen die Richtigkeit der Wählerliste keine Voraussetzung der Wahlanfechtung.[38] Begründet wird dies damit, daß die Möglichkeit, Einspruch gegen die Richtigkeit der Wählerliste einzulegen, in § 4 WO 1972 enthalten ist, die Wahlordnung aber, da sie eine Rechtsverordnung ist, keine materiellrechtlichen Voraussetzungen für die Wahlberechtigung und Wählbarkeit aufstellen kann. Bei der MAVO ist dagegen die Regelung über den Einspruch gegen die Richtigkeit der Wählerliste in derselben kirchengesetzlichen Rechtsquelle enthalten. Dennoch muß man auch hier davon ausgehen, daß die Regelung über das Einspruchsrecht einen ausschließlich verfahrensmäßigen Charakter hat; sie soll einerseits sicherstellen, daß jeder, der wahlberechtigt ist, zur Wahl zugelassen wird, andererseits

---

[38] Vgl. BAGE 26, 107 (112ff.) = AP Nr. 2 zu § 19 BetrVG 1972; BAG AP Nr. 3 zu § 19 BetrVG 1972; BAG AP Nr. 1 zu § 24 BetrVG 1972; weiterhin *Richardi*, BetrVG, § 19 Rn. 8ff.

aber auch verhindern, daß durch Einsprüche gegen die Richtigkeit der Wählerliste die Wahl verzögert wird. Verstöße gegen das Wahlrecht werden deshalb nicht dadurch geheilt, daß ein Einspruch gegen die Wählerliste unterblieben ist.[39] Da nur ein Mitarbeiter, nicht aber der Dienstgeber das Einspruchsrecht hat, hängt dessen Anfechtungsberechtigung schon aus diesem Grund nicht davon ab, daß zuvor Einspruch gegen die Richtigkeit der Wählerliste eingelegt worden war. Bei einem Mitarbeiter kann aber ein Rechtsmißbrauch vorliegen, wenn er im Vertrauen auf sein Wahlanfechtungsrecht davon absieht, rechtzeitig Einspruch gegen die Wählerliste einzulegen.[40]

48 Über die Wahlanfechtung entscheidet zunächst der Wahlausschuß (§ 12 Abs. 1 Satz 3 und Abs. 2 MAVO); jedoch ist gegen seine Entscheidung die Anrufung der Schlichtungsstelle zulässig (§ 12 Abs. 3 MAVO).

49 Obwohl nicht ausdrücklich erwähnt, gibt es wie im Betriebsverfassungs- und Personalvertretungsrecht neben der Wahlanfechtung auch die Wahlnichtigkeit.[41] Eine Wahl ist dann nichtig, wenn die Voraussetzungen für sie nicht gegeben sind oder gegen Wahlvorschriften in so erheblichem Maß verstoßen wurde, daß nicht einmal der Anschein einer ordnungsgemäßen Wahl vorliegt.

IV. Amtszeit, Organisation und Geschäftsführung der Mitarbeitervertretung

1. Amtszeit

50 Wie für den Betriebsrat (§ 21 Satz 1 BetrVG) und den Personalrat (§ 26 Satz 1 BPersVG) beträgt auch für die Mitarbeitervertretung die regelmäßige Amtszeit vier Jahre (§ 13 Abs. 2 Satz 2 MAVO). Seit der Novellierung auf Grund des Beschlusses der Bischofskonferenz vom 20. November 1995 ist wie im staatlichen Betriebsverfassungs- und Personalvertretungsrecht (§ 13 Abs. 1 BetrVG, § 27 Abs. 1 BPersVG) ein einheitlicher Wahlzeitraum vorgesehen (§ 13 Abs. 1 MAVO). Die regelmäßigen Wahlen zur Mitarbeitervertretung finden alle vier Jahre in der Zeit vom 1. März bis 30. Juni statt; Beginn und Ende des einheitlichen Wahlzeitraums können aber abweichend durch Diözesanregelung festgelegt sein (so § 13 Abs. 1 MAVO-Osnabrück). Der Beginn des Vierjahresrhythmus ergibt sich aus den Übergangsvorschriften (vgl. z. B. § 49 Abs. 3 MAVO-München und Freising).

51 Scheidet ein Mitglied der Mitarbeitervertretung während der Amtszeit vorzeitig aus, so tritt an seine Stelle das nächstberechtigte Ersatzmitglied (§ 13b Abs. 1 MAVO). Gleiches gilt im Falle einer zeitweiligen Verhinderung für deren Dauer (§ 13b Abs. 2 MAVO). Da im Betriebsverfassungs- und Personalvertretungsrecht überaus zweifelhaft ist, wann eine zeitweilige Verhinderung vorliegt, ist hier ausdrücklich vorgesehen, daß die Mitarbeitervertretung darüber entscheidet, ob eine zeitweilige Verhinderung vorliegt.

---

[39] Ebenso *Thiel* in Bleistein/Thiel, MAVO, § 9 Rn. 34; a. A. *Frey/Schmitz-Elsen/Coutelle*, MAVO, § 12 Rn. 4.
[40] So zum Betriebsverfassungsrecht *Richardi*, BetrVG, § 19 Rn. 10.
[41] Ebenso *Frey/Schmitz-Elsen/Coutelle*, MAVO, § 12 Rn. 20; *Thiel* in Bleistein/Thiel, MAVO, § 12 Rn. 5 ff.

Eine Neuwahl außerhalb des einheitlichen Wahlzeitraumes findet unter 52
den in § 13 Abs. 3 MAVO genannten Voraussetzungen statt. Das gilt unter
anderem, wenn die Mitarbeitervertretung ihren Rücktritt beschlossen hat.
Aus § 13a Satz 2 ergibt sich, daß die Mitarbeitervertretung in diesem Fall die
Geschäfte bis zur Übernahme durch die neugewählte Mitarbeitervertretung
fortführt. Nicht eindeutig klargestellt ist die Dauer der Geschäftsführung in
diesem Fall. Wenn nämlich im Normalfall bei Ablauf der Amtszeit noch keine Mitarbeitervertretung gewählt ist, bestimmt § 13a Satz 1 MAVO, daß die
Mitarbeitervertretung die Geschäfte bis zur Übernahme durch die neugewählte Mitarbeitervertretung fortführt, „längstens für die Dauer von sechs
Monaten vom Tag der Beendigung der Amtszeit an gerechnet". Deshalb ist
offen, ob beim Rücktritt das Übergangsmandat sechs Monate nach dem
Rücktritt endet oder ob – wie im staatlichen Betriebsverfassungs- und Personalvertretungsrecht – der Rücktritt auf den Ablauf der Amtszeit keinen Einfluß hat, so daß hier auch bei ihm das Übergangsmandat erst sechs Monate
„vom Tag der Beendigung der Amtszeit an gerechnet" endet.

2. Auflösung und Amtsenthebung

In Anlehnung an die Regelung über die gerichtliche Auflösung des Betriebs- 53
rats oder des Personalrats nach § 23 BetrVG bzw. § 28 BPersVG sieht seit
der Novellierung 1995 § 41 Abs. 1 Nr. 3 i.V. mit § 13 Abs. 3 Nr. 6 MAVO
vor, daß die Mitarbeitervertretung im Falle grober Vernachlässigung oder
Verletzung der Befugnisse und Verpflichtungen als Mitarbeitervertretung
durch Beschluß der Schlichtungsstelle aufgelöst werden kann. In Betracht
kommt aber wie bisher, daß eine Neuwahl auch stattzufinden hat, wenn die
Mitarbeiterversammlung nach § 22 Abs. 2 MAVO der Mitarbeitervertretung
das Mißtrauen ausspricht (§ 13 Abs. 3 Nr. 5 MAVO). In diesem Fall endet
die Amtszeit mit Feststellung des Abstimmungsergebnisses. Wie sich mittelbar aus § 13a Satz 2 MAVO ergibt, scheidet in diesen Fällen eine Weiterführung der Geschäfte durch die Mitarbeitervertretung aus.

Mitglieder können ihres Amtes durch Beschluß der Schlichtungsstelle im 54
Falle grober Vernachlässigung oder Verletzung der Befugnisse und Pflichten
als Mitarbeitervertreter enthoben werden (§ 41 Abs. 1 Nr. 3 i.V. mit § 13c
Nr. 5 MAVO).

3. Vorsitz in der Mitarbeitervertretung

Die Mitarbeitervertretung wählt aus ihrer Mitte einen Vorsitzenden; sie soll 55
außerdem einen stellvertretenden Vorsitzenden und einen Schriftführer haben (§ 14 Abs. 1 MAVO).[42] Dem Vorsitzenden kann mit Zweidrittelmehrheit der Mitglieder das Vertrauen entzogen werden; in diesem Fall hat eine
Neuwahl stattzufinden (§ 14 Abs. 2 MAVO).

Die Mitarbeitervertretung kann aus ihrer Mitte Ausschüsse bilden, denen 56
sie Aufgaben zur selbständigen Erledigung übertragen kann (§ 14 Abs. 10

---

[42] S. auch Rn. 40.

§ 18   *Fünftes Kapitel. Betriebsverfassungsrecht der Kirchen*

MAVO). Diese Delegationsmöglichkeit gilt aber nicht für die Beteiligung bei Kündigungen sowie für den Abschluß und die Kündigung von Dienstvereinbarungen.

4. Sitzungen

57 Die Beteiligungsrechte übt die Mitarbeitervertretung als Kollegialorgan in Sitzungen durch Beschluß aus. Regelungen über die Einberufung, zeitliche Lage, Nichtöffentlichkeit, Beschlußfassung und Niederschrift enthält § 14 Abs. 3–9 MAVO.

5. Kosten der Mitarbeitervertretung

58 Der Dienstgeber trägt die für die Wahrnehmung der Aufgaben der Mitarbeitervertretung notwendigen Kosten einschließlich der Reisekosten im Rahmen der für den Dienstgeber geltenden Reisekostenregelung (§ 17 Abs. 1 MAVO). Es gilt daher insoweit dasselbe Prinzip wie im Betriebsverfassungs- und Personalvertretungsrecht (§ 40 BetrVG, §§ 44, 100 Abs. 3 BPersVG).[43] Von den Mitarbeitern dürfen keine Umlagen für die Amtstätigkeit der Mitarbeitervertretung erhoben werden.

59 Der Dienstgeber stellt unter Berücksichtigung der bei ihm vorhandenen Gegebenheiten die sachlichen und personellen Hilfen zur Verfügung (§ 17 Abs. 2 MAVO). Diese Pflicht ist keine Konkretisierung der Kostentragungspflicht, sondern sie ist eine Sonderregelung, die in ihrer Rechtswirkung die in § 17 Abs. 1 MAVO enthaltene Regelung ausschließt.[44]

---

[43] Bereits das Betriebsrätegesetz vom 4. 2. 1920 enthielt die Bestimmung, daß die Erhebung und Leistung von Beiträgen der Arbeitnehmer für irgendwelche Zwecke von Betriebsvertretungen unzulässig ist (§ 37). Sie wurde geschaffen, um der im Jahre 1919/20 zeitweilig drohenden Zersplitterung der Gewerkschaften durch die Betriebsrätebewegung entgegenzutreten; so *Flatow/Kahn-Freund*, Betriebsrätegesetz, 13. Aufl., 1931, § 37 Anm. 1. Ein Kontrastmodell bietet für einen Vergleich die Rechtslage in Österreich; denn dort ist der Betriebsinhaber grundsätzlich nur verpflichtet, dem Betriebsrat die zur Erfüllung seiner Aufgaben notwendigen Räumlichkeiten und sonstigen Sacherfordernisse in einem der Größe des Betriebs und den Bedürfnissen des Betriebsrats angemessenen Ausmaß unentgeltlich zur Verfügung zu stellen (§ 72 ArbVG). Zur Deckung der Kosten der Geschäftsführung des Betriebsrats kann dagegen von den Arbeitnehmern eine Betriebsumlage eingehoben werden (§ 73 ArbVG). Die Eingänge aus der Betriebsumlage bilden den mit Rechtspersönlichkeit ausgestatteten Betriebsratsfonds (§ 74 ArbVG).

[44] So zu der entsprechenden Regelung in § 40 BetrVG BAGE 42, 259 (261) = AP Nr. 20 zu § 40 BetrVG 1972.

V. Persönliche Rechtsstellung der Mitglieder einer Mitarbeitervertretung

1. Ehrenamtliche Tätigkeit

Die Mitglieder der Mitarbeitervertretung führen ihr Amt unentgeltlich als Ehrenamt (§ 15 Abs. 1 MAVO). Es gilt also insoweit das gleiche Prinzip wie im Betriebsverfassungs- und Personalvertretungsrecht. Entsprechend ordnet § 18 Abs. 1 MAVO an, daß die Mitglieder der Mitarbeitervertretung in der Ausübung ihres Amtes nicht behindert und auf Grund ihrer Tätigkeit weder benachteiligt noch begünstigt werden dürfen. Ein Verstoß gegen diese Rechtsvorschrift macht auch aus der Sicht der staatlichen Rechtsordnung jedes Rechtsgeschäft nichtig, wobei unerheblich ist, ob man in diesem Zusammenhang auf § 134 BGB oder auf § 138 BGB zurückgreift.

2. Arbeitsbefreiung und Freizeitausgleich

a) Freistellung von der Arbeitspflicht

Durch die Wahl zum Mitarbeitervertreter ändern sich nicht die Rechte und Pflichten aus dem Beschäftigungsverhältnis. Arbeitnehmer, die in die Mitarbeitervertretung gewählt sind, haben deshalb, soweit keine Freistellung erfolgt ist, wie alle Arbeitnehmer ihrer Verpflichtung zur Arbeitsleistung nachzukommen. Die Mitglieder der Mitarbeitervertretung sind aber zur ordnungsgemäßen Durchführung ihrer Aufgaben im notwendigen Umfang von der dienstlichen Tätigkeit freizustellen (§ 15 Abs. 2 MAVO).

Die Amtsaufgaben haben also gegenüber der Arbeitspflicht unter den folgenden Voraussetzungen den Vorrang:
a) Es muß sich um Aufgaben der Mitarbeitervertretung handeln.
b) Die Inanspruchnahme von Arbeitszeit muß zur ordnungsgemäßen Durchführung dieser Aufgaben notwendig sein, wobei hier wie im Betriebsverfassungs- und Personalvertretungsrecht der Gesichtspunkt der Verhältnismäßigkeit zur Bestimmung der Notwendigkeit einer Arbeitsbefreiung heranzuziehen ist.[45]

Sind die Voraussetzungen gegeben, so besteht nicht nur, wie sich unmittelbar aus § 15 Abs. 2 MAVO ergibt, ein Anspruch auf Freistellung von der dienstlichen Tätigkeit, sondern es besteht auch der Anspruch darauf, daß keine Minderung des Arbeitsentgelts oder der Dienstbezüge eintritt. Das ist im Betriebsverfassungs- und Personalvertretungsrecht ausdrücklich so bestimmt (§ 37 Abs. 2 BetrVG, § 46 Abs. 2 BPersVG), gilt aber auch hier, weil den Mitgliedern der Mitarbeitervertretung auf Grund ihrer Tätigkeit kein Nachteil entstehen darf (§ 18 Abs. 1 MAVO).[46]

---

[45] Vgl. *Richardi*, BetrVG, § 37 Rn. 21 ff.
[46] Ebenso *Thiel* in Bleistein/Thiel, MAVO, § 15 Rn. 54.

b) Anspruch der Mitarbeitervertretung auf Freistellung

64 Die MAVO kennt seit ihrer Novellierung 1985 wie das staatliche Betriebsverfassungs- und Personalvertretungsrecht eine Freistellungsregel (§ 15 Abs. 3 MAVO). Damit einzelne Mitarbeitervertreter ausreichend Zeit haben, um die Wahrnehmung der Aufgaben der Mitarbeitervertretung vorzubereiten, ist vorgesehen, daß auf Antrag der Mitarbeitervertretung von ihrer dienstlichen Tätigkeit jeweils für die Hälfte der durchschnittlichen regelmäßigen Arbeitszeit eines Vollzeitbeschäftigten in Einrichtungen mit – im Zeitpunkt der Wahl – mehr als 300 wahlberechtigten Mitarbeitern zwei Mitarbeitervertreter, in Einrichtungen mit mehr als 600 wahlberechtigten Mitarbeitern drei Mitarbeitervertreter und in Einrichtungen mit mehr als 1000 wahlberechtigten Mitarbeitern vier Mitarbeitervertreter freizustellen sind.

65 Durch die Freistellungsstaffel wird ein Anspruch der Mitarbeitervertretung als Kollegialorgan festgelegt. Im Gegensatz zum staatlichen Recht bezieht sich die Freistellung nicht auf die gesamte Arbeitszeit eines freigestellten Mitglieds, sondern sie ist auf die Hälfte der durchschnittlichen regelmäßigen Arbeitszeit eines Vollbeschäftigten begrenzt. Dienstgeber und Mitarbeitervertretung können sich sogar für die Dauer der Amtszeit dahingehend einigen, daß das Freistellungskontingent auf mehr oder weniger Mitarbeitervertreter verteilt werden kann. Deshalb ist die Teilfreistellung die Regel, während die personenbezogenen Richtwerte der Freistellungsstaffel im staatlichen Betriebsverfassungs- und Personalvertretungsrecht sich auf die Vollzeitfreistellung eines vollzeitbeschäftigten Arbeitnehmers beziehen. Betriebsrat und Personalrat können die Aufteilung der Vollzeitfreistellung auf mehrere ihrer Mitglieder nur verlangen, wenn sie in dem vorgesehenen Umfang zur ordnungsgemäßen Erledigung ihrer Aufgaben erforderlich ist und ihr keine besonderen unzumutbaren organisatorischen Belastungen des Arbeitgebers entgegenstehen.[47]

c) Freizeitausgleich

66 Finden Sitzungen und andere von der Mitarbeitervertretung festgelegte Termine regelmäßig außerhalb der Arbeitszeit eines Mitgliedes der Mitarbeitervertretung statt, so ist dem Mitarbeitervertreter auf Antrag entsprechender Freizeitausgleich zu erteilen (§ 15 Abs. 4 MAVO).

d) Streitigkeiten

67 Kommt es über die Freistellung von der dienstlichen Tätigkeit oder den Freizeitausgleich nicht zu einer Einigung, so entscheidet nach § 15 Abs. 5 MAVO auf Antrag der Mitarbeitervertretung die Schlichtungsstelle. Dadurch wird aber nicht der Rechtsschutz durch die staatlichen Arbeitsgerichte ausgeschaltet. Streitigkeiten mit Arbeitnehmern über die Fortzahlung des Arbeitsentgelts und den Freizeitausgleich haben ihre Grundlage im Arbeitsverhältnis; es entscheidet über sie das staatliche Arbeitsgericht im Urteilsver-

---

[47] Vgl. BAGE 83, 234 (239 ff.) = AP Nr. 17 zu § 38 BetrVG 1972.

fahren (§ 2 Abs. 1 Nr. 3 lit. a, Abs. 5 i. V. mit §§ 46 ff. ArbGG).[48] Das gilt auch nach Errichtung der in Art. 10 Abs. 2 GrOkathK vorgesehenen kirchlichen Arbeitsgerichtsbarkeit, wie Art. 10 Abs. 1 GrOkathK klarstellt. Geht es dagegen um den Anspruch der Mitarbeitervertretung auf Freistellung, so handelt es sich der Sache nach um eine *betriebsverfassungsrechtliche Streitigkeit* aus dem Bereich des kirchlichen Mitarbeitervertretungsrechts. Der Rechtsweg zu den staatlichen Arbeitsgerichten ist in diesem Fall nicht gegeben.[49] Es entscheidet hier also die Schlichtungsstelle sowohl in einer Regelungs- als auch in einer Rechtsfrage. Sobald die kirchlichen Arbeitsgerichte gebildet sind, fällt aber eine Rechtsstreitigkeit in ihre Kompetenz.[50]

3. Teilnahme an Schulungsveranstaltungen

Den Mitgliedern der Mitarbeitervertretung ist auf Antrag der Mitarbeitervertretung während ihrer Amtszeit bis zu insgesamt drei Wochen Arbeitsbefreiung unter Fortzahlung ihrer Bezüge für die Teilnahme an Schulungsveranstaltungen zu gewähren (§ 16 Abs. 1 MAVO). Voraussetzung ist, daß die Schulungsveranstaltung für die Arbeit in der Mitarbeitervertretung erforderliche Kenntnisse vermittelt, von der Diözese oder dem Diözesan-Caritasverband als geeignet anerkannt ist und dringende dienstliche oder betriebliche Erfordernisse einer Teilnahme nicht entgegenstehen. Die Bestimmung ist § 37 Abs. 6 und 7 BetrVG bzw. § 46 Abs. 6 und 7 BPersVG nachgebildet, unterscheidet sich aber in Voraussetzungen und Rechtsfolgen erheblich von diesen Vorschriften. Dort bestehen nämlich ein zeitlich nicht begrenzter Anspruch auf Teilnahme an Schulungs- und Bildungsveranstaltungen zur Erlangung der für die Arbeit des Betriebsrats bzw. Personalrats erforderlichen Kenntnisse und daneben ein Anspruch für jedes Mitglied des Betriebsrats bzw. der Personalvertretung auf bezahlte Freistellung für insgesamt drei Wochen während seiner regelmäßigen Amtszeit, um an Schulungs- und Bildungsveranstaltungen teilzunehmen, die als geeignet anerkannt sind. Den Unterschied sieht man darin, daß den zeitlich nicht begrenzten Anspruch der Betriebsrat bzw. Personalrat hat, wenn er die Kenntnisse unter Berücksichtigung der konkreten Situation sofort oder doch auf Grund einer typischen Fallgestaltung demnächst benötigt, um seine Aufgaben sachgemäß wahrnehmen zu können, während bei dem zeitlich begrenzten Anspruch, den das Gesetz jedem Mitglied einräumt, genügt, daß die Schulungs- und Bildungsveranstaltung geeignet ist, d. h. Kenntnisse vermittelt, die für die Betriebsrats- bzw. Personalratstätigkeit nützlich sind, ohne daß es darauf ankommt, daß diese Kenntnisse im konkreten Fall benötigt werden.[51]

---

[48] Ebenso *Thiel* in Bleistein/Thiel, MAVO, § 15 Rn. 79, 81.
[49] S. § 21 Rn. 1 ff.
[50] Ebenso *Thiel* in Bleistein/Thiel, MAVO, § 15 Rn. 79.
[51] Vgl. BAGE 25, 348 (352 ff.) und 452 (467 ff.) = AP Nr. 5 und 7 zu § 37 BetrVG 1972; BAGE 25, 407 (412) = AP Nr. 9 zu § 89 ArbGG 1953; ausführlich *Richardi*, BetrVG, § 37 Rn. 79 ff.

69 Die Mitarbeitervertretungsordnung kennt dagegen nur einen zeitlich begrenzten Anspruch. Seit der Novellierung 1995 ist klargestellt, daß die Gewährung der Arbeitsbefreiung von einem Antrag der Mitarbeitervertretung abhängt. Es handelt sich also um einen kollektivrechtlichen Anspruch zugunsten jedes ihrer Mitglieder, der von drei Voraussetzungen abhängt, nämlich von der Erforderlichkeit der Kenntnisse für die Arbeit in der Mitarbeitervertretung, von der Anerkennung als geeignet durch Diözese oder Diözesan-Caritasverband und dem Nicht-Entgegenstehen dringender dienstlicher oder betrieblicher Erfordernisse.

70 Für die Zeit der Arbeitsbefreiung hat das Mitglied der Mitarbeitervertretung Anspruch auf Fortzahlung seiner Bezüge (§ 16 Abs. 1 Satz 1 MAVO). Soweit durch die Teilnahme an der Schulungsveranstaltung Freizeit eingesetzt wird, besteht kein Anspruch auf Freizeitausgleich; § 15 Abs. 4 MAVO findet auf diesen Fall keine Anwendung.[52] Nach Ansicht des Europäischen Gerichtshofes kann eine mittelbare Frauendiskriminierung darin liegen, daß das in § 37 Abs. 6 BetrVG festgelegte Lohnausfallprinzip bei gleicher Schulungsdauer zu einem unterschiedlichen Ausgleich führt, wenn Teilzeitbeschäftigte nichts erhalten, soweit die Dauer über ihre individuelle Arbeitszeit hinausgeht, während Vollzeitbeschäftigte bei Teilnahme an derselben Schulung noch einen Ausgleich nach Maßgabe ihrer Arbeitszeit erhalten.[53] Das Bundesarbeitsgericht ist aber zu dem Ergebnis gelangt, daß der Ausschluß von Freizeitausgleich für die Teilnahme an einer Schulung außerhalb der persönlichen Arbeitszeit zwar die teilzeitbeschäftigten weiblichen Mitglieder des Betriebsrats benachteiligt, die Ungleichbehandlung aber durch objektive Gründe gerechtfertigt ist.[54]

4. Versetzungs- und Abordnungsschutz

71 Für die Mitglieder der Mitarbeitervertretung besteht in Anlehnung an die Regelung im Personalvertretungsrecht (§ 47 Abs. 2 BPersVG) ein Versetzungs- und Abordnungsschutz: Sie können gegen ihren Willen in eine andere Dienststelle nur versetzt oder abgeordnet werden, wenn dies auch unter Berücksichtigung ihrer Mitgliedschaft aus wichtigen dienstlichen Gründen unvermeidbar ist und die Mitarbeitervertretung zustimmt (§ 18 Abs. 2; vgl. auch § 33 MAVO).[55] Wird die Zustimmung nicht innerhalb der vorgesehe-

---

[52] Ebenso *Thiel* in Bleistein/Thiel, MAVO, § 16 Rn. 52; so auch zu § 37 Abs. 6 BetrVG BAGE 25, 305 (307 ff.) = AP Nr. 3 zu § 37 BetrVG 1972; st. Rspr.; vgl. BAGE 65, 238 (241) und 74, 351 (355 f.) = AP Nr. 76 und 90 zu § 37 BetrVG 1972.

[53] EuGH AP Nr. 89 zu § 37 BetrVG 1972; bestätigt EuGH AP Nr. 72 zu Art. 119 EWG-Vertrag.

[54] BAGE 85, 224 (227 ff.) = AP Nr. 123 zu § 37 BetrVG 1972.

[55] Bei Geistlichen und Ordensangehörigen ist allerdings zu beachten, daß nach § 3 Abs. 3 MAVO ihre besondere Stellung gegenüber dem Diözesanbischof bzw. Ordensoberen durch diese Ordnung nicht berührt wird. Der Versetzungs- und Abordnungsschutz entbindet sie nicht von der Gehorsamspflicht. Deshalb können sie sich gegenüber Weisungen des Bischofs bzw. Ordensoberen nicht auf den in § 18 Abs. 2 MAVO geregelten Versetzungs- und Abordnungsschutz berufen; so zutreffend *Bietmann*, Betriebliche

nen Frist verweigert, so gilt sie als erteilt (§ 33 Abs. 2 Satz 2 MAVO). Aber anders als sonst in personellen Angelegenheiten gilt hier nicht, daß die Zustimmung nur aus bestimmten Gründen verweigert werden kann. Kommt keine Einigung zustande, so entscheidet die Schlichtungsstelle mit bindender Wirkung (§§ 33 Abs. 4, 41 Abs. 1 Nr. 6, 42 Abs. 2 MAVO). Die gleiche Regelung gilt für Sprecherinnen und Sprecher der Jugendlichen und der Auszubildenden sowie für die Vertrauensperson der Schwerbehinderten (§§ 45 Abs. 2 Satz 1, 46 Abs. 2 MAVO).

5. Besonderer Kündigungsschutz im Rahmen der Mitarbeitervertretung

Der besondere Kündigungsschutz im Rahmen der Betriebsverfassung und der Personalvertretung, der in §§ 15, 16 KSchG geregelt ist, findet auf die Amtsträger und Funktionsinhaber des kirchlichen Mitarbeitervertretungsrechts keine Anwendung. Ein entsprechender besonderer Kündigungsschutz kann deshalb nur auf kirchengesetzlicher Grundlage beruhen.[56] Die Mitarbeitervertretungsordnung sieht ihn in § 19 vor; er geht allerdings nicht so weit wie der gesetzliche Kündigungsschutz im Rahmen der Betriebsverfassung und Personalvertretung. **72**

Der in der Mitarbeitervertretungsordnung geschaffene besondere Kündigungsschutz gilt für Mitglieder der Mitarbeitervertretung (§ 19 Abs. 1 MAVO), Sprecherinnen und Sprecher der Jugendlichen und Auszubildenden (§ 45 Abs. 2 Satz 1 MAVO), die Vertrauensperson der Schwerbehinderten (§ 46 Abs. 2 MAVO) sowie nach Ablauf der Probezeit für Mitglieder des Wahlausschusses und Wahlbewerberinnen und Wahlbewerber (§ 19 Abs. 2 MAVO). Zulässig ist gegenüber diesem Personenkreis grundsätzlich nur eine *außerordentliche Kündigung* (§ 19 Abs. 1 Satz 1, Abs. 2 Satz 1 MAVO). Eine ordentliche Kündigung kann in den Fällen des Art. 5 Abs. 3–5 GrOkathK[57] ausgesprochen werden (§ 19 Abs. 1 Satz 2, Abs. 2 Satz 2 MAVO). Außerdem ist eine ordentliche Kündigung auch zulässig, wenn eine Einrichtung geschlossen wird (§ 19 Abs. 3 MAVO). **73**

Während nach § 103 BetrVG und §§ 47 Abs. 1, 108 Abs. 1 BPersVG bei der außerordentlichen Kündigung eines Betriebs- oder Personalratsmitglieds **74**

Mitbestimmung im kirchlichen Dienst, S. 103; vgl. auch *Frey/Schmitz-Elsen/Coutelle*, MAVO, § 3 Rn. 29; *Thiel* in Bleistein/Thiel, MAVO, § 3 Rn. 89, § 18 Rn. 28. Daraus folgt aber nicht, wie *Bietmann*, aaO, meint, daß bei Mitgliedschaft von Geistlichen und Ordensangehörigen in der Mitarbeitervertretung deren Unabhängigkeit nicht gewährleistet sei, weil „die Dienstgeberseite über das Weisungsrecht Einfluß auf die Entscheidungen der MAVO nehmen" könne. Dabei wird übersehen, daß das kirchenrechtlich begründete Weisungsrecht des Bischofs bzw. Ordensoberen keine entsprechende Kompetenz des Dienstgebers begründet. Nicht zuletzt kennt auch das BetrVG keinen besonderen Versetzungs- und Abordnungsschutz für Betriebsratsmitglieder. Außerdem ist die besondere Stellung der Geistlichen gegenüber dem Bischof und die der Ordensleute gegenüber dem Ordensoberen eine Besonderheit des kirchlichen Dienstes und damit auch der kirchlichen Dienstgemeinschaft. Vgl. auch *Dütz* EssG 18 (1984), 67 (108 ff.)
[56] Ebenso *Frey/Schmitz-Elsen/Coutelle*, MAVO, § 19 Rn. 1.
[57] S. § 7 Rn. 41.

die Zustimmung des Betriebsrats bzw. der Personalvertretung erforderlich ist, gilt hier nur die allgemeine Beteiligungsregel vor Ausspruch einer außerordentlichen bzw. ordentlichen Kündigung (für die ordentliche Kündigung § 30 MAVO, für die außerordentliche Kündigung § 31 MAVO).

75 In Übereinstimmung mit dem staatlichen Recht enthält die Mitarbeitervertretungsordnung seit der Novellierung 1985 einen nachwirkenden Kündigungsschutz (§ 19 Abs. 1 Satz 3 und Abs. 2 Satz 1 MAVO).

76 Die Regelung des besonderen Kündigungsschutzes ist Kirchenrecht; sie hat aber eine unmittelbare Rechtswirkung im weltlichen Bereich. Es wird durch sie nicht der *Vertragsinhalt* des Arbeitsverhältnisses entsprechend der kirchengesetzlichen Regelung gestaltet, sondern diese Regelung wirkt als zwingendes Recht *normativ* auf das Arbeitsverhältnis ein; sie gilt also auch ohne und gegen den Willen der Arbeitsvertragsparteien. Erklärt der Arbeitgeber eine ordentliche Kündigung, obwohl für sie kein Grund i. S. des § 19 Abs. 1 Satz 2 oder Abs. 3 MAVO vorliegt, so kann dieser Mangel jederzeit geltend gemacht werden; es gilt also nicht die Bestimmung des § 4 Satz 1 KSchG, daß der Arbeitnehmer innerhalb von drei Wochen nach Zugang der Kündigung Klage beim Arbeitsgericht auf Feststellung erheben muß, daß das Arbeitsverhältnis durch die Kündigung nicht aufgelöst ist (§ 13 Abs. 3 KSchG). Erklärt der Arbeitgeber aber eine außerordentliche Kündigung, so ist zu beachten, daß sie gegenüber dem geschützten Personenkreis zulässig ist. Will der Arbeitnehmer geltend machen, daß für sie ein wichtiger Grund fehlt, so findet § 13 Abs. 1 Satz 2 KSchG Anwendung. Er muß daher innerhalb von drei Wochen nach Zugang der Kündigung Klage beim Arbeitsgericht auf Feststellung erheben, daß das Arbeitsverhältnis durch die Kündigung nicht aufgelöst ist.

6. Übernahmerecht von Berufsauszubildenden

77 Nach dem Berufsbildungsgesetz endet das Berufsausbildungsverhältnis mit dem Ablauf der Ausbildungszeit bzw. mit Bestehen der Abschlußprüfung; der Arbeitgeber ist regelmäßig nicht verpflichtet, Auszubildende im Anschluß an das Berufsbildungsverhältnis in ein Arbeitsverhältnis zu übernehmen (§ 14 BBiG). Für Mitglieder der Mitarbeitervertretung sowie Sprecherinnen und Sprecher der Jugendlichen und der Auszubildenden, die in einem Berufsausbildungsverhältnis stehen, bedeutet deshalb insoweit der besondere Kündigungsschutz keine Sicherung, weil das Berufsausbildungsverhältnis endet, ohne daß es einer Kündigung bedarf. Deshalb ist im Betriebsverfassungs- und Personalvertretungsrecht durch § 78 a BetrVG und entsprechend §§ 9, 107 Satz 2 BPersVG ein Übernahmerecht geschaffen worden.

78 Diesem Vorbild folgt § 18 Abs. 4 MAVO. Er gibt einem in einem Berufsausbildungsverhältnis stehenden Beschäftigten, der Mitglied der Mitarbeitervertretung ist oder Sprecherin oder Sprecher der Jugendlichen und der Auszubildenden ist, ein Übernahmerecht; er hat aber dessen Voraussetzungen völlig anders gestaltet: Der Auszubildende kann nur wie im Personalvertretungsrecht für den Fall des erfolgreichen Abschlusses seiner Ausbildung die Weiterbeschäftigung verlangen, d. h. Übernahme in ein Arbeitsverhältnis

auf unbestimmte Zeit. Die Ablehnung des Antrages durch den Arbeitgeber bedarf der Zustimmung der Mitarbeitervertretung, wenn der Dienstgeber gleichzeitig andere Auszubildende weiterbeschäftigt (vgl. auch § 33 MAVO). Die Zustimmung kann nur verweigert werden, wenn der durch Tatsachen begründete Verdacht besteht, daß die Ablehnung der Weiterbeschäftigung wegen der Tätigkeit als Mitarbeitervertreter bzw. Sprecher der Jugendlichen und der Auszubildenden erfolgt (§ 18 Abs. 4 Satz 2 MAVO). Wird die Zustimmung nicht innerhalb der für das Beteiligungsverfahren vorgesehenen Frist verweigert, so gilt sie als erteilt (§ 33 Abs. 2 Satz 1 MAVO). Verweigert die Mitarbeitervertretung die vom Dienstgeber beantragte Zustimmung, so kann dieser die Schlichtungsstelle anrufen (§§ 33 Abs. 4, 41 Abs. 1 Nr. 6 MAVO). Die Schlichtungsstelle stellt mit bindender Wirkung fest, ob ein Grund zur Verweigerung der Zustimmung besteht (§ 42 Abs. 2 Satz 1 MAVO).

Die Mitarbeitervertretungsordnung gibt dem Auszubildenden also nur unter engen Voraussetzungen ein Gestaltungsrecht, um auch gegen den Willen des Dienstgebers die Begründung eines Arbeitsverhältnisses herbeizuführen.[58] Es besteht lediglich, wenn der Dienstgeber gleichzeitig andere Auszubildende weiterbeschäftigt, d. h. sie in ein Normalarbeitsverhältnis übernimmt; denn nur in diesem Fall bedarf die Ablehnung des Antrages durch den Dienstgeber der Zustimmung der Mitarbeitervertretung. Weiterhin ist Voraussetzung, daß der durch Tatsachen begründete Verdacht besteht, die Ablehnung der Weiterbeschäftigung erfolge wegen der Tätigkeit als Mitarbeitervertreter bzw. Jugendsprecher; denn nur für diesen Fall kann die Mitarbeitervertretung die Zustimmung zur Ablehnung der Weiterbeschäftigung verweigern.

7. Schweigepflicht

Für die Mitglieder der Mitarbeitervertretung besteht eine umfassende Schweigepflicht: Sie haben über dienstliche Angelegenheiten oder Tatsachen, die ihnen auf Grund ihrer Zugehörigkeit zur Mitarbeitervertretung bekanntgeworden sind und Verschwiegenheit erfordern, Stillschweigen zu bewahren; das gilt auch für die Zeit nach Ausscheiden aus der Mitarbeitervertretung (§ 20 MAVO). Die Geheimhaltungspflicht ist also wesentlich weiter gespannt als in der Betriebsverfassung nach § 79 BetrVG; sie entspricht der Regelung für das Personalvertretungsrecht in §§ 10, 101 Abs. 2 BPersVG. Wie dort bezieht die Schweigepflicht sich deshalb auch auf Vorgänge innerhalb der Mitarbeitervertretung.[59] Die gleiche Pflicht trifft die Sprecherinnen und Sprecher der Jugendlichen und der Auszubildenden sowie die Vertrauensperson der Schwerbehinderten (§§ 45 Abs. 2 Satz 1, 46 Abs. 2 MAVO).

---

[58] Vgl. zur Rechtsnatur des Übernahmerechts *Dietz/Richardi*, BetrVG, § 78 a Rn. 16.
[59] Vgl. *Dietz/Richardi*, BPersVG, § 10 Rn. 5.

VI. Einrichtungen neben der Mitarbeitervertretung

1. Mitarbeiterversammlung

81 Während die Mitarbeitervertretung die Beschäftigten repräsentiert, ist die Mitarbeiterversammmlung die Einrichtung, in der sich die Mitarbeiter präsentieren (§ 4 MAVO). Die Regelung im einzelnen enthalten §§ 21, 22 MAVO. Die Mitarbeiterversammlung hat mindestens einmal im Jahr stattzufinden. Auf ihr hat der Vorsitzende der Mitarbeitervertretung einen Tätigkeitsbericht zu erstatten (§ 21 Abs. 2 MAVO). Kann nach den dienstlichen Verhältnissen eine gemeinsame Versammlung aller Mitarbeiter nicht stattfinden, so sind Teilversammlungen zulässig (§ 4 Satz 2 MAVO). Die Mitarbeiterversammlung ist wie die Betriebsversammlung nach dem Betriebsverfassungsrecht nicht öffentlich; sie wird vom Vorsitzenden der Mitarbeitervertretung einberufen und geleitet (§ 21 Abs. 1 MAVO). Auf Antrag von einem Drittel der wahlberechtigten Mitarbeiter hat er eine Mitarbeiterversammlung einzuberufen; das gleiche gilt, wenn der Dienstgeber aus besonderem Grunde die Einberufung verlangt (§ 21 Abs. 3 MAVO).

82 Die Mitarbeiterversammlung befaßt sich mit allen Angelegenheiten, die zur Zuständigkeit der Mitarbeitervertretung gehören (§ 22 Abs. 1 MAVO). Von besonderer Bedeutung ist, daß anders als im Betriebsverfassungs- und Personalvertretungsrecht die Mitarbeitervertretung neu zu wählen ist, wenn ihr in einer Mitarbeiterversammlung mindestens die Hälfte der wahlberechtigten Mitarbeiter das Mißtrauen ausspricht (§§ 13 Abs. 3 Nr. 5, 22 Abs. 2 MAVO). Eine Abberufung einzelner Mitglieder der Mitarbeitervertretung ist dagegen unzulässig.

83 Das Bundesverfassungsgericht hat die Bestimmung in § 25 Abs. 1 des Bremischen Personalvertretungsgesetzes vom 5. März 1974, die eine Abberufung einzelner Personalratsmitglieder durch die Personalversammlung vorsah, durch Beschluß vom 27. März 1979 wegen Verstoßes gegen die Rahmenregelung im Bundespersonalvertretungsgesetz für nichtig erklärt.[60] Für das kirchliche Mitarbeitervertretungsrecht besteht keine entsprechende staatliche Rahmenregelung, an die der kirchliche Gesetzgeber sich zu halten hat. Sie wäre nach dem hier vertretenen Standpunkt auch nicht mit der Verfassungsgarantie des kirchlichen Selbstbestimmungsrechts vereinbar. Dennoch ist die verfassungsgerichtliche Erkenntnis nicht bedeutungslos; denn eine Abberufungsmöglichkeit durch Mehrheitsbeschluß der Belegschaft ist, wie das Bundesverfassungsgericht feststellt, „Ausdruck des Rätegedankens und rückt das Mandat des Personalrats in die Nähe des imperativen Mandats".[61] Deshalb gilt sowohl für das Betriebsverfassungs- als auch für das Personalvertretungsrecht, daß ein einzelnes Mitglied während der laufenden Wahlperiode nur wegen grober Pflichtverletzung und nur auf Grund einer Entschei-

---

[60] BVerfGE 51, 77 = AP Nr. 31 zu Art. 9 GG.
[61] BVerfGE 51, 77 (94).

dung eines Gerichts aus dem Betriebsrat bzw. Personalrat entfernt werden kann (§ 23 Abs. 1 BetrVG, §§ 28 Abs. 1, 102 Abs. 2 BPersVG). Entsprechend sieht die MAVO vor, daß die Amtsenthebung eines Mitglieds der Mitarbeitervertretung nur durch Beschluß der Schlichtungsstelle im Falle grober Vernachlässigung oder Verletzung der Befugnisse und Pflichten als Mitarbeiter erfolgen kann (§ 13 c Nr. 5 i. V. mit § 41 Abs. 1 Nr. 3 MAVO).[62]

2. Sprecherinnen und Sprecher der Jugendlichen und der Auszubildenden als zusätzliche betriebsverfassungsrechtliche Vertretung

Die Sprecherinnen und Sprecher der Jugendlichen und der Auszubildenden (§§ 43–45 MAVO) entsprechen der im Betriebsverfassungs- und Personalvertretungsrecht vorgesehenen Jugend- und Auszubildendenvertretung. Sie sind wie die Jugend- und Auszubildendenvertretung des staatlichen Rechts nicht die Repräsentanten der jugendlichen Mitarbeiter bei der Wahrnehmung der Beteiligungsrechte, sondern sie sind eine zusätzliche betriebsverfassungsrechtliche Vertretung. Gewählt werden sie nur in Einrichtungen, bei denen Mitarbeitervertretungen gebildet sind, wenn der Einrichtung in der Regel mindestens fünf Mitarbeiter unter 18 Jahren (Jugendliche) oder zu ihrer Berufsausbildung Beschäftigte, die das 25. Lebensjahr noch nicht vollendet haben (Auszubildende), angehören (§ 43 Satz 1 MAVO). Wählbar sind Mitarbeiterinnen oder Mitarbeiter vom vollendeten 16. Lebensjahr bis zum vollendeten 26. Lebensjahr; sie bleiben im Amt, auch wenn sie während der Amtszeit das 26. Lebensjahr vollenden (§§ 43 Satz 2, 44 Satz 2 MAVO). 84

Bei fünf bis zehn Jugendlichen und Auszubildenden ist eine Sprecherin oder ein Sprecher, bei mehr als zehn Jugendlichen und Auszubildenden sind drei Sprecherinnen oder Sprecher zu wählen (§ 43 Satz 3 MAVO). Für die Wahl, Geschäftsführung und persönliche Rechtsstellung gelten die §§ 7–20 MAVO sinngemäß (§ 45 Abs. 2 Satz 1 MAVO). Die gleichzeitige Kandidatur für das Amt des Mitarbeitervertreters ist ausgeschlossen (§ 45 Abs. 2 Satz 2 MAVO). 85

Die Amtszeit der Sprecherinnen und Sprecher der Jugendlichen und der Auszubildenden beträgt aber im Gegensatz zur Mitarbeitervertretung nicht vier, sondern zwei Jahre (§ 44 Satz 1 MAVO). Besteht die Vertretung der Jugendlichen und Auszubildenden aus drei Personen, so kann sie zwar eigene Sitzungen abhalten, aber keine gegenüber dem Arbeitgeber wirksamen Beschlüsse fassen. Von Bedeutung ist daher das Verhältnis zur Mitarbeitervertretung, das in § 45 Abs. 1 MAVO geregelt ist: Die Sprecherinnen und Sprecher haben ein Teilnahmerecht an den Sitzungen der Mitarbeitervertretung. Sie haben außerdem, soweit Angelegenheiten der Jugendlichen und Auszubildenden beraten werden, das Recht, Anträge zu stellen, und sie können verlangen, daß eine Sitzung der Mitarbeitervertretung einberufen und der Gegenstand, dessen Beratung beantragt wird, auf die Tagesordnung gesetzt wird. Sie haben, soweit Angelegenheiten der Jugendlichen und Auszubildenden beraten werden, Stimmrecht bei Entscheidungen der Mitarbeitervertre- 86

---

[62] Vgl. auch *Frey/Schmitz-Elsen/Coutelle*, MAVO, § 22 Rn. 4.

tung, und sie haben das Recht, bei Beratung derartiger Angelegenheiten zu Besprechungen mit dem Dienstgeber eine Sprecherin oder einen Sprecher zu entsenden.

87 Schließlich besteht die Möglichkeit, daß unter den Voraussetzungen des § 43 a MAVO Versammlungen der Jugendlichen und Auszubildenden einberufen werden.

3. Vertrauensperson der Schwerbehinderten als zusätzliche betriebsverfassungsrechtliche Vertretung

88 Nach dem staatlichen Schwerbehindertenrecht wird in allen Betrieben und Dienststellen, in denen wenigstens fünf Schwerbehinderte nicht nur vorübergehend beschäftigt sind, eine Schwerbehindertenvertretung gebildet (§§ 23–29 SchwbG). Die Tatsache, daß fünf Pflichtplätze zu besetzen sind (§§ 5–10 SchwbG), reicht allein nicht aus. Das kirchliche Mitarbeitervertretungsrecht gibt für die Bildung einer Schwerbehindertenvertretung keine besondere Vorschrift, sondern regelt nur deren Mitwirkung und ordnet an, daß die §§ 15–20 MAVO entsprechend gelten (§ 46 MAVO). Die Zurückhaltung beruht darauf, daß der kirchliche Gesetzgeber insoweit einen Geltungsanspruch des staatlichen Rechts anerkennt.[63] Das Schwerbehindertengesetz gehört jedoch zu dem für alle geltenden Gesetz i. S. des Art. 137 Abs. 3 WRV nur, soweit es den *öffentlich-rechtlichen Arbeitnehmerschutz* regelt.[64] Verkannt hat man daher, daß die Einrichtung einer Schwerbehindertenvertretung *betriebsverfassungsrechtlichen Charakter* hat.

89 Die Regelung in § 46 Abs. 1 MAVO über die Mitwirkung der Schwerbehindertenvertretung bleibt zum Teil hinter der Regelung des staatlichen Rechts in § 25 SchwbG; zum anderen Teil geht sie aber darüber hinaus, wenn sie der Vertrauensperson der Schwerbehinderten ein Stimmrecht einräumt, soweit ein Beschluß der Mitarbeitervertretung Schwerbehinderte betrifft (§ 46 Abs. 1 Satz 2 Nr. 2 MAVO).

4. Vertrauensmann der Zivildienstleistenden

90 Nicht zu den Mitarbeitern i. S. des § 3 MAVO zählen die Zivildienstleistenden. Für sie gilt vielmehr das Zivildienstgesetz, das für die Vertretung der Zivildienstleistenden durch das Gesetz über den Vertrauensmann der Zivildienstleistenden ergänzt wird (§ 37 ZDG). Die Mitarbeitervertretungsordnung beschränkt sich daher auf die Bestimmung, daß der Vertrauensmann der Zivildienstleistenden an den Sitzungen der Mitarbeitervertretung beratend teilnehmen kann, wenn Angelegenheiten behandelt werden, die auch die Zivildienstleistenden betreffen (§ 46a Abs. 1). Außerdem ist vorgesehen, daß sich die Zivildienstleistenden an die Mitarbeitervertretung wenden können, wenn kein Vertrauensmann gewählt ist (§ 46a Abs. 2 MAVO).

---

[63] Ebenso *Bleistein* in Bleistein/Thiel, MAVO, § 46 Rn. 13.
[64] S. auch § 8 Rn. 25 ff.

VII. Grundsätze für die Zusammenarbeit zwischen Dienstgeber und Mitarbeitervertretung

1. Gebot der vertrauensvollen Zusammenarbeit

Magna Charta der Betriebsverfassung ist das Gebot der vertrauensvollen Zusammenarbeit zwischen Arbeitgeber und Betriebsrat zum Wohl der Arbeitnehmer und des Betriebs (§ 2 Abs. 1 BetrVG). In ihm spiegelt sich wider, daß die betriebsverfassungsrechtliche Mitbestimmungsordnung nach dem Kooperationsmodell gestaltet ist. Das Gebot gilt deshalb auch für das Personalvertretungsrecht (§ 2 Abs. 1 BPersVG).[65] Erst recht hat es Bedeutung für eine Mitbestimmungsordnung, die im Rahmen der kirchlichen Dienstgemeinschaft gilt. Entsprechend stellt daher die Mitarbeitervertretungsordnung an die Spitze ihrer Regelung über die Zusammenarbeit zwischen Dienstgeber und Mitarbeitervertretung das Gebot der vertrauensvollen Zusammenarbeit: „Der Dienst in der Kirche verpflichtet Dienstgeber und Mitarbeitervertretung in besonderer Weise, vertrauensvoll zusammenzuarbeiten und sich bei der Erfüllung der Aufgaben gegenseitig zu unterstützen" (§ 26 Abs. 1 Satz 1 MAVO).

Die Mitarbeitervertretungsordnung bezeichnet das Amt eines Mitarbeitervertreters nach dem Vorbild der entsprechenden Bestimmungen im staatlichen Betriebsverfassungs- und Personalvertretungsrecht (§ 37 Abs. 1 BetrVG, § 46 Abs. 1 BPersVG) als Ehrenamt (§ 15 Abs. 1). Wie dort kommt darin zum Ausdruck, daß die Mitarbeitervertretung ihre Aufgaben und Befugnisse als *Amtswalter* wahrnimmt. Da die Mitbestimmungsordnung Teil der Organisation ist, durch die die Kirche ihren Sendungsauftrag erfüllt, ist das kirchengesetzlich geschaffene Amt einer Mitarbeitervertretung ein kirchliches Amt.[66] Dabei kann offenbleiben, ob es ein Kirchenamt i.S. des can. 145 § 1 CIC darstellt.[67]

2. Gesetzestechnische Gestaltung der Beteiligung

Das Mitarbeitervertretungsrecht hat seit der Novellierung der MAVO 1985 eine neue Systematik der Beteiligungsrechte erhalten. Damit ist es der Terminologie angepaßt worden, die sich in der Rechtswissenschaft für das Be-

---

[65] Vgl. *Dietz/Richardi*, BetrVG, Vorbem. vor § 74 Rn. 23 ff.
[66] Vgl. BAGE 51, 238 (243 f.) = AP Nr. 25 zu Art. 140 GG.
[67] Bejahend *Heimerl/Pree*, Handbuch des Vermögensrechts der katholischen Kirche, S. 830 (Rn. 6/755); verneinend *Thiel* in Bleistein/Thiel, MAVO, § 5 Rn. 14, der hier nicht folgerichtig ist, wenn er in Rn. 8 für die KODA ein kirchliches Amt i.S. des can. 145 CIC annimmt; denn nicht nur die KODA, sondern auch die hier durch die MAVO geschaffene Mitbestimmungsordnung sind Ausprägungen einer für den Bereich der katholischen Kirche geltenden Gruppenautonomie, um die Konkordanz der kirchlichen mit der staatlichen Ordnung zu sichern.

triebsverfassungsrecht durchgesetzt hat. Wie dort unterscheidet das Mitarbeitervertretungsrecht zwischen dem *Informationsrecht* (§ 27 MAVO) und den *Beteiligungsrechten* der Mitarbeitervertretung (§§ 28–37 MAVO). Die Rechtswissenschaft unterscheidet die Beteiligungsrechte nach ihrer verschiedenen Ausprägung in *Mitwirkungsrechte*, die nur ein Anhörungs- oder Beratungsrecht gewähren, und *Mitbestimmungsrechte*, die dem Betriebsrat ein paritätisches Mitgestaltungs- bzw. Mitbeurteilungsrecht einräumen. Bei den Mitwirkungsrechten wird der Betriebsrat nur am Verfahren der Entscheidungsfindung, nicht aber an der Regelung der Maßnahme selbst beteiligt.

94 Die MAVO faßt seit der Novellierung 1985 die Mitwirkungs- und Mitbestimmungsrechte der Mitarbeitervertretung nicht mehr unter dem Oberbegriff der *Mitwirkung* zusammen, sondern sie verwendet rechtsdogmatisch zutreffend den Begriff der *Beteiligung* als Oberbegriff. Nach ihr sind Formen der Beteiligung Anhörung und Mitberatung, Vorschlagsrecht, Zustimmung, Antragsrecht (§ 28 Satz 2 MAVO). Entsprechend sind die Beteiligungsfälle geordnet: Das *Recht der Anhörung und der Mitberatung* ist in § 29 MAVO, das *Vorschlagsrecht* in § 32 MAVO, die *Zustimmung* in §§ 33–36 MAVO und das *Antragsrecht* in § 37 MAVO geregelt. Vor das Vorschlagsrecht eingefügt ist die Regelung über die Anhörung und Mitberatung bei ordentlicher und außerordentlicher Kündigung nach Ablauf der Probezeit (§§ 30, 31 MAVO). Die gesetzestechnische Gestaltung folgt nicht dem Modell des Betriebsverfassungsrechts, sondern entspricht dem Modell des Personalvertretungsrechts; sie ist aber mehr anwendungsorientiert als die Regelung im Bundespersonalvertretungsgesetz.

3. Informationsrecht der Mitarbeitervertretung

95 Die Mitarbeitervertretung hat ein umfassendes Informationsrecht: „Dienstgeber und Mitarbeitervertretung informieren sich gegenseitig über die Angelegenheiten, welche die Dienstgemeinschaft betreffen" (§ 27 Abs. 1 Satz 1 MAVO). Die Pflicht zur Unterrichtung besteht also nicht nur, soweit der Mitarbeitervertretung eine besondere Befugnis zugewiesen ist; sie ist auch nicht davon abhängig, daß ihr Gegenstand zu den Aufgaben zählt, die in § 26 Abs. 3 MAVO der Mitarbeitervertretung als allgemeine Aufgaben zugewiesen sind. Maßgebend ist vielmehr das Leitbild der Dienstgemeinschaft. Darin ist auch das Recht und die Pflicht der Mitarbeitervertretung eingeschlossen, darüber zu wachen, daß die zugunsten der Arbeitnehmer geltenden Rechtsvorschriften durchgeführt werden.

96 Der Mitarbeitervertretung sind auf Verlangen die zur Durchführung ihrer Aufgaben erforderlichen Unterlagen vorzulegen (§ 26 Abs. 2 Satz 1 MAVO). Es gilt insoweit Gleiches wie nach § 68 Abs. 2 Satz 2 BPersVG. Diese Pflicht besteht für die Wahrnehmung sämtlicher Aufgaben, die der Mitarbeitervertretung obliegen, also vor allem in Angelegenheiten, in denen die Mitarbeitervertretung formell zu beteiligen ist. Vom Gegenstand und Inhalt der Mitwirkung und Mitbestimmung hängt ab, welche Unterlagen erforderlich sind. Während § 80 Abs. 2 Satz 2 Halbsatz 2 BetrVG ein besonders

geregeltes Einblicksrecht in die Bruttolohn- und -gehaltslisten vorsieht, fehlt hier wie im Bundespersonalvertretungsgesetz eine ausdrückliche Vorschrift. Daraus darf aber kein Umkehrschluß gezogen werden; denn die Mitarbeitervertretung ist unter anderem an der Eingruppierung, Höhergruppierung und Rückgruppierung von Mitarbeitern zu beteiligen (§ 35 Abs. 1 Nr. 1–3 MAVO). Sie kann daher die Vorlage der Bruttolohn- und -gehaltslisten verlangen.[68] Die Unterlagen sind jedoch nur vorzulegen, d. h. es ist der Mitarbeitervertretung Einblick zu gewähren. Sie hat jedoch das Recht, sich aus den vorgelegten Unterlagen schriftliche Aufzeichnungen zu machen.[69]

Bei Einstellung oder Anstellung eines Mitarbeiters ist die Mitarbeitervertretung für ihre Mitwirkung über die Person des Einzustellenden zu unterrichten (§ 34 Abs. 3 Satz 1 MAVO). Anders als nach § 99 Abs. 1 Satz 1 Halbsatz 1 BetrVG erstreckt sich die Unterrichtungspflicht nicht auf die Mitbewerber.[70] Der Mitarbeitervertretung ist auf Verlangen im Einzelfall Einsicht in die Bewerbungsunterlagen des Einzustellenden, also nicht aller Einstellungsbewerber zu gewähren (§ 34 Abs. 3 Satz 2 MAVO). § 34 Abs. 3 Satz 2 enthält also insoweit eine lex specialis zu § 26 Abs. 2 Satz 1 MAVO.[71] **97**

Personalakten dürfen nur mit schriftlicher Zustimmung des Mitarbeiters eingesehen werden (§ 26 Abs. 2 Satz 2 MAVO). **98**

4. Mitwirkungsrechte der Mitarbeitervertretung

a) Anhörung und Mitberatung

Die Mitarbeitervertretung hat in den Fällen, die im Katalog des § 29 Abs. 1 MAVO abschließend aufgeführt sind, das Recht der Anhörung und der Mitberatung. Es ist ein Mitwirkungsrecht, weil sie nur an der Entscheidungsfindung des Arbeitgebers, nicht aber an der Entscheidung selbst beteiligt wird. Das Recht erschöpft sich nicht wie beispielsweise das Anhörungsrecht des Betriebsrats vor einer Kündigung nach § 102 BetrVG in einem Recht, zu der beabsichtigten Maßnahme Stellung zu nehmen. Das Anhörungsrecht ist hier vielmehr mit einem *Beratungsrecht* verknüpft; denn erhebt die Mitarbeitervertretung Einwendungen, so ist die Angelegenheit in einer gemeinsamen Sitzung von Dienstgeber und Mitarbeitervertretung mit dem Ziel der Verständigung zu beraten (§ 29 Abs. 3 Satz 3 MAVO). Bei dem Recht der Anhörung und der Mitberatung verbleibt aber die Initiative, ob es zu einer Beratung kommt, ausschließlich der Mitarbeitervertretung. Erhebt sie keine Einwendungen innerhalb der vorgesehenen Frist, so gilt die vorbereitete Maßnahme oder Entscheidung als nicht beanstandet (§ 29 Abs. 3 Satz 1 MAVO). **99**

---

[68] Ebenso *Bleistein* in Bleistein/Thiel, MAVO, § 26 Rn. 24; zum Personalvertretungsrecht *Dietz/Richardi*, BPersVG, § 68 Rn. 46.
[69] Ebenso *Bleistein* in Bleistein/Thiel, MAVO, § 26 Rn. 22.
[70] Zentrale Gutachterstelle beim Verband der Diözesen Deutschlands vom 24. 8. 1996 (n. v.).
[71] Ebenso *Bleistein* in Bleistein/Thiel, MAVO, § 34 Rn. 18.

b) Vorschlagsrecht

100   Soweit die in § 29 Abs. 1 MAVO genannten Beteiligungsfälle im Katalog des § 32 Abs. 1 MAVO aufgeführt sind, hat die Mitarbeitervertretung außerdem ein Vorschlagsrecht. Während beim Recht der Anhörung und der Mitberatung die Initiative vom Dienstgeber ausgeht, gibt das Vorschlagsrecht der Mitarbeitervertretung ein Initiativrecht, das als Mitwirkungsrecht gestaltet ist. Will der Dienstgeber einem Vorschlag der Mitarbeitervertretung nicht entsprechen, so ist die Angelegenheit in einer gemeinsamen Sitzung von Dienstgeber und Mitarbeitervertretung mit dem Ziel der Einigung zu beraten (§ 32 Abs. 2 Satz 1 MAVO). Kommt es nicht zu einer Einigung, so teilt der Dienstgeber die Ablehnung des Vorschlages der Mitarbeitervertretung schriftlich mit (§ 32 Abs. 2 Satz 3 MAVO). Eine weitere Bindung tritt nicht ein.

5. Mitbestimmungsrechte der Mitarbeitervertretung

a) Zustimmungsrecht

101   Die Stufe eines bloßen Mitwirkungsrechts ist überschritten, soweit angeordnet ist, daß eine Entscheidung des Dienstgebers der Zustimmung der Mitarbeitervertretung bedarf. Die Beteiligung gibt ihr ein Recht auf *Mitbestimmung*: Der Dienstgeber kann die von ihm beabsichtigte Maßnahme oder Entscheidung nur mit Zustimmung der Mitarbeitervertretung treffen (§ 33 Abs. 1 MAVO). Das Mitbestimmungsverfahren ist, soweit eine Angelegenheit der Zustimmung der Mitarbeitervertretung bedarf (§§ 34–36 MAVO), in § 33 MAVO geregelt. Dabei hat man zu beachten, daß das Zustimmungsrecht *abgestuft* ist. Bei Einstellung und Anstellung sowie bei sonstigen persönlichen Angelegenheiten kann die Mitarbeitervertretung die Zustimmung nur aus bestimmten Gründen verweigern (§§ 34 Abs. 2, 35 Abs. 2 MAVO). Bei diesen Angelegenheiten handelt es sich um *personelle Einzelmaßnahmen*, bei denen auch das staatliche Betriebsverfassungs- und Personalvertretungsrecht das Zustimmungsverweigerungsrecht des Betriebs- oder Personalrats an bestimmte, gesetzlich umschriebene Gründe bindet (§ 99 Abs. 2 BetrVG, § 77 Abs. 2 BPersVG). Verweigert die Mitarbeitervertretung die Zustimmung oder erkennt der Dienstgeber bei den Fällen des begrenzten Zustimmungsrechts die Gründe nicht an, aus denen die Mitarbeitervertretung die Zustimmung verweigert, so kommt es zum *verbindlichen Einigungsverfahren* vor der Schlichtungsstelle (§ 33 Abs. 4 i. V. mit § 41 Abs. 1 Nr. 6, Abs. 2–4, § 42 MAVO). Bei dem begrenzten Zustimmungsrecht beschränkt sich die Kompetenz der Schlichtungsstelle darauf, festzustellen, ob ein Grund zur Verweigerung der Zustimmung vorliegt (§ 41 Abs. 4 Satz 4 MAVO).

102   Unterliegt eine Maßnahme dem Zustimmungsrecht, so entfällt es nicht deshalb, weil es sich um einen *Eilfall* handelt. Wenn Entscheidungen nach Ansicht des Dienstgebers eilbedürftig sind, kann er aber die für die Beteiligung der Mitarbeitervertretung vorgesehene Wochenfrist auf drei Tage, bei Ein- und Anstellungen von Mitarbeitern sogar auf bis zu 24 Stunden unter Angabe der Gründe verkürzen (§ 33 Abs. 2 Satz 4 MAVO). Das Recht, bis

zur endgültigen Entscheidung vorläufige Regelungen zu treffen, sieht die MAVO lediglich bei Maßnahmen vor, die der Anhörung und Mitberatung der Mitarbeitervertretung bedürfen (§ 29 Abs. 5 MAVO).

b) Antragsrecht

Neben dem Vorschlagsrecht hat die Mitarbeitervertretung in den Fällen, die im Katalog des § 37 Abs. 1 MAVO abschließend genannt sind, ein Antragsrecht. Dieses Recht ist ebenfalls ein Initiativrecht der Mitarbeitervertretung. Im Gegensatz zum Vorschlagsrecht ist es aber als *Mitbestimmungsrecht* gestaltet. Will der Dienstgeber einem Antrag der Mitarbeitervertretung nicht entsprechen, so ist die Angelegenheit in einer gemeinsamen Sitzung mit der Mitarbeitervertretung zu beraten (§ 37 Abs. 2 Satz 1 und 2 MAVO). Kommt es zu keiner Einigung, so kann die Mitarbeitervertretung die Schlichtungsstelle anrufen (§ 37 Abs. 3 Satz 3 i. V. mit § 41 Abs. 1 Nr. 6 MAVO). Diese entscheidet mit verbindlicher Wirkung (§§ 41 Abs. 3 Satz 2, 42 Abs. 2 Satz 1 MAVO). Der Dienstgeber kann aber durch den Beschluß nur insoweit gebunden werden, als für die Maßnahmen finanzielle Deckung in seinen Haushalts-, Wirtschafts- und Finanzierungsplänen ausgewiesen ist (§ 42 Abs. 2 Satz 2 MAVO). 103

Das Antragsrecht ist ein besonders weitgehendes Mitbestimmungsrecht; denn es gibt der Mitarbeitervertretung die Befugnis, eine Regelung auch gegen den Willen des Dienstgebers herbeizuführen. Deshalb besteht es nur in Fällen, in denen die Mitarbeitervertretung auch ein Zustimmungsrecht hat (vgl. § 36 MAVO), keineswegs besteht aber in allen Angelegenheiten, in denen die Mitarbeitervertretung ein Zustimmungsrecht hat, das hier als Mitbestimmungsrecht gestaltete Antragsrecht. Die Einstellung und Anstellung sowie die sonstigen persönlichen Angelegenheiten, die nach §§ 34, 35 MAVO der Zustimmung der Mitarbeitervertretung bedürfen, sind in § 37 MAVO nicht genannt. Für sie besteht nicht das hier als Mitbestimmungsrecht gestaltete Antragsrecht. 104

6. System der Beteiligung

Bei der Beantwortung der Frage, ob und wie die Mitarbeitervertretung in einer Angelegenheit mitwirken oder mitbestimmen kann, muß man zunächst unterscheiden, ob der Dienstgeber eine Maßnahme zu treffen beabsichtigt oder ob die Initiative von der Mitarbeitervertretung ausgeht: 105
– Will der Dienstgeber eine Maßnahme treffen, so ist zu fragen, ob für sie nur ein *Recht der Anhörung und Mitberatung* besteht (§ 29 MAVO) oder ob die Mitarbeitervertretung ein *Zustimmungsrecht* hat, wobei hier zu differenzieren ist, ob es im Ermessen der Mitarbeitervertretung liegt, die Zustimmung zu erteilen (§ 36 MAVO) oder ob sie die Zustimmung nur aus bestimmten Gründen verweigern kann (§§ 34, 35 MAVO). Besteht nur ein Anhörungs- und Mitberatungsrecht, so hat der Dienstgeber lediglich das in § 29 Abs. 2–5 MAVO geregelte *Mitwirkungsverfahren* zu beachten. Bei einem Zustimmungsrecht der Mitarbeitervertretung hat er das in § 33

MAVO vorgesehene *Mitbestimmungsverfahren* einzuhalten. Er kann die Maßnahme nicht einseitig treffen, wenn die Mitarbeitervertretung die Zustimmung rechtzeitig verweigert, sondern muß, wenn er an der Maßnahme festhalten will, das in § 33 Abs. 4 i. V. mit §§ 41, 42 MAVO geregelte Schlichtungsverfahren durchführen.

– Geht die Initiative von der Mitarbeitervertretung aus, so ist zunächst zu prüfen, ob sie für die Angelegenheit ein als Mitwirkungsrecht gestaltetes *Vorschlagsrecht* hat (§ 32 MAVO) oder ob ihr sogar ein als Mitbestimmungsrecht gestaltetes *Antragsrecht* zusteht (§ 37 MAVO). Im letzteren Fall handelt es sich um ein Mitbestimmungsverfahren, das auf Initiative der Mitarbeitervertretung eingeleitet wird (§ 37 Abs. 3 Satz 3 i. V. mit §§ 41, 42 MAVO).

7. Beteiligung der Mitarbeitervertretung als Legitimation für Maßnahmen des Dienstgebers

106 Unterliegt eine Maßnahme der Mitwirkung oder Mitbestimmung, so darf der Dienstgeber sie erst durchführen, wenn er die Mitarbeitervertretung ordnungsgemäß beteiligt hat. Das gilt auch dann, wenn er *vertraglich* legitimiert ist, sie vorzunehmen. So spielt für den Bestand des Zustimmungsrechts bei der Übertragung einer höher oder niedriger zu bewertenden Tätigkeit nach § 35 Abs. 1 Nr. 4 MAVO keine Rolle, ob der Dienstgeber auf Grund seines Direktionsrechts einseitig in der Lage ist, dem Mitarbeiter einen anderen Arbeitsplatz zuzuweisen, oder ob es dazu einer Änderung des Vertragsinhalts bedarf. Eine einzelvertragliche Abrede ersetzt nicht die Mitbestimmung der Mitarbeitervertretung, wie auch umgekehrt deren Zustimmung nicht die nach dem Einzelarbeitsvertrag möglicherweise erforderliche Zustimmung eines Arbeitnehmers.

107 Rechtsdogmatisch wenig geklärt ist im Betriebsverfassungs- und Personalvertretungsrecht, wie die institutionelle Mitbestimmung sich auf das *Vertragsverhältnis zwischen Arbeitgeber und einzelnem Arbeitnehmer* auswirkt.[72] Eine Ausnahme gilt jedoch für die Kündigung: Nach § 102 Abs. 1 Satz 3 BetrVG ist eine ohne Anhörung des Betriebsrats ausgesprochene Kündigung unwirksam, und entsprechend gilt für das Peronalvertretungsrecht, daß eine Kündigung unwirksam ist, wenn der Personalrat nicht beteiligt worden ist (§§ 79 Abs. 4, 108 Abs. 2 BPersVG). Diesem Vorbild folgt die MAVO, wenn sie in § 30 Abs. 5 für die ordentliche Kündigung und in § 31 Abs. 3 für die außerordentliche Kündigung bestimmt, daß eine ohne Einhaltung des Beteiligungsverfahrens ausgesprochene Kündigung unwirksam ist.

108 Bei Nichtbeachtung eines Zustimmungsrechts der Mitarbeitervertretung fehlt dagegen eine Regelung in der MAVO. Das ist allerdings kein Mangel, der nur ihr anhaftet, sondern auch im staatlichen Betriebsverfassungs- und Personalvertretungsrecht fehlt eine Regelung im Gesetz. Verletzt der Dienstgeber bei der Einstellung eines Arbeitnehmers das Zustimmungsrecht der Mitarbeitervertretung, so ist hier wie im Betriebsverfassungsrecht maßge-

---

[72] Vgl. *Richardi*, BetrVG, Vorbem. vor § 74 Rn. 31 ff.

bend, daß die Einstellung nicht mit dem *Abschluß des Arbeitsvertrags* identisch ist.⁷³ Der Betriebsrat kann bei einem Verstoß gegen sein Mitbestimmungsrecht verlangen, daß der Arbeitnehmer nicht im Betrieb beschäftigt wird (§ 101 BetrVG). Der Arbeitsvertrag wird davon aber nicht berührt; er ist auch wirksam, wenn bei der Einstellung das Mitbestimmungsrecht des Betriebsrats verletzt wird.⁷⁴ Entsprechend gilt dies auch hier bei einem Verstoß gegen das Zustimmungsrecht der Mitarbeitervertretung.

Für die sonstigen Fälle, in denen die Mitarbeitervertretung ein Zustimmungsrecht hat, ist wie im Betriebsverfassungsrecht für die Rechtswirkungen auf das Einzelarbeitsverhältnis ausschlaggebend, daß eine betriebsverfassungsrechtliche Pflichtwidrigkeit dem Arbeitgeber keinen Rechtsvorteil im Rahmen des Einzelarbeitsverhältnisses geben darf.⁷⁵   109

VIII. Betriebs- oder Dienstvereinbarung und Beteiligungssystem

Das staatliche Betriebsverfassungsrecht kennt die Betriebsvereinbarung als   110
Rechtsinstitut für die *innerbetriebliche Rechtsetzung*. Sie ist in § 77 BetrVG geregelt. Sie ist bereits ohne Gesetzesgrundlage als Gesamtvereinbarung mit normativer Wirkung für den Inhalt der Arbeitsverhältnisse anerkannt worden.⁷⁶ *Georg Flatow* hat den Begriff der Betriebsvereinbarung in seiner Schrift „Betriebsvereinbarung und Arbeitsordnung" (1921, 2. Auflage 1923) geschaffen, um mit ihm die verschiedenen Formen einer betrieblichen Gesamtregelung zwischen dem Arbeitgeber und dem Betriebsrat nach dem Betriebsrätegesetz 1920 zu bezeichnen. Die Betriebsvereinbarung ist eine *Regelungsform für die Ausübung des Mitbestimmungsrechts*. Sie erschöpft sich aber nicht in dieser Bedeutung, sondern es können durch sie auch Angelegenheiten geregelt werden, bei denen der Betriebsrat kein Mitbestimmungsrecht hat *(freiwillige Betriebsvereinbarung)*; denn der Betriebsrat hat für den Bereich der sozialen Angelegenheiten, zu denen man die formellen und die materiellen Arbeitsbedingungen im weitesten Sinne zählt, eine umfassende funktionelle Zuständigkeit zur Regelung durch Betriebsvereinbarung mit dem Arbeitgeber.⁷⁷ Deshalb sichert § 77 Abs. 3 BetrVG den Initiativvorrang

---

⁷³ Vgl. BAGE 70, 147 ff. = AP Nr. 98 zu § 99 BetrVG 1972; *Richardi*, BetrVG, § 99 Rn. 27.
⁷⁴ Ebenso BAGE 34, 1 (5 ff.) = AP Nr. 9 zu Art. 33 Abs. 2 GG; BAG AP Nr. 5 zu § 101 BetrVG 1972. Das BAG stellt dort ausdrücklich darauf ab, daß die Frage, ob ein Verstoß gegen das Mitbestimmungsrecht bei der Einstellung zur Unwirksamkeit des mit dem Bewerber abgeschlossenen Arbeitsvertrags führt, für das Betriebsverfassungs- und Personalvertretungsrecht nicht einheitlich beantwortet werden kann; vgl. BAGE 34, 1 (5) = AP Nr. 9 zu Art. 33 Abs. 2 GG.
⁷⁵ Ebenso der Große Senat des BAG in BAGE 53, 42 (74) = AP Nr. 17 zu § 77 BetrVG 1972 im Anschluß an *Richardi* ZfA 1976, 1 (37).
⁷⁶ Vgl. *Flatow/Kahn-Freund*, Betriebsrätegesetz, 13. Aufl., 1931, S. 316 ff.
⁷⁷ Ebenso BAGE (Großer Senat) 3, 1 (4) = AP Nr. 1 zu § 57 BetrVG 1952; BAGE 14, 140 (143) = AP Nr. 9 zu § 59 BetrVG 1952; BAGE 23, 257 (263) = AP Nr. 5 zu § 57 BetrVG 1952; BAGE 30, 298 (306) = AP Nr. 1 zu § 88 BetrVG 1972; BAGE 56, 18 (25 ff.) = AP Nr. 23 zu § 77 BetrVG 1972; BAGE (Großer Senat) 63, 211 (216 f.) = AP

§ 18　　　　*Fünftes Kapitel. Betriebsverfassungsrecht der Kirchen*

der Gewerkschaften: Arbeitsentgelte und sonstige Arbeitsbedingungen, die durch Tarifvertrag geregelt sind oder üblicherweise geregelt werden, können nicht Gegenstand einer Betriebsvereinbarung sein.

111　Für den Bereich des öffentlichen Dienstes entspricht der Betriebsvereinbarung die Dienstvereinbarung, die ihre Rechtsgrundlage in den Personalvertretungsgesetzen hat. Nach § 73 Abs. 1 Satz 1 BPersVG sind Dienstvereinbarungen nur zulässig, soweit sie dieses Gesetz ausdrücklich vorsieht, und entsprechend sind die Gesetzesregelungen in den Bundesländern Baden-Württemberg, Baden, Hessen, Saarland, Sachsen und Sachsen-Anhalt; es gibt keine Dienstvereinbarungsautonomie. Nach den Personalvertretungsgesetzen in anderen Bundesländern sind dagegen die Dienstvereinbarungen stets zulässig, wenn Rechtsvorschriften dem nicht entgegenstehen.[78]

112　Die Mitarbeitervertretungsordnung enthielt vor ihrer Novellierung 1985 keine Vorschrift über eine Betriebs- oder Dienstvereinbarung. Das Fehlen einer Gesetzesregelung bedeutet aber nicht notwendigerweise das Fehlen eines Rechtsinstituts.[79] Soweit die Mitarbeitervertretung an *Regelungen* zu beteiligen war, sprachen keine Bedenken dagegen, eine Vereinbarung zwischen dem Dienstgeber und der Mitarbeitervertretung als *Dienstvereinbarung* zu beurteilen und nach den im kollektiven Arbeitsrecht anerkannten Rechtsgrundsätzen eine normative Wirkung anzuerkennen, wenn sie in schriftlicher Form abgeschlossen wird.

113　Durch die Novellierung 1985 hat die Dienstvereinbarung eine ausführliche Regelung in § 38 MAVO erhalten. Sie ist in den dort genannten Fällen zulässig, also bei Regelungen, die nach § 36 Abs. 1 MAVO der Zustimmung der Mitarbeitervertretung bedürfen (§ 38 Abs. 1 MAVO). Es gibt also keine Dienstvereinbarungsautonomie, die der Betriebsvereinbarungsautonomie des staatlichen Betriebsverfassungsrechts entspricht.

114　Zur Sicherung der Einheit des kirchlichen Dienstes sind Dienstvereinbarungen nur zulässig, soweit nicht eine kirchliche Arbeitsvertragsordnung oder eine sonstige kirchliche gesetzliche Regelung Anwendung findet, es sei denn, daß diese den Abschluß von Dienstvereinbarungen ausdrücklich zulassen (§ 38 Abs. 2 Satz 1 MAVO). Die Bestimmung ist § 77 Abs. 3 BetrVG nachgebildet. Sie sichert hier den Vorrang der Rechtsnormen, die im kirchlichen Arbeitsrechtsregelungsverfahren zustande kommen.

115　Obwohl eine ausdrückliche Vorschrift fehlt, gilt die Dienstvereinbarung unmittelbar und zwingend, wird aber wie die Betriebsvereinbarung oder Dienstvereinbarung des staatlichen Rechts durch das Günstigkeitsprinzip begrenzt.[80]

Nr. 46 zu § 77 BetrVG 1972; weiterhin *Richardi*, BetrVG, § 77 Rn. 62 ff., § 88 Rn. 6 ff.; s. dazu aber auch die Kritik von *Richardi*, Verhandlungen des 61 DJT 1996, Bd. I/B, S. 49 ff.; *Waltermann*, Rechtsetzung durch Betriebsvereinbarung zwischen Privatautonomie und Tarifautonomie, 1996; *Veit*, Die funktionelle Zuständigkeit des Betriebsrats, 1998.

[78] Vgl. MünchArbR/*Germelmann* § 371 Rn. 25.
[79] So die 1. Auflage, S. 226 gegen *Bietmann*, Betriebliche Mitbestimmung im kirchlichen Dienst, S. 127.
[80] Ebenso *Bleistein* in Bleistein/Thiel, MAVO, § 38 Rn. 19 ff., 32, 35 ff.

IX. Beteiligung der Mitarbeitervertretung in Personalangelegenheiten

1. Einstellung und Anstellung

Bei der Einstellung und Anstellung von Mitarbeitern hat die Mitarbeitervertretung ein Zustimmungsrecht (§ 34 MAVO). Ausgenommen ist eine Tätigkeit, die geringfügig i.S. des § 8 Abs. 1 Nr. 2 SGB IV ist. Ausgeklammert sind weiterhin Mitarbeiter für pastorale Dienste oder religiöse Unterweisung, die zu ihrer Tätigkeit der ausdrücklichen bischöflichen Sendung bedürfen; denn in diesem Fall kann der Bischof kirchenrechtlich bei seiner Auswahlentscheidung nicht an die Mitwirkung anderer gebunden werden. 116

Unter Einstellung ist die Eingliederung in den Betrieb zu verstehen; sie ist nicht mit dem Abschluß des Arbeitsvertrags oder der Begründung des Beamtenverhältnisses identisch.[81] Sie darf auch nicht mit der tatsächlichen Arbeitsaufnahme gleichgesetzt werden. Eine Einstellung liegt vielmehr vor, „wenn Personen in den Betrieb eingegliedert werden, um zusammen mit den im Betrieb schon beschäftigten Arbeitnehmern den arbeitstechnischen Zweck des Betriebes durch weisungsgebundene Tätigkeit zu verwirklichen".[82] Die Eingliederung erfolgt durch die Übertragung des Arbeitsbereichs.[83] Durch sie wird der Mitarbeiter in die von der Mitarbeitervertretung repräsentierte Belegschaft aufgenommen, auch wenn er seine Arbeit nicht tatsächlich antritt, z. B. weil er infolge einer Krankheit arbeitsunfähig ist. 117

Der Begriff der Anstellung stammt aus dem Beamtenrecht: Anstellung ist eine Ernennung unter erster Verleihung eines Amtes, das in einer Besoldungsordnung aufgeführt ist; sie erfolgt im Beamtenrecht nach der erfolgreichen Ableistung der Probezeit und ist nur im Eingangsamt einer Laufbahn zulässig (§ 9 BLV). Die Anstellung spielt also bei Arbeitnehmern keine Rolle.[84] 118

Die Mitarbeitervertretung kann die Zustimmung zur Einstellung und Anstellung nur verweigern, wenn die Maßnahme gegen eine Rechtsvorschrift verstößt oder durch bestimmte Tatsachen der Verdacht begründet wird, daß der Bewerber durch sein Verhalten den Arbeitsfrieden in der Einrichtung in einer Weise stören wird, die insgesamt für die Einrichtung unzuträglich ist (§ 34 Abs. 2 MAVO). Kein Grund zur Verweigerung der Zustimmung ist also, daß möglicherweise andere Mitarbeiter durch die Einstellung einen Nachteil erleiden, wie in § 99 Abs. 2 Nr. 3 BetrVG vorgesehen ist; aber auch dort handelt es sich nur um eine Status-quo-Sicherung.[85] 119

---

[81] Vgl. BAGE 70, 147 ff. = AP Nr. 98 zu § 99 BetrVG 1972; *Richardi*, BetrVG, § 99 Rn. 27.
[82] So zu § 99 BetrVG BAGE 51, 337 = AP Nr. 35 zu § 99 BetrVG 1972; bestätigt durch BAGE 61, 283 (288) und 62, 271 (277) = AP Nr. 65 und Nr. 68 zu § 99 BetrVG 1972.
[83] Vgl. *Richardi*, BetrVG, § 99 Rn. 30 f.
[84] Ebenso *Bleistein* in Bleistein/Thiel, MAVO, § 34 Rn. 16.
[85] Vgl. BAGE 29, 345 (356) = AP Nr. 1 zu § 100 BetrVG 1972; BAG AP Nr. 1 zu § 101 BetrVG 1972; BAG AP Nr. 10 zu § 99 BetrVG 1972; BAG AP Nr. 66 zu § 99 BetrVG

2. Personelle Einzelmaßnahmen während des Beschäftigungsverhältnisses

120 Neben der Einstellung und Anstellung hat die Mitarbeitervertretung ein Zustimmungsrecht bei den in § 35 Abs. 1 MAVO abschließend genannten Maßnahmen, die neben Einstellung und Kündigung zu den persönlichen Angelegenheiten gezählt werden. Vorbild ist insoweit die Regelung im Personalvertretungsrecht (vgl. §§ 75 Abs. 1, 76 Abs. 1 BPersVG). Wie dort werden deshalb auch hier Maßnahmen mit völlig verschiedener Rechtswirkung für den Inhalt eines Beschäftigungsverhältnisses erfaßt. Während es bei der Eingruppierung, Höhergruppierung und Rückgruppierung von Mitarbeitern (§ 35 Abs. 1 Nr. 1–3 MAVO) um die richtige Einstufung in die für das Arbeitsentgelt maßgebliche Vergütungsregelung geht, handelt es sich bei der Beförderung von Mitarbeitern (§ 35 Abs. 1 Nr. 2 MAVO) um die Einweisung in eine Planstelle mit höherem Arbeitsentgelt.[86] Dagegen wird der Arbeitsbereich des Mitarbeiters geändert, soweit Zustimmungstatbestand die nicht nur vorübergehende Übertragung einer höher oder niedriger zu bewertenden Tätigkeit, die Abordnung von mehr als drei Monaten oder die Versetzung an eine andere Einrichtung ist (§ 35 Abs. 1 Nr. 4 und 5 MAVO). Handelt es sich um Mitarbeiter für pastorale Dienste oder religiöse Unterweisung, die zu ihrer Tätigkeit der ausdrücklichen bischöflichen Sendung oder Beauftragung bedürfen, so bildet ihre Abordnung oder Versetzung keinen Beteiligungsfall (§ 35 Abs. 1 Nr. 5 MAVO).

121 Wiederum einen völlig anderen Charakter haben für das Zustimmungsverweigerungsrecht der Mitarbeitervertretung Versagen und Widerruf der Genehmigung einer Nebentätigkeit, Weiterbeschäftigung über die Altersgrenze hinaus und Hinausschieben des Eintritts in den Ruhestand wegen Erreichens der Altersgrenze sowie Anordnungen, welche die Freiheit in der Wahl der Wohnung beschränken mit Ausnahme der Dienstwohnung, die ein Mitarbeiter kraft Amtes beziehen muß (§ 35 Abs. 1 Nr. 6–9 MAVO).

122 Entsprechend verschieden wirken sich die Zustimmungsverweigerungsgründe aus. Bei der Eingruppierung, Höhergruppierung und Rückgruppierung geht es um die richtige Einordnung in eine Lohn- oder Gehaltsgruppe. Sie ist kein rechtsgestaltender Akt, der einen bestimmten Lohnanspruch des Arbeitnehmers begründet, sondern nur die deklaratorische Feststellung, daß die Tätigkeit des Mitarbeiters einer bestimmten Lohn- oder Gehaltsgruppe entspricht. Die Eingruppierung, Höhergruppierung oder Rückgruppierung durch den Arbeitgeber ist deshalb ein Akt der *Rechtsanwendung*, nicht der *Rechtsgestaltung*. Deshalb kommt als Zustimmungsverweigerungsgrund hier stets nur Nr. 1, nicht Nr. 2 des § 35 Abs. 2 MAVO in Betracht. Die Beteiligung der Mitarbeitervertretung besteht daher hier in einer Mitbeurteilung.[87]

1972; BAG AP Nr. 5 zu § 99 BetrVG 1972 Versetzung; *Richardi*, BetrVG, § 99 Rn. 210.
[86] Vgl. *Dietz/Richardi*, BPersVG, § 75 Rn. 64.
[87] Ebenso zu § 99 BetrVG BAG AP Nr. 4 zu § 99 BetrVG 1972; zuletzt BAGE 74, 10 (17f.) = AP Nr. 110 zu § 99 BetrVG 1972; vgl. auch *Richardi*, BetrVG, § 99 Rn. 70f.

Ihr Zweck ist lediglich, autoritäre durch kooperative Feststellungen zu ersetzen, um bereits präventiv die Richtigkeit einer nach kollektiven Kriterien festgelegten Entlohnung zu sichern. Das Mitbestimmungsrecht bei der Ein-, Höher- und Rückgruppierung gibt der Mitarbeitervertretung aber kein Recht auf Mitgestaltung des Arbeitsvertrags.

3. Kündigung

Die Mitarbeitervertretung hat vor jeder Kündigung eines Mitarbeiters durch den Dienstgeber nach Ablauf der Probezeit ein Anhörungs- und Mitberatungsrecht. Die Regelung für die ordentliche Kündigung enthält § 30, die für die außerordentliche Kündigung § 31 MAVO. Das Anhörungs- und Beratungsverfahren beginnt, wenn eine ordentliche Kündigung beabsichtigt ist, mit der schriftlichen Mitteilung der Kündigungsabsicht und der Kündigungsgründe durch den Dienstgeber an die Mitarbeitervertretung (§ 30 Abs. 1 MAVO). Bei der außerordentlichen Kündigung beschränkt der Gesetzestext sich auf die Anordnung, der Mitarbeitervertretung vor ihrer Erklärung durch den Dienstgeber „die Absicht der Kündigung mitzuteilen" (§ 31 Abs. 1 MAVO). Die Mitarbeitervertretung kann aber gegen die Kündigung Einwendungen nur geltend machen, wenn der Dienstgeber seine Kündigungsabsicht begründet. Es handelt sich daher hier um eine Regelungslücke, die man durch Rückgriff auf § 30 Abs. 1 MAVO schließen muß.[88] 123

Bei der ordentlichen Kündigung enthält § 30 Abs. 3 MAVO einen Katalog von Einwendungsgründen, der § 102 Abs. 3 BetrVG nachgebildet ist. Stützt die Mitarbeitervertretung ihre Einwendungen auf sie, so verlangt § 30 Abs. 3 Satz 2 MAVO, daß diese Einwendungen der Schriftform unter Angabe der konkreten, auf den Einzelfall bezogenen Gründe bedürfen. Diese Anordnung gibt jedoch keinen besonderen Sinn, weil im Gegensatz zum Widerspruch des Betriebsrats nach § 102 Abs. 3 BetrVG hier weder wie dort nach § 102 Abs. 5 BetrVG eine Weiterbeschäftigungspflicht vorgesehen ist noch die in § 1 Abs. 2 Satz 2 und Satz 3 KSchG enthaltene kündigungsschutzrechtliche Wirkung als absoluter Grund der Sozialwidrigkeit eintritt. Die Mitarbeitervertretung kann ihre Einwendungen auch auf Gründe stützen, die nicht in § 30 Abs. 3 MAVO genannt sind, und sie braucht insbesondere auch nicht die Schriftform einzuhalten. Die Sonderregelung des § 30 Abs. 3 MAVO löst lediglich aus, daß der Dienstgeber dem Mitarbeiter mit der Kündigung eine Abschrift der Einwendungen der Mitarbeitervertretung zuzuleiten hat (§ 30 Abs. 4 MAVO).[89] 124

Jede Kündigung, die der Dienstgeber nach Ablauf der Probezeit erklärt, ist unwirksam, wenn er sie ohne Einhaltung des Beteiligungsverfahrens ausspricht (§§ 30 Abs. 5, 31 Abs. 3 MAVO). Dieser Mangel muß nicht innerhalb der Drei-Wochen-Frist des § 4 KSchG, sondern er kann jederzeit gel- 125

---

[88] Ebenso *Bleistein* in Bleistein/Thiel, MAVO, § 31 Rn. 9; a. A. *Frey/Schmitz-Elsen/Coutelle*, MAVO, § 31 Rn. 2.
[89] Vgl. zur Bedeutung für die Darlegungs- und Beweislast im Kündigungsrechtsstreit *Richardi* NZA 1998, 113 (116).

tend gemacht werden (§ 13 Abs. 3 KSchG).[90] Der Dienstgeber braucht im Beteiligungsverfahren nur seinen *Kündigungsentschluß* zu begründen. Die Pflicht zur Anhörung und Beratung verlangt nicht, daß er der Mitarbeitervertretung alle Gründe mitteilt, die für die Kündigung in Betracht kommen. Der Dienstgeber ist jedoch im Kündigungsrechtsstreit an die von ihm getroffene Auswahl der Kündigungsgründe gebunden. Er kann zur Rechtfertigung der Kündigung keine Gründe nachschieben, die er nicht der Mitarbeitervertretung im Anhörungs- und Beratungsverfahren mitgeteilt hat.[91]

X. Beteiligung der Mitarbeitervertretung in sozialen Angelegenheiten (ausgewählte Beispiele)

126 Die Mitarbeitervertretungsordnung enthält keinen besonderen Abschnitt über die Mitbestimmung in sozialen Angelegenheiten. Ihr System der Mitwirkung und Mitbestimmung ist vielmehr nach der Beteiligungsform aufgebaut. Dennoch empfiehlt es sich, die sozialen Angelegenheiten als besondere Kategorie den personellen Angelegenheiten gegenüber zu stellen. Unter ihnen versteht man die *Arbeitsbedingungen* im weitesten Sinn. Die Mitarbeitervertretung hat in einer Vielzahl von Fällen ein Anhörungs- und Mitberatungsrecht (§ 29 Abs. 1 Nr. 1–4, Nr. 7, 8, Nr. 11, Nr. 13–16 MAVO) und ein entsprechend als Mitwirkungsrecht gestaltetes Vorschlagsrecht (§ 32 Abs. 1 MAVO). In bestimmten sozialen Angelegenheiten hat sie ein Zustimmungsrecht und ein als Mitbestimmungsrecht gestaltetes Antragsrecht (§§ 36, 37 MAVO).

127 Die Mitbestimmungsfälle sind wie im Betriebsverfassungs- und Personalvertretungsrecht so abgegrenzt, daß der Dienstgeber im Mitbestimmungsverfahren nicht zu einer Erweiterung des *finanziellen Dotierungsrahmens* gezwungen werden kann. Gesichert wird dies außerdem dadurch, daß der Dienstgeber durch den Beschluß der Schlichtungsstelle nur insoweit gebunden werden kann, „als für die Maßnahmen finanzielle Deckung in seinen Haushalts-, Wirtschafts- und Finanzierungsplänen ausgewiesen ist" (§ 42 Abs. 2 Satz 2 MAVO).

128 Im folgenden sollen beispielhaft einige Mitbestimmungsfälle vorgestellt werden:

1. Festlegung der Arbeitszeit

129 Die Mitarbeitervertretung hat ein Mitbestimmungsrecht bei „Änderung von Beginn und Ende der täglichen Arbeitszeit einschließlich der Pausen sowie der Verteilung der Arbeitszeit auf die einzelnen Wochentage"; es besteht nicht nur ein Zustimmungsrecht (§ 36 Abs. 1 Nr. 1 MAVO), sondern auch ein Antragsrecht, d. h. ein als Mitbestimmungsrecht gestaltetes Initiativrecht

---

[90] Vgl. LAG Düsseldorf vom 15. 1. 1991 – 16 Sa 1416/90, Leitsatz in NZA 1991, 600.
[91] Ebenso zu § 102 BetrVG BAGE 34, 309 ff. und 35, 190 ff. = AP Nr. 22 und Nr. 23 zu § 102 BetrVG 1972; vgl. auch *Richardi*, BetrVG, § 102 Rn. 115 ff.

der Mitarbeitervertretung (§ 37 Abs. 1 Nr. 1 MAVO). Nicht erfaßt werden aber Mitarbeiter für pastorale Dienste oder religiöse Unterweisung, die zu ihrer Tätigkeit der ausdrücklichen bischöflichen Sendung oder Beauftragung bedürfen, sowie Mitarbeiter im liturgischen Dienst (§§ 36 Abs. 2, 37 Abs. 2 MAVO). Bei ihnen hat die Mitarbeitervertretung nur das Recht der Anhörung und der Mitberatung sowie ein Vorschlagsrecht (§§ 29 Abs. 1 Nr. 2, 32 Abs. 1 Nr. 2 MAVO). Muß für eine Einrichtung oder für einen Teil der Einrichtung die tägliche Arbeitszeit nach Erfordernissen, die die Einrichtung nicht voraussehen kann, unregelmäßig oder kurzfristig festgesetzt werden, so ist die Mitbestimmung auf die „Grundsätze für die Aufstellung der Dienstpläne, insbesondere für die Anordnung von Arbeitsbereitschaft, Mehrarbeit und Überstunden beschränkt" (§§ 36 Abs. 3, 37 Abs. 2 MAVO).

Die Mitbestimmung wird durch den Abschluß einer Dienstvereinbarung ausgeübt (§ 38 Abs. 1 Nr. 1 MAVO). Kommt keine Einigung zustande, so entscheidet die Schlichtungsstelle verbindlich (§§ 33 Abs. 4, 37 Abs. 3 Satz 3, §§ 41, 42 MAVO). **130**

Der Wortlaut der §§ 36 Abs. 1 Nr. 1, 37 Abs. 1 Nr. 1 MAVO ist mit § 87 Abs. 1 Nr. 2 BetrVG und § 75 Abs. 3 Nr. 1 BPersVG identisch. Deshalb kann insoweit die Rechtsprechung des Bundesarbeitsgerichts und des Bundesverwaltungsgerichts zu den gleichen Rechtsfragen herangezogen werden.[92] Auch hier ist ein dem dort bestehenden Tarifvorrang nachgebildeter Vorrang in den Gesetzestext aufgenommen worden: Das Zustimmungs- und Antragsrecht besteht nur, „soweit nicht eine kirchliche Arbeitsvertragsordnung oder sonstige kirchliche gesetzliche Regelung Anwendung findet". Dadurch wird insbesondere der Vorrang der KODA-Regelungen gesichert. **131**

Dem Mitbestimmungsrecht unterliegt wie nach § 87 Abs. 1 Nr. 2 BetrVG und § 75 Abs. 3 Nr. 1 BPersVG nicht der zeitliche Umfang der geschuldeten Arbeitsleistung, die sog. Arbeitszeitmenge; denn insoweit ist ausschließlich maßgebend, was im Arbeitsvertrag festgelegt wird. **132**

Da bei der in § 36 Abs. 3 MAVO vorgesehenen Beschränkung der Mitbestimmung auf die Grundsätze für die Aufstellung der Dienstpläne ausdrücklich klargestellt ist, daß dies „insbesondere für die Anordnung von Arbeitsbereitschaft, Mehrarbeit und Überstunden" gilt, ist zweifelhaft, ob das hier der Mitarbeitervertretung eingeräumte Mitbestimmungsrecht sich wie nach § 87 Abs. 1 Nr. 3 BetrVG auf die vorübergehende Verkürzung oder Verlängerung der für einen Arbeitnehmer regelmäßigen Arbeitszeit auch insoweit erstreckt, als es um die Arbeitszeitmenge geht. In jedem Fall besteht das Zustimmungs- und Antragsrecht, soweit die Arbeitszeitlage vorübergehend geändert wird. **133**

2. Urlaubsregelung

Die Mitarbeitervertretung hat bei der Festlegung der Richtlinien zum Urlaubsplan und zur Urlaubsregelung ein Mitbestimmungsrecht, und zwar nicht nur als Zustimmungsrecht (§ 36 Abs. 1 Nr. 2 MAVO), sondern auch als Antragsrecht (§ 37 Abs. 1 Nr. 2 MAVO). Die Rechtslage entspricht in- **134**

---

[92] Ebenso *Bleistein* in Bleistein/Thiel, MAVO, § 36 Rn. 12.

§ 18   *Fünftes Kapitel. Betriebsverfassungsrecht der Kirchen*

soweit weitgehend § 87 Abs. 1 Nr. 5 BetrVG und § 75 Abs. 3 Nr. 3 BPersVG. Im Gegensatz zu dort besteht das Mitbestimmungsrecht aber nicht bei Festsetzung der zeitlichen Lage des Urlaubs für einzelne Mitarbeiter, wenn zwischen dem Dienstgeber und den beteiligten Mitarbeitern kein Einverständnis erzielt wird. Doch muß in diesem Zusammenhang beachtet werden, daß immer dann, wenn die Kirchen kein eigenes Urlaubsrecht schaffen, sondern das staatliche Bundesurlaubsgesetz anwenden, das *Gebot der Wunschberücksichtigung* gilt: „Bei der zeitlichen Festlegung des Urlaubs sind die Urlaubswünsche des Arbeitnehmers zu berücksichtigen, es sei denn, daß ihrer Berücksichtigung dringende betriebliche Belange oder Urlaubswünsche anderer Arbeitnehmer, die unter sozialen Gesichtspunkten den Vorrang verdienen, entgegenstehen" (§ 7 Abs. 1 BUrlG).

135   Das Mitbestimmungsrecht der Mitarbeitervertretung bezieht sich auf die „Festlegung der Richtlinien zum Urlaubsplan und zur Urlaubsregelung". Gemeint sind wie im staatlichen Betriebsverfassungs- und Personalvertretungsrecht die Grundsätze, die nach der für den Mitarbeiter maßgeblichen Urlaubsregelung das Recht des Dienstgebers beschränken, den Urlaub festzulegen.[93] Das Mitbestimmungsrecht bezieht sich dagegen nicht auf die Dauer des Urlaubs und die Festlegung des Urlaubsentgelts.

3. Durchführung der Ausbildung

136   Bei der Durchführung der Ausbildung hat die Mitarbeitervertretung ebenfalls ein Mitbestimmungsrecht, das hier sowohl ein Zustimmungsrecht (§ 36 Abs. 1 Nr. 8 MAVO) als auch ein Antragsrecht gibt (§ 37 Abs. 1 Nr. 8 MAVO). Werden sonst Maßnahmen zur beruflichen Fort- und Weiterbildung ergriffen, so bestehen insoweit nur ein Anhörungs- und Mitberatungsrecht (§ 29 Abs. 1 Nr. 5 und 6 MAVO) und das als Mitwirkungsrecht gestaltete Vorschlagsrecht (§ 32 Abs. 1 Nr. 4 MAVO).

4. Sozialeinrichtungen und soziale Maßnahmen

137   Für die Errichtung, Verwaltung und Auflösung sozialer Einrichtungen hat die Mitarbeitervertretung nicht nur ein Zustimmungsrecht (§ 36 Abs. 1 Nr. 4 MAVO), sondern auch das als Mitbestimmungsrecht gestaltete Antragsrecht (§ 37 Abs. 1 Nr. 4 MAVO). Die Formulierung entspricht der Regelung im Personalvertretungsrecht (§ 75 Abs. 3 Nr. 5 BPersVG), obwohl im Betriebsverfassungsrecht klargestellt ist, daß die Entscheidung über die Errichtung und nach herrschender Meinung auch über die Auflösung einer Sozialeinrichtung mitbestimmungsfrei ist (vgl. § 87 Abs. 1 Nr. 8, § 88 Nr. 2 BetrVG).[94] Da jedoch nach § 42 Abs. 2 Satz 2 MAVO die Schlich-

---

[93] Vgl. *Richardi*, BetrVG, § 87 Rn. 481 ff.
[94] Vgl. BAGE 25, 93 (98) = AP Nr. 1 zu § 87 BetrVG 1972 Werkmietwohnungen; BAGE 58, 156 (162 f.) = AP Nr. 16 zu § 87 BetrVG 1972 Altersversorgung; BAGE 70, 26 (32) = AP Nr. 1 zu § 1 BetrAVG Unterstützungskassen; zu § 75 Abs. 3 Nr. 5 BPersVG BAG AP Nr. 21 zu § 75 BPersVG.

tungsstelle die Kompetenz zur Zwangsschlichtung für Maßnahmen in diesem Fall nur insoweit hat, als finanzielle Deckung besteht, kann der Dienstgeber gegen seinen Willen nicht gezwungen werden, eine soziale Einrichtung zu errichten.

XI. Beteiligung der Mitarbeitervertretung bei Betriebsänderungen

Betriebsänderungen können zur Folge haben, daß den Arbeitnehmern wirtschaftliche Nachteile entstehen. Nach § 111 BetrVG hat deshalb der Unternehmer in Betrieben mit in der Regel mehr als zwanzig wahlberechtigten Arbeitnehmern den Betriebsrat an ihnen zu beteiligen. Er hat mit dem Betriebsrat einen Interessenausgleich zu versuchen, und dieser kann die Aufstellung eines Sozialplans erzwingen (§§ 112–113 BetrVG). 138

Für den kirchlichen Bereich enthält die Mitarbeitervertretungsordnung entsprechende Bestimmungen. Die Mitarbeitervertretung hat bei Schließung, Einschränkung, Verlegung oder Zusammenlegung von Einrichtungen oder wesentlichen Teilen von ihnen das Recht der Anhörung und der Mitberatung (§ 29 Abs. 1 Nr. 17 MAVO). Außerdem hat sie für Maßnahmen zum Ausgleich und zur Milderung von wesentlichen wirtschaftlichen Nachteilen, die den Mitarbeitern wegen dieser Betriebsänderungen entstehen, nicht nur ein Zustimmungsrecht, sondern auch das als Mitbestimmungsrecht gestaltete Antragsrecht (§§ 36 Abs. 1 Nr. 11, 37 Abs. 1 Nr. 11 MAVO). Es handelt sich also insoweit um Regelungen, die das Betriebsverfassungsgesetz nach seiner Legaldefinition in § 112 Abs. 1 Satz 2 als *Sozialplan* bezeichnet.[95] Im Gegensatz zu § 111 BetrVG bestehen die hier eingeräumten Beteiligungsrechte in jeder mitarbeitervertretungsfähigen Einrichtung, sind hier also nicht davon abhängig, daß der Einrichtung eine Mitarbeiterzahl angehört, die über die Mitarbeitervertretungsfähigkeit hinaus geht. 139

XII. Schlichtungsverfahren

Für den Bereich der Diözese besteht eine Schlichtungsstelle (§ 40 Abs. 1 MAVO), die sich aus dem Vorsitzenden und vier Beisitzern zusammensetzt (§ 40 Abs. 2 und 5 MAVO). Der Vorsitzer und sein Stellvertreter müssen die Befähigung zum Richteramt haben, dürfen nicht im kirchlichen Dienst stehen und müssen der katholischen Kirche angehören (§ 40 Abs. 3 MAVO). 140

In welchen Angelegenheiten das Schlichtungsverfahren stattfindet, regelt § 40 Abs. 1 MAVO, der seit der Novellierung 1995 durch Abs. 2 ergänzt wird. Der Katalog in § 41 Abs. 1 MAVO enthält nicht nur Regelungsstreitigkeiten, sondern auch Rechtsstreitigkeiten. Wegen des Enumerationsprinzips bestimmt § 41 Abs. 2 MAVO, daß die Schlichtungsstelle darüber hinaus in allen sonstigen Rechtsstreitigkeiten mitarbeitervertretungsrechtlicher Art 141

---

[95] Ebenso *Bleistein* in Bleistein/Thiel, MAVO, § 36 Rn. 72.

einschließlich solcher des Wahl- und Schlichtungsverfahrensrechts angerufen werden kann. Damit entspricht die Regelung Art. 10 Abs. 2 GrOkathK. Sie ist vorläufig und gilt bis zum Inkrafttreten der in Art. 10 Abs. 2 GrOkathK vorgesehenen kirchlichen Arbeitsgerichtsbarkeit.

142 Streitigkeiten aus der Anwendung der kirchlichen Mitarbeitervertretungsordnung werden nicht vom Arbeitsgericht entschieden.[96] Das ergibt sich bereits daraus, daß im System des staatlichen Gerichtsverfassungsrechts eine Regelung fehlt, die Streitigkeiten dieser Art einem bestimmten Gerichtszweig zuweist (vgl. § 2 a ArbGG, §§ 83, 106 BPersVG). Aber auch wenn man sich darüber hinwegsetzt, ist entscheidend, daß aus verfassungsrechtlichen Gründen der Rechtsweg zu einem staatlichen Gericht nicht gegeben ist.[97] Die Kirche ist nicht nur befugt, für ihren Dienst ein eigenes Mitarbeitervertretungsrecht zu schaffen, sondern sie ist auch berechtigt, für Streitigkeiten aus dem von ihr geschaffenen Recht eine Rechtskontrolle in eigener Verantwortung durchzuführen. Dabei ist unerheblich, ob sie Rechtsprechung und Schlichtung organisatorisch trennt. Für die Rechtsschutzgewährleistung genügt, daß die Schlichtungsstelle die rechtsstaatlichen Mindestvoraussetzungen an ein Gericht erfüllt.[98]

143 Die richtige Anwendung der MAVO kann deshalb von einem Arbeitsgericht nur überprüft werden, wenn sie als Vorfrage in einer *Streitigkeit aus dem Arbeitsverhältnis* eine Rolle spielt.[99] Da die MAVO insoweit keine Entscheidung der Schlichtungsstelle vorschaltet, haben die Arbeitsgerichte die Kompetenz zur Inzidentkontrolle.

---

[96] S. ausführlich § 20.
[97] BAGE 51, 238 (243 ff.), 61, 376 (381 ff.) und 71, 157 (159 f.) = AP Nr. 25, 34 und 40 zu Art. 140 GG; s. auch § 21 Rn. 4 ff.
[98] S. auch § 21 Rn. 7 ff.
[99] S. auch § 20 Rn. 3 ff.

§ 19 Überblick über das Mitarbeitervertretungsrecht der evangelischen Kirche

I. Rechtsquellen

1. Ursprüngliche Rechtslage

Die evangelische Kirche hat bereits in den fünfziger Jahren damit begonnen, 1
eine Mitbestimmungsordnung in ihrem Bereich zu verwirklichen. Bei der Gestaltung der kirchlichen Dienstgemeinschaft sollen, wie man frühzeitig anerkannt hat, alle Mitarbeiter durch geordnete Mitarbeitervertretungen beteiligt werden.[1] Für die kirchlichen und diakonischen Dienststellen und Einrichtungen schuf man deshalb ein Mitarbeitervertretungsrecht, das dem staatlichen Personalvertretungsrecht nachgebildet war. Der Rat der EKD hatte durch die Richtlinie gemäß Art. 9 lit. b der Grundordnung der EKD für ein Kirchengesetz über Mitarbeitervertretungen in kirchlichen und diakonischen Dienststellen und Einrichtungen vom 26. Mai 1972 den Gliedkirchen empfohlen, das Mitarbeitervertretungsrecht nach diesem Muster zu regeln. Rechtsetzungsgewalt hat die EKD nur für ihren Bereich, nicht für die Landeskirchen und auch nicht für die Einrichtungen im Bereich der evangelischen Diakonie. Die Landeskirchen erließen deshalb eigene Kirchengesetze über die Mitarbeitervertretungen, die wegen des Fehlens einer für sie bindenden Rahmenregelung in ihrem Inhalt sehr verschieden waren.[2]

Soweit die Kirchengesetze die privatrechtlich organisierten Einrichtungen 2
der Diakonie in ihren Anwendungsbereich einbezogen, hatten sie ihre Geltung davon abhängig gemacht, daß die zuständigen Gremien für die Einrichtung die Anwendung des Gesetzes beschlossen. Für das Diakonische Werk der Evangelischen Kirche in Deutschland erging sogar ohne kirchengesetzliche Absicherung ausschließlich auf verbandsrechtlicher Grundlage die „Ordnung für die Mitarbeitervertretungen in diakonischen Einrichtungen (Mitarbeitervertretungsordnung – MVO)". Verabschiedet wurde sie mit ei-

---

[1] Vgl. *Scheffer,* Mitarbeitervertretungsrecht, unter A, S. 3.
[2] Vgl. die Zusammenstellung in der 2. Aufl., § 18 Rn. 8. Die Kirchengesetze sind abgedruckt bei *Scheffer,* Mitarbeitervertretungsrecht, unter D. – Kommentare: *Duhnenkamp,* Das Mitarbeitervertretungsrecht im Bereich der Evangelischen Kirche, 1985, der in seinem im Auftrag der Gewerkschaft ÖTV erstellten Kommentar für die Kommentierung jeweils die Vorschrift ausgewählt hat, die dem Verfasser bei Betrachtung des gesamten Spektrums vorfindbarer Regelungen am repräsentativsten erschien und den größtmöglichen Teil der vorfindbaren Regelung abdeckte (S. 43); *Wolf/Hintz/Bioly/Limbeck/Welkoborsky,* Mitarbeitervertretungsgesetz, Kirchengesetz für die Evangelische Kirche im Rheinland und die Diakonischen Einrichtungen, 1984; *Bioly/Hintz/Wolf,* Mitarbeitervertretungsgesetz, Kirchengesetz für die Evangelische Kirche von Westfalen, die Evangelisch-Lippische Landeskirche und die diakonischen Einrichtungen, 1984.

ner Wahlordnung von der Diakonischen Konferenz am 24. September 1973. Sie hat die bis dahin geltenden „Richtlinien für die Mitarbeiterausschüsse in den Einrichtungen, Anstalten und Dienststellen, die dem Diakonischen Werk – Innere Mission und Hilfswerk – der Evangelischen Kirche in Deutschland angeschlossen sind" vom 23. November 1962 außer Kraft gesetzt.

2. Notwendigkeit einer Ersetzung des zersplitterten Mitarbeitervertretungsrechts durch ein einheitliches Kirchengesetz

3   Gesetzgeber sind nach evangelischen Kirchenverständnis die Synoden. Sie werden in den Landeskirchen und deren Zusammenschlüssen entsprechend der Kirchenverfassung gebildet. Da man jedoch zunächst die Rechtsetzungsgewalt mit der Anerkennung als öffentlich-rechtliche Körperschaft i. S. des Art. 137 Abs. 5 WRV verband, war man der Meinung, daß die Regelungskompetenz der Synode sich auf die verfaßte Kirche beschränkt.[3] Der kirchliche Gesetzgeber sollte keine öffentlich-rechtliche Regelungskompetenz haben, für privatrechtlich organisierte Einrichtungen ein Mitarbeitervertretungsrecht zu erlassen.

4   Die Kirchengesetze über Mitarbeitervertretungen galten daher unmittelbar nur für die verfaßte Kirche, nicht für den Bereich der Diakonie. Sie beschränkten ihre Regelung aber nicht auf die Dienststellen der öffentlich-rechtlichen Körperschaft, sondern bezogen die Dienststellen anderer Rechtsträger diakonischer, missionarischer und sonstiger kirchlicher Werke und Einrichtungen in ihre Regelung ein. So bestimmte das Kirchengesetz über die Mitarbeitervertretungen bei den Dienststellen der Evangelischen Kirche in Deutschland (Mitarbeitervertretungsgesetz – MVG) i. F. vom 23. Dezember 1985 in § 1 Abs. 4 Satz 1: „Einrichtungen, Werke und Institute der evangelischen Kirche mit gesamtkirchlichem Auftrag, die nicht Dienststellen der Evangelischen Kirche in Deutschland sind, können die Bestimmungen dieses Kirchengesetzes aufgrund von Beschlüssen ihrer zuständigen Gremien anwenden."

5   Rechtlich verselbständigte Einrichtungen, die zur Diakonie der evangelischen Kirche gehören, konnten deshalb in ihrer Satzung festlegen, ob sie die Mitarbeitervertretungsordnung des Diakonischen Werkes der EKD oder das Mitarbeitervertretungsgesetz, das sie in ihren Regelungsbereich einbezog, anwenden. Trotz eines derartigen Wahlrechts muß aber auch bei den diakonischen Einrichtungen sichergestellt sein, daß ein nach dem bekenntnismäßigen Verständnis der evangelischen Kirche gestaltetes Mitarbeitervertretungsrecht Anwendung findet. Wenn dies nämlich nicht der Fall ist, kann der Rechtsträger nicht die Freistellung vom staatlichen Betriebsverfassungsrecht beanspruchen; es handelt sich in diesem Fall lediglich um eine konfessionelle, karitative oder erzieherische Einrichtung, die nach § 118 Abs. 1 BetrVG relativen Tendenzschutz genießt. Wie für den Bereich der katholischen Kirche ist auch hier zu beachten, daß die Satzungsautonomie nicht ausreicht, um ein

---

[3] Vgl. *Frank* EssG 10 (1976), 9 (25).

Repräsentationsmandat der Mitarbeitervertretung zu schaffen.[4] Rechtsgrundlage ist vielmehr die Verfassungsgarantie der Kirchenautonomie. Maßgebend ist also, daß das Selbstbestimmungsrecht nach den Maßstäben der verfaßten Kirche wahrgenommen wird.[5] Kirchliches Recht muß von einem *kirchlichen Gesetzgeber* geschaffen sein. Deshalb muß auch das Mitarbeitervertretungsrecht durch einen Rechtsakt des synodal verfaßten Gesetzgebers legitimiert sein, damit es formell Rechtsqualität erhält.

3. Erlaß des Mitarbeitervertretungsgesetzes 1992 durch die EKD

Die verschiedene Gestaltung des Mitarbeitervertretungsrechts bot ein Bild höchster Rechtszersplitterung, bei dem unklar blieb, warum die Unterschiede in der rechtlichen Gestaltung vom Wesen und Auftrag der Kirche her gefordert werden. Die Kirchenleitung hat das Problem erkannt. Zur Sicherung des verfassungsrechtlich garantierten Selbstbestimmungsrechts verabschiedete die Synode der Evangelischen Kirche in Deutschland gemäß Art. 10 lit. b der Grundordnung der EKD am 6. November 1992 das Kirchengesetz über Mitarbeitervertretungen in der Evangelischen Kirche in Deutschland (Mitarbeitervertretungsgesetz – MVG).[6]

In der Begründung der Vorlage wurden für die Notwendigkeit einer Vereinheitlichung die folgenden Gesichtspunkte genannt:
1. Das unterschiedliche Mitarbeitervertretungsrecht stoße in Rechtsprechung und Literatur zunehmend auf Kritik und Verständnislosigkeit, so z. B. wenn ein Arbeitsrichter in gleichgelagerten Verfahren unterschiedliche Beteiligungsrechte der Mitarbeitervertretung überprüfen müsse. Das Verständnis für kirchliche Sonderregelungen verringere sich, wenn kirchliche Besonderheiten in unterschiedlicher Weise formuliert seien. Von Rechtswissenschaftlern werde das Mitarbeitervertretungsrecht als „wissenschaftlich nicht mehr verarbeitbar" gewertet.
2. Auf Grund der verfassungsrechtlichen Sonderstellung seien die Kirchen vom staatlichen Personalvertretungs- und Betriebsverfassungsrecht ausgenommen. Kritikern dieser Exemtion werde durch ein zersplittertes Mitarbeitervertretungsrecht eine unnötige Angriffsfläche geboten.
3. Ein einheitliches Recht führe zu einer Entlastung für Synoden und die kirchliche Administration.
4. Eine Vereinheitlichung führe auch zu einer Verminderung des Aufwandes „vor Ort" zwischen Mitarbeitervertretung und Dienststellenleitung und bei Schlichtungsausschüssen, wenn man auf Grundsatzentscheidungen

---
[4] S. auch § 18 Rn. 6.
[5] Vgl. BVerfGE 70, 138 (166).
[6] ABl. EKD 1992 S. 445; s. zum Gesetz *Richardi*, FS Kissel, S. 967 ff. – Kommentare: *Fey/Rehren* unter Mitarbeit von *Herborg/Jessen/Kleingünther/Krah/Skrabak/Spengler/Tempel/Unkel*, Loseblatt-Kommentar, zuletzt 7. Ergänzungslieferung 1999; weiterhin *Baumann-Czichon/Germer*, 1997 – Beiträge, Informationen und Rechtsprechung zu einzelnen Fragen des Mitarbeitervertretungsrechts s. Die Mitarbeitervertretung (ZMV), Zeitschrift für die Praxis der Mitarbeitervertretung in den Einrichtungen der katholischen und evangelischen Kirche.

oder auf gute Kommentare zurückgreifen könne. Auf Grund der vielfältigen Regelungen sei bisher kein für die Praxis tauglicher (Gesamt)-Kommentar vorhanden.

5. Ein gemeinsames Gesetz ermögliche eine leichtere kirchengerichtliche Überprüfung mitarbeitervertretungsrechtlicher Streitigkeiten. Der Wunsch nach einer derartigen Instanz sei wiederholt von seiten der Diakonie gestellt worden, wo die Schlichtungsausschüsse auch zu unterschiedlichen Entscheidungen gelangten, die dann nicht mehr anfechtbar seien. Staatliche Gerichte hätten sich für unzuständig erklärt, gleichzeitig aber auch anklingen lassen, daß das Fehlen einer zweiten Instanz den üblichen Standards nicht annähernd entspreche.

6. Für den diakonischen Bereich könne sich zukünftig die Grundsatzfrage stellen, ob es unter verfassungsrechtlichen Aspekten weiterhin möglich sei, die Materie Mitarbeitervertretungsrecht durch privatrechtliches Satzungsrecht zu regeln oder ob nicht ein Kirchengesetz die adäquatere Lösung darstelle.

II. Geltungsbereich des Mitarbeitervertretungsgesetzes der EKD

8 Das Kirchengesetz über Mitarbeitervertretungen in der Evangelischen Kirche in Deutschland (Mitarbeitervertretungsgesetz — MVG) vom 6. November 1992 (ABl.EKD S. 445) – geändert durch Kirchengesetz vom 6. November 1996 (ABl.EKD S. 521) und 5. November 1998 (ABl.EKD S. 478) – regelt das Mitarbeitervertretungsrecht einheitlich „für die Mitarbeiter und Mitarbeiterinnen der Dienststellen kirchlicher Körperschaften, Anstalten und Stiftungen der Evangelischen Kirche in Deutschland, der Gliedkirchen sowie ihrer Zusammenschlüsse und der Einrichtungen der Diakonie" (§ 1 Abs. 1). Zu den Einrichtungen der Diakonie zählt es nicht nur das Diakonische Werk der Evangelischen Kirche in Deutschland, sondern auch die „gliedkirchlichen Diakonischen Werke und die ihnen angeschlossenen selbständigen Werke, Einrichtungen und Geschäftsstellen" (§ 1 Abs. 2). Die Kirchenverfassung der Evangelischen Kirche in Deutschland schließt es aber aus, daß das Mitarbeitervertretungsgesetz unmittelbar für den Gesamtbereich der evangelischen Kirche erlassen wird. Es ist deshalb am 1. Januar 1993 nur mit Wirkung für die EKD in Kraft getreten (§ 64 Abs. 1).

9 Vorgesehen ist, daß das Kirchengesetz auch mit Wirkung für die Gliedkirchen in Kraft tritt, wenn alle Gliedkirchen ihr Einverständnis erklärt haben, wobei jeder Gliedkirche unbenommen ist, es für ihren Bereich bereits zu einem früheren Zeitpunkt in Geltung zu setzen (§ 63 Abs. 3). Die meisten Landeskirchen haben das MVG.EKD übernommen.[7] Ein eigenes Gesetz in Anlehnung an das MVG.EKD haben dagegen die Bremische Evangelische Kirche und die Konföderation evangelischer Kirchen in Niedersachsen beschlossen, wobei im letzteren Fall die Evangelisch-reformierte Kirche ausgenommen ist, da sie das MVG.EKD anwendet.

---

[7] Vgl. zum Stand November 1998 *Fey/Rehren*, MVG.EKD, Einl. K 10.2.

III. Organisation der Mitarbeitervertretung nach dem MVG.EKD

1. Zweistufigkeit des Mitarbeitervertretungsaufbaus

Auf der Ebene der Dienststelle (vgl. zum Begriff § 3 MVG) wird durch Wahl der Mitarbeitervertreter eine Mitarbeitervertretung gebildet, wenn die Zahl der wahlberechtigten Mitarbeiter in der Regel mindestens fünf beträgt, von denen mindestens drei wählbar sind (§ 5 MVG). Bestehen bei einem kirchlichen Rechtsträger oder einer rechtlich selbständigen Einrichtung der Diakonie mehrere Mitarbeitervertretungen, so ist auf Antrag der Mehrheit dieser Mitarbeitervertretungen eine Gesamtmitarbeitervertretung zu bilden, die wie der Gesamtbetriebsrat durch Entsendung entsteht (§ 6 MVG). Die Gesamtmitarbeitervertretung ist zuständig für die Aufgaben der Mitarbeitervertretung, soweit sie Mitarbeiter aus mehreren oder allen Dienststellen des jeweiligen Rechtsträgers betreffen.

2. Größe und Zusammensetzung der Mitarbeitervertretung

Die Größe der Mitarbeitervertretung richtet sich nach der Zahl der wahlberechtigten Mitarbeiter (§ 8 MVG). Im Gegensatz zum staatlichen Recht gibt es keinen besonderen Gruppenschutz für Beamte, Arbeiter und Angestellte; er stünde in einem Wertungswiderspruch zum Grundsatz einer Dienstgemeinschaft aller Mitarbeiter, wie die Präambel sie hervorhebt.

3. Bildung der Mitarbeitervertretung durch Wahl

Die Mitarbeitervertretung wird in gleicher, freier, geheimer und unmittelbarer Wahl gemeinsam und nach den Grundsätzen der Mehrheitswahl (Persönlichkeitswahl) gewählt (§ 11 MVG). Wählbar sind nur Mitarbeiter, die „Glieder einer christlichen Kirche oder Gemeinschaft sind, die der Arbeitsgemeinschaft Christlicher Kirchen in Deutschland angeschlossen ist", wobei eine anderweitige Regelung den Gliedkirchen unter Berücksichtigung ihrer Besonderheiten vorbehalten bleibt (§ 10 Abs. 1 lit. b MVG).[8]

4. Amtszeit

Die Amtszeit der Mitarbeitervertretung beträgt vier Jahre (§ 15 Abs. 1 MVG). In Anlehnung an das staatliche Recht kennt das MVG einen festen Zeitraum, in dem für alle Einrichtungen die regelmäßigen Wahlen stattfinden: alle vier Jahre in der Zeit vom 1. Januar bis 30. April (§ 15 Abs. 2

---

[8] Die „ACK-Klausel" ist überwiegend nicht von den Gliedkirchen übernommen worden; vgl. *Fey/Rehren*, MVG.EKD, § 10 Rn. 18.

§ 19   *Fünftes Kapitel. Betriebsverfassungsrecht der Kirchen*

MVG), wobei § 66 Abs. 1 MVG vorsieht, daß die ersten allgemeinen Mitarbeitervertretungswahlen im Zeitraum vom 1. 1. bis 30. 4. 1994 stattfanden.

5. Persönliche Rechtsstellung der Mitarbeitervertreter

14 Die Mitglieder der Mitarbeitervertretung üben ihr Amt unentgeltlich als Ehrenamt aus (§ 19 Abs. 1 MVG). Es gilt also insoweit wie nach dem Mitarbeitervertretungsrecht der katholischen Kirche das gleiche Prinzip wie im staatlichen Betriebsverfassungs- und Personalvertretungsrecht. Die für die Amtstätigkeit notwendige Zeit ist den Mitgliedern der Mitarbeitervertretung ohne Minderung ihrer Bezüge innerhalb der allgemeinen Arbeitszeit zu gewähren (§ 19 Abs. 2 MVG). Das MVG kennt auch eine Freistellungsregel (§ 20). Die Dienststelle trägt wie nach staatlichem Recht die durch die Tätigkeit der Mitarbeitervertretung entstehenden erforderlichen Kosten (§ 30 Abs. 2 MVG).

15 Die Mitglieder der Mitarbeitervertretung haben in Anlehnung an die Regelung im Personalvertretungsrecht (§ 47 Abs. 2 BPersVG) einen Abordnungs- und Versetzungsschutz: Sie dürfen ohne ihre Zustimmung nur abgeordnet oder versetzt werden, wenn dies aus wichtigen dienstlichen Gründen unvermeidbar ist und die Mitarbeitervertretung zustimmt (§ 21 Abs. 1 Satz 1 MVG). Soweit es sich um Arbeitnehmer handelt, besteht für sie auf kirchengesetzlicher Grundlage ein besonderer Kündigungsschutz (§ 21 Abs. 2 und 3 MVG).[9]

IV. Einrichtungen neben der Mitarbeitervertretung nach dem MVG.EKD

1. Mitarbeiterversammlung

16 Neben der Mitarbeitervertretung und der Gesamtmitarbeitervertretung zählt zu den Einrichtungen des Mitarbeitervertretungsrechts die Mitarbeiterversammlung, die aus allen Wahlberechtigten der Dienststelle besteht (§§ 31, 32 MVG). Sie nimmt den Tätigkeitsbericht der Mitarbeitervertretung entgegen und erörtert Angelegenheiten, die zum Aufgabenbereich der Mitarbeitervertretung gehören. Im Gegensatz zur Mitarbeiterversammlung des katholischen Mitarbeitervertretungsrechts kann sie keine Neuwahl der Mitarbeitervertretung erzwingen, indem sie ihr das Mißtrauen ausspricht, sondern wie nach staatlichem Betriebsverfassungs- und Personalvertretungsrecht kommt eine Auflösung der Mitarbeitervertretung nur wegen groben Mißbrauchs von Befugnissen oder wegen grober Verletzung von Pflichten in Betracht, wobei die Auflösungskompetenz bei der Schlichtungsstelle liegt (§ 17 MVG).

---

[9] S. dazu, daß es sich bei der Regelung des besonderen Kündigungsschutzes um Kirchenrecht handelt, das eine unmittelbare Rechtswirkung im weltlichen Bereich entfaltet, § 18 Rn. 72; vgl. zur Rechtskontrolle durch die staatlichen Arbeitsgerichte BAG vom 21. 5. 1992 – 2 AZR 49/92.

2. Interessenvertretung besonderer Mitarbeitergruppen

Das MVG kennt als zusätzliche betriebsverfassungsrechtliche Vertretungen, die keine Beteiligungsrechte haben, sondern der Mitarbeitervertretung zugeordnet sind, die Vertretung der Jugendlichen und der Auszubildenden (§ 49) und die Vertrauensperson der Schwerbehinderten (§§ 50–52). Das Gesetz räumt dem Vertrauensmann der Zivildienstleistenden das Recht ein, an den Sitzungen der Mitarbeitervertretung beratend teilzunehmen, soweit sie Angelegenheiten der Zivildienstleistenden betreffen (§ 53). 17

3. Gesamtausschuß der Mitarbeitervertretungen

Die Gliedkirchen können in ihren Regelungen vorsehen, daß für ihren Bereich, den Bereich des jeweiligen Diakonischen Werks oder für beide Bereiche gemeinsam ein Gesamtausschuß der Mitarbeitervertretungen gebildet wird (§ 54 MVG). Die Errichtung erfolgt über die Begrenzung auf die jeweiligen Rechtsträger hinaus. Die Gesamtausschüsse sind aber nicht als Repräsentanten für die Ausübung der Beteiligungsrechte vorgesehen, sondern insoweit liegt die Kompetenz ausschließlich bei der Mitarbeitervertretung bzw. unter den Voraussetzungen des § 6 Abs. 2 MVG bei der Gesamtmitarbeitervertretung. 18

V. Zusammenarbeit zwischen Dienstgeber und Mitarbeitervertretung nach dem MVG.EKD

Für die Mitarbeitervertretung und die Dienststellenleitung gilt das betriebsverfassungsrechtliche Gebot der vertrauensvollen Zusammenarbeit (§ 33 Abs. 1 Satz 1 MVG). Bei der Wahrnehmung der Aufgaben, die der Mitarbeitervertretung zugewiesen sind, hat sie, wie es in § 35 Abs. 1 Satz 2 MVG heißt, „in ihrer Mitverantwortung für die Aufgaben der Dienststelle das Verständnis für den Auftrag der Kirche zu stärken und für eine gute Zusammenarbeit einzutreten". Wie für die katholische Kirche gilt auch für die evangelische Kirche, daß das Amt eines Mitarbeitervertreters nicht nur eine Interessenvertretung, sondern ein kirchliches Amt ist.[10] 19

VI. Formen der Beteiligung nach dem MVG.EKD

1. Überblick

Das Mitarbeitervertretungsgesetz gliedert die Beteiligung der Mitarbeitervertretung in das Verfahren der Mitbestimmung (§ 38), der eingeschränkten 20

---

[10] Ebenso VerwG.EKD 10. 7. 1997 ZevKR 43 (1998), 264 (265); so auch BAGE 51, 238 (243 f.) = AP Nr. 25 zu Art. 140 GG.

Mitbestimmung (§ 41) und der Mitberatung (§ 45). Entsprechend sind die Beteiligungsfälle geordnet: §§ 39, 40 MVG enthalten die Fälle der Mitbestimmung, §§ 42, 43 MVG die Fälle der eingeschränkten Mitbestimmung, und § 46 MVG nennt die Fälle der Mitberatung. Die gesetzestechnische Gestaltung folgt wie bei der Mitarbeitervertretungsordnung der katholischen Kirche nicht dem Modell des Betriebsverfassungsrechts, sondern entspricht dem Modell des Personalvertretungsrechts.

2. Mitbestimmung

21 Soweit eine Maßnahme der Mitbestimmung der Mitarbeitervertretung unterliegt (§§ 39, 40 MVG), darf sie erst vollzogen werden, wenn die Zustimmung der Mitarbeitervertretung vorliegt oder durch die Schlichtungsstelle ersetzt worden ist (§ 38 Abs. 1 Satz 1 MVG). Ausdrücklich ist angeordnet: „Eine der Mitbestimmung unterliegende Maßnahme ist unwirksam, wenn die Mitarbeitervertretung nicht beteiligt worden ist" (§ 38 Abs. 1 Satz 2 MVG). Diese generelle Anordnung einer Unwirksamkeit überschreitet die Gesetzgebungsbefugnis der Kirche. Das gilt vor allem, soweit die Mitarbeitervertretung in Angelegenheiten mitzubestimmen hat, die durch ein Rechtsgeschäft mit einem Dritten gestaltet werden. Aber auch die rechtsgeschäftliche Gestaltungsbefugnis des einzelnen Mitarbeiters kann nicht durch die kirchengesetzliche Einräumung eines Mitbestimmungsrechts an die Mitarbeitervertretung ersetzt werden. Wie die Nichtbeachtung der Mitbestimmung sich auf die Rechtswirksamkeit einer Maßnahme auswirkt, ist vielmehr ebenso zu beantworten wie nach dem staatlichen Betriebsverfassungs- und Personalvertretungsrecht.

3. Eingeschränkte Mitbestimmung

22 Beim Verfahren der eingeschränkten Mitbestimmung handelt es sich um ein Zustimmungsverweigerungsrecht, das die Mitarbeitervertretung auf bestimmte, abschließend genannte Gründe stützen kann (§ 41). Fälle der eingeschränkten Mitbestimmung sind die personellen Maßnahmen (§§ 42, 43 MVG).

4. Mitbestimmungsregelung bei Kündigungen

23 Ein Fall der eingeschränkten Mitbestimmung ist die ordentliche Kündigung eines Mitarbeiters nach Ablauf der Probezeit (§ 42 lit. b MVG). Das Beteiligungsrecht geht weiter als nach § 102 BetrVG. Die Kündigung darf nach Ablauf der Probezeit erst erklärt werden, wenn die Zustimmung der Mitarbeitervertretung vorliegt oder durch die Schlichtungsstelle ersetzt worden ist (§ 41 Abs. 2 und 3 iV mit § 38 Abs. 1 Satz 1 MVG). Da die Mitarbeitervertretung ihre Zustimmung verweigern kann, „wenn die Kündigung gegen eine Rechtsvorschrift, eine arbeitsrechtliche Regelung, eine andere bindende Be-

stimmung oder eine rechtskräftige gerichtliche Entscheidung verstößt" (§ 41 Abs. 2 MVG), kann sie auch geltend machen, daß die Kündigung gemäß § 1 KSchG unwirksam sei, weil sie sozial ungerechtfertigt sei.[11] Damit wird ein Kündigungsrechtsstreit bereits zum Gegenstand des Mitbestimmungsverfahrens.[12]

Für die außerordentliche Kündigung und die ordentliche Kündigung innerhalb der Probezeit ist nur ein Mitberatungsrecht der Mitarbeitervertretung vorgesehen (§ 46 lit. b und c MVG). 24

Wird die Mitarbeitervertretung nicht ordnungsgemäß beteiligt, so ist die Kündigung wie nach § 102 Abs. 1 Satz 3 BetrVG bzw. §§ 79 Abs. 4, 108 Abs. 2 BPersVG unwirksam (vgl. § 41 Abs. 3 i.V. mit § 38 Abs. 1 Satz 2 bzw. § 45 Abs. 2 MVG). Dieser Mangel kann in einem Kündigungsrechtsstreit noch nach Ablauf der Drei-Wochen-Frist des § 4 Satz 1 bzw. § 13 Abs. 1 Satz 2 KSchG geltend gemacht werden (§ 13 Abs. 3 KSchG). 25

5. Initiativrecht

Das Mitarbeitervertretungsgesetz sieht in § 47 sogar ein Initiativrecht der Mitarbeitervertretung in allen Fällen vor, die ihrer Beteiligung unterliegen. Kommt in den Fällen der Mitbestimmung und der eingeschränkten Mitbestimmung keine Einigung mit der Dienststellenleitung zustande, so kann sie die Schlichtungsstelle anrufen. Deren Kompetenz ist darauf beschränkt, festzustellen, ob die Weigerung der Dienststellenleitung, die von der Mitarbeitervertretung beantragte Maßnahme zu vollziehen, rechtswidrig oder ermessensfehlerhaft ist (§ 60 Abs. 6 Satz 1 MVG). Da die Entscheidung der Schlichtungsstelle verbindlich ist (§ 60 Abs. 7 Satz 1 MVG), muß die Dienststellenleitung bei einem Obsiegen der Mitarbeitervertretung erneut unter Berücksichtigung der Rechtsauffassung der Schlichtungsstelle über den Antrag der Mitarbeitervertretung entscheiden (§ 60 Abs. 6 Satz 2 MVG), wenn sie nicht gegen den Beschluß der Schlichtungsstelle den kirchlichen Verwaltungsrechtsweg beschreitet (§ 63 Abs. 1 lit. a MVG). 26

VII. Dienstvereinbarung als Gestaltungsform innerbetrieblicher Regelung

Im Gegensatz zur Mitarbeitervertretungsordnung der katholischen Kirche hat sich das Mitarbeitervertretungsgesetz der EKD für die Betriebsvereinbarungsautonomie entschieden. Es spricht in § 36 in Anlehnung an den Sprachgebrauch des Personalvertretungsrechts von *Dienstvereinbarungen*. Gerade insoweit ist das bisherige Mitarbeitervertretungsrecht der evangelischen Kirche außerordentlich zersplittert.[13] Die Regelung des § 36 MVG hat die Vorschrift des § 77 BetrVG zum Vorbild. Inhalt und Umfang der Dienst- 27

---

[11] Ebenso *Fey/Rehren*, MVG.EKD, § 41 Rn. 31.
[12] Vgl. *Richardi* NZA 1998, 113, 115.
[13] Vgl. 2. Aufl., S. 287f., dort auf S. 288f. auch zur Vorgeschichte des § 36 MVG.EKD.

vereinbarungsautonomie reichen deshalb ähnlich weit wie dort. Abweichend geregelt ist aber das Problem der Nachwirkung. Werden in einer Dienstvereinbarung Rechte für Mitarbeiter begründet, so ist gemäß § 36 Abs. 4 Satz 1 „darin in der Regel festzulegen, inwieweit diese Rechte bei Außerkrafttreten der Dienstvereinbarung fortgelten sollen". Eine darüber hinausgehende Nachwirkung ist ausgeschlossen (§ 36 Abs. 4 Satz 2).

28   Damit die Einheit des kirchlichen Dienstes als Rechtsprinzip erhalten bleibt, wird der Vorrang des kirchlichen Arbeitsrechtsregelungsverfahrens gewährleistet: Dienstvereinbarungen dürfen Regelungen weder erweitern, einschränken noch ausschließen, die auf Rechtsvorschriften, insbes. Beschlüssen der Arbeitsrechtlichen Kommission, Tarifverträgen und Entscheidungen des Schlichtungsausschusses nach dem Arbeitsrechtsregelungsgesetz oder allgemeinverbindlichen Richtlinien der Kirche beruhen (§ 36 Abs. 1 Satz 2 MVG). Entsprechend ist wie in § 77 Abs. 3 BetrVG angeordnet: Arbeitsentgelte und sonstige Arbeitsbedingungen, die durch derartige Regelungen vereinbart worden sind oder üblicherweise vereinbart werden, können nicht Gegenstand einer Dienstvereinbarung sein, es sei denn, daß die genannten Regelungen eine Dienstvereinbarung ausdrücklich zulassen (§ 36 Abs. 1 Satz 3 MVG).

VIII. Schlichtung und Rechtsschutz nach dem MVG.EKD

29 Nach § 56 MVG sind zu gerichtlichen Entscheidungen die Schlichtungsstellen in erster Instanz und in zweiter Instanz das Verwaltungsgericht für mitarbeitervertretungsrechtliche Streitigkeiten der Evangelischen Kirche in Deutschland berufen.[14] Auch die Schlichtungsstellen sind besondere Kirchengerichte. Sie bestehen aus einer oder mehreren Kammern (§ 57 Abs. 1 MVG). Soweit die Gliedkirchen keine andere Besetzung vorsehen, besteht eine Kammer aus drei Mitgliedern, wobei der Vorsitzende die Befähigung zum Richteramt haben muß und nicht in öffentlich-rechtlichem Dienst- und Arbeitsverhältnissen zu einer kirchlichen Körperschaft oder einer Einrichtung der Diakonie innerhalb der EKD stehen darf (§ 58 Abs. 1 und 2 MVG).

30   Das ursprünglich für die Schlichtungsstellen geltende Enumerationsprinzip wurde in § 60 Abs. 1 durch eine Generalklausel ersetzt: Die Schlichtungsstelle entscheidet auf Antrag unbeschadet der Rechte des Mitarbeiters über „alle Streitigkeiten, die sich aus der Anwendung dieses Kirchengesetzes zwischen den jeweils Beteiligten ergeben". Dabei handelt es sich nicht nur um Rechtsstreitigkeiten, sondern wegen ihrer Funktion im Verfahren der Mitbestimmung auch um Regelungs- und Interessenstreitigkeiten (vgl. § 60 Abs. 5 MVG). Die Schlichtungsstelle hat insoweit die Funktion einer Einigungsstelle i. S. des Betriebsverfassungsrechts.

31   Gegen Beschlüsse der Schlichtungsstelle ist das Rechtsmittel der Beschwerde in den Angelegenheiten gegeben, die § 63 Abs. 1 MVG abschließend auf-

---

[14] Vgl. *Kienitz* NZA 1996, 963 ff.

zählt. Zuständig ist das Verwaltungsgericht für mitarbeitervertretungsrechtliche Streitigkeiten der Evangelischen Kirche in Deutschland (§ 63 Abs. 2 MVG). Das gilt aber für die Landeskirchen nur, soweit sie dem Mitarbeitervertretungsgesetz der EKD nach Art. 10 lit. d der Grundordnung der EKD zugestimmt haben, während die übrigen Landeskirchen entweder die Zuständigkeit dieses Gerichts eigens begründet haben oder die Zuständigkeit ihres eigenen Verwaltungsgerichts vorsehen.[15]

---

[15] Vgl. *Fey/Rehren*, MVG.EKD, § 63 Rn. 14 ff.

Sechstes Kapitel
Gerichtsschutz bei Rechtsstreitigkeiten

§ 20 Staatlicher Gerichtsschutz und kircheneigene Rechtskontrolle

I. Kircheneigene Rechtskontrolle als Bestandteil der Verfassungsgarantie des Selbstbestimmungsrechts

Die Verfassungsgarantie des Selbstbestimmungsrechts durch Art. 140 GG **1** i. V. mit Art. 137 Abs. 3 WRV umfaßt mit der Kompetenz zur Rechtsetzung in eigenen Angelegenheiten die Befugnis zur Kontrolle des selbst gesetzten Rechts.[1] Die Kirchen können zur Sicherung einer richtigen Anwendung ihres Rechts eine eigene kirchliche Gerichtsbarkeit einrichten. Kirchliche Streitsachen unterliegen daher nur „insoweit staatlicher Gerichtsbarkeit, als die Schranken des für alle geltenden Gesetzes in Rede stehen".[2]

Während die ordentliche Gerichtsbarkeit und die Verwaltungsgerichtsbar- **2** keit bei Klagen kirchlicher Bediensteter aus vermögensrechtlichen Ansprüchen die Zulässigkeit des Rechtsweges von dem Fehlen eines kirchlichen Rechtsweges oder von einer kirchengesetzlichen Zuweisung abhängig machen,[3] hat die Arbeitsgerichtsbarkeit zunächst ohne Einschränkung bei Streitigkeiten aus kirchlichen Arbeitsverhältnissen staatlichen Rechtsschutz gewährt.[4] Bei Streitigkeiten über Gestaltung und Anwendung der kirchlichen Mitarbeitervertretungsgesetze verneinte das Bundesarbeitsgericht aber den Rechtsweg zu den staatlichen Gerichten; denn das Selbstordnungs- und Selbstverwaltungsrecht der Religionsgesellschaften umfasse auch die Befugnis zur selbständigen Kontrolle des selbst gesetzten Rechts durch kircheneigene Gerichte.[5] Aber auch soweit wegen des Streitgegenstands Rechtsstreitigkeiten der staatlichen Gerichtsbarkeit unterworfen sind, hat das Bundesverfassungsgericht im Beschluß vom 4. Juni 1985 die staatlichen Arbeitsgerichte verpflichtet, in den Angelegenheiten, die unter das Selbstbestimmungsrecht fallen, die von der verfaßten Kirche anerkannten Maßstäbe heranzuziehen.[6] Dabei sei „in Zweifelsfällen durch entsprechende gerichtli-

---

[1] Vgl. *v. Campenhausen* in v. Mangoldt/Klein, GG, Art. 140 Rn. 113 mit weiteren Nachweisen aus dem Schrifttum; weiterhin *Hollerbach*, Handbuch des Staatsrechts, Bd. VI: Freiheitsrechte, § 138 Rn. 149.
[2] *Hollerbach*, aaO.
[3] Vgl. BGHZ 34, 372; 46, 96; BVerwGE 25, 266; 28, 345; 30, 326; 66, 241 (247 ff.); BVerwG NJW 1983, 2580 (2581 f.); s. dazu auch *v. Campenhausen* in v. Mangoldt/Klein, GG, Art. 140 Rn. 112.
[4] Vgl. auch *v. Campenhausen*, Staatskirchenrecht, S. 376 f., 381.
[5] BAGE 61, 376 (382) und 71, 157 (160) = AP Nr. 34 und 40 zu Art. 140 GG; bereits BAGE 51, 238 (243 ff.) = AP Nr. 25 zu Art. 140 GG mit zust. Anm. von *Dütz*.
[6] BVerfGE 70, 138 (168).

che Rückfragen bei den zuständigen Kirchenbehörden aufzuklären", ob und inwieweit kirchliche Vorgaben, die der Entscheidung zugrunde zu legen sind, „den anerkannten Maßstäben der verfaßten Kirchen Rechnung tragen". Daraus folgt, daß die Kirchen die Klärung insoweit der Inzidentkontrolle des Arbeitsgerichts entziehen und auf ein Kirchengericht übertragen können.[7]

3   Die Kirchen können deshalb, wenn Streitgegenstand eine *Rechtsstreitigkeit aus dem Arbeitsverhältnis* ist, zwar nicht den Rechtsweg zu den staatlichen Arbeitsgerichten ausschalten; sie haben aber auch in diesem Fall die durch die Verfassungsgarantie des Selbstbestimmungsrechts gesicherte Befugnis zur Rechtskontrolle über die richtige Anwendung des von ihnen geschaffenen Rechts. Bedeutung hat dies vor allem unter zwei Aspekten: Bei Geltendmachung eines *Loyalitätsverstoßes kirchlicher Arbeitnehmer* sind die Arbeitsgerichte an die Vorgaben gebunden, die sich nach den von der verfaßten Kirche anerkannten Maßstäben richten.[8] Das gleiche Problem besteht, wenn die Rechtswirksamkeit einer Maßnahme gegenüber einem Arbeitnehmer von der richtigen Anwendung des *kirchlichen Mitarbeitervertretungsrechts* abhängt. Spielt eine Meinungsverschiedenheit über das Gewicht eines Loyalitätsverstoßes oder über die Anwendung einer kirchlichen Mitarbeitervertretungsordnung als Vorfrage in einer Streitigkeit aus dem Arbeitsverhältnis eine Rolle, so können die Kirchen durch Kirchengesetz vorschreiben, daß der Arbeitnehmer zu ihrer Klärung eine kirchliche Instanz anrufen muß.[9]

II. Staatlicher Gerichtsschutz bei Streitigkeiten aus dem Arbeitsverhältnis

4   Handelt es sich um eine Rechtsstreitigkeit aus dem Arbeitsverhältnis, so entscheidet über sie das Arbeitsgericht im Urteilsverfahren (§ 2 Abs. 1 Nr. 3 und Abs. 5 ArbGG). Für die katholische Kirche wird dies durch Art. 10 Abs. 1 GrOkathK ausdrücklich klargestellt.

5   Die Anwendung kirchlichen Rechts spielt lediglich als *Vorfrage* in der Streitigkeit aus dem Arbeitsverhältnis eine Rolle. Deshalb haben die Arbeitsgerichte die Kompetenz zur Inzidentkontrolle, wenn kein kirchliches Gericht besteht, das der Arbeitnehmer zu diesem Zweck anrufen kann, um eine verbindliche Entscheidung herbeizuführen.[10] Das gilt auch für den Bereich der katholischen Kirche; denn die in Art. 10 Abs. 2 GrOkathK vorgesehenen kirchlichen Gerichte werden nur für Rechtsstreitigkeiten auf den Gebieten der kirchlichen Ordnungen für ein Arbeitsvertrags- und des Mitarbeitervertretungsrechts gebildet. Sie sind zuständig, soweit derartige Rechtsstreitigkeiten den Streitgegenstand bilden. Bezieht der Streitgegenstand sich aber auf eine Rechtsstreitigkeit aus dem Arbeitsverhältnis, so muß das staatliche Arbeitsgericht die richtige Anwendung des kirchlichen Rechts überprüfen und

---

[7] Ebenso *Dütz* NJW 1994, 1369 (1374).
[8] S. ausführlich § 7 Rn. 21 ff.
[9] S. auch Rn. 5.
[10] Ebenso *Dütz* EssG 18 (1984), 67 (105 f.).

kann insoweit seine Entscheidung nicht von der Anrufung eines kirchlichen Gerichts abhängig machen.

Soweit nach den kirchlichen Arbeitsvertragsrichtlinien Dienstgeber und **6** Mitarbeiter verpflichtet sind, bei Meinungsverschiedenheiten aus dem Arbeitsverhältnis zunächst eine kirchliche Schlichtungsstelle anzurufen (so nach § 22 Abs. 1 AVR Caritasverband), wird dadurch kein Prozeßhindernis begründet, das den Zugang zur staatlichen Gerichtsbarkeit versperrt. Das gilt erst recht, wenn lediglich festgelegt wird, daß Dienstgeber und Mitarbeiter zunächst die Schlichtungsstelle anrufen können (so z.B. § 44 AVR Diakonisches Werk).[11]

III. Bedeutung einer kircheneigenen Rechtskontrolle für die Entstehung von Juristenrecht

Die Institutionalisierung einer kircheneigenen Gerichtsbarkeit sichert der **7** Kirche nicht nur die Kompetenz zur Rechtskontrolle, sondern sie hat auch unmittelbar Bedeutung für die Bildung kirchlichen Rechts. Recht entsteht nicht schon durch den Erlaß von Vorschriften auf Grund einer für die Rechtsetzung vorgesehenen Gesetzgebungskompetenz, sondern es tritt ein Element hinzu, das nicht zur Disposition des Gesetzgebers steht. Das Gesetz im konkreten Fall zur Geltung zu bringen, ist nicht Sache der Gesetzgebung, sondern Aufgabe der Rechtsprechung. Dabei ist selbstverständlich, daß der Richter zu keiner Zeit mit der Deduktion aus vorformulierten Normen allein ausgekommen ist. Sämtliche gesetzgeberischen Programme, die ihn darauf zu beschränken suchten, sind stets schnell gescheitert – so z. B. der Versuch des Allgemeinen Landrechts für die Preußischen Staaten von 1794, das in § 47 der Einleitung vorsah: „Findet der Richter den eigentlichen Sinn des Gesetzes zweifelhaft, so muß er, ohne die prozeßführenden Parteyen zu benennen, seine Zweifel der Gesetzcommißion anzeigen, und auf deren Beurtheilung antragen".[12] Erst wenn feststeht, welche leitenden Grundsätze das Gesetz beherrschen und wie es auf den Einzelfall anzuwenden ist, ist das Gesetz in die Gesamtheit der Rechtsordnung eingefügt. Der Beitrag des Richters zur Rechtsbildung liegt daher in der Erfüllung dieser Aufgabe.

Deshalb hat die Rechtsprechung nicht nur für die Lösung einer konkreten **8** Streitigkeit, sondern darüber hinaus für die Rechtsbildung insgesamt eine

---

[11] Vgl. BAGE 73, 191 (194) = AP Nr. 3 zu § 12 AVR Diakonisches Werk; bestätigt BAG AP Nr. 1 zu § 4 ArbGG 1979.

[12] Vorausgegangen war die Bestimmung im Publikationspatent zum Corpus Iuris Fridericianum vom 26. 4. 1781, die durch die Schaffung der Gesetzeskommission sicherstellen wollte, daß die Sorge für die richtige und einheitliche Auslegung des Gesetzes der Gesetzgebung verbleiben soll; schon im Jahr 1798 wurde die Anfragepflicht aber aufgehoben, mit der Begründung, daß das erwartete Ziel der Klärung und der Beschleunigung nicht erreicht worden sei und daß die Richter selber imstande seien, zweifelhafte Gesetze zu erklären; vgl. *Kern*, Geschichte des Gerichtsverfassungsrechts, 1954, S. 46; *Kriele*, Theorie der Rechtsgewinnung, 2. Aufl., 1976, S. 60 f.

wesentliche Funktion. Sie besteht nicht in einer Ersatzgesetzgebung; denn der Richter hat nicht die Kompetenz zur *Rechtsetzung*, sondern er hat die Kompetenz zur *Rechtsfindung*. Sein Spruch hat über den Einzelfall hinaus nur Autorität, soweit die Begründung, die er gibt, *richtig* ist. Der Richter darf, auch wenn er dem Gesetz unmittelbar keine Antwort entnehmen kann, nicht Recht setzen; denn er ist nicht der Gesetzgeber. Er darf also auch in diesem Fall nur als Interpret tätig werden und muß deshalb sein Ergebnis durch eine rechtsdogmatische Begründung legitimieren. Wegen dieser Beschränkung bringt er aber das Gesetzesrecht erst zur Entfaltung. Es muß durch die Feuerprobe der Fallentscheidung gehen. Wo die Chance der Entstehung von Juristenrecht nicht besteht, hat auch das Gesetzesrecht nur ein Schattendasein; es bleibt unerschlossen. Auch aus diesem Grund ist eine kircheneigene Gerichtsbarkeit notwendig, um die Eigenständigkeit kirchlichen Rechts innerhalb einer pluralistisch verfaßten Gesellschaftsordnung zu sichern.

§ 21 Gerichtsschutz bei Streitigkeiten aus dem kollektiven Arbeitsrecht der Kirche

I. Rechtsweg zu den staatlichen Arbeitsgerichten

1. Fehlen einer Zuständigkeitszuweisung im staatlichen Gerichtsverfassungsrecht

Im System des staatlichen Gerichtsverfassungsrechts fehlt eine Regelung, die Streitigkeiten über Gestaltung und Anwendung des kircheneigenen Arbeitsrechtsregelungsverfahrens und der kirchlichen Mitarbeitervertretungsgesetze einem bestimmten Gerichtszweig zuweist. Sie sind keine *Streitigkeiten aus dem Arbeitsverhältnis*, über die das Arbeitsgericht im Urteilsverfahren entscheidet (§ 2 Abs. 1 Nr. 3 und Abs. 5 ArbGG). 1

Bei Meinungsverschiedenheiten aus dem *kirchlichen Mitarbeitervertretungsrecht* hat man außerdem zu beachten, daß es sich bei einem Parallelfall, der nach staatlichem Recht geordnet ist, entweder um eine betriebsverfassungsrechtliche oder eine personalvertretungsrechtliche Streitigkeit handelt. Betriebsverfassungsrechtliche Streitigkeiten entscheidet das Arbeitsgericht im Beschlußverfahren (§ 2 a Abs. 1 Nr. 1, Abs. 2 ArbGG). Bei personalvertretungsrechtlichen Streitigkeiten sind dagegen die Verwaltungsgerichte zur gerichtlichen Entscheidung berufen, für die ebenfalls die Vorschriften des Arbeitsgerichtsgesetzes über das Beschlußverfahren entsprechend Anwendung finden (§§ 83, 106 BPersVG).[1] Für Streitigkeiten aus dem kirchlichen Mitarbeitervertretungsrecht, die nach ihrem Streitgegenstand *betriebsverfassungsrechtliche Streitigkeiten* sind, fehlt eine gesetzliche Zuweisung. 2

Allein aus dem Fehlen einer ausdrücklichen Zuständigkeitszuweisung im System des staatlichen Gerichtsverfassungsrechts kann nicht abgeleitet werden, daß überhaupt eine Zuständigkeit der staatlichen Gerichte ausscheidet; denn die Zuständigkeitsbestimmungen in § 2 a ArbGG und den Personalvertretungsgesetzen sind nur Spezialvorschriften zu den Generalklauseln in §§ 13 GVG, 40 VwGO.[2] Entscheidend ist, ob es nach dem Streitgegenstand ausschließlich um eine Streitigkeit über die Rechtsposition innerhalb einer kircheneigenen Regelung geht. In diesem Fall handelt es sich um eine Streitigkeit, für die der Rechtsweg zu den staatlichen Gerichten verschlossen ist; denn soweit das Selbstbestimmungsrecht reicht, ist den Kirchen zugleich garantiert, eine Rechtskontrolle in eigener Verantwortung durchzuführen.[3] 3

---

[1] Vgl. *Dietz/Richardi*, BPersVG, § 83 Rn. 86.
[2] Vgl. *Dütz* EssG 18 (1984), 97 (102).
[3] S. § 20 Rn. 1 ff.

2. Rechtsprechung des Bundesarbeitsgerichts

4   In der Vergangenheit hat es nicht an Versuchen gefehlt, die staatliche Gerichtsbarkeit in Auseinandersetzungen über Gestaltung und Anwendung des kirchlichen Mitarbeitervertretungsrechts einzuschalten. Im Beschluß vom 11. März 1986 hatte der Erste Senat des Bundesarbeitsgerichts darüber zu entscheiden, ob das Diakonische Werk der Evangelischen Kirche in Deutschland berechtigt war, die Wählbarkeit zu einer Mitarbeitervertretung auf Personen zu beschränken, die, wie es in der damals geltenden Mitarbeitervertretungsordnung hieß, „einer Kirche angehören, die in der Arbeitsgemeinschaft christlicher Kirchen in der Bundesrepublik Deutschland und Berlin (West) mitarbeitet".[4] Das Bundesarbeitsgericht kam zutreffend zu dem Ergebnis, daß über die Frage, wer zur kirchlichen Mitarbeitervertretung wählbar ist, staatliche Gerichte nicht entscheiden können.

5   Beachtung verdient weiterhin der Beschluß des Bundesarbeitsgerichts vom 25. April 1989.[5] Der Rechtsstreit betraf wiederum die „Ordnung für die Mitarbeitervertretungen in diakonischen Einrichtungen (MVO)". Eine nach ihr gebildete Mitarbeitervertretung hatte im Beschlußverfahren vor dem Arbeitsgericht beantragt, daß sie gemäß § 33 Abs. 1 lit. a MVO bei der Einstellung von Altenpflegeschülern in der Altenpflegeschule des Arbeitgebers mitzubestimmen habe. Das Bundesarbeitsgericht kam zu dem Ergebnis, daß für Streitigkeiten zwischen einer Mitarbeitervertretung und dem Arbeitgeber über das Bestehen von Mitbestimmungsrechten die staatlichen Gerichte nicht zuständig seien. Die Regelung der Mitbestimmung sei eine eigene Angelegenheit, für die das Selbstbestimmungsrecht nicht nur die Befugnis zur eigenständigen Rechtsetzung umfasse, sondern auch die „Kompetenz zur selbständigen Kontrolle des selbstgesetzten Rechts durch kircheneigene Gerichte".[6] Das Bundesarbeitsgericht zählt Regelungen über die Mitbestimmung zum Organisationsrecht der Kirchen. Ausdrücklich stellt es fest, „daß das kirchliche Mitarbeitervertretungsrecht Kirchenrecht ist".[7]

6   Schließlich ging es im Urteil des Bundesarbeitsgericht vom 9. September 1992 um den Erstattungsanspruch verauslagter Anwaltskosten, die einem Arbeitnehmer als Mitglied einer nach der Mitarbeitervertretungsordnung in diakonischen Einrichtungen (MVO) gebildeten Mitarbeitervertretung entstanden waren.[8] Da der Erstattungsanspruch nicht dem Arbeitsverhältnis zuzuordnen, sondern als ein Anspruch aus dem Mitarbeitervertretungsrecht zu bestimmen ist, kam das Bundesarbeitsgericht zu dem Ergebnis, daß es sich um eine Streitigkeit aus dem Mitarbeitervertretungsrecht handelt, für die nicht die Arbeitsgerichte zuständig sind, sondern die alleinige Entscheidungskompetenz bei der nach dem kirchlichen Recht gebildeten Schiedsstelle lag.

---

[4] BAGE 51, 238 ff. = AP Nr. 25 zu Art. 140 GG mit zust. Anm. von *Dütz*.
[5] BAGE 61, 376 = AP Nr. 34 zu Art. 140 GG.
[6] BAGE 61, 376 (382).
[7] BAGE 61, 376 (381).
[8] BAGE 71, 157 ff. = AP Nr. 40 zu Art. 140 GG.

II. Notwendigkeit eines Gerichtsschutzes

1. Vorrang kircheneigener Rechtskontrolle

Geht es ausschließlich um eine Streitigkeit über die Rechtsposition innerhalb des kircheneigenen „Dritten Weges" oder des kirchlichen Mitarbeitervertretungsrechts, so ist für sie der Rechtsweg zu den staatlichen Arbeitsgerichten verschlossen. Das Bundesarbeitsgericht ist zutreffend der Meinung, daß auch eine subsidiäre Zuständigkeit der staatlichen Gerichte für die Entscheidung von Streitigkeiten aus dem kirchlichen Mitarbeitervertretungsrecht nicht in Betracht komme.[9] Es legte aber zu Recht den Finger auf einen wunden Punkt, wenn es feststellte, „daß ein ,Dilemma' im Bereich der Streitigkeiten aus dem Mitarbeitervertretungsrecht besteht, als die Kirchen insoweit den Rechtsschutz bisher noch nicht in ihr System des Gerichtsschutzes voll integriert haben".[10] Damit war die Frage nach der Rechtsweggarantie für den kirchlichen Bereich aufgeworfen. Auch das Bundesverfassungsgericht hatte erwogen, ob entgegen seiner bisherigen Rechtsprechung die Kirchen nicht auch dort, wo es primär um ihre eigenen Angelegenheiten gehe, „zumindest an einen Kernbestand der vom Grundgesetz normierten Grundprinzipien" gebunden seien.[11] Darauf wies das Bundesarbeitsgericht ausdrücklich hin.[12] Es meinte, diese Frage aber offenlassen zu können, weil die in der Mitarbeitervertretungsordnung zur Entscheidung von Mitbestimmungsstreitigkeiten vorgesehene Schlichtungsstelle als kirchliches Gericht anzusehen sei, das rechtsstaatlichen Anforderungen genüge.[13] Entscheidend sei, daß, wie das Bundesarbeitsgericht feststellte, „die in den Mitarbeitervertretungsordnungen vorgesehenen Schlichtungsstellen *aus der Sicht des Staatskirchenrechts* auch als besondere kirchliche Gerichte tätig werden".[14]

2. Doppelfunktion der nach kirchlichem Recht gebildeten Schlichtungsstellen

Sowohl die römisch-katholische Kirche als auch die evangelischen Kirchen haben trotz einer umfassend ausgebauten Gerichtsbarkeit die Rechtskontrolle bei Streitigkeiten aus dem Bereich der kirchlichen Ordnungen für ein Arbeitsvertragsrecht und des von ihnen geschaffenen Mitarbeitervertretungsrechts bisher noch nicht befriedigend in ihr System des Gerichtsschutzes integriert. Man ist aber bemüht, insoweit Rechtsklarheit zu schaffen.

Die im Mitarbeitervertretungsrecht beider Kirchen vorgesehenen Schlichtungsstellen haben nicht nur die Funktion von Einigungsstellen im Sinne

---

[9] BAGE 61, 376 (382) = AP Nr. 34 zu Art. 140 GG.
[10] BAGE 61, 376 (383).
[11] BVerfG Beschluß vom 12. 2. 1981 – 1 BvR 567/77, ZevKR 26 (1981), 382 (384).
[12] BAGE 61, 376 (383).
[13] BAGE 61, 376 (384).
[14] So unter Hinweis auf die 1. Auflage BAGE 61, 367 (384).

des Betriebsverfassungs- und Personalvertretungsrechts, sondern sie entscheiden auch in Rechtsfragen. Wenn auch die Einigungsstelle nach dem Betriebsverfassungsgesetz und den Personalvertretungsgesetzen kein besonderes Gericht ist und daher der Richter im Bereich des staatlichen Betriebsverfassungs- und Personalvertretungsrechts auch dann, wenn Rechtsfragen dem verbindlichen Einigungsverfahren zugewiesen sind, zwar nicht das erste, aber stets das letzte Wort haben muß,[15] ist doch für den kirchlichen Bereich zu berücksichtigen, daß Organisation und Verfahren des Gerichtsschutzes in der eigenen Verantwortung der Kirchen liegen. Deshalb kann nicht entscheidend sein, ob die Kirche eine Einrichtung, durch die rechtsprechende Gewalt ausgeübt wird, als Gericht bezeichnet, sondern entscheidend ist für das Staatskirchenrecht allein, ob ihre Organisation so gestaltet ist, daß die rechtsstaatlichen Mindestvoraussetzungen an ein Gericht erfüllt werden. Notwendig ist insbesondere, daß die Mitglieder sachlich und persönlich unabhängig sind.

10 Da die Schlichtungseinrichtungen nach dem kirchlichen Mitarbeitervertretungsrecht den Anforderungen genügen, die nach rechtsstaatlichen Grundsätzen an Gerichte zu stellen sind, können sie aus der Sicht des Staatskirchenrechts nicht nur als *schlichtende Einigungsstellen*, sondern auch als *besondere kirchliche Gerichte* angesehen werden.[16]

11 Dennoch ist es für die Sicherung des kirchlichen Selbstbestimmungsrechts völlig unbefriedigend, daß staatskirchenrechtlich Anerkennung findet, was bisher nach Kirchenrecht nicht vorgesehen war. Die Besetzung der Schlichtungsstelle entspricht in der katholischen Kirche nicht den Anforderungen, die dort an ein Gericht gestellt werden (vgl. cc. 1420ff. CIC).[17] Außerdem ist bei abschließender Aufzählung der Zuständigkeitsfälle die Rechtsschutzgewährung unvollständig, so daß die Gefahr einer Rechtsschutzlücke entsteht.[18] Diese Mängel werden für die katholische Kirche durch Art. 10 Abs. 2 GrOkathK behoben. Für die evangelische Kirche ergibt sich aus § 60 Abs. 1 MVG.EKD, daß die Schlichtungsstelle auf Antrag über alle Streitig-

---

[15] Vgl. *Richardi*, BetrVG, § 76 Rn. 112 ff.
[16] So bereits *Richardi*, Anm. zu LAG Düsseldorf, AR-Blattei, Kirchenbedienstete: Entsch. 6; zustimmend BAGE 61, 376 (384) = AP Nr. 34 zu Art. 140 GG; weiterhin RGRK/*Gehring* § 639 Anh. III Rn. 211 f.; *Bietmann*, Rahmenordnung für eine Mitarbeitervertretungsordnung der katholischen Kirche, S. 38; *Bernards*, Schlichtungsstelle, S. 25 ff.; *Schilberg*, Rechtsschutz, S. 111 ff.; *Dütz* EssG 18 (1984), 67 (105); s. aber auch die Kritik von *Kammerer* BB 1985, 1986 (1990 f.). Nur am Rand sei bemerkt, daß die für das kollektive Arbeitsrecht grundlegende Verordnung über Tarifverträge, Arbeiter- und Angestelltenausschüsse und Schlichtung von Arbeitsstreitigkeiten vom 23. 12. 1918 bei Gesamtstreitigkeiten, die in die Zuständigkeit der Schlichtungsausschüsse fielen, noch nicht klar zwischen Regelungs- und Rechtsstreitigkeiten unterschied; erst die Arbeitsrechtswissenschaft hat herausgearbeitet, daß Gesamtstreitigkeit i. S. des Schlichtungsverfahrens nicht die Gesamt*rechts*streitigkeit, sondern nur die Gesamt*regelungs*streitigkeit ist; vgl. *Jacobi*, Grundlehren des Arbeitsrechts, 1927, S. 148 f.; zur historischen Entwicklung der organisatorischen Trennung von Rechtsprechung und Schlichtung *Söllner*, „Schlichten ist kein Richten", ZfA 1982, 1 (2 f.).
[17] Vgl. auch *Bernards*, Schlichtungsstelle, S. 26, 62 f.
[18] Vgl. *Bernards*, aaO, S. 60 f.

keiten entscheidet, die sich aus der Anwendung dieses Kirchengesetzes zwischen den jeweils Beteiligten ergeben.

III. Zuständigkeit kirchlicher Instanzen

1. Katholische Kirche

Art. 10 Abs. 2 GrOkathK bestimmt, daß zur Entscheidung von Rechtsstreitigkeiten auf den Gebieten der kirchlichen Ordnungen für ein Arbeitsvertragsrecht (KODA-Ordnungen) und des Mitarbeitervertretungsrechts für den gerichtlichen Rechtsschutz unabhängige kirchliche Gerichte gebildet werden. Soweit es um das Mitarbeitervertretungsrecht geht, wird diese Aufgabe schon bisher von den Schlichtungsstellen wahrgenommen; denn sie werden nicht nur in Regelungsstreitigkeiten, sondern auch in Rechtsstreitigkeiten tätig.

Für den Bereich des kirchlichen Mitarbeitervertretungsrechts ersetzt Art. 10 Abs. 2 GrOkathK das bisher für die Schlichtungsstellen geltende Enumerationsprinzip in § 41 Abs. 1 MAVO durch eine Generalklausel. Zur Klarstellung ist deshalb mit der Novellierung 1995 in § 41 Abs. 2 MAVO die Bestimmung eingefügt worden, daß die Schlichtungsstelle in allen Rechtsstreitigkeiten mitarbeitervertretungsrechtlicher Art einschließlich solcher des Wahl- und Schlichtungsverfahrens angerufen werden kann.

Soweit es um die Rechtsstreitigkeiten aus dem KODA-Bereich geht, sind diözesane Übergangsregelungen erlassen worden, bis die für diese Aufgabe vorgesehenen kirchlichen Gerichte errichtet sind.[19]

---

[19] So für die Bistümer in Nordrhein-Westfalen durch § 17a Regional-KODA-Ordnung, dessen Abs. 1 den folgenden Wortlaut hat: „In allen Rechtsstreitigkeiten aus dem Gebiet dieser Ordnung zur Mitwirkung bei der Gestaltung des Arbeitsvertragsrechts einschließlich des Wahl- und Vermittlungsverfahrensrechts, kann die mitarbeitervertretungsrechtliche Schlichtungsstelle der Erzdiözese Köln angerufen werden" (ABl. Köln 1994, S. 72); ebenso mit Zuweisung an die mitarbeitervertretungsrechtliche Schlichtungsstelle der Diözese für das Bistum Limburg durch § 17 Bistums-KODA-Ordnung (ABl. 1994, S. 145), für das Bistum Speyer durch § 17a Bistums-KODA-Ordnung (OVB 1994, S. 126), für das Erzbistum Freiburg durch § 17a Bistums-KODA-Ordnung unter Regelung der Antragsberechtigung (ABl. 1994, S. 396). Für den Bereich der Regional-KODA Nord-Ost ist die mitarbeitervertretungsrechtliche Schlichtungsstelle des Erzbistums Berlin zuständig (vgl. § 24 Regional-KODA-Ordnung Nord-Ost, ABl. Hamburg 1999 S. 52), für den Bereich der Regional-KODA Osnabrück/Vechta die mitarbeitervertretungsrechtliche Schlichtungsstelle beim Bischöflich Münsterischen Offizialat in Vechta (§ 23a Regional-KODA-Ordnung, AKBl. Osnabrück 1999, S. 137) und für den Bereich der Zentral-KODA die mitarbeitervertretungsrechtliche Schlichtungsstelle der Erzdiözese Köln (§ 19a Zentral-KODA-Ordnung, ABl. Köln 1998 S. 325). Für den Bereich der Bayerischen Regional-KODA ist die Kompetenz dem Vermittlungsausschuß zugewiesen, der als „Kirchliches KODA-Gericht i.S. des Art. 10 Abs. 2 GrOkathK" bezeichnet wird (§ 17a Bayerische Regional-KODA-Ordnung; abgedruckt in: Bayerische Regional-KODA, Arbeitsvertragsrecht der Bayerischen (Erz-)Diözesen (ABD), 1998, S. 471 f.

15 Gegen den Beschluß der Schlichtungsstelle ist derzeit, auch soweit es um Rechtsfragen geht, kein Rechtsmittel gegeben. Dieser Mangel wird in der geplanten kirchlichen Arbeitsgerichtsordnung behoben. Die Gerichtsbarkeit soll in erster Instanz durch Kirchliche Arbeitsgerichte und in zweiter Instanz durch den Kirchlichen Arbeitsgerichtshof ausgeübt werden. Zur Sicherung der Rechtseinheit und Heranbildung einheitlicher Rechtsgrundsätze für den KODA-Bereich und die kircheneigene Betriebsverfassung hat der Verband der Diözesen Deutschlands eine Zentrale Gutachterstelle eingerichtet, die von den Schlichtungsstellen angerufen werden kann.[20]

2. Evangelische Kirche

16 Nach § 56 MVG.EKD sind für den Bereich der kircheneigenen Betriebsverfassung zu gerichtlichen Entscheidungen die Schlichtungsstellen in erster Instanz und in zweiter Instanz das Verwaltungsgericht für mitarbeitervertretungsrechtliche Streitigkeiten der Evangelischen Kirche in Deutschland berufen.[21] Das ursprünglich für die Schlichtungsstellen geltende Enumerationsprinzip wurde in § 60 Abs. 1 MVG.EKD durch eine Generalklausel ersetzt: Die Schlichtungsstelle entscheidet auf Antrag unbeschadet der Rechte des Mitarbeiters über „alle Streitigkeiten, die sich aus der Anwendung dieses Kirchengesetzes zwischen den jeweils Beteiligten ergeben".

17 Gegen Beschlüsse der Schlichtungsstelle ist jedoch das Rechtsmittel der Beschwerde nur in den Angelegenheiten gegeben, die § 63 Abs. 1 MVG.EKD abschließend aufzählt. Zuständig ist das Verwaltungsgericht für mitarbeitervertretungsrechtliche Streitigkeiten der Evangelischen Kirche in Deutschland (§ 63 Abs. 2 MVG.EKD), das mit Sitz in Hannover durch Kirchengesetz vom 12. November 1993 (ABl.EKD S. 515) errichtet wurde. Das gilt aber für die Landeskirchen nur, soweit sie dem MVG.EKD nach Art. 10 lit. b GO.EKD zugestimmt haben, während die übrigen Landeskirchen entweder die Zuständigkeit dieses Gerichts eigens begründet haben oder die Zuständigkeit ihres eigenen Verwaltungsgerichts vorsehen.[22]

IV. Zuständigkeit der staatlichen Arbeitsgerichte bei der Anwendung des kirchlichen Mitarbeitervertretungsrechts

18 Handelt es sich um eine Rechtsstreitigkeit aus dem Arbeitsverhältnis, so entscheidet über sie, auch wenn es sich um ein kirchliches Arbeitsverhältnis handelt, das staatliche Arbeitsgericht im Urteilsverfahren (§ 2 Abs. 1 Nr. 3, Abs. 5 ArbGG). Das gilt auch, wenn die Entscheidung von der Anwendung des kirchlichen Mitarbeitervertretungsrechts abhängt. Die Zuständigkeit richtet sich danach, ob nach dem *Streitgegenstand* eine Streitigkeit aus dem

---

[20] Vgl. zur Zentralen Gutachterstelle *Bernards*, Schlichtungsstelle, S. 108 ff.
[21] Vgl. zur Gestaltung des kirchlichen Rechtsschutzes *Kienitz* NZA 1996, 963 ff.
[22] Vgl. *Fey/Rehren* MVG.EKD § 63 Rn. 14 ff.

Arbeitsverhältnis vorliegt. Bezieht der Streitgegenstand sich auf eine mitarbeitervertretungsrechtliche Streitigkeit, so ist der Rechtsweg zu den staatlichen Gerichten verschlossen.

Soweit die Arbeitsgerichte zuständig sind, müssen sie das kirchliche Recht anwenden, wenn von ihm die Entscheidung der Rechtsstreitigkeit abhängt.[23] Sie haben daher insoweit die Kompetenz zur Inzidentkontrolle. Diese Befugnis besteht nur dann nicht, wenn durch Kirchengesetz festgelegt ist, daß zur Klärung der Vorfrage ein kirchliches Gericht zuständig ist.[24] Solange diese Möglichkeit nicht besteht, haben die staatlichen Gerichte die Vorfragenkompetenz, müssen also selbst die Inzidentkontrolle vornehmen.

19

---

[23] S. § 20 Rn. 5.
[24] S. § 20 Rn. 3.

Literaturverzeichnis

Axer, Peter: Staat und Kirche im Sozialversicherungsrecht – Kirchliche Betätigung zwischen Sozialversicherungspflicht und Sozialversicherungsfreiheit, in: Festschrift für Joseph Listl, Berlin 1999, S. 587

Ayasse, Gerd – Bioly, Josef – Claes, Ansgard u. a.: Mitarbeitervertretungsordnung (MVO) in diakonischen Einrichtungen. Köln 1992

Bach, Karl-Heinz – Doering, Rüdiger – Grote, Walter – Kruska, Siegfried – Lötschert, Helmut – Maethner, Werner – Olechnowitz, Manfred: Mitarbeitervertretungsgesetz für den Bereich der Evangelischen Kirchen und Diakonischen Werke in Rheinland, Westfalen und Lippe. Kommentar. Dortmund 1995

Bauersachs, Martin: Die Beteiligung der kirchlichen Mitarbeiter an der Gestaltung kirchlicher Ordnung in den deutschen evangelischen Landeskirchen und ihren Zusammenschlüssen, unter besonderer Berücksichtigung des kirchlichen Dienst- und Arbeitsrechtes. Diss. Köln 1969

Baumann-Czichon, Bernhard – Germer, Lothar: Mitarbeitervertretungsgesetz der Evangelischen Kirche in Deutschland (MVG.EKD). Kommentar. Bremen 1997

– Mitarbeitervertretungsgesetz der Konföderation evangelischer Kirchen in Niedersachsen (MVG.K). Kommentar. Bremen 1997

Berchtenbreiter, Angelika: Kündigungsschutzprobleme im kirchlichen Arbeitsverhältnis. Zur Festlegung kirchenspezifischer Loyalitätspflichten und ihrer staatsgerichtlichen Kontrolle. Heidelberg 1984

Bernards, Cordula: Die Schlichtungsstelle im Mitarbeitervertretungsrecht der katholischen Kirche. (Diss. Freiburg i. Br. 1989) Neuwied, Kriftel, Berlin 1991

Biedenkopf, Kurt H.: Grenzen der Tarifautonomie. Karlsruhe 1964

Bietmann, Rolf: Betriebliche Mitbestimmung im kirchlichen Dienst. Arbeitsrechtliche Probleme der kirchlichen Mitarbeitervertretungsordnungen. Athenäum 1982

– Rahmenordnung für eine Mitarbeitervertretungsordnung der katholischen Kirche. Kurzkommentar. Stuttgart 1982

Bioly, Josef – Hintz, Cornelia – Wolf, Franz J.: Mitarbeitervertretungsgesetz. Kirchengesetz für die Evangelische Kirche von Westfalen, die Evangelisch-Lippische Landeskirche und die Diakonischen Einrichtungen. Kommentar. Köln 1984

Birk, Rolf: Koalitionsfreiheit und Tarifautonomie im Bereich der Kirchen und ihrer Einrichtungen, in: Arbeit und Recht (AuR), Sonderheft: Kirche und Arbeitsrecht, 1979, S. 9

Bischoff, Bernhard – Hammer, Ulrich: Grundfragen des kirchlichen Arbeitsrechts, AuR 1995, S. 161

Bleistein, Franzjosef: Schlichtungsverfahren in Streitigkeiten nach der Mitarbeitervertretungsordnung der Katholischen Kirche, RdA 1998, S. 37

Bleistein, Franzjosef – Thiel, Adolf: Kommentar zur Rahmenordnung für eine Mitarbeitervertretungsordnung (MAVO). 3. Aufl. Neuwied, Kriftel, Berlin 1997

Bötticher, Eduard: Gestaltungsrecht und Unterwerfung im Privatrecht. Vortrag gehalten vor der Berliner Juristischen Gesellschaft am 8. November 1963. Berlin 1964

Briza, Klaus: „Tarifvertrag" und „Dritter Weg". Arbeitsrechtsregelungsverfahren der Kirchen. Diss. Regensburg 1987

Buchner, Herbert: Tendenzförderung als arbeitsrechtliche Pflicht, ZfA 1979, S. 335

v. Campenhausen, Axel Freiherr: Staatskirchenrecht. 3. Aufl. München 1996

– In: v. Mangold/Klein, Das Bonner Grundgesetz, Kommentar, 3. Aufl.: Bd. 14: Artikel 136 bis 146. München 1991

– Gutachtliche Äußerung zu den Rechtsproblemen eines Anschlusses der Pfarrer und Kirchenbeamten an die Sozialversicherung, ZevKR Bd. 18 (1973) S. 236

Literaturverzeichnis

- Kirchenfreiheit im Sozialstaat. Zur Anwendung des Schwerbehindertengesetzes auf Geistliche, in: Festschrift für Hans Ulrich Scupin zum 80. Geburtstag, Berlin 1983, S. 705
- Die Verantwortung der Kirche und des Staates für die Regelung von Arbeitsverhältnissen im kirchlichen Bereich, in: Heiner Marré und Johannes Stüting (Hrsg.), Essener Gespräche zum Thema Staat und Kirche (EssG), Bd. 18 (1984) S. 9
- Kirchliches Selbstbestimmungsrecht und Arbeitsrecht, in: Festschrift für Willi Geiger zum 80. Geburtstag, Tübingen 1989, S. 580

Christoph, Joachim E.: Zur Relativität des Gewerkschaftsbegriffs. Zugleich Bemerkungen zum Rechtsstatus kirchlicher Mitarbeitervereinigungen, ZevKR Bd. 31 (1986) S. 216
- Rechtsnatur und Geltungsbereich des kirchlichen Mitarbeitervertretungsrechts, ZevKR Bd. 32 (1987) S. 47

Däubler, Wolfgang: Gewerkschaftsrechte im Betrieb. Argumentationshilfen für die Praxis in Betrieb und Verwaltung. 9. Aufl. Neuwied, Kriftel 1998

Dersch, Hermann: Kommentar zum Betriebsrätegesetz. 6. Aufl. Mannheim 1923

Dieterich, Thomas – Hanau, Peter – Schaub, Günter (Hrsg.): Erfurter Kommentar zum Arbeitsrecht. München 1998

Dietz, Hartmut: Das Arbeitsrechtsregelungsgesetz der evangelischen Kirche und die Tarifautonomie, RdA 1979, S. 79

Dietz, Rolf: Die Koalitionsfreiheit, in: Bettermann/Nipperdey/Scheuner, Die Grundrechte, Bd. III/1, Berlin 1958, S. 417

Dietz, Rolf – Richardi, Reinhard: Bundespersonalvertretungsgesetz. Kommentar unter Berücksichtigung der Landespersonalvertretungsgesetze von Reinhard Richardi. 2. Aufl. München 1978

Dütz, Wilhelm: Gewerkschaftliche Betätigung in kirchlichen Einrichtungen. Athenäum 1982
- Soziale Mächtigkeit als Voraussetzung eines einheitlichen Koalitionsbegriffs?, AuR 1976, S. 65
- Das arbeitsrechtliche Verhältnis der Kirchen zu ihren Beschäftigten, in: Arbeit und Recht (AuR), Sonderheft: Kirche und Arbeitsrecht, 1979, S. 2
- Aktuelle kollektivrechtliche Fragen des kirchlichen Dienstes, in: Heiner Marré und Johannes Stüting (Hrsg.), Essener Gespräche zum Thema Staat und Kirche (EssG), Bd. 18 (1984) S. 67
- Kirche und Koalitionsrecht. Zur Problematik des kirchlichen Arbeitsrechts-Regelungsverfahrens, insbesondere des sog. Dritten Wegs der Kirchen, ZevKR Bd. 30 (1985) S. 77
- Das Bundesverfassungsgericht zur Kündigung kirchlicher Arbeitsverhältnisse, NZA 1986 Beil. 1, S. 11
- Kirchliche Festlegung arbeitsvertraglicher Kündigungsgründe? NJW 1990, S. 2025
- Die Zukunft die „Dritten Wegs" von Kirche und Caritas im Arbeitsrecht, in: Norbert Feldhoff und Alfred Dünner (Hrsg.), Die verbandliche Caritas – Praktisch-theologische und kirchenrechtliche Aspekte. Freiburg i. Br. 1991, S. 119
- Neue Grundlagen im Arbeitsrecht der katholischen Kirche, NJW 1994, S. 1369
- Staatskirchenrechtliche Gerichtsschutzverfahren im Arbeitsrecht, in: Festschrift für Wolfram Henckel zum 70. Geburtstag, Berlin und New York 1995, S. 145
- Mitbestimmung in kirchlichen Wirtschaftsbetrieben, in: Festschrift zum 70. Geburtstag von Eugen Stahlhacke, Neuwied, Kriftel, Berlin 1995, S. 101
- Die „Tarif"-wirkung von kirchlichen Arbeitsrechtsregelungen, in: Festschrift für Günter Schaub zum 65. Geburtstag, München 1998, S. 157
- Zur Betriebsübung im zivilen, öffentlichen und kirchlichen Arbeitsrecht, in: Festschrift für Günther Wiese zum 70. Geburtstag, Neuwied und Kriftel (Taunus) 1998, S. 85
- Arbeitsgerichtliche Überprüfung von kollektiven kirchlichen Arbeitsrechtsregelungen, in: Festschrift für Joseph Listl, Berlin 1999, S. 573

Duhnenkamp, J.: Das Mitarbeitervertretungsrecht im Bereich der Evangelischen Kirche. Stuttgart 1986

Literaturverzeichnis

Eder, Joachim: Tarifpartnerin Katholische Kirche? – Der „Dritte Weg" der katholischen Kirche in der Bundesrepublik Deutschland aus kanonistischer Sicht. Passau 1991
- Tarifdispositive Normen und Kirchenklauseln, ZTR 1997, S. 482
- Kirchengerichtliche arbeitsrechtliche Verfahren gegen Diözesanbischöfe im Bereich des Dritten Weges, KuR 1999, S. 9 (= 610, S. 21)

Fabricius, Fritz – Kraft, Alfons – Wiese, Günther – Kreutz, Peter – Oetker, Hartmut: Betriebsverfassungsgesetz, Gemeinschaftskommentar. Bd. II. 6. Aufl. Neuwied Kriftel 1998

Fastrich, Lorenz: Richterliche Inhaltskontrolle im Privatrecht. München 1992

Fey, Detlev: Sinnvolle Vielfalt? – Die Struktur der Arbeitsrechtsetzung innerhalb der EKD und ihrer Diakonie, ZMV 1997, S. 55

Fey, Detlev – Rehren, Olaf (Hrsg.): MVG.EKD – Kirchengesetz über Mitarbeitervertretungen in der Evangelischen Kirche in Deutschland. PraxisKommentar. Stuttgart, Loseblatt seit 1994

Fitting, Karl – Kaiser, Heinz – Heither, Friedrich – Engels, Gerd: Betriebsverfassungsgesetz. Handkommentar. 19. Aufl. München 1998

Flume, Werner: Allgemeiner Teil des Bürgerlichen Rechts. Bd. II: Das Rechtsgeschäft. 3. Aufl. Berlin–Heidelberg–New York 1979

Frank, Johann: Das Dienstrecht der Kirchen und Religionsgemeinschaften (Dienst- und Arbeitsrecht), HdbStKirchR Bd. I, 1974, S. 669
- Grundsätze des Dienst- und Arbeitsrechts der evangelischen Kirche, in: Joseph Krautscheidt und Heiner Marré (Hrsg.): Essener Gespräche zum Thema Staat und Kirche (EssG), Bd. 10 (1976) S. 9
- Geschichte und neuere Entwicklung des Rechts der kirchlichen Beamten, ZevKR Bd. 10 (1963/64) S. 264
- Entwicklungen und Probleme des kollektiven Arbeitsrechts in der evangelischen Kirche. RdA 1979, S. 86

Frey, Hans-Günther: Kirchlicher Dienst und Mitgliedschaft im DGB, in: CARITAS '81 – Jahrbuch des Deutschen Caritasverbandes, S. 87

Frey, Hans Günther – Bahles, Elmar (Hrsg.): Dienst- und Arbeitsrecht in der katholischen Kirche. Ergänzbare Rechtsquellensammlung. Luchterhand (Loseblatt-Sammlung in zwei Bänden)

Frey, Hans-Günther – Schmitz-Elsen, Josef – Coutelle, Reinhold: Kommentar zur Rahmenordnung für eine Mitarbeitervertretungsordnung (MAVO). 3. Aufl. Freiburg i. Br. 1988

Friesenhahn, Ernst: Die Kirchen und Religionsgemeinschaften als Körperschaften des öffentlichen Rechts. HdbStKirchR Bd. I, 1974, S. 545

Galperin, Hans – Löwisch, Manfred: Kommentar zum Betriebsverfassungsgesetz. 6. Aufl. Bd. I: Organisation der Betriebsverfassung (§§ 1–73 und Wahlordnung) von Manfred Löwisch und Rolf Marienhagen, Heidelberg 1982 – Bd. II: Regelung der Mitbestimmung (§§ 74–132) von Manfred Löwisch unter Mitarbeit von Bernd Kröger. Heidelberg 1982

Gamillscheg, Franz: Kollektives Arbeitsrecht. Bd. I: Grundlagen/Koalitionsfreiheit/Tarifvertrag/Arbeitskampf und Schlichtung. München 1997
- Kirchliche Selbstverwaltung und Art. 9 III GG, in: Festschrift für Albrecht Zeuner zum 70. Geburtstag, Tübingen 1994, S. 39

Geck, Barbara – Schimmel, Roland: Grenzen der Kündigung kirchlicher Arbeitsverhältnisse, AuR 1995, S. 177

Gehring, Heinrich: Kirchenarbeitsrecht, in: Das Bürgerliche Gesetzbuch und Kommentar, hrsg. von Mitgliedern des Bundesgerichtshofes, 12. Aufl., § 630 Anh. III. Berlin und New York 1992
- Das Verwaltungsgericht für mitarbeitervertretungsrechtliche Streitigkeiten der Evangelischen Kirche in Deutschland und sein Verfahren, AuR 1995, S. 169

Geiger, Wilhelm: Caritas im freiheitlichen Rechtsstaat. Freiburg 1977

Literaturverzeichnis

- Die Rechtsprechung des Bundesverfassungsgerichts zum kirchlichen Selbstbestimmungsrecht, ZevKR Bd. 26 (1981) S. 156

Grethlein, Gerhard: Kirchliches Dienst- und Arbeitsrecht in den evangelischen Kirchen in der Bundesrepublik Deutschland, in: Festschrift für den Hauptverband kirchlicher Mitarbeiter im Bereich der evangelischen Kirche in Deutschland, 1977, S. 38
- Die Autonomie der Kirche, Freiraum und Grenzen bei der Gestaltung der Dienst- und Arbeitsverhältnisse im Blick auf die Personalplanung, ZevKR Bd. 24 (1979) S. 270
- Probleme des Dritten Weges der Kirchen, NZA 1986 Beil. 1, S. 18
- Entstehungsgeschichte des Dritten Weges, ZevKR Bd. 37 (1992) S. 1

Grethlein, Gerhard – Spengler, Erhard: Der Dritte Weg der Kirchen, BB 1980 Beilage 10

Grundmann, Siegfried: Das Verhältnis von Staat und Kirche auf der Grundlage des Vertrags Kirchenrecht, in: Österreichisches Archiv für Kirchenrecht (ÖAKR) Bd. 13 (1962) S. 281 = Abhandlungen zum Kirchenrecht, Köln–Wien 1969, S. 298
- Das Bundesverfassungsgericht und das Staatskirchenrecht, JZ 1966, S. 81

Häberle, Peter: Verbände als Gegenstand demokratischer Verfassungslehre, ZHR Bd. 145 (1981) S. 473

Hanau, Peter: Zum Verhältnis von Kirche und Arbeitsrecht, ZevKR Bd. 25 (1980) S. 61

Hanau, Peter – Thüsing, Gregor: Änderung der Arbeitsbedingungen in Kirche und Diakonie, KuR 1999, S. 143 (= 350, S. 55)

Heckel, Johannes: Das staatskirchenrechtliche Schrifttum der Jahre 1930 und 1931, in: Verwaltungsarchiv (VerwArch) Bd. 37 (1932) S. 280

Heckel, Martin: Zur Entwicklung des deutschen Staatskirchenrechts von der Reformation bis zur Schwelle der Weimarer Verfassung, ZevKR Bd. 12 (1966), S. 1
- Die Kirchen unter dem Grundgesetz, VVDStRL Heft 26 (1968) S. 5
- Gleichheit oder Privilegien? – Der allgemeine und der Besondere Gleichheitssatz im Staatskirchenrecht. Tübingen 1993

Heimerl, Hans – Pree, Helmuth: Handbuch des Vermögensrechts der katholischen Kirche. Regensburg 1993 (Kirchliches Dienst-, Arbeits- und Besoldungsrecht, S. 663 ff.)

Herr, Theodor: Arbeitgeber Kirche – Dienst in der Kirche. Biblische und theologische Grundlagen. Paderborn 1985

Herschel, Wilhelm: Kirche und Koalitionsrecht. Ein Rechtsgutachten erstattet für die Gewerkschaft ÖTV. Stuttgart 1978
- Kirchliche Einrichtungen und Betriebsverfassung, AuR 1978, S. 172

Hesse, Konrad: Grundzüge des Verfassungsrechts der Bundesrepublik Deutschland. 20. Aufl. Heidelberg 1995/99
- Der Rechtsschutz durch staatliche Gerichte im kirchlichen Bereich. Zugleich ein Beitrag zur Frage des rechtlichen Verhältnisses von Staat und Kirche in der Gegenwart. Göttingen 1956
- Staatskirchenrechtliche Voreiligkeiten?, ZevKR Bd. 6 (1957/58) S. 177
- Grundrechtsbindung der Kirchen?, in: Festschrift für Werner Weber, Berlin 1974, S. 447
- Das Selbstbestimmungsrecht der Kirchen und Religionsgemeinschaften, HdbStKirchR Bd. I, 2. Aufl. 1994, S. 521

Hollerbach, Alexander: Verträge zwischen Staat und Kirche in der Bundesrepublik Deutschland. Frankfurt a. M. 1965
- Die Kirche unter dem Grundgesetz, VVDStRL Heft 26 (1968), S. 57
- Das Staatskirchenrecht in der Rechtsprechung des Bundesverfassungsgerichts (2), AöR Bd. 106 (1981) S. 218
- Grundlagen des Staatskirchenrechts (§ 138) – Der verfassungsrechtliche Schutz kirchlicher Organisation (§ 139). In: Josef Isensee und Paul Kirchhof (Hrsg.), Handbuch des Staatsrechts der Bundesrepublik Deutschland, Bd. VI: Freiheitsrechte. Heidelberg 1989

v. Hoyningen-Huene, Gerrick Freiherr: Die Billigkeit im Arbeitsrecht. München 1978

Hueck, Alfred – Nipperdey, Hans-Carl: Lehrbuch des Arbeitsrechts, Bd. I von Alfred Hueck, Berlin und Frankfurt a. M. 1963 – Bd. II/1 von H. C. Nipperdey, 7. Aufl. Berlin

Literaturverzeichnis

und Frankfurt a. M. 1967 – Bd. II/2 von H. C. Nipperdey unter Mitarbeit von Franz Jürgen Säcker, Berlin und Frankfurt a. M. 1970

Isensee, Josef: Kirchliche Loyalität im Rahmen des staatlichen Arbeitsrechts. Verfassungsrechtliche Aspekte des kirchlichen Arbeitsverhältnisses, in: Festschrift für Klaus Obermayer, München 1986, S. 203

Jacobi, Erwin: Betrieb und Unternehmen als Rechtsbegriffe. Sonderdruck aus der Festschrift für Viktor Ehrenberg. Leipzig 1926

Janssen, Albert: Das Streikrecht der Angestellten und Arbeiter im öffentlichen Dienst und der „Dritte Weg" der Kirchen. Zugleich ein Beitrag zur exemplarischen Bedeutung des Kirchenrechts. Heidelberg 1982

Jürgens, Carl Caspar: Die normative Tragweite des kirchlichen Selbstbestimmungsrechts für die Regelungen des Dritten Weges im Bereich der kirchlichen Wohlfahrtspflege (Diakonie). (Diss. Göttingen 1991) Stuttgart 1992

Jurina, Josef: Der Rechtsstatus der Kirchen und Religionsgemeinschaften im Bereich ihrer eigenen Angelegenheiten. Berlin 1972

– Das Dienst- und Arbeitsrecht im Bereich der Kirchen in der Bundesrepublik Deutschland. Berlin 1979

– Dienst- und Arbeitsrecht in der katholischen Kirche, in: Joseph Krautscheidt und Heiner Marré (Hrsg.): Essener Gespräche zum Thema Staat und Kirche (EssG), Bd. 10 (1976) S. 57

– Dienst- und Arbeitsrecht in der katholischen Kirche, in: Stimmen der Zeit Bd. 196 (1978) S. 617

– Kirchenfreiheit und Arbeitsrecht, in: Festschrift für Johannes Broermann, Berlin 1982, S. 797

– Die Dienstgemeinschaft der Mitarbeiter des kirchlichen Dienstes, ZevKR Bd. 29 (1984) S. 171

– Die Subsidiarität arbeitsrechtlicher Gesetze gegenüber kircheneigenen Regelungen, NZA 1986 Beil. 1, S. 15

– Zur Entwicklung des „Dritten Weges" in der Katholischen Kirche, in: Festschrift für Joseph Listl, Berlin 1999, S. 519

Kalisch, Wilhelm: Grund- und Einzelfragen des kirchlichen Dienstrechts, ZevKR Bd. 2 (1952/1953) S. 24

Kammerer, Klaus: Der Schlichtungsausschuß nach dem Mitarbeitervertretungsrecht der Evangelischen Kirchen, BB 1985, S. 1986

Keßler, Rainer: Die Kirchen und das Arbeitsrecht. Darmstadt 1986

Kirchhof, Paul: Die Kirchen und Religionsgemeinschaft als Körperschaften des öffentlichen Rechts, HdbStKirchR Bd. I, 2. Aufl. 1994, S. 651

Kleingünther, Martin: Strukturveränderungen in Form und Inhalt des kirchlichen Arbeitsrechts, ZevKR Bd. 43 (1998) S. 493

Kienitz, Andreas: Der Kernbereich der Beteiligungsrechte nach dem MVG EKD, NZA 1995, S. 1187

– Kirchengerichtlicher Rechtschutz bei Streitigkeiten nach dem MVG EKD, NZA 1996, S. 963

Klimpe-Auerbach, Wolf: Die Grundordnung des kirchlichen Dienstes im Rahmen kirchlicher Arbeitsverhältnisse, AuR 1995, S. 170

Klosterkemper, Heinrich: Das Zugangsrecht der Gewerkschaften zum Betrieb. Unter besonderer Berücksichtigung der Tendenzbetriebe und kirchlichen Einrichtungen. Königstein/Ts.: Athenäum 1980

Kluge, Rainer Herbert: Arbeitsrechtliche Probleme im Bereich der freien gemeinnützigen Wohlfahrtspflege. Zugleich ein Beitrag zur Bedeutung und Funktion allgemeiner Geschäftsbedingungen im Arbeitsvertragsrecht und zu betriebsverfassungsrechtlichen Problemen in Tendenzunternehmen. Bonn 1974

Kohte, Wolfhard: Die betriebsverfassungsrechtliche Sonderstellung von karitativen Einrichtungen der Religionsgemeinschaften, BlStSozArbR 1983, S. 145

Literaturverzeichnis

Kreitner, Jochen: Kündigungsrechtliche Probleme beim Betriebsinhaberwechsel. Heidelberg 1989
Krüger, Hartmut: Die Eigenständigkeit der Kirchen im Personalvertretungsrecht, PersV 1988, S. 42
Kuper, Bernd-Otto: Arbeitnehmer im kirchlichen Dienst, in: Stimmen der Zeit Bd. 195 (1977) S. 626
- Betriebliche und überbetriebliche Mitwirkung im kirchlichen Dienst, RdA 1979, S. 93

Leisner, Walter: Karitas – innere Angelegenheit der Kirchen, DÖV 1977, S. 475
- Verfassungskonflikt zwischen Kirche und Gewerkschaften, BayVBl. 1980, S. 321

Leser, Peter: Einige grundsätzliche Überlegungen zum Mitarbeitervertretungsrecht der Kirche und Diakonie, in: Diakonie in Bindung und Freiheit, Dankesgruß an Dr. Helmut Seifert, Stuttgart 1988, S. 11
Liermann, Hans: Handbuch des Stiftungsrechts. Bd. I. Tübingen 1963
Link, Christoph: Krankenversicherungspflicht für Pfarrer? – Sozialversicherungsrechtliche Aspekte der Kirchenfreiheit, in: Festschrift für Klaus Obermayer, München 1986, S. 227
Listl, Joseph: Die Arbeitsverhältnisse der kirchlichen Dienstnehmer in der Rechtsprechung der Gerichte der Bundesrepublik Deutschland, Jahrbuch für Christliche Sozialwissenschaften Bd. 27 (1986) S. 131
Löwisch, Manfred: Einrichtungen der Religionsgemeinschaften i. S. des § 118 Abs. 2 BetrVG und des § 112 BPersVG, in: Arbeit und Recht (AuR), Sonderheft: Kirche und Arbeitsrecht, 1979, S. 33
v. Mangoldt, Hermann – Klein, Friedrich: Das Bonner Grundgesetz. 2. Aufl. von Friedrich Klein Bd. I. Berlin und Frankfurt a. M. 1957
Marré, Heiner: Zur Loyalität im Dienst der Kirche, Theologie und Glaube Bd. 78 (1988) S. 397
Marx, Siegfried: Staatskirchenrechtliche Bestimmungen zum Vermögens- und Stiftungsrecht im Bereich der katholischen Kirche, HdbStKirchR, Bd. II, 1975, S. 117
- Die arbeitsrechtliche Kirchlichkeitsklausel im Spannungsfeld zwischen kirchlichen Anforderungen und staatlichem Recht. Fuldaer Hochschulschriften 11. Frankfurt am Main 1990

Maunz, Theodor – Dürig, Günter: Grundgesetz. Kommentar (Loseblattsammlung). München seit 1959
Mayer-Maly, Theo: Erwerbsabsicht und Arbeitnehmerbegriff. Berlin 1965
- Betrieb und Gewerkschaft. Schriftenreihe der Arbeitgeberverbände in Bayern. 1968
- Krankenhausstruktur, Betriebsverfassung und Kirchenautonomie. Stuttgart 1975
- Betriebsverfassung und Religion, in: Festschrift für Willibald Plöchl, Wien 1967, S. 283
- Krankenhauskonferenzen, VSSR Bd. 2 (1974) S. 111
- Das staatliche Arbeitsrecht und die Kirchen, in: Josef Krautscheidt und Heiner Marré (Hrsg.): Essener Gespräche zum Thema Staat und Kirche (EssG), Bd. 10 (1976) S. 127 = Theo Mayer-Maly, Ausgewählte Schriften zum Arbeitsrecht, 1991, S. 303
- Anmerkung zum Urteil des LAG Saarbrücken vom 29. 10. 1975 (abgedruckt in NJW 1976 S. 645), NJW 1976, S. 1118
- Die Abstraktion von der Rechtsform kirchlicher Einrichtungen bei der Freistellung vom Betriebsverfassungsgesetz, BB 1977, S. 249
- Anmerkung zum Urteil des LAG Hamm vom 21. 1. 1977, BB 1977, S. 749
- Die arbeitsrechtliche Tragweite des kirchlichen Selbstbestimmungsrechts, BB 1977 Beilage 3 = Theo Mayer-Maly, Ausgewählte Schriften zum Arbeitsrecht, 1991, S. 324
- Arbeitsrecht im kirchlichen Dienst, in: Österreichisches Archiv für Kirchenrecht (ÖAKR) Bd. 28 (1977) S. 64 = Theo Mayer-Maly, Ausgewählte Schriften zum Arbeitsrecht, 1991, S. 358
- Gewerkschaftliche Zutrittsrechte: Allgemeine Probleme und Sonderfragen bei kirchlichen Einrichtungen, BB 1979 Beil. 4
- Kirchenfreiheit contra Koalitionsrecht?, BB 1979, S. 632

Literaturverzeichnis

- Loyalitätspflichten von Arbeitnehmern im Kirchendienst, in: Im Dienst von Kirche und Staat. In memoriam Carl Holböck, Wien 1985, S. 619

Mörsdorf, Klaus: Lehrbuch des Kirchenrechts auf Grund des Codex Iuris Canonici, begründet von Eduard Eichmann, fortgeführt von Klaus Mörsdorf, Bd. I: Einleitung, Allgemeiner Teil und Personenrecht, 11. Aufl. München–Paderborn–Wien 1964

- Das eine Volk Gottes und die Teilhabe der Laien an der Sendung der Kirche, in: ecclesia et ius, Festgabe für Audomar Scheuermann, München–Paderborn–Wien 1968, S. 99
- Das konziliare Verständnis vom Wesen der Kirche in der nachkonziliaren Gestaltung der kirchlichen Rechtsordnung, AkathKR Bd. 144 (1975) S. 386

Mösenfechtel, Ludwig – Perwitz-Passan, Angelika – Wiertz, Marion: Rahmenordnung '85 für eine Mitarbeitervertretungsordnung (MAVO '85). Kommentar. Köln 1987

Molitor, Erich: Zum Arbeitsrecht der kirchlichen Bediensteten, in: Festschrift für Albert Stohr, 1960, Bd. II S. 231

Müller, Gerhard: Die Koalitionen in der Rechtsordnung der Bundesrepublik Deutschland, in: Juristen-Jahrbuch Bd. 10 (1969/70) S. 125

- Staatskirchenrecht und normatives Arbeitsrecht – eine Problemskizze –, RdA 1979, S. 71

Müller-Volbehr, Gerd: Europa und das Arbeitsrecht der Kirchen. (Diss. Regensburg) Heidelberg 1999

Mummenhoff, Winfried: Loyalität im kirchlichen Arbeitsverhältnis, NZA 1990, S. 585

Naendrup, Peter-Hubert: Kirchenbezogene Aspekte der Zutritts- und Informationsrechte von Gewerkschaften, Arbeit und Recht (AuR), Sonderheft: Kirche und Arbeitsrecht, 1979, S. 37

- Tarifverträge mit kirchlichen Einrichtungen – Betrachtungen zu einem arbeitsverfassungsrechtlichen Werturteilsstreit –, BlStSozArbR 1979, S. 353

v. Nell-Breuning, Oswald SJ: Kirchliche Dienstgemeinschaft, in: Stimmen der Zeit Bd. 195 (1977) S. 705

- Arbeitnehmer in kirchlichem Dienst, AuR 1979, S. 1

Neumann, Dirk: Zum Schrankenvorbehalt der Kirchenautonomie, in: Festschrift für Gerhard Müller, 1981, S. 353

Niebler, Engelbert: Abgestufte Loyalität?, AkathKR Bd. 159 (1990) S. 464

Nikisch, Arthur: Arbeitsrecht. I. Bd.: Allgemeine Lehren und Arbeitsvertragsrecht. 3. Aufl. Tübingen 1961 – II. Bd.: Koalitionsrecht, Arbeitskampfrecht und Tarifvertragsrecht. 2. Aufl. Tübingen 1959

Obermayer, Klaus: Rechtsgutachten über die Möglichkeit einer Versicherung der Kirchenbeamten und Geistlichen in der Angestellten-Rentenversicherung, ZevKR Bd. 18 (1973) S. 247

Otto, Günter: Das Spannungsverhältnis zwischen der Regelungsautonomie der Kirchen und dem Grundrechtsschutz von Ehe, Familie und Religionsfreiheit, FamRZ 1994, S. 929

Otto, Hansjörg: Personale Freiheit und soziale Bindung. Zur Kontrolle und Gewährleistung personal motivierten Verhaltens im Privatrecht. München 1978

- Toleranz in den Arbeitsbeziehungen, AuR 1980, S. 289
- Die verfassungsrechtliche Gewährleistung der koalitionsspezifischen Betätigung. Eine Analyse des Beschlusses des Bundesverfassungsgerichts vom 17. Februar 1981–2 BvR 384/78 – zur Frage gewerkschaftlicher Zutrittsrechte zu kirchlichen Einrichtungen. Erstattet für die Gewerkschaft ÖTV. Stuttgart 1982

Pahlke, Armin: Kirche und Koalitionsrecht. Zur Problematik des kirchlichen Arbeitsrechtsregelungsverfahrens, insbesondere des sog. Dritten Weges der Kirchen. Tübingen 1983

- Der „Dritte Weg" der Kirchen im Arbeitsrecht, NJW 1986, S. 350

Pirson, Dietrich: Kirchliches Recht in der weltlichen Rechtsordnung, in: Festschrift für Erich Ruppel, 1968, S. 277

- Kirchliches Arbeitsvertragsrecht, RdA 1979, S. 65

Literaturverzeichnis

– Das kircheneigene Dienstrecht der Geistlichen und Kirchenbeamten, HdbStKirchR, 2. Aufl., Bd. II, 1995, S. 845

Rahner, Karl: Grundkurs des Glaubens. Freiburg 1976

Ratzinger, Joseph Kardinal: Einführung in das Christentum. München 1968

Rauscher, Anton: Die Eigenart des kirchlichen Dienstes. Zur Entscheidung der katholischen Kirche für den „Dritten Weg". Würzburg 1983

Reuter, Dieter: Grundlagen des Kündigungsschutzes – Bestandsaufnahme und Kritik, in: 25 Jahre Bundesarbeitsgericht (BAG-Festschrift), München 1979, S. 405

– Der neuralgische Dritte Weg. Zu den rechtlichen Grundlagen kirchlicher Arbeitsverhältnisse, HK 1994, S. 194

Richardi, Reinhard: Kollektivgewalt und Individualwille bei der Gestaltung des Arbeitsverhältnisses. München 1968

– Betriebsverfassungsgesetz. Kommentar. 7. Aufl. des von Rolf Dietz begründeten Kommentars. München 1998

– Kommentar zum Dienstvertrag (Vorbemerkung, §§ 611–615). In: Staudinger, Kommentar zum Bürgerlichen Gesetzbuch. Berlin 1999

– Grundprobleme der kollektiven Koalitionsfreiheit, ZfA 1970, S. 85

– Arbeitsrecht und kirchliche Ordnung, ZevKR Bd. 15 (1970) S. 219

– Kirchlicher Dienst und Arbeitsrecht, ZevKR Bd. 19 (1974) S. 275

– Zugangsrecht der Gewerkschaften zum Betrieb, DB 1978, S. 1736

– Kirchenautonomie und gesetzliche Betriebsverfassung, ZevKR Bd. 23 (1978) S. 367

– Die arbeitsrechtliche Regelungsautonomie der Kirchen, in: 25 Jahre Bundesarbeitsgericht (BAG-Festschrift), München 1979, S. 429

– Das Betätigungsrecht der Koalitionen in kirchlichen Einrichtungen, in: Festschrift für Günther Beitzke, Berlin und New York 1979, S. 873

– Die Bedeutung des Mitbestimmungsurteils des Bundesverfassungsgerichts vom 1. März 1979 für die Arbeitsrechtsordnung, AöR Bd. 104 (1979) S. 546

– Die Rechtsstellung der Gewerkschaften im Betrieb, in: Festschrift für Gerhard Müller, Berlin 1981, S. 413

– Das kollektive Arbeitsrecht der Kirchen in der Bundesrepublik Deutschland. In: Bernd Rüthers/Jean Savatier/Nicole Fontaine/Reinhard Richardi: Die Kirchen und das Arbeitsrecht in der Bundesrepublik Deutschland und in Frankreich. Deutsch-Französische Kolloquien, Bd. 6, hrsg. von Joseph Listl und Jean Schlick. Kehl am Rhein und Straßburg 1984, S. 95

– Die arbeitsrechtliche Bedeutung der christlichen Dienstgemeinschaft für die Arbeitsverhältnisse kirchlicher Mitarbeiter, ZfA 1984, S. 109

– Das Selbstbestimmungsrecht der Kirchen im Arbeitsrecht, NZA 1986 Beil. 1, S. 3

– Kirche und Arbeitsrecht. Zugleich Besprechung von Essener Gespräche zum Thema Staat und Kirche, Bd. 18: Arbeitsrecht in der Kirche (1984), ZevKR Bd. 32 (1987) S. 628

– Die Betriebsverfassung der evangelischen Kirche, in: Festschrift für Otto Rudolf Kissel zum 65. Geburtstag, München 1994, S. 967

– Auslegung und Kontrolle von Arbeitsverträgen und Betriebsvereinbarungen in der Rechtsprechung des Bundesarbeitsgerichts, in: Festschrift zum 100 jährigen Bestehen des Deutschen Arbeitsgerichtsverbandes, Neuwied, Kriftel, Berlin 1994, S. 537

– Die Grundordnung der katholischen Kirche für den kirchlichen Dienst im Rahmen kirchlicher Arbeitsverhältnisse, NZA 1994, S. 19

– Der Dritte Weg der Kirchen im kollektiven Arbeitsrecht, ZTR 1994, S. 99

– Das kollektive kirchliche Dienst- und Arbeitsrecht, HdbStKirchR, 2. Aufl., Bd. II, 1995, S. 927

– Kirchenbedienstete, in: Arbeitsrecht-Blattei: Kirchenbedienstete (SD 960), 1997

– Die Mitbestimmung bei Kündigungen im kirchlichen Arbeitsrecht, NZA 1998, S. 113

– Neugestaltung im kollektiven Arbeitsrecht der katholischen Kirche, NZA 1998, S. 1305

Literaturverzeichnis

- Privatautonome Gestaltung des kirchlichen Dienstes als Gegenstand des Kirchenrechts, in: Festschrift für Martin Heckel, Tübingen 1999, S. 219
- Preisgabe kirchlicher Einrichtungen durch Ausgliederung in eine Kapitalgesellschaft, in: Festschrift für Joseph Listl, Berlin 1999, S. 481
- Arbeitsrecht und Kirchenrecht, RdA 1999, S. 112

Rüfner, Wolfgang: Die Geltung von Grundrechten im kirchlichen Bereich, in: Josef Krautscheidt und Heiner Marré (Hrsg.), Essener Gespräche zum Thema Staat und Kirche (EssG), Bd. 7 (1972) S. 9
- Arbeitsverhältnisse im kirchlichen Dienst. Zum Verhältnis von Staat und Kirche im Individualarbeitsrecht, in: Festschrift der Rechtswissenschaftlichen Fakultät zur 600-Jahr-Feier der Universität zu Köln, Köln – Berlin – Bonn – München 1988, S. 797
- Das kirchlich rezipierte und adaptierte Dienst- und Arbeitsrecht der übrigen kirchlichen Bediensteten, HdbStKirchR, 2. Aufl., Bd. II, 1995, S. 877
- Individualrechtliche Aspekte des kirchlichen Dienst- und Arbeitsrechts, HdbStKirchR, 2. Aufl., Bd. II, 1995, S. 901

Rüthers, Bernd: Das Recht der Gewerkschaften auf Information und Mitgliederwerbung im Betrieb. Ein Rechtsgutachten. München 1968 = RdA 1968, S. 161
- Gewerkschaftliche Mitgliederwerbung im Betrieb und in der Dienststelle – BAG, AP Art. 9 GG Nr. 10 und BVerfG, NJW 1970, S. 1635, JuS 1970, S. 607
- Kirchenautonomie und gesetzlicher Kündigungsschutz, NJW 1976, S. 1918
- Replik zu Gerhard Struck, Nochmals: Kirchenautonomie und gesetzlicher Kündigungsschutz (NJW 1977, S. 366), NJW 1977, S. 368
- Tendenzschutz und Kirchenautonomie im Arbeitsrecht, NJW 1978, S. 2066
- Schwerbehindertengesetz und Kirchenautonomie, ein Beitrag zur staatskirchenrechtlichen Stellung katholischer Geistlicher im Arbeitsrecht, in: Festschrift für Wilhelm Herschel zum 85. Geburtstag, München 1982, S. 351
- Individualrechtliche Aspekte des kirchlichen Arbeitsrechts in der Bundesrepublik Deutschland. In: Bernd Rüthers/Jean Savatier/Nicole Fontaine/Reinhard Richardi: Die Kirchen und das Arbeitsrecht in der Bundesrepublik Deutschland und in Frankreich. Deutsch-Französische Kolloquien, Bd. 6, hrsg. von Joseph Listl und Jean Schlick. Kehl am Rhein und Straßburg 1984, S. 3
- Wie kirchentreu müssen kirchliche Arbeitnehmer sein?, NJW 1986, S. 356

Ruland, Franz: Werbung und Information durch Beauftragte der Gewerkschaften in Betrieben und kirchlichen Einrichtungen. Ein Gutachten zur Verfassungsbeschwerde gegen das Urteil des Bundesarbeitsgerichts vom 14. Februar 1978–1 AZR 280/77 und das Urteil des Landesarbeitsgerichts Hamm vom 21. Januar 1977–3 Sa 941/76 –. Erstattet für die Gewerkschaft ÖTV. Stuttgart 1980
- Die Sonderstellung der Religionsgemeinschaften im Kündigungsschutzrecht und in den staatlichen Mitbestimmungsordnungen, NJW 1980, S. 89

Runggaldier, Ulrich – Schinkele, Brigitte (Hrsg.): Arbeitsrecht und Kirche – Zur arbeitsrechtlichen und sozialrechtlichen Stellung von Klerikern, Ordensangehörigen und kirchlichen Mitarbeitern in Österreich. Wien, New York 1996

Säcker, Franz-Jürgen: Grundprobleme der kollektiven Koalitionsfreiheit. Düsseldorf 1969

Säcker, Horst: Die Grundrechtsbindung der kirchlichen Gewalt, DVBl. 1969, S. 5

Smend, Rudolf: Staat und Kirche nach dem Bonner Grundgesetz, ZevKR Bd. 1 (1951) S. 4, neu abgedruckt in: Staatsrechtliche Abhandlungen und andere Aufsätze, Berlin 1955, S. 411

Spengler, Erhard: Die Rechtsprechung zum Arbeitsrecht in kirchlichen Angelegenheiten – insbesondere zur Loyalitätspflicht der kirchlichen Mitarbeiter, NZA 1987, S. 833

Scheffer, Reinhard Theodor: Kommentar zu den Arbeitsvertragsrichtlinien des Diakonischen Werkes der Evangelischen Kirche in Deutschland (Loseblatt-Sammlung). 3. Aufl. Stuttgart 1975
- Das Mitarbeitervertretungsrecht der evangelischen Kirche und ihrer Diakonie. Kommentar zur Ordnung für die Mitarbeitervertretungen in diakonischen Einrichtungen

Literaturverzeichnis

verbunden mit einer Zusammenstellung der Texte neuerer kirchlicher Mitarbeitervertretungsgesetze (Loseblatt-Sammlung). 2. Aufl. i.F. der 7. Ergänzungslieferung vom April 1990, bearbeitet von Peter Leser. Stuttgart 1990

Schilberg, Arno: Rechtsschutz und Arbeitsrecht in der evangelischen Kirche. (Diss. Göttingen 1991) Frankfurt a. M. 1992

– Die Rechtsnormenqualität kirchlicher Arbeitsrechtsregelungen im Rahmen des Dritten Weges, ZevKR Bd. 41 (1996) S. 40

Schlaich, Klaus: Der „Dritte Weg" – eine kirchliche Alternative zum Tarifvertragssystem?, JZ 1980, S. 209

Schlief, Karl Eugen: Der Fall Goch, in: Festschrift für Willi Geiger zum 80. Geburtstag, Tübingen 1989, S. 704

Schmaus, Michael: Einige Bemerkungen zu dem Konzilsdekret über Dienst und Leben der Priester, in: ecclesia et ius, Festgabe für Audomar Scheuermann, München–Paderborn–Wien 1968, S. 153

Schmitz, Heribert: Fragen des Inkardinationsrechtes, in: ecclesia et ius, Festgabe für Audomar Scheuermann, München–Paderborn–Wien 1968, S. 137

Scholz, Rupert: Koalitionsfreiheit als Verfassungsproblem. München 1971

Schulin, Bertram: Das Verhältnis zwischen Staat und Kirche im Bereich des Sozialversicherungsrechts, in: Festschrift für Wannagat, Köln–Berlin–Bonn–München 1981, S. 521

Schwerdtner, Peter: Kirchenautonomie und Betriebsverfassung, in: Arbeit und Recht (AuR), Sonderheft: Kirche und Arbeitsrecht, 1979, S. 21

Stein, Albert: Evangelisches Kirchenrecht. Ein Lernbuch. 3. Aufl. Neuwied, Kriftel, Berlin 1992

Steiner, Udo: Rechtsgutachten, in: Kirchliches Amt und politisches Mandat, Dokumentation zum Bremer Verfassungsrechtsstreit, 1977, S. 124

Strigl, Richard A.: Kirche im modernen Staat, AkathKR Bd. 141 (1972) S. 148

Struck, Gerhard: Entwicklung und Kritik des Arbeitsrechts im kirchlichen Bereich, NZA 1991, S. 249

Thüsing, Gregor: Die Kirchen als Tarifvertragsparteien, ZevKR Bd. 41 (1996), S. 52

– Zwanzig Jahre „Dritter Weg" – Rechtsnatur und Besonderheiten der Regelungen kirchlicher Arbeitsverhältnisse, RdA 1997, S. 163

v. Tiling, Peter: Neues Recht für kirchliche Arbeitsverhältnisse in Niedersachsen, RdA 1979, S. 103

– Zur Rechtsstellung der privatrechtlich angestellten Mitarbeiter in der Kirche, ZevKR Bd. 22 (1977) S. 322

– Das Dienst- und Arbeitsverhältnis in der Kirche, in: Staat und Kirche, Referate der Tagung der Deutschen Richterakademie in Trier vom 6. bis 12. November 1983, hrsg. vom Bayerischen Staatsministerium der Justiz, S. 102

Vogler, Bernd: Grundrechte und kirchliches Selbstbestimmungsrecht – dargestellt am Beispiel der Kündigung kirchlicher Mitarbeiter wegen Wiederverheiratung, RdA 1993, S. 257

Vogt, Dieter: Der „Dritte Weg" der evangelischen Kirchen und die Tarifautonomie. Diss. Darmstadt 1989

Wahsner, Roderich: Kirchlicher Dienst als Lohnarbeit, zur Auseinandersetzung um das Streikrecht der Beschäftigten des Kirchlichen Dienstes, in: Paech/Stuby (Hrsg.): Wider die „herrschende Meinung". Beiträge für Wolfgang Abendroth, Frankfurt/Main–New York 1982, S. 78

Weber, Hermann: Die Religionsgemeinschaften als Körperschaften des öffentlichen Rechts im System des Grundgesetzes. Berlin 1966

– Die Grundrechtsbindung der Kirche, ZevKR Bd. 17 (1972) S. 386

– Rechtsprobleme eines Anschlusses der Pfarrer und Kirchenbeamten an die gesetzliche Rentenversicherung der Angestellten, ZevKR Bd. 22 (1977) S. 346

Weinmann, Thomas: Tarifverträge für kirchliche Mitarbeiter? Ein Beitrag zur Entscheidung der evangelischen Landeskirchen, für ihre Mitarbeiter Tarifverträge abzuschließen

Literaturverzeichnis

bzw. mit der Setzung des kirchlichen Arbeitsrechts eine paritätisch besetzte Kommission zu beauftragen. Diss. (theol.) Tübingen 1983

Weiß, Andreas: Die Richtlinien über persönliche Anforderungen an Diakone und Laien im pastoralen Dienst im Hinblick auf Ehe und Familie vom 28. September 1995, in: Festschrift für Joseph Listl, Berlin 1999, S. 543

Weiss, Manfred: Die Kirchen und ihre Einrichtungen als Tendenzbetriebe, in: Arbeit und Recht (AuR), Sonderheft: Kirche und Arbeitsrecht, 1979, S. 28

Weth, Stephan – Wern, Sigurd: Vom weltlichen zum kirchlichen Betrieb – Probleme des Betriebsübergangs, NZA 1998, S. 118

Wiedemann, Herbert (Hrsg): Tarifvertragsgesetz. Kommentar. 6. Aufl. München 1999

Wiedemann, Herbert – Stumpf, Hermann: Tarifvertragsgesetz. Kommentar. 5. Aufl. München 1977

Wieland, Joachim: Die Angelegenheiten der Religionsgesellschaften, Der Staat Bd. 25 (1986) S. 321

– Die verfassungsrechtliche Stellung der Kirchen als Arbeitgeber, DB 1987, S. 1633

Wolf, Franz J. – Hintz, Cornelia – Bioly, Jozef – Limbeck, Hartmut – Welkoborsky, Horst: Mitarbeitervertretungsgesetz. Kirchengesetz für die Evangelische Kirche im Rheinland und die Diakonischen Einrichtungen. Kommentar. Köln 1984

Zachert, Ulrich: Reflektion des kirchlichen Arbeitsrechts am Beispiel des Kündigungsschutzes, PersR 1992, S. 443

Zeuner, Albrecht: Gedanken zum arbeitsrechtlichen Vertragsprinzip im Bereich des kirchlichen Dienstes, ZfA 1985, S. 127

Zilles, Hans: Loyalität in Stufen – ein Verzicht auf verfassungsrechtlich zulässige Höchstforderungen, KuR 1999, S. 103 (= 350, S. 47)

Entscheidungsregister

Bundesverfassungsgericht

BVerfG vom 16. 10. 1968–1 BvR 241/66, BVerfGE 24, 236
BVerfG vom 21. 9. 1976–2 BvR 350/75, BVerfGE 42, 312 = AP Nr. 5 zu Art. 140 GG = AR-Blattei, Kirchenbedienstete: Entsch. 11 mit zust. Anm. von Richardi
BVerfG vom 11. 10. 1977–2 BvR 209/76, BVerfGE 46, 73 = AP Nr. 1 zu Art. 140 GG = AR-Blattei, Kirchenbedienstete: Entsch. 13 mit zust. Anm. von Richardi = AR-Blattei, Tendenzbetrieb: Entsch. 15 mit zust. Anm. von Mayer-Maly = EzA § 118 BetrVG 1972 Nr. 15 mit zust. Anm. von Rüthers
BVerfG vom 25. 3. 1980–2 BvR 208/76, BVerfGE 53, 366 = AP Nr. 6 zu Art. 140 GG = AR-Blattei, Kirchenbedienstete: Entsch. 19 mit zust. Anm. von Richardi
BVerfG vom 17. 2. 1981–2 BvR 384/78, BVerfGE 57, 220 = AP Nr. 9 zu Art. 140 GG = AR-Blattei, Kirchenbedienstete: Entsch. 22 mit zust. Anm. von Richardi = EzA Art. 9 GG Nr. 32 mit krit. Anm. von Otto = SAE 1981, 257 mit zust. Anm. von Scholz
BVerfG vom 13. 12. 1983–2 BvL 13–15/82, BVerfGE 66, 1 = AP Nr. 17 zu Art. 140 GG
BVerfG vom 4. 6. 1985–2 BvR 1703/83, 1718/83 und 856/84, BVerfGE 70, 138 = AP Nr. 24 zu Art. 140 GG = AR-Blattei, Kirchenbedienstete: Entsch. 31 mit zust. Anm. von Hofmann = EzA § 611 BGB Kirchliche Arbeitnehmer Nr. 24 = NJW 1986, 367 mit zust. Anm. von H. Weber (s. auch Rüthers NJW 1986, 356 ff.) = JZ 1986, 131 mit zust. Anm. von Richardi
BVerfG vom 14. 5. 1986–2 BvL 19/84, BVerfGE 72, 278 = AP Nr. 28 zu Art. 140 GG
BVerfG vom 7. 2. 1990–1 BvR 26/84, BVerfGE 81, 242 = AP Nr. 65 zu Art. 12 GG = AR-Blattei, Grundgesetz: Entsch. 12
BVerfG vom 5. 2. 1991–2 BvR 263/86, BVerfGE 83, 341 = NJW 1991, 2623
BVerfG vom 7. 5. 1991–1 BvL 32/88, BVerfGE 84, 168 = NJW 1991, 1944
BVerfG vom 26. 6. 1991–1 BvR 779/85, BVerfGE 84, 212 = AP Nr. 117 zu Art. 9 GG Arbeitskampf = AR-Blattei, Arbeitskampf III: Entsch. 15 mit krit. Anm. von Löwisch = EzA Art. 9 GG Arbeitskampf Nr. 97 mit krit. Anm. von Rieble = SAE 1991, 329 mit krit. Anm. von Konzen = JZ 1992, 48 mit Besprechung von Richardi auf S. 27 ff.
BVerfG vom 14. 11. 1995–1 BvR 601/92, BVerfGE 93, 352 = AP Nr. 80 zu Art. 9 GG = AR-Blattei, Abmahnung: Entsch. 33 (ES 20 Nr. 33) mit krit. Anm. von Hoyningen-Huene = EzA Art. 9 GG Nr. 60 mit zust. Anm. von Thüsing = SAE 1996, 317 mit zust. Anm. von Scholz
BVerfG vom 27. 1. 1998–1 BvL 15/87, BVerfGE 97, 169 = AP Nr. 17 zu § 23 KSchG 1969 = AR-Blattei, Kündigungsschutz: Entsch. 346 (ES 1020 Nr. 346) mit zust. Anm. von Dieterich = EzA § 23 KSchG Nr. 17

Bundesarbeitsgericht

BAG vom 31. 1. 1956–3 AZR 67/54, BAGE 2, 279 = AP Nr. 15 zu § 1 KSchG mit abl. Anm. von Neumann-Duesberg = AR-Blattei, Kirchenbedienstete: Entsch. 1 mit abl. Anm. von Richardi = SAE 1956, 78
BAG vom 19. 12. 1969–1 ABR 10/69, AP Nr. 12 zu § 81 BetrVG 1952 mit zust. Anm. von Mayer-Maly = AR-Blattei, Tendenzbetrieb: Entsch. 4 = EzA § 81 BetrVG 1952 Nr. 4 = SAE 1970, 258 mit zust. Anm. von Richardi
BAG vom 21. 11. 1975–1 ABR 12/75, AP Nr. 6 zu § 118 BetrVG 1972 mit zust. Anm. von G. Küchenhoff und abl. Anm. von Richardi = AR-Blattei, Arbeitsgerichtsbarkeit XII: Entsch. 84 = AR-Blattei, Tendenzbetrieb: Entsch. 12 = EzA § 118 BetrVG 1972 Nr. 11

Entscheidungsregister

BAG vom 4. 2. 1976–5 AZR 83/75, BAGE 28, 14 = AP Nr. 40 zu § 242 BGB Gleichbehandlung mit krit. Anm. von Schwerdtner = AR-Blattei, Kirchenbedienstete: Entsch. 9 mit abl. Anm. von Richardi = EzA § 242 BGB Gleichbehandlung Nr. 10

BAG vom 6. 12. 1977–1 ABR 28/77, BAGE 29, 405 = AP Nr. 10 zu § 118 BetrVG 1972 = AR-Blattei, Kirchenbedienstete: Entsch. 14 mit zust. Anm. von Richardi = EzA § 118 BetrVG 1972 Nr. 16 mit zust. Anm. von Rüthers/Klosterkemper, abgedruckt bei Art. 9 GG Nr. 25, S. 178a = SAE 1978, 207 mit zust. Anm. von G. Küchenhoff

BAG vom 14. 2. 1978–1 AZR 280/77, BAGE 30, 122 = AP Nr. 26 zu Art. 9 GG mit abl. Anm. von Frank = AR-Blattei, Kirchenbedienstete: Entsch. 15 mit abl. Anm. von Richardi = EzA Art. 9 GG Nr. 25 mit abl. Anm. von Rüthers/Klosterkemper = SAE 1980, 108 mit abl. Anm. von Schwerdtner

BAG vom 25. 4. 1978–1 AZR 70/76, BAGE 30, 247 = AP Nr. 2 zu Art. 140 GG mit zust. Anm. von Mayer-Maly = AR-Blattei, Kirchenbedienstete: Entsch. 16 mit zust. Anm. von Richardi = EzA § 1 KSchG Tendenzbetrieb Nr. 4 mit zust. Anm. von Dütz

BAG vom 4. 3. 1980–1 AZR 125/78, BAGE 33, 14 = AP Nr. 3 zu Art. 140 GG mit zust. Anm. von Stein = AR-Blattei, Kirchenbedienstete: Entsch. 17 mit zust. Anm. von Richardi = EzA § 1 KSchG Tendenzbetrieb Nr. 8

BAG vom 4. 3. 1980–1 AZR 1151/78, AP Nr. 4 zu Art. 140 GG = AR-Blattei, Kirchenbedienstete: Entsch. 18 mit zust. Anm. von Mayer-Maly = EzA § 1 KSchG Tendenzbetrieb Nr. 9

BAG vom 14. 10. 1980–1 AZR 1274/79, BAGE 34, 195 = AP Nr. 7 zu Art. 140 GG mit zust. Anm. von Schlaich = AR-Blattei, Kirchenbedienstete: Entsch. 20 mit krit. Anm. von Richardi = EzA § 1 KSchG Tendenzbetrieb Nr. 10 mit zust. Anm. von Herschel

BAG vom 24. 11. 1981–1 ABN 12/81, AP Nr. 10 zu § 72a ArbGG 1979 Divergenz

BAG vom 19. 1. 1982–1 AZR 279/81, BAGE 37, 331 = AP Nr. 10 zu Art. 140 GG = EzA Art. 9 Nr. 34 mit zust. Anm. von Dütz

BAG vom 9. 2. 1982–1 ABR 36/80, BAGE 41, 5 = AP Nr. 24 zu § 118 BetrVG 1972 = AR-Blattei, Tendenzbetrieb: Entsch. 28 = EzA § 118 BetrVG 1972 Nr. 33

BAG vom 21. 10. 1982–2 AZR 591/80, AP Nr. 14 zu Art. 140 GG mit abl. Anm. von Stein = AR-Blattei, Kirchenbedienstete: Entsch. 23 mit abl. Anm. von Mayer-Maly = EzA § 1 KSchG Tendenzbetrieb Nr. 12 mit abl. Anm. von Rüthers

BAG vom 21. 10. 1982–2 AZR 628/80, EzA § 1 KSchG Tendenzbetrieb Nr. 13 mit abl. Anm. von Rüthers

BAG vom 30. 6. 1983–2 AZR 524/81, AP Nr. 15 zu Art. 140 GG mit abl. Anm. von Richardi = AR-Blattei, Kirchenbedienstete: Entsch. 25 = EzA § 1 KSchG Tendenzbetrieb Nr. 14

BAG vom 23. 3. 1984–7 AZR 249/81, BAGE 45, 250 = AP Nr. 16 zu Art. 140 GG mit abl. Anm. von Mayer-Maly = AR-Blattei, Kirchenbedienstete: Entsch. 26 mit zust. Anm. von Hofmann = EzA § 1 KSchG Tendenzbetrieb Nr. 15 mit zust. Anm. von Herschel

BAG vom 31. 10. 1984–7 AZR 232/83, BAGE 47, 144 = AP Nr. 20 zu Art. 140 GG mit zust. Anm. von Dütz = AR-Blattei, Kirchenbedienstete: Entsch. 30 mit zust. Anm. von Richardi = EzA § 1 KSchG Tendenzbetrieb Nr. 16

BAG vom 12. 12. 1984–7 AZR 418/83, BAGE 47, 292 = AP Nr. 21 zu Art. 140 GG mit zust. Anm. von Dütz = AR-Blattei, Kirchenbedienstete: Entsch. 28 = EzA § 1 KSchG Tendenzbetrieb Nr. 17

BAG vom 11. 3. 1986–1 ABR 26/84, BAGE 51, 238 = AP Nr. 25 zu Art. 140 GG mit zust. Anm. von Dütz = AR-Blattei, Kirchenbedienstete: Entsch. 32 mit zust. Anm. von Richardi = EzA § 611 BGB Kirchliche Arbeitnehmer Nr. 25

BAG vom 18. 11. 1986–7 AZR 274/85, AP Nr. 35 zu Art. 140 GG = EzA § 611 BGB Kirchliche Arbeitnehmer Nr. 26 mit zust. Anm. von Dütz

BAG vom 25. 3. 1987–5 AZR 414/84, BAGE 54, 308 = AP Nr. 1 zu § 20a AVR Diakonisches Werk = AR-Blattei, Krankheit des Arbeitnehmers: Entsch. 178 = EzA § 616 BGB Nr. 36

Entscheidungsregister

BAG vom 30. 7. 1987–6 ABR 78/85, BAGE 56, 1 = AP Nr. 3 zu § 130 BetrVG 1972 = AR-Blattei, Betriebsverfassung IV: Entsch. 3 mit zust. Anm. von Echterhölter = EzA § 130 BetrVG 1972 Nr. 2

BAG vom 28. 10. 1987–5 AZR 518/85, AP Nr. 1 zu § 7 AVR Caritasverband mit abl. Anm. von Mayer-Maly = AR-Blattei, Betriebsübung: Entsch. 22 mit zust. Anm. von Kort = EzA § 125 BGB Nr. 10 mit abl. Anm. von Dütz

BAG vom 14. 4. 1988–6 ABR 36/86, BAGE 58, 92 = AP Nr. 36 zu § 118 BetrVG 1972 mit zust. Anm. von Dütz = AR-Blattei, Kirchenbedienstete: Entsch. 33 = EzA § 118 BetrVG 1972 Nr. 42

BAG vom 25. 5. 1988–7 AZR 506/87, AP Nr. 36 zu Art. 140 GG = EzA § 611 BGB Kirchliche Arbeitnehmer Nr. 27 mit zust. Anm. von Dütz

BAG vom 25. 4. 1989–1 ABR 88/87, BAGE 61, 376 = AP Nr. 34 zu Art. 140 GG mit zust. Anm. von Stein = AR-Blattei, Kirchenbedienstete: Entsch. 35 = EzA § 611 BGB Kirchliche Arbeitnehmer Nr. 28

BAG vom 7. 2. 1990–5 AZR 84/89, BAGE 64, 131 = AP Nr. 37 zu Art. 140 GG mit zust. Anm. von Stein = AR-Blattei, Kirchenbedienstete: Entsch. 38 = EzA § 13 GVG Nr. 1

BAG vom 24. 7. 1991–7 ABR 34/90, BAGE 68, 170 = AP Nr. 48 zu § 118 BetrVG 1972 = AR-Blattei, Tendenzbetrieb: Entsch. 47 (ES 1570 Nr. 47) mit zust. Anm. von Mayer-Maly = EzA § 118 BetrVG 1972 Nr. 58

BAG vom 9. 9. 1992–5 AZR 456/91, BAGE 71, 157 = AP Nr. 40 zu Art. 140 GG = AR-Blattei, Kirchenbedienstete: Entsch. 47 (ES 960 Nr. 47) mit zust. Anm. von Richardi = EzA § 611 BGB Kirchliche Arbeitnehmer Nr. 39

BAG vom 10. 12. 1992–2 AZR 271/92, AP Nr. 41 zu Art. 140 GG = AR-Blattei, Kirchenbedienstete: Entsch. 48 (ES 960 Nr. 48) mit zust. Anm. von Richardi = EzA § 611 BGB Kirchliche Arbeitnehmer Nr. 38

BAG vom 26. 5. 1993–4 AZR 358/92, 4 AZR 382/92 und 4 AZR 383/92, AP Nr. 2, 3 und 4 zu § 12 AVR Caritasverband

BAG vom 26. 5. 1993–4 AZR 130/93, BAGE 73, 191 = AP Nr. 3 zu § 12 AVR Diakonisches Werk = AR-Blattei, Kirchenbedienstete: Entsch. 45 (ES 960 Nr. 45) = EzA § 242 BGB Betriebliche Übung Nr. 29

BAG vom 26. 7. 1995–2 AZR 578/94, AP Nr. 20 zu § 611 BGB Kirchendienst = AR-Blattei, Kirchenbedienstete: Entsch. 53 (ES 960 Nr. 53) = EzA § 611 BGB Kirchliche Arbeitnehmer Nr. 41

BAG vom 17. 4. 1996–10 AZR 558/95, AP Nr. 24 zu § 611 BGB Kirchendienst mit krit. Anm. von Thüsing = AR-Blattei, Kirchenbedienstete: Entsch. 56 (ES 960 Nr. 56) = EzA § 611 BGB Gratifikation, Prämie Nr. 140

BAG vom 6. 11. 1996–5 AZR 334/95, BAGE 84, 282 = AP Nr. 1 zu § 10a AVR Caritasverband = AR-Blattei, Kirchenbedienstete: Entsch. 58 (ES 960 Nr. 58) = EzA § 611 BGB Ausbildungsbeihilfe Nr. 16 mit zust. Anm. von Thüsing

BAG vom 24. 4. 1997–2 AZR 268/96, AP Nr. 27 zu § 611 BGB Kirchendienst mit zust. Anm. von Thüsing = EzA § 611 BGB Kirchliche Arbeitnehmer Nr. 43

BAG vom 30. 4. 1997–7 ABR 60/95, AP Nr. 60 zu § 118 BetrVG 1972 = AR-Blattei, Betriebsverfassung IV: Entsch. 5 (ES 530.4 Nr. 5) = EzA § 118 BetrVG 1972 Nr. 66

BAG vom 24. 9. 1997–4 AZR 452/96, AP Nr. 10 zu § 12 AVR Caritasverband = AR-Blattei, Kirchenbedienstete: Entsch. 60 (ES 960 Nr. 60)

BAG vom 28. 1. 1998–4 AZR 491/96, AP Nr. 11 zu § 12 AVR Caritasverband = AR-Blattei, Kirchenbedienstete: Entsch. 61 (ES 960 Nr. 61) = EzA § 611 BGB Kirchliche Arbeitnehmer Nr. 44 mit krit. Anm. von Dütz

Landesarbeitsgerichte

LAG Düsseldorf vom 27. 5. 1980–19 TaBV 20/79, EzA § 118 BetrVG 1972 Nr. 24

LAG Düsseldorf/Köln vom 28. 11. 1980–8 Sa 203/80, EzA Art. 9 GG Nr. 31 mit zust. Anm. von Dütz

Entscheidungsregister

LAG Hamm vom 9. 9. 1971–8 Sa 448/71, AP Nr. 3 zu § 611 BGB Ordensangehörige mit abl. Anm. von Mayer-Maly

LAG Hamm vom 21. 1. 1977–3 TaBV 64/76, EzA § 118 BetrVG 1972 Nr. 13 = BB 1977, 747 mit zust. Anm. von Mayer-Maly

LAG Hamm vom 21. 1. 1977–3 Sa 941/76, BB 1977, 747 mit abl. Anm. von Mayer-Maly

LAG Berlin vom 3. 5. 1984–7 Sa 8/84, AP Nr. 19 zu Art. 140 GG

LAG Düsseldorf vom 13. 8. 1998–7 Sa 425/98, LAGE § 611 BGB Kirchliche Arbeitnehmer Nr. 9 mit abl. Anm. von Thüsing und Börschel

Sonstige Gerichte

Bischöfliche Schlichtungsstelle Berlin vom 13. 3. 1984–6/1983 – MAVO, AP Nr. 22 zu Art. 140 GG

Sachverzeichnis

Die zuerst oder hinter einem Semikolon genannten Zahlen bezeichnen die Paragraphen, die folgenden Zahlen hinter dem Komma die Randnummern.

Arbeitnehmer
- Begriff 2, 17
- Ordensangehörige 5, 6 ff.

Arbeitnehmerschutzrecht 8, 1 ff.
- Besonderheit des kirchlichen Dienstes 8, 23 ff.

Arbeitsbeschaffungsmaßnahmen 18, 27

Arbeitskampf 10, 3 ff.
- Kirchenautonomie 10, 7 ff.
- Tarifvertragssystem 10, 5 f.

Arbeitsrecht 2, 1 ff.
- Bestandteil der Zivilrechtsordnung 2, 16 ff.
- Kirchenautonomie 2, 24 ff.; 5, 1 ff.
- kollektive Ordnung 2, 21 ff.
- Schrankenvorbehalt s. dort

Arbeitsrechtliche Kommission 14, 1 ff.
- Beschlüsse 14, 23 ff.
- Bistums-KODA s. dort
- evangelische Kirche 14, 7 ff.
- katholische Kirche 14, 15 ff.
- Beschlußkompetenz 15, 12 ff.
- Zentral-KODA s. dort
- Zusammensetzung 14, 20 f., 29 f.

Arbeitsrechtliche Regelungsautonomie der Kirchen 2, 1 ff.; 12, 1 ff.
- Geltungsbereich 3, 1 ff.
- verfassungsrechtliche Grundlage 1, 1 ff.
- zivilrechtliche Regelungs- und Gestaltungsformen 2, 25 f.

Arbeitsrechts-Regelungsrecht der Kirchen s. Kirchliches Arbeitsrechtsregelungssystem

Arbeitsverhältnis im kirchlichen Dienst
- Arbeitsrecht als Bestandteil der Zivilrechtsordnung 2, 16 f.
- außerdienstliches Verhalten 6, 20 ff.
- Begründung 2, 16 ff.; 5, 1 ff.; 6, 1 ff.
- Betriebsübernahme 5, 10 ff.
- Dienstgemeinschaft s. dort
- eigener Weg s. Kirchenautonomie
- Kirchenautonomie s. dort
- kirchliches Dienstrecht 4, 1 ff.; 8, 1 ff.; 12, 1 ff.
- Koalitionsfreiheit s. dort

- kollektive Ordnung 2, 21 ff.
- Kündigung s. dort
- Leistungstreuepflicht 6, 14, 19 ff.
- Loyalitätsobliegenheit 6, 19 ff.; 7, 13 ff.
- Ordensangehörige 5, 8 f.
- Personenauswahl 6, 1 ff.
- Privatautonomie 2, 16 ff.; 5, 1 ff.
- Schrankenvorbehalt s. dort
- Tendenzarbeitsverhältnis, Wesensverschiedenheit zum – 6, 24 ff.
- Verhaltenspflichten 6, 12 ff.
- Vorrang kirchlichen Rechts 2, 2 ff.
- Vorrang staatlichen Rechts 2, 9 ff.

Arbeitsvertragsrichtlinien
- gerichtliche Kontrolle 15, 36 ff.
- Tarifsurrogat 15, 14, 39

Arbeitsvertragsordnung 4, 3; 5, 21; 12, 6 ff.; 15, 3, 33, 40; 18, 114

Ausgliederung in eine Kapitalgesellschaft 5, 17 ff.; s. auch Betriebsübernahme

Außerdienstliches Verhalten 6, 20 ff.; 7, 24 ff.

Betriebsübernahme
- Arbeitsverhältnis 5, 10 ff.
- Arbeitsvertragsordnung als Tarifsurrogat 5, 21
- Betriebsverfassung 16, 60 ff.
- Spaltung des Rechtsträgers s. Spaltung
- Widerspruchsrecht des Arbeitnehmers 5, 13 f.

Betriebsvereinbarungsautonomie s. Dienstvereinbarung

Betriebsverfassungsrecht 16–19
- Ausklammerung der Kirchen aus dem Geltungsbereich des staatlichen Gesetzesrechts 16, 11 ff., 37 ff.
- Betriebsrätegesetz vom 4. 2. 1920 16, 1 ff.
- Betriebsübernahme s. dort
- Betriebsverfassungsgesetz als für alles geltendes Gesetz 16, 22 ff.
- Betriebsverfassungsgesetz vom 11. 10. 1952 16, 5 ff.

Sachverzeichnis

Halbfette Zahlen = §§

- Fall Goch **16**, 31 ff., 44 ff.
- Fall Volmarstein **15**, 56
- geschichtliche Entwicklung **16**, 1 ff.
- kirchliche Betriebsverfassung s. Mitarbeitervertretungsrecht
- Kolping-Berufsbildungswerk Brakel **16**, 57
- Kontrollratsgesetz Nr. 22 vom 10. 4. 1946 **16**, 5
- Ordensangehörige **16**, 39
- Sozialstaatsprinzip s. dort
- Tendenzunternehmen **16**, 25 ff.
- Verfassungsgarantie **16**, 15 ff.

Betriebsverfassungsrecht der Kirchen s. Mitarbeitervertretungsrecht

Billigkeitskontrolle gegenüber kirchlichen Arbeitsvertragsordnungen **15**, 28 ff.

Bistums-KODA 14, 18 ff.
- Aufgabe **14**, 19
- Beschlußfassung u. Inkraftsetzung **14**, 23 f.
- Einrichtung **14**, 18
- Letztentscheidungsrecht des Bischofs **14**, 24
- Rechtsstellung der Vertreter der Mitarbeiter **14**, 22
- Zusammensetzung **14**, 20 f.

Caritasverband
- Arbeitsrechtsregelungssystem **14**, 17, 19, 25 ff.
- Ausklammerung aus der gesetzlichen Betriebsverfassung **16**, 37 ff.
- Mitarbeitervertretungsrecht **18**, 4 ff.
- Verfassungsgarantie des kirchlichen Selbstbestimmungsrechts **3**, 1 ff.

DDR
- evangelische Kirche **4**, 3
- katholische Kirche **4**, 5
- kircheneigenes Arbeitsrecht **4**, 3, 5
- vereintes Deutschland **1**, 3

Diakon 1, 21

Diakonisches Werk
- Arbeitsrechtsregelungssystem **12**, 11; **14**, 11 ff.; **15**, 41
- Ausklammerung aus der gesetzlichen Betriebsverfassung **16**, 37 ff.
- Mitarbeitervertretungsrecht **19**, 4 ff.
- Verfassungsgarantie des kirchlichen Selbstbestimmungsrechts **3**, 1 ff.

Dienstgemeinschaft 4, 9 ff.
- Bedeutung für das Arbeitsverhältnis **4**, 6 ff., 17 ff.

- Betriebsübernahme **5**, 10 ff.
- Betriebsverfassung **17**, 12
- evangelische Kirche **4**, 10 ff.
- Inhalt **4**, 6 ff.
- katholische Kirche **4**, 13 ff.
- Kirchengliedschaft **4**, 23 ff.
- Lohngerechtigkeit **4**, 21
- Mitarbeitervertretungsrecht **17**, 14 ff.
- vertragsrechtliche Grundlage im Arbeitsverhältnis **4**, 27 ff.

Dienstherrnfähigkeit 1, 17 ff.

Dienstvereinbarung
- Autonomie **18**, 110 ff.; **19**, 27 f.
- Geltung **18**, 115

Dienstverfassung s. kirchliche Dienstverfassung

Dienstvertragsordnung s. Arbeitsvertragsordnung

Dritter Weg 5, 21; **8**, 14; **13**, 26 f.; **14–15**
- Gleichwertigkeit mit dem Tarifvertragssystem **15**, 3 ff., 14
- evangelische Kirche **14**, 1 ff.
- katholische Kirche **14**, 15 ff.
- Paritätserfordernis **15**, 19 ff.

Europäisches Gemeinschaftsrecht 1, 31 ff.

Evangelischer Pressedienst 3, 15

Gerichtsschutz 20–21
- kircheneigene Rechtskontrolle **20**, 1 ff.; **21**, 7
- kirchliche Instanzen **21**, 12 ff.
- MAVO **18**, 140 ff.
- Schlichtungsstellen **18**, 140 ff.; **19**, 29 ff.; **20**, 6; **21**, 8 ff.
- staatlicher Gerichtsschutz **20**, 4 ff.; **21**, 1 ff.
- Streitigkeiten aus dem Arbeitsverhältnis **18**, 143; **20**, 3 ff.; **21**, 18 f.
- Streitigkeiten im Arbeitsrechtsregelungsverfahren (Dritter Weg) **21**, 1 ff.
- Streitigkeiten aus der Anwendung des kirchlichen Mitarbeitervertretungsrechts **21**, 1 ff.

Gewerkschaft
- Begriff **11**, 2 ff.
- Betätigung im Betrieb **11**, 12 ff.
- Kirchenautonomie **11**, 1, 7 ff., 14 ff.
- Mitgliederwerbung und Informationstätigkeit im Betrieb **11**, 35 ff.
- Mittel der Betätigung **11**, 51 ff.
- Plakatwerbung im Betrieb **11**, 52 ff.
- Schranken der Betätigung **11**, 35 ff.
- Zutrittsrecht **11**, 18 ff.

Magere Zahlen = Randnummern **Sachverzeichnis**

Gewerkschaftliche Vertrauensleute im Betrieb **11**, 60 f.
Grundrechte
– Drittwirkung **2**, 37 ff.
– Grundrechtsbindung der Kirchen **9**, 6 ff.
Grundordnung der katholischen Kirche 4, 31 ff.
– Dritter Weg **14**, 15
– Geltungsbereich **4**, 37 ff.
– Loyalitätsobliegenheit **6**, 4 ff., 32 f.; **7**, 41, 68
– Regelungsinhalt **4**, 35 f.

ILO-Abkommen Nr. 135 über Schutz und Erleichterungen für Arbeitnehmer im Betrieb 11, 24 ff.
Inkardinationsverhältnis 1, 14; **6**, 16; **8**, 28; **9**, 19 f.
Insolvenzordnung 1, 24 f.

Katholische Nachrichtenagentur (KNA) 3, 15
Kirchenautonomie
– Arbeitnehmerschutzrecht **8**, 1 ff.
– Arbeitskampf s. dort
– Arbeitsrecht **2**, 1 ff.; s. auch Arbeitsverhältnis im kirchlichen Dienst
– arbeitsrechtliche Regelungsautonomie s. dort
– Betriebsverfassung s. dort
– Berufsbildungsrecht **8**, 31 ff.
– Dienstherrnfähigkeit s. dort
– eigener Weg **1**, 10; **2**, 36 ff.; **8**, 22; **9**, 32 ff.
– Gewerkschaft s. dort
– Grundrechtsbindung **9**, 6 ff.
– Koalitionsfreiheit **9–11**
– Kollektives Arbeitsrecht **12**, 1 ff.
– Körperschaft des öffentlichen Rechts **1**, 5 ff., 17 ff.
– Kündigung s. dort
– Mitarbeitervertretungsrecht **17–19**
– Personenauswahl **6**, 1 ff.
– Schwerbehindertenrecht **8**, 27 ff.
– Sozialversicherung **1**, 27 ff.
– tarifdispositives Gesetzesrecht **8**, 1 ff.
– Verfassungsgarantie **1**, 1 ff.
Kirchenklauseln 8, 13 ff.; **15**, 41 f.
Kirchliche Dienstverfassung
– Ämterorganisation **1**, 13, 20 f.
– Beamte **1**, 17 ff.
– Betriebsverfassung s. Mitarbeitervertretungsrecht
– Dienstherrnfähigkeit s. dort

– Geistliche **1**, 14 f., 20 f.; **8**, 27 ff.; **9**, 19 ff.
– Laien **3**, 20 ff.; **4**, 13 ff.; **6**, 17
– Verfassungsgarantie **1**, 4 ff., 13 ff.
Kirchliche Einrichtungen
– Notwendigkeit einer Anerkennung durch die rechtmäßige kirchliche Autorität **3**, 17 ff.
– Wesens- und Lebensäußerung der Kirche **1**, 1; **3**, 8 f.; **16**, 42 f., 56
– Zuordnung **3**, 10 ff.; **15**, 62 ff.; **16**, 37 ff.
Kirchliches Arbeitsrechtsregelungssystem
– Arbeitsrechtliche Kommission s. dort
– Billigkeitskontrolle **15**, 28 ff.
– Dritter Weg **13**, 26 f.; **14–15**; s. auch Dritter Weg
– Evangelische Kirche in Berlin-Brandenburg **13**, 23 ff.
– Gesetzgebungsbefugnis **13**, 27
– Koalitionsfreiheit **10**, 26 ff.
– Letztentscheidungsrecht des Bischofs bzw. der Synode **14**, 3, 12 f., 26; **15**, 24 ff.
– Nordelbische Kirche **13**, 13 ff.
– Parität **14**, 2, 20, 29; **15**, 3 ff., 19 ff.
– rechtlich verselbständigte Einrichtungen **13**, 27; **15**, 62 ff.
– Rechtsgeltung im Arbeitsverhältnis **15**, 44 ff.
– tarifdispositives Gesetzesrecht **8**, 13 ff.; **15**, 41 f.
– Tarifsurrogat **15**, 14
– Vertragsinhaltskontrolle **15**, 28 ff., 36 ff.
– Zweiter Weg **13**, 10 ff.
– zwingendes Gesetzesrecht **15**, 41 ff.
Koalitionsfreiheit 9–11
– Arbeitnehmer im kirchlichen Dienst **9**, 22 ff.
– Drittwirkung **9**, 9 ff.
– Gewerkschaft s. dort
– Gruppengrundrecht **9**, 25 ff.
– Individualgrundrecht **9**, 17 ff.
– Kirchenamt **9**, 19 ff.
– Kirchenautonomie **9**, 1 ff.
– Koalitionseigenschaft im kirchlichen Dienst **11**, 7 ff.
– Koalitionsmächtigkeit **11**, 3 ff.
– kollektive Koalitionsfreiheit **9**, 25 ff.
– Ordensangehörige **9**, 22
– Pfarrer **9**, 21
– Priester **9**, 19 f.
Koalitionswerbung 11, 35 ff.
– Arbeitgebereigentum **11**, 51
– Plakatwerbung im Betrieb **11**, 52 ff.
– Verfassungsgarantie **11**, 12 ff.

Sachverzeichnis

Halbfette Zahlen = §§

- Zutrittsrecht s. dort
KODA-Regelung 14, 16 ff.
- Caritasverband **14**, 25 ff.
- diözesaner Bereich **14**, 18 ff.
- überdiözesaner Bereich **14**, 29 f.
Kündigung 7, 1 ff.
- außerordentliche – **7**, 8
- Befristung des Arbeitsverhältnisses **7**, 2
- Beteiligung der Mitarbeitervertretung **18**, 106 ff.; **19**, 23 ff.
- Fristen **7**, 2, 9
- Grund s. Kündigungsgrund
- ordentliche – **6**, 2, **7**
Kündigungsgrund
- Abtreibung **7**, 15, 24
- Kirchenaustritt **7**, 51 ff., **7**, 56 f.
- kirchengesetzliche Festlegung **7**, 24 ff.
- kirchlicher Maßstab für die Beurteilung **7**, 10 ff.
- Loyalitätsverstoß **5**, 12 ff.; **7**, 13 ff.
- Wiederverheiratung **7**, 27 ff., 65
Kündigungsschutz 7, 3 ff.
- Betriebsübernahme **5**, 12 ff.
- Mitarbeitervertreter (kath. Kirche) **18**, 72 ff.
- Mitglieder der KODA **14**, 22
- Schrankenvorbehalt des für alle geltenden Gesetzes **7**, 1, 3

Laienapostolat 3, 20 ff.; **4**, 14 ff.
Leiharbeitnehmer 18, 24
Lohngerechtigkeit 4, 21; **10**, 11; **15**, 31
Loyalitätsobliegenheit 6, 22 ff.

Missio canonica 6, 16 ff.
Mitarbeitervertretungsrecht 17–19
- autonomes Arbeitsrecht der Kirchen **17**, 18 ff.
- Dienstgemeinschaft **17**, 14 ff.
- evangelische Kirche s. Mitarbeitervertretungsrecht der evangelischen Kirche
- Geltungsbereich **17**, 21 f.
- Gerichtsschutz s. dort
- katholische Kirche s. Mitarbeitervertretungsrecht der katholischen Kirche
- Kirchenrecht **17**, 16 f.
Mitarbeitervertretungsrecht der evangelischen Kirche **19**
- Beteiligungsrechte **19**, 20 ff.
- Beteiligung bei Kündigungen des Arbeitgebers **19**, 23 ff.
- Diakonie **19**, 8 f.
- Dienstvereinbarungsautonomie **19**, 27 f.
- Errichtung einer Mitarbeitervertretung **19**, 10
- Geltungsbereich (MVG.EKD) **19**, 8 f.
- Gesamtmitarbeitervertretung **19**, 10 ff.
- Mitarbeiterversammlung **19**, 16
- Mitarbeitervertretungsgesetz (MVG.EKD) **19**, 7 ff.
- Organisation der Mitarbeitervertretung **19**, 10 ff.
- Rechtsquellen **19**, 1 ff.
- Rechtsstellung der Mitarbeitervertreter **19**, 14 f.
- Schlichtung und Rechtsschutz **19**, 29 ff.; **21**, 7 ff.
Mitarbeitervertretungsrecht der katholischen Kirche **18**
- Amtsenthebung eines Mitarbeitervertreters **18**, 54
- Amtszeit der Mitarbeitervertretung **18**, 50 ff.
- Anhörungs- und Mitberatungsrecht **18**, 99
- Antragsrecht **18**, 103 ff.
- Auflösung der Mitarbeitervertretung **18**, 53
- Ausschuß **18**, 56
- Beteiligungsrechte **18**, 93 ff., 99 ff.
- Betriebsänderung **18**, 138 f.
- Caritas, 8, 24; **18**, 4 ff.
- Dienstgeber **18**, 31
- Dienststelle **18**, 15 f.
- Dienstvereinbarung **18**, 110 ff.
- Diözesane Arbeitsgemeinschaft der Mitarbeitervertretungen **18**, 19
- Einrichtung als Organisationseinheit für die Bildung einer Mitarbeitervertretung **18**, 14 ff., 32
- Errichtung **18**, 32 ff.
- Freistellung von der Arbeitspflicht **18**, 61
- Freizeitausgleich **18**, 66
- Geltungsbereich **18**, 12 f.
- Gesamtmitarbeitervertretung **18**, 18
- Geschäftsführung **18**, 50 ff.
- Informationsrecht **18**, 95 ff.
- Kooperationsmodell **18**, 91
- Kosten **18**, 58 f.
- Kündigungsschutz s. dort
- Leiharbeitnehmer s. dort
- leitender Angestellter **18**, 28 ff.
- Mitarbeiterversammlung **18**, 81 ff.
- Mitarbeitervertretungsfähigkeit **18**, 32
- Mitbestimmungsrechte **18**, 101 ff.
- Mitwirkungsrechte **18**, 99 f.

Magere Zahlen = Randnummern

- Orden 18, 7 ff.
- Ordensangehörige 18, 8, 21 ff., 71 Fn. 55
- Personalangelegenheiten 18, 116 ff.
- Priester 18, 21 f., 71 Fn. 55
- Rechtsgrundlage 17, 14 ff.
- Rechtsstellung der Mitarbeitervertreter 18, 60 ff.
- Schlichtungsverfahren 18, 67, 140 ff.
- Schulungsveranstaltungen 18, 68 ff.
- Schweigepflicht 18, 80
- Sozialangelegenheiten s. dort
- Sprecher der Jugendlichen und Auszubildenden 18, 84 ff.
- Streitigkeiten 18, 67, 140 ff.; 21, 7 ff.
- System der Beteiligung 18, 105 ff.
- Übernahmerecht von Berufsauszubildenden 18, 77 ff.
- Versetzungs- und Abordnungsschutz 18, 71
- Vertrauensmann der Schwerbehinderten 18, 88 f.
- Vertrauensmann der Zivildienstleistenden 18, 90
- Vorschlagsrecht 18, 100
- Wählbarkeit 18, 39 f.
- Wahlanfechtung 18, 46 ff.
- Wahlberechtigung 18, 37 f.
- Wahlnichtigkeit 18, 49
- Wahlverfahren 18, 41 ff.
- Zahl der Mitglieder 18, 33 ff.
- Zuordnungsmerkmale 18, 22 ff.
- Zusammensetzung 18, 36
- Zusammenarbeit zwischen Dienstgeber und Mitarbeitervertretung 18, 91 ff.
- Zustimmungsrecht 18, 101 f.

Mitbestimmungspflichtige Angelegenheiten (MAVO) 18, 126 ff.
- Ausbildung 18, 136
- Festlegung der Arbeitszeit 18, 129 ff.
- Sozialeinrichtungen 18, 137
- Urlaub 18, 134 ff.

Ordensangehörige
- Arbeitsverhältnis 5, 6 ff.
- Betriebsverfassungsrecht 16, 39
- Koalitionsfreiheit 9, 22
- Mitarbeitervertretung 18, 7 ff., 21 ff., 71 Fn. 55
- Schwerbehindertenrecht 8, 29

Priester
- Arbeitsverhältnis 1, 14 f.
- Koalitionsfreiheit 9, 19 f.

Sachverzeichnis

- Mitarbeitervertretung 18, 21 f., 71 Fn. 55
- Schwerbehindertenrecht 8, 27 ff.

Rahmenordnung für eine Mitarbeitervertretungsordnung 18, 1 ff.; s. Mitarbeitervertretungsrecht der katholischen Kirche
- rechtlich verselbständigte kirchliche Einrichtung 18, 4 ff.

Regional-KODA s. Bistums-KODA
Religionsfreiheit 1, 6 ff.

Säkularinstitut
- Arbeitsverhältnis 5, 6 ff.
- Betriebsverfassung 16, 42 f.

Schrankenvorbehalt 2, 27 ff.
- Arbeitnehmerschutzrecht 8, 19 ff.
- Arbeitsrecht 2, 24 ff.; 4, 3 ff.
- Betriebsverfassung 16, 22 ff.
- eigener Weg 2, 36 ff.
- Jedermann-Formel 2, 32 ff.
- Kündigungs- und Kündigungsschutzrecht 7, 1 ff. und s. dort
- Rechtsprechung des Bundesverfassungsgerichts 2, 32 ff.

Schlichtungsstelle 18, 140 ff.; 19, 29 ff.; 20, 6; 21, 8 ff.
Schwerbehindertengesetz 8, 27 ff.
Selbstbestimmungsrecht s. Kirchenautonomie
  Sprecher der Jugendlichen und Auszubildenden 18, 84 ff.
Sozialplan (MAVO) 18, 138 f.
Sozialstaatsprinzip
- Betriebsverfassungsrecht 16, 35 f.
- Kirchenautonomie 1, 29; 7, 4 ff.; 8, 1 ff.; 16, 35 f.
- Kündigungsschutz 7, 4 ff.

Sozialversicherung 1, 27 ff.
Spaltung 5, 17 f.
- Fortgeltung des kirchlichen Arbeitsrechts 5, 19 ff.

Staatskirchenrecht 1, 1 ff., 31 ff.; 3, 3 ff.
Strukturveränderungen bei einer privatrechtlich verselbständigten Einrichtung 5, 15 ff.

Tarifvertrag 10, 1 ff.
- Allgemeinverbindlicherklärung 10, 19 ff.; 13, 4
- Einheit des kirchlichen Dienstes 10, 18 ff.
- Funktionszusammenhang mit dem Arbeitskampf 10, 5 f.
- Günstigkeitsprinzip 13, 9

357

Sachverzeichnis

Halbfette Zahlen = §§

- Kirchenautonomie **10**, 3 ff.
- Öffnungsklausel **8**, 10 f.
- Tarifdisponibilität **8**, 7 ff.
- Tariffähigkeit **11**, 2 ff.
- Tariffähigkeit kirchlicher Einrichtungen **13**, 6 f.
- Tarifverträge des öffentlichen Dienstes **10**, 22 ff.; **12**, 16 ff.
- Zweiter Weg **13**, 10 ff.

Tendenzunternehmen 6, 24 ff.; **16**, 25 ff.

Umwandlung 5, 15 ff.; s. auch Betriebsübernahme

Wegfall der Geschäftsgrundlage für Beschäftigung im kirchlichen Dienst 7, 58 f.
Weimarer Kirchenartikel 1, **2**, **4** ff.

Zentral-KODA 14, 29 f.
Zutrittsrecht der Gewerkschaften zum Betrieb 11, 18 ff.
- betriebsverfassungsrechtliches Zutrittsrecht **11**, 29 ff.
- Kirchenautonomie **11**, 32 ff.

Zweiter Weg 13, **1**, 10 ff.

Buchanzeige

Kiel/Koch
Die betriebsbedingte Kündigung
2000. Rund 420 Seiten. In Leinen ca. DM 88,–
ISBN 3-406-46220-0
In Vorbereitung für März 2000

Die betriebsbedingte Kündigung
führt in der Praxis oft zu Schwierigkeiten. Für Arbeitnehmer, Arbeitgeber und Betriebsräte gilt eine Vielzahl von Vorschriften, deren Nichtbeachtung gravierende Konsequenzen haben kann. Der neue Band führt sicher durch alle Phasen einer betriebsbedingten Kündigung und behandelt alle praxisrelevanten Aspekte. Erläutert sind die unterschiedlichen Formen betriebsbedingter Kündigungen (ordentliche und außerordentliche betriebsbedingte Kündigung, Änderungskündigung, Massenentlassungen) sowie die Besonderheiten des Insolvenz- und Umwandlungsrechts. Die Beteiligungsrechte des Betriebsrats werden ebenso zuverlässig erörtert wie prozeßrechtliche Fragen.

Topaktuell
berücksichtigt ein spezieller Nachtrag das ArbeitsgerichtsbeschleunigungsG, u.a. mit dem neuen § 623 BGB, der Formvorschrift für Kündigung, Aufhebung und Befristung von Arbeitsverträgen.

Der Inhalt im Überblick
- Gerichtliche Kontrolle betriebsbedingter Kündigungen
- Voraussetzungen des allgemeinen Kündigungsschutzes und Kündigungsschutzklage
- Ordentliche betriebsbedingte Kündigung nach § 1 KSchG
- Betriebsbedingte Änderungskündigung
- Anzeigepflicht bei Massenentlassungen
- Betriebsbedingte Kündigung bei Betriebsübergang
- Betriebsbedingte Kündigung in der Insolvenz
- Betriebsbedingte Kündigung nach dem UmwG
- Außerordentliche betriebsbedingte Kündigung
- Sonderkündigungsschutz einzelner Personengruppen
- Beteiligungsrechte des Betriebsrats beim Kündigungsausspruch
- Beschäftigungs- und Weiterbeschäftigungsanspruch
- Wiedereinstellungsanspruch

Kompetenter Rat für
Arbeitgeber, Personalverantwortliche, Arbeitnehmer und Betriebsräte, arbeitsrechtlich tätige Juristen in Unternehmen und Verbänden, Rechtsanwälte und Unternehmensberater sowie Richter.

Die Autoren
Dr. Heinrich Kiel, Direktor des Arbeitsgerichts Celle, und Dr. Ulrich Koch, Direktor des Arbeitsgerichts Stralsund, sind erfahrene Praktiker, die ihre Kenntnisse besonders präzise und anschaulich vermitteln.

Verlag C. H. Beck · 80791 München

Die Katholische Kirche in Deutschland

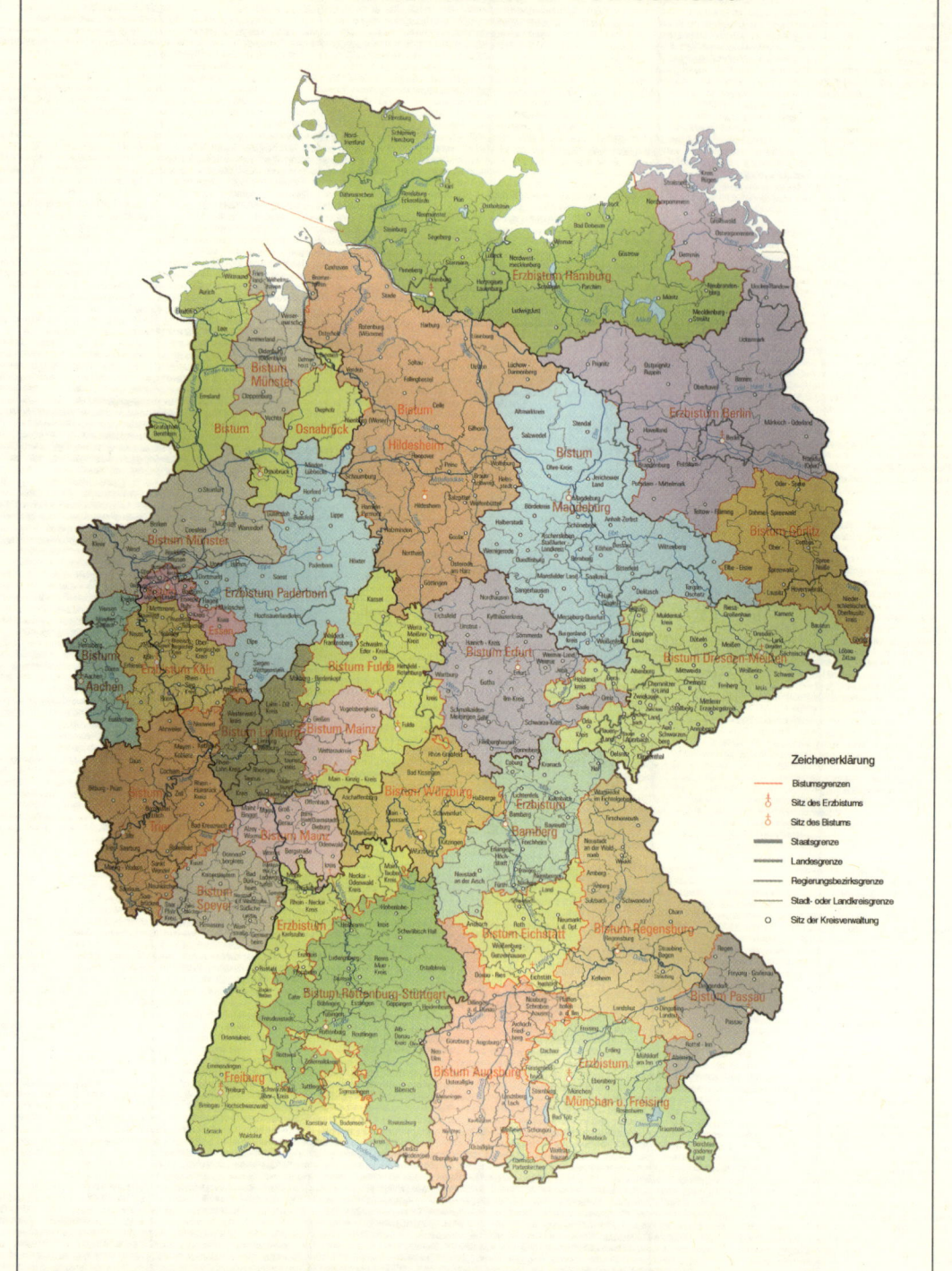

Herausgeber: Sekretariat der Deutschen Bischofskonferenz, Kaiserstraße 163, 53113 Bonn

Quellen: Institut für Angewandte Geodäsie und Sekretariat der Deutschen Bischofskonferenz
Kartographie und Druck: Institut für Angewandte Geodäsie, Frankfurt am Main

Stand der Bistumsgrenzen: Mai 1995
Stand der Verwaltungsgrenzen: März 1995